Die Verschlechterung der Lage der Gesellschaft und ihre Auswirkung auf die Vorstandsvergütung

Europäische Hochschulschriften Recht

European University Studies in Law

Publications Universitaires Européennes de Droit

Band/Volume 6678

Dominika Wojewska

Die Verschlechterung der Lage der Gesellschaft und ihre Auswirkung auf die Vorstandsvergütung

Zur nachträglichen Herabsetzung der Bezüge auf die angemessene Höhe nach § 87 Abs. 2 AktG

PETER LANG

Bibliografische Information der Deutschen Nationalbibliothek
Die Deutsche Nationalbibliothek verzeichnet diese Publikation in der Deutschen Nationalbibliografie; detaillierte bibliografische Daten sind im Internet über http://dnb.d-nb.de abrufbar.

Zugl.: Bayreuth, Univ., Diss., 2020.

Gedruckt auf alterungsbeständigem, säurefreiem Papier.

D 703
ISSN 0531-7312
ISBN 978-3-631-84400-7 (Print)
E-ISBN 978-3-631-86144-8 (E-PDF)
E-ISBN 978-3-631-86145-5 (EPUB)
DOI 10.3726/b18686

Peter Lang – Berlin · Bern · Bruxelles · New York · Oxford · Warszawa · Wien

Diese Publikation wurde begutachtet.

www.peterlang.com

Meiner Familie

Vorwort

Die vorliegende Arbeit wurde im Wintersemester 2020/2021 von der Rechts- und Wirtschaftswissenschaftlichen Fakultät der Universität Bayreuth als Dissertation angenommen.

Mein besonderer Dank gilt zunächst meiner Doktormutter, Frau Prof. Dr. Jessica Schmidt, für ihre freundliche Betreuung der Arbeit. Mein Dank gilt ferner Herrn Prof. Dr. Marco Staake für die überaus zügige Erstellung des Zweitgutachtens.

Von Herzen danke ich zudem meiner Familie, insbesondere meinen Eltern Jan Wojewski und Bozena Wojewska, die mich während meiner juristischen Ausbildung und Promotionszeit unterstützt und begleitet haben.

Meine Freundinnen aus Schul- und Studienzeiten standen mir auf meinem Weg stets zur Seite. Ich danke daher auch ihnen sehr herzlich für ihre moralische Unterstützung und willkommene Ablenkung bei der Erstellung der Arbeit.

Für das gewissenhafte Korrekturlesen des Manuskripts danke ich meinem Schwiegervater Walter Fock.

Meinem Sohn Jan Walter Fock danke ich dafür, dass er mir in der Schlussphase der Arbeit den nötigen Antrieb zu ihrer Vollendung gegeben hat. Der größte Dank gebührt schließlich meinem Mann Hans Fock, ohne dessen Rückhalt die Arbeit nicht möglich gewesen wäre. Auf seine vorbehaltlose Unterstützung konnte ich stets vertrauen.

Dominika Wojewska
Berlin, im Mai 2021

Inhaltsverzeichnis

Abkürzungsverzeichnis

a. A.	anderer Ansicht
a. E.	am Ende
a. F.	alte Fassung
ABlEU	Amtsblatt der Europäischen Union
Abs.	Absatz (Absätze)
ADHGB	Allgemeines Deutsches Handelsgesetzbuch
AEUV	Vertrag über die Arbeitsweise der Europäischen Union
AG	Aktiengesellschaft; Die Aktiengesellschaft (Zeitschrift); Amtsgericht
AGG	Allgemeines Gleichbehandlungsgesetz
AktG	Aktiengesetz
AktR	Aktienrecht
AllgPersönlR	Allgemeines Persönlichkeitsrecht
Alt.	Alternative
AnfG	Anfechtungsgesetz
Anh.	Anhang
Anm.	Anmerkung(en)
ArbR	Arbeitsrecht
ARRL	Richtlinie (EU) 2017/828 des Europäischen Parlaments und des Rates vom 17. Mai 2017 zur Änderung der Richtlinie 2007/36/EG im Hinblick auf die Förderung der langfristigen Mitwirkung der Aktionäre (Aktionärsrechterichtlinie)
Art.	Artikel
ARUG II	Gesetz zur Umsetzung der zweiten Aktionärsrechterichtlinie
AUEV	Vertrag über die Arbeitsweise der Europäischen Union
Aufl.	Auflage
BaFin	Bundesanstalt für Finanzdienstleistungsaufsicht
BAG	Bundesarbeitsgericht
BAGE	Entscheidungen des Bundesarbeitsgerichts
BAnz	Bundesanzeiger
BB	Der Betriebs-Berater (Zeitschrift)
Bd.	Band
BeckOK	Beck'scher Onlinekommentar
Begr.	Begründer
Beil.	Beilage

Beschl.	Beschluss
BetrAVG	Gesetz zur Verbesserung der betrieblichen Altersversorgung (Betriebsrentengesetz)
BGB	Bürgerliches Gesetzbuch
BGBl.	Bundesgesetzblatt
BGH	Bundesgerichtshof
BGHSt	Entscheidungen des Bundesgerichtshofs in Strafsachen
BGHZ	Entscheidungen des Bundesgerichtshofs in Zivilsachen
BReg.	Bundesregierung
bspw.	beispielsweise
BT-Drs./BT-Dr./BT-Drucks.	Bundestags-Drucksache
BUrlG	Bundesurlaubsgesetz
BVerfG	Bundesverfassungsgericht
BVerfGE	Entscheidungen des Bundesverfassungsgerichts
BVerwG	Bundesverwaltungsgericht
BVerwGE	Entscheidungen des Bundesverwaltungsgerichts
bzgl.	bezüglich
bzw.	beziehungsweise
ca.	circa
CDU	Christlich Demokratische Union Deutschlands
CSU	Christlich-Soziale Union in Bayern
COVID-19	Coronavirus disease 2019 (deutsch: Coronavirus-Krankheit-2019)
D&O-Versicherung	Directors-and-Officers-Versicherung
DAV	Deutscher Anwaltsverein
DAX	Deutscher Aktienindex
DB	Der Betrieb (Zeitschrift)
DCGK	Deutscher Corporate Governance Kodex
ders.	derselbe
dies.	dieselben
DIHK	Deutscher Industrie- und Handelskammertag
DrittelbG	Gesetz über die Drittelbeteiligung der Arbeitnehmer im Aufsichtsrat
DStR	Deutsches Steuerrecht (Zeitschrift)

e. V.	Eingetragener Verein
eBAnz.	Elektronischer Bundesanzeiger
EBJS	Ebenroth/Boujong/Joost/Strohn, HGB-Kommentar (siehe Literaturverzeichnis)
EGGmbHG	Einführungsgesetz zum Gesetz betreffend die Gesellschaften mit beschränkter Haftung (GmbHG-Einführungsgesetz)
ErfK	Erfurter Kommentar
etc.	et cetera
EU	Europäische Union
EU-UnthVO	Verordnung (EG) Nr. 4/2009 des Rates vom 18. Dezember 2008 über die Zuständigkeit, das anwendbare Recht, die Anerkennung und Vollstreckung von Entscheidungen und die Zusammenarbeit in Unterhaltssachen (EU-Unterhaltsverordnung)
EuErbVO	Verordnung (EU) Nr. 650/2012 des Europäischen Parlaments und des Rates vom 4. Juli 2012 über die Zuständigkeit, das anzuwendende Recht, die Anerkennung und Vollstreckung von Entscheidungen und die Annahme und Vollstreckung öffentlicher Urkunden in Erbsachen sowie zur Einführung eines Europäischen Nachlasszeugnisses (Erbrechtsverordnung)
EUR	Euro
f.; ff.	Folgende Seite; folgende Seiten
FHZiVR	Fundheft für Zivilrecht
FMStFG	Seit dem 27.03.2020: Gesetz zur Errichtung eines Finanzmarkt- und eines Wirtschaftsstabilisierungsfonds (Stabilisierungsfondsgesetz)
Zuvor	Gesetz zur Errichtung eines Finanzmarktstabilisierungsfonds (Finanzmarktstabilisierungsfondsgesetz)
FmStFV	Verordnung zur Durchführung des Finanzmarktstabilisierungsfondsgesetzes
FMStG	Gesetz zur Umsetzung eines Maßnahmenpakets zur Stabilisierung des Finanzmarktes (Finanzmarktstabilisierungsgesetz)
Fn.	Fußnote(n)
FS	Festschrift
GbR	Gesellschaft bürgerlichen Rechts
GDV	Gesamtverband der Deutschen Versicherungswirtschaft e. V.
gem.	gemäß

GenG	Gesetz betreffend die Erwerbs- und Wirtschaftsgenossenschaften (Genossenschaftsgesetz)
GesR	Gesellschaftsrecht
GG	Grundgesetz
ggf.	gegebenenfalls
GK	Großkommentar
GmbH	Gesellschaft mit beschränkter Haftung
GmbHG	Gesetz betreffend die Gesellschaften mit beschränkter Haftung
GmbHR	GmbH-Rundschau (Zeitschrift)
GWR	Gesellschafts- und Wirtschaftsrecht (Zeitschrift)
H.	Heft
Hdb.	Handbuch
HGB	Handelsgesetzbuch
HK	Handkommentar
Hrsg.	Herausgeber
HS	Halbsatz
HUntProt	Haager Protokoll über das auf Unterhaltspflichten anzuwendende Recht (Haager Unterhaltsprotokoll)
i. S. d.	im Sinne der/des
i. S. v.	im Sinne vom
i. V.	in Verbindung
i. V. m.	in Verbindung mit
InsO	Insolvenzordnung
InsR	Insolvenzrecht
InstitutsVergV	Verordnung über die aufsichtsrechtlichen Anforderungen an Vergütungssysteme von Instituten (Institutsvergütungsverordnung)
InsVV	Insolvenzrechtliche Vergütungsverordnung
IntGesR	Internationales Gesellschaftsrecht
JW	Juristische Wochenschrift (Zeitschrift)
JZ	Juristenzeitung (Zeitschrift)
KapMStrafR	Kapitalmarktstrafrecht
KfW	Kreditanstalt für Wiederaufbau
KG	Kammergericht; Kommanditgesellschaft
KGaA	Kommanditgesellschaft auf Aktien
KK	Kölner Kommentar
KSchG	Kündigungsschutzgesetz
KSzW	Kölner Schrift zum Wirtschaftsrecht (Zeitschrift)

KTS	Konkurs-, Treuhand und Schiedsgerichtswesen (Zeitschrift)
KWG	Kreditwesengesetz
LAG	Landesarbeitsgericht
LG	Landgericht
LMK	Kommentierte BGH-Rechtsprechung Lindenmaier-Möhring
m. w. N.	mit weiteren Nachweisen
MAH	Münchener Anwaltshandbuch
MgVG	Gesetz über die Mitbestimmung der Arbeitnehmer bei einer grenzüberschreitenden Verschmelzung
MHLS	Michalski/Heidinger/Leible/Schmidt, GmbHG-Kommentar (siehe Literaturverzeichnis)
MiLoG	Gesetz zur Regelung eines allgemeinen Mindestlohns (Mindestlohngesetz)
Mio.	Million(en)
MitbestG	Mitbestimmungsgesetz
MittBayNot	Mitteilungen des Bayerischen Notarvereins, der Notarkasse und der Landesnotarkammer Bayern
MoMiG	Gesetzes zur Modernisierung des GmbH-Rechts und zur Bekämpfung von Missbräuchen
MontanMitbestErgG	Montanmitbestimmungsergänzungsgesetz
MontanMitbestG	Montanmitbestimmungsgesetz
Mrd.	Milliarde(n)
MüKo	Münchener Kommentar
Münch.	Münchener
n. F.	neue Fassung
NJOZ	Neue Juristische Online-Zeitschrift
NJW	Neue Juristische Wochenschrift (Zeitschrift)
NJW-RR	NJW-Rechtsprechungs-Report Zivilrecht (Zeitschrift)
NK	NomosKommentar
Nr.	Nummer
NStZ	Neue Zeitschrift für Strafrecht
NZA	Neue Zeitschrift für Arbeitsrecht
NZG	Neue Zeitschrift für Gesellschaftsrecht
NZI	Neue Zeitschrift für das Recht der Insolvenz und Sanierung
OHG	Offene Handelsgesellschaft
OLG	Oberlandesgericht

ÖGesAusG	Österreichisches Bundesgesetz über den Ausschluss von Minderheitsgesellschaftern (Gesellschafter-Ausschlussgesetz)
PartGG	Gesetz über Partnerschaftsgesellschaften Angehöriger Freier Berufe (Partnerschaftsgesellschaftsgesetz)
ProstG	Gesetz zur Regelung der Rechtsverhältnisse der Prostituierten (Prostitutionsgesetz)
RdA	Recht der Arbeit (Zeitschrift)
RestruktRL	Richtlinie (EU) 2019/1023 des Europäischen Parlaments und des Rates vom 20.06.2019 über präventive Restrukturierungsrahmen, über Entschuldung und über Tätigkeitsverbote sowie über Maßnahmen zur Steigerung der Effizienz von Restrukturierungs-, Insolvenz- und Entschuldungsverfahren und zur Änderung der Richtlinie (EU) 2017/1132 (Richtlinie über Restrukturierung und Insolvenz) (Restrukturierungsrichtlinie)
RG	Reichsgericht
RGBl.	Reichsgesetzblatt
RGZ	Entscheidungen des Reichsgerichts in Zivilsachen
RL	Richtlinie
Rn.	Randnummer(n)
Rom-I-VO	Verordnung (EG) Nr. 593/2008 des Europäischen Parlaments und des Rates vom 17. Juni 2008 über das auf vertragliche Schuldverhältnisse anzuwendende Recht
Rom-II-VO	Verordnung (EG) Nr. 864/2007 des Europäischen Parlaments und des Rates vom 11. Juli 2007 über das auf außervertragliche Schuldverhältnisse anzuwendende Recht
S., s.	Satz, Seite, siehe
SCE	Societas Cooperativa Europaea (Europäische Genossenschaft)
SDAX	Small-Cap-Dax
SE	Societas Europaea (Europäische Gesellschaft)
SE-VO	Verordnung (EG) Nr. 2157/2001 des Rates vom 8. Oktober 2001 über das Statut der Europäischen Gesellschaft (SE)
SEAG	Gesetz zur Ausführung der Verordnung (EG) Nr. 2157/2001 des Rates vom 8. Oktober 2001 über das Statut der Europäischen Gesellschaft (SE) (SE-Ausführungsgesetz)
SEBG	Gesetz über die Beteiligung der Arbeitnehmer in einer Europäischen Gesellschaft (SE-Beteiligungsgesetz)
SGB	Sozialgesetzbuch
sog.	sogenannte(r)/(s)
SPD	Sozialdemokratische Partei Deutschlands

SpruchG	Gesetz über das gesellschaftsrechtliche Spruchverfahren (Spruchverfahrensgesetz)
SSW	Satzger/Schluckebier/Widmaier, StGB-Kommentar (siehe Literaturverzeichnis)
StGB	Strafgesetzbuch
Teilurt.	Teilurteil
u. a.	und andere
UMAG	Gesetz zur Unternehmensintegrität und Modernisierung des Anfechtungsrechts
UmwG	Umwandlungsgesetz
Urt.	Urteil
v.	von/vom
VAG	Gesetz über die Beaufsichtigung von Versicherungsunternehmen (Versicherungsaufsichtsgesetz)
Var.	Variante
VersVergV	Verordnung über die aufsichtsrechtlichen Anforderungen an Vergütungssysteme im Versicherungsbereich (Versicherungs-Vergütungsverordnung)
vgl.	vergleiche
VGR	Gesellschaftsrechtliche Vereinigung
VO	Verordnung
VorstAG	Gesetz zur Angemessenheit der Vorstandsvergütung
vs.	versus
VwGO	Verwaltungsgerichtsordnung
VwVfG	Verwaltungsverfahrensgesetz
VwZG	Verwaltungszustellungsgesetz
WM	Wertpapier-Mitteilungen (Zeitschrift)
WP	Wirtschaftsprüfer; Das Wertpapier (Zeitschrift)
WRV	Weimarer Reichsverfassung
WStFG	Gesetz zur Errichtung eines Wirtschaftsstabilisierungsfonds (Wirtschaftsstabilisierungsfondsgesetz)
WSF-DV	Verordnung zur Gewährung und Durchführung von Maßnahmen aus dem Wirtschaftsstabilisierungsfonds nach dem Stabilisierungsfondsgesetz (Wirtschaftsstabilisierungsfonds-Durchführungsverordnung)
z.B.	zum Beispiel
ZfW	Zeitschrift für Wirtschaftspolitik
ZGR	Zeitschrift für Unternehmens- und Gesellschaftsrecht

ZHR	Zeitschrift für das gesamte Handelsrecht und Wirtschaftsrecht
ZIP	Zeitschrift für Wirtschaftsrecht
zit.	zitiert
ZPO	Zivilprozessordnung
ZSR	Zeitschrift für Schweizerisches Recht

A. Einführung

Wohl kaum ein aktienrechtliches Thema erhitzt die Gemüter der Öffentlichkeit im selben Maße wie die Höhe der Vorstandsbezüge. Vergütungsentscheidungen des Aufsichtsrats finden häufig nicht in einem luftleeren, rein gesellschaftsinternen Raum statt, sondern werden von Medien, Politik und Zivilgesellschaft aufmerksam beobachtet. Zutreffend ist daher die Feststellung, dass derartige Entscheidungen nicht nur von gesellschaftsrechtlicher, sondern auch von gesellschaftspolitischer Relevanz sind.[1] Dieser Befund gilt insbesondere in Zeiten wirtschaftlicher Schwierigkeiten. Besondere Verwunderung und Empörung herrschen nämlich vor allem immer dann, wenn die Höhe der Vorstandsvergütung und die Entwicklung der wirtschaftlichen Lage der Gesellschaft einander nicht zu entsprechen scheinen. In Zeiten des wirtschaftlichen Erfolgs profitiert der Vorstand oftmals übermäßig. In schwierigen Zeiten hingegen bleibt er indes scheinbar unberührt, während Arbeitnehmer und Aktionäre Einbußen hinnehmen müssen.

Eine Entkopplung von Unternehmenserfolg und -misserfolg von der Höhe der Vorstandsvergütung ist geeignet, Zweifel an der geltenden Wirtschaftsordnung, der sozialen Marktwirtschaft, hervorzurufen. Wenngleich hohe Vergütungen nicht per se als kritisch zu bewerten sind, sollte dieser Aspekt dennoch bei der Beschäftigung mit der Frage der Regulierung der Vorstandsvergütung auch im Hinterkopf behalten werden.

Das deutsche Aktienrecht sieht mit § 87 Abs. 2 AktG durchaus die Möglichkeit vor, den Vorstand auch an einer negativen Entwicklung teilhaben zu lassen und Vorstandsvergütungen unter bestimmten Umständen nachträglich zu kürzen. Die Vorschrift ist jedoch geprägt von unbestimmten Rechtsbegriffen. Sowohl auf Tatbestands- als auch Rechtsfolgenseite besteht damit viel Raum für Unsicherheit aufseiten potentiell Betroffener und Normanwender.

Wann genau ist von einer „Verschlechterung der Lage der Gesellschaft" auszugehen, die eine Kürzung der Vergütung zu rechtfertigen vermag? Wie lässt sich ermitteln, ob die Weitergewährung der Bezüge im konkreten Fall „unbillig" für die Gesellschaft wäre? Welche Bedeutung hat es, wenn das Gesetz dem Aufsichtsrat auferlegt, er „soll" die Bezüge herabsetzen? Was genau ist auf

---

1 *Habersack*, NZG 2018, 127, 128 f.

Rechtsfolgenebene unter der Zielvorgabe, für die Zukunft eine Vergütung in „angemessener Höhe" zu bestimmen, zu verstehen?

Ziel dieser Arbeit ist es, das aktienrechtliche Instrument der Vergütungskürzung umfassend zu analysieren und Licht auf die vorgenannten Fragen zu werfen. Es soll dabei aufgezeigt werden, welche Möglichkeiten das Recht schon heute bietet, den Vorstand in wirtschaftlich schwierigen Zeiten an der Entwicklung der Gesellschaft teilhaben zu lassen.

Mit Ausführungen und Erläuterungen zu der Historie, dem Geltungsgrund, dem verfassungsrechtlichen Rahmen und dem Anwendungsbereich des Herabsetzungsrechts wird im ersten Teil der Arbeit ein Grundverständnis für das Instrument der Vergütungskürzung geschaffen. Dieses Verständnis bereitet die Basis für die anschließende ausführliche Befassung mit Tatbestand und Rechtsfolge des § 87 Abs. 2 AktG. Behandelt werden in diesem Rahmen die zentralen Begriffe der „Verschlechterung der Lage" und der „Unbilligkeit". Sodann werden die Entscheidung des Aufsichtsrats über die Herabsetzung, der Umfang der Herabsetzung – insbesondere das Gebot der Angemessenheit –, die Ausübung des Herabsetzungsrechts, der Gegenstand der Herabsetzung und die Reaktionsmöglichkeiten des Vorstands näher thematisiert.

Im letzten Teil der Arbeit erfolgt schließlich eine Analyse der möglichen Konsequenzen von Verstößen gegen § 87 Abs. 2 AktG aus haftungs-, straf- und insolvenzrechtlicher Perspektive. Es wird in diesem Zusammenhang zudem näher erörtert, aus welchen Gründen derzeit davon auszugehen ist, dass die gesetzlichen Vorgaben bisher in der Praxis nicht flächendeckend umgesetzt und angewandt werden. Die Arbeit endet schließlich mit Erwägungen zu möglichen Maßnahmen, um die Einhaltung der Herabsetzungspflicht besser als bisher zu gewährleisten.

B. Entwicklung der Vorschriften zur Herabsetzung der Vorstandsvergütung

Die Regulierung der Vorstandsvergütung unterlag im Laufe der Zeit einem nicht unerheblichen Wandel. Seit der Einführung der Möglichkeit zur nachträglichen Vergütungsherabsetzung wurden auch deren Voraussetzungen immer wieder reformiert. Die Entwicklung der Vorschriften, die schließlich im heute geltenden § 87 Abs. 2 AktG mündete, soll nachfolgend überblicksartig skizziert werden.

I. Unbeschränkte Vertragsfreiheit im ADHGB 1861

Europaweit entstanden schon im 17. und 18. Jahrhundert erste Vorläufer der modernen Aktiengesellschaft, noch ohne dass es entsprechende gesetzliche Regelungen gab.[2] Der napoleonische Code de Commerce von 1807 kodifizierte die Aktiengesellschaft erstmalig und enthielt dabei auch eine Bestimmung zur Vergütung der Leitungsorgane der Gesellschaft.[3] Das französische Recht prägte später das deutsche Aktienrecht.[4] Mit dem Allgemeinen Deutschen Handelsgesetzbuch (ADHGB) von 1861 war es nach jahrelangen Bemühungen endlich gelungen, das Handelsrecht in Deutschland noch vor der Reichsgründung zu vereinheitlichen.[5] Wie es auch Art. 31 des Code de Commerce vorsah, konnten die Vorstandsmitglieder nach Art. 227 ADHGB 1861 ihre Tätigkeit besoldet oder unbesoldet verrichten. Eine inhaltsgleiche Regelung fand sich dann in Art. 227 ADHGB 1884 wieder. Detailliertere Vorgaben hinsichtlich der Vergütung gab es darin allerdings noch nicht. Zur Vergütungshöhe trafen weder das ADHGB 1861 noch das ADHGB 1884 eine Aussage. Es bestanden insoweit keine Einschränkungen. Folglich war es möglich, die Vorstandsvergütung ihrer Höhe nach frei zu vereinbaren.[6] Mit dem Inkrafttreten des BGB galten bei der Festlegung der Bezüge die Grenzen des § 138 Abs. 1, Abs. 2 BGB.[7] Davon abgesehen

2 Vgl. *Berger*, Vorstandsvergütung, S. 26; zur Geschichte der Handelscompagnien in Europa s. *Cordes/Jahntz* in: Bayer/Habersack, Aktienrecht im Wandel, Band I, S. 14 ff.

3 Vgl. *Berger*, Vorstandsvergütung, S. 29.

4 Zur Vorbildfunktion des Code de Commerce für die Entwicklung in Deutschland vgl. *Deutsch* in: Bayer/Habersack, Aktienrecht im Wandel, Band I, S. 46 ff.

5 *Cordes/Jahntz* in: Bayer/Habersack, Aktienrecht im Wandel, Band I, S. 241 f.

6 *Berger*, Vorstandsvergütung, S. 32; *Schlegelberger/Quassowski*, AktG 1937, § 78 Rn. 1.

7 *Berger*, Vorstandsvergütung, S. 32; *Schlegelberger/Quassowski*, AktG 1937, § 78 Rn. 1.

bestand in Bezug auf die Höhe der Vorstandsbezüge weitgehend unbeschränkte Vertragsfreiheit.[8] Dementsprechend war die Möglichkeit der nachträglichen Herabsetzung gesetzlich zu diesem Zeitpunkt nicht vorgesehen. Kritisch merken *Schlegelberger/Quassowski* in ihrer Kommentierung des Aktiengesetzes 1937 zum vorher geltenden Recht daher an, dass „Riesengehälter" sogar dann noch geleistet worden seien, „wenn die wirtschaftliche Lage der Gesellschaft hoffnungslos war und die Mitglieder der Gefolgschaft zur Kurzarbeit gezwungen waren, zeitweise auf ihren Arbeitsplatz verzichten mußten oder völlig arbeitslos wurden"[9].

II. Verordnung des Reichspräsidenten vom 6. Oktober 1931

Durch eine Notverordnung des Reichspräsidenten vom 06.10.1931[10] wurde die bis dahin geltende Vertragsfreiheit erstmalig eingeschränkt.[11] Zuvor waren bereits Beamtenbezüge im Wege einer Verordnung gekürzt worden.[12] Die Verordnung vom 06.10.1931 kodifizierte demgegenüber erstmals die Möglichkeit einer Vergütungskürzung in der Privatwirtschaft. Die Überschrift des III. Kapitels im Fünften Teil der Notverordnung vom 06.10.1931 lautete: „Herabsetzung übermäßig hoher Dienstvergütungen". Mit dieser Regelung wurde zum ersten Mal überhaupt das Problem einer „übermäßig hohen" Vergütung vom historischen Gesetzgeber thematisiert.[13] Dem Dienstberechtigten wurde ausdrücklich das Recht eingeräumt, die zuvor vereinbarte Vergütung des Dienstverpflichteten auf einen angemessenen Betrag herabzusetzen. Damit war der erste Vorläufer der heutigen Regelung geboren.

1. Anwendungsbereich und Tatbestandsvoraussetzungen

Insgesamt erfolgte in der Notverordnung eine sehr ausführliche Regelung der Vergütungsherabsetzung. Das dritte Kapitel des fünften Teils der Verordnung

8 *Schlegelberger/Quassowski*, AktG 1937, § 78 Rn. 1.

9 *Schlegelberger/Quassowski*, AktG 1937, § 78 Rn. 1.

10 Dritte Verordnung des Reichspräsidenten zur Sicherung von Wirtschaft und Finanzen und zur Bekämpfung politischer Ausschreitungen, RGBl. I S. 537.

11 *Berger*, Vorstandsvergütung, S 35.

12 Zweiter Teil, Kapitel II der Verordnung des Reichspräsidenten zur Sicherung von Wirtschaft und Finanzen vom 01.12.1930, RGBl. I S. 517.

13 *Schüller*, Vorstandsvergütung, S. 115.

unter der Überschrift „Herabsetzung übermäßig hoher Dienstvergütungen" bestand aus insgesamt zehn Paragrafen. Im Vergleich zur heutigen Regelung, in der die Vergütungsherabsetzung nur einen Absatz einnimmt, erscheint dies sehr umfassend und detailliert. In der Verordnung ist ausdrücklich von Dienstvergütungen,[14] Dienstberechtigten,[15] Dienstverpflichteten,[16] Dienstvertrag[17] und Dienstverhältnis[18] die Rede. Von einer Kürzung ihrer Vergütung konnten damit einerseits Arbeitnehmer betroffen sein, andererseits aber Leitungsorgane von Gesellschaften, also Vorstandsmitglieder und Geschäftsführer.[19] Der persönliche Anwendungsbereich war folglich nicht auf Vorstandsmitglieder von Aktiengesellschaften beschränkt. Gleichwohl fanden die Vorschriften nur Anwendung, wenn die Vergütung in ihrer Gesamtheit 15.000 Reichsmark jährlich überstieg. Faktisch wurden also aufgrund der Freigrenze von der Herabsetzung grundsätzlich keine einfachen Arbeitnehmer getroffen. Das Durchschnittsentgelt[20] im Jahr 1931 betrug nämlich 1.924 Reichsmark.[21] Somit war eine Herabsetzung nur bei solchen Dienstverpflichteten möglich, die ohnehin deutlich überdurchschnittlich verdienten.

Voraussetzung für eine Herabsetzung war nach § 1 Abs. 1 der Verordnung, dass die bisherige Vergütung angesichts der Geschäfts- oder Vermögenslage oder aber auch der allgemeinen Wirtschaftslage als übermäßig hoch anzusehen war. Kumulativ musste die Weiterzahlung der Vergütung in bisheriger Höhe für die Gesellschaft nach Treu und Glauben unzumutbar sein. Unter dem Begriff der Vergütung verstand die Verordnung das Gehalt, Vergütungen, die in einem Anteil an Jahresgewinn bestehen, Provisionen und Nebenleistungen jeder Art (§ 6 der Verordnung). Die Vorschriften zur Vergütungsherabsetzung fanden nach § 5 der Verordnung ebenso Anwendung auf Versorgungs- oder ähnliche Bezüge.

---

14 Vgl. die Kapitelüberschrift.

15 Vgl. § 1 Abs. 1 und 3, § 2 Abs. 2, § 3 und § 7 der Verordnung.

16 Vgl. § 1 Abs. 1 und 3, § 2 Abs. 3, § 3 und § 4 der Verordnung.

17 Vgl. § 1 Abs. 1 der Verordnung.

18 Vgl. § 2 Abs. 1 und 2 der Verordnung.

19 Vgl. Akten der Reichskanzlei. Weimarer Republik, die Kabinette Brüning I/II, Band 2, Nr. 501 Ministerbesprechung vom 1. Oktober 1931, 18 Uhr, abrufbar unter http://www.bundesarchiv.de/aktenreichskanzlei/1919-1933/01a/bru/bru2p/kap1_1/kap2_249/index.html mit ausdrücklichem Bezug auf Vorstandsmitglieder von Gesellschaften.

20 Gemeint ist hiermit das jährliche Durchschnittseinkommen aller Versicherten im Sinne der deutschen Sozialversicherung.

21 Vgl. Anlage I SGB VI.

2. Rechtsfolgen

Trotz der Festschreibung der Möglichkeit einer einseitigen Herabsetzung[22] ließ § 7 der Verordnung ausdrücklich abweichende Vereinbarungen zwischen den Parteien zu. Es bestand daher weiter Raum für eine privatautonome Regelung.[23] Die Verordnung schuf damit nur die rechtliche Grundlage für eine mögliche Herabsetzung, ohne den Dienstberechtigten dazu zu verpflichten. Entschied sich der Dienstberechtigte für eine Herabsetzung, musste sie dem Dienstverpflichteten gegenüber schriftlich erklärt werden.[24] Dem Dienstverpflichteten sollte sodann durch den Dienstberechtigten mindestens ein Monat zur Geltendmachung seiner Ansprüche durch Klageerhebung oder Anrufung eines vereinbarten Schiedsgerichts gewährt werden.[25] Ging der Dienstberechtigte innerhalb der gesetzten Frist nicht gegen die Herabsetzung vor, wurde sie für ihn verbindlich.[26] Darüber hinaus stand ihm ein außerordentliches Kündigungsrecht zu.[27] Schließlich war nach Ansicht des Reichsgerichts die Ausübung des Herabsetzungsrechts nach der Notverordnung nur einmalig möglich.[28]

III. Herabsetzungsmöglichkeit nach § 242 BGB

Neben der Herabsetzungsmöglichkeit nach der Notverordnung war es nach Ansicht des Reichsgerichts möglich, Dienstbezüge auch nach allgemeinen Rechtsvorschriften zu kürzen. In Fällen, in denen die Notverordnung keine Anwendung fand, sollten die allgemeinen Vorschriften, insbesondere § 242 BGB, gelten.[29] Eine Herabsetzung nach § 242 BGB sollte nach Auffassung des Reichsgerichts indes nur dann und so lange möglich sein, wie sich „das Unternehmen in so schwieriger wirtschaftlicher Lage befindet, daß es alle Kräfte anspannen muß, um sich zu erhalten".[30] Das Reichsgericht fordert darüber hinaus, dass

---

22 Vgl. § 1 Abs. 1 der Verordnung, wonach der Dienstberechtigte berechtigt war, die Vergütung durch schriftliche Erklärung gegenüber dem Dienstverpflichteten herabzusetzen.

23 *Berger*, Vorstandsvergütung, S. 38.

24 Vgl. § 1 Abs. 1 der Verordnung.

25 Vgl. § 1 Abs. 3 der Verordnung.

26 Vgl. § 1 Abs. 3 der Verordnung.

27 Vgl. § 2 Abs. 1 und 2 der Verordnung.

28 RG, Urt. v. 02.10.1934 – III 87/34, RGZ 145, 263, 264.

29 RG, Urt. v. 30.04.1935 – II 291/34, RGZ 148, 81, 88.

30 RG, Urt. v. 30.04.1935 – II 291/34, RGZ 148, 81, 95.

neben der Vergütungskürzung weitere Mittel ergriffen werden müssten, um den Betrieb aufrechtzuerhalten.[31] So hätten auch die Unternehmensträger Opfer bringen müssen, etwa in Form von jahrelanger Dividendenlosigkeit und einem erheblichen Rückgang des Aktienkurses.[32] Auch die Dauer der wirtschaftlichen Schwierigkeiten sei für die Beurteilung der Lage entscheidend, da eine vorübergehende Krise leichter auszuhalten sei.[33] Wenn jedoch eine Geschäftsbelebung zumindest mittelbar auf die Verwendung öffentlicher Mittel zurückführbar war, durfte dies nicht zugunsten des Dienstverpflichteten berücksichtigt werden, falls sich die Lage ohne diese Mittel ungünstiger dargestellt hätte.[34] Auf Rechtsfolgenseite fordert das Reichsgericht eine angemessene Kürzung.[35] Die konkrete Höhe hatte sich dabei auch nach der Leistung des jeweiligen Vorstandsmitglieds zu richten.[36] Gegenständlich waren neben den laufenden Bezügen auch Versorgungs- und Hinterbliebenenbezüge von der gerichtlich entwickelten Kürzungsmöglichkeit betroffen.

IV. Verordnung des Reichspräsidenten vom 4. September 1932

Nur kurze Zeit nach Inkrafttreten der Verordnung vom 06.10.1931 wurde eine weitere Verordnung verabschiedet. Die Verordnung vom 04.09.1932[37] regelte unter anderem „Einschränkungen der Personalausgaben bei subventionierten Unternehmungen". Betroffen von der Regelung waren Unternehmen, die eine staatliche finanzielle Beihilfe erhielten oder in der Vergangenheit erhalten hatten. Die Reichsregierung war in diesem Fall ermächtigt, allgemein oder im Einzelfall anzuordnen, dass Dienstbezüge nicht über den für eine vergleichbare Tätigkeit in der Reichsverwaltung gezahlten Bezügen liegen durften. Die Ermächtigung erstreckte sich ebenso auf Ruhegehälter und Hinterbliebenenbezüge. Es wurde auf diese Weise erstmals eine Vergütungshöchstgrenze für

31 RG, Urt. v. 30.04.1935 – II 291/34, RGZ 148, 81, 95.
32 RG, Urt. v. 30.04.1935 – II 291/34, RGZ 148, 81, 96 (im konkret entschiedenen Fall wurde ein Rückgang auf ein Drittel des Nennwerts als erheblich befunden).
33 RG, Urt. v. 30.04.1935 – II 291/34, RGZ 148, 81, 97.
34 RG, Urt. v. 30.04.1935 – II 291/34, RGZ 148, 81, 98.
35 RG, Urt. v. 30.04.1935 – II 291/34, RGZ 148, 81, 99.
36 RG, Urt. v. 30.04.1935 – II 291/34, RGZ 148, 81, 99.
37 Verordnung des Reichspräsidenten zur Belebung der Wirtschaft vom 04.09.1932, RGBl. I S. 425.

staatlich subventionierte Unternehmen eingeführt.[38] Vorstandsmitglieder waren dabei explizit vom Anwendungsbereich der Verordnung umfasst.[39] Es bestand außerdem – anders als bei der Notverordnung vom 01.10.1931 – keine Entscheidungsfreiheit über eine Vergütungsherabsetzung aufseiten der Gesellschaft mehr. Vielmehr erfolgte ein direkter staatlicher Eingriff in die Höhe der Vorstandsvergütung, da nicht die Gesellschaft, sondern die Reichsregierung die künftig zu geltende Vergütungshöhe anordnen konnte.

V. Aktiengesetz von 1937

Mit dem Aktiengesetz 1937 wurde das Aktienrecht aus dem HGB ausgelagert und bekam fortan ein eigenes Gesetzbuch. In diesem Zuge wurden in § 78 Abs. 1 AktG 1937 zum ersten Mal gesetzliche Bestimmungen für die anfängliche Festlegung der Vorstandsvergütung getroffen.[40] Nun ordnete das Gesetz an, dass die Höhe der Vorstandsbezüge mit Blick auf die Aufgaben der einzelnen Vorstandsmitglieder „angemessen" zu sein hatte. Daneben knüpfte § 78 Abs. 2 AktG 1937 an die Notverordnung vom 06.10.1931 sowie die Rechtsprechung des Reichsgerichts an. Die Möglichkeit zur nachträglichen Kürzung der Vergütung wurde beibehalten. Die Herabsetzungsmöglichkeit war indes nunmehr ausdrücklich auf Vorstandsmitglieder einer Aktiengesellschaft begrenzt. Die Regelungstiefe des § 78 Abs. 2 AktG 1937 erwies sich zudem im Vergleich mit der Notverordnung vom 06.10.1931 als deutlich weniger detailliert. Außerdem wurden Versorgungs- und Hinterbliebenenbezüge nicht mehr (ausdrücklich) umfasst.[41] Voraussetzung für eine Herabsetzung nach § 78 Abs. 2 AktG 1937

---

38 *Berger*, Vorstandsvergütung, S. 36.

39 Daneben aber auch leitende Angestellte sowie nach der später ergangenen Durchführungsverordnung vom 27.02.1933 (RGBl. I, S. 89) auch Vorstandsmitglieder von Genossenschaften, GmbH-Geschäftsführer, persönlich haftende Gesellschafter einer KGaA und andere gesetzliche Vertreter juristischer Personen oder Personenvereinigungen, Anstalten, Einrichtungen oder Körperschaften des öffentlichen Rechts oder privaten Rechts sowie alle Angestellten mit Jahresbezügen von mindestens 12.000 Reichsmark.

40 *Berger*, Vorstandsvergütung, S. 40.

41 Dennoch gab es Stimmen in der Literatur (*Schlegelberger/Quassowski*, AktG 1937, § 78 Rn. 19; *Teichmann/Koehler*, AktG 1937, § 78 Abschnitt 2.a.), die davon ausgingen, dass eine Kürzung dieser Bezüge möglich war, weil sie zu den in § 78 Abs. 1 AktG 1937 genannten Gesamtbezügen gehören sollten. Der BGH verneinte die Erstreckung des § 78 Abs. 2 AktG 1937 auf Ruhegehälter, ging aber von einer Kürzungsmöglichkeit nach § 242 BGB aus, vgl. BGH, Urt. v. 19. 9. 1951 – II ZR 19/50, LM 1952 § 78 AktG Nr. 1.

war eine so wesentliche Verschlechterung in den Verhältnissen der Gesellschaft, dass die Weitergewährung der vereinbarten Bezüge eine schwere Unbilligkeit für die Gesellschaft darstellen würde. Bei Vorliegen dieser Voraussetzungen war der Aufsichtsrat berechtigt, die Bezüge angemessen herabzusetzen. Eine angemessene Herabsetzung bedeutete indes nicht zugleich eine Herabsetzung auf ein angemessenes Maß im Sinne des § 78 Abs. 1 AktG 1937.[42] Es war nicht möglich, die Bezüge über das zur Beseitigung der schweren Unbilligkeit erforderliche Maß zu kürzen.[43]

VI. Reform des Aktiengesetzes 1965

Die Aktienrechtsreform 1965 hat bezüglich der Herabsetzungsmöglichkeit kaum Neuerungen gebracht. In § 87 Abs. 2 S. 1 AktG a.F. wurde lediglich klargestellt, dass Ruhegehälter, Hinterbliebenenbezüge und Leistungen verwandter Art, nicht nach § 87 Abs. 2 AktG a.F. herabgesetzt werden konnten.[44] Die Gesetzesbegründung[45] sah jedoch vor, dass die allgemeinen Vorschriften weiterhin für die Kürzung von Ruhegehältern, Hinterbliebenenbezüge und ähnliche Leistungen herangezogen werden sollten.[46] Auf Tatbestandseite verlangte § 87 Abs. 2 AktG a.F. eine „wesentliche Verschlechterung der Verhältnisse der Gesellschaft". Hinsichtlich des Umfangs der Herabsetzung blieb es bei den Maßstäben der Vorgängerregelung: Es sollte eine angemessene Kürzung erfolgen, die die schwere Unbilligkeit für die Gesellschaft beseitigen würde, ohne dass dies jedoch zwingend zu einer angemessenen Vergütung i.S.d. § 87 Abs. 1 AktG a.F. führen musste.[47] Die praktische Relevanz der Vorschrift wird als gering eingestuft.[48] Die Norm wurde zum Teil sogar als „papierenes Recht"[49] bezeichnet. Tatsächlich ergingen seit der Aufnahme der Regelung in das Aktiengesetz zumindest nicht besonders viele gerichtliche Entscheidungen zum Herabsetzungsrecht. Gerade seit Beginn der

---

42 *Schlegelberger/Quassowski*, AktG 1937, § 78 Rn. 11.

43 *Schlegelberger/Quassowski*, AktG 1937, § 78 Rn. 11.

44 *Berger*, Vorstandsvergütung, S. 43.

45 Begründung des Regierungsentwurfs abgedruckt in: *Kropff*, AktG 1965, § 87.

46 *Kort* in: GK-AktG, 4. Aufl. 2008, § 87 Rn. 305.

47 *Kort* in: GK-AktG, 4. Aufl. 2008, § 87 Rn. 291; *Mertens* in: KK-AktG, 2. Aufl. 1996, § 87 Rn. 11; *Spindler*, in: MüKo-AktG, 3. Aufl. 2008, § 87 Rn. 95; *Thüsing*, in: Fleischer, Handbuch des Vorstandsrechts, § 6 Rn. 33.

48 *Diller*, NZG 2009, 1006; *Klöhn*, ZGR 2012, 1, 4; *Koch*, WM 2010, 49.

49 *Martens*, ZHR 169 (2005), 124, 130.

2000er-Jahre lässt sich aber feststellen, dass § 87 Abs. 2 AktG a.F. durchaus in einigen Entscheidungen thematisiert wurde.[50]

VII. Finanzkrise 2008/2009

1. Finanzmarktstabilisierungsgesetz 2008

Nachdem hinsichtlich der gesetzlichen Ausgestaltung von Vorstandsbezügen eine Zeit lang Ruhe eingekehrt war, hat die im Jahr 2008 beginnende Finanzkrise wieder Reformen in diesem Bereich ausgelöst. So wurde das Finanzmarktstabilisierungsgesetz (FMStG)[51] verabschiedet und in diesem Zuge zudem durch das Finanzmarktstabilisierungsfondsgesetz (FMStFG)[52] ein Finanzmarkstabilisierungsfonds errichtet. Hierzu wurde eine Durchführungsverordnung (FMStFV)[53] erlassen. Gemäß § 5 Abs. 2 Nr. 4 a) FMStFV soll der Fonds im Falle der Inanspruchnahme von Stabilisierungsmaßnahmen nach § 7 FMStFG die Unternehmen dazu anhalten, die Vergütung von Organmitgliedern und Geschäftsleitern auf ein angemessenes Maß zu begrenzen. Dabei gilt eine 500.000 Euro übersteigende Vergütung als grundsätzlich unangemessen.[54] Bei einer diesen Betrag übersteigenden Vergütung soll der Fonds darauf hinwirken, dass eine Herabsetzung der Vergütung im Rahmen der zivilrechtlichen Möglichkeiten unter Einbeziehung des § 87 Abs. 2 AktG vorgenommen wird. Wird die Vergütung nicht herabgesetzt, kann die staatliche Förderung nicht in Anspruch

---

50 Vgl. OLG Frankfurt, Urt. v. 25.05.2011 – 7 U 268/08, WM 2011, 2226; LG Stuttgart, Urt. v. 28.05.2010 – 31 O 56/09, BeckRS 2010, 13182; OLG Köln, Beschl. v. 06.11.2007 – 18 U 131/07, NZG 2008, 637 (zur entsprechenden Anwendung des § 87 Abs. 2 AktG auf GmbH-Geschäftsführer); LG Essen, Urt. v. 10.02.2006 – 45 O 88/05, NZG 2006, 356; OLG Naumburg Urt. v. 16.4.2003 – 5 U 12/03, GmbHR 2004, 423 (zur entsprechenden Anwendung des § 87 Abs. 2 AktG auf GmbH-Geschäftsführer); OLG Düsseldorf, Urt. v 17.11.2003 – I-15 U 225/02, NZG 2004, 141; OLG Düsseldorf, Urt. v. 12.11.2003 – I-15 U 72/03, BeckRS 2003, 30332961.

51 Gesetz zur Umsetzung eines Maßnahmenpakets zur Stabilisierung des Finanzmarktes vom 17.10.2008, BGBl. I S. 1982.

52 Gesetz zur Errichtung eines Finanzmarktstabilisierungsfonds vom 17.10.2008, BGBl. I S. 1982.

53 Verordnung zur Durchführung des Finanzmarktstabilisierungsfondsgesetzes vom 20.10.2008, eBAnz AT123 2008 V1.

54 Zur Übertragbarkeit dieser Obergrenze im Rahmen des § 87 Abs. 2 AktG siehe Abschnitt I.II.3.

genommen werden.[55] Die Commerzbank AG reduzierte daraufhin das Grundgehalt des Vorstandsvorsitzenden in Einklang mit § 5 Abs. 2 Nr. 4 a) FMStFV in Hinblick auf Auflagen des Finanzmarktstabilisierungsfonds von 760.000 Euro auf 500.000 Euro.[56]

2. Gesetz zur Angemessenheit der Vorstandsvergütung (VorstAG) 2009

Ebenfalls als Ausfluss der Finanzkrise wurde das Gesetz zur Angemessenheit der Vorstandsvergütung vom 31.07.2009 (VorstAG)[57] verabschiedet. Mit den Reformen im Zuge des VorstAG erfolgte zum ersten Mal seit 1937 eine größere Veränderung in Bezug auf das Herabsetzungsrecht. Nunmehr sollten nach dem Willen des Reformgesetzgebers die Herabsetzungsvoraussetzungen „klarer und schärfer gefasst" werden.[58] Die Änderungen[59] umfassen auf Tatbestandsseite unter anderem, dass eine bloße Verschlechterung der Lage der Gesellschaft genügt. Das Merkmal der Wesentlichkeit wurde aus dem Wortlaut gestrichen. Weiterhin muss die Weitergewährung der ungekürzten Vergütung keine „schwere" Unbilligkeit mehr für die Gesellschaft darstellen. Es genügt fortan einfache Unbilligkeit. Auf Rechtsfolgenseite ist der Aufsichtsrat nunmehr nicht mehr bloß zur Herabsetzung berechtigt, er „soll" die Bezüge herabsetzen. Der anfängliche Entwurf, den Aufsichtsrat zur Herabsetzung ausdrücklich zu verpflichten,[60] konnte sich hingegen nicht durchsetzen. Zudem hat sich der Umfang der Kürzung verändert. So soll keine angemessene Herabsetzung mehr erfolgen, sondern eine Herabsetzung auf angemessene Höhe. Um die Bedeutung des § 87 Abs. 2 AktG zu unterstreichen, wurde außerdem geregelt, dass die Beschlussfassung über die

---

55 *Hüffer/Koch*, AktG, § 87 Rn. 49; *Kort* in: GK-AktG, § 87 Rn. 32.

56 Vgl. Geschäftsbericht 2008, S. 32 (abrufbar unter: https://www.commerzbank.de/media/de/aktionaere/service/archive/konzern/2009_2/coba_gb2008_2.pdf) sowie Geschäftsbericht 2009, S. 45 (abrufbar unter https://www.commerzbank.de/media/aktionaere/service/archive/konzern/2010_2/CBK_2009_Geschaeftsbericht_2.pdf) der Commerzbank AG.

57 BGBl. I S. 2509.

58 Gesetzentwurf der Fraktionen CDU/CSU und SPD, BT-Drs. 16/12278, S. 6.

59 Eine übersichtliche Synopse der Änderungen findet sich bei: *Wittuhn/Hamann*, ZGR 2009, 847.

60 Gesetzentwurf der Fraktionen CDU/CSU und SPD, BT-Drs. 16/12278, S. 3.

Herabsetzung nicht an einen Ausschuss überwiesen werden kann, sondern der Aufsichtsrat als Plenum die Entscheidung treffen muss, § 107 Abs. 3 S. 3 AktG.[61]

VIII. Reformvorschläge 2017

Immer wieder gab es Ansätze, die nun bestehenden Vorschriften zur Regulierung von Vorstandsbezügen weiter zu verändern. Auch hinsichtlich der Möglichkeit zur Herabsetzung wurde dabei zum Teil trotz der Reformen durch das VorstAG in der Politik weiterer Änderungsbedarf angemeldet. So schlug etwa die SPD-Bundestagsfraktion vor, die Bestimmung weiter zu verschärfen, indem die Pflicht zur Herabsetzung im Wortlaut eindeutig zum Vorschein kommen soll („hat herabzusetzen" statt „soll herabsetzen").[62] Weiterhin sollte laut diesem Reformvorschlag ein zusätzlicher Herabsetzungstatbestand geschaffen werden. Eine Kürzung der Vergütung sollte danach auch im Falle einer erheblichen Pflichtverletzung oder Schlechtleistung sowie bei regelwidrigem Verhalten möglich sein. Der Vorschlag konnte sich jedoch nicht durchsetzen.

IX. COVID-19-Pandemie 2020

Im Jahr 2020 erlangten staatliche Rettungsmaßnahmen infolge des weltweiten Ausbruchs der Atemwegserkrankung COVID-19 erneut enorme Bedeutung. Mit den Maßnahmen, die ergriffen wurden, um die Verbreitung der Krankheit einzudämmen, ging ein starker wirtschaftlicher Einbruch einher.[63] Infolge der durch die COVID-19-Pandemie 2020 ausgelösten Wirtschaftskrise ergriff die Bundesregierung zahlreiche Hilfsmaßnahmen. Soweit diese Maßnahmen von Bedeutung für die Höhe der Vorstandsbezüge sind, werden sie nachfolgend überblicksartig umrissen.

---

61 *Kort* in: GK-AktG, § 87 Rn. 20.

62 Vgl. Entwurf eines Gesetzes zur Angemessenheit von Vorstandsvergütungen und zur Beschränkung der steuerlichen Absetzbarkeit vom 20.02.2017, abrufbar unter: https://www.spdfraktion.de/system/files/documents/gesetzentwurf_manager-verguetungen_spdbt_final.pdf.

63 Vgl. nur Pressemitteilung Nr. 180 des Statistischen Bundesamtes vom 25.05.2020 „Bruttoinlandsprodukt: Ausführliche Ergebnisse zur Wirtschaftsleistung im 1. Quartal 2020 – Auswirkungen der Corona-Pandemie führen zu stärkstem Rückgang seit 1. Quartal 2009", abrufbar unter: https://www.destatis.de/DE/Presse/Pressemitteilungen/2020/05/PD20_180_811.html.

a) *Befristeter Beihilferahmen der Europäischen Kommission und KfW-Sonderprogramm 2020 der Bundesregierung*

Da es sich bei der Gewährung von staatlichen Rettungsmaßnahmen in Krisenzeiten stets um Beihilfen handelt, müssen diese grundsätzlich zuvor bei der Europäischen Kommission angemeldet werden und bedürfen ihrer vorherigen Zustimmung (vgl. Art. 108 Abs. 3 S. 1 AEUV).[64]

Um kurzfristig Beihilfen durch die Mitgliedstaaten zu gewährleisten, verabschiedete die Kommission einen „Befristeten Beihilferahmen für staatliche Beihilfen zur Stützung der Wirtschaft angesichts des derzeitigen Ausbruchs von COVID-19"[65] (Befristeter Beihilferahmen).[66] In Ziffer 3.1 Rn. 22 des Befristeten Beihilferahmens legte sie fest, dass bestimmte Arten von Beihilfen für Unternehmen, die infolge der COVID-19-Pandemie in wirtschaftliche Schwierigkeiten geraten sind, nach Art. 107 Abs. 3 b) AEUV mit dem Binnenmarkt vereinbar sind.[67]

Das von der Bundesregierung bei der Kommission daraufhin angemeldete „Sonderprogramm 2020 für Investitions- und Betriebsmittelfinanzierung" (KfW-Sonderprogramm 2020)[68] wurde genehmigt.[69]

Vorgaben zur Höhe von Vorstandsgehältern sind weder Teil des Befristeten Beihilferahmens noch Förderbedingung des KfW-Sonderprogramms 2020. Dennoch ist anzunehmen, dass in der Praxis die Gewährung von Hilfsleistungen im Rahmen des KfW-Sonderprogramms 2020 von einer Begrenzung oder Kürzung der Vorstandsvergütung abhängig gemacht wird.

Bundeswirtschaftsminister Peter Altmaier erklärte in diesem Zusammenhang, es sei ihm wichtig, „dass in Notsituationen auch Vorstände und leitende Angestellte einen Beitrag leisten, insbesondere bei den Bonuszahlungen".[70] Bei

---

64 *Soltész/Hoffs*, NZKart 2020, 189.

65 Mitteilung der Kommission vom 19.03.2020, 2020/C 91 I/01, ABlEU v. 20.3.2020, C 91I/1.

66 *Soltész/Hoffs*, NZKart 2020, 189 (siehe auch dort für nähere Erläuterungen zu Hintergrund und Instrumenten des Befristeten Beihilferahmens).

67 *Soltész/Hoffs*, NZKart 2020, 189 ff.

68 Vgl. hierzu die gemeinsame Pressemitteilung des Bundesministeriums für Wirtschaft und Energie und des Bundesministeriums der Finanzen vom 23.03.2020, abrufbar unter: https://www.bmwi.de/Redaktion/DE/Pressemitteilungen/2020/20200323-zusaetzliches-kfw-sonderprogramm-2020-fuer-die-wirtschaft-startet-heute.html.

69 Entscheidung der Kommission vom 22.3.2020, SA.56714 (2020/N), C(2020) 1886.

70 Interview mit Bundeswirtschaftsminister Peter Altmaier in der Frankfurter Allgemeinen Sonntagszeitung vom 28.03.2020, abrufbar unter: https://www.faz.net/aktuell/wirtschaft/wirtschaftsminister-peter-altmaier-im-corona-interview-16701070.html.

einem Kredit für ein großes Unternehmen der Reisebranche – es handelte sich hierbei um die TUI AG[71] – sei entsprechend verfahren worden.[72]

Unternehmen, die staatliche Finanzhilfen über das KfW-Sonderprogramm 2020 beantragen, müssen daher mit einer kritischen Überprüfung der Höhe der Vorstandsvergütung rechnen. Sie müssen davon ausgehen, Finanzhilfen nur zu nur erhalten, wenn der Vorstand einen eigenen Beitrag zur Überwindung der Krise leistet.

b) *Errichtung eines Wirtschaftsstabilisierungsfonds*

Als weitere Maßnahme zur Abmilderung der wirtschaftlichen Folgen der COVID-19-Pandemie 2020 wurde das FMStFG reaktiviert und inhaltlich ergänzt.

Durch Art. 1 des Wirtschaftsstabilisierungsfondsgesetzes (WStFG)[73] wurde das FMStFG in „Gesetz zur Errichtung eines Finanzmarkt- und eines Wirtschaftsstabilisierungsfonds (Stabilisierungsfondsgesetz)" umbenannt. Die bisherigen Maßnahmen zur Finanzmarktstabilisierung wurden um einen zweiten Abschnitt mit Regelungen zur Wirtschaftsstabilisierung erweitert.

Der durch § 15 FMStFG neu errichtete Wirtschaftsstabilisierungsfonds dient gemäß § 16 Abs. 1 FMStFG der Stabilisierung von Unternehmen der Realwirtschaft[74]. Die Stabilisierungsmechanismen entsprechen im Kern denjenigen, die 2008 schon für Unternehmen des Finanzsektors eingeführt wurden. Vorgesehen sind Garantien (§ 21 FMStFG) und Rekapitalisierungen (§ 22 FMStFG).

---

71 Vgl. Pressemitteilung der TUI AG vom 27.03.2020., abrufbar unter: https://www.tuigroup.com/de-de/medien/presseinformationen/ag-meldungen/2020/2020-03-27-tui-ag-deutsche-bundesregierung-genehmigt-kfw-ueberbrueckungskredit.

72 Interview mit Bundeswirtschaftsminister Peter Altmaier in der Frankfurter Allgemeinen Sonntagszeitung vom 28.03.2020, abrufbar unter: https://www.faz.net/aktuell/wirtschaft/wirtschaftsminister-peter-altmaier-im-corona-interview-16701070.html.

73 Gesetz zur Errichtung eines Wirtschaftsstabilisierungsfonds vom 27.03.2020, BGBl. I S. 543.

74 Unternehmen der Realwirtschaft sind gemäß § 16 Abs. 2 FMStFG Wirtschaftsunternehmen, die nicht Unternehmen des Finanzsektors und keine Kreditinstitute oder Brückeninstitute sind und die in den letzten beiden bereits bilanziell abgeschlossenen Geschäftsjahren vor dem 1. Januar 2020 mindestens zwei der drei folgenden Kriterien erfüllt haben: (1) eine Bilanzsumme von mehr als 43 Millionen Euro, (2) mehr als 50 Millionen Euro Umsatzerlöse sowie (3) mehr als 249 Arbeitnehmer im Jahresdurchschnitt.

Die in § 5 Abs. 2 Nr. 4 a) FMStFV für Vorstandsbezüge aufgestellte Obergrenze von 500.000 Euro gilt ausdrücklich nur bei Stabilisierungsmaßnahmen nach § 7 FMStFG, also der Rekapitalisierung von Unternehmen des Finanzsektors. Für Unternehmen der Realwirtschaft und die neu eingeführten Maßnahmen nach §§ 21 und 22 FMStFG gilt diese Obergrenze hingegen nicht.

Auf Grundlage des § 25 Abs. 3 FMStFG wurden aber in der Wirtschaftsstabilisierungsfonds-Durchführungsverordnung (WSF-DV)[75] nähere Bestimmungen zu den von begünstigten Unternehmen zu erfüllenden Anforderungen auch bezüglich der Vorstandsvergütung getroffen. Danach dürfen Vorstandsmitgliedern Boni, andere variable oder vergleichbare Vergütungsbestandteile sowie gesonderte Vergütungen neben dem Festgehalt nicht gewährt werden, solange das Unternehmen Stabilisierungsmaßnahmen des Fonds in Anspruch nimmt (§ 9 Abs. 1 WSF-DV). Weiterhin sind Vorstandsbezüge ihrer Höhe nach auf den Betrag begrenzt, den das jeweilige Vorstandsmitglied zum 31. Dezember 2019 als Grundvergütung erhalten hat, solange nicht mindestens 75 Prozent der Maßnahme zurückgeführt sind (§ 9 Abs. 2 WSF-DV). Dies hat zur Konsequenz, dass die Bezüge herabgesetzt werden müssen, soweit diese Vorgaben nicht eingehalten werden.

Weiterhin soll die Gewährung der Leistungen an Bedingungen und Auflagen geknüpft werden, vgl. § 20 Abs. 2, § 25 Abs. 2 FMStFG. Auf diese Weise soll sichergestellt werden, dass die begünstigten Unternehmen die Gewähr für eine solide und umsichtige Geschäftspolitik bieten und insbesondere einen Beitrag zur Stabilisierung von Produktionsketten und zur Sicherung von Arbeitsplätzen leisten (§ 25 Abs. 2 S. 1 und 2 FMStFG).

Die Bedingungen und Auflagen können auch Vorgaben betreffend die Vorstandsvergütung beinhalten. Schon vor dem Erlass der Verordnung nach § 25 Abs. 3 FMStFG war es somit möglich, Vergütungsbeschränkungen anzuordnen.

Die beantragenden Unternehmen müssen folglich damit rechnen, dass der Vorstand einen Beitrag zur Krisenbewältigung leisten muss, um von den neuen Stabilisierungsinstrumenten des FMStFG profitieren zu können.

Im Fall der Lufthansa AG wurde entsprechend verfahren. Das Unternehmen erhielt zur Bewältigung der wirtschaftlichen Schwierigkeiten infolge der COVID-19-Pandemie 2020 Stabilisierungsmaßnahmen in Höhe von insgesamt

75 Verordnung zur Gewährung und Durchführung von Maßnahmen aus dem Wirtschaftsstabilisierungsfonds nach dem Stabilisierungsfondsgesetz vom 01.10.2020, BGBl. I S. 2058.

9 Mrd. Euro. Das Stabilisierungspaket sieht „weitgehende Vergütungsbeschränkungen für den Konzernvorstand, die Vorstände der Konzerngesellschaften sowie das Management" vor.[76]

X. Schlussbetrachtung: Inhaltlicher Wandel des Herabsetzungsrechts

Während zunächst die Vergütung des Vorstands lediglich dahin gehend reguliert war, dass eine Besoldung erfolgen oder unterbleiben konnte, sah der deutsche Gesetzgeber im weiteren Verlauf die Notwendigkeit, inhaltliche Vorgaben zur Vergütung zu treffen. Dabei fällt auf – anders als man es wohl zunächst vermuten würde – dass schon die ersten Regelungen zur Vorstandsvergütung nicht etwa die anfängliche Festsetzung, sondern gerade deren nachträgliche Herabsetzung betrafen. Vorgaben zur anfänglichen Festlegung der Vergütungshöhe wurden erst später eingeführt. Die rechtliche Regulierung der Bezüge von Vorstandsmitgliedern nahm ihren Anfang gerade mit Bestimmungen zur Möglichkeit ihrer nachträglichen Herabsetzung.[77] Erst seit dem AktG 1937 ist auch die anfängliche Angemessenheit von Vorstandsbezügen geregelt. Die rechtspolitische Debatte und der Wunsch nach einer Regulierung von übermäßig hoch empfundenen Vorstandsgehältern begannen gerade mit der Frage nach ihrer nachträglichen Korrektur.

Der Anwendungsbereich der Herabsetzungsmöglichkeit hat sich im Laufe der Zeit verengt. Seit dem AktG 1937 bis heute sind nicht mehr alle „Dienstverpflichteten" umfasst. Wenngleich eine analoge Anwendbarkeit auf Leitungsorgane anderer Gesellschaftsformen zumindest diskutiert wird[78], besteht eine ausdrückliche Regelung heute nur für Vorstandsmitglieder von Aktiengesellschaften.

Im Wesentlichen unverändert blieben indes die Grundvoraussetzungen für eine Herabsetzung. So hängt bis heute die Möglichkeit der Herabsetzung entscheidend von der Verschlechterung der wirtschaftlichen Lage ab. Jedoch war es in der Vergangenheit auch möglich, die Vergütung aufgrund der allgemeinen wirtschaftlichen Lage herabzusetzen. Inzwischen ist ausdrücklich und ausschließlich die „Lage der Gesellschaft" maßgeblich. Allerdings genügte eine

---

76 Vgl. Pressemitteilung des Bundesministeriums für Wirtschaft und Energie vom 25.06.2020, abrufbar unter: https://www.bmwi.de/Redaktion/DE/Pressemitteilungen/2020/20200625-altmaier-heute-ist-ein-guter-tag-fuer-die-beschaeftigten-der-lufthansa.html.

77 *Kort* in: GK-AktG, § 87 Rn. 10; *Seibt* in: K. Schmidt/Lutter, AktG, § 87 Rn. 1.

78 Siehe dazu ausführlich unter Abschnitt E.III.2.

schlechte bzw. verschlechterte wirtschaftliche Lage für sich genommen zu keinem Zeitpunkt, um eine Herabsetzung vorzunehmen. Stets musste daneben eine Weiterzahlung der ungekürzten Vergütung der Gesellschaft nicht zumutbar bzw. unbillig sein. Die § 78 Abs. 2 AktG 1937 und § 87 Abs. 2 a.F. AktG setzten sogar ausdrücklich eine qualifizierte Form der Unbilligkeit, nämlich eine „schwere" Unbilligkeit für die Gesellschaft voraus.

Bei der Einbeziehung von Ruhegehältern, Hinterbliebenenbezügen und Leistungen verwandter Art handelt es sich um keine „Erfindung" des Reformgesetzgebers des VorstAG.[79] Vielmehr erfolgte im Laufe der Zeit ein Wandel bezüglich der gegenständlichen Erstreckung der Herabsetzungsvorschriften. Konnten Ruhegehälter und vergleichbare Leistungen zunächst herabgesetzt werden, wurde ab dem Jahre 1937 im Gesetzestext nicht explizit auf sie Bezug genommen und ihre Kürzungsfähigkeit daher in Zweifel gezogen. Mit der Reform im Jahre 1965 wurden sie dann sogar ausdrücklich aus dem Anwendungsbereich des § 87 Abs. 2 AktG ausgeschlossen. Inzwischen erfolgte eine Rückbesinnung auf die ursprüngliche Einbeziehung der Ruhegehälter.

Zunächst wurde mit der Notverordnung vom 06.10.1931 nur die Möglichkeit einer Herabsetzung geschaffen. Der Aufsichtsrat war jedoch nicht verpflichtet, von diesem eingeräumten Recht Gebrauch zu machen. Durch die Verordnung vom 04.09.1932 änderte sich die Rechtslage jedoch zumindest für Unternehmen, die staatliche Subventionen in Anspruch nahmen. Mittels Anordnung der Reichsregierung konnte die Vergütung ihrer Vorstandsmitglieder begrenzt werden. Es war der Gesellschaft dann verboten, höhere Bezüge zu bezahlen, auch wenn sie vertraglich vereinbart waren. Im AktG wurde das Herabsetzungsrecht dann wieder optional formuliert („kann"). Lediglich bei Inanspruchnahme von Stabilisierungsmaßnahmen im Zuge der Finanzkrise musste der Aufsichtsrat auf eine Vergütungsanpassung hinwirken, falls die Vergütung 500.000 Euro überstieg. Mit den Reformen im Zuge des VorstAG wurde auch für das allgemeine aktienrechtliche Herabsetzungsrecht eine stärkere Verbindlichkeit angestrebt („soll").

Der mittlerweile vorgeschriebene Umfang der Herabsetzung „auf die angemessene Höhe" basiert ebenfalls auf einem historischen Vorbild. Ein solches Herabsetzungsmaß hat bereits die Notverordnung vom 06.10.1931 vorgesehen. Das Herabsetzungsmaß hat sich somit im Verlauf zunächst von einer Herabsetzung „auf die angemessene Höhe" zu einer „angemessenen Herabsetzung" gewandelt. Mit den Änderungen durch das VorstAG wurde diese Entwicklung

79 So aber *van Kann/Keiluweit*, DStR 2009, 1587, 1590.

wieder rückgängig gemacht. Daran wird deutlich, dass es sich auch bei Reformen der neueren Zeit nicht etwa um bahnbrechende Veränderungen handelte, sondern lediglich alte Prinzipien wiederaufgegriffen wurden.

Es zeigt sich schließlich, dass die Etablierung einer Herabsetzungsmöglichkeit wiederholt im Zusammenhang mit der Gewährung von staatlichen Hilfsmaßnahmen stand. So war in der Vergangenheit schon zum Teil ausdrücklich für derartige Fälle eine Herabsetzung vorgesehen (Verordnung vom 04.09.1932). Das Reichsgericht bezog die Frage, ob staatliche Hilfsleistungen gewährt wurden, bei der Entscheidung über das Vorliegen der Voraussetzungen für eine Herabsetzung ebenso mit ein. In jüngerer Zeit erlangte dieser Leitgedanke während der Finanzkrise 2000/2009 und der COVID-19-Pandemie 2020 wieder Bedeutung. Der Staat knüpft die Gewährung von Leistungen des Finanzmarkt- bzw. Wirtschaftsstabilisierungsfonds an Bedingungen und Auflagen. Dazu zählt insbesondere auch die Einhaltung von Vorgaben betreffend die Höhe der Vorstandsvergütung.

C. Begründungsansätze für die Herabsetzung von Vorstandsbezügen

Die soeben nachgezeichnete Entstehungsgeschichte erklärt den Inhalt der Herabsetzungsmöglichkeit und welchen kleineren und größeren inhaltlichen Änderungen sie über die Zeit unterlag. Es bleibt aber weiterhin zu klären, aus welchen Gründen in der Vergangenheit bis in die Gegenwart hinein eine rechtspolitische Notwendigkeit gesehen wurde, eine nachträgliche Herabsetzung der Vorstandsbezüge zuzulassen. Hat die Herabsetzungsvorschrift auch heute noch eine Existenzberechtigung oder handelt es sich bei ihr womöglich um ein Relikt alter Zeiten, das sich bisher nur niemand getraut hat, abzuschaffen? Um diese Frage zu beantworten, wird nachstehend näher analysiert, welche konkreten Zwecke mit der Herabsetzungsmöglichkeit im Laufe der Zeit verfolgt wurden.

I. Anfängliche Begründungsansätze

a) Weimarer Republik: Herabsetzungsmöglichkeit als Instrument der Krisenbewältigung

Die erstmalige Einführung der Herabsetzungsmöglichkeit erfolgte nach Aussagen des damaligen Reichskanzlers Brüning auf die Bitte von Vertretern der Wirtschaft hin.[80] Dass ausgerechnet Vertreter der Wirtschaft sich für eine Kürzung von Vorstandsgehältern starkmachen, mag heute schwer vorstellbar erscheinen. Jedoch ist zu bedenken, dass die Verordnung für alle „Dienstverpflichteten“ und damit auch für gewöhnliche Arbeitnehmer galt. Vorstandsmitglieder waren zwar ebenfalls von der Verordnung umfasst, waren aber nicht ausschließlich von potentiellen Vergütungskürzungen betroffen. Das Reichsgericht erklärte die Notwendigkeit der Notverordnung damit, dass aufgrund der allgemeinen schlechten wirtschaftlichen Lage in Deutschland infolge der Weltwirtschaftskrise eine Gefahr für die Wettbewerbsfähigkeit gerade wegen hoher Personalausgaben bestanden hätte.[81] Das Herabsetzungsrecht sollte ermöglichen, die

80 Akten der Reichskanzlei. Weimarer Republik, die Kabinette Brüning I/II, Band 2, Nr. 501 Ministerbesprechung vom 1. Oktober 1931, 18 Uhr, abrufbar unter http://www.bundesarchiv.de/aktenreichskanzlei/1919-1933/01a/bru/bru2p/kap1_1/kap2_249/index.html.

81 RG, Urt. v. 02.10.1934 – III 87/34, RGZ 145, 263, 264 f.

deutsche Wettbewerbsfähigkeit wieder herzustellen.[82] Die Herabsetzung stellte sich damit als ein Instrument dar, um eine wirtschaftliche Krise zu überwinden. Dieser Zweck beschränkte sich dabei nicht allein darauf, Einzelunternehmen zu erhalten, sondern sollte auch die gesamtwirtschaftliche Krise abfedern. Das Reichsgericht hielt eine enge Auslegung der Vorschriften der Notverordnung für geboten, da es sich beim Kürzungsrecht um eine Notmaßnahme in wirtschaftlich schwerer Zeit und damit eine Ausnahmebestimmung handelte.[83]

b) Nationalsozialismus: „Führerprinzip" und „Gemeinnutz geht vor Eigennutz"

Die neben der Verordnung bestehende Kürzungsmöglichkeit nach § 242 BGB begründete das Reichsgericht zunächst allgemein mit der personenrechtlichen Natur des Dienstvertrags, die zu einer besondere Treuepflicht zwischen den Vertragsparteien führe.[84] Diese Treuepflicht trifft prinzipiell jeden Dienstverpflichteten, also auch gewöhnliche Arbeitnehmer.

Hinsichtlich der Kürzungsmöglichkeit differenzierte das RG im Ergebnis dennoch zwischen Arbeitnehmern und Vorstandsmitgliedern. So betonte das RG, dass „von denen, die bisher besonders hohe Vergütungen bezogen haben, ein größeres Opfer erwartet" werde.[85] Das RG argumentierte ferner mit der „Erkenntnis von Wichtigkeit der Führung in Staat und Wirtschaft".[86] Mit einer hohen Führungsaufgabe und der besonderen Stellung von „Führerpersönlichkeiten" gingen auch erhöhte Pflichten einher.[87] Aufgrund der besonderen Verbundenheit eines „(Betriebs-)Führers" mit seiner „Gefolgschaft" müsse er auch bei seinen Vergütungsansprüchen auf die Belange des Unternehmens Rücksicht nehmen.[88] Die Entscheidung des RG gibt Aufschluss über die vom sog. Führerprinzip beherrschte Denkweise Mitte der 1930er Jahre. Eine besondere Rücksichtnahmepflicht gelte vor allem, wenn dies „einem größeren Kreis von Volksgenossen" nutze und durch die Vergütungskürzung zum Wiederaufbau der deutschen Wirtschaft beigetragen werden könne.[89] Für die Gesamtwirtschaft

---

82 RG, Urt. v. 02.10.1934 – III 87/34, RGZ 145, 263, 265.
83 RG, Urt. v. 02.10.1934 – III 87/34, RGZ 145, 263, 264.
84 RG, Urt. v. 30.04.1935 – II 291/34, RGZ 148, 81, 91.
85 RG, Urt. v. 30.04.1935 – II 291/34, RGZ 148, 81, 94.
86 RG, Urt. v. 30.04.1935 – II 291/34, RGZ 148, 81, 94.
87 RG, Urt. v. 30.04.1935 – II 291/34, RGZ 148, 81, 94.
88 RG, Urt. v. 30.04.1935 – II 291/34, RGZ 148, 81, 94.
89 RG, Urt. v. 30.04.1935 – II 291/34, RGZ 148, 81, 94.

sei es nämlich bedeutend, dass viele große Betriebe erhalten bleiben.[90] Zudem könne der Zusammenbruch eines einzelnen Unternehmens Ausstrahlungswirkung haben, was wiederum „das Volksganze in Mitleidenschaft ziehen" könne.[91] Die Herabsetzung bezweckte damit auch die Existenzsicherung einzelner Gesellschaften zum Wohle der Gesamtwirtschaft. Im Zuge der Kodifizierung des Herabsetzungsrechts für die Aktiengesellschaft in § 78 AktG 1937 blieb der Gesetzgeber selbst bezüglich der konkreten Gründe seiner Einführung sehr vage.[92] Die Vorschrift sollte hinsichtlich der Vorstandsvergütung „der heutigen Volksauffassung entsprechende Grundsätze"[93] aufstellen.

Ähnliche Begründungsansätze zeigten sich in den erläuternden Ausführungen von *Geßler*, der an der Erarbeitung des AktG 1937 maßgeblich beteiligt war. Er erklärt zur Einführung des § 78 AktG 1937, es habe dieser Vorschriften bedurft, „um die teilweise recht hohen Bezüge der Vorstandsmitglieder der heutigen Volksauffassung entsprechend zu kürzen".[94] Die Herabsetzung im Speziellen würde „in ihrer Auffassung von der Verbundenheit von Vorstand und Gefolgschaft dem nationalsozialistischen Grundsatz von ‚Gemeinnutz geht vor Eigennutz'" entsprechen.[95] Mit diesem Grundsatz wird die gesetzliche Herabsetzungsmöglichkeit auch in der Kommentierung des § 78 AktG 1937 durch *Schlegelberger/Quassowski* begründet.[96] Der Einzelne müsse Opfer bringen, wenn dies für andere Mitglieder der Volksgemeinschaft einen Nutzen bringe.[97] Aus der Treuepflicht ergebe sich, dass der Vorstand bei Vorliegen besonderer Umstände nicht am starren Wortlaut des Vertrages festhalten dürfe.[98] Bei einer wesentlichen Verschlechterung der Gesellschaftsverhältnisse entspreche es der „gesunden Volksauffassung, dass das Vorstandsmitglied zugunsten der Belange der Gesellschaft ein besonderes Opfer" bringe.[99] Daneben käme der Herabsetzungsmöglichkeit eine sozialpolitische Bedeutung zu, da bei der Bestimmung

---

90 RG, Urt. v. 30.04.1935 – II 291/34, RGZ 148, 81, 95.
91 RG, Urt. v. 30.04.1935 – II 291/34, RGZ 148, 81, 95.
92 *Schönemann*, Geschäftsleitervergütung, S. 182.
93 Amtliche Begründung, Deutscher Reichsanzeiger und Preußischer Staatsanzeiger 1937, Nr. 28 vom 4.2.1937, S. 4.
94 *Geßler*, JW 1937, 497, 499.
95 *Geßler*, JW 1937, 497, 500.
96 *Schlegelberger/Quassowski*, AktG 1937, § 78 Rn. 1.
97 *Schlegelberger/Quassowski*, AktG 1937, § 78 Rn. 1.
98 *Schlegelberger/Quassowski*, AktG 1937, § 78 Rn. 8.
99 *Schlegelberger/Quassowski*, AktG 1937, § 78 Rn. 8.

der Lage der Gesellschaft auch die Belange der Arbeitnehmer zu berücksichtigen seien.[100]

Die Ausführungen des Reichsgerichts und der zeitgenössischen Kommentierungen zeigen, dass die Notwendigkeit einer Herabsetzungsmöglichkeit zeitweise auch mit dem nationalsozialistischen Grundgedanken des „Führerprinzips" und der überragenden Stellung des Gemeinnutzes begründet wurde. Dennoch handelt es bei der Herabsetzungsmöglichkeit keineswegs um eine von nationalsozialistischer Ideologie geprägte Vorschrift.[101] Das zeigt bereits die zuvor bestehende Notverordnung vom 06.10.1931. Vorstandsbezüge weckten außerdem schon vor dem Nationalsozialismus das besondere Interesse des Aktienrechtsausschusses des vorläufigen Reichswirtschaftsrats.[102] Eine nachträgliche Vergütungskorrektur sowie eine Übernahme der Bestimmungen der Notverordnung in das Aktienrecht wurden schon 1932 diskutiert.[103] Insofern erhielt die Begründung für die Herabsetzung von Vorstandsbezügen später nur eine ideologische Färbung.[104]

c) Ergebnis: Pluralität der Schutzzwecke

Insgesamt zeigt sich, dass in den 1930er-Jahren gesamtwirtschaftliche und sozialpolitische Überlegungen sowohl bei der erstmaligen Einführung des Herabsetzungsrechts als auch bei der späteren gesetzlichen Ausgestaltung in § 78 AktG 1937 überwogen.[105] Es ging hingegen zumindest vorrangig gerade nicht um den Schutz der Aktionäre.[106] Für die erstmalige Einführung einer Kürzungsmöglichkeit war eine allgemeine wirtschaftliche Ausnahmesituation ausschlaggebend. Mit der Vergütungskürzung sollte die Gesellschaft finanziell entlastet werden. Die Vergütungskürzung hatte aber auch eine über das betroffene Unternehmen hinausgehende Bedeutung. Sie sollte zwar einerseits den

100 *Schlegelberger/Quassowski*, AktG 1937, § 78 Rn. 9.

101 *Keiser*, RdA 2010, 280, 282.

102 *Keiser*, RdA 2010, 280, 282.

103 Vgl. Protokoll der Verhandlung des Arbeitsausschusses des Vorläufigen Reichswirtschaftsrats zur Beratung des Entwurfs eines Gesetzes über Aktiengesellschaften und Kommanditgesellschaften auf Aktien, 2. Sitzung vom 22.9.1932: Vorstand und Aufsichtsrat, abgedruckt in: *Schubert/Hommelhoff*, Aktienrechtsreform am Ende der Weimarer Republik, S. 170.

104 *Keiser*, RdA 2010, 280, 282.

105 *Schönemann*, Geschäftsleitervergütung, S. 184 (zu § 78 AktG 1937).

106 *Schönemann*, Geschäftsleitervergütung, S. 188 (zu § 78 AktG 1937).

Fortbestand einzelner, konkreter Unternehmen sichern. Die Verhinderung des Zusammenbruchs einzelner Unternehmen sollte aber zugleich negativen Ausstrahlungswirkungen auf andere Unternehmen vorbeugen.

Aus gesamtwirtschaftlicher Perspektive wurde die Vergütungsherabsetzung ferner als Instrument gesehen, einen Beitrag zum Wiederaufbau der deutschen Wirtschaft zu leisten. Diese der Wirtschaftskrise entstammenden Überlegungen spielten sicherlich bei der Einführung des § 78 AktG 1937 weiterhin eine Rolle.

Daneben rückten Gerechtigkeitserwägungen stärker in den Vordergrund. Die „Volksauffassung" gewann zunehmend an Bedeutung. Der Gesetzgeber ging offensichtlich davon aus, dass eine Kürzung der Vergütung im Falle einer wesentlichen Lageverschlechterung der Volksauffassung entsprach. Die gesamtgesellschaftliche Ansicht gebot es in diesem Zusammenhang, dass Vorstandsmitglieder aufgrund ihrer besonderen Stellung auch im besonderen Maße Opfer bringen mussten. Hervorgehoben wurde in diesem Zusammenhang auch die besondere Verbundenheit von Unternehmensleitung und Arbeitnehmerschaft. So fand die Rücksichtnahme auf die Belange der Arbeitnehmer bei der Bewertung der Unternehmenslage in Kommentierungen des § 78 AktG 1937 erstmalig gesondert Erwähnung. Die Begründung für eine Herabsetzung bestand damit einerseits darin, dass der Vorstand auf die konkrete wirtschaftliche Situation der Gesellschaft Rücksicht zu nehmen hatte. Somit bezweckte die Herabsetzung den Schutz der Gesellschaft selbst bzw. des Gesellschaftsvermögens. Zugleich sollte dadurch auch die Gesamtwirtschaft geschützt und eine mögliche Kettenreaktion vermieden werden. Schließlich sollte mit der Herabsetzung auch eine der „Volksauffassung" entsprechende Vorstellung in Bezug auf Vorstandsvergütungen durchgesetzt werden.

II. Neuere Begründungsansätze

Im Zuge der Aktienrechtsreform 1965 wurde die Regelung des § 78 AktG 1937 schlicht in § 87 AktG 1965 überführt. Dabei wurde sich nicht näher damit auseinandergesetzt, welche konkreten Ziele mit der Vorschrift verfolgt werden.[107] Auch hinsichtlich der Reformen durch das VorstAG fehlt es an fundierten gesetzgeberischen Ausführungen dazu, welchen konkreten Schutzzweck § 87 Abs. 2 AktG verfolgt.[108] Es ergibt sich daraus nicht, warum an einer Herabsetzungsmöglichkeit weiterhin festgehalten werden sollte. Mangels ausdrücklicher

107 *Schönemann*, Geschäftsleitervergütung, S. 191.

108 *Schönemann*, Geschäftsleitervergütung, S. 196.

gesetzgeberischer Hinweise zur Schutzrichtung des § 87 Abs. 2 AktG wurde der aktuelle Schutzzweck der Norm überwiegend von Rechtsprechung und Literatur näher herausgearbeitet und benannt.

1. Schutz der Gesellschaft, Aktionäre, Gläubiger und Arbeitnehmer

Nach Auffassung des BGH bezweckt der heute geltende § 87 Abs. 2 AktG, den Vorstand am Schicksal der Gesellschaft teilhaben zu lassen.[109] Als Rechtfertigung für eine derartige Teilhabe an der (negativen) Entwicklung der Gesellschaft wird einhellig auf die organschaftliche Treuepflicht abgestellt.[110] Die Teilhabe an einer negativen wirtschaftlichen Entwicklung aufgrund einer besonderen Treuepflicht ist dabei kein Selbstzweck. Der gesamte § 87 AktG – und somit auch dessen Abs. 2 – soll dem Schutz der Gesellschaft sowie ihrer Aktionäre und Gläubiger vor einer Schmälerung des Gesellschaftsvermögens durch übermäßige Vorstandsbezüge dienen.[111]

Teilweise werden neben der Gesellschaft sowie ihrer Aktionäre und Gläubiger auch Arbeitnehmer in den Schutzzweck miteinbezogen[112] bzw. es wird auf eine sozialpolitische Bedeutung der Herabsetzungsvorschrift hingewiesen.[113] Die sozialpolitische Bedeutung soll sich auch noch heute daraus ergeben, dass die Weitergewährung der Bezüge die Belange der Arbeitnehmerschaft berühren könnte und somit den sozialen Frieden in der Gesellschaft gefährden könne.[114] Darin könne eine Unbilligkeit für die Gesellschaft im Sinne des § 87 Abs. 2 AktG liegen.[115] In diesem Zusammenhang wird auch angemerkt, dass die Gesetzesbegründung des VorstAG bezüglich der Verschlechterung der wirtschaftlichen

---

109 BGH, Urt. v. 27.10.2015 – II ZR 296/14, BGHZ 207, 190 Rn. 24.

110 BGH, Urt. v. 27.10.2015 – II ZR 296/14, BGHZ 207, 190 Rn. 24 f.; OLG Düsseldorf, Urt. v. 17.11.2003 – 15 U 225/02, NZG 2004, 141; *Dauner-Lieb,* in: Henssler/Strohn, Gesellschaftsrecht, § 87 AktG Rn. 35; *Diller,* NZG 2009, 1006, 1007; *Spindler,* in: MüKo-AktG, § 87 Rn. 164; *Wittuhn/Hamann,* ZGR 2009, 847, 852.

111 *Kort,* in: GK-AktG, § 87 Rn. 1; *Hüffer/Koch,* AktG, § 87 Rn. 1; *Oltmanns,* in: NK-AktR, § 87 Rn. 1; *Rieble/Schmittlein,* Vergütung von Vorständen, Rn. 23 f.; *Schwennicke,* in: Grigoleit, AktG, § 87 Rn. 1; *Seibt,* in: K. Schmidt/Lutter, AktG, § 87 Rn. 1.

112 *Schwennicke* in: Grigoleit, AktG, § 87 Rn. 1; *Uhlenbruck,* BB 2003, 1185; *Wittuhn/Hamann,* ZGR 2009, 847, 857 f.

113 *Spindler,* in: MüKo-AktG, § 87 Rn. 181; *Wittuhn/Hamann,* ZGR 2009, 847, 858 und 868.

114 *Spindler,* in: MüKo-AktG, § 87 Rn. 181.

115 *Spindler,* in: MüKo-AktG, § 87 Rn. 181.

Lage unter anderem auf Entlassungen oder Lohnkürzungen abstelle und damit ausdrücklich auf Arbeitnehmerinteressen Bezug nehme.[116] In dieser Hinsicht wird zum Teil angenommen, dass eine „umgekehrte Indizwirkung" bestehe. Vorstandsmitglieder seien zur Überwindung einer schwierigen wirtschaftlichen Lage gegenüber Arbeitnehmern vorrangig heranzuziehen.[117]

2. Kein Schutz der Gesamtwirtschaft und der Gerechtigkeitsvorstellungen der Allgemeinheit

Das Wohl der „Volksgemeinschaft" bzw. der Allgemeinheit wird hingegen – im Unterschied zu früher – nicht mehr als Begründung für die Existenzberechtigung einer Herabsetzungsmöglichkeit herangezogen. Nach heutiger Auffassung geht es außerdem bei der Beteiligung des Vorstands an der wirtschaftlichen Entwicklung stets um die konkrete Gesellschaft. Dass es darum gehe, die wirtschaftliche Lage oder Wettbewerbsfähigkeit in Deutschland insgesamt zu verbessern, wird heute nicht mehr vertreten. Die allgemeine wirtschaftliche Lage hat keine Bedeutung. Vielmehr wird betont, dass im Rahmen des § 87 Abs. 2 AktG allgemeine Betrachtungen außen vor bleiben müssten und es stets allein auf die Verhältnisse der konkreten Gesellschaft ankomme.[118] In diesem Zusammenhang wird zudem hervorgehoben, dass Gerechtigkeitsgefühle der Bevölkerung durch § 87 AktG nicht geschützt würden.[119]

3. Vergütungsherabsetzung zur Überwindung wirtschaftlicher Notlagen

Vor den Änderungen durch das VorstAG wurde die Vergütungskürzung als „äußerster Notbehelf"[120] betrachtet, der nur in existenzbedrohenden Notlagen Anwendung finden sollte.[121] Eine derartige Qualifizierung als äußersten Notbehelf wird nunmehr jedoch als überholt angesehen.[122] Es wird gleichwohl

---

116 *Wittuhn/Hamann*, ZGR 2009, 847, 858.
117 *Wittuhn/Hamann*, ZGR 2009, 847, 868.
118 *Gocke/Greubel*, ZIP 2009, 2086; *Seibt* in: K. Schmidt/Lutter, AktG, § 87 Rn. 18.
119 *Rieble/Schmittlein*, Vergütung von Vorständen, Rn. 19 f.
120 *Spindler*, in: MüKo-AktG, 3. Aufl. 2008, § 87 Rn. 87.
121 *Lingemann*, BB 2009, 1918, 1920; *Schüller*, Vorstandsvergütung, S. 206; *Wagner/Wittgens*, BB 2009, 906, 910; *Weisner/Kölling*, NZG 2003, 465, 466; *Wilsing/Kleißl*, BB 2008, 2422, 2424.
122 *Fleischer*, NZG 2009, 801, 804; *Spindler*, in: MüKo-AktG, § 87 Rn. 170 ff. A.A. *Gaul/Janz*, NZA 2009, 809, 812.

angenommen, dass das Herabsetzungsrecht weiterhin der Überwindung wirtschaftlicher Notlagen dienen solle.[123] Der übergeordnete Zweck der Herabsetzungsmöglichkeit soll somit auch darin bestehen, eine wirtschaftliche Notlage zu überwinden.

4. Verhinderung von Fehlanreizen durch § 87 Abs. 2 AktG

Klöhn ist der Auffassung, es handele sich bei § 87 Abs. 2 AktG seit den erfolgten Veränderungen durch das VorstAG auch um eine der Verhaltenssteuerung dienende Norm zur Verhinderung von Fehlanreizen.[124] Dies folgert er aus der Entwurfsbegründung der Regierung, in der es heißt: Wer „stichtagsbezogen Boni erhält, ohne an einer nachfolgenden Verschlechterung der Parameter beteiligt zu werden, wird zum Eingehen unverantwortlicher Risiken verleitet".[125] Fehlanreize des Vorstands entstünden typischerweise einerseits durch die Konzentration auf kurzfristiges Wachstum, andererseits durch das Eingehen zu hoher Risiken.[126] Diesen Fehlanreizen könne § 87 Abs. 2 AktG prinzipiell begegnen, indem er die Vergütungshöhe mit der künftigen Lage der Gesellschaft verknüpfe.[127] Denn infolge des Bestehens dieser Vorschrift würde der Vorstand eine langfristige Perspektive – zumindest von bis zu drei Jahren nach Ausscheiden – einnehmen.[128] Zugleich sei anzunehmen, dass er infolge der Verknüpfung seiner Vergütung mit der Lage der Gesellschaft keine überhöhten Risiken eingehen werde.[129] Damit könne § 87 Abs. 2 AktG nach *Klöhn* an sich verhaltenssteuernd wirken.[130]

Im Ergebnis bestünden jedoch erhebliche Zweifel hinsichtlich der tatsächlichen Wirksamkeit des § 87 Abs. 2 AktG als Anreizinstrument.[131] So erscheint es ihm insbesondere problematisch, dass § 87 Abs. 2 AktG als zwingende Vorschrift jeder Vergütungsvereinbarung immanent sei.[132] So sei auch ein solches Vorstandsmitglied von der Regelung betroffen, das nach Ansicht des Aufsichtsrats gerade dann optimale Anreize habe, wenn es kein unternehmerisches Risiko

---

123 *Spindler*, in: MüKo-AktG, § 87 Rn. 178, 217.
124 *Klöhn*, ZGR 2012, 1, 23, 34; zustimmend *Raapke*, Vergütungsregulierung, S. 215 f.
125 Vgl. Gesetzentwurf der Fraktionen CDU/CSU und SPD, BT-Drs. 16/12278, S. 5.
126 *Klöhn*, ZGR 2012, 1, 10.
127 *Klöhn*, ZGR 2012, 1, 16.
128 *Klöhn*, ZGR 2012, 1, 16.
129 *Klöhn*, ZGR 2012, 1, 16.
130 *Klöhn*, ZGR 2012, 1, 16.
131 *Klöhn*, ZGR 2012, 1, 16 ff.
132 *Klöhn*, ZGR 2012, 1, 17.

trage.[133] Selbst wenn aufgrund der bei einem Vorstandsmitglied bestehenden individuellen Anreizwirkung für dieses nur ein Festgehalt vereinbart worden sei, könnten sich Aufsichtsrat und Vorstandsmitglieder dem § 87 Abs. 2 AktG nicht wirksam entziehen.[134] Die Vorschrift habe daher eine aufdrängende Wirkung.[135]

In anderen Fällen wiederum hätte die Herabsetzungsmöglichkeit verdrängende Wirkung.[136] Sie verdränge die zwischen Aufsichtsrat und Vorstand autonom getroffenen Regelungen zur Vermeidung von Fehlanreizen.[137] Wurden variable Vergütungsbestandteile vereinbart, die an die wirtschaftliche Lage anknüpfen, würde der Vorstand durch § 87 Abs. 2 AktG, für das gleiche Risiko – Verschlechterung der Lage der Gesellschaft – doppelt bestraft.[138] Dies hätte zur Konsequenz, dass die individuellen Vergütungsreglungen angepasst werden müssten.[139]

Im Ergebnis werde die privatautonome Suche nach der im jeweils konkreten Einzelfall optimalen Vergütungsstruktur infolge der auf- und zugleich verdrängenden Wirkung des § 87 Abs. 2 AktG erschwert.[140] *Klöhn* sieht darin eine wesentliche Schwäche der Norm.[141] Er zieht daraus die Konsequenz, dass § 87 Abs. 2 AktG zur Verringerung der auf- und verdrängenden Wirkung eng ausgelegt werden müsse und nur unter strengen Voraussetzungen eingreifen dürfe.[142]

III. Kritische Würdigung

1. Schutz der Gesellschaft, Aktionäre, Gläubiger und Arbeitnehmer

Dem weiten Schutzzweckverständnis, wonach durch § 87 Abs. 2 AktG das Gesellschaftsvermögen und damit die Gesellschaft, Aktionäre, Gläubiger und Arbeitnehmer geschützt werden, ist zuzustimmen. Eine Herabsetzung der Vorstandsbezüge führt zu einem geringeren Abfluss des Gesellschaftsvermögens.

---

133 *Klöhn*, ZGR 2012, 1, 17.
134 *Klöhn*, ZGR 2012, 1, 17.
135 *Klöhn*, ZGR 2012, 1, 17.
136 *Klöhn*, ZGR 2012, 1, 17 f.
137 *Klöhn*, ZGR 2012, 1, 17.
138 *Klöhn*, ZGR 2012, 1, 18.
139 *Klöhn*, ZGR 2012, 1, 18.
140 *Klöhn*, ZGR 2012, 1, 18.
141 *Klöhn*, ZGR 2012, 1, 16 ff.
142 *Klöhn*, ZGR 2012, 1, 19 f.

Für die Aktionäre kann das etwa bedeuten, dass ihnen ein (gegenüber einer Weiterzahlung der bisherigen Vergütung) erhöhter Bilanzgewinn bleibt. Der über § 87 Abs. 2 AktG ebenso verwirklichte Gläubigerschutz zeigt sich demgegenüber insbesondere in der Insolvenz, wenn mittels der Herabsetzung eine Verringerung der Insolvenzquote vermieden werden kann.[143] Da in der Gesetzesbegründung zudem ausdrücklich auf Entlassungen und Lohnkürzungen abgestellt wird, liegt auch nahe, dass mittelbar Arbeitnehmer geschützt werden sollen. Letztlich soll vermieden werden, dass die Nachteile einer Verschlechterung der wirtschaftlichen Lage allein von Arbeitnehmern, Aktionären und/oder Gläubigern getragen werden, während der Vorstand als Leitungsorgan der Gesellschaft außen vor bleibt.

2. Ausblendung von außergesellschaftlichen Umständen und Gerechtigkeitserwägungen?

Es besteht Einigkeit, dass bei der Herabsetzung entscheidend auf die konkrete Gesellschaft und deren wirtschaftliche Lage abzustellen ist, ohne dass es dabei auf die allgemeine Wirtschaftslage oder die Gerechtigkeitsvorstellung der Allgemeinheit ankommen würde. Dennoch hatten die gesamtwirtschaftliche Lage und die gesellschaftliche Stimmung unverkennbar Einfluss auf die Entwicklung des Herabsetzungstatbestandes. Das gilt auch für die Neugestaltung durch das VorstAG. Denn auch das VorstAG war unmittelbar Folge einer gesamtwirtschaftlichen Entwicklung. Es war eine Reaktion auf die Finanzkrise des Jahres 2008.[144] Ohne die Finanzkrise hätte es sehr wahrscheinlich auch keine inhaltliche Änderung des § 87 Abs. 2 AktG gegeben. Es ist davon auszugehen, dass damit bezweckt war, die Herabsetzung zu erleichtern.[145] Es erscheint nicht unwahrscheinlich, dass gerade die Erfahrungen der Finanzkrise dem Gesetzgeber aufgezeigt haben, dass die bisherige Regelung nicht zu einem verbreiteten Einsatz der Herabsetzungsmöglichkeit führte.[146] Offensichtlich empfand er die bisherige Nutzung der Herabsetzungsmöglichkeit als ungenügend und die gesetzlichen Hürden als zu hoch.

---

143 *Göcke/Greubel*, ZIP 2009, 2086, 2087; *Rieble/Schmittlein*, Vergütung von Vorständen, Rn. 24.

144 Gesetzentwurf der Fraktionen CDU/CSU und SPD, BT-Drs. 16/12278, S. 1; *Kort* in: GK-AktG, § 87 Rn. 23.

145 *Mertens/Cahn* in: KK-AktG, § 87 Rn. 94.

146 *Schönemann*, Geschäftsleitervergütung, S. 196.

Offen bleibt unter dieser Annahme jedoch weiterhin, aus welchen Gründen eine verstärkte Nutzung der Kürzungsmöglichkeit überhaupt gewünscht war. Ein konkret fassbarer Grund für den Wunsch nach einer erleichterten Herabsetzung wurde im Zuge der Reform jedenfalls nicht angegeben. Genauso wie die ursprüngliche Einführung der Herabsetzungsmöglichkeit ist auch ihre Änderung in jüngerer Zeit unmittelbare Folge einer Finanzkrise. Sowohl bei der Einführung als auch bei späteren Reformen des Herabsetzungsrechts war das Motiv für eine gesetzliche Regelung bzw. Veränderung offenbar, dass bei wirtschaftlichen Notlagen Vorstandsbezüge schlicht nicht unverändert (unangemessen) hoch bleiben dürften. Der schon bei Einführung (auch) bezweckte Schutz der konkreten Gesellschaft wurde im Rahmen des VorstAG nicht aufgegeben. Es bestehen gleichwohl keine Anhaltspunkte dafür, dass es bei den konkreten Veränderungen des Herabsetzungsrechts darum ging, die Überwindung von Notlagen gerade im Interesse der konkreten Gesellschaft oder der Gesamtwirtschaft zu erleichtern.

Vielmehr wird ein anderer Aspekt, der auch schon in der Vergangenheit relevant war, eine zentrale Rolle gespielt haben. Gemeint ist das Empfinden der Öffentlichkeit. Die Stimmung innerhalb der Bevölkerung wurde zwar nicht als Grund für die Verschärfung der Vorschrift benannt. Im ersten Entwurf des VorstAG bezog sich aber die „Unbilligkeit" unter anderem noch ausdrücklich auf außergesellschaftliche Umstände. So hieß es in der Entwurfsbegründung: „Es kommt dabei nicht nur auf die „Unbilligkeit" für die Gesellschaft an".[147] Damit hätte Raum bestanden, im Rahmen des § 87 Abs. 2 AktG die öffentliche Meinung zur Vergütungshöhe zu berücksichtigen.[148] Dies ist im Laufe des Gesetzgebungsverfahrens auf Kritik gestoßen.[149] Im weiteren Verlauf wurde daher der Zusatz „für die Gesellschaft" wieder angefügt.[150] Dies bedeutet, dass es weiterhin für die Unbilligkeit gerade nicht auf Wertungen der Öffentlichkeit oder der Allgemeinheit ankommt.[151] Auch wenn der Bezug zwischen der Unbilligkeit und der Gesellschaft im weiteren Verlauf wieder hergestellt wurde, deutet die Formulierung

---

147 Gesetzentwurf der Fraktionen CDU/CSU und SPD, BT-Drs. 16/12278, S. 6.

148 *Hohenstatt*, ZIP 2009, 1349, 1353; *Lingemann*, BB 2009, 1918, 1920; *Meyer*, Vorstandsvergütung, S. 277; *Nikolay*, NJW 2009, 2640, 2643.

149 *DAV Handelsrechtsausschuss*, NZG 2009, 612, 614; *GDV*, Stellungnahme Gesetzentwurf VorstAG, S. 4; *Wagner/Wittgens*, BB 2009, 906, 910.

150 Beschlussempfehlung und Bericht des Rechtsausschusses, BT-Drs. 16/13433, S. 4.

151 *Bauer/Arnold*, AG 2009, 717, 726; *Diller*, NZG 2009, 1006, 1007; *Hoffmann-Becking/Krieger*, NZG-Beil. H. 26 2009, 1, 5; *Hohenstatt*, ZIP 2009, 1349, 1353; *Weber*, in: Hölters, AktG, § 87 Rn. 49.

der Entwurfsbegründung unverkennbar darauf hin, dass die Reformüberlegungen ihren Anfang mit außergesellschaftlichen Überlegungen nahmen. *Keiser* sieht in der Reform des § 87 Abs. 2 AktG dementsprechend eine Reaktion auf ein „diffuses Ungerechtigkeitsempfinden in der Bevölkerung".[152] Da die Neuregelung des § 87 AktG sich zudem nicht auf Unternehmen im Finanzsektor beschränkt, sondern alle Aktiengesellschaften umfasst, liegt nahe, dass die allgemeine Stimmung bezüglich der Höhe von Vorstandsvergütungen für die Reformen des VorstAG sehr wohl mitausschlaggebend war.[153]

Zuzugestehen ist freilich, dass bei der konkreten Anwendung der Norm außergesellschaftliche Umstände schon nach dem eindeutigen Wortlaut nicht zu berücksichtigen sind. Dennoch waren sie für die aktuelle Ausgestaltung der Vorschrift prägend. Es kann jedenfalls nicht festgestellt werden, dass die Reform des § 87 Abs. 2 AktG durch das VorstAG rechtspolitisch rein aktienrechtlich motiviert war und allein dem verbesserten Schutz der Gesellschaft als solcher sowie ihrer Aktionäre, Gläubiger und Arbeitnehmer dienen sollte. Es besteht insofern eine gewisse Widersprüchlichkeit zwischen den tatsächlich ausschlaggebenden Faktoren für die Einführung, Beibehaltung und Verschärfung der Herabsetzungsmöglichkeit und den Versuchen, eine dogmatisch saubere Begründung und Schutzrichtung des § 87 AktG herauszuarbeiten.[154]

Während es richtig ist, in der Herabsetzungsvorschrift eine Norm zum Schutz der Gesellschaft, Aktionäre, Gläubiger und Arbeitnehmer zu erblicken, ist die alleinige Fokussierung auf diese Schutzrichtung verkürzt. Unter Berücksichtigung der tatsächlichen Umstände erwecken die rechtsdogmatischen Begründungsansätze der Rechtsprechung und Literatur bisweilen sogar den Eindruck, als seien sie „zurechtgebogen". Es wird versucht, die kontinuierliche Existenz der Vergütungsherabsetzung aus aktienrechtlicher Perspektive dogmatisch einigermaßen stimmig zu erklären.

In den aktuellen Erklärungsansätzen der aktienrechtlichen Literatur wird dabei dem Interesse der Allgemeinheit und damit einhergehenden Gerechtigkeitserwägungen kaum Bedeutung beigemessen. Dabei wird ignoriert, dass Gerechtigkeitserwägungen für das fortdauernde Festhalten des Gesetzgebers an einer Herabsetzungsmöglichkeit jedenfalls auch eine (womöglich sogar die entscheidende!) Rolle spielten. In den herkömmlichen Begründungsansätzen spiegelt sich dieser Gerechtigkeitsgedanke wohl noch am ehesten in dem teilweise

---

152 *Keiser*, RdA 2010, 280, 287.

153 *Fleischer* in: Spindler/Stilz, AktG, § 87 Rn. 4; *Jahn*, GWR 2009, 135.

154 Ähnlich *Schönemann*, Geschäftsleitervergütung, S. 200.

anerkannten Schutz der Arbeitnehmer wider. Die sozialpolitische Bedeutung des § 87 Abs. 2 AktG ist aber zugleich nicht darauf beschränkt, bloß Arbeitnehmerbelange zu berücksichtigen. Letztlich verdeutlicht die kontinuierliche Existenz der Vorschrift auch, dass es der Gerechtigkeitsüberzeugung des Gesetzgebers zuwiderläuft, wenn Vorstandsmitgliedern bei einer Lageverschlechterung ein unangemessen hohes Gehalt (weiter-)gezahlt wird. Mit der Pflicht zur Herabsetzung wird bezweckt, die Entstehung dieses als ungerecht wahrgenommenen Zustandes zu verhindern bzw. zu korrigieren. Im Ergebnis besteht der rechtspolitische Grund für das kontinuierliche Festhalten an einer Herabsetzung und die zuletzt ausdrücklich gewünschte Verschärfung darin, dass eine Entkopplung der Vorstandsbezüge von der Lage des Unternehmens schlicht „ungerecht" und damit gesamtgesellschaftlich nicht vermittelbar erscheint.

Man mag dieses gesetzgeberische Gerechtigkeitsempfinden teilen oder nicht. Als moralische Wertung kann es jedenfalls nicht als eindeutig richtig oder falsch bezeichnet werden. Selbst wenn man diese Zweckrichtung aber für verfehlt hält, überzeugt es nicht, Gerechtigkeitsgesichtspunkte bei einer Auseinandersetzung mit dem Schutzzweck des § 87 Abs. 2 AktG unberücksichtigt zu lassen. Neben dem Schutz des Gesellschaftsvermögens sowie der Aktionäre, Arbeitnehmer und Gläubiger, bezweckt § 87 Abs. 2 AktG auch den Schutz des Gerechtigkeitsempfindens der Allgemeinheit.

3. Herabsetzung als Instrument zur Überwindung wirtschaftlicher Schwierigkeiten

Weiterhin ist es richtig, die Herabsetzungsmöglichkeit nicht mehr als äußersten Notbehelf allein zur Überwindung existenzbedrohender Notlagen aufzufassen. Die Entwicklungsgeschichte zeigt jedoch, dass es bei der Herabsetzung stets darum ging, dem einzelnen Unternehmen Anpassungsmöglichkeiten im Falle von wirtschaftlichen Schwierigkeiten an die Hand zu geben. Es ist nicht ersichtlich, dass diese Schutzrichtung im Zuge der jüngsten Reformen aufgegeben wurde. Wenngleich nicht eine existenzbedrohende Notsituation zu fordern ist, so greift der besondere Schutz des Gesellschaftsvermögens und der darin verkörperten weiteren Interessen immer nur dann, wenn wirtschaftliche Schwierigkeiten bestehen. Die Herabsetzung ist damit kein Instrument, zur Schonung des Gesellschaftsvermögens um seiner selbst willen, sondern bleibt weiterhin ein Ausnahmeinstrument.

Das zeigt sich schon in der Gesetzesbegründung, in der neben der unmittelbaren Krise und Insolvenz von einer Lageverschlechterung dann ausgegangen wird, wenn die Gesellschaft Entlassungen oder Lohnkürzungen vornehmen muss und keine Gewinne mehr ausschütten kann. Damit werden typische Erscheinungsformen wirtschaftlicher Schwierigkeiten beschrieben. Daraus lässt sich schließen, dass der durch die Herabsetzung gewährte besondere Schutz des Gesellschaftsvermögens und der Gerechtigkeitsvorstellungen der Allgemeinheit nur dann zum Tragen kommen soll, wenn sich die Gesellschaft in wirtschaftliche Schwierigkeiten befindet. Die Überwindung wirtschaftlicher Schwierigkeiten ist damit durchaus als übergeordneter Schutzzweck der Herabsetzung zu bezeichnen. Ohne das Vorliegen wirtschaftlicher Schwierigkeiten ist das Gesellschaftsvermögen schon nicht als besonders schutzbedürftig anzusehen. Im Übrigen dürfte nur in diesen Fällen eine besondere Diskrepanz zum Gerechtigkeitsempfinden der Allgemeinheit angenommen werden. Gerade in Zeiten wirtschaftlicher Schwierigkeiten erscheinen nämlich eine Fortzahlung gleichbleibend hoher Bezüge und eine fehlende Beteiligung des Vorstands an der Unternehmensentwicklung inadäquat. Der bezweckte Schutz des Gerechtigkeitsempfindens macht es somit ebenfalls nicht erforderlich, außerhalb wirtschaftlicher Schwierigkeiten die vertraglich vereinbarte Vergütung einseitig zu kürzen.

4. Rechtsökonomische Aspekte

Klöhns Argumente zur mangelnden Wirksamkeit des § 87 Abs. 2 AktG als Anreizinstrument sind nicht völlig von der Hand zu weisen. Es lässt sich indes nicht mit Sicherheit feststellen, ob § 87 Abs. 2 AktG tatsächlich der Verhaltenssteuerung in dem Sinne dienen soll, unverantwortliche Risikoeingehung zu verhindern. Die Verhinderung von Fehlanreizen und die Schaffung einer optimalen Anreizstruktur standen in der gesamten Geschichte des § 87 Abs. 2 AktG jedenfalls nie im Vordergrund; auch nicht bei den Reformen im Zuge des VorstAG.

Im Übrigen ist *Klöhns* Annahme, wonach, es sich um eine doppelte Bestrafung des Vorstands handele, wenn einerseits im Anstellungsvertrag geregelt ist, dass variable Anteile von der Lage der Gesellschaft abhängen, und andererseits eine Herabsetzung nach § 87 Abs. 2 AktG möglich ist, unzutreffend. Ist beispielsweise ein entsprechend hoher Anteil variabler Bestandteile vereinbart worden, führt bereits dies zu einer automatischen Kürzung der Gesamtvergütung, sodass eine darüber hinausgehende Herabsetzung regelmäßig nicht erforderlich ist.[155] Den Vertragsparteien ist es ferner unbenommen, bei Fixvergütungen eine vertragliche Anpassungsklausel zu vereinbaren. Eine derartige Vergütungsstruktur,

155 *Thüsing*, in: Fleischer, Handbuch des Vorstandsrechts, § 6 Rn. 31; *Wittuhn/Hamann*, ZGR 2009, 847, 851.

die die ausreichende Beteiligung des Vorstands an der unternehmerischen Entwicklung gewährleistet, kann nicht von § 87 Abs. 2 AktG verdrängt werden. Die privatautonom ausgestaltete Vergütungsstruktur wird somit allenfalls ergänzt. § 87 Abs. 2 AktG greift erst da ein, wo sich die vertragliche Vereinbarung als unzureichend erweist, bei einer Verschlechterung der Unternehmenslage eine angemessene Vergütung zu garantieren.

5. Ergebnis

Die Herabsetzungsmöglichkeit bezweckt auch heute noch den Schutz einer Mehrzahl von Interessen. Der Zweck der Beteiligung des Vorstands an der negativen Unternehmensentwicklung liegt einerseits im Schutz des Gesellschaftsvermögens und damit der darin auch verkörperten Interessen der Aktionäre, Gläubiger und Arbeitnehmer. Andererseits spielen auch „außergesellschaftliche" Gerechtigkeitserwägungen eine Rolle. Sozialpolitische Aspekte sind seit jeher immanenter Teil der rechtspolitischen Existenzberechtigung der Vorstandsvergütungsregulierung im Allgemeinen und der Herabsetzungsmöglichkeit im Besonderen. Der Schutz des Interesses der Allgemeinheit an einer „gerechten" Vergütung von Vorstandsmitgliedern in wirtschaftlichen Schwierigkeiten steht damit neben dem Schutz des Gesellschaftsvermögens und der darin verkörperten Interessen. Da sich der Schutz der vorgenannten Interessen mittels Vergütungskürzung aber letztlich zulasten der betroffenen Vorstandsmitglieder auswirkt, kann eine gesteigerte Schutzbedürftigkeit der vorgenannten Interessen erst angenommen werden, wenn sich das Unternehmen in einer wirtschaftlich schwierigen Situation befindet. Insofern handelt es sich bei der Vergütungsherabsetzung weiterhin um ein Ausnahmeinstrument, das der Überwindung wirtschaftlicher Schwierigkeiten dient. Ob eine Herabsetzungsmöglichkeit im Einzelfall optimale Anreize setzt, muss indes hinter den zuvor genannten Interessen zurücktreten. Eine Verhaltenssteuerung ist jedenfalls nicht das primär verfolgte Ziel des § 87 Abs. 2 AktG.

IV. Sonderfall: Staatliche Rettungsmaßnahmen

Schon früh bestand eine besondere Regelung, die es ermöglichte, bei staatlichen Beihilfen die Vergütung zu begrenzen. Der Leitgedanke, dass staatliche Rettungsmaßnahmen sich auch in einer Begrenzung und ggf. Herabsetzung der Vergütung niederschlagen müssen, ist bereits in den 1930er Jahren mehrfach zutage getreten. Schon das Reichsgericht hielt es für verfehlt, wenn staatliche Mittel dazu genutzt werden, überhöhte Bezüge aufrechtzuerhalten. Das Reichsgericht betonte, dass die Aufrechterhaltung besonders hoher Bezüge gerade nicht Verwendungszweck solcher Mittel sei.[156] Dieser Gedanke wurde später im Zuge der Finanzkrise in § 10 Abs. 2 Nr. 3 FMStFG i. V. m. § 5 Abs. 2 Nr. 4 a) FMStFV aktualisiert. Dem § 5 Abs. 2 Nr. 4 a) FMStFV, der eine Vergütungsobergrenze von 500.000 Euro bestimmt, liegt die Intention zugrunde, dass staatliche Mittel nicht der Aufrechterhaltung besonders hoher Bezüge von Vorstandsmitgliedern dienen sollen.

Auf demselben Grundgedanken basieren die in § 9 WSF-DV enthaltenen Vorschriften zur Vergütungshöhe von Organmitgliedern und Geschäftsleitern, die 2020 während der COVID-19-Pandemie auf Grundlage des § 25 Abs. 3 Nr. 3 FMStFG erlassenen worden sind.

In diesen Regelungen verwirklicht sich im Ergebnis ebenso der Schutz der Allgemeinheit und ihres Gerechtigkeitsempfindens. Im Sonderfall der staatlichen Gewährung von Rettungsleistungen steht der Schutz des Interesses der Allgemeinheit eindeutig im Vordergrund. Staatliche Mittel werden schließlich von der Allgemeinheit erbracht.

V. Rechtspolitische Überzeugungskraft

In Fällen, in denen staatliche Unterstützungsmaßnahmen in Anspruch genommen werden, spricht viel dafür, eine Kürzung der Vergütung auf ein angemessenes Niveau zuzulassen und sogar zu fordern. Wenn die wirtschaftliche Lage es erfordert, dass sogar der Staat zum Wohle der Gesellschaft unterstützend eingreift, so muss erst recht der Vorstand, der in einem besonderen Treueverhältnis zu Gesellschaft steht, einen Beitrag zur Überwindung der bestehenden Schwierigkeiten der Gesellschaft leisten. Ein Unternehmen, das staatliche Unterstützungsleistungen in Anspruch nimmt, sollte jedenfalls nicht in gleichem Maße frei über seine Mittel disponieren dürfen, wie ein Unternehmen, das keine staatlichen Unterstützungs- oder Stabilisierungsleistungen in Anspruch nimmt. Ein Heranziehen des Steuerzahlers unter gleichzeitiger Leistung einer der wirtschaftlichen Situation der Gesellschaft nicht angemessenen hohen Vergütung ist schlicht nicht vermittelbar. Der mit dem Gebot der Herabsetzung verfolgte Schutzzweck dürfte in diesen Fällen rechtspolitisch am wenigsten kontrovers sein.

Ob es hingegen auch außerhalb der Fälle staatlicher Hilfsmaßnahmen bei einer Verschlechterung der wirtschaftlichen Lage einer Gesellschaft rechtspolitisch geboten ist, eine Vergütungsherabsetzung zu ermöglichen oder sogar

156 RG, Urt. v. 30.04.1935 – II 291/34, RGZ 148, 81, 98.

einzufordern („soll“), ist demgegenüber weniger eindeutig. Es ist daher näher zu beleuchten, ob die Existenz einer Regelung zur Herabsetzung der Vorstandsvergütung rechtspolitisch zu überzeugen vermag.

Zweifel können sich vor allem daraus ergeben, dass die Herabsetzung zum Schutz der Gesellschaft bzw. ihres Vermögens regelmäßig wenig geeignet erscheint (dazu unter 1.). Ebenso ist zu überprüfen, ob Arbeitnehmerinteressen durch eine Herabsetzung der Vorstandsvergütung wirksam geschützt werden (dazu unter 2.). Des Weiteren kann hinterfragt werden, ob Gerechtigkeitserwägungen und sozialpolitische Aspekte überhaupt schützenswerte Zwecke bei Vergütungsregelungen von Vorstandsmitgliedern sein sollten (dazu unter 3.). Abschließend bleibt zu klären, ob es sich mangels praktischer Relevanz um bloße Symbolgesetzgebung handelt und die verfolgten Zwecke in der Praxis damit ohnehin nicht realisiert werden können (dazu unter 4.).

1. Eignung der Herabsetzung zur finanziellen Entlastung der Gesellschaft

Eine Vergütungskürzung entlastet die Gesellschaft in jedem Fall finanziell in Höhe des Herabsetzungsbetrags. In dieser Höhe fließt weniger Geld von der Gesellschaft ab, der Kürzungsbetrag verbleibt im Gesellschaftsvermögen. Es wird jedoch darauf hingewiesen, dass allein eine Kürzung der Vorstandsbezüge in aller Regel kaum zu einer wesentlichen Verbesserung der Lage der Gesellschaft führen werde.[157] Soll die Herabsetzung vordergründig die Überwindung wirtschaftlicher Schwierigkeiten dienen, so ist fraglich, ob sie für diesen Zweck überhaupt ein taugliches Instrument darstellt. Über einen eher symbolischen Beitrag zur Überwindung wirtschaftlicher Schwierigkeiten wird eine gekürzte Vorstandsvergütung in der Regel nicht hinausreichen.

Dem ist jedoch entgegenzuhalten, dass bei einer Verschlechterung der wirtschaftlichen Lage regelmäßig eine Bandbreite von unterschiedlichen Maßnahmen ergriffen wird. Mag jede Maßnahme für sich genommen nicht ausreichen, um einen substantiellen Beitrag zur Verbesserung der Lage zu leisten, so kann die Gesamtheit der Maßnahmen durchaus den gewünschten Erfolg herbeiführen. Greift man eine einzelne Maßnahme aus der Gesamtheit heraus, um ihre mangelnde Wirksamkeit zu deklarieren, stellt dies die Sachlage verkürzt dar. Die betriebsbedingte Kündigung des einzelnen Arbeitnehmers wirkt sich genauso wenig auf die Gesamtlage eines Unternehmens aus, ist aber im Rahmen eines

157 *Spindler*, DStR 2008, 2268, 2272.

Personalabbaus dennoch zulässig.[158] Gleiches gilt, wenn Arbeitnehmern im Wege der Änderungskündigung ausnahmsweise die Vergütung gekürzt wird. Auch in diesem Fall ist der Sanierungsbeitrag jedes Einzelnen als vergleichsweise gering einzustufen.[159] Zu Recht stellt das BAG in diesem Zusammenhang aber darauf ab, dass es nicht auf den einzelnen Sanierungsbeitrag ankomme, sondern darauf, ob die Sanierungsbeiträge der Arbeitnehmerschaft insgesamt die erforderliche Ersparnis erbringen.[160] Diese Überlegungen sind auf die Wirkung der Vergütungsherabsetzung zu übertragen. Es ist zu berücksichtigen, dass bei einer verschlechterten Lage der Gesellschaft regelmäßig auch andere Maßnahmen ergriffen werden. Solche Maßnahmen können etwa Arbeitnehmer (betriebsbedingte Kündigungen, Kurzarbeit), Aktionäre (Reduzierung oder komplette Streichung von Dividenden) oder auch Gläubiger (Rangrücktritt, Forderungsverzicht) betreffen. Es ist gleichwohl einzugestehen, dass der Schutz des Gesellschaftsvermögens, der durch eine Herabsetzung tatsächlich bewirkt werden kann, seinem Umfang nach insgesamt eher überschaubar bleiben wird.

2. Arbeitnehmerschutz

Es ist grundsätzlich denkbar, dass durch die Beteiligung des Vorstands an einer negativen Unternehmensentwicklung weniger Arbeitnehmer von personalpolitischen Maßnahmen wie z.B. Kurzarbeit oder betriebsbedingten Kündigungen betroffen sind. Jedoch wird allein die Reduzierung der Vorstandsvergütung personalpolitische Maßnahmen in aller Regel nicht abwenden können. Insbesondere wird die Vergütungskürzung regelmäßig nur eine Maßnahme von einer ganzen Reihe von Maßnahmen zur Überwindung wirtschaftlicher Schwierigkeiten darstellen. Arbeitnehmer werden durch eine Kürzung der Vorstandsvergütung keineswegs von einer Inanspruchnahme „verschont". Der Schutz von Arbeitnehmerbelangen kann daher hauptsächlich (nur) in einer Art unternehmensübergreifenden Solidaritätsgedanken gesehen werden: Nicht nur Arbeitnehmer können von einer wirtschaftlichen Fehlentwicklung der Gesellschaft negativ betroffen sein, sondern auch die Leitungsebene des Unternehmens. Man wird dabei durchaus annehmen können, dass Maßnahmen, die Arbeitnehmer

---

158 *Wittuhn/Hamann*, ZGR 2009, 847, 867.

159 Vgl. BAG, Urt. v. 26.06.2008 – 2 AZR 139/07, NZA 2008, 1182, 1184, in dem ein Arbeitnehmer erfolglos einwendet, sein persönlicher Sanierungsbeitrag in Höhe von ca. 3.500 Euro sei für sich genommen weder geeignet noch erforderlich, das Sanierungsvolumen von etwa 1.500.000 Euro zu beeinflussen.

160 Vgl. BAG, Urt. v. 26.06.2008 – 2 AZR 139/07, NZA 2008, 1182, 1184.

infolge einer negativen Entwicklung der Gesellschaft treffen, eher akzeptiert werden, wenn die höchste Ebene des Unternehmens ebenfalls einen Beitrag zur Überwindung von Schwierigkeiten leistet.

3. Sozialpolitische Dimension

Die Verfolgung sozialpolitischer Zwecke gerade im Aktienrecht mag man für systematisch verfehlt halten. Es ist indes zu hinterfragen, ob im Zusammenhang mit der Höhe der Vorstandsvergütung das Gerechtigkeitsempfinden der Bevölkerung wirklich als „diffus“ und völlig irrelevant abgetan werden kann. Zurecht wird darauf hingewiesen, dass die Glaubwürdigkeit des marktwirtschaftlichen Systems mit Frage der Regulierung der Vorstandsvergütung verknüpft ist.[161] Übergeordnet geht es dabei auch um die Leistungs- bzw. Verteilungsgerechtigkeit und den sozialen Frieden in der Gesellschaft.[162] Die gesetzliche Anordnung einer Schicksalsgemeinschaft zwischen Vorstandsvergütung und Unternehmenserfolg kann daher aus sozialpolitischer Perspektive durchaus sinnvoll sein. Durch das gesetzliche Leitbild der Verlustbeteiligung des Vorstands in wirtschaftlich schwierigen Unternehmenssituationen kann auch die Akzeptanz der sozialen Marktwirtschaft als solche geschützt werden. Diese soziale Befriedungsfunktion kann die Beteiligung des Vorstands an der negativen Entwicklung der Gesellschaftslage daher ebenso legitimieren wie der Schutz des Gesellschaftsvermögens.

4. Bloße Symbolgesetzgebung? – Praktische Relevanz des § 87 Abs. 2 AktG

Schließlich ist zu hinterfragen, ob es sich bei der Herabsetzungsvorschrift letztlich zwar um gut gemeinte, jedoch praktische bedeutungslose Symbolgesetzgebung handelt.

Sofern vor der Reform durch das VorstAG postuliert wurde, bei der Herabsetzungsmöglichkeit handelte es sich um bloß „papierenes Recht“, lässt sich diese Aussage zumindest in dieser Absolutheit nicht aufrechterhalten.

Mittelbar relevant wurde das Herabsetzungsrecht etwa in einer jüngeren Entscheidung des LG Frankfurt. Es berücksichtigte eine unterbliebene Herabsetzung im Rahmen einer Anfechtungsklage nach § 254 Abs. 1 AktG, in der sich Aktionäre gegen den Beschluss zur vollständigen Thesaurierung des Bilanzgewinns

161 *Bayer*, NZG 2013, 1, 6 f. und 13 f.; *Körner*, NJW 2004, 2697, 2698.

162 *Körner*, NJW 2004, 2697, 2698.

wandten.[163] Das LG Frankfurt verlangte, dass der Aufsichtsrat bei Wegfall der gesetzlichen Mindestdividende auf eine Reduzierung der Vorstandsvergütung nach § 87 Abs. 2 AktG hinwirken müsse.[164]

Gleichwohl kann – auch mangels wirkungsvoller Durchsetzungsmechanismen und weitgehend fehlender Konsequenzen bei der Nichtbeachtung[165] – sicherlich nicht von einer Nutzung der Herabsetzungsmöglichkeit als Regelfall ausgegangen werden. § 87 Abs. 2 AktG wird in der Praxis jedoch auch nicht vollständig ignoriert und durchaus angewandt, wie die nachfolgenden Beispiele aufzeigen.

a) Vergütungskürzungen nach Inkrafttreten des VorstAG

Schon kurze Zeit nach Inkrafttreten des VorstAG wurde in der Presse verbreitet, dass die Infineon Technologies AG beabsichtige, die Ruhegehälter ihres ehemaligen Vorstandsvorsitzenden Wolfgang Ziebart zu kürzen.[166] Ein Blick in den Geschäftsbericht der Infineon Technologies AG zeigt, dass der Aufsichtsrat im August 2009 tatsächlich eine Vergütungskürzung „vor dem Hintergrund des Gesetztes zur Angemessenheit der Vorstandsvergütung" beschlossen hat, sich anschließend aber mit dem ehemaligen Vorstandsmitglied über eine „angemessene Kürzung" verglich.[167]

In der Presse wurde außerdem zum Ende des Jahres 2013 berichtet, dass der Aufsichtsrat der RWE AG über eine Kürzung der Vorstandsvergütung beraten würde.[168] Im Ergebnis verzichtete der Vorstand im Geschäftsjahr 2014 auf einen

---

163 LG Frankfurt, Urt. v. 15.12.2016 – 3-05 O 154/16, juris.

164 Dieser Grundgedanke wird unter Abschnitt P.II.2.d) aufgegriffen.

165 Ausführlich zu den haftungsrechtlichen Konsequenzen bei Verstößen gegen § 87 Abs. 2 AktG unter Abschnitt M.

166 Vgl. etwa die Berichte der *Süddeutschen Zeitung* vom 17.05.2010, „Ex-Manager müssen büßen", abrufbar unter: https://www.sueddeutsche.de/wirtschaft/gekuerzte-ruhegehaelter-ex-manager-muessen-buessen-1.153711 und des *SPIEGEL* vom 28.08.2009 „Infineon will Ex-Chef die Rente kürzen", abrufbar unter: http://www.spiegel.de/wirtschaft/soziales/managerbezuege-infineon-will-ex-chef-die-rente-kuerzen-a-645584.html.

167 Geschäftsbericht 2010 der Infineon Technologies AG, S. 88 (abrufbar unter https://www.infineon.com/dgdl/IFX_GB2010_d.pdf?fileId=db3a30432d081e66012d0e74cb9e35f8).

168 Siehe nur die Berichterstattung des *SPIEGEL* vom 12.12.2013, „RWE-Aufsichtsrat erwägt Kürzung der Vorstandsgehälter", abrufbar unter: http://www.spiegel.de/wirtschaft/unternehmen/rwe-aufsichtsrat-diskutiert-kuerzung-der-vorstandgehaelter-a-938636.html und die Berichterstattung der *rp-online* vom 12.12.2010 „RWE kürzt

Teil seiner Vergütung. Im Vergütungsbericht heißt es dazu, die Vorstandsmitglieder würden damit „einen persönlichen Beitrag zu den laufenden Kostensenkungsmaßnahmen von RWE" leisten.[169]

In weiteren Unternehmen kam es ebenfalls zu einer Anwendung des § 87 Abs. 2 AktG. So hat beispielsweise der Aufsichtsrat der Singulus Technologies AG 2014 beschlossen, die Festgehälter für das Jahr 2015 „unter Anwendung des § 87 Abs. 2 AktG" um 20 % herabzusetzen.[170]

Die SKW Stahl-Metallurgie Holding AG, über die Insolvenzverfahren eröffnet wurde, hat die Pensionsansprüche zweier ehemaliger Vorstandsmitglieder um die Hälfte gekürzt.[171]

Aus dem Geschäftsbericht 2015 der Deutschen Bank AG ergibt sich ebenfalls, dass der Aufsichtsrat die Herabsetzung der variablen Vergütung für das Geschäftsjahr 2015 für sämtliche in diesem Geschäftsjahr amtierenden Vorstandsmitglieder auf null beschlossen hat.[172] Die Herabsetzung sei aufgrund einer Verschlechterung der wesentlichen Finanzkennzahlen der Bank erfolgt. Für das Geschäftsjahr 2016 hat der Vorstand „aufgrund des Geschäftsergebnisses der Deutschen Bank in 2016 sowie der vom Vorstand vor diesem Hintergrund für die Vergütung der Mitarbeiterinnen und Mitarbeiter beschlossenen harten Einschnitte" auf sämtliche möglichen Ansprüche auf variable Vergütung verzichtet.[173] Auch für das Geschäftsjahr 2017 hat der Vorstand auf die variable Vergütung verzichtet. Dies – so erklärte es Vorstandsvorsitzender John Cryan in seinem Brief an die Aktionäre – „um ein Zeichen zu setzen und die eigene

---

Boni für Vorstände", abrufbar unter: https://rp-online.de/wirtschaft/unternehmen/rwe-kuerzt-boni-fuer-vorstaende_aid-9501503.

169 Geschäftsbericht 2014 der RWE AG, S. 103 (abrufbar unter: http://www.rwe.com/web/cms/mediablob/de/2720770/data/511530/3/rwe/investor-relations/governance/corporate-governance-bericht/Verguetungsbericht-2014-9-Seiten-Auszug-aus-dem-Geschaeftsbericht-2014-.pdf).

170 Geschäftsbericht 2014 der Singulus Technologies AG, S. 93 (abrufbar unter: https://www.singulus.de/fileadmin/media/pdf/gb/gb2014_d/st_gb2014_d.pdf).

171 Geschäftsbericht 2017 der SKW Stahl-Metallurgie Holding AG, S. 47 (abrufbar unter: https://www.skw-steel.com/images/downloads/annual-reports/SKW_GB-2017_de.pdf).

172 Geschäftsbericht 2015 der Deutschen Bank AG, S. 233 (abrufbar unter: https://www.db.com/ir/de/download/Deutsche_Bank_Geschaeftsbericht_2015.pdf).

173 Geschäftsbericht 2016 der Deutschen Bank AG, S. 250 (abrufbar unter: https://www.db.com/ir/de/download/Deutsche_Bank_Geschaeftsbericht_2016.pdf).

Bezahlung im Einklang mit dem Jahresergebnis der Bank zu halten".[174] Der Vorstand kam auf diese Weise einer möglichen Herabsetzung zuvor.

b) Kürzung von Vorstandsbezügen infolge der COVID-19-Pandemie 2020

Als ein in Hinblick auf die Höhe von Vorstandsbezügen einschneidendes Ereignis erwies sich weiterhin die COVID-19-Pandemie 2020.

Wegen der aus der Pandemie resultierenden Wirtschaftskrise führten zahlreiche Unternehmen Kurzarbeit ein. Vom 01.03.2020 bis zum 27.05.2020 wurde bei den Agenturen für Arbeit für insgesamt 11,7 Millionen Personen Kurzarbeit angezeigt.[175] Einige Unternehmen nahmen dies zum Anlass, parallel dazu auch die Vorstandsbezüge zu senken.

Zeitgleich mit der Unterzeichnung von Vereinbarungen zur Einführung von Kurzarbeit teilte etwa die Lufthansa AG mit, dass die Mitglieder des Vorstands für den Zeitraum von April bis September 2020 auf 20 % ihrer monatlichen Grundvergütung verzichten würden.[176]

Der Vorstand der Daimler AG erklärte, für neun Monate auf 20 % der Grundvergütung zu verzichten, um einen eigenen Beitrag in der Krise zu leisten.[177]

Weitere Unternehmen, die ebenfalls Kürzungen der Vorstandsvergütung ankündigten, waren die thyssenkrupp AG (Verzicht auf 10 % der festen Vergütung für die Monate Mai bis Juli 2020),[178] die TUI AG (ab April bis auf Weiteres

---

174 Geschäftsbericht 2017 der Deutschen Bank AG, S. V (abrufbar unter: https://www.db.com/ir/de/download/Deutsche_Bank_Geschaeftsbericht_2017.pdf).

175 Vgl. Presseinfo Nr. 32 der Bundesagentur für Arbeit vom 03.06.2020, abrufbar unter: https://www.arbeitsagentur.de/presse/2020-32-der-arbeitsmarkt-im-mai-2020.

176 Vgl. Medienmitteilung der Lufthansa AG vom 30.03.2020 „Lufthansa vereinbart Kurzarbeit", abrufbar unter: https://newsroom.lufthansagroup.com/German/Newsroom/lufthansa-vereinbart-kurzarbeit/s/fcabefe6-2e37-4fd6-bdab-0eae66815cbd.

177 Vgl. *Handelsblatt* vom 02.04.2020 „Sparmaßnahmen in der Krise: Immer mehr Vorstände verzichten auf Teile ihres Gehalts", abrufbar unter https://www.handelsblatt.com/unternehmen/management/reaktion-auf-kurzarbeit-sparmassnahmen-in-der-krise-immer-mehr-vorstaende-verzichten-auf-teile-ihres-gehalts/25708534.html?ticket=ST-747574-gPdUSMYUbufqu5X41eaE-ap3.

178 Vgl. *Süddeutsche Zeitung* vom 02.04.2020, „Wegen Corona: Thyssenkrupp-Vorstand verzichtet auf Geld", abrufbar unter https://www.sueddeutsche.de/gesundheit/gesundheit-essen-wegen-corona-thyssenkrupp-vorstand-verzichtet-auf-geld-dpa.urn-newsml-dpa-com-20090101-200402-99-568707.

30 % niedrigeres Grundgehalt),[179] die ZF Friedrichshafen AG (Verzicht auf bis zu 10 % Prozent des fixen Monatsgehalts),[180] die Continental AG (Verzicht auf 10 % des Grundgehalts für den Monat April 2020),[181] die PUMA SE (Verzicht auf volles Gehalt für den Monat April 2020),[182] die Adidas AG (Verzicht auf kurz- und langfristigen Boni, die insgesamt 65 % der Jahreszielvergütung ausmachen, für das Jahr 2020)[183] und die Elmos Semiconductor AG (Verzicht auf 10 % der monatlichen Gehälter).[184]

Die Mehrzahl der Vorstände erklärte, freiwillig auf Teile ihrer Bezüge zu verzichten, um sich auf diese Weise solidarisch mit den Arbeitnehmern zu zeigen und einen eignen Beitrag zur Krisenbewältigung zu leisten.[185]

---

179 Vgl. *Frankfurter Allgemeine Zeitung* vom 26.03.2020 „Kurzarbeiter-Welle erfasst deutsche Wirtschaft“, abrufbar unter: https://www.faz.net/aktuell/wirtschaft/unternehmen/so-viele-antraege-wie-nie-kurzarbeiter-welle-in-deutschland-16698252.html.

180 Vgl. *Handelsblatt* vom 02.04.2020 „Sparmaßnahmen in der Krise: Immer mehr Vorstände verzichten auf Teile ihres Gehalts“, abrufbar unter https://www.handelsblatt.com/unternehmen/management/reaktion-auf-kurzarbeit-sparmassnahmen-in-der-krise-immer-mehr vorstacnde-verzichten-auf-teile-ihres-gehalts/25708534.html?ticket=ST-747574-gPdUSMYUbufqu5X41eaE-ap3.

181 Vgl. Pressemitteilung der Continental AG vom 01.04.2020 „Coronavirus: Continental streicht Ausblick 2020“, abrufbar unter: https://www.continental.com/de/presse/pressemitteilungen/auswirkungen-des-coronavirus-216576.

182 Vgl. Pressemitteilung der PUMA SE vom 24.03.2020, abrufbar unter: https://about.puma.com/de-de/newsroom/corporate-news/2020/2020_03_24_measures.

183 Vgl. Pressemitteilung der Adidas AG vom 01.04.2020 „Adidas sagt Entschuldigung“, abrufbar unter: https://www.adidas-group.com/de/medien/newsarchiv/pressemitteilungen/2020/adidas-sagt-entschuldigung.

184 Vgl. Pressemitteilung der Elmos Semiconductor AG vom 03.04.2020 „Elmos: Kurzarbeit startet – Vorstand und Leitende verzichten auf Teile der Vergütung“, abrufbar unter: https://www.elmos.com/ueber-elmos/newsroom/pressemitteilungen/aktuelles/elmos-kurzarbeit-startet-vorstand-und-leitende-verzichten-auf-teile-der-verguetung.html.

185 Der Vorstand der Lufthansa AG wolle sich etwa„in Solidarität mit allen Mitarbeitergruppen an den Maßnahmen beteiligen“, vgl. Fn. 176; die Continental AG bezeichnet den Vergütungsverzicht als „Solidaraktion“ mit der Belegschaft, vgl. Fn. 181; der Vorstand der thyssenkrupp AG wolle „in dieser Krisensituation auch persönlich ein Zeichen setzen“, vgl. Fn. 178.

c) *Abschließende Bewertung: Einfluss des § 87 Abs. 2 AktG auf die Vorstandsbezüge in der Praxis*

Durch die Finanzkrise 2008/2009 und die anschließenden Reformen des VorstAG rückte das Thema Vorstandsvergütung wieder stärker in den öffentlichen Fokus. § 87 Abs. 2 AktG blieb bei den Unternehmen nicht völlig unbeachtet und kam in der Praxis durchaus zur Anwendung. Gleichzeitig ist auffällig, dass zunehmend freiwillig auf (Teile der) Vergütung verzichtet wurde.

Während der COVID-19-Pandemie 2020 nahmen Berichte über die Kürzung von Vorstandsgehältern stark zu. Eine Reihe von Vorständen erklärte, freiwillig auf Teile ihrer Bezüge zu verzichten. Eine einseitig durch den Aufsichtsrat angeordnete Vergütungskürzung nach § 87 Abs. 2 AktG wurde hingegen nicht öffentlich kommuniziert.

Es ist allerdings angesichts der teils massiven wirtschaftlichen Umsatz- und Gewinneinbrüche nicht fernliegend, dass eine Verschlechterung der Lage der jeweiligen Gesellschaft eintrat, die dazu führte, dass sich das bislang gezahlte Vorstandsgehalt als unangemessen hoch erwies. Eine Herabsetzung nach § 87 Abs. 2 AktG könnte daher in den Fällen des als freiwillig deklarierten Verzichts ohnehin geboten gewesen sein.

Aus Unternehmensperspektive dürfte ein freiwilliger Verzicht durch den Vorstand gegenüber einer einseitig durch den Aufsichtsrat erklärten Herabsetzung einige Vorteile bieten. Einer Gehaltskürzung, die nicht aufgrund äußeren Zwangs erfolgt, kommt in der unternehmensinternen und öffentlichen Wahrnehmung eine andere Signalwirkung zu. Für das Ansehen und das Image des Vorstands bzw. des Unternehmens dürfte der proaktive freiwillige Verzicht sich im Vergleich zu einer durch den Vorstand unfreiwillig hingenommenen Herabsetzung positiver auswirken. Ebenso kommt der unaufgeforderten Bereitschaft zur Solidarität mit Arbeitnehmern, die sich in Kurzarbeit befinden, eine andere Wirkung zu als ein gesetzlich aufgezwungener Solidarbeitrag.

Im Übrigen dürfte ein freiwilliger Verzicht auf Teile der Vergütung deutlich leichter fallen, wenn sich bereits aus dem Gesetz ergibt, dass die Bezüge anzupassen sind. Insofern kann dem § 87 Abs. 2 AktG eine gewisse Motivationswirkung zukommen.

Schon im Gesetzgebungsverfahren zum VorstAG wurde erkannt, dass die Reformen nicht zwingend zu einer verstärkten praktischen Anwendung des § 87 Abs. 2 AktG führen würden. Es sollte aber zugleich ein „Drohpotential“

entfaltet und zu „freiwilligen“ Verzichtsleistungen motiviert werden.[186] Die beabsichtigte stärkere Befassung mit der Höhe der Vergütung bei veränderter Lage dürfte jedenfalls durchaus erreicht worden sein.

Die Gründe, die verbreitet für den freiwilligen Verzicht angegeben wurden (Solidarität mit der Belegschaft und die Leistung eines eigenen Beitrags des Vorstands), stehen in Einklang mit der Schutzrichtung des § 87 Abs. 2 AktG.

Gleichwohl ist im Zusammenhang mit freiwilligen Verzichtsleistungen des Vorstands zu beachten, dass unter Umständen eine Herabsetzung notwendig sein kann, die über den jeweils erklärten Verzicht hinausgeht. Die Verzichtserklärung durch den Vorstand entbindet den Aufsichtsrat nämlich keineswegs von seiner Pflicht, das Erfordernis einer Herabsetzung im Einzelfall zu prüfen. Erforderlichenfalls muss er eine weitergehende Kürzung erklären.

VI. Ergebnis und Ausblick

Die Begründungsansätze für die Existenz einer Herabsetzungsmöglichkeit der Vorstandsvergütung unterlagen einem Wandel. Während zunächst die Herabsetzung von Vorstandsbezügen auch zur Überwindung gesamtwirtschaftlicher Krisen und der Aufrechterhaltung der Wirtschaft dienen sollte, sind gesamtwirtschaftliche Aspekte nunmehr nicht mehr von Bedeutung. Inzwischen liegt jedenfalls aus Sicht der Literatur und Rechtsprechung der Fokus vorrangig auf dem Schutz der konkreten Gesellschaft sowie mittelbar auch ihrer Aktionäre, Arbeitnehmer und Gläubiger.

Vor allem Belange der Arbeitnehmerschaft wurden auch schon in der Vergangenheit als besonders berücksichtigenswert hervorgehoben. Im Ergebnis soll durch die Herabsetzung auch erreicht werden, dass sich eine Verschlechterung der Lage nicht nur auf Arbeitnehmer und Aktionäre, sondern auch und gerade auf die höchste Führungsebene eines Unternehmens auswirkt. Dieser Aspekt wurde schon früh als sozialpolitische Bedeutung der Herabsetzungsvorschrift besonders hervorgehoben.

In der Vergangenheit spielte weiterhin ebenfalls das Gerechtigkeitsempfinden der Allgemeinheit (bzw. früher: die „Volksauffassung“) für die Aufnahme des Herabsetzungstatbestands in das Aktiengesetz eine Rolle. Heute noch lässt sich ebenso feststellen, dass das Herabsetzungsrecht zumindest auch dem Schutz der Gerechtigkeitsvorstellungen der Allgemeinheit dienen soll. Der Verknüpfung des Schicksals der Gesellschaft mit der Vergütung des Vorstands liegen neben

186 Vgl. auch *Seibert*, in: FS Hüffer, S. 955, 965.

dem Schutz der Gesellschaft sowie Aktionäre, Gläubiger und Arbeitnehmer auch Gerechtigkeitserwägungen zugrunde. Die Einbeziehung von Gerechtigkeitserwägungen in den Schutzzweck mag man aus rein aktienrechtlicher Sicht für systemfremd halten, als völlig verfehlt kann man sie indes nicht bezeichnen. Denn die Verknüpfung von Unternehmenslage und Vorstandsvergütung in wirtschaftlichen schwierigen Situationen vermag letzten Endes auch dem Schutz der sozialen Marktwirtschaft zu dienen. Es besteht somit bis heute eine Pluralität von Schutzrichtungen.

Schon angesichts des langjährigen Bestehens der Herabsetzungsmöglichkeit kann man nicht davon ausgehen, dass die Vorschrift kurz- oder mittelfristig ersatzlos gestrichen wird. Die Entwicklung der Regulierung von Vorstandsbezügen befindet sich weiterhin im Fluss. Da das Thema politisch immer wieder aufgegriffen wird, sind zukünftige Reformen auch mit Blick auf das Herabsetzungsrecht denkbar. Die Forderung einer Streichung würde wohl schon am Widerstand der breiten Öffentlichkeit scheitern. Der Gesetzgeber ist hier eben nicht völlig frei von den „diffusen" Gerechtigkeitsvorstellungen der Gesellschaft. Wer sollte sich trauen, die politische Forderung aufzustellen, dass die Bezüge von Vorstandsmitgliedern bei einer Verschlechterung der Lage nicht mehr auf das angemessene Maß angepasst werden dürfen?

Im Gegenteil: Weitere Verschärfungen sind nicht gänzlich unwahrscheinlich. Das wurde zuletzt auch an einem Gesetzesentwurf der SPD deutlich, der die Erweiterung des Herabsetzungstatbestands auf Schlechtleistungen vorsah. An ihm wird deutlich, dass die Vergütungsherabsetzung weiterhin im Blickfeld der Politik und damit auch des Gesetzgebers ist.

In jüngerer Zeit deutet sich zudem ein leichter Bedeutungszuwachs des Herabsetzungsrechts an. Wie diverse Geschäftsberichte zeigen, wurde von der veränderten Fassung des § 87 Abs. 2 AktG in der Praxis jedenfalls durchaus Gebrauch gemacht. Ebenso ist festzustellen, dass Vorstände vermehrt freiwillig auf Teile ihres Gehalts verzichteten, zuletzt während der COVID-19-Pandemie 2020. Die verstärkte Thematisierung der Vorstandsvergütung durch Öffentlichkeit und Gesetzgeber sowie die Existenz des § 87 Abs. 2 AktG dürfte dabei durchaus für einen gewissen Motivationsdruck gesorgt haben. Soweit der freiwillige Verzicht zur Folge hat, dass dem Vorstand fortan eine situationsangemessene Vergütung gezahlt wird, ist jedenfalls der Intention des § 87 Abs. 2 AktG Genüge getan, auch wenn er nicht unmittelbar zur Anwendung gelangt.

Außerdem hat inzwischen – anders als zur Vorgängerreglung – zumindest eine Entscheidung den Instanzenzug durchlaufen, sodass sich nun der BGH umfassend mit der Herabsetzungsvorschrift befasst hat. Es ist anzunehmen, dass das Urteil durch die weitere Konkretisierung der Voraussetzungen die praktische

Bedeutung des § 87 Abs. 2 AktG noch weiter verstärkt hat. Die Entscheidung erregte mit Sicherheit nicht nur die Aufmerksamkeit der Fachwelt, sondern auch von Mitgliedern des Vorstands und Aufsichtsrats sowie deren Beratern.

Unabhängig davon, ob man die Herabsetzungsmöglichkeit rechtspolitisch für sinnvoll oder verfehlt hält, ist es jedenfalls geboten, sich näher mit dem aktuell geltenden Herabsetzungsrecht auseinanderzusetzen. Denn es ist davon auszugehen, dass die Herabsetzungsmöglichkeiten auch in Zukunft fortbestehen, und durchaus auch praktisch angewandt werden.

D. Verfassungsrechtlicher Rahmen

Durch eine gesetzlich angeordnete Vergütungsherabsetzung wird die bereits in der Vergangenheit getroffene Vergütungsvereinbarung zwischen der Gesellschaft und dem jeweiligen Vorstandsmitglied berührt. In der Literatur wird die Verfassungsmäßigkeit des § 87 Abs. 2 AktG aus diesem Grund zumindest in Zweifel gezogen.[187] Gerade in Bezug auf Ruhegehälter werden verstärkt verfassungsrechtliche Bedenken geltend gemacht.[188]

Der BGH hat sich in seiner ersten und bislang einzigen Entscheidung zum neuen § 87 Abs. 2 AktG in Bezug auf mögliche verfassungsrechtliche Implikationen der Vorschrift nur sehr vage geäußert. So fordert er eine restriktive Auslegung des § 87 Abs. 2 AktG „im Lichte der Art. 2 Abs. 1, Art. 14 Abs. 1 GG.[189] Ferner ist der BGH hinsichtlich des Umfangs der Herabsetzung der Auffassung, dass sich „die für einen weitergehenden Eingriff in die vertraglich vereinbarte Vergütung (…) nach Art. 2 Abs. 1, Art. 14 Abs. 1 GG notwendige gesetzliche Grundlage (…) der Vorschrift des § 87 Abs. 2 AktG nicht entnehmen" lasse.[190] Der BGH identifiziert damit Art. 2 Abs. 1 GG sowie Art. 14 Abs. 1 GG als von der Herabsetzungsvorschrift grundsätzlich berührte Grundrechte. Im Ergebnis geht er indes davon aus, dass § 87 Abs. 2 AktG so ausgelegt werden kann, dass er verfassungsrechtlich nicht zu beanstanden ist. Zwar betont er, dass

---

187 *Dauner-Lieb*, in: Henssler/Strohn, Gesellschaftsrecht, § 87 AktG Rn. 35; *DAV Handelsrechtsausschuss*, NZG 2009, 612, 614.

188 *DAV Handelsrechtsausschuss*, NZG 2009, 612, 614; *Dauner-Lieb*, in: Henssler/Strohn, Gesellschaftsrecht, § 87 AktG Rn. 42; *Hohenstatt*, ZIP 2009, 1349, 1353; *Sailer-Coceani*, VGR 2009, 141, 159; wohl auch *Kort* in: GK AktG, § 87 Rn. 460. In Bezug auf Altverträge auch *Meyer*, Vorstandsvergütung, S. 300. An der Verfassungsmäßigkeit zumindest zweifelnd *Mertens/Cahn*, in: KK-AktG, § 87 Rn. 105; *Ritter/Nehls*, in: MAH Aktienrecht, § 22 Rn. 208; *Weber*, in: Hölters, AktG, § 87 Rn. 56 („möglicherweise auch verfassungswidrig"). Die Regelung im Ergebnis für verfassungskonform halten: *Annuß/Theusinger*, BB 2009, 2434, 2437; *Fleischer*, NZG 2009, 801, 804; *ders.*, in: Spindler/Stilz, AktG, § 87 Rn. 69; *Hüffer/Koch*, AktG, § 87 Rn. 57 (jedoch „Gerechtigkeitsproblem"); *Paschke*, in: FS Reuter, S. 1107, 1110; *Spindler*, in: MüKo-AktG, § 87 Rn. 194; *Thüsing*, AG 2009, 517, 523; *ders.*, Stellungnahme Gesetzentwurf VorstAG, S. 10 (der die Einführung der Herabsetzung von Ruhegehältern sogar ausdrücklich begrüßt); *Weller*, NZG 2010, 7, 11; *Wittuhn/Hamann*, ZGR 2009, 847, 863.

189 BGH, Urt. v. 27.10.2015 – II ZR 296/14, BGHZ 207, 190 Rn. 24.

190 BGH, Urt. v. 27.10.2015 – II ZR 296/14, BGHZ 207, 190 Rn. 45.

§ 87 Abs. 2 AktG keine gesetzliche Grundlage für einen „weitergehenden“ Eingriff, als ihn der BGH insbesondere hinsichtlich des Umfangs der Herabsetzung annimmt, in die Vergütungsvereinbarung biete. Einem derartigen Eingriff, der aber nicht „weitergeht“, stünden nach seiner Auffassung jedenfalls keine verfassungsrechtlichen Bedenken entgegen.

Dieses Ergebnis soll im Folgenden überprüft werden. Mit Blick auf die vertraglichen Anspruchspositionen der Vorstandsmitglieder kommt eine Verletzung der Eigentumsfreiheit nach Art. 14 Abs. 1 GG in Betracht (dazu unter Abschnitt I.). Weiter erscheint eine Verletzung der aus Art. 12 Abs. 1 GG folgenden Berufsausübungsfreiheit der Vorstandsmitglieder (dazu unter Abschnitt II.1) und der Wirtschaftsfreiheit der Aktiengesellschaft (dazu unter Abschnitt II.2), denkbar. Schließlich könnte die sich aus Art. 2 Abs. 1 GG ergebende Vertragsfreiheit der Parteien verletzt sein (dazu unter Abschnitt III.).

I. Art. 14 Abs. 1 GG – Vertragliche Anspruchspositionen

1. Schutz schuldrechtlicher Ansprüche durch Art. 14 Abs. 1 GG

Zum Eigentum nach Art. 14 Abs. 1 GG gehören auch solche Forderungen, die auf dem Abschluss von Verträgen beruhen.[191] Zwar sind schuldrechtliche Ansprüche nur gegen den Vertragspartner gerichtet.[192] Es handelt sich also gerade nicht – wie im Falle des Eigentums an Sachen – um gegen jedermann wirkende absolute Rechte. Allerdings sind vertragliche Ansprüche dem Forderungsinhaber eindeutig und ausschließlich zugewiesen, sodass sie dennoch vergleichbar mit dem Eigentum an einer Sache sind.[193]

2. Geschützte Anspruchspositionen aus § 87 Abs. 1 und Abs. 2 AktG?

Aus dem Schutz von schuldrechtlichen Ansprüchen wird zum Teil gefolgert, dass auch „Ansprüche aus § 87 Abs. 1 und Abs. 2 AktG“ geschützt würden.[194] Letztere Aussage ist jedoch in ihrer Formulierung missverständlich. Sie ist so schlicht

191 BVerfG, Beschl. v. 24.11.2004 – 1 BvR 1306/02, NJW 2005, 589. Im Zusammenhang mit § 87 Abs. 2 AktG betonen dies ausdrücklich auch *Mertens/Cahn,* in: KK-AktG, § 87 Rn. 94 und *Seibt,* in: K. Schmidt/Lutter, AktG, § 87 Rn. 18.

192 BVerfG, Beschl. v. 24.11.2004 – 1 BvR 1306/02, NJW 2005, 589.

193 BVerfG, Beschl. v. 24.11.2004 – 1 BvR 1306/02, NJW 2005, 589.

194 *Spindler,* in: MüKo-AktG, § 87 Rn. 165; *DAV Handelsrechtsausschuss,* NZG 2009, 612, 614.

unzutreffend, da es keine Ansprüche aus § 87 Abs. 1 und Abs. 2 AktG gibt. Schon § 87 Abs. 1 AktG verleiht dem Vorstand keine vertraglichen Anspruchspositionen. Dies gilt erst recht für § 87 Abs. 2 AktG.

§ 87 Abs. 1 AktG trifft Regelungen zur Festlegung der Vergütungshöhe des Vorstands. Dabei handelt es sich jedoch nicht etwa um eine Schutzvorschrift zugunsten des Vorstands, sodass diese Norm auch keinen Rechtsanspruch auf eine angemessene Vergütung oder eine bestimmte Vergütungshöhe begründet.[195]

Dass sich auch aus § 87 Abs. 2 AktG kein Anspruch des Vorstands ergibt, liegt auf der Hand. Regelungsgegenstand ist schließlich gerade die Herabsetzung der zuvor vertraglich vereinbarten Vergütung. Wie soll daraus ein Anspruch des Vorstands konstruiert werden?

§ 87 Abs. 1 und Abs. 2 AktG enthalten folglich keine durch Art. 14 Abs. 1 GG geschützten Anspruchspositionen, in die durch eine Herabsetzung eingegriffen werden könnte.

3. Vergütungsanspruch aus dem Anstellungsvertrag

Als geschützte Anspruchsposition kommt richtigerweise der vertragliche Vergütungsanspruch des Vorstands in Betracht. Dieser ergibt sich aus der Vergütungsvereinbarung im Anstellungsvertrag. Der Vergütungsanspruch des Vorstands ist als schuldrechtlicher Anspruch vom Schutzbereich des Art. 14 Abs. 1 GG grundsätzlich umfasst.

a) Laufende Vergütung: gesetzgeberischer Spielraum bei der Ausgestaltung vertraglicher Rechte

Allerdings schützt Art. 14 Abs. 1 GG nur Ansprüche, die bereits bestehen, ohne diese hingegen selbst zu verschaffen.[196] Dem Gesetzgeber kommt zudem bei der Ausgestaltung der Vertragsrechte ein gewisser Spielraum zu.[197] Der Vorstandsvertrag ist so ausgestaltet, dass eine Herabsetzung unter den gesetzlich bestimmten Voraussetzungen möglich ist. Bei Vorstandsverträgen besteht

---

195 OLG Stuttgart, Urt. v. 13.03.2002 – 20 U 59/01, AG 2003, 211; *Hüffer/Koch*, AktG, § 87 Rn. 1; *Mertens/Cahn*, in: KK-AktG, § 87 Rn. 105; *Seibt*, in: K. Schmidt/Lutter, AktG, § 87 Rn. 16.

196 BVerfG, Beschl. v. 08.05.2012 – 1 BvR 1065/03, BVerfGE 131, 66, 80 zum verfassungsrechtlichen Schutz unverfallbarer Anwartschaften auf Betriebsrenten; ähnlich BVerfG, Beschl. v. 09.05.2007 – 1 BvR 1700/02, BVerfGK 11, 130, 143 f., wonach Art. 14 GG selbst keine Anspruchsgrundlage für schuldrechtliche Ansprüche sei.

197 *Spindler*, in: MüKo-AktG, § 87 Rn. 165 (in Bezug auf Art. 2 Abs. 1 GG).

hinsichtlich der laufenden Vergütung also schon in dem Moment, in dem der Vertrag abgeschlossen wird, Klarheit darüber, dass eine künftige Änderung in Form einer Vergütungsherabsetzung eintreten kann. Diese Herabsetzungsmöglichkeit wohnt dem Anstellungsvertrag damit bereits von vornherein inne.[198] Der Vergütungsanspruch wird folglich hinsichtlich der konkreten Vergütungshöhe schon von Beginn nicht unbedingt und endgültig erworben.[199] Der Gesetzgeber hat den Vergütungsanspruch des Vorstands so ausgestaltet, dass er unter einem Herabsetzungsvorbehalt steht. Die Eröffnung des Schutzbereichs des Art. 14 Abs. 1 GG setzt aber voraus, dass eine Rechtsposition betroffen ist, welche die Rechtsordnung bereits in einer Weise zugeordnet hat, dass sie auch in ihrer Höhe geschützt ist.[200] Der Vergütungsanspruch des Vorstands wurde nach dem eben Gesagten durch die Rechtsordnung indes noch nicht dergestalt zugeordnet, dass er seiner konkreten Höhe nach geschützt ist. Somit unterfällt er nicht dem Schutzbereich der Eigentumsfreiheit. Dies gilt auch für bei Inkrafttreten des VorstAG bereits bestehende Vorstandsverträge.[201]

Der Schutzbereich der Eigentumsfreiheit könnte lediglich in solchen Fällen eröffnet sein, in denen zum Zeitpunkt des Abschlusses des Anstellungsvertrags kein gesetzlicher Herabsetzungsvorbehalt bestand. Die Herabsetzungsmöglichkeit war jedoch zumindest in Form einer Kann-Regelung schon lange vor Inkrafttreten des VorstAG gesetzlich verankert. Die konkreten Tatbestandsvoraussetzungen mögen sich zwar geändert haben. Allerdings ändert dies nichts daran, dass die Rechtsordnung auch vor Inkrafttreten des VorstAG den vertraglichen Vergütungsanspruch nicht bereits in einer Weise zugeordnet hatte, dass er in seiner konkreten Höhe geschützt war. Auch die Kann-Regelung des § 87 Abs. 2 AktG a.F. gab dem Aufsichtsrat schließlich das Recht, die Vergütungshöhe einseitig zu ändern. Der Vergütungsanspruch wurde somit auch vor Inkrafttreten des VorstAG nicht vorbehaltlos erlangt.

Somit ist durch die Möglichkeit, die laufende Vergütung des Vorstands herabzusetzen, der Schutzbereich der Eigentumsfreiheit schon gar nicht eröffnet.

b) Ruhegehälter und vergleichbare Leistungen

Nach § 87 Abs. 2 S. 2 AktG ist es auch möglich, Ruhegehälter, Hinterbliebenenbezüge und Leistungen verwandter Art innerhalb von drei Jahren nach dem

---

198 *Spindler,* in: MüKo-AktG, § 87 Rn. 165.

199 *Spindler,* in: MüKo-AktG, § 87 Rn. 165.

200 BVerfG, Beschl. v. 08.05.2012 – 1 BvR 1065/03, BVerfGE 131, 66, 80.

201 Diesbezügliche Bedenken aber *DAV Handelsrechtsausschuss*, NZG 2009, 612, 614.

Ausscheiden des Vorstands zu kürzen. Die Herabsetzung auch dieser Bezüge wird vielfach für verfassungswidrig gehalten.[202] Problematisch an ihrer Herabsetzung sei insbesondere, dass Ansprüche gekürzt würden, die bereits in der Vergangenheit erworben worden seien, aber erst in Zukunft ausgezahlt würden.[203] Für Vertragsschlüsse, die erst nach Inkrafttreten des VorstAG erfolgten, kann indes wieder darauf verwiesen werden, dass diese Ansprüche kraft Gesetzes von vornherein unter dem Vorbehalt einer möglichen Herabsetzung stehen.[204] Sie fallen somit schon nicht in den Schutzbereich des Art. 14 Abs. 1 GG.

aa) Kein gesetzesimmanenter Herabsetzungsvorbehalt bei Altverträgen

Problematischer ist jedoch die Anwendung des § 87 Abs. 2 S. 2 AktG auf Verträge, die bereits vor Inkrafttreten des VorstAG geschlossen wurden. Das VorstAG sieht weder für das Eingreifen des § 87 Abs. 1 AktG n. F. noch des § 87 Abs. 2 AktG n. F. Übergangsregelungen vor.

Während aber § 87 Abs. 1 AktG n. F. schon nach seinem Wortlaut („bei der Festsetzung der Gesamtbezüge") nur auf Verträge, die nach Inkrafttreten des VorstAG geschlossen wurden, angewendet werden kann,[205] gilt die Regelung des § 87 Abs. 2 AktG n. F. nach ihrem Wortlaut für alle Verträge, unabhängig davon, ob sie vor oder erst nach Inkrafttreten des VorstAG geschlossen wurden.[206] Dies entspricht auch dem Willen des Gesetzgebers, der für sonstige Änderungen des AktG durch das VorstAG ausdrücklich Übergangsregelungen vorgesehen hat.[207]

§ 87 Abs. 2 AktG a.F. sah eine Kürzungsmöglichkeit für Ruhegehälter nicht vor. Es kann mithin nicht darauf verwiesen werden, dass die Ruhegehälter von

---

202 *Dauner-Lieb*, in: Henssler/Strohn, Gesellschaftsrecht, § 87 AktG Rn. 42; *Hohenstatt*, ZIP 2009, 1349, 1353; *Sailer-Coceani*, VGR 2009, 141, 159; wohl auch *Kort* in: GK-AktG, § 87 Rn. 460. In Bezug auf Altverträge auch *Meyer*, Vorstandsvergütung, S. 300. An der Verfassungsmäßigkeit zumindest zweifelnd *Mertens/Cahn*, in: KK-AktG, § 87 Rn. 105; *Weber*, in: Hölters, AktG, § 87 Rn. 56 („möglicherweise auch verfassungswidrig").

203 *Weller*, NZG 2010, 7, 11.

204 *Thüsing*, Stellungnahme Gesetzentwurf VorstAG, S. 11.

205 *Meyer*, Vorstandsvergütung, S. 292.

206 Anders *Spindler*, NJOZ 2009, 3282, demzufolge die neue Fassung des § 87 AktG auf Altverträge keine Anwendung findet.

207 *Meyer*, Vorstandsvergütung, S. 297 mit Verweis auf *Thüsing*, Stellungnahme Gesetzentwurf VorstAG, S. 11, der die Aufnahme einer Übergangsregelung ausdrücklich empfohlen hatte.

vornherein unter einem gesetzlichen Herabsetzungsvorbehalt gestanden hätten. Dass die Rechtsprechung schon vor Inkrafttreten des VorstAG eine Herabsetzung der Ruhegehälter unter bestimmten Umständen nach § 242 BGB für möglich gehalten hat[208], steht dem nicht entgegen. Man kann die Möglichkeit einer Herabsetzung allein gestützt auf § 242 BGB bereits für verfassungsrechtlich bedenklich halten. Das BVerfG erkennt die Möglichkeit der Rechtsfortbildung unter Zuhilfenahme des § 242 BGB zwar ausdrücklich an.[209] Allerdings unterscheidet es zwischen Rechtsfortbildungen, die dazu dienen, „der Verfassung, insbesondere verfassungsmäßigen Rechten des Einzelnen, zum Durchbruch zu verhelfen" und solchen, die die rechtliche Situation des Einzelnen verschlechtern.[210] Im letzteren Fall bestünden engere Grenzen der richterlichen Rechtsfortbildung, sodass sich die „Rechtsfindung (…) umso stärker auf die Umsetzung bereits bestehender Vorgaben des einfachen Gesetzesrechts beschränken (muss), je schwerer die beeinträchtigte Rechtsposition auch verfassungsrechtlich wiegt".[211] Bei Ruhegehältern stehen grundrechtlich über Art. 14 Abs. 1 GG geschützte und damit gewichtige Rechtspositionen im Raum. Da Ruhegehälter vor Inkrafttreten des VorstAG nicht von der Herabsetzung umfasst waren, wäre es richtig gewesen, sich auf diese einfachgesetzlich bestehenden Vorgaben zu beschränken. Diese waren dergestalt formuliert, dass eine Herabsetzung nur für in „Absatz 1 Satz 1 aufgeführten Bezüge" zulässig war. Ruhegehälter wurden indes nur in Abs. 1 S. 2 erwähnt. Hier hätte sich die Rechtsfindung auf die Umsetzung dieser Vorgabe beschränken müssen. Ein Rückgriff auf § 242 BGB bzw. auf (den seit der Schuldrechtsreform wohl passenderen) § 313 BGB erscheint deshalb bedenklich. Selbst wenn man jedoch diese Möglichkeit grundsätzlich anerkennen will, hat ein ausdrücklicher gesetzlicher Vorbehalt eine andere Qualität als eine im Einzelfall lediglich auf die Generalklausel des § 242 BGB oder § 313 BGB gestützte Vergütungsherabsetzung. § 242 BGB ist eine Norm, die zumindest potentiell jedem schuldrechtlichen Anspruch entgegengehalten werden kann. Genauso kann § 313 BGB potentiell zu einer nachträglichen Anpassung jedes Vertrages führen. Würde man die Generalklauseln § 242 BGB und § 313 BGB stets mitbedenken, gäbe es wohl gar keine vorbehaltlos gewährleisteten Ansprüche mehr. Dies wäre

208 RG, Urt. v. 30. 04.1935 – II 291/34, RGZ 148, 88 ff.; BGH, Urt. v. 19. 9. 1951 – II ZR 19/50, LM 1952 § 78 AktG Nr. 1; BGH, Urt. v. 08.12.1960 – II ZR 107/59, FHZivR 7 Nr. 10665.

209 BVerfG, Beschl. v. 24.02.2015 – 1 BvR 472/14, BVerfGE 138, 377, 391 m.w.N.

210 BVerfG, Beschl. v. 24.02.2015 – 1 BvR 472/14, BVerfGE 138, 377, 392.

211 BVerfG, Beschl. v. 24.02.2015 – 1 BvR 472/14, BVerfGE 138, 377, 392.

aber nicht im Sinne eines effektiven Grundrechtsschutzes, da dann der Schutzbereich des Art. 14 Abs. 1 GG bei schuldrechtlichen Ansprüchen praktisch nie eröffnet sein könnte. Es macht insofern durchaus einen Unterschied, ob die Vergütungsabrede schon gesetzlich explizit so ausgestaltet ist, dass Ruhegehälter bis zu drei Jahre nach Ausscheiden herabgesetzt werden können, oder ob auf die allgemeinen Grundsätze des § 242 BGB bzw. § 313 BGB zurückgegriffen werden muss.

Die sich aus Neuverträgen ergebenden Ruhegehaltsansprüche stehen ausdrücklich und damit „an sich" schon unter dem Vorbehalt der Herabsetzung, während diejenigen Ruhegehaltsansprüche, die sich aus Altverträgen ergeben, „an sich" vorbehaltlos sind. Der Erwerb der Ansprüche auf Ruhegehälter erfolgte damit vor dem Inkrafttreten des VorstAG bedingungslos.[212] Legt man dieses Verständnis zugrunde, lässt sich auch die teils empörte Reaktion in der Literatur auf die Einbeziehung der Ruhegehälter durch das VorstAG besser nachvollziehen. Ehemals („an sich") vorbehaltlos erworbene Ansprüche sollen nun herabgesetzt werden können.

Ruhegehaltsansprüche aus Altverträgen unterfallen damit dem Schutzbereich des Art. 14 Abs. 1 GG. Insoweit Ruhegehaltsansprüche aus Altverträgen mitumfasst sind, wird mit dem § 87 Abs. 2 S. 2 AktG folglich in die Eigentumsfreiheit eingegriffen.[213]

bb) Rechtfertigung des Eingriffs in Altverträge?

Ein Eingriff in Art. 14 Abs. 1 GG allein macht die Herabsetzung von Ruhegehältern jedoch noch nicht verfassungswidrig.[214] Art. 14 Abs. 1 GG lässt unter bestimmten Voraussetzungen Eingriffe in die Eigentumsfreiheit und damit auch in erworbene Vergütungsansprüche zu.[215] Der Gesetzgeber darf nach Art. 14 Abs. 1 S. 2 GG Eigentumsrechte inhaltlich neu gestalten.[216] Ein solcher Eingriff muss allerdings durch Gründe des öffentlichen Interesses unter Berücksichtigung des Grundsatzes der Verhältnismäßigkeit gerechtfertigt sein.[217]

---

212 *Meyer*, Vorstandsvergütung, S. 298; *Raapke*, Vergütungsregulierung, S. 220.

213 *Meyer*, Vorstandsvergütung, S. 298; ähnlich *Raapke*, Vergütungsregulierung, S. 220. Davon wohl auch ausgehend *Spindler*, in: MüKo-AktG, § 87 Rn. 194.

214 *Spindler*, in: MüKo-AktG, § 87 Rn. 194.

215 *Spindler*, in: MüKo-AktG, § 87 Rn. 194; *DAV Handelsrechtsausschuss*, NZG 2009, 612, 614.

216 BVerfG Beschl. v. 09.01.1999 –1 BvR 929/89, BVerfGE 83, 201, 212.

217 BVerfG, Beschl. v. 18.02.2009 – 1 BvR 3076/08, BVerfGE 122, 374, 392; BVerfG, Beschl. v. 09.01.1999 – 1 BvR 929/89, BVerfGE 83, 201, 212 m.w.N. Auf diese Anforderungen

Nach herrschender Auffassung dient die Herabsetzungsmöglichkeit vorwiegend dem Schutz des Gesellschaftsvermögens. Die Interessen der Gesellschaft müssten für die Frage des öffentlichen Interesses jedoch an sich unberücksichtigt bleiben.[218] Eine Abwägung der Interessen des vom Eingriff Betroffenen kann ausweichlich des Art. 14 Abs. 2 GG nur mit Interessen der Allgemeinheit erfolgen.[219] Der Schutz des Gesellschaftsvermögens dient aber mittelbar dem Schutz von Aktionären, Gläubigern und Arbeitnehmern. Angesichts der Vielzahl der geschützten Parteien ließe sich durchaus vertreten, dass ein Interesse der Allgemeinheit verfolgt wird.

Im Übrigen verfolgt der Gesetzgeber mit der Herabsetzung nach hier vertretener Auffassung zumindest auch sozialpolitische Zwecke. Zur Rechtfertigung eines Eingriffs kann somit ebenfalls der Schutz der sozialen Marktwirtschaft als Gemeinwohlbelang herangezogen werden.[220]

Die Herabsetzung ist ferner geeignet[221], den gewünschten Zweck zu fördern. Sie ist zur Zweckerreichung auch erforderlich[222]. Hier steht dem Gesetzgeber eine gewisse Einschätzungsprärogative zu.[223] Im Hinblick auf den Schutz des Gesellschaftsvermögens stehen der Gesellschaft zwar auch andere Möglichkeiten zur Verfügung, Einsparungen vorzunehmen. Allerdings handelt es sich bei einer Herabsetzung der Ruhegehälter um eine Maßnahme, die sich vergleichsweise schnell und unkompliziert durchsetzen lässt. Zudem wird durch die Kürzung der Ruhegehälter, die oftmals eine lange Laufzeit haben und die mit den ausgeschiedenen Vorstandsmitgliedern auch einer Reihe von Personen zukommen, ein nicht völlig geringer Betrag frei.[224]

---

weisen auch der *DAV Handelsrechtsausschuss,* NZG 2009, 612, 614; *Meyer,* Vorstandsvergütung, S. 299 und *Raapke,* Vergütungsregulierung, S. 220 hin.

218 *Meyer,* Vorstandsvergütung, S. 299.

219 *Meyer,* Vorstandsvergütung, S. 299.

220 *DAV Handelsrechtsausschuss,* NZG 2009, 612, 614, erwägt, dass die Änderungen vom Gesetzgeber auf ein öffentliches Interesse im Sinne der „Funktionsfähigkeit der Wirtschaft im Sinne eines Gemeinwohlbelangs" gestützt sein könnten; dies bejaht *Raapke,* Vergütungsregulierung, S. 220.

221 Zum Begriff der Geeignetheit: *Grzeszick,* in: Maunz/Düring, GG, Art. 20 VII. Rn 112; *Huster/Rux,* in: BeckOK GG, Art. 20 Rn. 194.

222 Zum Begriff der Erforderlichkeit: *Grzeszick,* in: Maunz/Düring, GG, Art. 20 VII. Rn 113; *Huster/Rux,* in: BeckOK GG, Art. 20 Rn. 196.

223 *Huster/Rux,* in: BeckOK GG, Art. 20 Rn. 196.1.

224 Zur Höhe der Altersvorsorge für Vorstände 2014/2015 siehe *Doetsch/Evers,* Studie für die Hans-Böckler-Stiftung, Mitbestimmungspraxis 2015, Nr. 1.

Es bestehen gleichwohl erhebliche Zweifel an der Angemessenheit.[225] Bei Vornahme einer Gesamtabwägung zwischen der Schwere des Eingriffs und dem Gewicht und der Dringlichkeit der ihn rechtfertigenden Gründe[226] spricht vieles dafür, dass die Grenze der Zumutbarkeit hier nicht gewahrt wurde.

So ist das Vertrauen des betroffenen Vorstandsmitglieds auf sein Ruhegehalt besonders schützenswert.[227] Dies ergibt sich vor allem daraus, dass die Dienstleistung im Zeitpunkt der Herabsetzung bereits erbracht wurde.[228]

Es ist zudem für die Beurteilung der Verhältnismäßigkeit entscheidend, ob die geschützte Rechtsposition durch eigene Leistung erlangt wurde.[229] Dies ist hier der Fall. Zwar ist zuzugestehen, dass die Ausübung des Herabsetzungsrechts nach § 87 Abs. 2 S. 2 AktG zeitlich begrenzt ist. Ein Vorstandsmitglied muss nur innerhalb von drei Jahren nach seinem Ausscheiden noch mit einer Herabsetzung rechnen. Diese zeitliche Begrenzung wurde im Laufe des Gesetzgebungsverfahrens vom Rechtsausschuss angeregt, mit dem Zweck, für Rechtssicherheit zu sorgen.[230] Das vermag die Schwere des Eingriffs ein wenig abzumildern. Allerdings hat ein ausgeschiedenes Vorstandsmitglied keine Möglichkeit, auf die Herabsetzung in Form einer außerordentlichen Kündigung zu reagieren.[231] Zudem wird es in der Regel im Zeitpunkt des Bezugs des Ruhegehalts schon aus Altersgründen keine andere Tätigkeit mehr ergreifen,[232] die eine Kürzung

---

225 Zum Begriff der Angemessenheit bzw. Verhältnismäßigkeit im engeren Sinne: *Grzeszick*, in: Maunz/Düring, GG, Art. 20 VII. Rn 117; *Huster/Rux*, in: BeckOK GG, Art. 20 Rn. 197.

226 So die Formulierung des BVerfG zur Prüfung der Angemessenheit, siehe nur: BVerfG, Beschl. v. 31.10.1984 – 1 BvR 35, 356, 794/82, BVerfGE 68, 193, 219; BVerfG, Beschl. v. 14.11.1989 – 1 BvL 14/85, 1 BvR 1276/84, 70, 92.

227 *DAV Handelsrechtsausschuss*, NZG 2009, 612, 614; *Hohenstatt*, ZIP 2009, 1349, 1353; *Spindler*, in: MüKo-AktG, § 87 Rn. 194; *Weber*, in: Hölters, AktG, § 87 Rn. 56.

228 *DAV Handelsrechtsausschuss*, NZG 2009, 612, 614; *Hohenstatt*, ZIP 2009, 1349, 1353; *Weber*, in: Hölters, AktG, § 87 Rn. 56.

229 *Axer*, in: BeckOK GG, Art. 14 Rn. 96 mit Verweis auf die Rechtsprechung des BVerfG zu Rentenanwartschaften: BVerfG, Urt. v. 28.02.1980 – 1 BvL 17/77 u. a., BVerfGE 53, 257, 291 f.; BVerfG, Beschl. v. 27.02.2007 – 1 BvL 10/00, BVerfGE 117, 272, 294.

230 Vgl. Beschlussempfehlung und Bericht des Rechtsausschusses, BT-Drs. 16/13433, S. 11.

231 *DAV Handelsrechtsausschuss*, NZG 2009, 612, 614; *Diller*, NZG 2009, 1006, 1008 f.; *Hohenstatt*, ZIP 2009, 1349, 1353, der deshalb auf Grundlage des § 87 Abs. 2 S. 2 AktG allenfalls die Beschränkung des Erwerbs weiterer Anwartschaften für möglich hält; *Spindler*, in: MüKo-AktG, § 87 Rn. 194.

232 Ähnlich *Weber*, in: Hölters, AktG, § 87 Rn. 56; *Mertens/Cahn*, in: KK-AktG, § 87 Rn. 105.

kompensieren könnte. Die Befristung auf drei Jahre vermag all dies nicht auszugleichen.

Insgesamt ist der Eingriff angesichts des besonderen schutzwürdigen Vertrauens, der fehlenden Reaktionsmöglichkeit und der erhöhten Herabsetzungswahrscheinlichkeit nicht gerechtfertigt. Die Einbeziehung von Ruhegehältern, die sich aus Altverträgen ergeben, wäre somit mangels Angemessenheit an sich verfassungswidrig.

cc) Möglichkeit der verfassungskonformen Auslegung

An sich wäre es konsequent, aufgrund dieser verfassungsrechtlichen Einschätzung § 87 Abs. 2 S. 2 AktG insgesamt für verfassungswidrig zu halten, auch wenn gegen die Anwendung auf Neuverträge keine durchgreifenden Bedenken bestehen. Allerdings ist „eine Norm nur dann für nichtig zu erklären ist, wenn keine nach anerkannten Auslegungsgrundsätzen zulässige und mit der Verfassung zu vereinbarende Auslegung möglich ist."[233] Im Zweifel ist im Interesse der Normerhaltung eine verfassungskonforme Auslegung vorzuziehen.[234] Dies gilt selbst dann, wenn es dem Willen des Gesetzgebers eher entsprochen hätte, das Gesetz in einer Weise auszulegen, die das verfassungsrechtlich Zulässige überschreitet.[235]

Das bedeutet, dass hier unberücksichtigt bleiben darf, dass der Gesetzgeber keine Übergangsregelung getroffen hat und es deshalb zunächst naheliegt, dass Altverträge von der Anwendung des § 87 Abs. 2 S. 2 AktG nicht ausgenommen werden sollten. Der Wortlaut der Vorschrift enthält aber andererseits auch jedenfalls keine ausdrückliche Rückwirkungsbestimmung. Es besteht folglich die Möglichkeit, § 87 Abs. 2 S. 2 AktG verfassungskonform dahin gehend auszulegen, dass Altverträge nicht erfasst sind.[236]

c) Zusammenfassung

Durch § 87 Abs. 2 AktG wird Art. 14 Abs. 1 GG in Bezug auf die laufende Vergütung nicht verletzt. Dies ergibt sich daraus, dass der Schutzbereich schon gar nicht eröffnet ist. Es wird gerade nicht in einen der Höhe nach gesetzlich

233 BVerfG, Beschl. v. 09.08.1978 – 2 BvR 831/76, BVerfGE 49, 148, 157.

234 BVerfG, Beschl. v. 09.08.1978 – 2 BvR 831/76, BVerfGE 49, 148, 157.

235 BVerfG, Beschl. v. 09.08.1978 – 2 BvR 831/76, BVerfGE 49, 148, 157.

236 Dafür ebenso *Meyer*, Vorstandsvergütung, S. 303; vgl. auch *Lingemann*, BB 2009, 1918, 1921, der jedoch andernfalls eine unzulässige Rückwirkung auch bezüglich § 87 Abs. 1 S. 1 AktG annimmt.

geschützten Vergütungsanspruch der Vorstandsmitglieder eingegriffen, da die Vergütungsvereinbarung von vornherein kraft Gesetzes unter dem Vorbehalt einer Herabsetzung steht.

Anders liegt der Fall jedoch bei denjenigen Ruhegehältern, die sich aus bereits vor Inkrafttreten des VorstAG geschlossenen Verträgen ergeben. Hier würde ein nicht zu rechtfertigender Eingriff in Art. 14 Abs. 1 GG erfolgen, da diese Bezüge vor Inkrafttreten des VorstAG nicht unter einem gesetzlichen Herabsetzungsvorbehalt standen.

Eine Auslegung, wonach § 87 Abs. 2 S. 2 AktG sich auch auf bereits vor dem VorstAG geschlossene Verträge bezieht, würde zu dessen Verfassungswidrigkeit führen. Um dies zu vermeiden, ist § 87 Abs. 2 S. 2 AktG verfassungskonform dahin gehend auszulegen, dass Ruhegehaltsansprüche, die sich aus Altverträge ergeben, nicht von der Herabsetzung erfasst sind.

II. Art. 12 Abs. 1 GG

1. Berufsausübungsfreiheit der Vorstandsmitglieder

a) Schutzbereich und Eingriff

Aufseiten des Vorstands wird in die Berufsausübungsfreiheit aus Art. 12 Abs. 1 GG eingegriffen.[237] Zur freien Berufsausübung gehört nach der Rechtsprechung des BVerfG auch die Freiheit, die Vergütung für berufliche Leistungen frei mit dem jeweiligen Auftraggeber auszuhandeln.[238] Mit der Möglichkeit der Herabsetzung der Vergütung wird also in die Berufsausübungsfreiheit der Vorstandsmitglieder eingegriffen, da die zwischen ihnen und der Gesellschaft frei vereinbarte Vergütungshöhe nachträglich geändert wird. Das gilt sowohl für die laufende Vergütung als auch für Ruhegehälter. Auch Letztere sind Bestandteil der Vergütungsabrede.

b) Rechtfertigung

Berufsausübungsregelungen dürfen vom Gesetzgeber getroffen werden, wenn sie durch vernünftige Erwägungen des Gemeinwohls gerechtfertigt sind, die gewählten Mittel zur Erreichung des verfolgten Zwecks geeignet und erforderlich sind und die durch sie bewirkte Beschränkung den Betroffenen zumutbar

---

237 Siehe auch *Jaeger/Balke*, ZIP 2010, 1471, 1475 f.

238 Siehe nur BVerfG, Urt. v. 17.12.2002 – 1 BvL 28/95 u. a., BVerfGE 106, 275, 298; BVerfG, Beschl. v. 15.6.2009 – 1 BvR 1342/07, NJW-RR 2010, 259, 260.

ist.[239] Zu der Frage des legitimen Zwecks sowie der Geeignetheit und Erforderlichkeit kann im Wesentlichen auf den vorherigen Abschnitt zu Art. 14 Abs. 1 GG verwiesen werden. Die im Rahmen der Prüfung der Angemessenheit notwendige Gesamtabwägung zwischen der Schwere des Eingriffs und dem Gewicht und der Dringlichkeit der ihn rechtfertigenden Gründe ergibt, dass die Grenze der Zumutbarkeit hier gewahrt wurde. Dabei gilt es zunächst zu bedenken, dass es sich bei dem Eingriff in die Berufsausübungsfreiheit um einen Eingriff auf der niedrigsten Stufe im Sinne der Drei-Stufen-Theorie handelt.[240] Die Schwere des Eingriffs aufseiten des Vorstands ist weiter insofern begrenzt, als dass eine Herabsetzung nur gesetzlich bezeichneten Voraussetzungen erfolgen darf. Die Vorstandsmitglieder sind gerade nicht der völligen Willkür des Aufsichtsrats ausgesetzt. Sie müssen nicht jederzeit mit einer anlasslosen und für sie völlig überraschenden Herabsetzung rechnen. Eine solche lässt das Gesetz nämlich gerade nicht zu. Die Herabsetzung ist ferner ihrem Umfang nach gesetzlich begrenzt, indem sie auf „angemessene Höhe“ zu erfolgen hat. Der Eingriff aufseiten des Vorstands wird schließlich dadurch abgemildert, dass ihm im Falle der Herabsetzung nach § 87 Abs. 2 S. 4 AktG ein Sonderkündigungsrecht zusteht. Die Interessen des Vorstands wurden somit ausreichend berücksichtigt. Darüber hinaus ist in die Abwägung einzubeziehen, dass den Vorstand eine besondere Treuepflicht trifft, die es rechtfertigt, dass er in einem besonderen Maße am Schicksal der Gesellschaft teilnimmt.[241] Im Übrigen lässt sich der Anstellungsvertrag des Vorstands als fremdnütziger Vertrag auffassen.[242] Bei derartigen Verträgen gilt die Pflicht zur Vertragstreue nur eingeschränkt.[243] Die Interessen des Geschäftsherrn haben bei diesem Vertragstypus Vorrang vor denen des Geschäftsführers.[244] Auch aus diesen Gründen ist eine Herabsetzung zumutbar.

---

239 BVerfG Beschl. v. 25.10.1977 – 1 BvR 173/75, BVerfGE 46, 246, 256 f.

240 Grundlegend zur sog. Drei-Stufen-Theorie: BVerfG, Beschl. v. 11.6.1958 – 1 BvR 596/56, BVerfGE 7, 377, 405 ff. („Apotheken-Urteil“).

241 Die Treuepflicht als Rechtfertigung für eine Vergütungsherabsetzung zieht heran: BGH, Urt. v. 27.10.2015 – II ZR 296/14, BGHZ 207, 190 Rn. 24 f.; OLG Düsseldorf, Urt. v. 17.11.2003 – 15 U 225/02, NZG 2004, 141; *Jaeger/Balke*, ZIP 2010, 1471. *Diller*, NZG 2009, 1006, 1007; *Spindler*, in: MüKo-AktG, § 87 Rn. 164; *Wittuhn/Hamann*, ZGR 2009, 847, 852.

242 *Weller*, NZG 2010, 7, 10 f.

243 *Weller*, NZG 2010, 7, 10.

244 *Weller*, NZG 2010, 7, 11.

2. Wirtschaftsfreiheit der AG

a) Schutzbereich und Eingriff

Auch wenn vielfach darauf hingewiesen wird, dass durch § 87 Abs. 2 AktG vom Grundsatz „pacta sunt servanda" abgewichen wird,[245] findet die Tatsache, dass damit auch eine Rechtsposition der Gesellschaft und nicht nur des jeweiligen Vorstandsmitglieds berührt wird, nur selten explizite Erwähnung.[246] Gleichwohl kann sich Vorschrift auch auf Rechtspositionen der Gesellschaft auswirken.[247] Die aus Art. 12 Abs. 1 GG folgende Wirtschaftsfreiheit der Gesellschaft, die nach Art. 19 Abs. 3 GG auch auf die Aktiengesellschaft als inländische juristische Person anwendbar ist, umfasst das Recht, frei über den Einsatz von Betriebs- und Investitionsmitteln zu disponieren.[248] Die Gesellschaft kann deshalb grundsätzlich frei darüber entscheiden, welche Vorstandsvergütung sie der Höhe nach gewähren möchte.[249] Unabhängig von der Frage, wie sich die Formulierung der Herabsetzungsbefugnis als Soll-Vorschrift konkret auswirkt,[250] ist zumindest klar, dass die Gesellschaft infolge des § 87 Abs. 2 AktG nicht völlig frei nach ihrem Belieben darüber entscheiden kann, ob sie die Vergütung bei Vorliegen der Voraussetzungen herabsetzt oder nicht. Da damit der Schutzbereich der Wirtschaftsfreiheit verkürzt wird, liegt ein Eingriff vor. Ein gesetzgeberischer Eingriff in die Freiheit zur Bestimmung der Vergütungshöhe ist indes keine Seltenheit. Schon der § 87 Abs. 1 AktG stellt mit dem Kriterium der Angemessenheit

---

245 BGH, Urt. v. 27.10.2015 – II ZR 296/14, BGHZ 207, 190 Rn. 24; *Arnold/Günther*, in: Marsch-Barner/Schäfer, Hdb. börsennotierte AG, § 20 Rn. 45; *Dauner-Lieb*, Der Konzern 2009, 583, 590; *Schönemann*, Geschäftsleitervergütung, S. 25; *Raapke*, Vergütungsregulierung, S. 208; *Weller*, NZG 2010, 7, 8; *Koch*, WM 2010, 49, 50 f.; *Diller*, NZG 2009, 1006, 1007.

246 So sieht *Koch*, WM 2010, 49, 50 f., eine Abweichung „nur zu Lasten einer Vertragspartei, nämlich des Vorstands". Auch *Diller*, NZG 2009, 1006, 1007, begreift die Neuregelung als ein Instrument des Aufsichtsrats „sich jederzeit aus verbindlich abgeschlossenen Verträgen wieder zu lösen".

247 Zutreffend *Martens*, in: FS Hüffer, S. 647, 649, der auf die Einschränkung der unternehmerischen Entscheidungsfreiheit der Gesellschaft hinweist. A.A. *Koch*, WM 2010, 49, 50 f.

248 BVerfG, Beschl. v. 03.12.1997 – 2 BvR 882/97, BVerfGE 97, 67, 83; *Di Fabio*, in: Maunz/Düring, GG, Art. 2 Abs. 1 Rn. 126 (mit Hinweis auf die umstrittene Zuordnung der Wirtschaftsfreiheit zu Art. 2 Abs. 1 GG oder Art. 12 Abs. 1 GG und Art. 14 Abs. 1 GG); *Otto*, Vorstandsvergütung, S. 40.

249 *Otto*, Vorstandsvergütung, S. 40.

250 Siehe hierzu unter Abschnitt H.II.

bestimmte Anforderungen an die Ausgestaltung der Vorstandsvergütung. Der Aufsichtsrat hat nach § 87 Abs. 1 S. 1 AktG dafür zu sorgen, dass die Schwelle der Angemessenheit nicht überschritten wird.[251] Auch in die andere Richtung greift der Gesetzgeber durch die Festlegung von Mindestlöhnen für Arbeitnehmer in die Freiheit zur Bestimmung der Vergütungshöhe ein, zuletzt durch das MiLoG.[252] Die gesetzliche Vorgabe eines Mindestlohns schränkt durch die Festlegung einer Lohnuntergrenze ebenso die Möglichkeit eines Unternehmens ein, frei über den Einsatz von Betriebs- und Investitionsmitteln zu disponieren. Weiter wird auch durch andere Vorschriften im Sinne des Bestandes der Gesellschaft in ihre Entscheidungsfreiheit eingegriffen. So handelt es sich bei der in § 150 Abs. 1 AktG angeordneten Pflicht zur Bildung von gesetzlichen Rücklagen um nichts anderes als „gesetzlich angeordnetes Zwangssparen".[253] Auch diese Vorschrift soll letztlich Aktionären, Gläubigern und den Arbeitnehmern der Gesellschaft dienen.[254] Vor diesem Hintergrund erscheint eine gesetzliche Vorgabe, die Vorstandsvergütung unter bestimmten Umständen zu kürzen, jedenfalls nicht etwa als besonders außergewöhnliche und übermäßig einschneidende gesetzgeberische Maßnahme. Freilich muss ein solcher Eingriff in die Wirtschaftsfreiheit jedoch gerechtfertigt sein.

b) Rechtfertigung

Hinsichtlich der Verhältnismäßigkeit des Eingriffs gilt im Wesentlichen das oben zum Eingriff in die Berufsfreiheit der Vorstandsmitglieder Gesagte. § 87 Abs. 2 AktG stellt hinsichtlich Tatbestandsmerkmalen und Rechtsfolgen individuell auf die konkrete Gesellschaft ab. Die spezifischen Besonderheiten finden bei der Bestimmung der Lageverschlechterung, der Unbilligkeit und der fortan angemessenen Höhe Berücksichtigung. Ferner ist einzubeziehen, dass der Wortlaut des § 87 Abs. 2 AktG zumindest keine absolute Pflicht zur Herabsetzung statuiert und mit dem „Soll"-Gebot eine gewisse Flexibilität in der Handhabung der Norm in Ausnahmekonstellationen geschaffen wurde. Die Tatsache, dass in Bezug auf die Herabsetzung keine vollumfängliche Entscheidungsfreiheit besteht, lässt sich auch damit rechtfertigen, dass die Gesellschaft bei der Herabsetzung durch den Aufsichtsrat handelt. Der Aufsichtsrat hat am

---

251 *Dauner-Lieb,* in: Henssler/Strohn, Gesellschaftsrecht, § 87 AktG Rn. 9.

252 Gesetz zur Regelung eines allgemeinen Mindestlohns (Mindestlohngesetz) vom 11.08.2014, BGBl. I S. 1348.

253 *Waclawik* in: Hölters, AktG, § 150 Rn. 1.

254 *Waclawik* in: Hölters, AktG, § 150 Rn. 1.

Schutz des Gesellschaftsvermögens im Wege eine Herabsetzung nicht unbedingt ein besonderes Interesse, selbst wenn es dem Wohle der Gesellschaft und dem Schutz ihres Vermögens diente. Anders als bei der Festlegung einer staatlichen Lohnuntergrenze profitiert die Gesellschaft zudem in finanzieller Hinsicht von der gesetzgeberischen Einschränkung ihrer Wirtschaftsfreiheit. Es sind nicht etwa zusätzliche, ungewünschte Investitionen infolge des Eingriffs erforderlich. In der Gesamtschau ist die Intensität des Eingriffs aufseiten der Gesellschaft vergleichsweise gering. Der Gesellschaft gegenüber ist der Eingriff damit ebenfalls zumutbar; Art. 12 Abs. 1 GG wird nicht verletzt.

III. Art. 2 Abs. 1 GG – Vertragsfreiheit

Da die Vergütungshöhe nicht einseitig durch die Gesellschaft bestimmt wird, sondern es sich dabei um eine vertragliche Vereinbarung handelt, berührt § 87 Abs. 2 AktG ebenso die Vertragsfreiheit der Parteien. Es wird in die inhaltliche Ausgestaltung des Anstellungsvertrages eingegriffen, nachdem dieser bereits geschlossen wurde. Zur Vertragsfreiheit gehört sowohl die Abschluss- als auch Gestaltungsfreiheit.[255] Zwar wird die Vertragsfreiheit – anders als noch in der Weimarer Reichsverfassung[256] – im Grundgesetz nicht ausdrücklich erwähnt.[257] Sie ist jedoch Teil der allgemeinen Handlungsfreiheit und daher durch Art. 2 Abs. 1 GG geschützt.[258] Sowohl der Vorstand als auch die Aktiengesellschaft genießen bei der Ausgestaltung ihres Rechtsverhältnisses somit grundsätzlich verfassungsrechtlich geschützte Vertragsfreiheit. Durch eine Vorschrift, die in bestimmten Fällen eine Herabsetzung gebietet und damit zu einer Abänderung der ursprünglichen Vereinbarung der Parteien führt, wird in diese Freiheit eingegriffen. Art. 2 Abs. 1 GG schützt nämlich gerade auch davor, dass bereits abgeschlossene Verträge nachträglich geändert werden.[259] Teilweise wird folglich eine Einschränkung hinsichtlich der von den Parteien vereinbarten Vergütungshöhe unter Art. 2 Abs. 1 GG subsumiert.[260] Auch der BGH verweist im Zusammenhang mit § 87 Abs. 2 AktG neben Art. 14 Abs. 1 GG auch auf

---

255 *Sutschet*, in: BeckOK BGB, § 241 Rn. 12.

256 Art. 152 WRV.

257 *Busche*, in: MüKo-BGB, Vor § 145 Rn. 3.

258 Siehe nur BVerfG, Urt. v. 08.04.1997 – 1 BvR 48/94, BVerfGE 95, 267, 303; BVerfG, Urt. v. 19.10.1983 – 2 BvR 298/81, BVerfGE 65, 196, 210. Im Zusammenhang mit § 87 Abs. 2 AktG: *Weller*, NZG 2010, 7, 9.

259 BVerfG, Urt. v. 08.04.1997 – 1 BvR 48/94, BVerfGE 95, 267, 304.

260 *Weller*, NZG 2010, 7, 8 f.

Art. 2 Abs. 1 GG.[261] Ist jedoch die Vertragsfreiheit gerade im Bereich der beruflichen Betätigung betroffen, so ist die allgemeine Handlungsfreiheit gegenüber der Berufsausübungsfreiheit (bzw. aufseiten der Gesellschaft der Wirtschaftsfreiheit) subsidiär.[262] Ein Rückgriff auf Art. 2 Abs. 1 GG ist daher nicht notwendig. Ohnehin würde inhaltlich das zu Art. 12 Abs. 1 GG Gesagte gelten.

IV. Rückwirkungsverbot

Soweit Altverträge erfasst werden, kommt schließlich auch ein Verstoß gegen das verfassungsrechtliche Rückwirkungsgebot in Betracht. Eine echte Rückwirkung liegt vor, wenn der Gesetzgeber rückwirkend in einen bereits abgeschlossenen Sachverhalt eingreift, die Rechtsfolgen des Gesetzes also für einen vor der Verkündung beendeten Tatbestand gelten sollen.[263] Die echte Rückwirkung ist grundsätzlich ausgeschlossen und nur ausnahmsweise zulässig.[264] Um eine unechte Rückwirkung handelt es sich hingegen, wenn eine Norm in gegenwärtig noch nicht abgeschlossene Sachverhalte rückwirkend eingreift und damit die Rechtsposition nachträglich entwertet wird.[265] Diese Art der Rückwirkung ist grundsätzlich zulässig und nur ausnahmsweise unzulässig.[266]

1. Herabsetzung der laufenden Vergütung bei Altverträgen

Bei Verträgen, die vor Inkrafttreten des VorstAG geschlossen wurden, handelt es sich aufgrund der geänderten Tatbestandsvoraussetzungen um einen Fall der unechten Rückwirkung.[267] Die mit der Neufassung des § 87 Abs. 2 AktG geänderten Tatbestandsvoraussetzungen erfassen allein zukünftige Leistungen. Es ist hier nicht ersichtlich, warum die Vorstandsmitglieder besonderen Vertrauensschutz genießen sollten, der zu einer ausnahmsweisen Unzulässigkeit dieser Art der Rückwirkung führen könnte. Es kann grundsätzlich nicht darauf vertraut werden, dass Gesetze sich inhaltlich nicht verändern.

---

261 BGH, Urt. v. 27.10.2015 – II ZR 296/14, BGHZ 207, 190 Rn. 24, 45.

262 BVerfG, Beschl. v. 15.6.2009 – 1 BvR 1342/07, Rn. 11, NJW-RR 2010, 259, 260; *Scholz,* in: Maunz/Düring, GG, Art. 12 Rn. 123; *Ruffert,* in: BeckOK GG, Art. 12 Rn. 158.

263 Ständige Rechtsprechung des BVerfG, statt aller: BVerfG, Beschl. v. 23.03.1971 – 2 BvL 2/66 u. a., BVerfGE 30, 367, 385 f.

264 BVerfG, Beschl. v. 23.03.1971 – 2 BvL 2/66 u. a., BVerfGE 30, 367, 385 f.

265 BVerfG, Beschl. v. 23.03.1971 – 2 BvL 2/66 u. a., BVerfGE 30, 367, 386; BVerfG, Beschl. v. 23.03.1971 – 2 BvL 17/69, BVerfGE, 30, 392, 398.

266 BVerfG, Beschl. v. 23.03.1971 – 2 BvL 17/69, BVerfGE, 30, 392, 398.

267 *Meyer,* Vorstandsvergütung, S. 302.

2. Herabsetzung von Ruhegehältern bei Altverträgen

Hinsichtlich der Herabsetzung von vor der Neufassung des § 87 Abs. 2 AktG vereinbarten Ruhegehältern ist zu differenzieren. Bei Verträgen, die zwar vor Inkrafttreten des VorstAG geschlossen wurden, aber erst danach beendet wurden, liegt ein Fall der unechten Rückwirkung vor.[268] Zwar konnten, noch bevor das VorstAG in Kraft trat, durch Zeitablauf bereits Anwartschaften des Vorstands entstehen. Der endgültige Erwerb der Ruhegehaltsansprüche war aber zu diesem Zeitpunkt noch nicht endgültig abgeschlossen, sodass es sich nicht um einen beendeten Tatbestand handelte. Mit Blick auf bereits vor Inkrafttreten des VorstAG ausgeschiedene Vorstandsmitglieder entfaltet § 87 Abs. 2 S. 2 AktG hingegen echte Rückwirkung.[269] Mit Beendigung des Anstellungsvertrags ist der Sachverhalt nämlich abgeschlossen. Diese Art der Rückwirkung ist grundsätzlich unzulässig. Besondere Umstände, die den Vertrauensschutz der Vorstandsmitglieder ausnahmsweise hinter zwingenden Gründen des Allgemeinwohls zurücktreten lassen, liegen hier nicht vor. Die Einbeziehung von Ruhegehaltsansprüchen, die sich aus Altverträgen ergeben, die schon vor Inkrafttreten des VorstAG beendet wurden, würde (neben Art. 14 Abs. 1 GG) auch gegen das verfassungsrechtliche Rückwirkungsgebot verstoßen. Auch dies macht eine verfassungskonforme Auslegung erforderlich.[270]

V. Ergebnis

Dem BGH ist dahin gehend zuzustimmen, dass eine Auslegung des § 87 Abs. 2 AktG im Lichte der Grundrechte zu erfolgen hat. Nach hier vertretener Auffassung folgt dieses Erfordernisses jedoch nicht aus Art. 2 Abs. 1, Art. 14 Abs. 1 GG, sondern aus Art. 12 Abs. 1 GG. Die Herabsetzung erst in Zukunft entstehender Ansprüche ist mit Blick auf Art. 14 Abs. 1 GG unbedenklich. Die Bezüge stehen bereits mit Vertragsschluss unter einem Herabsetzungsvorbehalt. Das gilt auch für Verträge, die vor Inkrafttreten des

---

268 *Meyer*, Vorstandsvergütung S. 302; *Rieble/Schmittlein*, Vergütung von Vorständen, Rn. 80, die jedoch nicht zwischen Altverträgen, die schon vor Inkrafttreten des VorstAG beendet wurden und solchen, die erst danach beendet wurden, differenzieren.

269 *Meyer*, Vorstandsvergütung, S. 303; a.A. wohl *Rieble/Schmittlein*, Vergütung von Vorständen, Rn. 80.

270 Es sei jedoch darauf hingewiesen, dass die dreijährige Herabsetzungsperiode für Ruhegehaltsansprüche, die auf Verträgen beruhen, die noch vor Inkrafttreten des VorstAG beendet wurden, mittlerweile ohnehin bereits abgelaufen ist.

VorstAG abgeschlossen wurden, da eine Herabsetzungsmöglichkeit bereits nach § 87 Abs. 2 AktG a. F. bestand.

Gleiches gilt für Ruhegehälter, die sich aus Verträgen ergeben, die erst nach Inkrafttreten des VorstAG geschlossen wurden. Hier muss jedenfalls nicht schon aus verfassungsrechtlichen Gründen eine strengere Auslegung vorgenommen werden als bei der laufenden Vergütung. Es spricht jedoch vieles dafür, dass eine Herabsetzung von Ruhegehältern, die sich aus Verträgen ergeben, die bereits vor Inkrafttreten des VorstAG geschlossen wurden, verfassungswidrig wäre. Dies folgt zum einen aus einem unverhältnismäßigen Eingriff in Art. 14 Abs. 1 GG. Zum anderen würde, jedenfalls in Bezug auf die noch vor Inkrafttreten des VorstAG ausgeschiedenen Vorstandsmitglieder, gegen das verfassungsrechtliche Rückwirkungsverbot verstoßen werden. Aus diesem Grund kann § 87 Abs. 2 S. 2 AktG verfassungskonform nur so ausgelegt werden, dass Ruhegehälter, die sich aus Altverträgen ergeben, nicht erfasst sind.

Sowohl aufseiten des betroffenen Vorstandsmitglieds als auch aufseiten der Gesellschaft wird jedoch in Art. 12 Abs. 1 GG eingegriffen. Dieser Eingriff ist indes gerechtfertigt. Um die Anforderungen an die Verhältnismäßigkeit zu wahren, dürfen die Hürden für eine Herabsetzung jedoch nicht zu niedrig angesetzt werden. Dies ist bei der Auslegung der Tatbestandsvoraussetzungen, etwa bei der Frage nach den Anforderungen an die Verschlechterung der Lage der Gesellschaft, zu berücksichtigen.

E. Anwendungsbereich des § 87 Abs. 2 AktG

Bevor näher auf die Tatbestandsvoraussetzungen des § 87 Abs. 2 AktG eingegangen wird, ist schließlich zu klären, in welchen Konstellationen die Vorschrift überhaupt anwendbar ist. Dabei liegt der Schwerpunkt auf dem sachlichen Geltungsbereich der Norm und einer möglichen analogen Anwendung auf andere Gesellschaftsformen, insbesondere die GmbH. Ferner wird kurz der persönliche Anwendungsbereich beleuchtet. In diesem Zuge wird dargestellt, ob und ggf. wie § 87 Abs. 2 AktG sich auch auf Führungskräfte unterhalb des Vorstands auswirkt. Abschließend wird geklärt, in welchem Verhältnis § 87 Abs. 2 AktG zu einer Vertragsanpassung nach den Grundsätzen vom Wegfall der Geschäftsgrundlage gemäß § 313 BGB steht.

I. Zeitlicher Anwendungsbereich

Der zeitliche Anwendungsbereich wurde bereits im Rahmen der verfassungsrechtlichen Beurteilung erläutert. § 87 Abs. 2 AktG gilt in seiner neuen Fassung grundsätzlich sowohl für Verträge, die vor Inkrafttreten des VorstAG, als auch für Verträge, die erst danach geschlossen wurden. Eine Ausnahme davon ist jedoch für die Herabsetzung von Ruhegehältern nach § 87 Abs. 2 S. 2 AktG zu machen. Diese Regelung findet nur auf Neuverträge Anwendung.[271]

II. Sachlicher Anwendungsbereich

Das Phänomen einer Verschlechterung der wirtschaftlichen Lage kann neben der AG auch andersartig organisierte Gesellschaften treffen. In diesen Fällen kann es für die jeweilige Gesellschaft unter Umständen von Interesse sein, die Bezüge ihrer geschäftsleitenden Organe entsprechend herabzusetzen.[272] Bei welchen Gesellschaftsformen eine Herabsetzung der Vergütung auf Ebene der Geschäftsleitung möglich ist, wird nachfolgend erörtert.[273]

---

271 Siehe dazu Abschnitt D.IV.

272 *Lunk/Stolz*, NZA 2010, 121, 122.

273 Umfassend zur Übertragbarkeit des gesamten § 87 AktG auf andere Rechtsformen: *Schönemann*, Geschäftsleitervergütung.

1. Aktiengesellschaft

§ 87 Abs. 2 AktG findet auf sämtliche Aktiengesellschaften Anwendung. Eine Einschränkung, wie sie etwa § 87 Abs. 1 S. 2 AktG vorsieht, der sich ausdrücklich nur an börsennotierte Gesellschaften richtet, findet sich in § 87 Abs. 2 AktG nicht. Die Herabsetzungsvorschrift gilt somit sowohl für börsennotierte als auch für nicht börsennotierte Aktiengesellschaften.

2. SE

Die SE wird entweder von einem Verwaltungsrat in eigener Verwaltung geleitet, wobei geschäftsführende Direktoren die laufenden Geschäfte führen und die Gesellschaft vertreten (monistisches System), oder vom Leitungsorgan geführt und vom Aufsichtsorgan kontrolliert (dualistisches System). Es stellt sich die Frage, ob die Vergütung der geschäftsführenden Direktoren bzw. des Leitungsorgans in entsprechender Anwendung des § 87 Abs. 2 AktG herabgesetzt werden kann. Dabei ist zunächst zu beachten, dass die Vorschriften des SEAG vorrangig anzuwenden sind, Art. 9 Abs. 1 c) i), Art. 43 Abs. 4 SE-VO.[274]

Nach § 20 SEAG sind anstelle der §§ 76 bis 116 AktG die Vorschriften der §§ 21 ff. SEAG auf die monistisch verfasste SE anzuwenden. Nach § 40 Abs. 7 SEAG gelten jedoch die §§ 87 bis 89 AktG bezüglich der Vergütung der geschäftsführenden Direktoren entsprechend. Damit kann auch deren Vergütung nach § 87 Abs. 2 AktG herabgesetzt werden.

Gleiches gilt für die dualistisch verfasste SE. Die Vorschriften des deutschen SEAG zur dualistischen SE (§§ 15–19 SEAG) enthalten diesbezüglich keine besonderen Regelungen.[275] Die Geltung des § 87 Abs. 2 AktG für die dualistische SE folgt daher aus Art. 9 Abs. 1 c) ii) SE-VO.[276] Danach unterliegt die SE den Rechtsvorschriften der Mitgliedstaaten, die auf eine nach dem Recht des Sitzstaats der SE gegründete Aktiengesellschaft Anwendung finden würden. Die dualistisch verfasste SE unterliegt hier also mangels entgegenstehender Sondervorschrift im SEAG dem § 87 Abs. 2 AktG.

---

274 Verordnung (EG) Nr. 2157/2001 des Rates vom 08.10.2001 über das Statut der Europäischen Gesellschaft (SE), ABlEU v. 10.11.2001, L 294/1.

275 *Rieble/Schmittlein*, Vergütung von Vorständen, Rn. 28.

276 *Rieble/Schmittlein*, Vergütung von Vorständen, Rn. 28.

3. GmbH

Schon aufgrund ihrer zahlenmäßig vergleichsweise hohen Verbreitung,[277] ist eine mögliche direkte oder analoge Anwendbarkeit des § 87 Abs. 2 AktG auf die GmbH von besonderem Interesse. Die Vergütung der GmbH-Geschäftsführer ist im GmbHG nicht reguliert. Es gibt folglich auch keine inhaltlich mit § 87 Abs. 2 AktG vergleichbare Vorschrift, die es erlaubt, die Geschäftsführervergütung bei verschlechterter Lage der Gesellschaft herabzusetzen.[278] Dies führt zu der Frage, ob § 87 Abs. 2 AktG womöglich (zumindest analog) auch auf die Vergütung von GmbH-Geschäftsführern anzuwenden ist.

Dabei wird zunächst auf GmbHs mit Aufsichtsrat eingegangen (vgl. Unterabschnitt a)). Denn für GmbHs mit Aufsichtsrat wird bereits gesetzlich die Anwendung bestimmter Vorschriften des Aktienrechts angeordnet. Bei GmbHs ohne Aufsichtsrat kann sich eine Anwendung von vornherein nicht schon aus dem Gesetz ergeben. Dennoch kann § 87 Abs. 2 AktG auch für die GmbH ohne Aufsichtsrat von Bedeutung sein. So kommt eine analoge Anwendung der Vorschrift oder zumindest eine Ausstrahlung ihres Regelungsgehalts auf die GmbH in Betracht (vgl. dazu Unterabschnitt b)).

a) Anwendbarkeit auf GmbHs mit Aufsichtsrat?

aa) GmbH mit Aufsichtsrat nach dem DrittelbG

Nach § 1 Abs. 1 Nr. 3 DrittelbG sind GmbHs mit in der Regel mehr als 500 Arbeitnehmern verpflichtet, einen Aufsichtsrat zu bilden. Dieser muss nach § 4 Abs. 1 DrittelbG zu einem Drittel aus Arbeitnehmervertretern bestehen. § 1 Abs. 1 Nr. 3 DrittelbG verweist hinsichtlich der Zusammensetzung und der Rechte und Pflichten dieses Aufsichtsrats auf eine Reihe von Vorschriften des Aktienrechts. § 87 Abs. 2 AktG selbst gehört jedoch nicht zu den darin aufgeführten Normen.

Allerdings verweist § 1 Abs. 1 Nr. 3 DrittelbG unter anderem auf § 107 Abs. 3 S. 3 AktG. Dieser wiederum enthält einen expliziten Verweis auf § 87 Abs. 2 AktG. Nach § 107 Abs. 3 S. 3 AktG können bestimmte Aufgaben des Aufsichtsrats nicht an einen Ausschuss übertragen werden. Dazu gehört auch die Beschlussfassung über die Herabsetzung. Aus dieser Verweisungskette

277 Per 01.01.2016: 1.051.093 eingetragene GmbHs, denen nur 15.453 AGs gegenüberstehen, ausführlich zur Verbreitung der unterschiedlichen Gesellschaftsformen in Deutschland: *Kornblum*, GmbHR 2016, 691.

278 *Greven*, BB 2009, 2154, 2156; *Wübbelsmann*, GmbHR 2009, 988, 989.

könnte man nun die Anwendbarkeit des § 87 Abs. 2 AktG auf die Geschäftsführervergütung folgen. Dem stehen jedoch folgenden Überlegungen entgegen: § 107 Abs. 3 S. 3 AktG ist nur als formale Verfahrensvorschrift zu verstehen.[279] Er regelt nur, auf welche Art und Weise schon bestehende Aufgaben zu erledigen sind und begründet selbst keine Rechte oder Pflichten.[280] Er ordnet somit auch für die drittelmitbestimmte GmbH ein Delegationsverbot an, trifft aber keine Aussage darüber, ob eine delegierbare Aufgabe überhaupt besteht. Das Delegationsverbot kann nur in Fällen greifen, in denen der Aufsichtsrat selbst überhaupt inhaltlich zuständig ist.[281] Wo keine Aufgabe des Aufsichtsrats besteht, ist es nicht erforderlich, eine Delegation zu verbieten. Der Aufsichtsrat ist in der drittelmitbestimmten GmbH nicht für die Bestellung und Anstellung der Geschäftsführer zuständig,[282] da im DrittelbG nicht auf § 84 AktG verwiesen wird.[283] Über die Vergütung der Geschäftsführer entscheidet vielmehr die Gesellschafterversammlung.[284] Ein Delegationsverbot in Bezug auf Vergütungsentscheidungen, wie es sich aus § 107 Abs. 3 S. 3 AktG ergibt, läuft daher im Fall der drittelmitbestimmten GmbH schlicht ins Leere.[285] Selbst wenn die Personalkompetenz durch die Satzung auf den Aufsichtsrat übertragen wurde, gilt nichts anderes. Auch im Aktienrecht folgt das Herabsetzungsrecht nicht schon aus der allgemeinen Vergütungskompetenz, es bedarf einer gesonderten Rechtsgrundlage. Eine solche wäre für die drittelmitbestimmte GmbH ebenso notwendig.

Eine entsprechende Anwendung des § 87 Abs. 2 AktG ergibt sich auch nicht aus der in § 1 Abs. 1 Nr. 3 DrittelbG getroffenen Verweisung auf § 116 S. 3 AktG. Dieser regelt die Ersatzpflicht des Aufsichtsrats bei Verstößen gegen § 87 Abs. 1 AktG. Diese Ersatzpflicht wird überwiegend auf Verstöße gegen § 87 Abs. 2 AktG ausgeweitet.[286] Daraus folgt jedoch nicht dessen Anwendbarkeit auf die drittelmitbestimmte GmbH. Auch die Verweisung auf § 116 S. 3 AktG

---

279 *Schönemann*, Geschäftsleitervergütung, S. 71.

280 *Feddersen/von Cube*, NJW 2010, 576, 578; *Habersack*, ZHR 174 (2010), 2, 7 (jeweils im Zusammenhang mit dem vergleichbaren Verweis auf § 107 Abs. 3 AktG in § 25 Abs. 1 S. 1 Nr. 2 MitbestG); *Schönemann*, Geschäftsleitervergütung, S. 71.

281 *Oetker*, Gutachten für die Hans-Böckler-Stiftung, S. 43.

282 *Feddersen/von Cube*, NJW 2010, 576, 578; *Spindler*, in: FS Uwe H. Schneider, S. 1287, 1292; *Werner*, GmbHR 2009, R305, R306.

283 *Habersack*, ZHR 174 (2010), 2, 3 f.

284 *Greven*, BB 2009, 2154, 2158; *Habersack*, ZHR 174 (2010), 2, 3 f.; *Werner*, GmbHR 2009, R305, R306.

285 *Greven*, BB 2009, 2154, 2158; *Oetker*, Gutachten für die Hans-Böckler-Stiftung, S. 44.

286 Siehe M.I.1.a).

greift nur dann, wenn eine Pflicht nach § 87 AktG besteht, gegen die verstoßen werden kann.[287] Wie oben geschildert, fehlt es in der drittelmitbestimmten GmbH in Bezug auf die Vergütungsherabsetzung aber bereits an einer rechts- bzw. pflichtbegründenden Norm. Der mittelbare Verweis auf § 87 Abs. 2 AktG läuft somit leer. Er kann nicht dazu herangezogen werden, seinerseits ein Recht oder eine Pflicht zu begründen. Im Ergebnis kann eine Herabsetzungsmöglichkeit nicht auf eine auf § 1 Abs. 1 Nr. 3 DrittelbG zurückgehende Verweisungskette gestützt werden.

Im Übrigen wäre es problemlos möglich gewesen, § 87 Abs. 2 AktG in die Aufzählung der anwendbaren Vorschriften mit aufzunehmen. Gerade weil eine Vielzahl von Vorschriften ausdrücklich aufgezählt wird, ist nicht von einer Unvollständigkeit des § 1 Abs. 1 Nr. 3 DrittelbG auszugehen.[288] Damit ist § 87 Abs. 2 AktG auf die drittelmitbestimmte GmbH jedenfalls nicht schon infolge gesetzlicher Anordnung entsprechend anwendbar.

bb) GmbH mit fakultativem Aufsichtsrat

Der Gesellschaftsvertrag einer GmbH kann vorsehen, dass neben Geschäftsführung und Gesellschafterversammlung freiwillig ein Aufsichtsrat (fakultativer Aufsichtsrat) errichtet werden soll. Eine entsprechende Anwendung des § 87 Abs. 2 AktG auf die GmbH mit fakultativem Aufsichtsrat scheitert regelmäßig schon an der fehlenden Personalzuständigkeit des Aufsichtsrats. § 52 Abs. 1 GmbHG verweist auf bestimmte Vorschriften des Aktienrechts, die auf den fakultativen Aufsichtsrat entsprechend anzuwenden sind. Da nicht auf § 84 AktG verwiesen wird, ist der fakultative Aufsichtsrat für die Bestellung (und damit als Annexkompetenz einhergehend auch für die Anstellung) der Geschäftsführer nicht zuständig.[289] Der fakultative Aufsichtsrat entscheidet somit grundsätzlich nicht über die Vergütung der Geschäftsführer.[290] Schon deshalb kann § 87 Abs. 2 AktG auf die GmbH mit fakultativem Aufsichtsrat in der Regel keine Anwendung finden.[291]

287 *Greven*, BB 2009, 2154, 2157 (für den Verweis des § 52 Abs. 1 GmbHG auf § 116 S. 3 AktG); *Habersack*, ZHR 174 (2010), 2, 6 (für den Verweis des § 25 Abs. 1 S. 1 Nr. 2 MitbestG auf § 116 S. 3 AktG).

288 *Oetker*, Gutachten für die Hans-Böckler-Stiftung, S. 45.

289 *Schönemann*, Geschäftsleitervergütung, S. 83; *Greven*, BB 2009, 2154, 2157; *Giedinghagen*, in: MHLS, GmbHG, § 52 Rn. 266.

290 *Schönemann*, Geschäftsleitervergütung, S. 83; *Spindler*, in: FS Uwe H. Schneider, S. 1287, 1289 und 1292.

291 So *Habersack*, ZHR 174 (2010), 2, 3 f.; *Spindler*, in: FS Uwe H. Schneider, S. 1287, 1292.

Im Übrigen gilt das zum DrittelG Gesagte. Es wird trotz umfassender Aufzählung anwendbarer Vorschriften in § 52 Abs. 1 GmbHG nicht auf § 87 AktG verwiesen.[292] Die Verweisung des § 52 Abs. 1 GmbHG auf § 116 S. 3 AktG geht ins Leere. Eine gesetzlich angeordnete entsprechende Anwendung des § 87 Abs. 2 AktG auf die GmbH mit fakultativem Aufsichtsrat scheidet aus diesen Gründen aus.

cc) GmbH mit Aufsichtsrat nach dem MitbestG

Beschäftigt eine GmbH in der Regel mehr als 2000 Arbeitnehmer, so ist gem. § 1 Abs. 1 i.V.m. § 6 Abs. 1 MitbestG ein Aufsichtsrat nach den Bestimmungen des MitbestG zu bilden. Auch das MitbestG enthält Verweisungen auf bestimmte Normen des Aktienrechts. So enthält § 31 Abs. 1 MitbestG einen ausdrücklichen Verweis auf § 84 AktG.

Nach § 84 Abs. 1 S. 1 AktG i.V.m. § 84 Abs. 1 S. 5 AktG ist der Aufsichtsrat für den Abschluss und Inhalt des Anstellungsvertrags zuständig.[293] Diese doppelte Zuständigkeit des Aufsichtsrats für die Bestellung und den Anstellungsvertrag gilt auch im Falle der mitbestimmten GmbH.[294] Die Anstellungskompetenz umfasst dabei auch das Recht, die Vergütung inhaltlich auszugestalten.[295] Aus der bestehenden Personalzuständigkeit des Aufsichtsrats in der mitbestimmten GmbH kann indes noch nicht gefolgert werden, dass § 87 Abs. 2 AktG ebenfalls Anwendung findet. Dafür wäre eine eigenständige Rechtsgrundlage notwendig. Im Übrigen gelten hinsichtlich der fehlenden direkten Verweisung auf

---

292 *Oetker*, Gutachten für die Hans-Böckler-Stiftung, S. 38.

293 *Spindler*, in: MüKo-AktG, § 84 Rn. 71; *Dauner-Lieb*, in: Henssler/Strohn, Gesellschaftsrecht, § 84 AktG Rn. 17; *Weber*, in: Hölters, AktG, § 84 Rn. 36.

294 Seit dem Grundsatzurteil des BGH vom 14.11.1983 – II ZR 33/83, BGHZ 89, 48 ist dies auch in der Literatur unumstritten, siehe nur: *Giedinghagen*, in: MHLS, GmbHG, § 52 Rn. 268; *Habersack*, in: Habersack/Henssler, Mitbestimmungsrecht, § 31 MitbestG Rn. 38 f.; *Heermann*, in: Ulmer/Habersack/Löbbe, GmbHG, § 52 Rn. 304; *Oetker*, in: ErfK Arbeitsrecht, MitbestG § 31 Rn. 10; *Raiser*, in: Raiser/Veil/Jacobs, MitbestG, § 31 MitbestG Rn. 24; *Schubert*, in: Wißmann/Kleinsorge/Schubert, Mitbestimmungsrecht, § 31 MitbestG Rn. 35, 90; *Seibt*, in: Henssler/Willemsen/Kalb, Arbeitsrecht, § 25 MitbestG Rn. 11; *Zöllner/Noack*, in: Baumbach/Hueck, GmbHG, § 52 Rn. 303. A. A. noch *Werner*, in: FS Fischer, S. 821, 833 f.; *Rittner*, DB 1979, 973, 978.

295 *Heermann*, in: Ulmer/Habersack/Löbbe, GmbHG, § 52 Rn. 304; *Oetker*, Gutachten für die Hans-Böckler-Stiftung, S. 50 f. Implizit auch *Zöllner/Noack*, in: Baumbach/Hueck, GmbHG, § 52 Rn. 303.

§ 87 Abs. 2 AktG[296] sowie der Verweisung des § 25 Abs. 1 S. 1 Nr. 2 MitbestG auf § 116 S. 3 AktG die Ausführungen zum DrittelbG und GmbHG entsprechend. Insgesamt besteht keinerlei Grundlage für eine Anwendung des § 87 Abs. 2 AktG auf die mitbestimmte GmbH.

dd) GmbH mit Aufsichtsrat nach dem MontanMitbestG und MontanMitbestGErgG

Das MontanMitbestG regelt die Arbeitnehmermitbestimmung in Unternehmen der Bergbau- und Stahlindustrie. § 3 Abs. 2 MontanMitbestG verweist hinsichtlich der Rechte und Pflichten des Aufsichtsrats auf die Vorschriften des Aktienrechts. Der Verweis ist umfassend und sehr offen formuliert. Mangels Beschränkung auf einzelne Vorschriften des Aktienrechts ist diese Verweisung jedenfalls weitreichender zu verstehen als die Verweisung des § 25 Abs. 1 S. 1 Nr. 2 MitbestG[297] oder des § 52 Abs. 1 GmbHG.[298] Daraus lässt sich folgern, dass § 87 Abs. 2 AktG auch für die montanmitbestimmte GmbH direkt gilt.[299]

Für den Fall, dass abhängige Unternehmen, die unter das MontanMitbestG fallen, den Unternehmenszweck eines Konzerns kennzeichnen, ist bei dem herrschenden Unternehmen ein montanmitbestimmter Aufsichtsrat zu bilden, vgl. § 3 Abs. 1 S. 1 MontanMitbestGErgG. Nach § 3 Abs. 1 S. 2 MontanMitbestGErgG ist § 3 MontanMitbestG für Konzernobergesellschaften entsprechend anwendbar. Der Verweis auf Vorschriften des Aktienrechts gilt daher auch für Konzernobergesellschaften. Folglich findet hier ebenso § 87 Abs. 2 AktG Anwendung.

ee) Zwischenergebnis

§ 87 Abs. 2 AktG ist aufgrund ausdrücklicher gesetzlicher Anordnung nur auf die praktisch weitgehend bedeutungslose[300] – montanmitbestimmte GmbH

---

296 Gegen die Anwendbarkeit wegen fehlender Aufzählung auch: *Greven*, BB 2009, 2154, 2158; *Habersack*, ZHR 174 (2010), 2, 6; *Seibt,* in: Henssler/Willemsen/Kalb, Arbeitsrecht, § 25 MitbestG Rn. 11 (ohne zwischen § 87 Abs. 1 und 2 AktG zu differenzieren und zumindest ausdrücklich nur auf die Festlegung der Bezüge abstellend); *Raiser,* in: Raiser/Veil/Jacobs, MitbestG, § 25 Rn. 90 (ebenso nur auf § 87 AktG insgesamt bezogen).

297 *Oetker*, Gutachten für die Hans-Böckler-Stiftung, S. 62.

298 *Oetker,* in: ErfK Arbeitsrecht, 17. Aufl. 2017, MontanMitbestG § 3 Rn. 1; *Wißmann,* in: Wißmann/Kleinsorge/Schubert, Mitbestimmungsrecht, § 3 MontanMitbestG Rn. 4.

299 So im Ergebnis unter Verwerfung systematischer Zweifel auch *Oetker*, Gutachten für die Hans-Böckler-Stiftung, S. 65 f.; *Schönemann*, Geschäftsleitervergütung, S. 99 f.

300 Vgl. *Schönemann*, Geschäftsleitervergütung, S. 53.

anwendbar. Im Fall der drittelmitbestimmten GmbH, der mitbestimmten GmbH und der GmbH mit fakultativem Aufsichtsrat fehlt hingegen eine Rechtsgrundlage, die die Anwendung des § 87 Abs. 2 AktG begründen könnte.

b) Sonstige Bedeutung des § 87 Abs. 2 AktG für die GmbH

Nachdem eine gesetzlich angeordnete Anwendbarkeit sowohl für GmbHs ohne Aufsichtsrat als auch für die meisten GmbHs mit Aufsichtsrat nicht besteht, stellt sich die Frage, ob und welche Bedeutung § 87 Abs. 2 AktG für die GmbH (mit oder ohne Aufsichtsrat) zukommen kann. Die Meinungen gehen diesbezüglich auseinander. Es besteht weitgehend Einigkeit darüber, dass die Vergütung eines GmbH-Geschäftsführers unter bestimmten Umständen gekürzt werden kann. Die dogmatischen Konstruktionen, die herangezogen werden, um eine Kürzung zu begründen, unterscheiden sich dabei allerdings.

So wird zum Teil davon ausgegangen, dass § 87 Abs. 2 AktG analog anzuwenden sei.[301] Nach anderer Ansicht soll sich für den GmbH-Geschäftsführer allein aus seiner organschaftlichen Treuepflicht ergeben, dass er einer Herabsetzung zustimmen muss.[302] Dabei wird teilweise vertreten, dass § 87 Abs. 2 AktG auf die sich aus der Treuepflicht ergebende Zustimmungspflicht des GmbH-Geschäftsführers ausstrahle.[303] Ein Teil der Literatur will für die Herabsetzung der Geschäftsführervergütung hingegen allein auf § 313 BGB abstellen.[304] Ob und ggf. auf welche Weise § 87 Abs. 2 AktG für die GmbH fruchtbar gemacht werden kann, wird nachfolgend erörtert.

---

301 In diese Richtung auch schon der 1. Strafsenat des BGH, Beschl. v. 20.12.1994 – 1 StR 593/94, GmbHR 1995, 654, 655, der einen Anspruch auf Herabsetzung „gemäß § 242 BGB i. V. mit entsprechender Anwendung von § 87 II AktG" diskutiert; OLG Köln, Beschl. v. 6.11.2007 – 18 U 131/07, NZG 2008, 637; *Diekmann*, in: Münch. Hdb. GesR III, § 43 Rn. 26; *Tebben*, in: MHLS, GmbHG, § 6 Rn. 165; *Raiser/Veil*, Recht der Kapitalgesellschaften, § 42 Rn. 50; *Oetker*, Gutachten für die Hans-Böckler-Stiftung, S. 55 f. (nur für dem MitbestG unterliegende GmbHs).

302 OLG Naumburg Urt. v. 16.4.2003 – 5 U 12/03, GmbHR 2004, 423, 424; *Baeck/Götze/Arnold*, NZG 2009, 1121, 1124; *Greven*, BB 2009, 2154, 2157; *Jaeger*, in: MüKo-GmbHG, § 35 Rn. 324a; *Paefgen*, in: Ulmer/Habersack/Löbbe, GmbHG, § 35 Rn. 371.

303 OLG Naumburg Urt. v. 16.4.2003 – 5 U 12/03, GmbHR 2004, 423, 424; *Baeck/Götze/Arnold*, NZG 2009, 1121, 1124; *Paefgen*, in: Ulmer/Habersack/Löbbe, GmbHG, § 35 Rn. 370.

304 *Beurskens*, in: Baumbach/Hueck, GmbHG, § 37 Rn. 130; *Ziemons*, in: MHLS, GmbHG, § 43 Rn. 225; *Rieble/Schmittlein*, Vergütung von Vorständen, Rn. 46; *Steber*, Geschäftsführervergütung in der Krise, S. 95.

aa) § 87 Abs. 2 AktG analog

(a) Meinungsstand

Von denjenigen, die § 87 Abs. 2 AktG auf die GmbH analog anwenden wollen, wird lediglich konstatiert, dass Voraussetzung für die Analogie eine „wesentliche Verschlechterung" der wirtschaftlichen Verhältnisse sei.[305] Rechtsfolge sei die Pflicht des Geschäftsführers, der Herabsetzung zuzustimmen.[306] Tiefer gehende Begründungen für die Annahme einer Analogie fehlen aufseiten ihrer Befürworter hingegen.

Gegen eine analoge Anwendung des § 87 Abs. 2 AktG auf die GmbH wird indes insbesondere der ausdrückliche Wille des Gesetzgebers in Stellung gebracht.[307] Der Gesetzgeber habe, wie sich den Gesetzesmaterialien zur Neuregelung von § 87 Abs. 2 AktG im Rahmen des VorstAG entnehmen lasse,[308] klargestellt, dass die Vorschrift nicht für GmbH-Geschäftsführer gelten solle.[309] Der Gesetzgeber habe damit ausdrücklich zwischen GmbH und AG differenzieren wollen.[310] Da es folglich schon an einer planwidrigen Regelungslücke fehle, bestehe kein Raum für eine Analogiebildung.[311] Es bestehe darüber hinaus aufgrund der bestehenden Differenzen zwischen der GmbH und der AG keine

---

305 BGH, Beschl. v. 20.12.1994 – 1 StR 593/94, GmbHR 1995, 654, 655; *Diekmann*, in: Münch. Hdb. GesR III, § 43 Rn. 26; *Raiser/Veil*, Recht der Kapitalgesellschaften, § 42 Rn. 50; *Tebben*, in: MHLS, GmbHG, § 6 Rn. 165.

306 *Raiser/Veil*, Recht der Kapitalgesellschaften, § 42 Rn. 50; wohl auch *Tebben*, in: MHLS, GmbHG, § 6 Rn. 165 mit der etwas unscharfen Formulierung der Geschäftsführer könne „analog § 87 Abs. 2 AktG zu einer Herabsetzung der Vergütung verpflichtet sein"; vgl. auch *Diekmann*, in: Münch. Hdb. GesR III, § 43 Rn. 26, der dem Geschäftsführer darüber hinaus ein Sonderkündigungsrecht nach § 87 Abs. 2 S. 3 AktG zugestehen will.

307 *Feddersen/von Cube*, NJW 2010, 576, 575 f.; *Greven*, BB 2009, 2154, 2157; *Jaeger*, in: MüKo-GmbHG, § 35 Rn. 324; *Wübbelsmann*, GmbHR 2009, 988, 991, der die Verneinung der Anwendbarkeit aber für vom Gesetzgeber nicht durchdacht hält; *Rieble/Schmittlein*, Vergütung von Vorständen, Rn. 48.

308 Vgl. Beschlussempfehlung und Bericht des Rechtsausschusses, BT-Drs. 16/13433, S. 10: „Auch über die Verweisungen auf § 116 AktG bei der GmbH mit Aufsichtsrat wird der geänderte § 87 AktG nicht für die GmbH anwendbar."

309 *Feddersen/von Cube*, NJW 2010, 576, 575 f.; *Jaeger*, in: MüKo-GmbHG, § 35 Rn. 324; *Wübbelsmann*, GmbHR 2009, 988, 991.

310 *Jaeger*, in: MüKo-GmbHG, § 35 Rn. 324.

311 *Greven*, BB 2009, 2154, 2157; *Rieble/Schmittlein*, Vergütung von Vorständen, Rn. 48.

Notwendigkeit, die Grundsätze des § 87 Abs. 2 AktG auf die GmbH zu übertragen.[312] Da die Gesellschafterversammlung dem Geschäftsführer gegenüber weisungsbefugt sei, bleibe kein Raum für eine Anwendung des § 87 Abs. 2 AktG.[313] Die Tatsache, dass der Vorstand die AG in eigener Verantwortung leite, stelle einen strukturellen Unterschied zur GmbH dar, der die Vergleichbarkeit ausschließe.[314] Ließe man eine analoge Anwendung zu, könnte die Geschäftsführervergütung reduziert werden, wenn sich die wirtschaftliche Lage der Gesellschaft allein infolge von auf Weisung der Gesellschafter hin getätigten Geschäften verschlechtert.[315] Die Regelung des § 87 Abs. 2 AktG habe daher spezifisch aktienrechtliche Gründe.[316]

Der BGH schloss sich dieser Auffassung zuletzt an und verneinte eine entsprechende Anwendung des § 87 Abs. 2 AktG ebenfalls.[317] Aus der unterschiedlichen gesetzlichen Behandlung von Geschäftsführern und Vorständen hinsichtlich ihrer Vergütung lasse sich folgern, dass die Treuepflicht des Vorstands eine Herabsetzung der Vergütung gebieten könne. Der BGH weist in diesem Zusammenhang ebenfalls darauf hin, dass der Vorstand im Gegensatz zum GmbH-Geschäftsführer die Gesellschaft in eigener Verantwortung leite.

(b) Stellungnahme

(aa) Planwidrige Regelungslücke

Das GmbH-Recht sieht keine Regelung zur Herabsetzung der Geschäftsführervergütung vor. Eine Regelungslücke besteht insofern. Dabei handelt es sich jedoch nicht um eine planwidrige Regelungslücke. Dies ergibt sich bereits aus der Empfehlung des Rechtsausschusses zum VorstAG.[318] Zwar steht die Aussage zur Nicht-Anwendbarkeit des § 87 AktG auf die GmbH im Zusammenhang mit der

---

312 *Döring/Grau*, DB 2009, 2139, 2141; *Steber*, Geschäftsführervergütung in der Krise, S. 47.

313 *Döring/Grau*, DB 2009, 2139, 2141; *Steber*, Geschäftsführervergütung in der Krise, S. 47.

314 *Steber*, Geschäftsführervergütung in der Krise, S. 47.

315 *Döring/Grau*, DB 2009, 2139, 2141, die nicht weiter darauf eingehen, ob und unter welchen Umständen die Geschäftsführervergütung überhaupt herabgesetzt werden könnte.

316 *Steber*, Geschäftsführervergütung in der Krise, S. 45.

317 BGH, Urt. v. 27.10.2015 – II ZR 296/14, BGHZ 207, 190 Rn 25.

318 Vgl. Beschlussempfehlung und Bericht des Rechtsausschusses, BT-Drs. 16/13433, S. 10.

Ausrichtung der Vergütung auf eine nachhaltige Unternehmensentwicklung.[319] Ein Bezug zur Vergütungsherabsetzung ist nicht erkennbar. Gleichwohl unterscheidet der Gesetzgeber schon nicht zwischen § 87 Abs. 1 und 2 AktG, sondern erwähnt § 87 AktG, ohne weiter nach Absätzen zu differenzieren.[320] Damit nimmt er den ganzen § 87 AktG in Bezug. Die Formulierung der Beschlussempfehlung, wonach „(...) der geänderte § 87 AktG nicht für die GmbH anwendbar (wird)" verdeutlicht, dass durch das VorstAG in dieser Hinsicht keine Änderung des bisherigen Status quo erfolgen sollte. Daraus lässt sich schließen, dass der Gesetzgeber zum Zeitpunkt der Einführung der Änderungen davon ausging, dass der § 87 AktG keine Anwendung auf die GmbH fand. Diese Schlussfolgerung wird zudem durch den Hinweis bestätigt, § 87 AktG finde „auch" nicht über die Verweisung auf § 116 AktG für die GmbH mit Aufsichtsrat Anwendung.[321] Insofern kann nicht von einer planwidrigen Regelungslücke gesprochen werden. Dieses Ergebnis wird ferner gestützt durch die Tatsache, dass die Verweisungsnormen des GmbHG, DrittelbG und MitbestG auf eine Reihe von Vorschriften des Aktienrechts verweisen, ohne jedoch den § 87 Abs. 2 AktG zu benennen. Welche Normen entsprechend angewandt werden sollen, ist dort abschließend bestimmt. Es fehlt somit an einer für die Annahme einer Analogie erforderlichen planwidrigen Regelungslücke.

(bb) Vergleichbare Interessenlage

Schon das Fehlen einer planwidrigen Regelungslücke genügt, um eine Analogie auszuschließen. Dennoch sei an dieser Stelle noch kurz auf die grundsätzlich bestehende Vergleichbarkeit der Interessenlagen eingegangen.

Vergleichbarkeit besteht zunächst insoweit, als dass die Reduzierung der Geschäftsführervergütung zu einer finanziellen Entlastung des Gesellschaftsvermögens der GmbH beigetragen kann. Zudem beruht die Pflicht zur Duldung einer Vergütungskürzung aufseiten des Vorstands letztlich auf seiner besonderen organschaftlichen Treuepflicht gegenüber der Gesellschaft. Auch unter diesem Gesichtspunkt erscheint eine Übertragung des § 87 Abs. 2 AktG auf GmbH-Geschäftsführer denkbar.[322] Der GmbH-Geschäftsführer unterliegt ebenfalls einer besonderen organschaftlichen Treuepflicht.[323] Die Tatsache, dass

319 *Baeck/Götze/Arnold*, NZG 2009, 1121, 1122.
320 *Schönemann*, Geschäftsleitervergütung, S. 106.
321 *Schönemann*, Geschäftsleitervergütung, S. 106.
322 *Schönemann*, Geschäftsleitervergütung, S. 106.
323 Siehe dazu nur *Beurskens*, in: Baumbach/Hueck, GmbHG, § 37 Rn. 78 ff. und *Fleischer*, in: MüKo-GmbHG, § 43 Rn. 152 ff.

GmbH-Geschäftsführer anders als AG-Vorstände weisungsgebunden sind, und eine Verschlechterung der Lage damit auch auf Weisungen der Gesellschafter beruhen kann, lässt die Vergleichbarkeit der Interessenlagen noch nicht entfallen. Ein Vorstand einer AG kann infolge seiner alleinigen Leitungsmacht nach § 76 AktG freier agieren als die Geschäftsführer einer GmbH. Allerdings kommt es für die Anwendung des § 87 Abs. 2 AktG zunächst nicht darauf an, aus welchem Grund sich die Lage der Gesellschaft verschlechtert hat.[324] Damit wäre auch unerheblich, ob die Verschlechterung ggf. auf einer Weisung der Gesellschafter beruht. Eine unterschiedliche Beurteilung der Interessenlagen ergibt sich grundsätzlich auch nicht daraus, dass in der AG der Aufsichtsrat für die Vergütungs- und Herabsetzungsentscheidung zuständig ist, während bei der GmbH grundsätzlich die Gesellschafter selbst über die Vergütung der Geschäftsführer entscheiden. Für die Frage, ob die Vergütung von GmbH-Geschäftsführern überhaupt herabgesetzt werden darf, ist dies unerheblich.

(cc) Analogie als Übertragung von Rechtsfolgen

Im Übrigen dürfte es sich bei dem Streit um die analoge Anwendung des § 87 Abs. 2 AktG auf die GmbH wohl letztlich um eine Scheindebatte handeln. Tatsächlich wird nämlich auch von denjenigen, die eine „analoge" Anwendung befürworten, letztlich schon keine echte Analogie angenommen.

Die Analogie ist ihrem Wesen nach dadurch charakterisiert, dass die Rechtsfolgen einer bestimmten Norm angewandt werden, obwohl ihre tatbestandlichen Voraussetzungen nicht vorliegen.[325] Eine analoge Anwendung des § 87 Abs. 2 AktG auf die GmbH würde folglich bedeuten, dass die Rechtsfolgen des § 87 Abs. 2 AktG auf die GmbH übertragen werden müssen. Es erstaunt, dass die Befürworter einer analogen Anwendung des § 87 Abs. 2 AktG auf die GmbH dessen Rechtsfolgen jedoch gar nicht anwenden.[326] So gestehen sie z.B. der Gesellschaft gerade kein einseitiges Herabsetzungsrecht zu.[327] Es wird

---

324 Siehe dazu unter F.II.1.d).

325 *Larenz/Canaris*, Methodenlehre, S. 202; *Reimer*, Methodenlehre, Rn. 555; *Bydlinski*, Methodenlehre, S. 475; ähnlich auch BVerfG, Beschl. v. 03.04.1990 – 1 BvR 1186/89, BVerfGE 82, 6, 12 (Die Analogie erstrecke den „Anwendungsbereich einer Norm auf einen Fall (…), der von ihrem Wortlaut nicht erfaßt wird.").

326 Dies erkennen richtig *Rieble/Schmittlein*, Vergütung von Vorständen, Rn. 47; *Steber*, Geschäftsführervergütung in der Krise, S. 40.

327 Anders – freilich beschränkt auf die mitbestimmte GmbH – nur *Oetker*, Gutachten für die Hans-Böckler-Stiftung 2010, S. 56; *ders.*, in: Henssler/Strohn, Gesellschaftsrecht, § 35 GmbHG Rn. 125.

lediglich die Pflicht des Geschäftsführers konstruiert, einer Vertragsänderung mit dem Inhalt einer Vergütungsherabsetzung zuzustimmen. Zu den Rechtsfolgen des § 87 Abs. 2 AktG gehört weiterhin auch die an das zuständige Organ gerichtete „Soll"-Bestimmung. Im Zusammenhang mit der GmbH wird jedoch nicht angeführt, dass die Gesellschafterversammlung oder der Aufsichtsrat die Vergütung herabsetzen „soll", also zumindest im Regelfall zur Herabsetzung verpflichtet sein soll. Lediglich der Vorstand soll verpflichtet sein, einer an ihn angetragenen Anpassung zuzustimmen. Schließlich gehört zu den Rechtsfolgen des § 87 Abs. 2 AktG die Herabsetzung der Vergütung auf ein angemessenes Maß. Auch dieser Anpassungsumfang wird bei der GmbH nicht herangezogen, wenn eine analoge Anwendung des § 87 Abs. 2 AktG gefordert wird.

(c) Zwischenergebnis

Die herrschende Auffassung, die die analoge Anwendung des § 87 Abs. 2 AktG auf die GmbH ablehnt, ist zutreffend. Für eine Analogie spricht zwar die grundsätzlich vergleichbare Interessenlage zwischen AG und GmbH. Allerdings steht der Annahme einer Analogie der ausdrückliche Gesetzgeberwille entgegen, sodass es an einer planwidrigen Regelungslücke fehlt. Eine analoge Anwendbarkeit des § 87 Abs. 2 AktG auf die GmbH scheidet folglich aus. Sie wird zurecht mehrheitlich abgelehnt. Tatsächlich wird indes ohnehin keine Analogie im eigentlichen Sinn vertreten, da wesentliche Rechtsfolgen des § 87 Abs. 2 AktG für die GmbH nicht gelten sollen.

bb) Treuepflicht als Herabsetzungsgrundlage

Die Möglichkeit einer Herabsetzung der Geschäftsführervergütung ist trotz fehlender Analogiefähigkeit des § 87 Abs. 2 AktG indes allgemein anerkannt. Sie soll auf der organschaftlichen Treuepflicht des Geschäftsführers beruhen.[328] Für die Herabsetzung sei in Ermangelung anderslautender Regelungen eine Vertragsänderung erforderlich.[329] Der GmbH-Geschäftsführer müsse das Angebot

328 BGH, Urt. v. 15.06.1992 – II ZR 88/91, NJW 1992, 2894, 2896; OLG Naumburg Urt. v. 16.4.2003 – 5 U 12/03, GmbHR 2004, 423, 424; *Baeck/Götze/Arnold*, NZG 2009, 1121, 1124; *Greven*, BB 2009, 2154, 2157; *Jaeger*, in: MüKo-GmbHG, § 35, Rn. 324a; *Mohr*, GmbHR 2011, 402, 403; *Schönemann*, Geschäftsleitervergütung, S. 107 f.; *Spindler*, in: FS Uwe H. Schneider, S. 1287, 1292.

329 Anders offenbar *U. H. Schneider/Hohenstatt*, in: Scholz, GmbHG, § 35 Rn. 371, die von einem „Recht zur Herabsetzung" ausgehen.

einer Vertragsänderung, das auf die Herabsetzung seiner Vergütung abzielt, allerdings annehmen.[330]

(a) Ausstrahlungswirkung des § 87 Abs. 2 AktG

Zumeist wird für die Begründung dieser Pflicht verlangt, dass sich die wirtschaftliche Lage der Gesellschaft wesentlich verschlechtert hat.[331] Dies sei insbesondere der Fall, wenn sich die Gesellschaft in einer existenzgefährdenden Notlage befinde und sie auf die Einsparungen infolge der Vergütungskürzung dringend angewiesen sei.[332] Weiterhin wird zum Teil verlangt, dass die Weitergewährung der Bezüge eine schwere Unbilligkeit darstellen müsse.[333]

Es ist offensichtlich, dass diese Voraussetzungen sich an § 87 Abs. 2 AktG a.F. orientieren, der ebenfalls eine wesentliche Verschlechterung der Lage und das Vorliegen einer schweren Unbilligkeit verlangte. Zum Teil wird sogar ausdrücklich dafür plädiert, § 87 Abs. 2 AktG bei der konkreten Ausgestaltung der Treuepflicht Bedeutung beizumessen.[334]

---

330 Im Ergebnis so auch BGH, Urt. v. 15.06.1992 – II ZR 88/91, NJW 1992, 2894, 2896 (Zustimmung zur Herabsetzung); *Mohr*, GmbHR 2011, 402, 403; OLG Naumburg Urt. v. 16.4.2003 – 5 U 12/03, GmbHR 2004, 423, 424; *Paefgen*, in: Ulmer/Habersack/Löbbe, GmbHG, § 35 Rn. 371; *Kleindiek*, in: Lutter/Hommelhoff, GmbHG, Anh. zu § 6 Rn. 34a.

331 BGH, Urt. v. 15.06.1992 – II ZR 88/91, NJW 1992, 2894, 2896; OLG Naumburg Urt. v. 16.4.2003 – 5 U 12/03, GmbHR 2004, 423, 424; *U. H. Schneider/Hohenstatt*, in: Scholz, GmbHG, § 35 Rn. 371; *Jaeger*, in: MüKo-GmbHG, § 35 Rn. 324a; *Lindemann*, GmbHR 2009, 737, 739; *Mohr*, GmbHR 2011, 402, 403; *Paefgen*, in: Ulmer/Habersack/Löbbe, GmbHG, § 35 Rn. 371 f.

332 In diese Richtung: OLG Naumburg Urt. v. 16.4.2003 – 5 U 12/03, GmbHR 2004, 423, 424, das dies allerdings für das Vorliegen einer schweren Unbilligkeit verlangt; *Jaeger*, in: MüKo-GmbHG, § 35 Rn. 324a; *Kleindiek*, in: Lutter/Hommelhoff, GmbHG, Anh. zu § 6 Rn. 34a; *Lindemann*, GmbHR 2009, 737, 739 ff., der in diesem Zusammenhang von einer „qualifizierten" Krise spricht; *Mohr*, GmbHR 2011, 402, 403; *Paefgen*, in: Ulmer/Habersack/Löbbe, GmbHG, § 35 Rn. 371; *U. H. Schneider/Hohenstatt*, in: Scholz, GmbHG, § 35 Rn. 371; *Spindler*, in: FS Uwe H. Schneider, S. 1287, 1293.

333 OLG Naumburg Urt. v. 16.4.2003 – 5 U 12/03, GmbHR 2004, 423, 424; ähnlich *Kleindiek*, in: Lutter/Hommelhoff, GmbHG, Anh. zu § 6 Rn. 34a („besonders unbillig").

334 *Baeck/Götze/Arnold*, NZG 2009, 1121, 1124 f. (jedenfalls für die mitbestimmte GmbH); *Oetker*, Gutachten für die Hans-Böckler-Stiftung, S. 37; *ders.*, in: Henssler/Strohn, Gesellschaftsrecht, § 35 GmbHG Rn. 125 („Konkretisierung der Treuepflicht"). Auch *Paefgen*, in: Ulmer/Habersack/Löbbe, GmbHG, § 35 Rn. 370, möchte den Rechtsgedanken des § 87 Abs. 2 AktG „zur Bestimmung der Voraussetzungen (…) sinngemäß heranziehen".

Einer solchen Ansicht schien in der Vergangenheit auch der BGH zugeneigt zu sein, wenn er in Bezug auf die Vergütung des GmbH-Geschäftsführers zumindest die Beachtung „ähnlicher Grundsätze", wie der in §§ 87 bis 89 AktG aufgestellten, verlangte.[335]

Gleichwohl geht die Mehrheit offenbar nicht davon aus, dass die Gesellschafterversammlung oder der Aufsichtsrat einseitig über eine Herabsetzung der GmbH-Geschäftsführervergütung entscheiden kann.[336]

Berücksichtigt man die zwischenzeitlichen Änderungen durch das VorstAG, müsste die Ausstrahlungswirkung sich zudem nunmehr auch auf die erleichterten Herabsetzungsvoraussetzungen des § 87 Abs. 2 AktG erstrecken. Die tatbestandlichen Änderungen, die mit dem VorstAG eingeführt wurden, wurden für den GmbH-Geschäftsführer bislang jedoch nicht aufgegriffen. Lediglich *Baeck/Götze/Arnold*[337] und *Oetker*[338] wollen die geänderten Herabsetzungsvoraussetzungen ausdrücklich auch für den GmbH-Geschäftsführer gelten lassen. *Baeck/Götze/Arnold* übertragen ferner als Einzige explizit den durch das VorstAG veränderten Herabsetzungsmaßstab auf GmbH-Geschäftsführer: Die Vergütung soll ihrer Ansicht nach auch beim GmbH-Geschäftsführer auf ein „angemessenes Niveau" angepasst werden.[339]

Gegen eine Ausstrahlung des § 87 Abs. 2 AktG wird jedoch vorgebracht, dass es für einen derartigen Grundrechtseingriff einer gesetzlichen Ermächtigung bedürfe.[340] In privatautonome Verträge dürfe nur in schwerwiegenden Fällen eingegriffen werden.[341] Zudem würde die Annahme einer Ausstrahlungswirkung letztlich zu einer „Analogie unter falschem Label"[342] führen. Eine Analogie

---

335 BGH, Urt. v. 14.11.1983 – II ZR 33/83, BGHZ 89, 48, 57, freilich konnte der BGH zu dieser Zeit die Auswirkungen des VorstAG nicht berücksichtigen.

336 Ausdrücklich eine einseitige Herabsetzung ablehnend: *Spindler*, in: FS Uwe H. Schneider, S. 1287, 1292; auch *Lunk/Stolz*, NZA 2010, 121, 128 benennen diesen dogmatischen Unterschied explizit; anders nur: *U. H. Schneider/Hohenstatt*, in: Scholz, GmbHG, § 35 Rn. 371.

337 *Baeck/Götze/Arnold*, NZG 2009, 1121, 1124.

338 *Oetker*, Gutachten für die Hans-Böckler-Stiftung, S. 37, der die Einwilligung zur Vergütungsherabsetzung dann für geboten hält, „wenn sich die Gesellschaft in einer wirtschaftlichen Lage befindet, in der § 87 Abs. 2 Satz 1 AktG den Aufsichtsrat zu einer einseitigen Herabsetzung der Vorstandsvergütung berechtigen würde."

339 *Baeck/Götze/Arnold*, NZG 2009, 1121, 1125.

340 *Greven*, BB 2009, 2154, 2157; ähnlich *Lunk/Stolz*, NZA 2010, 121, 126, die jedoch lediglich von der Einschränkung einer „vertraglichen Rechtsposition" ausgehen.

341 *Greven*, BB 2009, 2154, 2157.

342 *Rieble/Schmittlein*, Vergütung von Vorständen, Rn. 49.

abzulehnen, aber gleichzeitig auf den Rechtsgedanken eben jener Vorschrift abzustellen, die man nicht analog anwenden möchte, sei inkonsistent.[343]

(b) Stellungnahme

Im Ergebnis ist letztgenannte Auffassung überzeugend. § 87 Abs. 2 AktG strahlt nicht auf die Treuepflicht des GmbH-Geschäftsführers aus. Zum einen ist unklar, was mit einer solchen Ausstrahlung konkret gemeint ist, wenn zugleich eine Analogie abgelehnt wird. Der Umfang der Ausstrahlungswirkung wird dementsprechend auch sehr uneinheitlich beantwortet. Insgesamt sind die vermeintlichen Bezüge zu § 87 Abs. 2 AktG eher schwammig. Zum anderen zeigt sich die Problematik der Annahme einer vollständigen Ausstrahlungswirkung vor allem bei Änderungen der Vorschrift. Die organschaftliche Treuepflicht des GmbH-Geschäftsführers ist nicht abhängig von der Ausgestaltung des § 87 Abs. 2 AktG. Sie wird durch die Änderung einer aktienrechtlichen Vorschrift inhaltlich nicht berührt.[344] Aus diesem Grund können sich die veränderten Tatbestandsvoraussetzungen in der Fassung des VorstAG auch nicht auf die GmbH auswirken.

Des Weiteren ist bereits zweifelhaft, ob hier allein das Abstellen auf die organschaftliche Treuepflicht als gesetzliche Grundlage für eine Vergütungsherabsetzung dienen kann. Es kann zumindest nicht einfach angenommen werden, dass in schwerwiegenden Fällen eine gesetzliche Ermächtigung zur Herabsetzung gar nicht erforderlich ist.[345]

cc) Herabsetzung auf Grundlage des § 313 BGB

Anstatt auf § 87 Abs. 2 AktG analog oder auf eine aktienrechtlich konkretisierte Treuepflicht des GmbH-Geschäftsführers abzustellen, um eine Zustimmungspflicht des Geschäftsführers zu einer Vergütungskürzung konstruieren, ist § 313 BGB als gesetzliche Grundlage heranzuziehen.[346] Die Zustimmungspflicht bedeutet nichts anderes als eine Pflicht zur Vertragsanpassung. Da es keine

343 *Feddersen/von Cube*, NJW 2010, 576, 578.

344 *Lunk/Stolz*, NZA 2010, 121, 126.

345 So aber *Greven*, BB 2009, 2154, 2157.

346 Dafür plädieren auch *Beurskens*, in: Baumbach/Hueck, GmbHG, § 37 Rn. 130; *Ziemons*, in: MHLS, GmbHG, § 43 Rn. 225; *Rieble/Schmittlein*, Vergütung von Vorständen, Rn. 46 und *Steber*, Geschäftsführervergütung in der Krise, S. 95. A.A. *Oetker*, in: Henssler/Strohn, Gesellschaftsrecht, § 35 GmbHG Rn. 124, dem zufolge für eine Anwendung des § 313 Abs. 1 BGB aufgrund des Eingreifens der organschaftlichen Treuepflicht kein Raum bleibt.

sonstige Grundlage für eine solche Anpassungspflicht gibt, ist auf § 313 BGB zurückzugreifen. Auch der Anstellungsvertrag des GmbH-Geschäftsführers steht unter dem Vorbehalt einer Anpassung nach § 313 BGB.

Die sich aus der organschaftlichen Treuepflicht ergebenden Besonderheiten können im Rahmen des § 313 BGB Berücksichtigung finden. Eine Vertragsanpassung infolge Störung der Geschäftsgrundlage kommt an sich nämlich nur in Betracht, wenn die Störung gerade nicht in die Risikosphäre einer Vertragspartei fällt.[347] Aufgrund der Treuepflicht des GmbH-Geschäftsführers geht eine verschlechterte wirtschaftliche Lage aber nicht allein zulasten der Gesellschaft.[348] Die vertragliche Risikoverteilung steht dem Wegfall der Geschäftsgrundlage hier somit nicht entgegen.

Im Übrigen sind aber die allgemeinen Voraussetzungen des § 313 BGB zu beachten. § 313 BGB verlangt explizit eine „schwerwiegende" Veränderung der Umstände. Ferner darf die Anpassung nur dergestalt erfolgen, dass die für eine Partei bestehende Unzumutbarkeit beseitigt wird („soweit"), also ihr die Erfüllung des Vertrages wieder zumutbar wird.[349] Dabei muss der Eingriff in die ursprüngliche Regelung möglichst gering ausfallen.[350] Das Herabsetzungsmaß des § 87 Abs. 2 AktG, wonach eine Herabsetzung „auf die angemessene Höhe" erfolgen soll, kann auf den GmbH-Geschäftsführer aus diesem Grund nicht übertragen werden.

Ferner ergibt sich aus § 313 BGB kein Gebot, die Vertragsanpassung von der anderen Vertragspartei zu verlangen, wenn die Umstände sich verändert haben. § 313 BGB ermöglicht der benachteiligten Partei vielmehr genauso, am ursprünglichen Vertragsinhalt festzuhalten.[351] Sie ist völlig frei in der Entscheidung, ob sie sich gegenüber ihrem Vertragspartner auf die Störung der Geschäftsgrundlage berufen möchte.[352] Eine Beschränkung der Entscheidungsfreiheit der Gesellschaft in dieser Hinsicht bedürfte einer gesonderten gesetzlichen Regelung, die für die GmbH de lege lata gerade nicht besteht.

---

347 *Lorenz*, in: BeckOK BGB, § 313 Rn. 25; *Schulze*, in: HK-BGB, § 313 Rn. 16.

348 Ähnlich *Steber*, Geschäftsführervergütung in der Krise, S. 104 ff., der die vom Normalfall abweichende Risikoverteilung aber nicht aus der Treuepflicht des Geschäftsführers, sondern aus dessen Einwirkungsmacht auf die Gesellschaft und dem Charakter des Anstellungsvertrags als Vertrags zur Fremdinteressenwahrung herleitet.

349 *Finkenauer*, in: MüKo-BGB, § 313 Rn. 89.

350 *Finkenauer*, in: MüKo-BGB, § 313 Rn. 89.

351 *Schulze*, in: HK-BGB, § 313 Rn. 26.

352 *Schulze*, in: HK-BGB, § 313 Rn. 26.

dd) Ergebnis

§ 87 Abs. 2 AktG ist auf die GmbH nicht analog anzuwenden. Es fehlt jedenfalls an einer planwidrigen Regelungslücke. Die Treuepflicht als solche kann ebenso nicht als für eine Vergütungsherabsetzung herangezogen werden. Sie bietet dafür keine ausreichende gesetzliche Grundlage. Da für die GmbH keine explizite gesetzliche Grundlage für die Vergütungsherabsetzung besteht und eine analoge Anwendung des § 87 Abs. 2 AktG ausscheidet, ist im Ergebnis allein auf § 313 BGB abzustellen. Dabei kann die besondere organschaftliche Treuepflicht im Rahmen der Beurteilung der Risikoverteilung Beachtung finden. Die in § 87 Abs. 2 AktG beschriebenen Tatbestandsvoraussetzungen sind jedoch nicht zur näheren Konkretisierung heranzuziehen.

Letztlich kann festgehalten werden, dass die Herabsetzungsmechanismen in der AG und der GmbH zwar auf einem gemeinsamen Grundgedanken beruhen. Allerdings unterscheiden sich die beiden Mechanismen in den konkreten Voraussetzungen und Rechtsfolgen. Es wäre gleichwohl verfehlt anzunehmen, dass infolgedessen überhaupt keine wechselseitigen Auswirkungen bestünden. So kann es durchaus sinnvoll sein, auf übergeordneten Fragen, die für beide Herabsetzungsmechanismen relevant sind, einheitliche Antworten zu finden. Dies betrifft beispielsweise die Frage, anhand welcher Parameter die wirtschaftliche Lage der Gesellschaft überhaupt ermittelt werden kann. Die diesbezüglichen Erkenntnisse zu § 87 Abs. 2 AktG können auf die GmbH durchaus übertragen werden. Jedenfalls insoweit bleibt eine gemeinsame Betrachtung beider Herabsetzungsmechanismen sinnvoll.

4. KGaA

In § 288 Abs. 3 S. 2 AktG findet sich ein Verweis auf § 87 Abs. 2 S. 1 und S. 2 AktG. Es besteht damit grundsätzlich die Möglichkeit, die Vergütung des Komplementärs einer KGaA herabzusetzen. Da diese Möglichkeit systematisch in § 288 AktG verortet ist, werden im Folgenden zunächst die dort ebenfalls geregelte Entnahme- und Kreditsperre (vgl. Unterabschnitt a)) und die von ihr vorgesehene Ausnahme für gewinnunabhängige Tätigkeitsvergütung (vgl. Unterabschnitt b)) kurz vorgestellt. So soll ein Verständnis für das differenzierte System des § 288 AktG geschaffen werden, in das sich letztlich auch die Herabsetzungsmöglichkeit einfügt. Sie wird im Anschluss an diesen Überblick vertieft behandelt (vgl. Unterabschnitt c)).

a) *Entnahme- und Kreditsperre, § 288 Abs. 1 und 2 AktG*

Grundsätzlich steht dem Komplementär einer KGaA nach § 278 Abs. 2 AktG i. V. m. §§ 161, 122 Abs. 1 HGB das Recht zur Entnahme von Gewinnen zu. Dabei gelten jedoch Einschränkungen. Neben den sich bereits aus § 122 HGB ergebenden Beschränkungen sieht auch § 288 Abs. 1 AktG unter bestimmten Voraussetzungen Entnahmesperren vor. § 288 AktG dient in seiner Gesamtheit dem Kapitalschutz.[353] Die Entnahmesperre wirkt allerdings nur temporär. Sobald keine Gefährdung mehr besteht, lebt das Entnahmerecht wieder auf.[354] Der Komplementär verliert seine Gewinnansprüche durch die Sperre nicht.[355]

b) *Ausnahme von der Sperre: nicht vom Gewinn abhängige Tätigkeitsvergütung, § 288 Abs. 3 AktG*

Nach § 288 Abs. 3 S. 1 AktG bleibt die gewinnunabhängige Tätigkeitsvergütung von den Regelungen des § 288 Abs. 1, Abs. 2 AktG unberührt. Das bedeutet, dass die Entnahmesperre für gewinnunabhängige Tätigkeitsvergütung des Komplementärs nicht gilt.[356] Diese Art der Vergütung darf ausgezahlt werden, obwohl eine Entnahme von Gewinnen nach § 288 Abs. 1 AktG gesperrt ist.[357] Der Umfang dieser Ausnahme wird im Folgenden näher erläutert.

aa) *Gewinnunabhängige Vergütung*

Zu gewinnunabhängigen Vergütungen zählen neben einer Festvergütung auch variable Vergütungsbestandteile, die sich am Umsatz oder aber an der Erreichung anderer Zielgrößen als dem Gewinn orientieren.[358] Gewinnabhängige Tätigkeitsvergütungen hingegen dürfen nicht ausgezahlt werden.[359] Unter

353 *Bachmann*, in: Spindler/Stilz, AktG, § 288 Rn. 1.

354 *Assmann/Sethe*, in: GK AktG, § 288 Rn. 53.

355 *Wichert*, in: NK-AktR, § 288 Rn. 12.

356 *Assmann/Sethe*, in: GK-AktG, § 288 Rn. 72; *Herfs*, in: Münch. Hdb. GesR IV, § 79 Rn. 26; *Perlitt*, in: MüKo-AktG, § 288 Rn. 62; *K. Schmidt*, in: K. Schmidt/Lutter, AktG, § 288 Rn. 18.

357 *Förl/Fett*, in: Bürgers/Körber, AktG, § 288 Rn. 10; *Herfs*, in: Münch. Hdb. GesR IV, § 79 Rn. 26; *Reger*, in: Hdb. KGaA, § 5 Rn. 259.

358 *Assmann/Sethe*, in: GK-AktG, § 288 Rn. 85; *Mertens/Cahn*, in: KK-AktG, § 288 Rn. 38; *Reger*, in: Hdb. KGaA, § 5 Rn. 265; *Wichert*, in: NK-AktR, § 288 Rn. 14.

359 *Assmann/Sethe*, in: GK-AktG, § 288 Rn. 88; *Bachmann*, in: Spindler/Stilz, AktG, § 288 Rn. 13; *Müller-Michaels*, in: Hölters, AktG, § 288 Rn. 5; *Perlitt*, in: MüKo-AktG, § 288 Rn. 70 ff.; *Reger*, in: Hdb. KGaA, § 5 Rn. 265; a.A. *Servatius*, in: Grigoleit, AktG, § 288 Rn. 6, der im Wege einer teleologischen Korrektur auch

gewinnabhängigen Vergütungen sind solche Vergütungen zu verstehen, die nach dem Jahresüberschuss, Bilanzgewinn oder der Dividende ausgerichtet sind.[360] Das Unterfallen unter die Entnahmesperre führt jedoch nicht dazu, dass der Anspruch auf gewinnabhängige Vergütung endgültig erlischt.[361]

bb) Tätigkeitsvergütung

Schließlich gilt es zu beachten, dass § 288 Abs. 3 S. 1 AktG eine Ausnahme von der Entnahmesperre lediglich für gewinnunabhängige „Tätigkeitsvergütungen" zulässt. Neben der Tatsache, dass die Vergütung für das Eingreifen der Ausnahme nicht vom Gewinn abhängen darf, muss gerade die Übernahme der Geschäftsführung als solche vergütet werden.[362] Nur dann wird die „Tätigkeit" vergütet. Eine gewinnunabhängige Vergütung, die beispielsweise die Übernahme der persönlichen Haftung abgelten soll, fällt daher schon nicht unter den Begriff der Tätigkeitsvergütung.[363] Eine solche Vergütung wäre nicht von den Sperrvorschriften ausgenommen.

c) Herabsetzung der Tätigkeitsvergütung des Komplementärs

Gewinnunabhängige Tätigkeitsvergütungen fallen nach dem soeben Gesagten nicht unter die Entnahmesperre. Der Komplementär kann ihre Auszahlung weiterhin verlangen. Allerdings sieht § 288 Abs. 3 S. 2 i.V.m. § 87 Abs. 2 S. 1 AktG die Möglichkeit einer Herabsetzung vor.

aa) Unterschied zur Entnahmesperre

Die Wirkung der Herabsetzung unterscheidet sich im Vergleich zu derjenigen der Entnahmesperre. Der Betrag, um den die Vergütung gemindert wurde, muss bei einer Besserung der wirtschaftlichen Lage der Gesellschaft nicht nachgezahlt

---

gewinnabhängige Vergütung von der Entnahmesperre ausnehmen will, wenn es sich um marktübliche Vergütung handelt.

360 *Assmann/Sethe,* in: GK-AktG, § 288 Rn. 85; *Perlitt,* in: MüKo-AktG, § 288 Rn. 70; *Wichert,* in: NK-AktR, § 288 Rn. 14.

361 *Assmann/Sethe,* in: GK-AktG, § 288 Rn. 88; *Bachmann,* in: Spindler/Stilz, AktG, § 288 Rn. 13; *Mertens/Cahn,* in: KK-AktG, § 288 Rn. 38; *Perlitt,* in: MüKo-AktG, § 288 Rn. 73; *Reger,* in: Hdb. KGaA, § 5 Rn. 265.

362 *Assmann/Sethe,* in: GK-AktG, § 288 Rn. 82; *Perlitt,* in: MüKo-AktG, § 288 Rn. 63.

363 *Mertens/Cahn,* in: KK-AktG, § 288 Rn. 38; *Perlitt,* in: MüKo-AktG, § 288 Rn. 65; *Reger,* in: Hdb. KGaA, § 5 Rn. 265; *Wichert,* in: NK-AktR, § 288 Rn. 14.

werden.[364] Die Entnahmesperre hingegen entfällt, sobald die Voraussetzungen des § 288 Abs. 1 AktG nicht mehr vorliegen. Der Gewinn kann dann (ungekürzt) entnommen werden. Bei der Herabsetzung besteht indes der Vergütungsanspruch in Höhe des herabgesetzten Anteils nicht mehr.

bb) Beschränkung der Herabsetzung auf gewinnunabhängige Tätigkeitsvergütungen?

Nach § 87 Abs. 2 S. 1 AktG sind alle in § 87 Abs. 1 AktG genannten Vergütungsbestandteile umfasst (Gehalt, Gewinnbeteiligungen, Aufwandsentschädigungen, Versicherungsentgelte, Provisionen, anreizorientierte Vergütungszusagen wie zum Beispiel Aktienbezugsrechte und Nebenleistungen jeder Art). In der AG sind folglich sowohl gewinnabhängige als auch gewinnunabhängige Vergütungsbestandteile erfasst.

(1) Meinungsstand

Der Großteil der Literatur geht jedoch davon aus, dass dies für die KGaA nicht gilt. Der Verweis des § 288 Abs. 3 S. 2 AktG auf § 87 Abs. 2 S. 1 AktG sei dahin gehend zu verstehen, dass nur solche Bezüge herabgesetzt werden können, die nicht vom Gewinn abhängig seien.[365] Schon der bloße Wortlaut des § 288 Abs. 2 S. 2 AktG spreche dafür, dass sich die Herabsetzungsmöglichkeit nur auf gewinnunabhängige Vergütung erstrecke.[366] Zudem würde es auch schon an dem Bedürfnis fehlen, gewinnabhängige Vergütung herabzusetzen, da diese ohnehin unter die Entnahmesperre fielen.[367] Zu berücksichtigen sei bei der Auslegung des § 288 Abs. 3 S. 2 AktG außerdem, dass er nicht auf die außerordentliche Kündigungsmöglichkeit des § 87 Abs. 2 S. 4 AktG verweise, sodass auch aus

364 *Bachmann,* in: Spindler/Stilz, AktG, § 288 Rn. 14; *Mertens/Cahn,* in: KK-AktG, § 288 Rn. 42.

365 So *Bachmann,* in: Spindler/Stilz, AktG, § 288 Rn. 14; *Förl/Fett,* in: Bürgers/Körber, AktG, § 288 Rn. 10; *Herfs,* in: Münch. Hdb. GesR IV, § 79 Rn. 26; *Mertens/Cahn,* in: KK-AktG, § 288 Rn. 42; *Perlitt,* in: MüKo-AktG, § 288 Rn. 75 f.; *Schönemann,* Geschäftsleitervergütung, S. 145; *Wichert,* in: NK-AktR, § 288 Rn. 15.

366 *Bachmann,* in: Spindler/Stilz, AktG, § 288 Rn. 14; *Förl/Fett,* in: Bürgers/Körber, AktG, § 288 Rn. 10; *Hüffer/Koch,* AktG, § 288 Rn. 6; *Mertens/Cahn,* in: KK-AktG, § 288 Rn. 42; *Perlitt,* in: MüKo-AktG, § 288 Rn. 76; *Wichert,* in: NK-AktR, § 288 Rn. 15.

367 *Arnold,* in: Henssler/Strohn, Gesellschaftsrecht, § 288 AktG Rn. 4; *Mertens/Cahn,* in: KK-AktG, § 288 Rn. 42; *Wichert,* in: NK-AktR, § 288 Rn. 15.

diesem Grund eine einschränkende Auslegung geboten sei.[368] Bei der Frage der Angemessenheit und/oder der Billigkeit im Rahmen des Tatbestandes des § 87 Abs. 2 AktG seien aber die Gesamtbezüge von Bedeutung.[369]

Zum Teil wird indes vertreten, dass gewinnabhängige Vergütungen von der Herabsetzungsmöglichkeit umfasst seien.[370] Es wird eingewandt, dass der Normzweck des § 288 Abs. 3 S. 1 AktG für eine Herabsetzung auch gewinnabhängiger Tätigkeitsvergütung spreche.[371] Die Herabsetzung ziele nämlich auch bei der KGaA darauf ab, die Gesellschaft finanziell zu entlasten und damit auch Gläubiger und Aktionäre zu schützen.[372] Diesem Ziel laufe es zuwider, die Herabsetzung nur auf gewinnunabhängige Vergütung zu erstrecken.[373] Die Herabsetzung gewinnabhängiger Vergütung sei auch nicht aufgrund des Eingreifens der Entnahmesperre überflüssig, da es sich bei dieser nicht um eine endgültige Regelung handele.[374] Zudem bestünde die Gefahr, dass wegen der bloß temporären Wirkung der Entnahmesperre kein ausreichender Schutz gewährleistet werden könnte, sodass nach dem Überwinden einer Verlustphase die Nachzahlung der gewinnabhängigen Vergütung einer nachhaltigen Erholung im Weg stünde.[375]

(2) Stellungnahme

Richtig ist, die Möglichkeit der Herabsetzung auf gewinnunabhängige Tätigkeitsvergütungen zu beschränken. Zwar ist zuzugestehen, dass eine solche Einschränkung mit Blick auf den verfolgten Zweck der finanziellen Entlastung nicht gänzlich widerspruchsfrei ist. Jedoch ist der Wortlaut hier eindeutig. Nach § 288 Abs. 3 S. 2 AktG sind ausdrücklich nur „solche Vergütungen" herabzusetzen. Damit können nur die zuvor in § 288 Abs. 3 S. 1 AktG genannten, nicht vom Gewinn abhängigen Tätigkeitsvergütungen gemeint sein. Der Gesetzgeber wollte bei der Herabsetzung offenkundig zwischen gewinnabhängigen und gewinnunabhängigen Vergütungen differenzieren.

---

368 *Perlitt,* in: MüKo-AktG, § 288 Rn. 77.

369 *Herfs,* in: Münch. Hdb. GesR IV, § 79 Rn. 26; *Mertens/Cahn,* in: KK-AktG, § 288 Rn. 42; *Schönemann*, Geschäftsleitervergütung, S. 145 f.

370 *Assmann/Sethe,* in: GK-AktG, § 288 Rn. 90; *Reger,* in: Hdb. KGaA, § 5 Rn. 267 fordert eine analoge Anwendung des § 288 Abs. 2 S. 3 auf gewinnabhängige Vergütung; *K. Schmidt,* in: K. Schmidt/Lutter, AktG, § 288 Rn. 19; *Servatius,* in: Grigoleit, AktG, § 288 Rn. 6.

371 *Assmann/Sethe,* in: GK-AktG, § 288 Rn. 90; *Reger,* in: Hdb. KGaA, § 5 Rn. 267.

372 *Assmann/Sethe,* in: GK-AktG, § 288 Rn. 90; *Reger,* in: Hdb. KGaA, § 5 Rn. 267.

373 *Assmann/Sethe,* in: GK-AktG, § 288 Rn. 90.

374 *Reger,* in: Hdb. KGaA, § 5 Rn. 267.

375 *Assmann/Sethe,* in: GK-AktG, § 288 Rn. 90.

Darüber hinaus lässt sich das Ausnehmen der gewinnabhängigen Tätigkeitsvergütung von der Herabsetzung in gewisser Weise als Ausgleich für ihr Unterfallen unter die Entnahmesperre auffassen. Zwar wäre die Herabsetzung auch gewinnabhängiger Tätigkeitsvergütungen nicht von vornherein überflüssig. Denn der Vergütungsanspruch ruht bei der Entnahmesperre nur temporär und ist – anders als im Fall der Herabsetzung – später auszuzahlen. Dass ein Teil der Vergütung (nämlich gewinnabhängige Tätigkeitsvergütung) gleichzeitig sowohl von der Entnahmesperre als auch von einer Herabsetzung betroffen sein könnte, erscheint jedoch unverhältnismäßig.

Für eine Beschränkung der Herabsetzung auf lediglich gewinnunabhängige Tätigkeitsvergütung spricht ferner die Tatsache, dass hier, anders als im Falle des AG-Vorstands, ein Sonderkündigungsrecht wegen des fehlenden Verweises auf § 87 Abs. 2 S. 4 AktG nicht besteht. Auch aus diesem Grund erscheint es im Sinne der Verhältnismäßigkeit geboten, die Vergütungsbestandteile, die einer Herabsetzung unterliegen, einzuschränken.

cc) Zuständigkeit des Aufsichtsrats

In der KGaA liegt anders als bei der AG die allgemeine Personalkompetenz nicht beim Aufsichtsrat. Der Komplementär wird vom Aufsichtsrat weder bestellt noch abberufen. Nach § 278 Abs. 2 AktG i. V. m. §§ 161, 127 HGB sind Komplementäre der KGaA bereits kraft Gesetzes zur Vertretung der Gesellschaft ermächtigt. Obwohl es dem Aufsichtsrat der KGaA an der Personalkompetenz fehlt, ist er für die Herabsetzung der Komplementärsvergütung zuständig.[376] Diese gesetzliche Zuständigkeit des Aufsichtsrats ist zwingend.[377] Mit dem Verweis auf § 87 Abs. 2 S. 1 und 2 AktG wurde dem Aufsichtsrat zugleich die Zuständigkeit zur Herabsetzung übertragen.[378] Daran kann auch eine Satzungsbestimmung nichts ändern, nach der ein anderes Organ für den Abschluss des Tätigkeitsvertrages zuständig sein soll.[379]

---

376 *Assmann/Sethe*, in: GK-AktG, § 288 Rn. 92; *Bachmann*, in: Spindler/Stilz, AktG, § 288 Rn. 14; *Herfs*, in: Münch. Hdb. GesR IV, § 79 Rn. 26; *Mertens/Cahn*, in: KK-AktG, § 288 Rn. 41; *Perlitt*, in: MüKo-AktG, § 288 Rn. 79; *Schönemann*, Geschäftsleitervergütung, S. 146. A.A. *Kallmeyer*, ZGR 1983, 57, 74, der dies für einen Systembruch hält, da die Herabsetzungsbefugnis nur dem vergütungsfestsetzenden Organ zustehen könne und *Herfs*, in: Münch. Hdb. GesR IV, § 79 Rn. 26, der die Übertragung auf ein anderes Organ durch die Satzung für möglich hält.

377 *Perlitt*, in: MüKo-AktG, § 288 Rn. 80.

378 *Perlitt*, in: MüKo-AktG, § 288 Rn. 79.

379 Vgl. *Perlitt*, in: MüKo-AktG, § 288 Rn. 80.

d) GmbH & Co. KGaA und AG & Co. KGaA

Auch eine Kapitalgesellschaft kann Komplementärin einer KGaA sein, vgl. § 279 Abs. 2 AktG. Eine GmbH als Komplementärin kann daher mit der KGaA eine Tätigkeitsvereinbarung schließen, die eine Vergütung für die Dienstleistungen vorsieht.[380] Diese Tätigkeitsvergütung kann ebenso gekürzt werden.[381] § 288 Abs. 3 S. 2 AktG, der eine Vergütungsherabsetzung ermöglicht, findet allerdings grundsätzlich keine Anwendung auf die Vergütung des Vertretungsorgans der Komplementärgesellschaft.[382] Dies ergibt sich schlicht daraus, dass es sich bei dem Geschäftsführer der persönlich haftenden GmbH nicht um einen Komplementär der KGaA handelt.[383] § 288 Abs. 3 S. 2 AktG bezieht sich aber gerade auf die Vergütung persönlich haftender Gesellschafter. Die Vergütung des Geschäftsführers der Komplementär-GmbH kann nur nach den für die GmbH geltenden Grundsätzen einer Kürzung unterliegen.[384] Es kann also vom Geschäftsführer die Zustimmung zu einer Kürzung seiner Vergütung im Wege der Vertragsanpassung nach § 313 BGB verlangt werden.

Für den Fall, dass eine AG-Komplementärin einer KGaA ist, stellen sich keine besonderen Schwierigkeiten. Für die Herabsetzung einer möglichen Tätigkeitsvergütung der AG selbst gilt § 288 Abs. 3 S. 2 AktG i.V.m. § 87 Abs. 2 AktG. Für die Herabsetzung der Vergütung des Vorstands der (Komplementärs-)AG hingegen findet § 87 Abs. 2 AktG direkt Anwendung.

e) Ergebnis

In der KGaA besteht nach § 288 Abs. 3 S. 2 AktG i.V.m. § 87 Abs. 2 AktG grundsätzlich die Möglichkeit, die Vergütung des Komplementärs herabzusetzen. Der Herabsetzung unterliegen jedoch nur gewinnunabhängige Tätigkeitsvergütungen. Gewinnabhängige Tätigkeitsvergütungen hingegen unterliegen lediglich einer Entnahmesperre, können aber nicht herabgesetzt werden. Für eine Herabsetzung der gewinnunabhängigen Tätigkeitsvergütung ist es unerheblich, ob es sich bei dem Komplementär um eine natürliche oder juristische Person handelt.

---

380 *Reger,* in: Hdb. KGaA, § 5 Rn. 268.

381 *Reger,* in: Hdb. KGaA, § 5 Rn. 268.

382 *Bachmann,* in: Spindler/Stilz, AktG, § 288 Rn. 14; *Reger,* in: Hdb. KGaA, § 5 Rn. 270; *Schönemann*, Geschäftsleitervergütung, S. 149; *Servatius,* in: Grigoleit, AktG, § 288 Rn. 7. A.A. *Arnold*, GmbH & Co. KGaA, S. 86, für den Fall, dass das Vertretungsorgan der Komplementärgesellschaft direkt bei der KGaA angestellt ist.

383 *Reger,* in: Hdb. KGaA, § 5 Rn. 270.

384 Siehe dazu Abschnitt E.II.3.b)cc).

Handelt es sich bei der Komplementärin um eine GmbH, erstreckt sich die Herabsetzungsmöglichkeit indes nicht auf ihren Geschäftsführer.

Durch den Verweis auf § 87 Abs. 2 S. 1 und 2 AktG vollzieht sich die Herabsetzung bei der KGaA genau wie bei der AG. Das bedeutet, der Aufsichtsrat der KGaA „soll" die Vergütung herabsetzen und er kann dies einseitig, d.h. ohne Einverständnis des Komplementärs, tun. Mangels Verweisung auf § 87 Abs. 2 S. 4 AktG steht dem Komplementär allerdings kein Sonderkündigungsrecht infolge der Herabsetzung zu. Für die Herabsetzung ist trotz grundsätzlich fehlender Personalkompetenz allein der Aufsichtsrat zuständig.

5. Personengesellschaften

Auch bei Personengesellschaften kann sich die Frage nach der Möglichkeit einer Vergütungsherabsetzung ergeben. Das Recht der Personengesellschaften sieht nicht vor, dass die Geschäftsführung gesondert vergütet wird.[385] Dies folgt schon daraus, dass es sich bei der Übernahme der Geschäftsführung um einen Gesellschafterbeitrag handelt.[386] Die Geschäftsführung ist gesellschaftsvertragliche Pflicht der geschäftsführenden Gesellschafter.[387] Die Gesellschafter sind ohnehin am Gewinn beteiligt, womit auch die Geschäftsführung an sich abgegolten ist.[388] Allerdings ist anerkannt, dass der Gesellschaftsvertrag oder ein gesonderter Gesellschafterbeschluss eine zusätzliche Vergütung für die Übernahme der Geschäftsführung vorsehen kann.[389] Möglich ist auch, dass die Gesellschaft mit dem geschäftsführenden Gesellschafter einen Dienstvertrag schließt.[390] Im Falle einer (wesentlichen) Verschlechterung der Lage der Gesellschaft kann auch

385 Siehe nur *Schäfer*, in: Staub, HGB, § 114 Rn. 47 m. w. N.
386 *Rawert*, in: MüKo-HGB, § 114 Rn. 77.
387 *Drescher*, in: EBJS, HGB, § 114 Rn. 48; *Hofmann/Bartlitz*, in: Heymann, HGB, § 110 Rn. 27; *Martens*, in: Schlegelberger, HGB, § 114 Rn. 19.
388 *Drescher*, in: EBJS, HGB, § 114 Rn. 48; *Hofmann/Bartlitz*, in: Heymann, HGB, § 110 Rn. 27; *Lieder*, in: Oetker, HGB, § 114 Rn. 57; *Martens*, in: Schlegelberger, HGB, § 114 Rn. 22; *Rawert*, in: MüKo-HGB, § 114 Rn. 77; *Schäfer*, in: Staub, HGB, § 114 Rn. 47.
389 *Drescher*, in: EBJS, HGB, § 114 Rn. 48; *Hofmann/Bartlitz*, in: Heymann, HGB, § 110 Rn. 28; *Lieder*, in: Oetker, HGB, § 114 Rn. 58; *Martens*, in: Schlegelberger, HGB, § 114 Rn. 22; *Rawert*, in: MüKo-HGB, § 114 Rn. 77; *Schäfer*, in: Staub, HGB, § 114 Rn. 47.
390 *Drescher*, in: EBJS, HGB, § 114 Rn. 49; *Hofmann/Bartlitz*, in: Heymann, HGB, § 110 Rn. 29; *Lieder*, in: Oetker, HGB, § 114 Rn. 58; *Martens*, in: Schlegelberger, HGB, § 114 Rn. 24; *Rawert*, in: MüKo-HGB, § 114 Rn. 79.

hier die Vergütung herabgesetzt werden.[391] Richtigerweise findet dabei mangels anderweitiger gesetzlicher Grundlagen ebenfalls § 313 BGB Anwendung.[392]

6. Genossenschaft

Das GenG sieht keine mit § 87 Abs. 2 AktG vergleichbare Regelung vor. In § 24 Abs. 3 S. 1 GenG heißt es lediglich: „Die Mitglieder des Vorstands können besoldet oder unbesoldet sein". Ausführungen dazu, welche Regelungen für den Fall gelten, dass der Vorstand besoldet wird, fehlen indes. Es wird in der Literatur zwar teilweise vertreten, dass § 87 Abs. 2 AktG auf die Genossenschaft zu übertragen ist.[393] Jedoch fehlt es auch hier bereits an einer planwidrigen Regelungslücke.[394] Es können daher nur die Grundsätze des § 313 BGB herangezogen werden.

7. Ergebnis

§ 87 Abs. 2 AktG ist infolge gesetzlicher Anordnung vollumfänglich anwendbar auf die AG (börsennotiert oder nicht), die monistische und dualistische SE sowie auf die montanmitbestimmte GmbH. Bei der KGaA kann hingegen nach § 288 Abs. 3 S. 2 AktG i.V.m. § 87 Abs. 2 S. 1 und S. 2 AktG nur die gewinnunabhängige Tätigkeitsvergütung des Komplementärs herabgesetzt werden. In anderen Gesellschaftsformen wie der GmbH,[395] Personalgesellschaften und Genossenschaften kann die Vergütung von Geschäftsführern und Vorständen nur auf Grundlage des § 313 BGB herabgesetzt werden. Ob die Tatbestandsvoraussetzungen und Rechtsfolgen des § 87 Abs. 2 AktG gelten oder auf § 313 BGB

---

391 *Drescher,* in: EBJS, HGB, § 114 Rn. 52; *Hofmann/Bartlitz,* in: Heymann, HGB, § 110 Rn. 30; *Lieder,* in: Oetker, HGB, § 114 Rn. 61; *Martens,* in: Schlegelberger, HGB, § 114 Rn. 26 („wirtschaftliche Krisensituation"); *Rawert,* in: MüKo-HGB, § 114 Rn. 84.

392 A.A. *Drescher,* in: EBJS, HGB, § 114 Rn. 52, der hierfür auf die Treuepflicht abstellt; ebenso *Hofmann/Bartlitz,* in: Heymann, HGB, § 110 Rn. 30; *Lieder,* in: Oetker, HGB, § 114 Rn. 61. *Martens,* in: Schlegelberger, HGB, § 114 Rn. 26 und *Rawert,* in: MüKo-HGB, § 114 Rn. 84 hingegen lassen dies offen.

393 *Müller,* GenG, § 24 Rn. 47 ff.; *Holthaus/Lehnhoff,* in: Lang/Weidmüller, GenG, § 24 Rn. 51, 65a; *Gätsch,* in: Beck'sches Handbuch der Genossenschaft, § 5 Rn. 53.

394 *Rieble/Schmittlein,* Vergütung von Vorständen, Rn. 62, 66 und *Holthaus,* Perspektive-Praxis 2/2010, S. 3, jeweils mit dem Argument, dass bei der Reform des GenG 2006 auf eine vergleichbare Reglung verzichtet wurde; ebenso für § 87 AktG allgemein: *Wissenschaftliche Dienste des Deutschen Bundestags,* WD 7 – 3000 – 167/09, S. 8 f.

395 Mit Ausnahme der montanmitbestimmten GmbH.

unter besonderer Berücksichtigung der Treuepflicht zurückzugreifen ist, knüpft allein an die Rechtsform an.

Die Unterscheidung beruht letztlich nur auf formalen Gesichtspunkten, sie orientiert sich hingegen nicht an dem Schutzzweck der Herabsetzung, der über das Interesse der Aktionäre an einem Schutz des Gesellschaftsvermögens hinausgeht.[396] Hier darf man dem Gesetzgeber zu Recht eine gewisse Inkonsistenz vorwerfen. Für den einzelnen Arbeitnehmer oder gar das Gerechtigkeitsempfinden der Allgemeinheit ist es jedenfalls nicht maßgeblich, in welcher Rechtsform ein Unternehmen betrieben wird. Ein grundsätzliches Schutzbedürfnis dürfte zudem auch in Fällen bestehen, in denen der Aufsichtsrat bei der GmbH über die Personalkompetenz verfügt.[397]

Für eine teleologische Ausweitung des 87 Abs. 2 AktG besteht nach derzeitiger Gesetzeslage jedoch kein Raum. Es müssten vergleichbare Rechtsgrundlagen für die unterschiedlichen Gesellschaftsformen geschaffen werden.

III. Personeller Anwendungsbereich

§ 87 Abs. 2 AktG gilt in personeller Hinsicht für Vorstandsmitglieder sowie über § 94 AktG auch für die Stellvertreter. Soll die Vergütung von Arbeitnehmern herabgesetzt werden, besteht nur die Möglichkeit einer Änderungsvereinbarung oder einer Änderungskündigung.[398] Im Wege der Änderungskündigung kann auch die Vergütung von Arbeitnehmern gekürzt werden. Die Voraussetzungen hierfür und eine womöglich bestehende Vergleichbarkeit mit § 87 Abs. 2 AktG sollen nachfolgend näher beleuchtet werden (dazu unter 1.) Wenn keine Vergleichbarkeit angenommen werden kann, fragt sich des Weiteren, ob Führungskräfte unterhalb der Vorstandsebene ggf. besonderen Regelungen unterliegen, und ob § 87 Abs. 2 AktG zumindest hinsichtlich dieser besonderen Gruppe von Arbeitnehmern personell ausgeweitet werden kann (dazu unter 2.).

---

396 Zur Divergenz von Schutzzweck und Anwendungsbereich des § 87 AktG ausführlich *Schönemann*, Geschäftsleitervergütung, S. 214 ff., der zu dem Ergebnis kommt, dass die „Rechtslage de lege lata wertungsmäßig nicht überzeugt".

397 *Schönemann*, Geschäftsleitervergütung, S. 218.

398 *Krienke/Schnell*, NZA 2010, 135, 138.

1. Betriebsbedingte Änderungskündigung mit dem Ziel der Vergütungsherabsetzung bei Arbeitnehmern

a) *Erschwerte Voraussetzungen*

Eine Änderungskündigung nach § 2 KSchG setzt ein dringendes betriebliches Erfordernis voraus. Eine Änderungskündigung mit dem alleinigen Ziel der Vergütungskürzung ist nur unter erschwerten Voraussetzungen möglich.[399]

Es gelten nach der Rechtsprechung des BAG folgende Grundsätze: Wird mit der Änderungskündigung allein eine Vergütungskürzung bezweckt, kann ein dringendes betriebliches Erfordernis nur angenommen werden, wenn es bei Beibehaltung der Vergütungshöhe absehbar zu einer Reduzierung der Belegschaft oder sogar zu einer Schließung des Betriebs kommen würde.[400] Der Ruin muss jedoch nicht unmittelbar bevorstehen.[401]

Regelmäßig sei ein umfassender Sanierungsplan erforderlich, der alle vergleichsweise milderen Mittel ausschöpft.[402] Der Arbeitgeber muss zudem die Finanzlage des Betriebs, den Anteil der Personalkosten, die Auswirkung der erstrebten Kostensenkungen für den Betrieb und für die Arbeitnehmer darstellen.[403] Er muss zugleich darlegen, warum andere Maßnahmen als die Vergütungskürzung mittels Änderungskündigung nicht in Betracht kommen. Als grundsätzlich in Betracht kommende mildere Mittel benennt das BAG etwa die Absenkung von freiwilligen Zulagen, Rationalisierungsmaßnahmen und

---

399 *Krienke/Schnell*, NZA 2010, 135, 138 mit Verweis auf die Rechtsprechung des BAG.

400 BAG, Urt. v. 26.06.2008 – 2 AZR 139/07, NZA 2008, 1182, 1183; BAG, Urt. v. 01.03.2007 – 2 AZR 580/05, NZA 2007, 1445, 1148; BAG, Beschl. v. 20.01.2000 – 2 ABR 40/99, NZA 2000, 592, 594; BAG, Urt. v. 20.08.1998 – 2 AZR 84/98, NZA 1999, 255, 256; BAG, Urt. v. 01.07.1999 – 2 AZR 826/98, NZA 1999, 1336, 1337; BAG, Urt. v. 12.11.1998 – 2 AZR 91/98, BAGE 90, 182, 186.

401 BAG, Urt. v. 01.03.2007 – 2 AZR 580/05, NZA 2007, 1445, 1147; BAG, Urt. v. 01.07.1999 – 2 AZR 826/98, NZA 1999, 1336, 1337; BAG, Urt. v. 12.11.1998 – 2 AZR 91/98, BAGE 90, 182, 187.

402 BAG, Urt. v. 26.06.2008 –2 AZR 139/07, NZA 2008, 1182, 1183; BAG, Urt. v. 01.03.2007 – 2 AZR 580/05, NZA 2007, 1445, 1148; BAG, Beschl. v. 20.01.2000 – 2 ABR 40/99, NZA 2000, 592, 594; BAG, Urt. v. 20.08.1998 – 2 AZR 84/98, NZA 1999, 255, 256; BAG, Urt. v. 01.07.1999 – 2 AZR 826/98, NZA 1999, 1336, 1337; BAG, Urt. v. 12.11.1998 – 2 AZR 91/98, BAGE 90, 182, 187.

403 BAG, Urt. v. 26.06.2008 – 2 AZR 139/07, NZA 2008, 1182, 1183; BAG, Urt. v. 23.06.2005, BAGE 115, 149, 161.

sonstige Einsparungen.[404] Es seien in diesem Zuge auch die Sanierungsfähigkeit des Betriebs und eigene Sanierungsbeiträge des Arbeitgebers bzw. Dritter (Banken) zu berücksichtigen.[405]

b) Verhältnis zu § 87 Abs. 2 AktG

Das korrekte Instrument zur Durchsetzung einer Vergütungsherabsetzung bei Arbeitnehmern ist die betriebsbedingte Änderungskündigung. Das Kündigungsrecht ist im Verhältnis zu § 313 BGB lex specialis.[406]

Es fragt sich, ob trotz unterschiedlicher personeller Anwendungsbereiche der jeweils einschlägigen Vorschriften, letztlich die Vergütung von Arbeitnehmern und von Vorständen unter den gleichen Voraussetzungen herabgesetzt werden kann. In diesem Fall wäre denkbar, die vom BAG aufgestellten detaillierten Grundsätze zur Änderungskündigung auf § 87 Abs. 2 AktG zu übertragen.

Ein derartiger Gleichlauf würde allerdings der Tatsache, dass den Vorstand als Leitungsorgan der Gesellschaft im Vergleich zu Arbeitnehmern eine gesteigerte Treuepflicht trifft, nicht Rechnung tragen. Arbeitnehmern muss ein stärkerer Schutz vor Gehaltsreduzierungen zukommen als Vorstandsmitgliedern. Die Voraussetzungen, unter denen eine Vergütungsherabsetzung bei Arbeitnehmern in Form einer betriebsbedingten Änderungskündigung möglich ist, müssen daher insgesamt strenger sein als diejenigen, die eine Vergütungsherabsetzung bei Vorstandsmitgliedern ermöglichen.

Für die Herabsetzung nach § 87 Abs. 2 AktG können die Grundsätze des BAG zur Änderungskündigung aber insofern herangezogen werden, als dass jedenfalls in dem Zeitpunkt, in dem eine betriebsbedingte Änderungskündigung mit dem Ziel der Gehaltskürzung bei Arbeitnehmern erfolgt ist oder möglich wäre, auch die Herabsetzung der Vorstandsvergütung regelmäßig angezeigt ist. Wurden Änderungskündigungen zum Zwecke der Gehaltskürzung ausgesprochen, so kann dies die Anwendung des § 87 Abs. 2 AktG stark indizieren.[407]

---

404 BAG, Urt. v. 01.03.2007 – 2 AZR 580/05, NZA 2007, 1445, 1148; BAG, Beschl. v. 20.01.2000 – 2 ABR 40/99, NZA 2000, 592, 594; BAG, Urt. v. 20.08.1998 – 2 AZR 84/98, NZA 1999, 255, 256; BAG, Urt. v. 12.11.1998 – 2 AZR 91/98, BAGE 90, 182, 187 f.

405 BAG, Urt. v. 01.03.2007 – 2 AZR 580/05, NZA 2007, 1445, 1148; BAG, Beschl. v. 20.01.2000 – 2 ABR 40/99, NZA 2000, 592, 594; BAG, Urt. v. 20.08.1998 – 2 AZR 84/98, NZA 1999, 255, 256; BAG, Urt. v. 12.11.1998 – 2 AZR 91/98, BAGE 90, 182, 187 f.

406 BAG, Urt. v. 29.09.2011 – 2 AZR 523/10, NZA 2012, 628, 631; BAG, Urt. v. 08.10.2009 – 2 AZR 235/08, NZA 2010, 465, 467. Anders *Paschke*, in: FS Reuter, S. 1107, 1114 ff.

407 Siehe dazu auch unter Abschnitt F.II.2.a).

Jedenfalls besteht dann Anlass, das Eingreifen der Herabsetzungspflicht sorgfältig zu prüfen.

2. Führungskräfte unterhalb des Vorstands

Ausdrücklich sind von § 87 Abs. 2 AktG keine Führungskräfte unterhalb des Vorstands erfasst. Zumindest mit Blick auf die Gesetzbegründung des VorstAG und vor dem Hintergrund der Bedeutung der Finanzkrise 2009 für die Gesetzesänderung mag ihre fehlende Einbeziehung inkonsequent erscheinen, da Führungskräfte im Einzelfall größere Risiken zu begründen vermögen und sogar vereinzelt mehr verdienen.[408] Wenn man die sozialpolitische Zweckrichtung des § 87 Abs. 2 AktG berücksichtigt, ist auf den ersten Blick schwer ersichtlich, warum Spitzenverdiener unter den Führungskräften nicht ebenso an der Krisenbewältigung zu beteiligen sein sollen.[409]

Allerdings trifft Führungskräfte als Arbeitnehmer keine organschaftliche Treuepflicht. Sie tragen auch keine mit dem Vorstand vergleichbare Leitungsverantwortung für das Unternehmen. Die Verhältnismäßigkeit einer an § 87 Abs. 2 AktG orientierten Vergütungskürzung wäre daher fragwürdig. Für Führungskräfte unterhalb des Vorstands gelten keine anderen Vorschriften als für reguläre Arbeitnehmer. Eine einseitige Vergütungsherabsetzung für den Fall der Verschlechterung der Lage der Gesellschaft ist für Arbeitnehmer – egal auf welcher Ebene – außerhalb der Möglichkeit der Änderungskündigung nicht vorgesehen.

3. Anpassungsgebot des § 5 Abs. 2 Nr. 3 FMStFV

Etwas anderes gilt selbst nicht für Unternehmen, die staatliche Stabilisierungsmaßnahmen nach § 7 FMStFG in Anspruch genommen haben. Diesen sollte zwar gemäß § 5 Abs. 2 Nr. 3 FMStFV aufgegeben werden, ihre Vergütungssysteme und die Vergütungssysteme der von ihnen beherrschten Unternehmen auf ihre Anreizwirkung und Angemessenheit zu überprüfen und darauf hinzuwirken, dass diese nicht zur Eingehung unangemessener Risiken verleiten sowie an langfristigen und nachhaltigen Zielen ausgerichtet und transparent sind. Dabei war auch darauf zu achten, dass unangemessene Vergütungssysteme oder Vergütungsbestandteile im Rahmen des zivilrechtlich Möglichen beendet werden.

---

408 So *Rieble/Schmittlein*, Vergütung von Vorständen, Rn. 85.

409 In diese Richtung *Paschke*, in: FS Reuter, S. 1107, 1115.

„Im Rahmen des zivilrechtlich Möglichen" meint indes keine mit § 87 Abs. 2 AktG vergleichbare einseitige Herabsetzung der Vergütung. Da sich § 87 Abs. 2 AktG nur auf Vorstandsmitglieder bezieht, befände sich eine darauf gestützte Vergütungsherabsetzung, die Arbeitnehmer unterhalb der Vorstandsebene einbezieht, nicht mehr im „im Rahmen des zivilrechtlich Möglichen". Selbst für den besonderen Fall, dass die Lage der Gesellschaft es erfordert, Stabilisierungsmaßnahmen in Anspruch zu nehmen, gelten folglich allein die allgemeinen arbeitsrechtlichen Grundsätze. Es wird bei der Inanspruchnahme staatlicher Stabilisierungsmaßnahmen lediglich dazu aufgefordert, von den bestehenden arbeitsrechtlichen Möglichkeiten tatsächlich Gebrauch zu machen.

Darüber hinaus lässt sich aus dieser Aufforderung auch kein Verweis für die ausnahmsweise Geltung des § 87 Abs. 2 AktG für Arbeitnehmer entnehmen. Das folgt ebenfalls aus einem Umkehrschluss zu § 5 Abs. 2 Nr. 4 a) FMStFV. Darin heißt es gerade bezüglich der Vergütung von Organmitgliedern und Geschäftsleitern, dass der Fonds darauf hinzuwirken hat, „dass eine Herabsetzung der Organvergütung im Rahmen der zivilrechtlichen Möglichkeiten unter Einbeziehung des § 87 Abs. 2 des Aktiengesetzes vorgenommen wird". § 5 Abs. 2 Nr. 3 FMStFV hingegen beschränkt sich nicht auf die Vergütung von Organmitgliedern und enthält daher keinen Verweis auf § 87 Abs. 2 AktG.

4. Ergebnis

Eine Kürzung der Vergütung kann gegenüber Arbeitnehmern lediglich durch eine freiwillige Änderungsvereinbarung oder im Wege der Änderungskündigung durchgesetzt werden. Dabei ist nicht zwischen Führungskräften und Arbeitnehmern auf untergelagerten Unternehmensebenen zu unterscheiden. Eine anderweitige Möglichkeit zur Herabsetzung der Vergütung ist selbst dann nicht vorgesehen, wenn staatliche Stabilisierungsmaßnahmen nach § 7 FMStFG in Anspruch genommen wurden.

Sowohl § 87 Abs. 2 AktG also auch die Änderungskündigung nach § 2 KSchG ermöglichen eine (quasi-)einseitige Reduzierung der Vergütung bei wirtschaftlichen Schwierigkeiten. Die Vorschriften haben dabei jedoch nicht nur formell unterschiedliche personelle Anwendungsbereiche, sondern unterscheiden sich auch inhaltlich. Für eine Änderungskündigung zum Zwecke der Vergütungsherabsetzung gelten strengere Anforderungen als für eine Herabsetzung nach § 87 Abs. 2 AktG. Eine wechselseitige Beeinflussung der Regelungen besteht dergestalt, als dass die Vornahme von Änderungskündigungen mit dem Zweck der Vergütungskürzung regelmäßig die Anwendung des § 87 Abs. 2 AktG indiziert. Eine Beeinflussung besteht auch insoweit, als im Rahmen des vorzulegenden

Sanierungsplans auch eine Auseinandersetzung mit der Vorstandsvergütung und einer möglichen Herabsetzung zu fordern ist.

IV. Verhältnis zu § 313 BGB

Bei Geschäftsleitern anderer Gesellschaftsformen, etwa dem GmbH-Geschäftsführer, richtet sich die Vergütungsherabsetzung infolge des Fehlens einer expliziten Sonderregelung nach§ 313 BGB. Für den AG-Vorstand besteht mit jedoch eine Sonderregelung, sodass sich fragt, in welchem Verhältnis § 87 Abs. AktG zu § 313 BGB steht und ob für Letzteren noch ein eigenständiger Anwendungsbereich verbleibt.

1. Besonderer Fall des Wegfalls der Geschäftsgrundlage?

Vielfach wird § 87 Abs. 2 AktG als kodifizierter Sonderfall des § 313 BGB aufgefasst.[410] Andere hingegen halten zumindest seit dem VorstAG die Vorschriften für inhaltlich zu unterschiedlich, als dass § 87 Abs. 2 AktG noch als Sonderfall der Störung der Geschäftsgrundlage aufgefasst werden könne.[411] Insbesondere auf Tatbestandsebene fehle es an dem den § 313 BGB prägenden Wesentlichkeitsmerkmal.[412] Auch die Rechtsfolgen würden nicht übereinstimmen, da § 87 Abs. 2 AktG dem Aufsichtsrat ein einseitiges Herabsetzungsrecht einräume, während § 313 BGB lediglich einen Anpassungsanspruch begründe.[413] § 87 Abs. 2 AktG sei aus diesem Grund eine „singuläre Sonderregelung".[414]

Letztlich erscheint diese Diskussion um die korrekte dogmatische Einordnung des § 87 Abs. 2 AktG wenig ergiebig. Ein gemeinsamer Ursprung bzw. den

---

410 Vgl. *Diller*, NZG 2009, 1006; *Fleischer*, in: Spindler/Stilz, AktG, § 87 Rn. 60; *Klöhn*, ZGR 2012, 1, 28; *Link*, in: Wachter, AktG, § 87 Rn. 48; *Spindler*, in: MüKo-AktG, § 87 Rn. 166; *Wittuhn/Hamann*, ZGR 2009, 847, 852; *Paschke*, in: FS Reuter, S. 1107, 1110; *Raapke*, Vergütungsregulierung, S. 209; *Weller*, NZG 2010, 7, 8. Offengelassen durch OLG Stuttgart, Urt. v. 01.10.2014 – 20 U 3/13, NZG 2015, 194, 197.

411 So im Ergebnis *Annuß/Theusinger*, BB 2009, 2434, 2437; *Kort*, in: GK-AktG, § 87 Rn. 448; *ders.*, NZG 2015, 369, 371; *Rieble/Schmittlein*, Vergütung von Vorständen, Rn. 283; wohl auch *Mertens/Cahn*, in: KK-AktG, § 87 Rn. 94.

412 *Hüffer/Koch*, AktG, § 87 Rn. 49; *Kort*, in: GK-AktG, § 87 Rn. 448; *ders.*, NZG 2015, 369, 371; in die Richtung auch *Mertens/Cahn*, in: KK-AktG, § 87 Rn. 94.

413 *Hüffer/Koch*, AktG, § 87 Rn. 49; *Kort*, in: GK-AktG, § 87 Rn. 448; *ders.*, NZG 2015, 369, 371; *Rieble/Schmittlein*, Vergütung von Vorständen, Rn. 284.

414 *Hüffer/Koch*, AktG, § 87 Rn. 49; *Kort*, in: GK-AktG, § 87 Rn. 448; *ders.*, NZG 2015, 369, 371.

Regelungen zugrunde liegender Leitgedanke lässt sich schwer leugnen. Beide Vorschriften erlauben die Änderung einer geltenden vertraglichen Vereinbarung infolge besonderer Umstände.

Richtig ist aber auch, dass Tatbestand und Rechtsfolge voneinander abweichen. Aufgrund des auf Rechtsfolgenseite bestehenden einseitigen Leistungsbestimmungsrechts besteht wohl eine größere Nähe zum Leistungsbestimmungsrecht des § 315 BGB. Die bestehenden Unterschiede zwischen den Normen sind allerdings durchaus auch denjenigen bewusst, die davon ausgehen, dass es sich bei § 87 Abs. 2 AktG um einen Sonderfall des § 313 BGB handelt.[415] Ob man aus den Unterschieden nun schlussfolgert, dass es sich bei § 87 Abs. 2 AktG um eine inhaltlich modifizierte Form des § 313 BGB handelt, oder aber die Unterschiede für so gravierend hält, dass man § 87 Abs. 2 AktG als (zumindest seit dem VorstAG) als davon unabhängige Vorschrift betrachtet, ist jedenfalls für die Anwendung der Norm unerheblich.

2. Sperrwirkung

Gegenüber der grundsätzlichen dogmatischen Einordnung ist von größerer tatsächlicher Bedeutung, wie sich die konkrete Anwendung beider Normen zueinander verhält.

Schon das Reichsgericht hielt neben einer Herabsetzung nach der Notverordnung vom 06.10.1931 auch eine Herabsetzung nach § 242 BGB[416] für möglich.[417] Grund dafür war jedoch, dass die Notverordnung nicht auf Dauer gelten sollte und damit nach Auffassung des Reichsgerichts keine erschöpfende Regelung treffen wollte.[418]

Diese Begründung kann nicht auf § 87 Abs. 2 AktG übertragen werden, da es sich dabei nicht um eine nur temporär geltende Reglung handeln soll. § 87 Abs. 2 AktG entfaltet vielmehr gegenüber § 313 BGB eine Sperrwirkung.[419] Dies bedeutet jedoch nicht, dass infolgedessen § 313 BGB auf Vorstandsmitglieder

415 Vgl. etwa *Fleischer*, in: Spindler/Stilz, AktG, § 87 Rn. 60; *Spindler*, in: MüKo-AktG, § 87 Rn. 166; *Weller*, NZG 2010, 7, 8.

416 Der Wegfall der Geschäftsgrundlage wurde vor der eingeständigen Regelung in § 313 BGB unter § 242 BGB subsumiert.

417 RG, Urt. v. 30. 04.1935 – II 291/34, RGZ 148, 81, 88.

418 RG, Urt. v. 30. 04.1935 – II 291/34, RGZ 148, 81, 88.

419 *Kort*, in: GK-AktG, § 87 Rn. 448; *ders.*, NZG 2015, 369, 371; *Rieble/Schmittlein*, Vergütung von Vorständen, Rn. 284.

der AG gar keine Anwendung mehr finden kann.[420] Die Sperrwirkung gilt nur für diejenigen Fälle, in denen gerade die Verschlechterung der Lage der Gesellschaft die Störung der Geschäftsgrundlage bildet.[421] Ist die Geschäftsgrundlage zwischen Vorstandsmitglied und Gesellschaft aus anderen Gründen gestört oder entfallen, bleibt Raum für eine Anwendung des § 313 BGB.

420 *Rieble/Schmittlein*, Vergütung von Vorständen, Rn. 285 nennen als sonstige möglicherweise bestehenden Geschäftsgrundlagenstörungen Störungen in der Person oder dem persönlichen Umfeld des Vorstandsmitglieds.

421 *Rieble/Schmittlein*, Vergütung von Vorständen, Rn. 285.

F. Verschlechterung der Lage der Gesellschaft

Der Gesetzgeber hat sich dafür entschieden, die Gesellschaft nicht darauf zu verpflichten, die Angemessenheit der Vergütungshöhe ihrer Vorstandsmitglieder fortdauernd zu gewährleisten. Veränderungen, die nach der Vergütungsfestsetzung eintreten (etwa des Aufgabenbereichs des Vorstandsmitglieds), bleiben grundsätzlich unberücksichtigt und ermöglichen es nicht, die Vergütung zu kürzen.[422]

Eine Verschlechterung der Leistungen des Vorstands bzw. eines seiner Mitglieder, die erst nach dem Festlegungszeitpunkt erfolgte, kann allein nicht zu einer Herabsetzung führen.[423] Ebenso wenig ermöglichen durch das Vorstandsmitglied nicht erfüllte Leistungserwartungen eine Vergütungskürzung.[424] Zudem kann eine bereits zum Zeitpunkt der Festsetzung nach § 87 Abs. 1 AktG unangemessene Vergütung nachträglich nicht nach unten angepasst werden.[425]

Eine Herabsetzung kann schließlich auch nicht auf wirtschaftliche Schwierigkeiten gestützt werden, die schon zum Zeitpunkt der Festlegung bestanden.[426] Der Aufsichtsrat konnte diese Entwicklung nämlich bereits bei der Festsetzung der Vergütung berücksichtigen.[427]

Abseits von vertraglichen Regelungen ist ein Anpassungsmechanismus gesetzlich lediglich für den Fall der Lageverschlechterung vorgesehen.

---

422 *Spindler,* in: MüKo-AktG, § 87 Rn. 124.

423 *Kort,* in: GK-AktG, § 87 Rn. 399.

424 OLG Frankfurt, Urt. v. 25.05.2011 – 7 U 268/08, WM 2011, 2226, 2229; *Arnold/Günther,* in: Marsch-Barner/Schäfer, Hdb. börsennotierte AG, § 20 Rn. 46; *Hüffer/Koch,* AktG, § 87 Rn. 52; *Kort,* in: GK-AktG, § 87 Rn. 399; *Link,* in: Wachter, AktG, § 87 Rn. 49; *Schwennicke,* in: Grigoleit, AktG, § 87 Rn. 36; *Spindler,* in: MüKo-AktG, § 87 Rn. 176; *Weber,* in: Hölters, AktG, § 87 Rn. 48a.

425 OLG Frankfurt, Urt. v. 25.05.2011 – 7 U 268/08, WM 2011, 2226, 2229; *Fleischer,* in: Spindler/Stilz, AktG, § 87 Rn. 63; *Hüffer/Koch,* AktG, § 87 Rn. 52; *Link,* in: Wachter, AktG, § 87 Rn. 49; *Mertens/Cahn,* in: KK-AktG, § 87 Rn. 94; *Oltmanns,* in: NK-AktR, § 87 Rn. 9; *Spindler,* in: MüKo-AktG, § 87 Rn. 176; *Weber,* in: Hölters, AktG, § 87 Rn. 48a.

426 *Fleischer,* in: Spindler/Stilz, AktG, § 87 Rn. 63; *Kort,* in: GK-AktG, § 87 Rn. 396; *Mertens/Cahn,* in: KK-AktG, § 87 Rn. 94; *Spindler,* in: MüKo-AktG, § 87 Rn. 176; *Weber,* in: Hölters, AktG, § 87 Rn. 48a; *Wilsing/Kleißl,* BB 2008, 2422, 2423.

427 *Spindler,* in: MüKo-AktG, § 87 Rn. 176.

Tatbestandliches Einfallstor für eine Herabsetzung nach § 87 Abs. 2 AktG ist daher die Verschlechterung der Lage der Gesellschaft. Es ist somit erforderlich, möglichst klare Grundsätze dafür aufzustellen, wann von einer eine Vergütungsherabsetzung tragenden Verschlechterung der Lage der Gesellschaft auszugehen ist.

Hierfür ist es zunächst notwendig zu definieren, was unter „Lage der Gesellschaft" zu verstehen ist (dazu unter Abschnitt I.). Daran anknüpfend ist zu untersuchen, welcher Sinngehalt dem Begriff der „Verschlechterung" zukommt (dazu unter Abschnitt II.). Schließlich wird geklärt, auf welche „Gesellschaft" abzustellen ist, wenn es sich um ein Konzernunternehmen handelt und/oder Anstellungs- und Organgesellschaft im konkreten Fall auseinanderfallen (dazu unter III.).

I. Bestimmung der „Lage der Gesellschaft"

1. Verhältnis zur § 87 Abs. 1 S. 1 AktG

In § 87 Abs. 1 S. 1 AktG wird postuliert, dass die Vorstandsvergütung in einem angemessenen Verhältnis zu den Aufgaben und Leistungen des Vorstandsmitglieds sowie zur „Lage der Gesellschaft" zu stehen hat. Das Kriterium der Lage der Gesellschaft ist somit nicht nur bei einer möglichen Herabsetzung relevant, sondern bereits im Rahmen der anfänglichen Vergütungsfestsetzung. Wie sich die Lage der Gesellschaft näher konkretisieren lässt, wurde bislang vorwiegend im Zusammenhang mit § 87 Abs. 1 S. 1 AktG näher erörtert. Ein einheitliches Verständnis der Begrifflichkeit erscheint insbesondere vor dem Hintergrund geboten, als dass der Gesetzgeber den Wortlaut des § 87 Abs. 2 AktG mit dem VorstAG an den Wortlaut des § 87 Abs. 1 S. 1 AktG angeglichen hat.

Nunmehr wird auch im zweiten Absatz der Vorschrift auf die „Lage der Gesellschaft" und nicht mehr auf die „Verhältnisse der Gesellschaft" abgestellt. Diese sprachliche Angleichung wurde vom Gesetzgeber beabsichtigt.[428] Zwar bringt diese Änderung des Wortlauts keine Änderung der materiellen Rechtslage mit sich.[429] Sie verdeutlicht aber, dass der Betrachtungsgegenstand „Lage der Gesellschaft" in den Absätzen 1 und 2 im Wesentlichen inhaltsgleich auszulegen ist. Die bisherigen Überlegungen zu § 87 Abs. 1 AktG können auch für den § 87 Abs. 2 AktG fruchtbar gemacht werden.

---

428 *Spindler*, in: MüKo-AktG, § 87 Rn. 169 mit Verweis auf den Gesetzentwurf der Fraktionen CDU/CSU und SPD, BT-Drs. 16/12278, S. 6.

429 *Spindler*, in: MüKo-AktG, § 87 Rn. 169.

2. Parameter zur Lagebestimmung

Für die Bestimmung der Lage der Gesellschaft wird auf die wirtschaftliche Gesamtsituation abgestellt. Vorrangig werden dabei die Ertrags-, Vermögens- und Finanzlage herangezogen.[430] Daneben wird dafür plädiert, auch auf die Größe,[431] Bedeutung,[432] Mitarbeiterzahl,[433] Zahl der Tochtergesellschaften[434] und den geographischen Tätigkeitsbereich[435] der Gesellschaft abzustellen.[436] Ebenfalls werden zum Teil die Reputation,[437] die Marktstellung,[438] die Branche,[439] und das Know-how der Gesellschaft[440] miteinbezogen.

Teilweise wird die Beschreibung der Lage der Gesellschaft darüber hinaus durch „externe Faktoren (Märkte, Politik, Recht)"[441] ergänzt. Zwar beschreiben externe Faktoren streng genommen nicht selbst die Lage der Gesellschaft, sondern vermögen sich lediglich auf sie auszuwirken. Rechtliche und politische Rahmenbedingungen können für ein Unternehmen aber durchaus von signifikanter Bedeutung sein. Das kann etwa der Fall sein, wenn ihr Geschäftsmodell besonders stark reguliert ist. Daher sind externe Faktoren für die Lagebeschreibung zu berücksichtigen, wenn sie zumindest potentiell Einfluss auf die Lage der Gesellschaft haben können.

---

430 Vgl. mit geringfügigen Unterschieden im Einzelnen: *Dauner-Lieb,* in: Henssler/Strohn, Gesellschaftsrecht, § 87 AktG Rn. 15; *Kort,* in: GK-AktG, § 87 Rn. 65; *Fleischer*, in: Spindler/Stilz, AktG, § 87 Rn. 14; *Schwennicke,* in: Grigoleit, AktG, § 87 Rn. 10; *Seibt* in: K. Schmidt/Lutter, AktG, § 87 Rn. 1; *Spindler,* in: MüKo-AktG, § 87 Rn. 53; *Weber,* in: Hölters, AktG, § 87 Rn. 25; *Thüsing*, ZGR 2003, 457, 470; *Wiesner,* in: Münch. Hdb. GesR IV, § 21 Rn. 42. Implizit auch LG Düsseldorf NJW 2004, 3275, 3278.

431 *Goette*, in: FS Hopt, S. 689, 693; *Semler*, in: Liber amicorum Happ, S. 277, 291; *Spindler,* in: MüKo-AktG, § 87 Rn. 53; *Lutter*, ZIP 2006, 733, 735.

432 *Semler*, in: Liber amicorum Happ, S. 277, 291.

433 *Semler*, in: Liber amicorum Happ, S. 277, 291; *Thüsing*, ZGR 2003, 457, 470.

434 *Semler*, in: Liber amicorum Happ, S. 277, 291.

435 *Semler*, in: Liber amicorum Happ, S. 277, 291.

436 Für eine Berücksichtigung all dieser Kriterien: *Mertens/Cahn,* in: KK-AktG, § 87 Rn. 9.

437 *Dauner-Lieb,* in: Henssler/Strohn, Gesellschaftsrecht, § 87 AktG Rn. 15; *Seibt,* in: K. Schmidt/Lutter, AktG, § 87 Rn. 5.

438 *Wiesner,* in: Münch. Hdb. GesR IV, § 21 Rn. 42.

439 *Goette*, in: FS Hopt, S. 689, 693; *Spindler,* in: MüKo-AktG, § 87 Rn. 53; *Lutter*, ZIP 2006, 733, 735.

440 *Schüller*, Vorstandsvergütung, S. 124.

441 *Fleischer,* in: Spindler/Stilz, AktG, § 87 Rn. 14; *Weber,* in: Hölters, AktG, § 87 Rn. 25.

Zur Lage der Gesellschaft gehört schließlich ebenfalls die zukünftige Entwicklung der Gesellschaft.[442] Zur Beurteilung dieser Entwicklung kann bei börsennotierten Gesellschaften insbesondere der Börsenkurs als Indikator für die marktwirtschaftliche Beurteilung der Aussichten herangezogen werden.[443] Darüber hinaus gehört zur zukünftigen Entwicklung auch, ob sich absehbar Änderungen hinsichtlich der gesellschaftsrechtlichen Struktur ergeben, beispielsweise wenn die Gesellschaft von einer eigenständigen Gesellschaft zu einem abhängigen Unternehmen wird.[444]

Insgesamt wird die Lage einer Gesellschaft somit durch eine Vielzahl von Faktoren charakterisiert. Es ist bei der Bestimmung der Lage der Gesellschaft daher stets eine umfassende Gesamtbetrachtung verschiedener Kennzahlen und Merkmale vorzunehmen. Ein abschließender Katalog zur Bestimmung der Lage lässt sich indes nicht aufstellen.

II. Verschlechterung der Lage

Im Rahmen der Verabschiedung des VorstAG hat sich auch der Gesetzgeber knapp mit dem Tatbestandsmerkmal der Verschlechterung der Lage der Gesellschaft befasst. So soll Insolvenz oder unmittelbare Krise die Voraussetzung stets erfüllen, ist aber nicht notwendig.[445] Wann außerhalb der Sonderfälle der Insolvenz und unmittelbaren Krise von einer Lageverschlechterung auszugehen ist, ist durch den Gesetzgeber gleichwohl nicht näher definiert. So soll eine Lageverschlechterung „beispielsweise“ vorliegen, wenn die Gesellschaft Entlassungen oder Lohnkürzungen vornehmen müsse und keine Gewinne mehr ausschütten könne.[446] Weitere Fallgestaltungen bleiben daneben ebenso denkbar.

Mangels näherer konkretisierender Vorgaben des Gesetzgebers sollen im Folgenden zunächst allgemeine Grundsätze aufgestellt werden, anhand derer das Vorliegen einer Lageverschlechterung im Regelfall bestimmt werden kann (dazu

---

442 *Dauner-Lieb*, in: Henssler/Strohn, Gesellschaftsrecht, § 87 AktG Rn. 15; *Goette*, in: FS Hopt, S. 689, 693; *Kort*, in: GK-AktG, § 87 Rn. 65; *Fleischer*, in: Spindler/Stilz, AktG, § 87 Rn. 14; *Schüller*, Vorstandsvergütung, S. 124; *Schwennicke*, in: Grigoleit, AktG, § 87 Rn. 10; *Spindler*, in: MüKo-AktG, § 87 Rn. 53; *ders.*, DStR 2004, 36, 38; *Weber*, in: Hölters, AktG, § 87 Rn. 25 (unter Verweis auf Ziff. 4.2.2 Abs. 2 S. 2 DCGK); *Wiesner*, in: Münch. Hdb. GesR IV, § 21 Rn. 42.

443 *Mertens/Cahn*, in: KK-AktG, § 87 Rn. 9.

444 LG Düsseldorf, Urt. v. 22.07.2004 – XIV 5/03, NZG 2004, 1057, 1060.

445 Gesetzentwurf der Fraktionen CDU/CSU und SPD, BT-Drs. 16/12278, S. 6.

446 Gesetzentwurf der Fraktionen CDU/CSU und SPD, BT-Drs. 16/12278, S. 6.

unter Abschnitt 1.). Anschließend sollen konkrete Indikatoren benannt werden, deren Vorliegen auf eine Lageverschlechterung besonders hinweist (dazu unter Abschnitt 2.) Im Sonderfall der Insolvenz oder unmittelbaren Krise erübrigt sich nach dem ausdrücklichen Wunsch des Gesetzgebers hingegen eine weitere Prüfung. Gleichwohl braucht es auch hier weiterer Konkretisierungen dahin gehend, wann von dem Vorliegen dieser Fallgestaltungen im Einzelfall auszugehen ist (dazu unter Abschnitt 3.).

1. Allgemeine Grundsätze

a) Relatives Kriterium: negative Entwicklung im Lagevergleich

Ob eine Verschlechterung vorliegt, ist grundsätzlich anhand eines Vorher-Nachher-Vergleichs der weiter oben genannten Kriterien zur Bestimmung der Lage der Gesellschaft zu untersuchen. Es ist dabei ein Vergleich der Lage der Gesellschaft im Zeitpunkt der Vergütungsfestsetzung und im Zeitpunkt der Entscheidung über die Herabsetzung vorzunehmen.[447]

Eine Verschlechterung setzt zunächst überhaupt eine Veränderung im Vergleich zu einem vorherigen Zustand voraus. Eine Veränderung der Parameter lässt sich im Wege eines Vergleichs der Lage zu unterschiedlichen Zeitpunkten schlicht deskriptiv feststellen. Ein Vergleich der betriebswirtschaftlichen Kennzahlen ist relativ leicht vorzunehmen und eine Veränderung der Ertrags-, Finanz- und Vermögenslage entsprechend leicht festzustellen. Daneben sind aber die weiteren Faktoren einzubeziehen, die die Lage der Gesellschaft charakterisieren. Veränderungen etwa in Bezug auf die Mitarbeiterzahl, die Anzahl der Tochtergesellschaften oder die geographischen Tätigkeitsbereiche müssen bei der vergleichenden Betrachtung ebenso berücksichtigt werden. Auch etwaige Änderungen der Zukunftsprognose sind zu beachten.

Weiter bedarf es für die Annahme einer Verschlechterung der Lage aber auch einer normativen Bewertung der eingetretenen Veränderung. Denn nicht jede mögliche Veränderung der Lage ist zugleich als Verschlechterung aufzufassen sein. Eine Verschlechterung erfordert eine negative Entwicklung. Um das Tatbestandsmerkmal der Verschlechterung zu erfüllen, muss daher auf die Feststellung der bloßen Veränderung der Lage eine Bewertung der veränderten Lage als „schlechter" als im Vergleichszeitpunkt folgen. Es kann dabei durchaus vorkommen, dass sich die einzelnen Lageparameter unterschiedlich verändert haben. So

447 *Bauer/Arnold*, AG 2009, 717, 726; *Kort*, in: GK-AktG, § 87 Rn. 397; *Spindler*, in: MüKo-AktG, § 87 Rn. 176; *Weber*, in: Hölters, AktG, § 87 Rn. 48a; *Diller*, NZG 2009, 1006.

können sich einzelne Kriterien verschlechtert, während sich andere verbessert haben. Um eine „Verschlechterung" annehmen zu können, ist auch hier daher stets eine Gesamtbetrachtung erforderlich.[448] Die Lage muss sich bei wertender Betrachtung aller relevanten Lageparameter insgesamt negativ entwickelt haben. Im Zuge einer Gesamtbetrachtung ist zudem die Bedeutung einzelner Parameter für die Gesamtlage zu gewichten.

b) Absolutes Kriterium: Vorliegen wirtschaftlicher Schwierigkeiten

In der Literatur wurde und wird das Vorliegen wirtschaftlicher Schwierigkeiten in das Tatbestandsmerkmal der Verschlechterung stets hineingelesen, obwohl der Begriff der Verschlechterung auf eine ausschließlich relative Betrachtungsweise hindeutet. Unter einer (wesentlichen) Verschlechterung wurde schon in der Vergangenheit das Bestehen einer wirtschaftlich schwierigen Lage im absoluten Sinne verstanden.

aa) Wirtschaftliche Schwierigkeiten und „Wesentlichkeit" der Verschlechterung

Als die Wesentlichkeit noch ausdrücklich Tatbestandsmerkmal war, wurde für die „wesentliche Verschlechterung" verlangt, dass eine negative Lage der Gesellschaft von einem besonderen Gewicht vorliegen müsse.[449] So wurde etwa betont, dass wirtschaftliche Schwierigkeiten nicht ausreichend seien und eine wesentliche Verschlechterung erst angenommen werden könne, wenn sich die Gesellschaft in einer ihre Existenz ernstlich bedrohenden Notlage befinde.[450] Wenn hingegen noch operativer Gewinn erzielt würde, sollte dies das Vorliegen einer wesentlichen Verschlechterung ausschließen.[451]

---

448 Für eine Gesamtbetrachtung ebenso *Annuß/Theusinger*, BB 2009, 2434, 2438.

449 Vgl. LG Essen, Urt. v. 10.02.2006 – 45 O 88/05, NZG 2006, 356; *Wagner/Wittgens*, BB 2009, 906, 910; *Weisner/Kölling*, NZG 2003, 465, 466; *Wilsing/Kleißl*, BB 2008, 2422, 2424 ff.

450 LG Essen, Urt. v. 10.02.2006 – 45 O 88/05, NZG 2006, 356; *Wagner/Wittgens*, BB 2009, 906, 910; *Weisner/Kölling*, NZG 2003, 465, 466; *Wilsing/Kleißl*, BB 2008, 2422. 2426, die die alte Rechtslage aber kritisch sahen und für eine Abschwächung des Wortlauts plädierten. A.A. (zur derzeitigen Gesetzeslage) *Mertens/Cahn*, in: KK-AktG, § 87 Rn. 94: Zwar sei im Ergebnis immer noch eine wesentliche Verschlechterung erforderlich. Dies sei aber nicht zwingend gelichbedeutend mit einer existenzbedrohenden Lage.

451 *Thüsing*, in: Fleischer, Handbuch des Vorstandsrechts, § 6 Rn. 31.

bb) Bedeutung der Wesentlichkeit nach dem VorstAG

Trotz der nunmehr im Rahmen des VorstAG erfolgten Streichung der Wesentlichkeit aus dem gesetzlichen Tatbestand wird teilweise weiterhin angenommen, dass eine wesentliche Verschlechterung der Lage eingetreten sein muss.[452] Diejenigen, die weiterhin eine wesentliche Verschlechterung fordern, verstehen darunter zumeist aber keine relative Veränderung von besonders großem Ausmaß, sondern das Vorliegen einer absolut schlechten, krisenähnlichen Lage.[453]

Andere hingegen verweisen auf die eindeutige Änderung des Wortlauts und halten eine wesentliche Verschlechterung nicht mehr für erforderlich.[454] Gleichwohl lassen die Vertreter dieser Auffassung erkennen, dass sie infolge der Änderung zwar keine existenzbedrohende Notlage mehr für erforderlich halten. Soweit ersichtlich wird jedoch nicht vertreten, dass eine nur relative negative Veränderung der Lage für das Eingreifen des § 87 Abs. 2 AktG ausreichen kann, wenn sich die Gesamtlage weiterhin als gut bewerten lässt. Für die Annahme einer Verschlechterung wird auch bei Ablehnung des Wesentlichkeitserfordernisses vielmehr eine „krisenhafte Situation“[455] gefordert, zumindest müsse aber eine mittlere Gefährdungslage für die Gesellschaft[456] bestehen.

Mit der wohl herrschenden Meinung ist eine „wesentliche“ Verschlechterung nicht mehr erforderlich. Das folgt neben dem Wortlaut daraus, dass es der ausdrückliche Wunsch des Gesetzgebers war, die Vorschrift insgesamt zu

---

452 *DAV Handelsrechtsausschuss*, NZG 2009, 612, 613; *Diller*, NZG 2009, 1006, 1007; *Koch*, WM 2010, 49, 51; *Mertens/Cahn*, in: KK-AktG, § 87 Rn. 94; *Wittuhn/Hamann*, ZGR 2009, 847. Ähnlich auch *Jaeger/Balke*, ZIP 2010, 1471, 1475; *Paschke*, in: FS Reuter, S. 1107, 1111. Unklar: *Wiesner*, in: Münch. Hdb. GesR IV, § 21 Rn. 60, der zwar aufgrund des veränderten Wortlauts keine wesentliche Verschlechterung mehr fordert, aber eine Lageverschlechterung „erheblichen Gewichts“.

453 Vgl. *Diller*, NZG 2009, 1006, 1007 (einschneidende wirtschaftliche Schwierigkeiten); *Jaeger/Balke*, ZIP 2010, 1471, 1480 (schwere wirtschaftliche Krise); *Weppner*, NZG 2010, 1056 (nicht nur vorübergehende, krisenhafte Situation).

454 *Bosse*, BB 2009, 1650, 1651; *Fleischer*, NZG 2009, 801, 803 f.; *ders.*, in: Spindler/Stilz, AktG, § 87 Rn. 63; *Gaul/Janz*, NZA 2009, 809, 812 (, die den Verzicht auf die Wesentlichkeit allerdings für bedauerlich halten); *Schwennicke*, in: Grigoleit, AktG, § 87 Rn. 33; *Hoffmann-Becking/Krieger*, NZG-Beil. H. 26 2009, 1, 4 f.; *Keiser*, RdA 2010, 280, 283; *Kort*, in: GK-AktG, § 87 Rn. 401; *Klöhn*, ZGR 2012, 1, 20; *Lingemann*, BB 2009, 1918, 1920; *Seibert*, WM 2009, 1489, 1490 f.; *Spindler*, in: MüKo-AktG, § 87 Rn. 172; wohl auch *Seibt*, in: K. Schmidt/Lutter, AktG, § 87 Rn. 18.

455 *Waldenberger/Kaufmann*, BB 2010, 2257, 2259; ähnlich *Seibt*, in: K. Schmidt/Lutter, AktG, § 87 Rn. 18.

456 *Spindler*, in: MüKo-AktG, § 87 Rn. 172.

verschärfen und einen breiteren Anwendungsbereich zu schaffen. Das erforderliche Ausmaß der wirtschaftlichen Schwierigkeiten hat sich durch die Streichung der Wesentlichkeit daher verändert.

cc) Wirtschaftliche Schwierigkeiten als ungeschriebene Tatbestandsvoraussetzung

Letztlich besteht infolge der Streichung des Wesentlichkeitserfordernisses aber lediglich über das Ausmaß und die Intensität der wirtschaftlichen Schwierigkeiten Uneinigkeit. Beide Auffassungen stimmen hingegen dahin gehend überein, als dass sie neben der negativen Entwicklung der Lage auch das Vorliegen einer „schlechten" Lage, d.h. einer wirtschaftlich schwierigen Situation der Gesellschaft voraussetzen, um eine „Verschlechterung" im Sinne des § 87 Abs. 2 AktG anzunehmen.

Im Ergebnis erweist sich die (zumeist stillschweigend) verbreitet angenommene Prämisse, dass es für die Annahme einer Verschlechterung nicht nur einer bloß relativen Verschlechterung, sondern des Vorliegens einer schlechten wirtschaftlichen Lage im absoluten Sinne („absolute Verschlechterung") bedarf,[457] als zutreffend. Sprachlich ist der § 87 Abs. 2 AktG in dieser Hinsicht nicht vollständig geglückt, da dem Begriff der „Ver"schlechterung nur ein vergleichendes Element immanent ist. Die Vorschrift verdeutlicht ihrem Wortlaut nach nicht hinreichend, dass für eine Vergütungsherabsetzung wirtschaftliche Schwierigkeiten vorliegen müssen. Eine Veränderung der Lage, die sich in der Gesamtschau als negative Entwicklung der Lage erweist, genügt indes noch nicht für die Annahme einer Verschlechterung im Sinne des § 87 Abs. 2 AktG.

Das zusätzliche Erfordernis wirtschaftlicher Schwierigkeiten ergibt sich vor allem aus nachstehenden Überlegungen: Ließe man bereits eine negative Entwicklung genügen, würde es sich auch bei der Entwicklung von einer „besonders guten" Lage hin zu einer lediglich „guten" Gesellschaftslage bereits um eine Verschlechterung handeln. Das würde jedoch bedeuten, dass eine Herabsetzung der Vergütung auch bei guter wirtschaftlicher Lage möglich bzw. sogar gesetzlich geboten wäre.

Schon die Gesetzbegründung legt mit dem Abstellen auf Insolvenz oder unmittelbare Krise sowie Entlassungen, Lohnkürzungen und Dividendenausfall aber nahe, dass es für das Eingreifen des Herabsetzungsrechts nicht auf eine

---

457 So ausdrücklich *Weppner*, NZG 2010, 1056, 1058; *Kaiser*, Grundsätze angemessener Vorstandsbezüge, S. 363; ähnlich *Waldenberger/Kaufmann*, BB 2010, 2257, 2259.

Verschlechterung im Sinne einer nur negativen Lageveränderung in Relation zur Lage im Festsetzungszeitpunkt ankommen kann.

Ein derartiges Verständnis wird zudem durch die Zweckrichtung des Herabsetzungsrechts gestützt. Das Heranziehen der Vorstandsmitglieder zur Entlastung der Gesellschaft ist unverhältnismäßig, wenn es für die Gesellschaft keine Schwierigkeiten zu überwinden gilt. Es ist dem jeweiligen Vorstandsmitglied aufgrund der besonderen Treuepflicht nur zumutbar, eine Vergütungskürzung hinzunehmen, wenn sich die Gesellschaft in wirtschaftlichen Schwierigkeiten befindet. Die bloß relative Verschlechterung der Lage genügt hierfür nicht.

Eine bloß relative Verschlechterung kann auch insbesondere nicht gebieten (vgl. die „Soll"-Formulierung auf Rechtsfolgenseite), eine Herabsetzung vorzunehmen. Ein Eingriff in die Entscheidungsfreiheit der Gesellschaft ist nur gerechtfertigt, wenn sie selbst und ihre Stakeholder aufgrund einer wirtschaftlich schwierigen Situation besonders schutzbedürftig sind. Ist die Lage weiterhin gut, obwohl sie sich im Vergleich zum Festsetzungszeitraum verschlechtert hat, genügt dies daher nicht für eine Vergütungsherabsetzung.

dd) Indikatoren wirtschaftlicher Schwierigkeiten

Das Vorliegen wirtschaftlicher Schwierigkeiten ergibt sich letztlich ebenfalls aus der Gesamtschau der die wirtschaftliche Lage der Gesellschaft beschreibenden Faktoren.

Angelehnt an die bis zum Jahr 2014 geltenden Leitlinien der Gemeinschaft für staatliche Beihilfen zur Rettung und Umstrukturierung von Unternehmen in Schwierigkeiten (2004/C 244/02)[458] handelt es sich bei sinkenden Umsätzen, steigenden Verlusten, wachsenden Lagerbeständen, Überkapazitäten, verminderten Cashflow, zunehmender Verschuldung und Zinsbelastung sowie Abnahme oder Verlust des Reinvermögenswerts um typische Symptome wirtschaftlicher Schwierigkeiten.

Ein weiteres denkbares Symptom ist die Inanspruchnahme arbeitsrechtlicher Notinstrumente, welche regelmäßig eine Verschlechterung im Sinne des § 87 Abs. 2 AktG indiziert.[459] Zu diesen Notinstrumenten zählen:[460] Die

458 AblEU v. 01.10.2004, C 244/2.

459 Vgl. *Wittuhn/Hamann*, ZGR 2009, 847, 869.

460 Aufzählung nach *Wittuhn/Hamann*, ZGR 2009, 847, 869 f. Dieser benennt daneben noch außergerichtliche Vergleichsbemühungen i.S.v. § 7 Abs. 1 Satz 4 Nr. 2 BetrAVG unter Einschaltung des Trägers der Insolvenzsicherung. Dabei dürfte es sich indes sogar schon um einen Fall der unmittelbaren Krise handeln.

Anmeldung von Kurzarbeit, die Anzeige von Massenentlassungen, systematisch verordneter Zwangsurlaub gem. § 7 Abs. 1 S. 1 HS 2 Var. 1 BUrlG sowie der systematische Abbau von Wertkonten oder Überstunden.

Auch bei der Beurteilung der Frage des Vorliegens wirtschaftlicher Schwierigkeiten ist aber stets eine Gesamtschau unter Einbeziehung aller eingetretener Veränderungen vorzunehmen. Je mehr dieser Faktoren zusammentreffen, umso naheliegender ist die Annahme, dass wirtschaftliche Schwierigkeiten vorliegen. Eine unmittelbare Krise[461] muss aber noch nicht vorliegen, um von wirtschaftlichen Schwierigkeiten auszugehen. Die Übergänge können freilich fließend sein.

c) Zeitliche Dimension: Erfordernis einer nachhaltigen Verschlechterung

Für die Annahme einer Verschlechterung der Lage ist darüber hinaus der Betrachtungszeitraum relevant. Die Verschlechterung der Lage darf nicht nur vorübergehender Natur sein.[462] Andernfalls könnten wirtschaftliche Schwankungen, die sich in einem üblichen Rahmen bewegen, eine Verschlechterung im Sinne des § 87 Abs. 2 AktG bedeuten. Eine Vergütungskürzung aufgrund nur üblicher Schwankungen erscheint gegenüber den Vorstandsmitgliedern unverhältnismäßig. Marginale und kurzfristige Schwankungen genügen daher nicht, um eine Verschlechterung anzunehmen.[463] Regelmäßig wird bei nur kurzfristigen Schwankungen das absolute Kriterium einer wirtschaftlich schwierigen Situation ohnehin nicht vorliegen. Außerdem kann auch vom Aufsichtsrat nicht verlangt werden, die Lage ständig zu überprüfen und fortlaufend mit der Lage im Festsetzungszeitpunkt zu vergleichen.[464]

Eine gewisse Regelmäßigkeit bei Überprüfung durch den Aufsichtsrat ist dennoch zu fordern. Abseits von offensichtlichen akuten Notlagen, die eine sofortige Herabsetzung gebieten können, bietet es sich an, die Lage der Gesellschaft und einen möglichen Anpassungsbedarf bezüglich der Vergütungshöhe zumindest einmal jährlich zu überprüfen.[465] Auf diese Weise kann auch sichergestellt

---

461 Dazu unter Abschnitt F.II.3.b).

462 *Fleischer,* in: Spindler/Stilz, AktG, § 87 Rn. 63; *Kort,* in: GK-AktG, § 87 Rn. 65; *Waldenberger/Kaufmann,* BB 2010, 2257, 2259;

463 *Kort,* in: GK-AktG, § 87 Rn. 402; *Fleischer,* in: Spindler/Stilz, AktG, § 87 Rn. 63; *Wiesner,* in: Münch. Hdb. GesR IV, § 21 Rn. 60.

464 Ähnlich *Waldenberger/Kaufmann,* BB 2010, 2257, 2259.

465 *Ihrig/Wandt/Wittgens,* ZIP 2012, Beilage zu Heft 40, S. 21; *Kort,* in: GK-AktG, § 87 Rn. 449; *Spindler,* in: MüKo-AktG, § 87 Rn. 211; *Waldenberger/Kaufmann,* BB 2010, 2257, 2259.

werden, dass eine Herabsetzung möglichst noch im zeitlichen Zusammenhang mit der Lageverschlechterung erfolgt.

d) Bedeutung der Ursachen für die Verschlechterung

Aus welchen Gründen sich die Lage einer Gesellschaft verschlechtert hat, ist für das Eingreifen des § 87 Abs. 2 AktG ohne Bedeutung.[466] Der Begriff der Verschlechterung ist unabhängig von den Ursachen. Dafür sprechen der Wortlaut, die historische Auslegung und der Sinn und Zweck der Vergütungsherabsetzung.[467] Außer pflichtwidrigem und schuldhaftem Handeln des Vorstands kommen daher auch andere Umstände in Betracht, die dazu führen können, dass sich die Lage einer Gesellschaft verschlechtert.

So kann sich eine Verschlechterung aus einer allgemeinen Wirtschaftskrise, die sich auf die konkrete Gesellschaft auswirkt, ergeben.[468] Jüngstes Beispiel hierfür ist die Wirtschaftskrise infolge der COVID-19-Pandemie 2020, von der zahlreiche Unternehmen betroffen waren.

Genauso kommen Krisen einzelner Branchen in Betracht.

Eine Verschlechterung der Lage kann des Weiteren durch politische Änderungen verursacht werden, die etwa das Geschäftsmodell des Unternehmens betreffen, oder schlicht das Ergebnis eines bloßen Zufalls sein.[469]

e) Zwischenfazit

Der Begriff der Verschlechterung im Sinne des § 87 Abs. 2 AktG lässt sich anhand einer dreistufigen Prüfung ermitteln:

(1) die Lage hat sich im Vergleich zum Festsetzungszeitpunkt verändert,
(2) diese Veränderung ist bei normativer Betrachtung als negativ zu bewerten und
(3) die negative Lageveränderung hat zu wirtschaftlichen Schwierigkeiten geführt.

In aller Regel indiziert das Vorliegen wirtschaftlicher Schwierigkeiten eine negative Lageveränderung, sodass bei der Prüfung der Verschlechterung der Lage

---

466 *Fleischer*, in: Spindler/Stilz, AktG, § 87 Rn. 63; *Kort*, in: GK-AktG, § 87 Rn. 411; *Link*, in: Wachter, AktG, § 87 Rn. 49. So auch bereits zur alten Rechtslage *Weisner/Kölling*, NZG 2003, 465, 466.

467 *Kort*, in: GK-AktG, § 87 Rn. 411; *Spindler*, in: MüKo-AktG, § 87 Rn. 181.

468 *Kort*, in: GK-AktG, § 87 Rn. 411; *Spindler*, in: MüKo-AktG, § 87 Rn. 181.

469 *Kort*, in: GK-AktG, § 87 Rn. 411; *Spindler*, in: MüKo-AktG, § 87 Rn. 181.

zunächst das Vorliegen wirtschaftlicher Schwierigkeiten begutachtet werden sollte.

2. Mögliche Fallkonstellationen

In der Gesetzesbegründung werden mögliche Fallkonstellationen, die eine Lageverschlechterung begründen sollen, ausdrücklich benannt. Eine Lageverschlechterung liege etwa vor, „wenn die Gesellschaft Entlassungen oder Lohnkürzungen vornehmen muss und keine Gewinne mehr ausschütten kann“[470]. Auf diese Fallgruppen soll aufgrund ihrer expliziten Erwähnung in der Gesetzesbegründung näher eingegangen werden. Welche konkrete Bedeutung die Vornahme von Entlassungen und Lohnkürzungen sowie das Ausbleiben von Gewinnausschüttungen tatsächlich spielen, und ob deren Vorliegen für die Annahme einer Lageverschlechterung – wie es in der Gesetzesbegründung anklingt – bereits ausreicht, soll nachfolgend näher beleuchtet werden.

a) Lohnkürzungen und Entlassungen

Zurecht wird verbreitet darauf hingewiesen, dass Entlassungen und Lohnkürzungen noch nicht zwingend eine Verschlechterung der Lage indizieren.[471] Richtig ist aber auch, dass Entlassungen zumindest eine Veränderung der Lage bewirken, wenn man die Anzahl der Arbeitnehmer zu einem Kriterium zählt, das die Lage der Gesellschaft beschreibt. Veränderungen der Arbeitnehmerzahl wird man bei der Betrachtung der Lage der Gesellschaft jedenfalls nicht gänzlich unberücksichtigt lassen können. Möglich ist aber, dass sich durch Entlassungen die Anzahl der Arbeitnehmer und auch die Lage insgesamt nur in geringem Ausmaß bis gar nicht verändert. Das ist namentlich der Fall, wenn den Entlassungen eine vergleichbare Zahl an Einstellungen gegenübersteht.

Zudem ist eine Veränderung der Lage, die (auch) darin besteht, dass Entlassungen durchgeführt werden bzw. sich die Anzahl der Arbeitnehmer insgesamt reduziert hat, noch nicht automatisch normativ als negativ zu bewerten. So können Entlassungen auch dazu dienen, die Kosten im Interesse des Unternehmens

---

470 Vgl. Gesetzentwurf der Fraktionen CDU/CSU und SPD, BT-Drs. 16/12278, S. 6.

471 *Arnold/Schansker*, KSzW 2012, 39, 45; *Dauner-Lieb*, Der Konzern 2009, 583, 590; *Diller*, NZG 2009, 1006; *Koch*, WM 2010, 49, 53; *Seibt*, in: K. Schmidt/Lutter, AktG, § 87 Rn. 18; *Waldenberger/Kaufmann*, BB 2010, 2257, 2259; *Weber*, in: Hölters, AktG, § 87 Rn. 48.

zu senken und die Wettbewerbsfähigkeit zu bewahren und für die Zukunft sicherzustellen.[472]

Die Kritik an den gewählten Beispielen des Gesetzgebers ist daher dahin gehend zutreffend, als dass Entlassungen und Lohnkürzungen nicht immer und zwingend mit einer Lageverschlechterung einhergehen. Allerdings ist dem Gesetzgeber zuzugestehen, dass er die bloße Vornahme von Entlassungen oder Lohnkürzungen gerade nicht mit einer Verschlechterung gleichsetzt. Von einer Verschlechterung geht der Gesetzgeber nur dann aus, wenn Entlassungen oder Lohnkürzungen vorgenommen werden „müssen".[473] Das ist dahin gehend zu verstehen, dass es für die Annahme einer Verschlechterung entscheidend auf den Grund für die Entlassungen oder Lohnkürzungen ankommt.

Bezüglich Lohnkürzungen sei an dieser Stelle zudem in Erinnerung gerufen[474], dass an eine Herabsetzung der Vorstandsbezüge geringere Anforderungen zu stellen sind als an Änderungskündigungen mit dem Ziel der Lohnkürzung bei Arbeitnehmern. Dass Lohnkürzungen durch Änderungskündigungen vorgenommen werden, ohne dass zugleich zumindest die Möglichkeit Herabsetzung der Vorstandsvergütung eingehend geprüft werden müsste, dürfte an sich kaum vorkommen. Wenn Lohnkürzungen anders als durch Änderungskündigung erreicht werden, beispielsweise durch Veränderungen im Rahmen eins (Sanierungs-) Tarifvertrags, so sind auch derartige Lohnkürzungen im Rahmen der Gesamtbetrachtung zu berücksichtigen.

Werden gerade aufgrund der wirtschaftlichen Lage Entlassungen oder Lohn kürzungen vorgenommen, ist dies zumindest ein starker Indikator dafür, dass eine wirtschaftlich schwierige Situation vorliegt, die auch die Annahme einer Lageverschlechterung im Sinne des § 87 Abs. 2 AktG rechtfertigt. Gleichwohl kann es selbst in diesen Fällen vorkommen, dass nur in einem Geschäftsbereich oder nur für einzelne Betriebe innerhalb der Gesellschaft aus wirtschaftlichen Gründen Entlassungen und Lohnkürzungen erforderlich sind. Wenn sich die Lage des Unternehmens bei Berücksichtigung aller maßgeblichen Faktoren aber insgesamt nicht verschlechtert hat, kann nicht von einer Verschlechterung der Lage der Gesellschaft ausgegangen werden.

Eine Gesamtbetrachtung ist daher auch in diesen, vom Gesetzgeber ausdrücklich erwähnte Fallkonstellationen nicht entbehrlich.

472 *Arnold/Schansker*, KSzW 2012, 39, 45; *Dauner-Lieb*, Der Konzern 2009, 583, 590; *Diller*, NZG 2009, 1006; *Weber*, in: Hölters, AktG, § 87 Rn. 48.

473 Gesetzentwurf der Fraktionen CDU/CSU und SPD, BT-Drs. 16/12278, S. 6.

474 Vgl. Abschnitt E.III.1.

b) Keine Gewinnausschüttungen

Für die Annahme einer Lageverschlechterung ist es weiterhin weder hinreichend noch erforderlich, dass keine Dividenden ausgeschüttet werden. Die Entscheidung, keine Gewinnausschüttungen vorzunehmen, kann auf verschiedenen Gründen beruhen. Die Nichtausschüttung von Dividenden ist nicht zwingend Folge einer Lageverschlechterung, sondern kann etwa auch zum Zwecke der Thesaurierung im Unternehmensinteresse erfolgen.[475] Gleichwohl soll es schon nach dem Gesetzesentwurf nicht allein darauf ankommen, dass keine Dividenden gezahlt werden, ohne dass es auf die Ursache hierfür ankäme. Vielmehr geht es ausdrücklich um das Unvermögen, Dividenden auszuschütten („wenn die Gesellschaft […] keine Gewinne mehr ausschütten *kann* [Hervorhebung durch die Verf.].“[476]).

Entscheidend ist damit, dass die Gesellschaft Dividenden nicht ausschütten kann, selbst wenn sie wollte. Fallkonstellationen, in denen sich die Gesellschaft infolge einer Abwägung dafür entscheidet, keine Dividenden auszuschütten, obwohl sie dazu in der Lage wäre, sind folglich vom Gesetzgeber gerade nicht gemeint.[477] Bedeutsam ist daher vor allem die nach dem Festsetzungszeitpunkt mangels Gewinns oder Gewinnrücklagen eintretende Unfähigkeit, Dividenden auszuschütten. Sehr wahrscheinlich dürfte die Unfähigkeit zur Gewinnausschüttung auch mit einer insgesamt wirtschaftlich schwierigen Situation der Gesellschaft einhergehen. Das Unvermögen, Dividenden auszuschütten, ist im Regelfall ein typisches Symptom wirtschaftlicher Schwierigkeiten. Es handelt sich daher regelmäßig um einen starken Hinweis darauf, dass sich die Lage der Gesellschaft (auch bei wertender Betrachtung) verschlechtert hat. Allerdings ist bei der wertenden Betrachtung im Einzelfall im Rahmen des Lagevergleichs auch zu berücksichtigen, in welcher Höhe zuvor Dividendenzahlungen erfolgt sind bzw. jedenfalls möglich gewesen wären.

Schüttet die Gesellschaft hingegen keine Dividenden aus, obwohl sie grundsätzlich dazu fähig wäre, und begründet dies mit der wirtschaftlichen Lage, handelt es sich dabei ebenfalls um einen Indikator für das Vorliegen einer Lageverschlechterung.

---

475 *Dauner-Lieb*, Der Konzern 2009, 583, 590; *Diller*, NZG 2009, 1006; *Koch*, WM 2010, 49, 54; *Kort*, in: GK-AktG, § 87 Rn. 404; *Spindler*, in: MüKo-AktG, § 87 Rn. 174; *Waldenberger/Kaufmann*, BB 2010, 2257, 2258; *Weber*, in: Hölters, AktG, § 87 Rn. 48.

476 Gesetzentwurf der Fraktionen CDU/CSU und SPD, BT-Drs. 16/12278, S. 6.

477 Ähnlich *Kort*, in: GK-AktG, § 87 Rn. 402: „zwingender Dividendenausfall“ sowie *Lingemann*, BB 2009, 1918, 1920.

c) Fazit

Die Formulierung des Gesetzgebers, wonach schon eine Verschlechterung vorliege, „wenn die Gesellschaft Entlassungen oder Lohnkürzungen vornehmen muss und keine Gewinne mehr ausschütten kann",[478] erweist sich zumindest als unscharf. Bei Vorliegen der Gesetzesbegründung genannten Fallkonstellationen kann jedenfalls nicht automatisch auf eine Lageverschlechterung im Sinne des § 87 Abs. 2 AktG geschlossen werden. Sie rechtfertigen allein und ohne Heranziehung weiterer lagebestimmender Faktoren nicht in jedem Einzelfall, die Lageentwicklung als negativ zu bewerten. Genauso ist ihr Vorliegen nicht stets untrennbar mit dem Vorliegen wirtschaftlicher Schwierigkeiten verknüpft, wenngleich Entlassungen, Lohnkürzungen und Dividendenunfähigkeit zweifellos als ihre Symptome auftreten können.

Zuzugestehen ist, dass Entlassungen oder Lohnkürzungen sowie die Nichtauszahlung von Dividenden starke Hinweise dafür sein können, dass eine Verschlechterung eingetreten ist.[479] Treffen beide Kriterien zusammen, ist es daher umso wahrscheinlicher, dass wirtschaftliche Schwierigkeiten und damit sehr wahrscheinlich eine Verschlechterung der Lage i.S.d. § 87 Abs. 2 AktG vorliegt. Dennoch handelt es sich bei den vom Gesetzgeber in seiner Begründung herangezogenen Beispielen lediglich um im Rahmen der Gesamtbetrachtung zu berücksichtigende Teilaspekte bei der Bestimmung der Lageverschlechterung. Andere Faktoren dürfen demgegenüber dabei nicht gänzlich in den Hintergrund treten und vollständig unberücksichtigt bleiben, so wie es bei Vorliegen von Insolvenz oder unmittelbarer Krise der Fall ist.

Gleichwohl wäre es widersinnig, wenn die Gesellschaft einerseits Entlassungen und Lohnkürzungen sowie die Nichtauszahlung von Dividenden mit der verschlechterten wirtschaftlichen Lage begründen könnte, andererseits diese geänderte Lage aber nicht zumindest zum Anlass nimmt, die Höhe der Vorstandsbezüge zu überprüfen. Werden Entlassungen und/oder Lohnkürzungen oder die ausbleibende Ausschüttung von Dividenden gerade mit der Verschlechterung der wirtschaftlichen Lage begründet, ist von dem Aufsichtsrat also besonders sorgfältig das Vorliegen eines Herabsetzungsfalls zu prüfen. Hat sich die Lage derartig verändert, dass sie es aus Sicht der Gesellschaft zwingend erforderlich

---

478 Gesetzentwurf der Fraktionen CDU/CSU und SPD, BT-Drs. 16/12278, S. 6.

479 Vgl. *Hüffer/Koch*, AktG, § 87 Rn. 51 („Krisenindiz"); ähnlich auch *Weppner*, NZG 2010, 1056,1057 („Auslegungshilfe").

macht, zu solchen Instrumenten zu greifen, so sind damit die Anforderungen an eine Verschlechterung im Sinne des § 87 Abs. 2 AktG häufig erfüllt.

Im Ergebnis sind Entlassungen, Lohnkürzungen und die Unfähigkeit, Dividenden auszuschütten, weder zwingende Voraussetzung für das Vorliegen einer Verschlechterung noch kann umgekehrt aus ihrem Fehlen geschlossen werden, dass im Einzelfall keine Verschlechterung eingetreten ist. Eine Verschlechterung der Lage kann auch eingetreten sein, obwohl keine Entlassungen und/oder Lohnkürzungen vorgenommen worden sind.

Aus diesem Grund ist – anders als weit überwiegend angenommen[480] – nicht zwingend das Zusammentreffen von Entlassungen/Lohnkürzungen und Dividendenunfähigkeit erforderlich, um von einer Lageverschlechterung auszugehen.[481] Eine umfassende Gesamtbetrachtung der Lage bleibt unentbehrlich.

Dividendenunfähigkeit sowie Entlassungen und Lohnkürzungen, die seitens der Gesellschaft insbesondere mit der Verschlechterung der wirtschaftlichen Lage begründet werden, sind aber regelmäßig Indikatoren dafür, dass eine Verschlechterung im Sinne des § 87 Abs. 2 AktG eingetreten ist.

3. Sonderfall Insolvenz und unmittelbare Krise

Liegt ein Fall der Insolvenz oder einer unmittelbare Krise vor, so soll nach dem Verständnis des Gesetzgebers „stets" eine Lageverschlechterung im Sinne des § 87 Abs. 2 AktG anzunehmen sein.[482] Diese Einordnung verdient Zustimmung, denn der Eintritt der Insolvenz oder unmittelbaren Krise ist bei wertender Betrachtung immer als negative Veränderung der Lage zu beurteilen. Auch wirtschaftliche Schwierigkeiten liegen in diesen Fällen unzweifelhaft vor.

Während die begriffliche Bestimmung der Insolvenz und die Anforderungen, die für ihr Vorliegen bestehen, keine besonderen Schwierigkeiten aufwirft (dazu unter a)), bedarf es mit dem Begriff der „unmittelbaren Krise" einer umfassenderen Auseinandersetzung (dazu unter b)).

---

480 Vgl. *Bauer/Arnold*, AG 2009, 717, 726; *Diller*, NZG 2009, 1006; *Gaul/Janz*, NZA 2009, 809, 812; *Schwennicke*, in: Grigoleit, AktG, § 87 Rn. 33; *Hüffer/Koch*, AktG, § 87 Rn. 25; *Koch*, WM 2010, 49, 51; *Lingemann*, BB 2009, 1918, 1920.

481 Wie hier auch *Kort*, in: GK-AktG, § 87 Rn. 403.

482 Vgl. Gesetzentwurf der Fraktionen CDU/CSU und SPD, BT-Drs. 16/12278, S. 6.

a) Insolvenz

Von einer Insolvenz dürfte streng genommen erst ab Eröffnung des Insolvenzverfahrens gesprochen werden. Da letztlich aber eine besondere Lage der Gesellschaft umschrieben werden soll, die es rechtfertigen kann, die Vergütung des Vorstands herabzusetzen, genügt für die Annahme einer Lageverschlechterung bereits das Vorliegen der Insolvenzreife. Auf den formellen Zeitpunkt der Eröffnung des Insolvenzverfahrens kann es für die Zwecke des § 87 Abs. 2 AktG nicht ankommen. Es genügt also, dass die Gründe des § 17 InsO (Zahlungsunfähigkeit), § 18 InsO (drohende Zahlungsunfähigkeit) oder § 19 InsO (Überschuldung) vorliegen.

b) Begriff der unmittelbaren Krise

Der Begriff der unmittelbaren Krise hingegen ist weniger klar umrissen und bedarf einer genaueren Klärung. Eine nähere Erläuterung dieses Begriffs enthält die Gesetzesbegründung jedenfalls nicht.[483] Ein eindeutiger Rechtsbegriff der (unmittelbaren) Krise, der für sämtliche Bereiche umfassend Geltung beanspruchen könnte, existiert ebenso wenig.[484] Dennoch lässt sich feststellen, dass regelmäßig die Existenzbedrohung das zentrale Element einer Krise der AG darstellt.[485] In der Literatur wird daher für die Zwecke des § 87 Abs. 2 AktG von einer unmittelbaren Krise ausgegangen, „wenn sich die Gesellschaft mit an Sicherheit grenzender Wahrscheinlichkeit in dem unmittelbar folgenden Zeitraum in einer objektiven und realen Notlage befindet und ihre wirtschaftliche Existenz konkret gefährdet ist“.[486] Diese Definition der Krise soll im Folgenden durch die Ausarbeitung konkreter Krisenkriterien praktisch handhabbar gemacht werden.

---

483 *Annuß/Theusinger*, BB 2009, 2434, 2437.

484 *Reuter*, BB 2003, 1797.

485 *Reuter*, BB 2003, 1797.

486 Diese Formulierung geht zurück auf *Bauder*, BB 1993, 369, 370 (im Zusammenhang mit der Zustimmungspflicht des GmbH-Geschäftsführers zur Vergütungsherabsetzung); darauf Bezug nehmend *Spindler*, in: MüKo-AktG, § 87 Rn. 174; *Waldenberger/Kaufmann*, BB 2010, 2257, 2258; *Raapke*, Vergütungsregulierung, S. 211 f.; *Koch*, WM 2010, 49, 52; ähnlich auch: *Schmidt-Hern*, in: Beck'sches Handbuch der AG, § 17 Rn. 1.

aa) *Heranziehung weiterer gesellschaftsrechtlicher Vorschriften zur Begriffskonkretisierung*

Das mögliche Vorliegen einer Krise ist auch im Rahmen anderer gesellschaftsrechtlicher Vorschriften relevant. Zur Schärfung des Begriffs der Krise für die Zwecke der Anwendung des § 87 Abs. 2 AktG bietet es sich daher an, auf die bereits bestehenden Erkenntnisse und Interpretationen im Rahmen anderer Vorschriften zurückzugreifen.

(1) *GmbH-Recht, insbesondere § 32a Abs. 1 GmbHG a. F. – Kreditunwürdigkeit*

Zunächst können aus dem Recht der GmbH Schlüsse für den Begriff der unmittelbaren Krise der AG gezogen werden. So enthielt § 32a Abs. 1 GmbHG a. F. sogar eine Legaldefinition der „Krise der Gesellschaft".[487] Obwohl diese Vorschrift zwischenzeitlich[488] aufgehoben wurde, kann sie weiterhin zur Bestimmung der Gesellschaftskrise herangezogen werden.[489]

Eine Krise der Gesellschaft lag nach der gesetzlichen Definition des § 32a Abs. 1 GmbHG a. F. in einem Zeitpunkt vor, in dem die Gesellschafter als ordentliche Kaufleute der Gesellschaft Eigenkapital zugeführt hätten. Weiter konkretisiert wurde dieser Zeitpunkt in der Rechtsprechung und Literatur, indem man darauf abstellte, wann die Gesellschaft kreditunwürdig geworden ist, also von Dritten keinen Kredit mehr zu marktüblichen Konditionen bekommen konnte.[490]

Diese begriffliche Bestimmung der Krise kann auch nach Abschaffung der Rechtsfigur des kapitalersetzenden Gesellschafterdarlehens weiter bestehen bleiben.[491] Eine derartige Definition des Krisenbegriffs lässt sich zudem auf die

---

487 Im Zusammenhang mit § 87 Abs. 2 AktG verweisen darauf auch *Waldenberger/Kaufmann*, BB 2010, 2257, 2258; ebenso *Annuß/Theusinger*, BB 2009, 2434, 2437.

488 Die Aufhebung erfolgte durch Art. 22 des Gesetzes zur Modernisierung des GmbH-Rechts und zur Bekämpfung von Missbräuchen vom 23.10.2008 (MoMiG), BGBl. I S. 2026.

489 *Schluck-Amend*, in: MAH GmbH-Recht, § 23 Rn. 5.

490 Vgl. BGH Urt. v. 24.03.1980 – II ZR 213/77, BGHZ 76, 326, 329 f.; BGH, Urt. v. 13.07.1981 – II ZR 256/79, BGHZ 81, 252, 255; BGH, Urt. v. 13.07.1992 – II ZR 269/91, BGHZ 119, 201, 206; BGH, Urt. v. 26.6.2000 – II ZR 21/99, NJW 2000, 3278; ähnlich für den Fall der eigenkapitalersetzenden Nutzungsüberlassung BGH, Urt. v. 28.05.2013 – II ZR 83/12, NZG 2013, 1028, 1029; *Waldenberger/Kaufmann*, BB 2010, 2257, 2258; *Hueck/Fastrich*, in: Baumbach/Hueck, GmbHG, 18. Aufl. 2006, § 32a, Rn. 48.

491 So stellt auch *Pelz*, in: Corporate Compliance, § 31 Rn. 1 auf die Kreditunwürdigkeit ab.

AG übertragen:[492] Wenn die AG von Dritten nicht mehr als zu Marktbedingungen kreditwürdig angesehen wird, befindet sie sich in der Krise.[493] Ob Kreditunwürdigkeit vorliegt, ist wiederum mittels Gesamtbetrachtung festzustellen.[494] Dabei spielen die Eigenkapitalquote und der innere Unternehmenswert genauso wie eine erwartete Unterstützung durch andere Partner sowie ein mögliches Verhalten der öffentlichen Hand eine Rolle.[495] Schließlich ist auch die Zukunftsprognose in Bezug auf die Ertragsaussichten besonders relevant.[496] Das Vorliegen der Insolvenzreife ist für die Annahme der Kreditunwürdigkeit hingegen nicht erforderlich.[497] Eine Krise kann damit schon vor der Insolvenz(reife) bestehen. Es kommt für die Kreditunwürdigkeit auch nicht darauf an, ob einzelne Kreditinstitute besondere Ablehnungsgründe vorbringen.[498] Vielmehr müssen alle der Gesellschaft zur Verfügung stehenden Wege, die es ermöglichen einen Kredit zu erhalten, berücksichtigt werden.[499] Von besonderer Bedeutung ist dabei, ob ausreichende Sicherheiten vorhanden sind.[500] Wenn im maßgeblichen Überprüfungszeitpunkt gerade keine konkrete Entscheidung eines Dritten über die

---

492 *Waldenberger/Kaufmann*, BB 2010, 2257, 2258; *Bayer*, in: MüKo-AktG, § 57 Rn. 249, jeweils mit Verweis auf BGH, Urt. v. 26.03.1984 – II ZR 171/83, BGHZ 90, 381, 385 ff.; *Hüffer*, AktG, 8. Aufl. 2008, § 57 Rn. 17.

493 Vgl. BGH, Urt. v. 26.03.1984 – II ZR 171/83, BGHZ 90, 381, 390; *Bayer*, in: MüKo-AktG, § 57 Rn. 249; *Hüffer*, AktG, 8. Aufl. 2008, § 57 Rn. 17; *Steffan*, in: Arbeitshandbuch für Vorstandsmitglieder, § 9 Rn. 4; *Pelz*, in: Corporate Compliance, § 31 Rn. 1, ohne zwischen GmbH und AG zu unterscheiden.

494 BGH, Urt. v. 13.07.1992 – II ZR 269/91, BGHZ 119, 201, 206 f.; vgl. auch *Habersack*, in: Ulmer/Habersack/Winter, GmbHG, 1. Aufl. 2006, §§ 32a/b Rn. 62; *Zeuner*, Die Anfechtung in der Insolvenz, § 4 Rn. 254.

495 BGH, Urt. v. 13.07.1992 – II ZR 269/91, BGHZ 119, 201, 206 f.

496 BGH, Urt. v. 13.07.1992 – II ZR 269/91, BGHZ 119, 201, 207.

497 Vgl. auch *Habersack*, in: Ulmer/Habersack/Winter, GmbHG, 1. Aufl. 2006, §§ 32a/b Rn. 62; *Hueck/Fastrich*, in: Baumbach/Hueck, GmbHG, 18. Aufl. 2006, § 32a, Rn. 51.

498 Vgl. BGH, Urt. v. 28.09.1987 – II ZR 28/87, BB 1987, 2390, 2391 (nicht ausreichend, dass drei Geschäftsbanken Kreditgewährung verweigert haben, wenn nicht nachgewiesen ist, dass auch andere Banken Kredit verweigert hätten); *Zeuner*, Die Anfechtung in der Insolvenz, § 4 Rn. 254.

499 Vgl. BGH, Urt. v. 28.09.1987 – II ZR 28/87, BB 1987, 2390, 2391; *Zeuner*, Die Anfechtung in der Insolvenz, § 4 Rn. 254.

500 BGH, Urt. v. 28.09.1987 – II ZR 28/87, BB 1987, 2390, 2391; *Habersack*, in: Ulmer/Habersack/Winter, GmbHG, 1. Aufl. 2006, §§ 32a/b Rn. 62; *Zeuner*, Die Anfechtung in der Insolvenz, § 4 Rn. 254.

Kreditgewährung getroffen wird, so ist die Kreditunwürdigkeit mittels Indizien festzustellen.[501]

Das Kriterium der Kreditwürdigkeit kann auch im Rahmen des § 87 Abs. 2 AktG zur Bestimmung einer unmittelbaren Krise herangezogen werden. Ist die Gesellschaft nach der Vergütungsfestsetzung kreditunwürdig, befindet sie sich in einer unmittelbaren Krise, sodass damit auf jeden Fall eine Verschlechterung der Lage im Sinne dieser Vorschrift eingetreten ist.

(2) § 92 Abs. 1 AktG

Neben der früheren gesetzlichen Definition der Gesellschaftskrise im GmbH-Recht finden sich auch aktienrechtsspezifische Anhaltspunkte dafür, wann eine unmittelbare Krise der Gesellschaft anzunehmen ist. Nach § 92 Abs. 1 AktG hat der Vorstand, wenn sich bei Aufstellung der Jahresbilanz oder einer Zwischenbilanz ergibt, dass ein Verlust in Höhe der Hälfte des Grundkapitals besteht oder dies bei pflichtmäßigem Ermessen anzunehmen ist, unverzüglich die Hauptversammlung einzuberufen und ihr dies anzuzeigen. Sinn und Zweck dieser Einberufungs- und Anzeigepflicht ist es, den Aktionären die Möglichkeit zu geben, geeignete Maßnahmen zur Sanierung treffen zu können.[502] Daraus lässt sich schließen, dass eine Krise der Gesellschaft jedenfalls vorliegt, wenn ein Verlust in Höhe der Hälfte des Grundkapitals festgestellt wird.[503]

Dieses Kriterium kann letztlich auch für das Herabsetzungsrecht fruchtbar gemacht werden. Sind die Voraussetzungen des § 92 Abs. 1 AktG gegeben, so liegt auch eine Lageverschlechterung nach § 87 Abs. 2 AktG in Form der unmittelbaren Krise vor.

---

501 *Hueck/Fastrich,* in: Baumbach/Hueck, GmbHG, 18. Aufl. 2006, § 32a, Rn. 51. Vgl. auch *Schluck-Amend,* in: MAH GmbH-Recht, § 23 Rn. 11 für eine „Checkliste“ mit Kriterien, die auf Kreditunwürdigkeit hinweisen.

502 *Ihrig/Schäfer*, Rechte und Pflichten des Vorstands, § 34 Rn. 1430; *Grigoleit/Tomasic,* in: Grigoleit, AktG, § 92 Rn. 1 und 4; *Habersack/Foerster,* in: GK-AktG, § 92 Rn. 2; *Schmidt-Hern,* in: Beck'sches Handbuch der AG, § 17 Rn. 10; *Seyfarth*, Vorstandsrecht, § 18 Rn. 96; ähnlich *Hüffer/Koch*, AktG, § 92 Rn. 1.

503 So auch *Liese,* in: Corporate Compliance, § 7 Rn. 36; *Hüffer/Koch*, AktG, § 92 Rn. 1; *Ihrig/Schäfer*, Rechte und Pflichten des Vorstands, § 34 Rn. 1430. Implizit auch *Dauner-Lieb,* in: Henssler/Strohn, Gesellschaftsrecht, § 92 AktG Rn. 1; *Spindler,* in: MüKo-AktG, § 92 Rn. 1.

bb) *Präventives Restrukturierungsverfahren nach der Restrukturierungsrichtlinie*

Im Juli 2019 trat die Restrukturierungsrichtlinie[504] (RestruktRL) in Kraft. Ihr Ziel ist es, Schuldner in finanziellen Schwierigkeiten in die Lage zu versetzen, ihre Geschäftstätigkeit ganz oder teilweise fortzusetzen.[505]

Ein zentrales Element der Richtlinie ist die Etablierung eines präventiven Restrukturierungsverfahrens (sog. präventiver Restrukturierungsrahmen) in den Mitgliedstaaten. Der präventive Restrukturierungsrahmen soll Arbeitsplatzverluste und den Verlust von Know-how und Kompetenzen verhindern und den Gesamtwert für die Gläubiger sowie für die Anteilsinhaber und die Wirtschaft insgesamt maximieren.[506] Wesentliches Instrument des Restrukturierungsrahmens ist der Restrukturierungsplan (Art. 8 ff. RestruktRL), der den betroffenen Gläubigern zur Abstimmung gestellt werden muss.[507]

Es stellt sich die Frage, ob die Durchführung eines präventiven Restrukturierungsverfahrens nach der RestruktRL einen Fall der unmittelbaren Krise darstellt und damit bei der Durchführung dieses Verfahrens das Tatbestandsmerkmal der Verschlechterung der Lage i. S. d. § 87 Abs. 2 AktG stets als erfüllt anzusehen ist.

Nachfolgend wird zunächst überblicksartig auf die Auswirkungen des präventiven Restrukturierungsverfahrens auf Gläubiger und Aktionäre eingegangen (unter (1)). Anschließend wird die in der Restrukturierungsrichtlinie aufgestellte Voraussetzung der „wahrscheinlichen Insolvenz" näher beleuchtet (unter (2)) und erörtert, wie sich das Merkmal in das deutsche Insolvenzrecht einfügt (unter (3)). Schließlich wird die Bedeutung des präventiven Restrukturierungsverfahrens für § 87 Abs. 2 AktG aufgezeigt (unter (4)).

---

504 Richtlinie (EU) 2019/1023 des Europäischen Parlaments und des Rates vom 20.06.2019 über präventive Restrukturierungsrahmen, über Entschuldung und über Tätigkeitsverbote sowie über Maßnahmen zur Steigerung der Effizienz von Restrukturierungs-, Insolvenz- und Entschuldungsverfahren und zur Änderung der Richtlinie (EU) 2017/1132 (Richtlinie über Restrukturierung und Insolvenz), ABlEU v. 26.06.2019, L 172/18.

505 Erwägungsgrund 2 RestruktRL.

506 Erwägungsgrund 2 RestruktRL.

507 Ausführlich zum Restrukturierungsplan *Hofmann*, NZI-Beilage 2019, 22.

(1) Auswirkungen auf Gläubiger und Aktionäre

Durch die Einleitung eines präventiven Restrukturierungsverfahrens wird in Gläubiger- und Aktionärsrechte eingegriffen.

Nach Art. 6 f. RestruktRL können während der Verhandlung des Restrukturierungsplans Einzelvollstreckungsmaßnahmen für insgesamt bis zu 12 Monate ausgesetzt werden (Moratorium). Das hat zur Folge, dass Gläubiger während der Dauer des Moratoriums ihre fälligen Forderungen nicht durchsetzen können.[508]

Ferner soll einigen Gläubigern verwehrt werden, während des Moratoriums in Hinblick auf bereits zuvor entstandene Forderungen Leistungsverweigerungsrechte geltend zu machen oder Verträge zu kündigen, vorzeitig fällig zu stellen oder in sonstiger Weise zu ändern.[509]

Die Rechtsposition der Aktionäre wird durch das Restrukturierungsverfahren ebenso berührt.[510] Die Mitgliedstaaten müssen zumindest sicherzustellen, dass die Annahme und Bestätigung des Restrukturierungsplans sowie seine Umsetzung von den Anteilseignern nicht grundlos verhindert oder erschwert wird.[511] Nach Art. 3 a) RestruktRL können die Mitgliedstaaten Anteilsinhaber von der Abstimmung über den Restrukturierungsplan ausschließen. Außerdem können die Mitgliedstaaten regeln, dass die Anteilseigener bei der Abstimmung über den Restrukturierungsplan überstimmt werden können.[512]

(2) Wahrscheinliche Insolvenz als entscheidendes Zugangskriterium

Nach Art. 4 Abs. 1 RestruktRL soll Schuldnern im Falle einer wahrscheinlichen Insolvenz Zugang zu einem präventiven Restrukturierungsrahmen gewährt werden. Die wahrscheinliche Insolvenz ist damit das entscheidende Zugangskriterium zu dem Verfahren.

Die RestruktRL enthält indes keine nähere Definition der wahrscheinlichen Insolvenz. Vielmehr sind für die Zwecke der Richtlinie die Begriffe Insolvenz und wahrscheinlichen Insolvenz im Sinne des jeweiligen nationalen Rechts zu verstehen, Art. 2 Abs. 2 RestruktRL.

---

508 *Arnold*, NZI-Beilage 2019, 49, 50.

509 Art. 6 Abs. 4 RestruktRL.

510 Vgl. *Spahlinger*, NZI-Beilage 2019, 69 (siehe dort auch für weitergehende Ausführungen zu der Rolle der Gesellschafter im Restrukturierungsverfahren).

511 Art. 12 Abs. 1, Abs. 2 RestruktRL. Zu weiteren möglichen Einschränkungen für Aktionäre vgl. *Spahlinger*, NZI-Beilage 2019, 69.

512 Art. 11 Abs. 1 b) ii) RestruktRL.

Der Restrukturierungsrahmen sollte allerdings zur Verfügung stehen, bevor ein Schuldner nach nationalem Recht insolvent wird.[513] Es geht folglich um die Schaffung eines präventiven (vorinsolvenzlichen) Verfahrens, sodass ein Unterschied zwischen der wahrscheinlichen Insolvenz und der Insolvenz selbst bestehen muss („Abstandsgebot“).[514]

Gleichwohl bezweckt das Abstellen auf die wahrscheinliche Insolvenz, einen Missbrauch des Restrukturierungsrahmens zu verhindern.[515] Rein unternehmerische Umstrukturierungen außerhalb der Krise sollen gerade nicht ermöglicht werden.[516] Die Wahrscheinlichkeit der Insolvenz darf damit nicht vorschnell angenommen werden.[517]

Es muss für das Eingreifen des präventiven Restrukturierungsverfahrens zumindest die ernsthafte Gefahr eines Gläubigerwettlaufs auf die beschränkte Haftungsmasse des Schuldners bestehen.[518] Denn erst dann ist die mit dem präventiven Restrukturierungsrahmen einhergehende Beschneidung von Rechten von Aktionären und Gläubigern gerechtfertigt.[519]

(3) Einordnung in das deutsche Insolvenzrecht

Die wahrscheinliche Insolvenz ist bislang nach deutschem Recht gesetzlich nicht definiert. Im Zuge der Umsetzung der Richtlinie in nationales Recht[520] wird sich der deutsche Gesetzgeber folglich mit der Bedeutung der wahrscheinlichen Insolvenz näher befassen müssen.

Die systematische Einordnung der wahrscheinlichen Insolvenz in das deutsche Insolvenzrecht ist aufgrund des Abstandsgebots allerdings problematisch.

Auf den ersten Blick erscheint es sinnvoll, an die drohende Zahlungsunfähigkeit des Schuldners gem. § 18 InsO anzuknüpfen, da diese der wahrscheinlichen

---

513 Erwägungsgrund 24 RestruktRL.

514 *Freitag*, ZIP 2019, 541, 546.

515 Erwägungsgrund 24 RestruktRL.

516 *Dahl/Linnenbrink*, NJW-Spezial 2020, 21; *Freitag*, ZIP 2019, 541, 546.

517 Vgl. *Freitag*, ZIP 2019, 541, 546, der eine Ober- und Untergrenzen der „Wahrscheinlichkeit“ annimmt.

518 *Dahl/Linnenbrink*, NJW-Spezial 2020, 21; *Freitag*, ZIP 2019, 541, 546.

519 *Dahl/Linnenbrink*, NJW-Spezial 2020, 21; *Freitag*, ZIP 2019, 541, 546.

520 Die Mitgliedsstaaten haben grundsätzlich bis zum 17.07.2021 Zeit, die Richtlinie umzusetzen, Art. 34 Abs. 1 RestruktRL. Mitgliedstaaten, die bei der Umsetzung der Richtlinie auf besondere Schwierigkeiten stoßen, können eine Verlängerung der vorgesehenen Umsetzungsfrist um höchstens ein Jahr in Anspruch nehmen, Art. 34 Abs. 1 RestruktRL.

Insolvenz nahekommen dürfte.[521] Allerdings bereitet die Abgrenzung der drohenden Zahlungsunfähigkeit nach § 18 InsO und der Überschuldung nach § 19 InsO erhebliche Schwierigkeiten.[522] Mit der drohenden Zahlungsunfähigkeit nach § 18 InsO geht regelmäßig eine negative Fortbestehensprognose einher.[523] Daraus resultiert die Pflicht zur Stellung eines Insolvenzantrags wegen Überschuldung.[524]

Infolge des weitgehenden Gleichlaufs von drohender Zahlungsunfähigkeit und Überschuldung wäre auch bei der Anknüpfung an die drohende Zahlungsunfähigkeit das Abstandsgebot im Ergebnis nicht gewahrt.[525] Vor diesem Hintergrund wird zum Teil dafür plädiert, den Überschuldungstatbestand als zwingenden Insolvenzgrund zu streichen.[526]

(4) Bedeutung für die Verschlechterung der Lage i. S. d. § 87 Abs. 2 AktG

Es bleibt abzuwarten, auf welche Weise der deutsche Gesetzgeber die Zugangsvoraussetzung der wahrscheinlichen Insolvenz bei der Richtlinienumsetzung ausgestalten wird.

Im Ergebnis kommt es aber nicht darauf an, welche genaue Definition er für die wahrscheinliche Insolvenz finden wird. Wird ein präventives Restrukturierungsverfahren nach der RestruktRL eingeleitet, liegt jedenfalls eine unmittelbare Krise vor.

Da das Anknüpfen an die wahrscheinliche Insolvenz einen Missbrauch des Restrukturierungsrahmens verhindern soll, muss sich das jeweilige Unternehmen in einem fortgeschrittenen Krisenstadium befinden. Mit der „unmittelbaren Krise" wird im Wesentlichen ebenso eine ernsthafte insolvenznahe Krisensituation umschrieben.

Zum anderen ergibt sich diese Schlussfolgerung aber vor allem aus der Tatsache, dass bei der Inanspruchnahme des präventiven Restrukturierungsrahmens in Rechte von Aktionären und Gläubigern eingegriffen werden kann.

Die wahrscheinliche Insolvenz muss damit jedenfalls eine Situation umschreiben, die einen derartigen Einschnitt rechtfertigt. Wenn der Gesetzgeber es in

---

521 *Dahl/Linnenbrink*, NJW-Spezial 2020, 21; vgl. auch *Freitag*, ZIP 2019, 541, 550, 552.

522 *Freitag*, ZIP 2019, 541, 550; *Mock*, in: Uhlenbruck, InsO, § 19 Rn. 28 f.

523 *Andersch/Philipp*, NZI 2017, 782, 784.

524 *Andersch/Philipp*, NZI 2017, 782, 784.

525 *Freitag*, ZIP 2019, 541, 550.

526 *Freitag*, ZIP 2019, 541, 551; *Andersch/Philipp*, NZI 2017, 782, 784. Zur (möglichen) Zukunft des Überschuldungstatbestands vgl. auch *Piekenbrock*, NZI-Beilage 2019, 47.

einer bestimmten Situation ermöglicht, ein präventives Restrukturierungsverfahren in Anspruch zu nehmen, und damit erlaubt, Gläubiger und Aktionäre zur Krisenbewältigung heranzuziehen, rechtfertigt es dieselbe Situation, den Vorstand ebenso daran zu beteiligen. Eine gegenteilige Beurteilung durch den Gesetzgeber wäre wertungswidersprüchlich.

Wird ein präventives Restrukturierungsverfahren durchgeführt, befindet sich die Gesellschaft daher in einer Situation, die eine Verschlechterung der Lage i. S. d. § 87 Abs. 2 AktG bedeutet. Eine Herabsetzung der Vorstandsvergütung ist dann möglich, ohne dass es einer umfassenden Gesamtbetrachtung der wirtschaftlichen Lage bedarf.

cc) Staatliche Hilfsmaßnahmen in der Krise

Schließlich besteht eine unmittelbare Krise, wenn eine Situation besteht, die es erforderlich macht, staatliche Hilfsmaßnahmen wie etwa nach dem FMStFG in Anspruch zu nehmen.[527] Staatliche Hilfsmaßnahmen sind nicht bloßes Indiz für eine Lageverschlechterung, sie sind eindeutiges Anzeichen einer Krise der Gesellschaft. Von einer unmittelbaren Krise und damit Lageverschlechterung i. S. d. § 87 Abs. 2 AktG kann in diesem Fall ohne weitere Überprüfung ausgegangen werden.

Dieser Gleichlauf rechtfertigt sich auch daraus, dass wenn staatliche Mittel zur Stabilisierung des Unternehmens bereitgestellt werden, letztlich die Allgemeinheit einen Beitrag zur Überwindung wirtschaftlicher Schwierigkeiten eines konkreten Unternehmens leistet. Wenn die Lage aber so gravierend ist, dass sogar die Allgemeinheit an den wirtschaftlichen Schwierigkeiten eines privatwirtschaftlichen Unternehmens beteiligt wird, ist zwingend davon auszugehen, dass eine unmittelbare Krise vorliegt und eine Beteiligung der Vorstandsebene ebenfalls gerechtfertigt ist.

Die Gewährung der Maßnahmen nach dem FMStFG erfolgt(e) zwar nur zeitlich befristet.[528] Die Erfahrungen aus der Finanzkrise 2008 und der Wirtschaftskrise infolge der COVID-19-Pandemie 2020 lassen jedoch den Schluss zu, dass

---

527 Vgl. *Hüffer/Koch*, AktG, § 87 Rn. 51; *Koch*, WM 2010, 49, 53; *Waldenberger/Kaufmann*, BB 2010, 2257, 2258 mit Verweis auf den Fall der Hypo Real Estate. Siehe auch *Seibert*, in: FS Hüffer, S. 955, 964.

528 Vgl. § 13 Abs. 1 FMStFG für Stabilisierungsmaßnahmen des Finanzmarktstabilisierungsfonds (grundsätzlich befristet bis zum 31.12.2012) und § 26 Abs. 1 FMStFG für Stabilisierungsmaßnahmen des Wirtschaftsstabilisierungsfonds (grundsätzlich befristet bis zum 31.12.2021).

auch in Zukunft bei gesamtwirtschaftlichen Krisen vergleichbare Rettungsmaßnahmen zur Verfügung gestellt werden.

Der Grundsatz, dass bei Gewährung staatlicher Hilfsmaßnahmen zur Überwindung wirtschaftlicher Schwierigkeiten von einer unmittelbaren Krise auszugehen ist, kann Allgemeingeltung beanspruchen. Er gilt auch bei etwaigen zukünftigen Rettungsprogrammen.

Im Übrigen findet dieser Grundsatz jedenfalls Anwendung, wenn Beihilfen im Sinne der Leitlinien für staatliche Beihilfen zur Rettung und Umstrukturierung nichtfinanzieller Unternehmen in Schwierigkeiten (2014/C 249/01)[529] gewährt werden.

dd) Fazit

Die vorgenannten Krisenmerkmale verdeutlichen, dass eine unmittelbare Krise zwar schon im Vorfeld der Insolvenz eintreten kann. Es zeigt sich aber zugleich, dass zwischen unmittelbarer Krise und Insolvenz zumindest eine gewisse Nähe besteht.[530] Ausgehend von dem oben Gesagten, kann dem in der Literatur gefundenen Ergebnis, wonach eine unmittelbare Krise vorliegt, „wenn sich die Gesellschaft mit an Sicherheit grenzender Wahrscheinlichkeit in dem unmittelbar folgenden Zeitraum in einer objektiven und realen Notlage befindet und ihre wirtschaftliche Existenz konkret gefährdet ist“,[531] zugestimmt werden.

Praktisch handhabbar wird diese etwas sperrige Definition, wenn man eine solche Notlage bzw. konkrete Gefährdung der wirtschaftlichen Existenz jedenfalls annimmt, wenn

(1) die AG von Dritten nicht mehr als kreditwürdig angesehen wird oder
(2) ein Verlust in Höhe der Hälfte des Grundkapitals besteht oder dies bei pflichtmäßigem Ermessen anzunehmen ist oder
(3) ein präventives Restrukturierungsverfahren nach der Restrukturierungsrichtlinie eingeleitet wird oder
(4) die Gesellschaft staatliche Rettungsmaßnahmen in Anspruch nimmt, die ihrer Existenzsicherung dienen.

In all diesen Fällen bedarf das Tatbestandsmerkmal der Lageverschlechterung im Rahmen des § 87 Abs. 2 AktG keiner weiteren Prüfung.

---

529 ABlEU v. 31.07.2014, C 249/1.
530 Vgl. auch *Reuter*, BB 2003, 1797.
531 Vgl. oben Fn. 486.

4. Gesamtergebnis

Im Regelfall ist zur Bestimmung der Verschlechterung der Lage der Gesellschaft ein Vorher-Nachher-Vergleich zwischen den maßgeblichen Lageparametern 1) im Zeitpunkt der Vergütungsfestsetzung und 2) dem Zeitpunkt der Entscheidung über die Herabsetzung vorzunehmen. Erste Voraussetzung für eine Verschlechterung ist schlicht eine Veränderung der maßgeblichen Parameter.

In einem zweiten Schritt muss die eingetretene Veränderung im Wege einer wertenden Gesamtbetrachtung als negative Gesamtentwicklung beurteilt werden. Nur dann kann von einer Verschlechterung im Unterschied zu einer neutralen oder gar positiven Veränderung der Lage die Rede sein.

Schließlich muss zusätzlich zu der relativen Verschlechterung im Vergleich zum Festsetzungszeitpunkt eine absolute Komponente hinzutreten. Für die Annahme einer Verschlechterung im Sinne des § 87 Abs. 2 AktG muss die Gesellschaft sich in wirtschaftlichen Schwierigkeiten befinden. Die wirtschaftlichen Schwierigkeiten müssen indes nicht das Ausmaß einer Existenzgefährdung erreichen.

Werden Maßnahmen wie Lohnkürzungen und Entlassungen oder die Nichtausschüttung von Dividenden ergriffen, so kann das die Verschlechterung der Lage indizieren. Für sich genommen genügen diese Indikatoren aber nicht zwingend, um eine Verschlechterung der Lage im Sinne des § 87 Abs. 2 AktG anzunehmen. Es ist trotz ihres Vorliegens eine umfassende Gesamtbetrachtung der unterschiedlichen Parameter zur Lagebestimmung vorzunehmen.

Das Erfordernis der umfassenden Gesamtbetrachtung entfällt nur bei Insolvenz und unmittelbarer Krise. Von Letzter ist bei fehlender Kreditwürdigkeit, bei einem Verlust in Höhe der Hälfte des Grundkapitals, der Einleitung eines präventiven Restrukturierungsverfahrens oder der Inanspruchnahme staatlicher Rettungsmaßnahmen auszugehen.

III. Maßgebliche Gesellschaft

Schließlich ist der Bezugspunkt der Lageverschlechterung in Hinblick darauf zu klären, welches Betrachtungsobjekt heranzuziehen ist. Das Gesetz knüpft an die Lage „der Gesellschaft" an. Auch dieses Tatbestandsmerkmal ist nur auf den ersten Blick eindeutig zu verstehen.

Zunächst wird kurz darauf eingegangen, dass bei Betrachtung der Lage „der Gesellschaft" allein auf die Gesellschaft insgesamt abzustellen ist (dazu unter Abschnitt 1.).

Nicht selten handelt es sich bei Aktiengesellschaften um Konzernunternehmen. Hier ist zu untersuchen, welche Rolle der Lage konzernverbundener Unternehmen für die Lagebetrachtung der Gesellschaft zukommt (dazu unter Abschnitt 2.).

Es kann vor dem Hintergrund einer möglichen Konzerneinbindung außerdem durchaus vorkommen, dass die Gesellschaft, bei der ein Vorstandsmitglied angestellt ist, nicht deckungsgleich ist mit der Gesellschaft, in dessen Vorstand das Mitglied bestellt ist. In dieser Konstellation (sog. Drittanstellung) fallen Anstellungs- und Organgesellschaft auseinander. Es fragt sich daher, auf welche Gesellschaft abzustellen ist (dazu unter Abschnitt 3.)

1. Gesamte Gesellschaft

Wie sich die Lage der Gesellschaft darstellt und ob ggf. eine Verschlechterung eingetreten ist, ist allein anhand der Lage der gesamten Gesellschaft zu beurteilen. Das bedeutet, dass es auf die Entwicklung der Lage von einzelnen Teilen oder Betrieben des Unternehmens nicht ankommt.

Eine umfassende Einbeziehung der gesamten Gesellschaft gebietet sich zum einen wegen der Verantwortlichkeit jedes Vorstandsmitglieds für die gesamte Gesellschaft. Dieses Prinzip gilt schon für die Frage der Angemessenheit der Vergütung bei ihrer Festsetzung.[532]

Für die Vergütungsherabsetzung ergibt sich nichts anderes. Hier ist ebenfalls die Entwicklung der gesamten Gesellschaft entscheidend.

Verschlechtert sich die Lage für einen Betrieb, der nach der internen Ressortaufteilung überwiegend in den Verantwortungsbereich eines bestimmten Vorstandsmitglieds fällt, kann dessen Vergütung nicht deswegen gekürzt werden.

Eine Teilhabe an der negativen wirtschaftlichen Entwicklung einzelner Unternehmensteile ist aufgrund der Gesamtverantwortung nicht geboten. Zum anderen ist eine Vergütungskürzung nicht zumutbar, wenn sich die Lage der Gesellschaft insgesamt nicht verschlechtert hat.

2. Einbeziehung konzernverbundener Unternehmen

Eine Aktiengesellschaft kann als selbstständiges Unternehmen mit anderen Unternehmen zu einer wirtschaftlichen Einheit verbunden und damit Teil einer Konzernstruktur sein. Ist das der Fall, gilt es zu klären, ob die Konzernlage bzw. die Lage konzernverbundener Gesellschaften für das Eingreifen oder

---

532 In diesem Zusammenhang: *Kort*, in: GK-AktG, § 87 Rn. 66.

Nichteingreifen des § 87 Abs. 2 AktG eine Rolle spielen kann. Begreift man konzernverbundene Unternehmen als wirtschaftliche Einheit, erscheint der Gedanke, die Lage der Konzerngesellschaften auch bei der Lagebetrachtung der einzelnen Gesellschaft zu berücksichtigen, zumindest nicht völlig fernliegend.

Im Schrifttum wird in Bezug auf § 87 Abs. 2 AktG bislang jedoch davon ausgegangen, dass die Konzernlage für die Ermittlung der Lageverschlechterung unbedeutend sei, was überwiegend aus dem Wortlaut gefolgert wird, nach dem eine Verschlechterung der Lage „der Gesellschaft" vorliegen muss.[533] Diese Annahme soll im Folgenden näher überprüft werden.

a) Berücksichtigung von Konzernunternehmen im Rahmen des § 87 Abs. 1 AktG

Zunächst lohnt sich ein Vergleich mit bereits bestehenden Überlegungen im Zusammenhang mit § 87 Abs. 1 AktG. Auch bei der Festsetzung der Bezüge kommt es nach dem Wortlaut nicht entscheidend auf die Lage des Konzerns oder konzernverbundener Unternehmen an.[534] Die Vergütung muss auch hier lediglich im Verhältnis zu der Lage „der" Gesellschaft angemessen sein. Jedenfalls nach dem Wortlaut ist das Verhältnis zu der Lage anderer Gesellschaften oder des Konzerns insgesamt kein relevanter Bezugspunkt der Angemessenheit. Dennoch wird im Rahmen des § 87 Abs. 1 AktG diskutiert, ob und wenn ja wie, die Lage der Muttergesellschaft die Vergütung des Vorstands der Tochtergesellschaft beeinflussen kann und umgekehrt.

aa) Berücksichtigung von Tochtergesellschaften

Es ist anerkannt, dass bei konzernleitenden Gesellschaften die Lage nachgeordneter Unternehmen auch ein Bezugspunkt für die Vergütung des Vorstands der Muttergesellschaft darstellen kann.[535] Dies soll aber nur gelten, wenn dadurch

---

533 Vgl. *Fleischer,* in: Spindler/Stilz, AktG, § 87 Rn. 63; *Kort,* in: GK-AktG, § 87 Rn. 398; *Ritter/Nehls,* in: MAH Aktienrecht, § 22 Rn. 196; *Seibt,* in: K. Schmidt/Lutter, AktG, § 87 Rn. 18; *Spindler,* in: MüKo-AktG, § 87 Rn. 169. *Diller,* NZG 2009, 1006, folgert aus dem Wortlaut, dass Konzernentwicklungen „ausgeblendet" werden; dem zustimmend *Bauer/Arnold,* AG 2009, 717, 725.

534 *Hommelhoff,* in: FS Goette, S. 169, 170. Vgl. auch *Kort,* in: GK-AktG, § 87 Rn. 67: „§ 87 AktG nimmt keinen Bezug auf den Konzern".

535 *Mertens/Cahn,* in: KK-AktG, § 87 Rn. 11; *Fleischer,* in: Spindler/Stilz, AktG, § 87 Rn. 14; *Spindler,* in: FS K. Schmidt, S. 1529, 1530 f.; *Wiesner,* in: Münch. Hdb. GesR IV, § 21 Rn. 42.

keine Anreize dafür geboten werden, die Interessen der Konzernobergesellschaft und ihrer Aktionäre zu vernachlässigen.[536]

bb) Berücksichtigung von Muttergesellschaften

Ob die Berücksichtigung konzernverbundener Unternehmen auch in der umgekehrten Konstellation erfolgen kann, also bei der Festlegung der Vergütung des Vorstands eines Tochterunternehmens die Lage der Konzernmutter eine Rolle spielen darf, wird demgegenüber uneinheitlich beantwortet.

Der BGH hat bislang offengelassen, ob eine Orientierung an der Lage der Muttergesellschaft möglich ist.[537]

Zum Teil wird die Berücksichtigung der Lage der Muttergesellschaft bei der Vergütungshöhe pauschal abgelehnt, weil andernfalls die Möglichkeit bestünde, dass Fehlanreize zulasten der Tochtergesellschaft entstehen könnten.[538]

Richtigerweise besteht aber zumindest in weiten Teilen dahin gehend Einigkeit, dass jedenfalls im Vertragskonzern die Vergütung des Vorstands der Tochtergesellschaft sich auch an der Muttergesellschaft orientieren kann.[539] Diese Möglichkeit folgt schon aus § 308 AktG, aus dem sich ergibt, dass das Interesse des herrschenden Unternehmens bzw. Konzerninteressen von der abhängigen Gesellschaft zu beachten sind.[540] Für den Eingliederungskonzern folgt die Möglichkeit der Berücksichtigung der Lage der Muttergesellschaft aus der Weisungsbefugnis des § 323 Abs. 1 S. 1 AktG.[541]

Zum Teil wird eine Berücksichtigung der Lage der Muttergesellschaft jedenfalls im faktischen Konzern für unzulässig gehalten, wenn durch die konkrete

---

536 *Mertens/Cahn,* in: KK-AktG, § 87 Rn. 11; *Fleischer,* in: Spindler/Stilz, AktG, § 87 Rn. 14.

537 Vgl. BGH, Beschl. v. 09.11. 2009 – II ZR 154/08, DStR 2009, 2692.

538 *Wiesner,* in: Münch. Hdb. GesR IV, § 21 Rn. 42.

539 *Hüffer/Koch,* AktG, § 87 Rn. 33; *Spindler,* in: MüKo-AktG, § 87 Rn. 69; *ders.*, in: FS K. Schmidt, S. 1529, 1536. Einschränkend *Kort,* in: GK-AktG, § 87 Rn. 71, demzufolge es auf den Konzernerfolg, nicht aber allein auf die Muttergesellschaft ankommen darf. Differenzierend nach dem konkreten Zuschnitt der Konzernentwicklung *Hommelhoff,* in: FS Goette, S. 169, 176 (dabei ebenso auf die Konzernlage abstellend).

540 *Kort,* in: GK-AktG, § 87 Rn. 71; *Spindler,* in: MüKo-AktG, § 87 Rn. 69; *ders.*, in: FS K. Schmidt, S. 1529, 1536.

541 *Hommelhoff,* in: FS Goette, S. 169, 176; *Spindler,* in: MüKo-AktG, § 87 Rn. 69. *Arnold/Schansker*, KSzW 2012, 39, 47, zufolge soll beim Eingliederungskonzern nicht nur die Möglichkeit der Berücksichtigung der Muttergesellschaft bestehen, sondern es sei sogar „besonderes Augenmerk“ auf die Muttergesellschaft zu legen.

Ausgestaltung der Vergütung potentiell Fehlanreize bestehen können, also der Lage der Muttergesellschaft ein zu großes Gewicht zukomme.[542]

Der Gedanke, dass es sich nach § 87 Abs. 1 AktG verbietet, mittels der Vergütung Anreize zulasten der Interessen der Organgesellschaft des jeweiligen Vorstandsmitglieds zu setzen, verdient grundsätzlich Zustimmung. Einer generellen Unzulässigkeit einer Vergütung, die sich auch an der Lage der Muttergesellschaft orientiert, lässt sich jedoch entgegenhalten, dass das Schutzsystem des § 311 AktG es erlaubt, dass ein herrschendes Unternehmen seinen Einfluss dazu benutzt eine abhängige Gesellschaft zu veranlassen, ein für sie nachteiliges Rechtsgeschäft vorzunehmen oder Maßnahmen zu ihrem Nachteil zu treffen oder zu unterlassen. Das herrschende Unternehmen ist dann zum Ausgleich dieser Nachteile verpflichtet.

Ein gewisser Interessenkonflikt, dem sich der Vorstand des beherrschten Unternehmens ausgesetzt sieht, wenn er auf Veranlassung des herrschenden Unternehmens zum Nachteil seiner Gesellschaft handelt, ist dem System der §§ 311 ff. AktG immanent und wird gesetzlich hingenommen, soweit kein nicht ausgeglichener Nachteil zugefügt wird.[543] Vor diesem Hintergrund kann nicht angenommen werden, dass eine Vergütung, die die Schranken des § 311 AktG berücksichtigt, in jedem Fall gesetzlich nicht gewollte Fehlanreize zulasten der Organgesellschaft setzt und damit stets gegen § 87 Abs. 1 AktG verstößt.[544] Ob sich eine konkrete Vergütungsvereinbarung als nicht ausgleichsfähiger Nachteil erweist, ist letztlich einzelfallabhängig.[545]

cc) Zwischenfazit

Insgesamt zeigt sich, dass – trotz einiger Unterschiede im Detail – zumindest weit überwiegend die Auffassung herrscht, dass die Vergütung eines

---

542 *Hommelhoff*, in: FS Goette, S. 169, 170; *Mertens/Cahn*, in: KK-AktG, § 87 Rn. 11. Wohl auch OLG München, Urt. v. 07.05.2008 – 7 U 5618/07, NZG 2008, 631, 633 (in diesem Fall hingen ca. 80 % der variablen Vergütung von dem Kurs der Konzernmuttergesellschaft ab); *Spindler*, in: FS K. Schmidt, S. 1529, 1538 f.; *ders.*, in: MüKo-AktG, § 87 Rn. 74 ff.

543 *Habersack*, Anm. zu OLG München, Urt. v. 07.05.2008 – 7 U 5618/07, NZG 2008, 631, 635.

544 *Habersack*, Anm. zu OLG München, Urt. v. 07.05.2008 – 7 U 5618/07, NZG 2008, 631, 635; *Hohenstatt/Seibt/Wagner*, ZIP 2008, 2289. Mit der Einschränkung, dass für die Zulässigkeit von Drittvergütungen im faktischen Konzern allein die § 311 ff. AktG maßgeblich seien, vgl. auch *Hüffer/Koch*, AktG, § 87 Rn. 34.

545 *Hüffer/Koch*, AktG, § 87 Rn. 34.

Vorstandsmitglieds sich grundsätzlich auch an der Lage konzernverbundener Unternehmen orientieren kann. Das gilt jedenfalls dann, wenn auf diese Weise keine Fehlanreize zulasten der Organgesellschaft gesetzt werden.

Dieser Auffassung, nach der bei der Festsetzung der Vergütung grundsätzlich an konzernverbundene Unternehmen angeknüpft werden kann, liegt die Annahme zugrunde, dass die Lage konzernverbundener Unternehmen sich auf die Lage „der" Gesellschaft zumindest potentiell auszuwirken vermag. Denn nur unter der Prämisse einer zumindest potentiellen Beeinflussung wird man eine Anknüpfung der Vergütung an die Lage konzernverbundener Unternehmen in Hinblick auf den Wortlaut des § 87 Abs. 1 AktG für zulässig erachten können.[546] Ein jedenfalls potentieller Einfluss wird praktisch jedoch in aller Regel vorliegen. Wenn eine Gesellschaft durch die Einbindung in einen Konzern Teil einer größeren wirtschaftlichen Einheit ist, kann diese Tatsache und die Gesamtentwicklung dieser Einheit bei der Bewertung der Lage der jeweiligen Einzelgesellschaft trotz ihrer eigenständigen Rechtspersönlichkeit nicht völlig außer Betracht bleiben.

Die Parteien können daher auch in gewissen Grenzen (Vermeidung von Fehlanreizen) vereinbaren, in welchem konkreten Ausmaß sich die Entwicklung der Lage verbundener Unternehmen auf die konkrete Vergütungshöhe auswirken soll.

b) Bedeutung für § 87 Abs. 2 AktG

Wenn man die Lage von Konzerngesellschaften als potentiellen Einflussfaktor auf die Lage „der Gesellschaft" versteht, so ist auch das Betrachtungsobjekt des § 87 Abs. 2 AktG nicht mehr so eindeutig, wie es auf den ersten Blick erscheint. Auch in Zusammenhang mit der Herabsetzung muss gelten: Wenn sich die Lage von Konzernunternehmen – wie es in aller Regel der Fall ist – zumindest potentiell auf eine Gesellschaft auswirken kann, können Konzernentwicklungen nicht ausgeblendet werden. Die Konzerneinbindung ist bei der Gesamtbetrachtung der Lage der Gesellschaft einzubeziehen. Die Lage des Konzerns insgesamt sowie die Lage konzernverbundener Unternehmen ist als möglicher Einflussfaktor zu berücksichtigen. Das bedeutet, dass bei einer negativen Entwicklung des Konzerns bzw. einzelner konzernverbundener Unternehmen im jeweiligen Einzelfall zu überprüfen ist, inwieweit sie sich auf die konkret betrachtete Gesellschaft tatsächlich (zumindest potentiell) auswirken kann. Drohen negative

---

546 *Kort,* in: GK-AktG, § 87 Rn. 68.

Auswirkungen für „die“ Gesellschaft oder erscheinen sie jedenfalls möglich, wirkt sich das negativ auf die Bewertung der Lage „der“ Gesellschaft aus.

Wenngleich also die Bedeutung der Konzerneinbindung nicht unwesentlich ist, stellt die Lage des Gesamtkonzerns und verbundener Unternehmen lediglich einen Teilaspekt bei der Bewertung der Entwicklung der Gesellschaftslage dar. Sie ist nur ein Parameter unter mehreren. Ihr kommt auch im Rahmen der Gesamtbetrachtung gegenüber den anderen Lagekriterien kein übermäßiges Gewicht zu. Für sich allein genommen ist die Konzernentwicklung in keinem Fall ein ausschlaggebendes Kriterium, um das Vorliegen einer Lageverschlechterung „der“ Gesellschaft zu bejahen oder zu verneinen.

3. Auseinanderfallen von Organ- und Anstellungsverhältnis – Drittanstellung und Drittvergütung

Ein weiteres Problemfeld, das sich regelmäßig auch im Zusammenhang mit konzernverbundenen Unternehmen stellt, beruht auf einem möglichen Auseinanderfallen von Organ- und Anstellungsverhältnis. Nach dem aktienrechtlichen Leitbild schließen die Mitglieder des Vorstands einen Dienstvertrag mit genau derjenigen Gesellschaft, zu deren Vorstand sie gehören.[547]

Es kommt jedoch durchaus vor, dass Vorstandsmitglieder von einer Gesellschaft (Organgesellschaft) zum Vorstandsmitglied bestellt werden, allerdings zugleich einen Anstellungsvertrag mit einer anderen Gesellschaft (Anstellungsgesellschaft) schließen. Organ- und Anstellungsverhältnis fallen in solchen Fällen auseinander. Dabei kann z.B. die Organgesellschaft eine Tochtergesellschaft der Anstellungsgesellschaft sein. Eine derartige Konstellation wird als Drittanstellung bezeichnet.[548] Bei einem Auseinanderfallen von Organ- und Anstellungsgesellschaft ist zunächst klärungsbedürftig, ob eine derartige Aufspaltung von Organ- und Anstellungsverhältnis überhaupt zulässig ist (vgl. dazu Unterabschnitt a)). Sodann stellt sich die Frage, ob es für ein etwaiges Eingreifen des § 87 Abs. 2 AktG auf die Verschlechterung der Lage der Organ- oder der Lage der Anstellungsgesellschaft ankommt (vgl. dazu Unterabschnitt b)).

---

547 *Kalb/Fröhlich*, NZG 2014, 167; *Seyfarth*, Vorstandsrecht, § 7 Rn. 35; *Wiesner*, in: Münch. Hdb. GesR IV, § 21 Rn. 4.

548 Vgl. *Seyfarth*, Vorstandsrecht, § 7 Rn. 3; *Ihrig/Wandt/Wittgens*, ZIP 2012, Beilage zu Heft 40, S. 17; *Fleischer* in: Spindler/Stilz, AktG, § 84 Rn. 39; *Wiesner*, in: Münch. Hdb. GesR IV, § 21 Rn. 4. Umfassend zu diesem Themenkomplex: *Jooß*, Drittanstellung.

a) Grundlegend: Zulässigkeit der Drittanstellung

Die Zulässigkeit von Drittanstellungsverträgen wird unterschiedlich beurteilt. Zum Teil werden sie für unzulässig erachtet.[549] Eine Unzulässigkeit wird damit begründet, dass Anstellungsverträge mit Dritten nicht mit § 76 Abs. 1 AktG vereinbar seien.[550] Die sich aus dem (Dritt-)Anstellungsvertrag ergebenden Pflichten würden die eigenverantwortliche Leitungsmacht des Vorstands gefährden, der Vorstand könne nicht „Diener zweier Herren" sein.[551] Zudem würde die zwingend aktienrechtliche Kompetenzordnung, der zufolge der Aufsichtsrat der Organgesellschaft auch für das Anstellungsverhältnis zuständig ist, (vgl. § 84 Abs. 1 S. 4, 1. HS AktG) unterlaufen.[552]

Schließlich werde durch § 87 Abs. 1 S. 2 AktG unterstrichen, dass bei der Festsetzung der Vergütung Leistungsanreize gesetzt werden sollen, die sich ausschließlich am Interesse der Organgesellschaft orientieren.[553] Aus diesem Grund könne die Festsetzung der Vergütung nicht ohne Mitwirkung des Aufsichtsrats der Organgesellschaft erfolgen.[554]

Zum Teil wird eine Drittanstellung hingegen zumindest bei Vorliegen eines Beherrschungsvertrages oder eines Eingliederungskonzerns für zulässig

---

549 *Fonk*, NZG 2010, 368, 370 (zumindest im faktischen Konzern); *Ihrig/Wandt/Wittgens*, ZIP 2012, Beilage zu Heft 40, S. 17 (zumindest für börsennotierte AGs); *Kort*, in: GK-AktG, § 84, Rn. 320 („erhebliche Bedenken"); *Mertens/Cahn* in: KK-AktG, § 84 Rn. 56; *Spindler*, in: MüKo-AktG, § 84 Rn. 79 („erhebliche Bedenken"); *ders.*, in: FS K. Schmidt, S. 1529, 1534; *Thüsing*, in: Fleischer, Handbuch des Vorstandsrechts, § 4 Rn. 68.

550 *Kort*, in: GK-AktG, § 84, Rn. 321; *Mertens/Cahn* in: KK-AktG, § 84 Rn. 56; *Spindler*, in: MüKo-AktG, § 84 Rn. 79; *ders.*, in: FS K. Schmidt, S. 1529, 1534; *Thüsing*, in: Fleischer, Handbuch des Vorstandsrechts, § 4 Rn. 68.

551 *Spindler*, in: MüKo-AktG, § 84 Rn. 79; *ders.*, in: FS K. Schmidt, S. 1529, 1534.

552 *Kort*, in: GK-AktG, § 84, Rn. 320; *Mertens/Cahn* in: KK-AktG, § 84 Rn. 56; *Spindler*, in: MüKo-AktG, § 84 Rn. 79; *ders.*, in: FS K. Schmidt, S. 1529, 1535; *Weber*, in: Hölters, AktG, § 84 Rn. 41 (der aber im Ergebnis die Drittanstellung bei vorheriger Zustimmung des Aufsichtsrats sowie gewährleisteter Weisungsfreiheit des betreffenden Vorstandsmitglieds für zulässig hält).

553 *Ihrig/Wandt/Wittgens*, ZIP 2012, Beilage zu Heft 40, S. 17 (jedenfalls für die börsennotierte AG); *Weber*, in: Hölters, AktG, § 84 Rn. 41. In Hinblick auf die Zulässigkeit von Drittvergütungen ebenso *Mayer-Uellner*, AG 2011, 193, 199.

554 *Weber*, in: Hölters, AktG, § 84 Rn. 41; *Mayer-Uellner*, AG 2011, 193, 199. *Ihrig/Wandt/Wittgens*, ZIP 2012, Beilage zu Heft 40, S. 17, halten sogar ein gesetzeswidriges Unterlassen der Wahrnehmung seiner Aufgaben für möglich, wenn der Aufsichtsrat der börsennotierten Organgesellschaft auf einen Anstellungsvertrag verzichtet.

erachtet, da in diesen Fällen die Weisungsbefugnis der beherrschenden Gesellschaft die Leitungsmacht des Vorstands des abhängigen Unternehmens begrenze.[555] Im Falle eines Beherrschungsvertrags oder einer Eingliederung werde § 76 Abs. 1 AktG durch die §§ 308 Abs. 2, 323 Abs. 1 AktG überlagert.[556] Mehrheitlich wird die Drittanstellung allerdings für zulässig gehalten.[557]

Diese Ansicht ist im Ergebnis zustimmungswürdig. Zum einen ergibt sich die Möglichkeit der Drittanstellung schlicht schon aus der rechtlichen Trennung von organschaftlicher Bestellung und dem schuldrechtlichen Anstellungsvertrag.[558] Im Übrigen führt ein möglicher Interessenkonflikt auch in Fällen, in denen kein Beherrschungsvertrag besteht und es sich nicht um einen Eingliederungskonzern handelt, nicht zur Unzulässigkeit einer Drittanstellung. Denn die bloße Tatsache, dass es infolge von Drittanstellungsverträgen womöglich zu Interessenkonflikten kommen kann, kann schon deswegen nicht als Argument für ihre generelle Unzulässigkeit herangezogen werden, weil es im Falle von Vorstandsdoppelmandaten, die als zulässig gelten,[559] ebenso zu Interessenkonflikten kommen kann.[560]

Ein potentieller Interessenkonflikt ist vielmehr dahin gehend zu lösen, dass im Konfliktfall die organschaftlichen Pflichten gegenüber der Organgesellschaft die vertraglichen Pflichten gegenüber der Anstellungsgesellschaft überlagern.[561]

---

555 *Kort,* in: GK-AktG, § 84, Rn. 329; *Henssler*, RdA 1992, 289, 301.

556 *Beiner/Braun*, Der Vorstandsvertrag, Rn. 238; *Henssler*, RdA 1992, 289, 301; *Hüffer/Koch*, AktG, § 84 Rn. 18; *Kalb/Fröhlich*, NZG 2014, 167, 168 (für den Vertragskonzern). Ähnlich *Kort,* in: GK-AktG, § 84 Rn. 329. Anders hinsichtlich Beherrschungsverträgen dagegen *Spindler,* in: MüKo-AktG, § 84 Rn. 79.

557 *Arnold/Günther,* in: Marsch-Barner/Schäfer, Hdb. börsennotierte AG, § 20 Rn. 92; *Beiner/Braun*, Der Vorstandsvertrag, Rn. 235; *Hüffer/Koch*, AktG, § 84 Rn. 17; *Jooß*, Drittanstellung, S. 115 ff.; *Seibt,* in: K. Schmidt/Lutter, AktG, § 84 Rn. 26; *Seyfarth*, Vorstandsrecht, § 7 Rn. 35; *Reuter*, AG 2011, 274, 276. Bei Zustimmung des Aufsichtsrats der Organgesellschaft auch *Weber,* in: Hölters, AktG, § 84 Rn. 41; *Wiesner,* in: Münch. Hdb. GesR IV, § 21 Rn. 4.

558 *Seibt,* in: K. Schmidt/Lutter, AktG, § 84 Rn. 26; *Seyfarth*, Vorstandsrecht, § 7 Rn. 35.

559 BGH Urt. v. 09.03.2009 – II ZR 170/07, NZG 2009, 744, 745; *Arnold/Günther,* in: Hdb. börsennotierte AG, § 20 Rn. 91; *Fonk*, NZG 2010, 368; *Seyfarth*, Vorstandsrecht, § 7 Rn. 3; *Reuter*, AG 2011, 274; *Seibt,* in: K. Schmidt/Lutter, AktG, § 76 Rn. 30; *Hüffer/Koch*, AktG, § 76 Rn. 54; *Spindler,* in: MüKo-AktG, § 76 Rn. 53.

560 *Arnold/Günther,* in: Hdb. börsennotierte AG, § 20 Rn. 92; *Seibt,* in: K. Schmidt/Lutter, AktG, § 84 Rn. 26; *Reuter*, AG 2011, 274, 277 f.

561 *Seibt,* in: K. Schmidt/Lutter, AktG, § 84 Rn. 26; *Reuter*, AG 2011, 274, 278.

Unter Beachtung dieser Grundannahme ist ein Drittanstellungsvertrag auch mit § 76 Abs. 1 AktG vereinbar.

In der Drittanstellung liegt schließlich auch kein Verstoß gegen die aktienrechtliche Kompetenzordnung. Der Aufsichtsrat ist nach § 84 Abs. 1 S. 4, 1. HS AktG für den Anstellungsvertrag der Vorstandsmitglieder zuständig. Die Anstellungskompetenz bezieht sich allerdings allein auf eine Anstellung gerade durch die Organgesellschaft.[562] Der Anstellungsvertrag mit einem Dritten kann demgegenüber schwerlich von der Anstellungskompetenz des Aufsichtsrats der Organgesellschaft umfasst sein.[563]

Will der Aufsichtsrat der Organgesellschaft verhindern, dass der Anstellungsvertrag mit einer anderen Gesellschaft geschlossen wird, so steht ihm offen, den Anstellungsvertrag selbst zu schließen und darin eine Drittanstellung zu untersagen.[564]

Aus der Zulässigkeit der Drittanstellung folgt mit im Kern inhaltsgleichen Argumenten auch die Zulässigkeit der Drittvergütung, also der Gewährung einer Vergütung durch die Anstellungsgesellschaft.[565]

b) Drittanstellung und Lageverschlechterung

Nachdem nun geklärt wurde, dass eine Drittanstellung und die Gewährung von Drittvergütung grundsätzlich zulässig sind, stellt sich die Frage, auf welche Gesellschaft für die Zwecke des § 87 Abs. 2 AktG abzustellen ist. Ist das Herabsetzungsrecht überhaupt anwendbar, und wenn ja, auf welche Gesellschaft ist dafür maßgeblich abzustellen? In Betracht kommen dabei im Wesentlichen drei Optionen: 1. das (alleinige) Abstellen auf die Organgesellschaft, 2. das (alleinige) Abstellen auf die Anstellungsgesellschaft oder 3. das kumulative oder alternative Abstellen auf beide Gesellschaften.

Im Folgenden wird zunächst dargestellt, welche Gesichtspunkte für ein Abstellen auf die Anstellungsgesellschaft (vgl. dazu Unterabschnitt aa)) und welche Argumente eher für ein Abstellen auf die Organgesellschaft (vgl. dazu unter Unterabschnitt bb)) sprechen. Anschließend werden die mit einer Drittvergütung einhergehenden kompetenzrechtlichen Probleme näher beleuchtet (vgl. dazu Unterabschnitt cc)). Sodann wird die Konsequenz der vorangegangenen

---

562 *Reuter*, AG 2011, 274, 276.

563 *Reuter*, AG 2011, 274, 276.

564 *Arnold/Günther*, in: Hdb. börsennotierte AG, § 20 Rn. 92.

565 Umfassend zur Zulässigkeit der Drittvergütung: *Kalb/Fröhlich*, NZG 2014, 167; *Mayer-Uellner*, AG 2011, 193.

Überlegungen für die Anwendbarkeit des Herabsetzungsrechts im Falle der Drittanstellung aufgezeigt (vgl. dazu Unterabschnitt dd)). Schließlich wird noch auf die besondere Konstellation eingegangen, dass die Drittvergütung Vermögensinteressen der Organgesellschaft berührt (vgl. dazu Unterabschnitt ee)).

aa) Anstellungsgesellschaft: Vertraglicher Vergütungsanspruch und Zweck der Vergütungskürzung

Einiges spricht dafür, in der Sonderkonstellation der Drittanstellung bei der Überprüfung einer Lageverschlechterung auf die Anstellungsgesellschaft abzustellen. Es geht schließlich um die potentielle Kürzung des vertraglichen Vergütungsanspruchs. Der Anstellungsvertrag besteht gerade mit der Anstellungsgesellschaft. Nur gegenüber der Anstellungsgesellschaft besteht folglich überhaupt ein kürzbarer Anspruch.

Ein Abstellen auf die Anstellungsgesellschaft erscheint auch deswegen sinnvoll, weil eine Kürzung der von der Anstellungsgesellschaft gewährten Vergütung nicht mal potentiell zu einer Verbesserung der Lage der Organgesellschaft beitragen kann. Die Teilhabe des Vorstandsmitglieds an der wirtschaftlichen Situation seiner Organgesellschaft wäre letztlich fiktiv. Die Organgesellschaft profitiert nicht von einer Vergütungskürzung, da sie ohnehin die Vergütung nicht bezahlt und sie damit auch keine Zahlungen im Umfang der Kürzung einsparen kann. Wenn die Vergütungskürzung zumindest auch dem Schutz des Gesellschaftsvermögens dienen soll, so muss für die Anwendbarkeit des § 87 Abs. 2 AktG daher die Lage der Anstellungsgesellschaft maßgeblich sein. Verschlechtert sich die Lage der Organgesellschaft, bedarf das Gesellschaftsvermögen nämlich keines Schutzes vor überhöhter Vorstandsvergütung. Verschlechtert sich hingegen die Lage der Anstellungsgesellschaft, ist ihr Vermögen schützenswert und ein Schutz durch die Vergütungskürzung auch möglich.

bb) Organgesellschaft: Treuepflicht

Die Treuepflicht eines Vorstandsmitglieds besteht, wie sich schon aus ihrer Bezeichnung als „organschaftliche" Treuepflicht ergibt, nur bezüglich der Organgesellschaft. Die Hinnahme einer Vergütungskürzung kann von den Mitgliedern des Vorstands gerade aufgrund dieser organschaftlichen Treuepflicht verlangt werden. Gegenüber der die Vergütung gewährenden Anstellungsgesellschaft besteht hingegen für sie keine organschaftliche Treuepflicht. Sie müssen ihr Interesse an der ursprünglich vereinbarten Vergütung nicht hinter dem Interesse der Anstellungsgesellschaft zurückstellen. Eine Kürzung der Vergütung aufgrund einer verschlechterten wirtschaftlichen Lage bei der Anstellungsgesellschaft müssen sie daher nicht hinnehmen. Die Duldung einer Vergütungskürzung aufgrund einer verschlechterten Lage der Anstellungsgesellschaft kann unter Treuegesichtspunkten vom Vorstand der Organgesellschaft nicht verlangt werden.

cc) Kompetenzrechtliche Einschränkungen

Die vorangegangenen Überlegungen führen zu dem Ergebnis, dass die organschaftliche Treuepflicht nur gebieten kann, eine Vergütungskürzung zu dulden, wenn sich die Lage bei der Organgesellschaft verschlechtert, während der Zweck der Vergütungskürzung nur eine Kürzung bei einer Lageverschlechterung bei der Anstellungsgesellschaft zulässt. Eine Herabsetzung erscheint vor diesem Hintergrund überhaupt nur vorstellbar, wenn eine Lageverschlechterung bei beiden Gesellschaften eintritt.

Neben dem Auseinanderfallen des Zielobjekts der Treuepflicht und dem schützenswerten Vergütungsschuldner besteht jedoch ein weiteres Problem bei der Anwendbarkeit des § 87 Abs. 2 AktG im Falle der Drittanstellung. Beiden Gesellschaften fehlt nämlich in dieser Konstellation in jedem Fall die Kompetenz für eine derartige Maßnahme.

Für die Anstellungsgesellschaft folgt dies daraus, dass nach dem Wortlaut des § 87 Abs. 2 AktG die Vergütung „der Vorstandsmitglieder" gekürzt werden soll. Wenn sich die Lage bei der Anstellungsgesellschaft verschlechtert, wäre im Falle einer anderen Organgesellschaft kein Mitglied des Vorstands der Anstellungsgesellschaft betroffen. Für eine Kürzung der Vergütung eines lediglich angestellten, aber „fremden" Vorstandsmitglieds fehlt es an einer Rechtsgrundlage. Ist im Anstellungsvertrag nichts anderes vereinbart worden, hat die Anstellungsgesellschaft daher keine Handhabe, die Vergütung zu kürzen. Die Annahme einer Analogie[566] überzeugt nicht. Für eine Analogie bleibt kein Raum, da es infolge der fehlenden besonderen organschaftlichen Treuepflicht schon an einer vergleichbaren Interessenlage mangelt.

Eine Vergütungsherabsetzung durch den Aufsichtsrat der Organgesellschaft scheitert allerdings ebenfalls. Das gilt unabhängig davon, ob sich die Lage bei der Organ- oder bei der Anstellungsgesellschaft verschlechtert hat. Der Aufsichtsrat der Organgesellschaft ist im Fall der Drittanstellung nicht nach § 84 Abs. 1 S. 5,

---

566 Vgl. *Diller*, NZG 2009, 1006, 1009, der die Kürzung durch die Anstellungsgesellschaft in analoger Anwendung des § 87 Abs. 2 AktG für möglich hält. Dabei sei auf die Verschlechterung der Lage der Anstellungsgesellschaft abzustellen.

Abs. 3 S. 5 AktG für den Anstellungsvertrag zuständig.[567] Er verfügt nicht über die Kompetenz, über den Inhalt des Anstellungsvertrags zu entscheiden, den das Vorstandsmitglied mit der Anstellungsgesellschaft vereinbart hat.[568] Damit besteht auch keine Kompetenz der Organgesellschaft, über die durch die Anstellungsgesellschaft gewährte Vergütung zu entscheiden. Der Aufsichtsrat der Organgesellschaft kann somit nicht wirksam die Kürzung der durch die Anstellungsgesellschaft gewährten Vergütung beschließen.

dd) Konsequenz: Grundsätzlich keine Vergütungskürzung möglich

Letztlich scheidet eine Vergütungskürzung grundsätzlich aus. Das gilt selbst dann, wenn sich die Lage sowohl bei der Organ- als auch bei der Anstellungsgesellschaft verschlechtert hat. Mag dies auf den ersten Blick unbillig erscheinen, so ergibt sich eine derartige Konsequenz aus der Berücksichtigung des Schutzzwecks der Vergütungsherabsetzung, der besonderen organschaftlichen Treuepflicht und schließlich der aktienrechtlichen Kompetenzverteilung.

ee) Ausnahme: Drittvergütung berührt Vermögensinteressen der Organgesellschaft

Der Grundsatz, wonach bei einer Drittanstellung eine Anwendung des § 87 Abs. 2 AktG nicht in Betracht kommt, gilt jedoch nicht uneingeschränkt.

Es kann nämlich vorkommen, dass auch bei der Gewährung von Drittvergütung durch eine andere Gesellschaft letztlich das Vermögensinteresse der jeweiligen Organgesellschaft betroffen ist.

Möglich und häufig von den Beteiligten gewünscht ist eine Gestaltung, die dazu führt, dass die Vorstandsvergütung letztlich von der Organgesellschaft getragen wird.[569] So kann etwa eine konzerninterne Verrechnung oder eine Kostenübernahme vereinbart werden.[570] Wenn bei einer wirtschaftlichen Betrachtungsweise die Organgesellschaft letztlich die Kosten für die von der Anstellungsgesellschaft gewährte Vergütung trägt, muss der Aufsichtsrat der Organgesellschaft der Drittanstellung bzw. Drittvergütung

567 *Reuter*, AG 2011, 274, 276.
568 *Kalb/Fröhlich*, NZG 2014, 167, 169.
569 *Seyfarth*, Vorstandsrecht, § 7 Rn. 40; *Reuter*, AG 2011, 274, 277.
570 *Seyfarth*, Vorstandsrecht, § 7 Rn. 40; *Reuter*, AG 2011, 274, 277.

vorher zustimmen.[571] Da auf diesem Wege wirtschaftlich der Aufsichtsrat der Organgesellschaft über die Vergütung entscheidet, gelten hierbei auch die Anforderungen des § 87 AktG.[572] In diesem Fall, wenn also tatsächlich das Vermögensinteresse der Organgesellschaft durch die Zahlungen eines Dritten beeinträchtigt ist, muss es ihrem Aufsichtsrat auch möglich sein, die Drittvergütung herabzusetzen.[573]

Für ein Eingreifen des Herabsetzungsrechts ist allein auf die Verschlechterung der Lage bei der Organgesellschaft abzustellen. Denn nur dann dient die Herabsetzung dem Schutz des Vermögensinteresses der Organgesellschaft. Eine Kürzung lässt sich in diesem Fall auch mühelos mit der organschaftlichen Treuepflicht vereinbaren. Gerade weil so das Vermögen der Organgesellschaft geschützt werden kann, muss das anderweitig angestellte Vorstandsmitglied auch die Kürzung der von einem Dritten gewährten Vergütung hinnehmen. Dem Aufsichtsrat der Organgesellschaft ist in der beschriebenen Sonderkonstellation ausnahmsweise Einfluss auf die Vergütungsvereinbarung zwischen dem Vorstandsmitglied und der Anstellungsgesellschaft zu gewähren.

Die tatsächliche Herbeiführung einer Herabsetzung der durch die Anstellungsgesellschaft gewährten Vergütung durch den Aufsichtsrat der Organgesellschaft ist gleichwohl nicht ohne Weiteres möglich. Denn auch hier ergeben sich kompetenzrechtliche Probleme. Die Organgesellschaft kann regelmäßig nicht auf das bestehende Vertragsverhältnis zwischen ihren Vorstandsmitgliedern und der Anstellungsgesellschaft einwirken. Praktisch umsetzbar ist eine derartige Kürzung daher nur, indem sich der Aufsichtsrat der Organgesellschaft bei der Vereinbarung der Kostenübernahme die Möglichkeit sichert, gegenüber der Anstellungsgesellschaft

---

571 Für eine Zustimmungspflicht nur in dieser Ausnahmesituation: *Kalb/Fröhlich*, NZG 2014, 167, 169; *Seyfarth*, Vorstandsrecht, § 7 Rn. 40; *Reuter*, AG 2011, 274, 277. Für ein generelles Zustimmungserfordernis hingegen: *Arnold/Schansker*, KSzW 2012, 39, 47; *Hüffer/Koch*, AktG, § 87 Rn. 7; *Kort*, in: GK-AktG, § 84, Rn. 357; *Bauer/Arnold*, DB 2006, 260, 265; *Mayer-Uellner*, AG 2011, 193, 199; *Thüsing*, in: Fleischer, Handbuch des Vorstandsrechts, § 4 Rn. 68 (der allerdings nur einseitig verpflichtende Zusagen an das Organmitglied für zulässig hält); *Weber*, in: Hölters, AktG, § 84 Rn. 41 und § 87 Rn. 13.

572 *Ihrig/Schäfer*, Rechte und Pflichten des Vorstands, § 11 Rn. 180; *Seyfarth*, Vorstandsrecht, § 7 Rn. 42; *Reuter*, AG 2011, 274, 277.

573 Implizit *Seyfarth*, Vorstandsrecht, § 7 Rn. 42; im Ergebnis wohl auch *Ihrig/Schäfer*, Rechte und Pflichten des Vorstands, § 11 Rn. 180.

darauf hinwirken zu können, dass die Vergütung des dort angestellten „fremden" Vorstandsmitglieds herabgesetzt wird.[574]

Gleichzeitig muss sichergestellt sein, dass wiederum der Anstellungsgesellschaft gegenüber dem jeweiligen Vorstandsmitglied in diesem Fall ein vertragliches Kürzungsrecht zusteht. Darauf hat der Aufsichtsrat der Organgesellschaft zu achten und hinzuwirken, wenn es um seine Zustimmung zu dem Anstellungsvertrag geht. Das Unterlassen einer derartigen Vereinbarung wird regelmäßig eine Pflichtverletzung darstellen.

Die Vereinbarung einer solchen mittelbaren Eingriffsmöglichkeit des Aufsichtsrats der Organgesellschaft auf die Vergütung belastet die Vorstandsmitglieder nicht übermäßig. Wird ihnen die Vergütung herabgesetzt, stehen sie im Ergebnis jedenfalls nicht schlechter, als sie ohne Drittanstellung stehen würden. Wären sie bei der Organgesellschaft angestellt, müssten sie bei einer Verschlechterung der Lage der Organgesellschaft nämlich ebenso mit einer Vergütungskürzung rechnen.

4. Gesamtergebnis

Anders als bisher in der Literatur angenommen, ist die Konzernentwicklung bei der Überprüfung der Gesellschaftslage nicht vollständig auszublenden. Die Lage von Tochtergesellschaften ist bei der Beurteilung der Lage der Konzernobergesellschaft zu berücksichtigen. Ebenso kann umgekehrt die Lage der Muttergesellschaft für die Lage der Tochtergesellschaft(en) berücksichtigt werden.

Im Falle des Auseinanderfallens von Organ- und Anstellungsverhältnis kommt es für das Tatbestandsmerkmal der Verschlechterung nicht auf die Lage der Anstellungsgesellschaft an. Grundsätzlich wirkt sich auch die Verschlechterung der Lage der Organgesellschaft nicht auf die von der Anstellungsgesellschaft gewährten Bezüge aus.

Wenn durch die Gewährung der Vergütung allerdings Vermögensinteressen der Organgesellschaft betroffen sind, so hat ihr Aufsichtsrat erforderlichenfalls auf eine Herabsetzung bei der Anstellungsgesellschaft hinzuwirken. Eine derartige Ausnahmesituation liegt vor, wenn sich eine Erstattungsvereinbarung oder eine Konzernumlagevereinbarung so auswirkt, dass letztlich die Organgesellschaft für die Vergütung aufkommt. In diesem Fall kann ausnahmsweise die durch die Anstellungsgesellschaft gewährte Vergütung gekürzt werden, wenn sich die Lage der Organgesellschaft verschlechtert. Auf die Schaffung einer

574 *Seyfarth*, Vorstandsrecht, § 7 Rn. 42.

vertraglichen Möglichkeit hierzu muss der Aufsichtsrat der Organgesellschaft hinwirken.

IV. Zusammenfassung

Die Lage der Gesellschaft im Sinne des § 87 Abs. 2 AktG ist im Wesentlichen gleichbedeutend mit der Lage der Gesellschaft im Sinne des § 87 Abs. 1 AktG. Sie ist vor allem charakterisiert durch ihre wirtschaftliche Lage, insbesondere die Ertrags-, Vermögens- und Finanzlage. Auch die zukünftige Entwicklung der Gesellschaft stellt einen Teil der Lage im Sinne des § 87 Abs. 2 AktG dar. Externe Faktoren wie rechtliche oder politische Rahmenbedingungen können ebenfalls berücksichtigt werden. Die Lage der Gesellschaft wird hingegen nicht durch die Leistungen des Vorstands beschrieben. Etwaige Leistungsverschlechterungen müssen daher für die Betrachtung der Lage außen vor bleiben. Ebenso wenig spielt es für die Bewertung der Gesellschaftslage eine Rolle, ob von Beginn an eine überhöhte Vergütung festgesetzt wurde.

Ob im konkreten Fall eine Verschlechterung vorliegt, ist anhand einer wertenden Gesamtbetrachtung festzustellen. Lediglich im Falle der Insolvenz und der unmittelbaren Krise ist eine solche Gesamtbetrachtung ausnahmsweise entbehrlich. In sonstigen Fällen ist die Lage der Gesellschaft im Zeitpunkt der Vergütungsfestsetzung mit dem Zeitpunkt der Entscheidung über die Herabsetzung zu vergleichen. Der Aufsichtsrat sollte dabei mindestens einmal jährlich überprüfen, ob eine Lageverschlechterung eingetreten ist.

Warum sich die Lage der Gesellschaft verschlechtert hat, ist dabei nicht relevant. Der Begriff der Verschlechterung ist ursachenunabhängig. Vergleichsmaßstab bilden die oben genannten Kriterien zur Bestimmung der Lage der Gesellschaft. Eine Verschlechterung setzt voraus, dass (1) eine Veränderung der Lage eingetreten ist, (2) die eingetretene Veränderung bei wertender Betrachtung als negativ zu bewerten ist und (3) sich die Gesellschaft in einer insgesamt kritischen wirtschaftlichen Lage befindet.

Zwar ist nach dem Wortlaut des § 87 Abs. 2 AktG allein auf die Lage der Gesellschaft und nicht des Konzerns abzustellen. In die Gesamtbetrachtung der Gesellschaftslage ist aber die Lage konzernverbundener Unternehmen miteinzubeziehen, wenn sie sich zumindest potentiell auf die Lage der jeweiligen Gesellschaft auswirken kann. Denkbar (und rechtlich zulässig) ist ferner, dass Organ- und Anstellungsverhältnis auseinanderfallen. Unabhängig davon, bei welcher Gesellschaft sich die Lage verschlechtert, fehlt es dem jeweiligen Aufsichtsrat aber an der Kompetenz, die Vergütung herabzusetzen. Der Aufsichtsrat der Organgesellschaft kann nicht über die Höhe der Vergütung entscheiden, die er gar nicht schuldet. Der Aufsichtsrat der Anstellungsgesellschaft indes kann die Vergütung eines bloßen Angestellten, der nicht Teil des Vorstands ist, nach dem Wortlaut des § 87 Abs. 2 AktG nicht kürzen. Eine Vergütungskürzung scheidet somit grundsätzlich auch dann aus, wenn sich die Lage sowohl bei der Organ- als auch bei der Anstellungsgesellschaft verschlechtert hat. Etwas anderes gilt nur, wenn durch die von der Anstellungsgesellschaft gewährten Vergütung Vermögensinteressen der Organgesellschaft betroffen sind. Besteht hinsichtlich der Vergütung eine Erstattungsvereinbarung oder eine Konzernumlagevereinbarung, so kann darin vereinbart werden, dass die Vergütung ihres Vorstandsmitglieds herabgesetzt wird, wenn sich die Lage bei der Organgesellschaft verschlechtert.

G. Unbilligkeit der Weitergewährung

I. Bedeutung der Unbilligkeit

Die soeben ausführlich behandelte Verschlechterung der Lage ist lediglich das „Einfallstor" für das Eingreifen des § 87 Abs. 2 AktG. Sie ist zwar von herausragender Bedeutung für die Anwendbarkeit der Vorschrift und Voraussetzung jeder Vergütungsherabsetzung. Gleichwohl reicht der Eintritt einer Lageverschlechterung im oben beschriebenen Sinne noch nicht aus, um eine Herabsetzung zu begründen. Darüber hinaus muss kumulativ die Fortgewährung der Bezüge in gleichbleibender Höhe „unbillig" für die Gesellschaft sein.

Bei der Unbilligkeit handelt es sich um einen unbestimmten Rechtsbegriff, der die Handhabung der Norm jedenfalls nicht erleichtert. Aus diesem Grund ist es an dieser Stelle wesentliches Ziel, herauszuarbeiten, was sich hinter dem Begriff der Unbilligkeit verbirgt.

II. Verhältnis zur Verschlechterung

Zunächst kann festgestellt werden, dass die Unbilligkeit in einem Wechselwirkungsverhältnis zur Verschlechterung der Lage der Gesellschaft steht. Das verdeutlicht bereits die Gesetzesformulierung, wonach eine Herabsetzung zu erfolgen hat, wenn sich die Lage „so" verschlechtert hat, „dass die Weitergewährung der Bezüge (...) unbillig (...) wäre". Diese Formulierung zeigt eine gewisse gegenseitige Abhängigkeit der beiden Tatbestandsmerkmale voneinander. Aus ihr lässt sich schließen, dass die Weitergewährung der Bezüge (zumindest: auch) gerade infolge der verschlechterten Lage unbillig sein muss. Die Verschlechterung muss derart erfolgen („so"), dass sie zu einer Unbilligkeit für die Gesellschaft führt. Zum Teil wird in der Literatur aufgrund des engen Zusammenhangs angenommen, dass beide Merkmale gemeinsam zu betrachten seien.[575] Eine gemeinsame Prüfung erscheint jedoch nicht zwingend. Hat sich die Lage nicht verschlechtert, kann es überhaupt nicht zu einer Herabsetzung kommen. Das gilt unabhängig davon, ob die Vergütung womöglich – aus welchen Gründen auch immer – unbillig für die Gesellschaft ist. Die bloße Unbilligkeit genügt ihrerseits nicht. Der Gesetzgeber hat sich dafür entschieden, eine Vergütungskürzung stets an das Erfordernis der Lageverschlechterung zu koppeln.

---

575 *Wittuhn/Hamann*, ZGR 2009, 847, 853 f.

Aus diesem Grund ist es durchaus sinnvoll, in einem ersten Schritt nur den Eintritt einer Lageverschlechterung zu prüfen. Fehlt es bereits daran, kommt es auf eine etwaige Unbilligkeit nicht weiter an. Die Überprüfung der Unbilligkeit erübrigt sich in diesem Fall.

Die zusätzliche Hürde der Unbilligkeit gilt im Übrigen auch für den Fall einer Insolvenz oder unmittelbaren Krise. Denn aus der Gesetzesbegründung ergibt sich lediglich, dass die Insolvenz oder unmittelbare Krise stets eine Verschlechterung der Lage darstellen soll. Damit wird nur auf eine der beiden Tatbestandsvoraussetzungen des § 87 Abs. 2 AktG Bezug genommen. Über eine etwaige Unbilligkeit ist damit auch in diesen Sonderfällen nicht entschieden. Die Unbilligkeit muss immer – auch für den Fall der Insolvenz oder unmittelbarer Krise – gesondert festgestellt werden.

III. Unbilligkeit nur bei Zurechenbarkeit der Lageverschlechterung?

Vor dem Inkrafttreten des VorstAG kam es für eine Anwendung des § 87 Abs. 2 AktG nicht darauf an, ob dem Vorstand die Lageverschlechterung zuzurechnen war.[576] Nunmehr heißt es in der Gesetzesbegründung aber, dass die Weiterzahlung der Bezüge „unbillig" sei, wenn der Vorstand pflichtwidrig gehandelt habe oder die Verschlechterung der Lage der Gesellschaft in die Zeit seiner Vorstandsverantwortung falle und ihm zurechenbar sei.[577] Diese Definition der Unbilligkeit hat auch der BGH übernommen.[578] Was aber ist mit dieser Formulierung konkret gemeint?

Die Ausführungen des Gesetzgebers lassen einen gewissen Deutungsspielraum zu. Das pflichtwidrige Handeln lässt sich dabei wohl als besonderer Fall der Zurechenbarkeit auffassen. Über die Pflichtwidrigkeit hinaus geht die inhaltliche Reichweite der Zurechenbarkeit aus der Gesetzesbegründung aber nicht eindeutig hervor.[579] Im Folgenden wird daher diskutiert, was unter dem Begriff der Zurechenbarkeit zu verstehen ist. Insbesondere ist zu klären, ob darin tatsächlich eine zusätzliche ungeschriebene Voraussetzung für die Anwendung des § 87 Abs. 2 AktG zu erkennen ist. Es werden dazu vor allem zwei Lesarten

---

576 *Bauer/Arnold*, AG 2009, 717, 726 mit Verweis auf *Spindler*, in: MüKo-AktG, 3. Aufl. 2008, § 87 Rn. 88.

577 Gesetzentwurf der Fraktionen CDU/CSU und SPD, BT-Drs. 16/12278, S. 6.

578 Vgl. BGH, Urt. v. 27.10.2015 – II ZR 296/14, BGHZ 207, 190 Rn. 39.

579 Vgl. *Goette*, Stellungnahme Gesetzentwurf VorstAG, S. 6; kritisch dazu auch *Koch*, WM 2010, 49, 54 f.

vertreten. Zum einen wird die Zurechenbarkeit im Wesentlichen mit dem zeitlichen Zusammenhang zwischen Lageverschlechterung und Vorstandstätigkeit gleichgestellt (dazu unter Abschnitt 1.). Andere fordern hingegen, dass das jeweilige Vorstandsmitglied die Lageverschlechterung zumindest mitverursacht haben muss (dazu unter Abschnitt 2.). Diese Betrachtungsweisen sollen anschließend kritisch gewürdigt werden (dazu unter Abschnitt 3.).

1. Zeitlicher Zusammenhang

Das Erfordernis der Zurechenbarkeit kann man so verstehen, dass die Lageverschlechterung lediglich in die Zeit der Vorstandstätigkeit des von einer Herabsetzung betroffenen Vorstandsmitglieds fallen muss.[580] Der Zurechenbarkeit würde nach dieser Auffassung für den Herabsetzungstatbestand keine eigenständige Bedeutung zukommen.

Eine irgendwie geartete Verursachung der Verschlechterung müsste dafür nicht vorliegen. Die ausdrückliche Bezugnahme des Gesetzgebers auf die zeitliche Komponente, wonach die Verschlechterung in „die Zeit seiner Vorstandsverantwortung" fallen müsse, würde dann nur klarstellend den Grund für die Zurechenbarkeit der Verschlechterung beschreiben. Gedanklich wäre eine kausale Verknüpfung hinzuzufügen, nach der eine Unbilligkeit anzunehmen ist, wenn „… die Verschlechterung der Lage der Gesellschaft in die Zeit seiner Vorstandsverantwortung fällt und ihm (lies: aus diesem Grund) zurechenbar ist". Dass aber ein zeitlicher Zusammenhang der Verschlechterung mit der Vorstandstätigkeit erforderlich ist, ergibt sich bereits daraus, dass die Lageverschlechterung erst nach der Festsetzung der Vergütung eintreten muss. Eine zusätzliche Voraussetzung für die Herabsetzung würde sich nach diesem Verständnis aus der Zurechenbarkeit nicht ergeben.

Für diese Leseart wird insbesondere vorgebracht, dass das Erfordernis der Zurechenbarkeit keinen Niederschlag im Wortlaut der Vorschrift gefunden habe.[581] Eine Zurechenbarkeit im Sinne eines zwingend erforderlichen

---

580 So im Ergebnis: *Arnold/Schansker*, KSzW 2012, 39, 45; *Fleischer* in: Spindler/Stilz, AktG, § 87 Rn. 64; *Göcke/Greubel*, ZIP 2009, 2086 f.; *Hohenstatt*, ZIP 2009, 1349, 1353; *Seibert*, WM 2009, 1489, 1490 f.; *Waldenberger/Kaufmann*, BB 2010, 2257, 2260. Davon ausgehend offenbar auch *Fischbach*, in: Vorstand der AG, S. 178 („Verschlechterung (…) somit zumindest mittelbar zurechenbar"). Implizit *Paschke*, in: FS Reuter, S. 1107, 1112.

581 *Dauner-Lieb*, Der Konzern 2009, 583, 589; *Meyer*, Vorstandsvergütung, S. 276; *Paschke*, in: FS Reuter, S. 1107, 1112; *Wittuhn/Hamann*, ZGR 2009, 847, 863.

Verursachungsbeitrags ließe außerdem keinen Raum mehr für eine Herabsetzung in Fällen, in denen die Verschlechterung allein auf externen Faktoren beruht.[582] Zweck und Entstehungsgeschichte würden aber verdeutlichen, dass eine Herabsetzung unabhängig vom Grund der Verschlechterung möglich sein soll.[583] Hielte man eine Zurechenbarkeit im Sinne einer (Mit-)Verursachung der Lageverschlechterung für erforderlich, würde die Möglichkeit der Herabsetzung außerdem eine zusätzliche Sanktionsbestimmung neben der bestehenden Schadensersatzpflicht nach § 93 Abs. 2 AktG schaffen.[584] Ein derartiges Verständnis sei im Ergebnis nicht vereinbar mit der Zwecksetzung des § 87 Abs. 2 AktG.[585]

2. Ursächlichkeit

Das ausdrückliche Erwähnen der Zurechenbarkeit in der Gesetzesbegründung ließe sich jedoch auch als eigenständiges ungeschriebenes Tatbestandsmerkmal des § 87 Abs. 2 AktG auffassen. Dann müsste (1) die Lageverschlechterung in die Zeit der Vorstandsverantwortung des jeweiligen Vorstandsmitglieds fallen und (2) sie ihm kumulativ zurechenbar sein. Begreift man die Zurechenbarkeit als zusätzliche Voraussetzung, muss der Begriff über den bloß zeitlichen Zusammenhang hinaus aber auch inhaltlich gefüllt werden. Es dürfte sich dabei um eine adäquat kausale (Mit-)Verursachung der Verschlechterung handeln.[586] Ein derartiges Verständnis legt auch der BGH bei der Prüfung der Unbilligkeit zugrunde. Er nahm im konkreten Fall eine Unbilligkeit an, weil eine Weiterzahlung des vereinbarten Gehalts unbillig gewesen sei, da die Verschlechterung der Lage der Gesellschaft auf wirtschaftlichen Fehlentscheidungen des Klägers als Finanzvorstand beruhte.[587]

Für ein derartiges Verständnis der Zurechenbarkeit wird vorgebracht, dass die Zurechenbarkeit durch den Gesetzgeber neben dem zeitlichen Element

---

582 *Spindler*, in: MüKo-AktG, § 87 Rn. 181.

583 Vgl. *Kort*, in: GK-AktG, § 87 Rn. 411; *Göcke/Greubel*, ZIP 2009, 2086 f.; *Hohenstatt*, ZIP 2009, 1349, 1353; *Spindler*, in: MüKo-AktG, § 87 Rn. 181.

584 Vgl. *Dauner-Lieb*, in: Henssler/Strohn, Gesellschaftsrecht, § 87 AktG, Rn. 35; *dies.*, Der Konzern 2009, 583, 589; *Diller*, NZG 2009, 1006, 1007; *Fleischer*, in: Spindler/Stilz, AktG, § 87 Rn. 64; *Rieble/Schmittlein*, Vergütung von Vorständen, Rn. 347.

585 *Dauner-Lieb*, Der Konzern 2009, 583, 589; *Diller*, NZG 2009, 1006; ähnlich *Fleischer*, in: Spindler/Stilz, AktG, § 87 Rn. 64.

586 Vgl. *Hoffmann-Becking/Krieger*, NZG-Beil. H. 26 2009, 1, 5; *Weppner*, NZG 2010, 1056, 1057; *Spindler*, in: MüKo-AktG, § 87 Rn. 179. Ähnlich *Berger*, Vorstandsvergütung, S. 135.

587 BGH, Urt. v. 27.10.2015 – II ZR 296/14, BGHZ 207, 190 Rn. 40.

gesondert erwähnt worden sei, was darauf hindeute, dass es sich um ein zusätzliches Erfordernis handele.[588] Die Vertreter dieser Auffassung erkennen zwar, dass es sich damit um eine neue tatbestandliche Hürde für die Herabsetzung handeln würde. Das zusätzliche Erfordernis wird aber als vom Gesetzgeber ausdrücklich gewollt hingenommen.[589] Gleiches gilt für das mit der Anknüpfung an ein zurechenbares Vorstandsverhalten einhergehende Sanktionselement.[590]

Vereinzelt wird die in einem ursächlichen Sinne verstandene Zurechenbarkeit außerdem aufgrund des Wortlauts der Entwurfsbegründung als einzige Voraussetzung der Unbilligkeit verstanden.[591] Andere wiederum sehen in der Zurechenbarkeit keine notwendige Voraussetzung, sondern einen bloß möglichen Unterfall der Unbilligkeit.[592] Unter dieser Prämisse würde eine Herabsetzung bei Fehlleistungen, die für die Verschlechterung ursächlich waren, sogar erleichtert.[593]

3. Stellungnahme

Die Zurechenbarkeit ist keine zusätzliche materielle Voraussetzung für das Vorliegen der Unbilligkeit im Sinne des § 87 Abs. 2 AktG. Insbesondere ist für die Durchführung einer Herabsetzung keine Zurechenbarkeit im Sinne eines konkreten Verursachungsbeitrags für die Lageverschlechterung erforderlich.

Neben der Tatsache, dass ein etwaiges Erfordernis der Zurechenbarkeit im Gesetzeswortlaut keinen Niederschlag findet, überzeugt in dieser Hinsicht insbesondere das Argument, dass andernfalls eine neue tatbestandliche Hürde für die Herabsetzung aufgestellt würde. Damit würde die Herabsetzung im Vergleich zur alten Rechtslage deutlich erschwert. Es erscheint angesichts der Gesamtumstände der Reform im Zuge des VorstAG mehr als unwahrscheinlich, dass der Gesetzgeber erschwerende Voraussetzungen für eine Herabsetzung schaffen

588 *Berger*, Vorstandsvergütung, S. 134 f.; *Hoffmann-Becking/Krieger*, NZG-Beil. H. 26 2009, 1, 5; *Hüffer/Koch*, AktG, § 87 Rn. 53; *Spindler*, DB 2015, 908, 909; *Weppner*, NZG 2010, 1056, 1057. Abwägend *Koch*, WM 2010, 49, 55.

589 *Bauer/Arnold*, AG 2009, 717, 726; *Hüffer/Koch*, AktG, § 87 Rn. 53; *Weppner*, NZG 2010, 1056, 1057.

590 *Bauer/Arnold*, AG 2009, 717, 726; *Berger*, Vorstandsvergütung, S. 135; *Hüffer/Koch*, AktG, § 87 Rn. 53;

591 *Berger*, Vorstandsvergütung, S. 134 f.

592 *van Kann/Keiluweit*, DStR 2009, 1587, 1590; *Meyer*, Vorstandsvergütung, S. 276; *Spindler*, in: MüKo-AktG, § 87 Rn. 181. Explizit a.A.: *Bauer/Arnold*, AG 2009, 717, 726.

593 *Spindler*, in: MüKo-AktG, § 87 Rn. 178.

wollte. Eine Einschränkung der Unbilligkeit dergestalt, dass es für ihr Vorliegen ausschließlich darauf ankommen soll, ob ein konkreter Verursachungsbeitrag für die Lageverschlechterung vorliegt, kann nicht gewollt sein.

Gleichwohl kann auch der bloße zeitliche Zusammenhang zwischen Verschlechterung und Vorstandstätigkeit jedenfalls nicht allein genügen, um eine Unbilligkeit anzunehmen. Andernfalls wäre die Bedeutung des Tatbestandsmerkmals der Unbilligkeit verschwindend gering. Bei noch aktiven Vorstandsmitgliedern wird die Verschlechterung der Lage ohnehin erst nach der erstmaligen Festsetzung der Vergütung eintreten. Regelmäßig wird das Vorstandsmitglied zum Zeitpunkt der Verschlechterung seine Vorstandstätigkeit bereits aufgenommen haben. Verschlechterungen der Lage, die vor der eigenen Vorstandstätigkeit eingetreten sind, bleiben daher von vornherein unberücksichtigt.

Ließe man das Bestehen eines zeitlichen Zusammenhangs für die Annahme einer Unbilligkeit für die Gesellschaft genügen, wäre die Unbilligkeit praktisch immer gegeben. Im Ergebnis verbietet sich daher eine Gleichsetzung der Unbilligkeit mit der rein zeitlichen Zurechenbarkeit ebenso wie die Gleichsetzung mit einem Verursachungsbeitrag.

Letztlich ist der Hinweis in der Gesetzesbegründung auf die Zurechenbarkeit so aufzufassen, dass es für die Unbilligkeit zwar darauf ankommen kann, ob eine Pflichtwidrigkeit oder anderweitiger konkreter Verursachungsbeitrag für die Lageverschlechterung vorliegt. Es verbietet sich aber, diese als zwingende Voraussetzung zu fordern, weil nicht davon ausgegangen werden kann, dass der Gesetzgeber weitere Hürden für die Anwendbarkeit des § 87 Abs. 2 AktG schaffen wollte und sich dies auch aus dem Wortlaut nicht ergibt. Gleichwohl erscheint aber auch ein Verständnis, wonach bei einer etwaigen Mitverursachung in jedem Fall von einer Unbilligkeit auszugehen ist, als zu starr. Eine etwaige Pflichtwidrigkeit oder anderweitige Verursachung der Lageverschlechterung kann aber durchaus ein Indiz für das Vorliegen einer Unbilligkeit sein.[594] Dennoch bleibt eine Einzelfallbetrachtung erforderlich.

4. Exkurs: Verhältnis zur Schadensersatzpflicht nach § 93 Abs. 2 AktG

Nach dem hier vertretenen Verständnis ist ein pflichtwidriges Verhalten des Vorstands keine zwingende Voraussetzung für das tatbestandliche Eingreifen

594 Ähnlich *Kort,* in: GK-AktG, § 87 Rn. 409 (pflichtwidrig-schuldhaftes Verhalten soll die Billigkeit der Herabsetzung indizieren).

des § 87 Abs. 2 AktG. Daher kann sowohl schadensersatzpflichtiges Verhalten als auch ein Verhalten, das nicht zu einer Schadensersatzpflicht führt (etwa, weil es von der Business Judgement Rule umfasst ist), in einer Vergütungsherabsetzung resultieren. Es ist für die Anwendung des § 87 Abs. 2 AktG sogar überhaupt kein konkretes Verhalten des Vorstands notwendig.

Es kann daher der Fall eintreten, dass bei einem pflichtwidrigen Verhalten neben die Vergütungsherabsetzung eine Schadenersatzpflicht nach § 93 Abs. 2 AktG tritt. Damit wird das betroffene Vorstandsmitglied aber nicht doppelt sanktioniert. Beide Instrumente bestehen nebeneinander und unabhängig voneinander. Denn auch ein Vorstandsmitglied, das sich nicht pflichtwidrig verhalten hat, muss ggf. mit einer Herabsetzung rechnen, falls sich die Lage der Gesellschaft verschlechtert hat. Dasjenige Vorstandsmitglied hingegen, das sich pflichtwidrig verhalten und so zur Lageverschlechterung beigetragen hat, muss darüber hinaus mit einer Sanktionierung dieses Verhaltens in Form einer Schadensersatzpflicht rechnen. Die Herabsetzung der Vergütung muss dabei nicht zugunsten des schadensersatzpflichtigen Vorstandsmitglieds angerechnet werden.

IV. Herrschende Auffassung: Unbilligkeit als Ergebnis einer Abwägung im Einzelfall

Das Schrifttum fordert zur Bestimmung der Unbilligkeit mehrheitlich weiterhin eine umfassende Abwägung im Einzelfall.[595] Ähnlich sieht es der BGH, der für die Unbilligkeit auf Tatbestandsseite eine Mitverursachung der Lageverschlechterung genügen lässt, letztlich aber auf Rechtsfolgenseite eine Prüfung der „Billigkeit" verortet. Bei der Prüfung der Billigkeit i.S.d. § 87 Abs. 2 S. 1 AktG seien sämtliche Umstände des Einzelfalls zu berücksichtigen und gegeneinander abzuwägen.[596]

Dieses einzelfallbezogene Abwägungserfordernis deckt sich mit dem allgemein verbreiteten Verständnis des Begriffs der Billigkeit, der in zahlreichen gesetzlichen Regelungen[597] Erwähnung findet. Die Billigkeit setzt stets eine Abwägung im Einzelfall unter Berücksichtigung der Interessenlagen der

---

595 *Fleischer* in: Spindler/Stilz, AktG, § 87 Rn. 65; *Meyer*, Vorstandsvergütung, S. 278; *Paschke*, in: FS Reuter, S. 1107, 1111; *Seibt*, in: K. Schmidt/Lutter, AktG, § 87 Rn. 18; *Wittuhn/Hamann*, ZGR 2009, 847, 856.

596 BGH, Urt. v. 27.10.2015 – II ZR 296/14, BGHZ 207, 190 Rn. 47.

597 Beispielsweise seien nur genannt: § 315, § 319, § 571, § 2048 BGB, § 91a, § 495a ZPO.

beteiligten Parteien voraus. Nichts anderes kann für ihr Gegenstück, die Unbilligkeit, gelten. Insoweit ist die Auffassung, dass eine einzelfallabhängige Betrachtung vorzunehmen ist, zutreffend.

1. Maßgebliche Abwägungskriterien

Nach herrschender Auffassung sollen zusammenfassend folgende Abwägungskriterien für die Unbilligkeit i.S.d. § 87 Abs. 2 S. 1 AktG relevant sein: Belange der Gesellschaft, persönliche Verhältnisse der einzelnen Vorstandsmitglieder und schließlich Arbeitnehmerbelange.

Zuvorderst seien die Belange der Gesellschaft zu berücksichtigen, da gesetzlich ausdrücklich auf eine Unbilligkeit „für die Gesellschaft" abgestellt werde.[598] Das bedeute, dass für das Tatbestandsmerkmal der Unbilligkeit weiterhin gerade nicht auf Wertungen der Öffentlichkeit oder der Allgemeinheit ankommen soll.[599] Maßgeblich sei allein das Unternehmensinteresse.[600] Andernfalls bliebe der Maßstab, an dem eine Unbilligkeit zu ermitteln wäre, sehr vage und offen.[601] Im Rahmen der Abwägung könne außerdem ein möglicher Verursachungsbeitrag des jeweiligen Vorstandsmitglieds Berücksichtigung finden.[602] Zudem sei zu fragen, ob eine Veränderung in der Lage der Gesellschaft bereits durch die Vergütungsstruktur berücksichtigt werde.[603] Wenn die Lageverschlechterung aufgrund der Ausgestaltung des Vergütungssystems ohnehin dazu führe, dass die variable Vergütung geringer ausfalle oder ganz wegfalle, könne dies eine Unbilligkeit ausschließen.[604] Weiterhin sollen die persönlichen Verhältnisse der

598 *Seibt*, in: K. Schmidt/Lutter, AktG, § 87 Rn. 18.

599 *Bauer/Arnold*, AG 2009, 717, 726; *Diller*, NZG 2009, 1006, 1007; *Hoffmann-Becking/Krieger*, NZG-Beil. H. 26 2009, 1, 5; *Hohenstatt*, ZIP 2009, 1349, 1353; *Link*, in: Wachter, AktG, § 87 Rn. 50; *Weber*, in: Hölters, AktG, § 87 Rn. 49.

600 *Hoffmann-Becking/Krieger*, NZG-Beil. H. 26 2009, 1, 5; *Weber*, in: Hölters, AktG, § 87 Rn. 49.

601 Pointiert *Diller*, NZG 2009, 1006, 1007: „Dies hätte die Voraussetzungen des § 87 II AktG vom gesunden Volksempfinden der BILD-Zeitung abhängig gemacht."

602 *Annuß/Theusinger*, BB 2009, 2434, 2438; *Fleischer* in: Spindler/Stilz, AktG, § 87 Rn. 65; ähnlich *Kort*, in: GK-AktG, § 87 Rn. 409 (pflichtwidrig-schuldhaftes Verhalten soll die Billigkeit der Herabsetzung indizieren); *Seibt*, in: K. Schmidt/Lutter, AktG, § 87 Rn. 18.

603 *Weber*, in: Hölters, AktG, § 87 Rn. 50; *Seibt*, in: K. Schmidt/Lutter, AktG, § 87 Rn. 18.

604 *Link*, in: Wachter, AktG, § 87 Rn. 50; *Weber*, in: Hölters, AktG, § 87 Rn. 50; ähnlich *Bauer/Arnold*, AG 2009, 717, 726.

einzelnen Vorstandsmitglieder relevant sein.[605] Im Einzelfall könne trotz des ausdrücklichen Abstellens auf die Gesellschaft die Billigkeit davon abhängen, in welchem Umfang die Herabsetzung der Vergütung dem Vorstandsmitglied wegen seiner persönlichen Verhältnisse noch zumutbar sei.[606]

Schließlich seien auch Arbeitnehmerbelange in die Abwägung einzubeziehen. Eine Unbilligkeit für die Gesellschaft könne auch in einer Gefährdung der Belange der Arbeitnehmer des Betriebs liegen, womit der soziale Frieden in der Gesellschaft gefährdet werden könnte.[607]

2. Verstoß gegen § 87 Abs. 1 S. 2 AktG als Voraussetzung der Unbilligkeit?

Von *Klöhn* wird darüber hinaus vertreten, dass das Bestehen einer Unbilligkeit ein fehlendes Ausrichten der Vergütungsstruktur auf eine nachhaltige Unternehmensentwicklung im Sinne des § 87 Abs. 1 S. 2 AktG voraussetze.

a) Ansatz von Klöhn

Nach dem von *Klöhn* entwickelten Ansatz soll die Weitergewährung der Bezüge nur dann unbillig sein, wenn die vertraglich festgesetzte Vergütung nicht oder nicht mehr auf eine nachhaltige Unternehmensentwicklung ausgerichtet ist und sich gerade aus diesem Grund die Lage der Gesellschaft verschlechtert habe.[608] Diese gelte – obwohl sich § 87 Abs. 1 S. 2 AktG nach seinem Wortlaut nur auf börsennotierte Gesellschaften bezieht – auch für nicht börsennotierte Aktiengesellschaften.[609]

Zudem müsse der Vorstand die Lageverschlechterung durch ein konkretes Tun oder Unterlassen verursacht haben.[610] Schließlich postuliert *Klöhn* das Erfordernis eines doppelten Zurechnungszusammenhanges. Die spezifische

605 BGH, Urt. v. 27.10.2015 – II ZR 296/14, BGHZ 207, 190 Rn. 47; *Fleischer* in: Spindler/Stilz, AktG, § 87 Rn. 65; *Keiser*, RdA 2010, 280, 283; *Link*, in: Wachter, AktG, § 87 Rn. 50; *Oltmanns*, in: NK-AktR, § 87 Rn. 10; *Ritter/Nehls*, in: MAH Aktienrecht, § 22 Rn. 196; *Spindler*, in: MüKo-AktG, § 87 Rn. 177; *Mertens/Cahn*, in: KK-AktG, § 87 Rn. 95; *Seibt*, in: K. Schmidt/Lutter, AktG, § 87 Rn. 18; *Weber*, in: Hölters, AktG, § 87 Rn. 50.

606 BGH, Urt. v. 27.10.2015 – II ZR 296/14, BGHZ 207, 190 Rn. 47.

607 *Spindler*, in: MüKo-AktG, § 87 Rn. 181.

608 *Klöhn*, ZGR 2012, 1, 22 ff.; zustimmend *Bürgers*, in: Bürgers/Körber, AktG, § 87 Rn. 14.

609 *Klöhn*, ZGR 2012, 1, 33 f.

610 *Klöhn*, ZGR 2012, 1, 23.

Gefahr der nicht auf eine nachhaltige Unternehmensentwicklung ausgerichteten Vergütungsstruktur müsse sich in der Handlung des Vorstands niedergeschlagen haben.[611] In der Lageverschlechterung müsse sich das durch den Vorstand geschaffene Risiko einer nicht nachhaltigen Unternehmensentwicklung verwirklicht haben.[612] Ein solches Verständnis sei vom Wortlaut des § 87 Abs. 2 AktG „ohne Weiteres" gedeckt.[613] Die Formulierung „nach Absatz 1 unbillig" verweise nämlich nicht nur auf § 87 Abs. 1 S. 1 AktG, sondern auch auf § 87 Abs. 1 S. 2 AktG.[614]

b) *Kritik*

Klöhns Annahme, dass das Eingreifen des § 87 Abs. 2 AktG stets einen Verstoß gegen § 87 Abs. 1 S. 2 AktG voraussetze, wird richtigerweise als „überkonstruiert" kritisiert.[615] Sowohl der Wortlaut als auch der Regelungszweck des § 87 Abs. 2 AktG geben einen solchen Bezug nicht her.[616] Die konkrete Formulierung der Vorschrift („... so, dass die Weitergewährung der Bezüge nach Absatz 1 unbillig wäre") als Verweis auf § 87 Abs. 1 S. 2 AktG zu verstehen, erscheint fernliegend. Der Bezug auf Absatz 1 ist vielmehr im Zusammenhang mit der Weitergewährung „der Bezüge" zu lesen. Es wird damit lediglich klargestellt, dass es auch bei der Herabsetzung auf die in Absatz 1 genannten Bezüge ankommt. In § 87 Abs. 1 S. 1 AktG sind die möglichen Bezüge eines Vorstandsmitglieds aufgezählt (Gehalt, Gewinnbeteiligungen, Aufwandsentschädigungen, Versicherungsentgelte, Provisionen, anreizorientierte Vergütungszusagen wie zum Beispiel Aktienbezugsrechte und Nebenleistungen jeder Art). Es geht folglich um die „Bezüge nach Absatz 1", nicht etwa um eine Unbilligkeit nach Absatz 1.

Die fehlende Ausrichtung der Vergütung auf eine nachhaltige Unternehmensentwicklung als relevantes Kriterium für die Unbilligkeit ist damit gerade nicht „ohne Weiteres" vom Wortlaut des § 87 Abs. 2 AktG gedeckt. Im Gegenteil, gerade der Wortlaut bietet dafür keinerlei Anhaltspunkte.

---

611 *Klöhn*, ZGR 2012, 1, 23.

612 *Klöhn*, ZGR 2012, 1, 24.

613 *Klöhn*, ZGR 2012, 1, 22 f.

614 *Klöhn*, ZGR 2012, 1, 22.

615 So *Hüffer/Koch*, AktG, § 87 Rn. 50; kritisch auch *Kort*, in: GK-AktG, § 87 Rn. 407; *Seibt* in: K. Schmidt/Lutter, AktG, § 87 Rn. 18.

616 *Hüffer/Koch*, AktG, § 87 Rn. 50.

V. Eigener Ansatz: Gleichlauf von Unbilligkeit und Unangemessenheit

Bei den Überlegungen dazu, wie sich das Tatbestandsmerkmal der Unbilligkeit näher konkretisieren lässt, drängt sich die Frage auf, wie sich die Unbilligkeit zu der Angemessenheit der Vergütungshöhe verhält. Dabei ist zunächst festzustellen, dass eine Unbilligkeit nicht vorliegen kann, wenn (weiterhin) eine angemessene Vergütung gewährt wird (dazu unter Abschnitt 1.). Zum anderen sprechen gewichtige Gründe dafür, dass schon das Vorliegen einer unangemessenen Vergütungshöhe i.S.d. § 87 Abs. 1 AktG für die Begründung einer Unbilligkeit genügt (dazu unter Abschnitt 2.).

1. Unangemessenheit als immanentes Element der Unbilligkeit

Zunächst ist festzustellen, dass eine nach § 87 Abs. 1 AktG angemessene Vergütungshöhe jedenfalls nicht unbillig im Sinne des § 87 Abs. 2 AktG sein kann. Als Rechtsfolge sieht die Vorschrift schließlich eine Herabsetzung auf einen angemessenen Betrag vor. Wenn aber die gewährte Vergütung trotz Verschlechterung der Lage weiterhin angemessen ist, muss sie nicht auf ein angemessenes Maß herabgesetzt werden. Eine bereits angemessene Vergütung muss nicht gekürzt werden. Die Herabsetzung ist dann schlicht überflüssig, die Rechtsfolgenanordnung läuft ins Leere.

Nach der Grundkonzeption der Norm steht damit eine angemessene Vergütung der Annahme einer Unbilligkeit entgegen. Anders formuliert: Was angemessen ist, kann nicht unbillig sein.[617] Daraus folgt im Umkehrschluss, dass eine Unbilligkeit nur dann vorliegen kann, wenn die Vergütung unangemessen ist. Konsequenz eines derartigen Verständnisses ist, dass sich die Unbilligkeit nie losgelöst von der konkret gewährten Vergütungshöhe beurteilten lässt.

2. Unangemessenheit als ausreichendes Kriterium für die Annahme einer Unbilligkeit

Nach dem soeben Gesagten kann eine Unbilligkeit für die Gesellschaft nicht angenommen werden, wenn sich die Vergütungshöhe im konkreten Einzelfall nicht als unangemessen erweist. Damit bleibt aber noch offen, ob auch spiegelbildlich gilt, dass eine unangemessene Vergütungshöhe schon für das Bestehen

617 So zum alten Recht schon *Thüsing*, in: Fleischer, Handbuch des Vorstandsrechts, § 6 Rn. 32.

einer Unbilligkeit genügt. Bedarf es über das Vorliegen einer unangemessenen Vergütung hinaus überhaupt noch einer einzelfallabhängigen Abwägung oder ist die Unbilligkeit im Ergebnis deckungsgleich mit der Unangemessenheit?[618]

Um zu klären, ob von einem Gleichlauf dieser beiden Begriffe auszugehen ist, lohnt es sich zunächst, einen Vergleich mit der alten Rechtslage vor dem VorstAG vorzunehmen (dazu unter Abschnitt a)). Sodann soll betrachtet werden, was ein Gleichlauf von Unbilligkeit und Unangemessenheit für das Verhältnis von Tatbestand und Rechtsfolge des § 87 Abs. 2 AktG bedeuten würde (dazu unter Abschnitt b)). Schließlich wird der begriffliche Sinngehalt von (Un-)Billigkeit und (Un-)Angemessenheit näher betrachtet (dazu unter Abschnitt c)).

a) Vergleich mit alter Rechtslage

Dafür, dass die Begriffe der Unbilligkeit und Unangemessenheit letztlich deckungsgleich sind, spricht der Vergleich mit der alten Rechtslage. Nach § 87 Abs. 2 AktG a.F. war noch eine „schwere" Unbilligkeit erforderlich, um eine Herabsetzung vorzunehmen. Das Vorliegen einer derart qualifizierten Unbilligkeit wurde erst angenommen, wenn zwischen der Lage der Gesellschaft und den Vorstandsbezügen ein „völlig unangemessenes" Verhältnis bestand.[619] Das Heranziehen der Kriterien für die Bestimmung einer angemessenen Vergütung nach § 87 Abs. 1 AktG wurde zuvor gerade deswegen abgelehnt, weil tatbestandlich eine „schwere" Unbilligkeit Bedingung für eine Vergütungsherabsetzung war.[620] Angemessenheit und schwere Unbilligkeit habe man aus diesem Grund nicht gleichsetzen können.[621] Wenn die Bezüge lediglich („einfach") unbillig waren, weil sie nicht angemessen im Sinne des § 87 Abs. 1 AktG waren, war eine Kürzung nicht möglich.[622] Es konnte folglich die Situation eintreten, dass trotz Lageverschlechterung eine unangemessene Vergütung weitergewährt wurde.

Nunmehr ist in Hinblick auf den Wortlaut jedoch nicht mehr erforderlich, ein völlig unangemessenes Verhältnis zwischen Lage der Gesellschaft und Höhe der Vorstandsbezüge zu verlangen. Eine qualifizierte („schwere") Unbilligkeit

---

618 In diese Richtung auch *Thüsing*, AG 2009, 517, 523, nach dem es nahe liege „die Unbilligkeit nach § 87 Abs. 1 AktG zu bestimmen". Einen Gleichlauf explizit ablehnend: *Gaul/Janz*, NZA 2009, 809, 812.

619 *Weisner/Kölling*, NZG 2003, 465, 466; *Mertens*, in: KK-AktG, 2. Aufl. 1996, § 87 Rn. 10; *Wilsing/Kleißl*, BB 2008, 2422, 2423.

620 *Weisner/Kölling*, NZG 2003, 465, 466.

621 *Weisner/Kölling*, NZG 2003, 465, 466.

622 *Weisner/Kölling*, NZG 2003, 465, 466.

wird tatbestandlich nicht mehr gefordert. Damit entfällt aber der Grund für die Ablehnung eines Gleichlaufs von Angemessenheit und Billigkeit. Teilweise wird für eine Unbilligkeit auch nach der Reform in dieser Hinsicht noch ein „völlig unangemessenes Verhältnis“ verlangt.[623] Unter dieser Prämisse würde die Unbilligkeit auch nach neuer Rechtslage über die bloße („einfache“) Unangemessenheit hinausgehen.

Außerdem wollte der Gesetzgeber mit dem VorstAG die Voraussetzungen einer Vergütungskürzung bei Vorständen gegenüber der früheren Rechtslage erleichtern. Diese Zielsetzung spricht ebenfalls für die Annahme eines Gleichlaufs von Unbilligkeit und Unangemessenheit. Legt man diese Annahme zugrunde, so erfolgte durch die Streichung des Erfordernisses der „schweren“ Unbilligkeit dann nämlich nicht nur eine bloß kosmetische, sondern auch eine tatsächliche, materiell bedeutsame Änderung der bisherigen Rechtslage.

b) *Kongruenz von Tatbestand und Rechtsfolge*

Ein Gleichlauf von Unbilligkeit und Unangemessenheit löst auch die vermeintlich „problematische Inkongruenz von Tatbestand und Rechtsfolge“[624] des § 87 Abs. 2 AktG auf, die darin bestehen soll, dass die Unbilligkeit einerseits Tatbestandsvoraussetzung sei, es auf Rechtsfolgenseite aber nicht (nur) um die Beseitigung der Unbilligkeit gehe, sondern (darüber hinaus) um die Festsetzung einer angemessenen Vergütung.

Eine derartige Inkongruenz besteht jedoch dann nicht, wenn die Unbilligkeit durch die Unangemessenheit nach § 87 Abs. 1 AktG beschrieben wird. In diesem Fall wird nämlich die auf Tatbestandsebene erforderliche Unbilligkeit (= Unangemessenheit) beseitigt, indem auf Rechtsfolgenseite eine angemessene Vergütung festgesetzt wird. In diesem Sinne ist die Festsetzung einer angemessenen Vergütung auf Rechtsfolgenseite im Verhältnis zur tatbestandlichen Voraussetzung nicht überschießend.

c) *(Un-)Angemessenheit als einzelfallbezogene Abwägung*

Zuletzt bestehen schon begrifflich wenig grundlegende Unterschiede zwischen der (Un-)Billigkeit und der (Un-)Angemessenheit. Beiden Begriffen ist gemein, dass eine einzelfallbezogene Abwägung unter Berücksichtigung beidseitiger

623 *Bauer/Arnold*, AG 2009, 717, 726; *Mertens/Cahn*, in: KK-AktG, § 87 Rn. 94.

624 *Dauner-Lieb/Friedrich*, NZG 2010, 688, 689; zustimmend *Meyer*, Vorstandsvergütung, S. 313; kritisch auch *Thüsing*, AG 2009, 517, 523.

Interessen zu erfolgen hat. Die abwägungsrelevanten Kriterien zur Bestimmung der im Einzelfall zulässigen Vergütungshöhe werden aber bereits durch den Begriff der Angemessenheit in § 87 Abs. 1 AktG näher konkretisiert. Darin sind die konkreten Umstände benannt, die zu berücksichtigen sind, um eine einzelfallabhängige Abwägung bezüglich der Vergütungshöhe vorzunehmen. Zudem haben die abwägungsrelevanten Kriterien eine weitere Konkretisierung durch die Literatur erfahren.

Die bereits bekannten Kriterien, um eine angemessene Vergütungshöhe zu bestimmen, können auch für die Bestimmung der Unbilligkeit fruchtbar gemacht werden. Es erschließt sich nicht, warum andere Kriterien gelten sollten als bei der Angemessenheit. Letzten Endes soll mit dem Kriterium der Unbilligkeit ausgedrückt werden, dass die Vergütungshöhe sich in der konkreten Situation der Lageverschlechterung als der Gesellschaft nicht mehr zumutbar erweist. Das ist der Fall, wenn die Vergütungshöhe sich angesichts der veränderten Lage als „zu hoch" erweist. Eine Vergütung ist genau dann „zu hoch", wenn sie unangemessen i. S. d. § 87 Abs. 1 AktG ist. Aus diesem Grund ist es sinnvoll, schon an dieser Stelle die Vergütungshöhe am Maßstab des § 87 Abs. 1 AktG zu überprüfen. Auf Rechtsfolgenseite muss ohnehin eine neue Vergütungshöhe festgesetzt werden, die unter Berücksichtigung des konkreten Einzelfalls angemessen ist. Eine einzelfallbezogene Betrachtung sowohl auf Tatbestands- als auch auf Rechtsfolgenebene anhand unterschiedlicher Maßstäbe ist überflüssig und verkompliziert die Anwendung des § 87 Abs. 2 AktG nur weiter.

Für die Prüfung der (Un-)Angemessenheit ist vor allem das Verhältnis zwischen der Lage und der Vergütungshöhe von entscheidender Bedeutung. In diesem Zusammenhang spielt insbesondere das Ausmaß der Verschlechterung eine Rolle. Je stärker die Verschlechterung und je schwieriger die Gesamtsituation der Gesellschaft, umso eher wird ein Missverhältnis zwischen bisheriger Vergütungshöhe und der Lage, und damit eine unangemessene Vergütungshöhe anzunehmen sein. Ebenfalls kann im Rahmen der Prüfung der (Un-)Angemessenheit der Vergütungshöhe ein etwaiger Verursachungsbeitrag des Vorstandsmitglieds für die veränderte Situation berücksichtigt werden.

Die Unbilligkeit muss sich für die Zwecke des § 87 Abs. 2 AktG zwar aus der Lageverschlechterung ergeben (Wortlaut: „so…, dass"). Hieran sind jedoch keine allzu strengen Anforderungen zu stellen. Eine Mitursächlichkeit genügt und ist schon dann gegeben, wenn die Unangemessenheit sich aus der Gesamtbetrachtung der veränderten Lage und der weiteren Angemessenheitskriterien ergibt. Die übrigen Angemessenheitskriterien sind daher ebenfalls in die Betrachtung einzubeziehen. Es reicht für das Eingreifen des § 87 Abs. 2 AktG zudem aus, wenn die Lageverschlechterung eine bereits zuvor bestehende Unangemessenheit noch weiter verstärkt.

3. Ergebnis

Das Erfordernis der Unbilligkeit setzt in jedem Fall voraus, dass die bislang gewährten Bezüge unter Berücksichtigung der veränderten Gesellschaftslage ihrer Höhe nach unangemessen i. S. d. § 87 Abs. 1 AktG sind. Denn für den Fall, dass die Bezüge trotz Lageverschlechterung weiterhin angemessenen sind, läuft die Rechtsfolge, die darin besteht, die Vergütung auf ein angemessenes Maß herabzusetzen, ins Leere. Eine Unbilligkeit, die zur Herabsetzung führt, kann damit nicht vorliegen.

Die unangemessene Vergütungshöhe ist aber nicht nur notwendige Voraussetzung der Unbilligkeit, sie allein genügt auch für ihr Vorliegen. Einer darüber hinausgehenden Einzelfallabwägung bedarf es nicht, um eine Unbilligkeit für die Gesellschaft zu begründen. Da mit dem VorstAG das Erfordernis einer qualifizierten („schweren") Unbilligkeit entfallen ist, besteht kein Grund mehr, einen Gleichlauf von (Un-)Angemessenheit und (Un-)Billigkeit abzulehnen. Ein derartiges Begriffsverständnis stimmt auch mit dem VorstAG intendierten Zweck überein, die Hürden für das Eingreifen des § 87 Abs. 2 AktG insgesamt abzusenken. Schließlich werden mit den Begriffen der (Un-)Angemessenheit und der (Un-)Billigkeit inhaltlich im Wesentlichen weitgehend übereinstimmende Konzepte beschrieben. Beide zielen auf eine umfassende Abwägung im Einzelfall ab und bezwecken, eine für die konkrete Situation „zu hohe" Vergütung zu verhindern. Der Begriff der Angemessenheit ist gesetzlich in § 87 Abs. 1 S. 1 AktG und zusätzlich durch die Literatur bereits näher konkretisiert. Die bisherigen Konkretisierungen können auch für die Unbilligkeit fruchtbar gemacht werden. Die Belange, die schon im Rahmen der Festsetzung einer angemessenen Vorstandsvergütung einzubeziehen sind, sind damit letzten Endes auch für die Frage der Unbilligkeit bedeutsam.

Daraus folgt, dass die bislang gewährte Vergütungshöhe nicht erst auf Rechtsfolgenseite näher zu beleuchten ist, sondern bereits bei der Prüfung des Vorliegens des Herabsetzungstatbestands. Erweist sie sich als unangemessen hoch, ist das Tatbestandsmerkmal der Unbilligkeit erfüllt und es muss auf Rechtsfolgenseite eine andere Vergütungshöhe bestimmt werden.

In der Konsequenz aus dem eben Gesagten wäre es wünschenswert, wenn im Zuge einer potentiellen zukünftigen Reform des Herabsetzungstatbestands aus Klarstellungsgründen das Kriterium der Unbilligkeit durch die Unangemessenheit ersetzt wird.

VI. Zusammenfassung

Das Eintreten einer Lageverschlechterung genügt für sich allein genommen nicht, um eine Vergütungsherabsetzung zu begründen. Daneben muss die Weitergewährung der Vergütung in ihrer bisherigen Höhe unbillig für die Gesellschaft sein. Das zusätzliche Erfordernis der Unbilligkeit gilt auch im Falle einer Insolvenz oder unmittelbaren Krise.

Entgegen der diesbezüglich unscharfen Gesetzesbegründung kommt es für das Bestehen einer Unbilligkeit nicht entscheidend darauf an, ob der Vorstand pflichtwidrig gehandelt hat oder ihm die Verschlechterung aus sonstigen Gründen im Sinne eines Verursachungsbeitrages zurechenbar ist. Es wurde mit dem VorstAG keine zusätzliche Hürde für die Anwendung des § 87 Abs. 2 AktG in Form eines ungeschriebenen Tatbestandsmerkmals der Zurechenbarkeit geschaffen. Zum einem gibt der Wortlaut ein solches zusätzliches Erfordernis nicht her. Zum anderen war es auch nicht Zweck der Reform erhöhte Voraussetzungen für die Herabsetzung aufzustellen.

Eine fehlende Ausrichtung der Vergütungsstruktur auf eine nachhaltige Unternehmensentwicklung im Sinne des § 87 Abs. 1 S. 2 AktG ist keine Voraussetzung für die Annahme einer Unbilligkeit. Eine solche Anforderung gebieten insbesondere weder Wortlaut noch Regelungszweck der Norm.

Mehrheitlich wird verlangt, die Unbilligkeit für die Gesellschaft mittels Abwägung im Einzelfall zu ermitteln. Dabei sollen vor allem Belange der Gesellschaft, persönliche Verhältnisse der einzelnen Vorstandsmitglieder sowie Arbeitnehmerbelange zu berücksichtigen sein. Wenngleich die vorgenannten Kriterien prinzipiell sinnvoll erscheinen, ist ihre gesonderte Prüfung nicht notwendig. Von einer Unbilligkeit für die Gesellschaft ist nämlich bereits dann auszugehen, wenn sich die Vergütung nach der Lageverschlechterung als unangemessen im Sinne des § 87 Abs. 1 AktG erweist. Auf diese Weise wird der Streichung des qualifizierten („schweren") Unbilligkeitserfordernisses Rechnung getragen und eine Kongruenz zwischen Tatbestand und Rechtsfolge hergestellt. Letztlich sollen mit den Begriffen der Unbilligkeit und der Unangemessenheit im Wesentlichen gleiche Prinzipien beschrieben werden. Es soll damit gewährleistet werden, dass dem Vorstandsmitglied nicht eine Vergütung gewährt wird, die für Gesellschaft im konkreten Einzelfall unzumutbar hoch ist.

H. Entscheidung über die Herabsetzung

Liegen die Voraussetzungen des § 87 Abs. 2 S. 1 AktG vor, so soll der Aufsichtsrat die Vergütung herabsetzen. Die Vergütung wird bei Vorliegen der Herabsetzungsvoraussetzungen folglich nicht etwa automatisch gekürzt. Vielmehr ist der Aufsichtsrat damit beauftragt, die Herabsetzung durchzuführen. Es ist ein auf die Herabsetzung gerichteter und dem Vorstandsmitglied gegenüber geäußerter Willensentschluss des Aufsichtsrats erforderlich, damit die Herabsetzung wirksam wird. Mit der Entscheidung des Aufsichtsrats, ohne die eine Herabsetzung nicht eintreten kann, soll sich im Folgenden näher auseinandergesetzt werden. Dabei lässt sich zwischen Tatbestands- (dazu unter Abschnitt I.) und Rechtsfolgenebene (dazu unter Abschnitt II.) differenzieren.

I. Tatbestandsebene

Auf Tatbestandsebene gilt es zunächst festzustellen, auf welcher Grundlage der Aufsichtsrat seine Entscheidung über das Vorliegen der Tatbestandsvoraussetzungen zu treffen hat (dazu unter Abschnitt 1.). Sodann fragt sich, ob dem Aufsichtsrat in Bezug auf die Tatbestandsvoraussetzungen ein Beurteilungsspielraum zukommt (dazu unter Abschnitt 2.). Schließlich wird in diesem Zusammenhang geklärt, ob den Parteien Gestaltungsmöglichkeiten hinsichtlich der tatbestandlichen Voraussetzungen zustehen können (dazu unter Abschnitt 3.).

1. Entscheidungsgrundlage des Aufsichtsrats

Der Aufsichtsrat hat den Eintritt einer Lageverschlechterung zumindest jährlich zu überprüfen.[625] Grundlage für die Überprüfung ist dabei der Bericht des Vorstands nach § 90 Abs. 1 AktG.[626] Der Bericht sollte dabei jedoch nicht einfach ohne Weiteres übernommen, sondern kritisch gewürdigt werden.[627] Die Vorstandsberichte können auch durch eigene Maßnahmen des Aufsichtsrats nach § 111 Abs. 2 AktG, insbesondere die Beauftragung externer Prüfer, ergänzt werden.[628] Zur Vermeidung einer möglichen Haftung sollte die Befassung des

625 Dazu siehe oben unter Abschnitt F.II.1.c)

626 *Hüffer/Koch*, AktG, § 87 Rn. 62; *Kort*, in: GK-AktG, § 87 Rn. 449; *Weppner*, NZG 2010, 1056, 1057.

627 *Hüffer/Koch*, AktG, § 87 Rn. 62; *Kort*, in: GK-AktG, § 87 Rn. 449.

628 *Hüffer/Koch*, AktG, § 87 Rn. 62; *Kort*, in: GK-AktG, § 87 Rn. 449.

Aufsichtsrats mit der Lage der Gesellschaft und die vorgenommene Prüfung, ob die tatbestandlichen Voraussetzungen gegeben sind, dokumentiert werden.[629]

2. Beurteilungsspielraum bzgl. des Vorliegens der gesetzlichen Tatbestandsvoraussetzungen

Nachdem sich der Aufsichtsrat die erforderliche Kenntnis über die Lage der Gesellschaft verschafft hat, ist zu klären, ob ihm hinsichtlich des Vorliegens der Tatbestandsvoraussetzungen ein Beurteilungsspielraum zukommt. In der Literatur wird nicht immer zwischen Tatbestand- und Rechtsfolgenebene und zwischen den Begriffen Beurteilungsspielraum bzw. Ermessen differenziert.[630]

Wenn es im Folgenden um einen möglichen Beurteilungsspielraum des Aufsichtsrats geht, ist klarzustellen, dass an dieser Stelle allein auf die Tatbestandsebene Bezug genommen wird. Es geht hier zunächst um die Frage, ob der Aufsichtsrat eine eigenständige Einschätzung hinsichtlich der Tatbestandsvoraussetzungen treffen kann. Kann er selbst im Wege seiner eigenen Auslegung und Subsumtion beurteilen, ob eine Lageverschlechterung eingetreten ist und die Weitergewährung der bisherigen Vergütung unbillig wäre?

Nimmt man einen solchen Beurteilungsspielraum des Aufsichtsrats an, hätte dies jedenfalls zur Konsequenz, dass das Vorliegen der gesetzlichen Tatbestandsmerkmale nur einer eingeschränkten gerichtlichen Kontrolle unterliegen würde. Schon aus diesem Grund ist auch aus praktischer Sicht bedeutsam, ob ein Beurteilungsspielraum besteht.

a) Unbestimmte Rechtsbegriffe

Ein Beurteilungsspielraum kommt von vornherein nur in Betracht, wenn eine Norm unbestimmte Rechtsbegriffe enthält. Dabei handelt es sich um Begriffe, die vage oder mehrdeutig sind und deren Anwendung im Einzelfall deswegen mit Schwierigkeiten verbunden ist.[631]

Unbestimmte Rechtsbegriffe werden zwar typischerweise im Verwaltungsrecht thematisiert, sind aber kein rein auf das Verwaltungsrecht beschränktes Institut. Sie können ebenso im Straf- und Zivilrecht auftreten.

---

629 *Hüffer/Koch*, AktG, § 87 Rn. 62; *Kort*, in: GK-AktG, § 87 Rn. 450; *Waldenberger/Kaufmann*, BB 2010, 2257, 2264.

630 Vgl. auch *Koch*, WM 2010, 49, 55.

631 Ausführlich zu unbestimmten Rechtsbegriffen und der Lehre vom Beurteilungsspielraum (für das Verwaltungsrecht) *Maurer/Waldhoff*, Verwaltungsrecht, § 7 Rn. 37 ff.

Jedenfalls der in § 87 Abs. 2 AktG enthaltene Begriff der Unbilligkeit ist ein solcher unbestimmter Rechtsbegriff. Was „unbillig" ist, leuchtet nicht unmittelbar ein und kann unterschiedlich gedeutet werden. Das zeigt bereits die Tatsache, dass der Aufsichtsrat für die Unbilligkeit nach hier vertretener Auffassung[632] zu prüfen hat, ob die Vergütung unangemessen ist, während nach herrschender Auffassung eine Einzelfallabwägung unter Berücksichtigung verschiedener Kriterien erfolgen soll. Sowohl bei dem herrschenden Begriffsverständnis der Unbilligkeit als auch bei dem hier vertretenen Verständnis erschließt sich der Sinngehalt der Unbilligkeit jeweils nicht unmittelbar und lässt Raum für mehrere Deutungen.

Im Falle der herrschenden Auffassung kann sich Begriff der Unbilligkeit schon infolge der erforderlichen Einzelfallabwägung nicht unmittelbar erschließen. Nimmt man für die Unbilligkeit hingegen auf die Angemessenheit Bezug, ergibt sich die Mehrdeutigkeit aus der Tatsache, dass die Angemessenheit ihrerseits mehrere Deutungsmöglichkeiten zulässt und damit selbst ein unbestimmter Rechtsbegriff ist. Nach beiden Auslegungen handelt es sich bei der Unbilligkeit jedenfalls um einen unbestimmten Rechtsbegriff.

Im Übrigen enthält bereits das Tatbestandsmerkmal der Lageverschlechterung aufgrund der vorzunehmenden umfassenden Gesamtbetrachtung ebenfalls ein wertendes Element. Zwar ist die Veränderung der Lage objektiv ermittelbar. Die Bewertung dieser Veränderung als Verschlechterung erfordert allerdings eine normative Gesamtbetrachtung. Ob eine „Verschlechterung der Lage" eingetreten ist, erschließt sich daher im Ergebnis auch nicht unmittelbar. Deswegen kann die Lageverschlechterung ebenfalls als unbestimmter Rechtsbegriff aufgefasst werden.

b) Keine Geltung der Business Judgement Rule

Nach der sog. Business Judgement Rule des § 93 Abs. 1 S. 2 AktG, die über § 116 S. 1 AktG auch für den Aufsichtsrat gilt, sind unternehmerische Entscheidungen des Aufsichtsrats unter bestimmten Umständen privilegiert und gerichtlich nicht überprüfbar.[633] Diese Regel kann für die Herabsetzung nach § 87 Abs. 2 AktG jedoch keine Anwendung finden.[634] Die Privilegierung durch

632 Siehe dazu G.V.

633 Ausführlich zur Business Judgement Rule vgl. nur *Hopt/Roth,* in: GK-AktG, § 93 Rn. 61 ff.

634 *Koch,* WM 2010, 49, 55 f.; *Oetker,* ZHR 175 (2011), 527, 549; *Waldenberger/Kaufmann,* BB 2010, 2257, 2262.

die Business Judgement Rule greift bei unbestimmten Rechtsbegriffen nämlich nicht.[635] Vor diesem Hintergrund ist auch die Annahme, dass hinsichtlich der tatbestandlichen Voraussetzungen ein Beurteilungsspielraum vorliegen kann, jedenfalls zweifelhaft.

c) Gleichwohl: Beurteilungsspielraum des Aufsichtsrats?

Es erscheint gleichwohl zumindest nicht völlig fernliegend, dass auch außerhalb des Anwendungsbereichs der Business Judgement Rule ein Beurteilungsspielraum bestehen kann. Es wird daher zum Teil vertreten, dass trotz der Unanwendbarkeit der Business Judgement Rule im Fall von unbestimmten Rechtsbegriffen dem Aufsichtsrat ein gewisser Beurteilungsspielraum zustehen soll.[636]

aa) Eingeschränkte gerichtliche Kontrollmöglichkeit als (un-)erwünschte Konsequenz eines Beurteilungsspielraums

Infolgedessen wird im Zusammenhang mit dem § 87 Abs. 2 AktG ebenfalls von einigen Stimmen in der Literatur angenommen, dass ein Beurteilungsspielraum bezüglich der Tatbestandsmerkmale bestehe.[637]

Andere lehnen einen Beurteilungsspielraum des Aufsichtsrats indes mit der Begründung ab, dass eine damit einhergehende gerichtlich eingeschränkte Überprüfbarkeit nicht wünschenswert wäre, da sie einem betroffenen Vorstandsmitglied nur in eingeschränktem Maße eine gerichtliche Überprüfung ermöglichen würde.[638] Allerdings wird die beschränkte gerichtliche Überprüfbarkeit ebenfalls als Argument gerade für das Bestehen eines Beurteilungsspielraums herangezogen. So ließen sich bei einer nur eingeschränkt überprüfbaren Entscheidung denkbare Schadensersatzpflichten aus einem Verstoß des Aufsichtsrats gegen § 87 Abs. 2 AktG auf ein „vertretbares Maß“ begrenzen.[639] Außerdem ist ebenso

---

635 Im Zusammenhang mit § 87 Abs. 2 AktG: *Koch*, WM 2010, 49, 55 f. Zur (Nicht-) Anwendbarkeit der Business Judgement Rule auf (unbestimmte) Rechtsbegriffe im Allgemeinen: *Cahn*, WM 2013, 1293, 1294; *Fleischer* in: Spindler/Stilz, AktG, § 93 Rn. 69a; *Thole*, ZHR 173 (2009), 504, 521 ff.; *Paefgen*, AG 2014, 554, 559 f.

636 *Fleischer* in: Spindler/Stilz, AktG, § 93 Rn. 69a; *Thole*, ZHR 173 (2009), 504, 523 f.; *Paefgen*, AG 2014, 554, 559 f. (der hier allerdings von „Ermessen“ spricht).

637 *Annuß/Theusinger*, BB 2009, 2434, 2438; *Oetker*, ZHR 175 (2011), 527, 540; *Waldenberger/Kaufmann*, BB 2010, 2257, 2262. A.A. *Hambloch-Gesinn/Gesinn*, in: Hölters, AktG, § 116 Rn. 52.

638 *Hüffer/Koch*, AktG, § 87 Rn. 56; *Koch*, WM 2010, 49, 56.

639 *Waldenberger/Kaufmann*, BB 2010, 2257, 2262.

vorstellbar, dass ein Vorstandsmitglied von einem Beurteilungsspielraum und einer beschränkten gerichtlichen Überprüfbarkeit der Entscheidung des Aufsichtsrats profitiert. Das wäre immer dann der Fall, wenn zu seinen Gunsten nicht von einer Lageverschlechterung oder Unbilligkeit ausgegangen würde.

Die eingeschränkte gerichtliche Überprüfbarkeit wäre die Konsequenz eines bestehenden Beurteilungsspielraums. Allein die Befürwortung oder Ablehnung dieser Konsequenz kann aber nicht über die Existenz des Beurteilungsspielraums entscheiden. Eine derartige Argumentationsweise ist zu sehr vom gewünschten Ergebnis geprägt. Die eingeschränkte Überprüfbarkeit wäre zwar die Konsequenz eines bestehenden Beurteilungsspielraums. Allein, dass man die mit einem Beurteilungsspielraum einhergehende Folge befürwortet oder ablehnt, kann aber nicht über seine Existenz entscheiden. Die von der einen Seite gewünschte, von der anderen Seite jedoch unerwünschte eingeschränkte gerichtliche Überprüfbarkeit der Entscheidung des Aufsichtsrats ist kein durchgreifendes Argument für oder gegen die Annahme eines Beurteilungsspielraums. Ob ein Beurteilungsspielraum besteht oder nicht, ist auf anderem Wege zu ermitteln.

bb) Übertragung verwaltungsrechtlicher Prinzipien: Grundsätzlich volle Überprüfbarkeit unbestimmter Rechtsbegriffe

Für das Verwaltungsrecht gilt nach ständiger Rechtsprechung des BVerfG, dass auch die Auslegung unbestimmter Rechtsbegriffe grundsätzlich gerichtlich voll überprüfbar ist.[640] Der jeweiligen Behörde steht damit grundsätzlich kein Beurteilungsspielraum zu. Im Ergebnis bedeutet dies, dass es – trotz der mit einem unbestimmten Rechtsbegriff einhergehenden Unsicherheiten – nur eine einzige korrekte Beurteilung gibt. Das Gericht kann daher überprüfen, ob die jeweilige Behörde den unbestimmten Rechtsbegriff zutreffend ausgelegt hat. Lediglich in einigen besonderen Ausnahmefällen wird ein behördlicher Beurteilungsspielraum bei der Anwendung unbestimmter Rechtsbegriffe anerkannt und infolgedessen die gerichtliche Kontrolldichte beschränkt.[641]

Allein aus der Tatsache, dass eine Norm unbestimmte Rechtsbegriffe enthält, kann aber noch nicht gefolgert werden, dass ein Beurteilungsspielraum besteht und die Auslegung der unbestimmten Rechtsbegriffe nur einer eingeschränkten

---

640 Vgl. nur BVerfG, Beschl. v. 31.05.2011 –1 BvR 857/07, BVerfGE 129, 1; BVerfG, Beschl. v. 17.04.1991 – 1 BvR 419/81, 1 BvR 213/83, BVerfGE 84, 34, 49 f.

641 Vgl. zu den verwaltungsrechtlichen Fallgruppen, in denen ein Beurteilungsspielraum besteht etwa *Maurer/Waldhoff*, Verwaltungsrecht, § 7 Rn. 37 ff.

gerichtlichen Kontrolle unterworfen ist. Ein Automatismus dergestalt, dass unbestimmte Rechtsbegriffe immer einen Beurteilungsspielraum nach sich ziehen, der nicht der vollen gerichtlichen Überprüfung unterfällt, besteht gerade nicht.

Dieser Grundgedanke lässt sich auf die hier fragliche Konstellation der Anwendung des § 87 Abs. 2 AktG durch den Aufsichtsrat übertragen. Es ist nicht ersichtlich, warum diesbezüglich andere Grundsätze gelten sollten. Durch die Business Judgement Rule existiert für bestimmte Aufsichtsratsentscheidungen bereits ein besonders geschützter Bereich. Es besteht grundsätzlich keine Notwendigkeit, daneben weitere, zusätzlich geschützte Entscheidungsmöglichkeiten zu schaffen. Nur in Ausnahmefällen sollte daher von einem Beurteilungsspielraum ausgegangen werden. Es sind hinsichtlich der Tatbestandsvoraussetzungen des § 87 Abs. 2 AktG jedoch keine besonderen Gründe für eine Ausnahme ersichtlich.

Ein Beurteilungsspielraum lässt sich auch nicht etwa mit einer vorzunehmenden Prognose und Risikobewertung, die mit der Entscheidung des Aufsichtsrats verbunden sei, begründen.[642] Zwar trifft den Aufsichtsrat bei der Bewertung der Lage und der Annahme einer Verschlechterung ein gewisses Prognoserisiko. Denn auch die zukünftige, lediglich prognostizierte und hypothetische Entwicklung der Lage ist Teil der Gesamtbetrachtung. Gleichwohl handelt es sich lediglich um einen Teilaspekt, der für sich genommen keine besonders herausragende Bedeutung aufweist. Allein dieser Teilaspekt rechtfertigt es noch nicht, die gesamte Auslegung des Begriffs der Verschlechterung als Prognoseentscheidung einzuordnen, die es rechtfertigt, ausnahmsweise von einer vollen gerichtlichen Überprüfbarkeit abzuweichen.

Hinsichtlich der Unbilligkeit besteht ebenso wenig das Bedürfnis, eine Ausnahme zu machen und ihr Vorliegen nur eingeschränkt gerichtlich zu prüfen. Das bestehende Bewertungsrisiko ist typisches Wesensmerkmal unbestimmter Rechtsbegriffe und gerade Folge ihrer offenen Formulierung.

Dass für den Aufsichtsrat ein gewisses Risiko verbleibt, eine Verschlechterung oder Unbilligkeit zu verkennen, rechtfertigt es ebenso wenig, ihm einen Beurteilungsspielraum zuzuerkennen.

Schließlich ergeben sich aus dem Wortlaut und dem Zweck der Vorschrift selbst keinerlei Anhaltspunkte dafür, dass dem Aufsichtsrat einen eingeschränkt überprüfbaren Spielraum zustehen sollte.

Es bleibt daher bei der grundsätzlichen vollen gerichtlichen Überprüfbarkeit der Entscheidung des Aufsichtsrats.

---

642 So aber *Oetker*, ZHR 175 (2011), 527, 540.

d) *Berücksichtigung bestehender Unsicherheiten auf Verschuldensebene*

Gleichwohl ist nicht von der Hand zu weisen, dass es bei unbestimmten Rechtsbegriffen in der Natur der Sache liegt, dass eine Restunsicherheit bei ihrer Auslegung und Anwendung bestehen kann. Es ist daher sinnvoll, das Vorliegen der Voraussetzungen des § 87 Abs. 2 AktG zwar der vollständigen gerichtlichen Überprüfung zu unterstellen, die bestehenden Unsicherheiten jedoch zugleich anderweitig zu berücksichtigen.

So kann das Bewertungsrisiko des Aufsichtsrats auf Verschuldensebene einbezogen werden, wenn es etwa um eine mögliche Haftung des Aufsichtsrats wegen unterlassener oder fehlerhafter Herabsetzung nach § 93 Abs. 2 i.V.m. § 116 S. 3 AktG geht.[643] Eine Pflichtverletzung in Form einer unterlassenen Herabsetzung führt nämlich nicht dazu, dass automatisch ein Verschulden des Aufsichtsrats besteht.[644] Ein zwingender Zusammenhang kann schon deswegen nicht angenommen werden, weil es andernfalls das zusätzliche Erfordernis des Verschuldens zur Begründung einer Schadensersatzpflicht nicht bräuchte und die reine Pflichtverletzung genügen würde. Pflichtverletzung und Verschulden sind aber unterschiedliche Haftungsvoraussetzungen. Somit führt eine unzutreffende Beurteilung der Herabsetzungsvoraussetzungen nicht zwingend zu einer Haftung des Aufsichtsrats.[645] Kann der Aufsichtsrat nachweisen, dass er das Vorliegen einer Verschlechterung bzw. der Unbilligkeit umfassend und ggf. unter Hinzuziehung von Experten geprüft hat, wird man bei einer unterlassenen oder fehlerhaften Herabsetzung nicht von einem Verschulden ausgehen können.

e) *Ergebnis*

Der Aufsichtsrat hat keinen Beurteilungsspielraum hinsichtlich des Vorliegens der gesetzlichen Tatbestandsvoraussetzungen. Zwar enthält § 87 Abs. 2 AktG unbestimmte Rechtsbegriffe, die einer eigenständigen Auslegung und Subsumtion durch den Aufsichtsrat zugänglich sind. Dies allein führt aber noch nicht zu einem Beurteilungsspielraum, der einer eingeschränkten gerichtlichen Überprüfbarkeit unterliegt. Es gilt vielmehr der aus dem Verwaltungsrecht

643 So *Koch*, WM 2010, 49, 56 mit zutreffendem Verweis auf Gesetzentwurf der Bundesregierung zum UMAG, BT-Drs. 15/5092, S. 11; *Hüffer/Koch*, AktG, § 87 Rn. 56.

644 So aber *Kort* in: GK-AktG, § 87 Rn. 443.

645 *Koch*, WM 2010, 49, 58, Fn. 77 unter Bezug auf die dahin gehenden Bedenken des *DIHK*, NZG 2009, 538, 540.

übertragene Richtsatz, dass die Anwendung und Auslegung unbestimmter Rechtsbegriffe gerichtlich grundsätzlich voll überprüfbar sind. Ein besonderer Ausnahmefall, der einen nur eingeschränkt geprüften Beurteilungsspielraum eröffnen könnte, ist nicht ersichtlich.

Die bestehenden Unsicherheiten bei der Auslegung des Tatbestands des § 87 Abs. 2 AktG können jedoch im Rahmen einer möglichen Haftung des Aufsichtsrats berücksichtigt werden.

3. Vertragliche Gestaltungsmöglichkeiten

Wenn schon kein Beurteilungsspielraum des Aufsichtsrats hinsichtlich der Tatbestandsmerkmale vorliegt, ist zu fragen, ob möglicherweise zumindest die Vertragsparteien gemeinsam autonom über die tatbestandliche Reichweite des § 87 Abs. 2 AktG bestimmen oder jedenfalls ergänzen können. So wäre es denkbar, dass Aufsichtsrat und Vorstandsmitglieder vereinbaren, unter welchen konkreten Umständen der Tatbestand als erfüllt gelten soll und somit eine Herabsetzung erfolgt.

a) Strengere Herabsetzungsvoraussetzungen

Die Vereinbarung strengerer Herabsetzungsvoraussetzungen in Satzung oder Anstellungsvertrag ist allerdings nicht möglich.[646] Damit würde die gesetzliche Pflicht zur Herabsetzung umgangen. Der Zweck der Norm, der auf den Schutz von Aufsichtsrat und Vorstandsmitgliedern verschiedener Dritter gerichtet ist, lässt es nicht zu, die Herabsetzungspflicht durch vertragliche Vereinbarung einzuschränken, indem strengere bzw. zusätzliche Voraussetzungen vereinbart werden.

b) Erleichterte Herabsetzungsmöglichkeit

Die Vereinbarung einer gegenüber der gesetzlichen Regelung erleichterten Herabsetzungsmöglichkeit ist hingegen bedenkenlos möglich.[647] Die Gegenansicht, wonach weichere Voraussetzungen, als die in § 87 Abs. 2 AktG beschriebenen, ausgeschlossen sein sollen,[648] überzeugt nicht. Sie beruht auf der Annahme,

---

646 *Fleischer,* in: Spindler/Stilz, AktG, § 87 Rn. 61; *Mertens/Cahn* in: KK-AktG, § 87 Rn. 96.

647 *Fleischer,* in: Spindler/Stilz, AktG, § 87 Rn. 61; *Mertens/Cahn* in: KK-AktG, § 87 Rn. 96; *Schwennicke,* in: Grigoleit, AktG, § 87 Rn. 41.

648 *Kort,* in: GK-AktG, § 87 Rn. 446.

dass die durch das VorstAG gesteigerte Bedeutung des § 87 Abs. 2 AktG dazu führe, dass dessen Voraussetzungen nicht zur Disposition der Parteien stehen dürfen.[649]

Prinzipiell ist zutreffend, dass die Tatbestandsvoraussetzungen des § 87 Abs. 2 AktG nicht zur Disposition der Parteien stehen und sie damit nicht autonom über dessen tatbestandliche Reichweite entscheiden können. Dessen ungeachtet können sie trotzdem eine erleichterte Herabsetzung ermöglichen. So können Aufsichtsrat und Vorstandsmitglieder eine privatautonome Vereinbarung treffen, die neben der gesetzlichen Regelung zum Tragen kommt. Der Tatbestand des § 87 Abs. 2 AktG wird auf diese Weise nicht verdrängt, sondern ergänzt. Möchten die Vertragsparteien, dass auch unter anderen Voraussetzungen, als den in § 87 Abs. 2 AktG Genannten, die Vergütung herabgesetzt werden darf, sind sie daran durch die Existenz des § 87 Abs. 2 AktG nicht gehindert. So können etwa im Anstellungsvertrag – vergleichbar mit Regelungen zur variablen Vergütung – konkrete Parameter bestimmt werden, die eine Vergütungsherabsetzung in einer von den Parteien zu bestimmenden Höhe zur Folge haben.

c) Vereinbarung tatbestandlicher Definitionen

Wenngleich keine strengeren Herabsetzungsvoraussetzungen vereinbart werden können, wäre prinzipiell denkbar, konkrete Umstände zu vereinbaren, bei deren Vorliegen die Parteien übereinstimmend von einer Lageverschlechterung oder Unbilligkeit i. S. d. § 87 Abs. 2 AktG ausgehen.[650] Eine derartige Vereinbarung ändert jedoch nichts an der gerichtlichen Überprüfbarkeit des Vorliegens der Tatbestandsvoraussetzungen. Andernfalls würde dies ebenfalls zu einer Umgehung des § 87 Abs. 2 AktG führen. Die Parteien verfügen hier auch gemeinsam nicht über einen Beurteilungsspielraum oder eine Definitionshoheit.

d) Ausschluss der Herabsetzung

Schließlich ist zu klären, ob unter bestimmten Umständen ein Ausschluss der Herabsetzung vereinbart werden kann.

649 *Kort*, in: GK-AktG, § 87 Rn. 446.
650 *Annuß/Theusinger*, BB 2009, 2434, 2438.

aa) Satzung und Anstellungsvertrag

Die Herabsetzung kann nicht durch eine Regelung in der Satzung oder im Anstellungsvertrag ausgeschlossen werden.[651] Hier gilt das bereits zu der Möglichkeit, strengere Voraussetzungen zu vereinbaren, Gesagte. Ein Ausschluss der Herabsetzung steht dem Schutzzweck der Vorschrift entgegen und würde ihre zwingende Geltung umgehen.

bb) Aufhebungsvertrag

Es ist jedoch zu überprüfen, ob ein Herabsetzungsausschluss, der in einem Aufhebungsvertrag enthalten ist und sich nur auf die Bezüge bezieht, die während einer Freistellung weitergewährt werden, ausnahmsweise zulässig ist. Da Vorstandsdienstverträge schon infolge der in § 84 Abs. 1 S. 5 AktG enthaltenen gesetzlichen Höchstdauer von fünf Jahren gesetzlich befristet sind, sodass eine ordentliche Kündigungsmöglichkeit grundsätzlich ausgeschlossen ist, werden sie in der Praxis häufig durch Aufhebungsverträge beendet.[652] Regelmäßig wird das Vertragsverhältnis in diesen Fällen allerdings nicht mit sofortiger Wirkung beendet. Stattdessen wird das Vorstandsmitglied für einen gewissen Zeitraum unter Fortzahlung seiner Bezüge freigestellt.[653] Für das Vorstandsmitglied besteht dabei das allgemeine Risiko, dass seine fortgewährten Bezüge während der Freistellung herabgesetzt werden.[654] Es fragt sich daher, ob in diesen Fällen vertraglich zugesichert werden kann, dass die Bezüge bis zum Auslaufen des Vertrages unberührt bleiben.

(1) Besondere Interessenlage?

Das Vorstandsmitglied hat ein Interesse daran, eine Herabsetzung der Bezüge, die ihm während der Dauer der Freistellung weitergewährt werden, auszuschließen.[655] Dieses Interesse unterscheidet das freigestellte Vorstandmitglied an sich noch nicht von einem gewöhnlichen, nicht freigestellten Vorstandsmitglied. Auch das nicht freigestellte Vorstandsmitglied hat ein grundsätzliches Interesse

---

651 *Kort,* in: GK-AktG, § 87 Rn. 445; *Mertens/Cahn* in: KK-AktG, § 87 Rn. 96.

652 Vgl. *Fleischer,* in: Spindler/Stilz, AktG, § 84 Rn. 172 und *Lücke,* in: Beck'sches Mandatshdb. Vorstand AG, § 2 Rn. 275, die davon ausgehen, dass es sich bei der Aufhebungsvereinbarung um die in der Praxis häufigste Beendigungsform von Vorstandsdienstverträgen handelt.

653 *Jaeger,* NZA 2010, 128, 131; *Rieble/Schmittlein,* Vergütung von Vorständen, Rn. 334.

654 *Jaeger,* NZA 2010, 128, 130.

655 *Jaeger,* NZA 2010, 128, 131.

daran, dass seine Bezüge nicht gekürzt werden. Allein das Interesse an der Weitergewährung der bisherigen Vergütung kann noch nicht zu einer ausnahmsweisen Zulässigkeit eines Herabsetzungsausschlusses führen.

Ein Unterschied zu gewöhnlichen Vorstandsmitgliedern soll aber darin bestehen, dass es bei der Aufhebungsvereinbarung um einen vergleichsweise kurzen Zeitraum gehe, für den die Herabsetzungsmöglichkeit ausgeschlossen werden soll.[656] Außerdem gelte es zu berücksichtigen, dass im Rahmen der Aufhebungsvereinbarung die Vergütung für die Dauer der Freistellung oftmals ohnehin herabgesetzt werde.[657] Es bestehe somit ein legitimes Interesse des Vorstandsmitglieds, zumindest die bereits gekürzten Bezüge vertraglich abzusichern.[658] Überdies müsse bedacht werden, dass das betroffene Vorstandsmitglied sich auf eine Aufhebungsvereinbarung häufig überhaupt nur einlassen werde, wenn es seine bisherige Vergütungshöhe bis zum Ausscheidungszeitpunkt vertraglich zugesichert bekomme.[659] Durch die fehlende Bereitschaft und Möglichkeit aufseiten des Aufsichtsrats einen Herabsetzungsausschluss zu vereinbaren, könnte die Aufhebungsvereinbarung zustande kommen, obwohl eine Beendigung des Dienstverhältnisses im Interesse der Gesellschaft läge.[660]

(2) Stellungnahme

Der Annahme, dass bei Freistellungen ausnahmsweise ein Ausschluss von der Herabsetzung vereinbart werden kann, ist nicht zu folgen.[661] Es ist unklar, warum ein freigestelltes Vorstandsmitglied im Vergleich zu einem weiterhin für die Gesellschaft tätigen Vorstandsmitglied privilegiert werden sollte. Allenfalls wäre denkbar, bei einem schon abberufenen Vorstandsmitglied darauf zu verweisen, dass seine organschaftliche Treuepflicht ihn nicht mehr zu einer Hinnahme einer Vergütungskürzung verpflichtet. Indes ist jedoch anerkannt, dass die Treuepflicht des Vorstandsmitglieds bei dessen Abberufung nicht vollständig erlischt, sondern als nachwirkende Treuepflicht weiter bestehen bleibt.[662]

---

656 *Jaeger*, NZA 2010, 128, 131.

657 *Jaeger*, NZA 2010, 128, 131.

658 *Jaeger*, NZA 2010, 128, 131.

659 *Jaeger*, NZA 2010, 128, 131.

660 *Jaeger*, NZA 2010, 128, 131.

661 Ebenso *Schwennicke*, in: Grigoleit, AktG, § 87 Rn. 42.

662 *Fleischer*, in: Spindler/Stilz, AktG, § 93 Rn. 158; *ders.*, in: Fleischer, Handbuch des Vorstandsrechts, § 9 Rn. 46; *Hölters*, in: Hölters, AktG, § 93 Rn. 132; *Hopt/Roth*, in: GK-AktG, § 93 Rn. 273; *Mertens/Cahn*, in: KK-AktG, § 93 Rn. 112.

Eine Sonderstellung gegenüber ungekündigten und/oder nicht abberufenen Vorstandsmitgliedern kann sich auch nicht daraus ergeben, dass sich das gekündigte Vorstandsmitglied regelmäßig ohnehin auf eine Vergütungskürzung für die Restlaufzeit seines Vertrages einlässt. Denn eine freiwillige und beidseitig vereinbarte Vergütungskürzung bedeutet auch, dass im Falle einer eintretenden Lageverschlechterung eine andere Ausgangslage besteht. Eine Unbilligkeit für die Gesellschaft wäre in Anbetracht der bisherigen, also schon gekürzten (!) Vergütung zumindest unwahrscheinlicher. Insofern wird ein freigestelltes Mitglied, dem bereits die Bezüge gekürzt wurden, im Falle einer Lageverschlechterung ohnehin anders behandelt als ein weiterhin für die Gesellschaft tätiges Vorstandsmitglied. Einer zusätzlichen Privilegierung bedarf es demgegenüber nicht. Wäre die Weitergewährung der Bezüge trotz der bereits erfolgten Kürzung aber immer noch unbillig für die Gesellschaft, so sind auch die Zahlungen während der Freistellung herabzusetzen. Die bereits zuvor erfolgte einvernehmliche Vergütungskürzung hat sich dann für die eingetretene Lageverschlechterung als unzureichend erwiesen.

Schließlich überzeugt auch das Argument nicht, dass ein Vorstandsmitglied sich womöglich auf eine Aufhebungsvereinbarung überhaupt nur dann einlassen würde, wenn es seine bisherige Vergütungshöhe bis zum Ausscheidungszeitpunkt vertraglich zugesichert bekomme. Dieses Argument erweist sich als Zirkelschluss. Ob das Vorstandsmitglied ohne eine Zusicherung seiner Vergütungshöhe den Aufhebungsvertrag nicht schließen würde, ist nämlich nur von Bedeutung, wenn aufseiten der Gesellschaft dahin gehend überhaupt eine Wahl bestünde. Geht man aber davon aus, dass wegen § 87 Abs. 2 AktG eine vertragliche Zusicherung der Vergütungshöhe ausgeschlossen ist, kann dem Wunsch des Vorstands nie entsprochen werden. Unmögliches kann das Vorstandsmitglied von der Gesellschaft bei den Verhandlungen um eine Aufhebung des Vertrages aber schwerlich verlangen. Dass die weite Verbreitung von Aufhebungsvereinbarungen damit ernstlich bedroht wäre, erscheint unwahrscheinlich.

Die Herabsetzung von Bezügen, die während der Dauer der Restlaufzeit gewährt werden, kann daher im Ergebnis nicht ausgeschlossen werden.

e) Ergebnis

Den Parteien kommt bei der Ausgestaltung der gesetzlichen Tatbestandsvoraussetzungen keine Autonomie zu. Sie können keine strengeren Herabsetzungsvoraussetzungen in der Satzung oder im Anstellungsvertrag vereinbaren. Andernfalls würde § 87 Abs. 2 AktG umgangen. Ebenso wenig möglich ist es, konkrete Umstände zu vereinbaren, die nach übereinstimmender Ansicht der

Parteien die Voraussetzungen des § 87 Abs. 2 AktG erfüllen sollen. Die Parteien können den Inhalt des Tatbestandes nicht frei definieren. Das Vorliegen der gesetzlichen Tatbestandsvoraussetzungen bleibt stets gerichtlich überprüfbar. Gleichwohl können die Vertragsparteien eine privatautonome Vereinbarung treffen, die neben die gesetzliche Regelung tritt, und die Vergütungsherabsetzung an andere, auch weichere Voraussetzungen knüpfen. § 87 Abs. 2 AktG wird dadurch jedoch nicht verdrängt und bleibt stets anwendbar.

Schließlich kommt ein kompletter Ausschluss der Herabsetzung ebenfalls nicht in Betracht. In dieser Hinsicht ist auch für Aufhebungsvereinbarungen keine Ausnahme zu machen. Der Aufsichtsrat kann dem jeweiligen Vorstandsmitglied für die Dauer einer möglichen Freistellung nicht garantieren, dass keine Vergütungsherabsetzung nach § 87 Abs. 2 AktG erfolgen wird.

II. Rechtsfolgenebene

Zwar wurde soeben klargestellt, dass dem Aufsichtsrat auf Tatbestandsebene kein eigenständiger Beurteilungsspielraum zukommt. Jedoch stellt sich nun auf Rechtsfolgenebene eine im Kern vergleichbare Frage: Steht das „Ob" der Kürzung der Vorstandsvergütung bei Vorliegen der tatbestandlichen Voraussetzungen im Ermessen des Aufsichtsrats?

In diesem Zusammenhang ist vor allem zu prüfen, welche Bedeutung der gesetzlichen „Soll"-Bestimmung im Hinblick auf die Entscheidung des Aufsichtsrats zukommt. Nunmehr ist der Aufsichtsrat nämlich nicht nur „berechtigt" die Vergütung herabzusetzen, sondern „soll" sie herabsetzen. Diese Bestimmung ist Folge der Änderung des Wortlauts der Vorschrift durch das VorstAG.

1. Ermessen bzgl. „Ob" der Herabsetzung oder gebundene Entscheidung?

a) *Grundkonsens: Herabsetzung als Regelfall, Absehen als Ausnahme*

Obwohl die Ansichten hinsichtlich der Qualifikation der Herabsetzungsentscheidung als Ermessensentscheidung oder gebundene Entscheidung divergieren, besteht zumindest ein gewisser Grundkonsens. So soll die Herabsetzung bei Vorliegen der tatbestandlichen Voraussetzungen der Regelfall sein, während lediglich in Ausnahmefällen von einer Herabsetzung abgesehen werden könne.[663]

663 BGH, Urt. v. 27.10.2015 – II ZR 296/14, BGHZ 207, 190 Rn. 43; OLG Stuttgart, Urt.

b) Meinungsspektrum – relevante Unterschiede

Aus diesem bestehenden Grundkonsens folgt indes nicht, dass die Einordnung der Herabsetzungsentscheidung als gebundene Entscheidung oder Ermessensentscheidung im Ergebnis offenbleiben kann. Das verdeutlicht eine nähere Betrachtung der unterschiedlichen Ansichten und ihrer jeweiligen Konsequenzen. Die Systematisierung der einzelnen Standpunkte erweist sich vor dem Hintergrund, dass die Begrifflichkeiten zum Teil ungenau und widersprüchlich verwendet werden, als nicht ganz einfach. Im Wesentlichen lassen sich aber folgende Ansichten zusammenfassen:

(1) *Herabsetzungspflicht*: Es bestehe eine grundsätzliche Pflicht zur Herabsetzung.[664] Bei Vorliegen eines Ausnahmefalls soll aber eine (Ermessens-)Entscheidung über ein Absehen von der Herabsetzung möglich sein.[665]

(2) *Entscheidungspflicht*: Jede Herabsetzungsentscheidung, unabhängig davon, ob ein Ausnahmefall vorliege oder nicht, stelle eine Ermessensentscheidung dar.[666] Die Entscheidung darüber, ob ein Ausnahmefall vorliege, soll

---

v. 01.10.2014 – 20 U 3/13, NZG 2015, 194, 195; *Annuß/Theusinger*, BB 2009, 2434, 2437; *Bauer/Arnold*, AG 2009, 717, 726 f.; *Diller*, NZG 2009, 1006, 1007; *Dauner-Lieb*, in: Henssler/Strohn, Gesellschaftsrecht, § 87 AktG, Rn. 40; *Fleischer* in: Spindler/Stilz, AktG, § 87 Rn. 66; *Hoffmann-Becking/Krieger*, NZG-Beil. H. 26 2009, 1, 5; *Keiser*, RdA 2010, 280, 281 f.; *Koch*, WM 2010, 49, 56; *Kort* in: GK-AktG, § 87 Rn. 440; *ders.*, AG 2016, 209, 209 f.; *Kruse/Busold*, DStR 2017, 1608; *Link*, in: Wachter, AktG, § 87 Rn. 52; *Oetker*, ZHR 175 (2011), 527, 539 f.; *Oltmanns*, in: NK-AktR, § 87 Rn. 13; *Spindler*, DB 2015, 908, 910; *ders.*, in: MüKo-AktG, § 87 Rn. 184; *Waldenberger/Kaufmann*, BB 2010, 2257, 2261; *Weber*, DB 2016, 815; *Weppner*, NZG 2010, 1056, 1057.

664 BGH, Urt. v. 27.10.2015 –II ZR 296/14, BGHZ 207, 190 Rn. 43; *Annuß/Theusinger*, BB 2009, 2434, 2437; *Keiser*, RdA 2010, 280, 281 f.; *Habersack*, in: MüKo-AktG, § 116 Rn. 43; *Kort*, in: GK-AktG, § 87 Rn. 440; *ders.*, AG 2016, 209, 209 f.; *Kruse/Busold*, DStR 2017, 1608. Wohl auch Waldenberger/Kaufmann, BB 2010, 2257, 2261.

665 In diese Richtung BGH, Urt. v. 27.10.2015 –II ZR 296/14, BGHZ 207, 190 Rn. 43; *Annuß/Theusinger*, BB 2009, 2434, 2437; *Keiser*, RdA 2010, 280, 281 f.; *Waldenberger/Kaufmann*, BB 2010, 2257, 2261.

666 OLG Stuttgart, Urt. v. 01.10.2014 – 20 U 3/13, NZG 2015, 194; *Bauer/Arnold*, AG 2009, 717, 726 f.; (wohl auch) *Dauner-Lieb*, in: Henssler/Strohn, Gesellschaftsrecht, § 87 AktG Rn. 41; *Diller*, NZG 2009, 1006, 1007; *Fleischer* in: Spindler/Stilz, AktG, § 87 Rn. 66; *Oetker*, ZHR 175 (2011), 527, 539 f.; *Oltmanns*, in: NK-AktR, § 87 Rn. 13; *Seibt*, in: K. Schmidt/Lutter, AktG, § 87 Rn. 19; *Weber*, DB 2016, 815; *Weppner*, NZG 2010, 1056, 1057. Mit Einschränkungen auch *Hüffer/Koch*, AktG, § 87 Rn. 56 („beschränktes Einschreitensermessen"); *Spindler*, in: MüKo-AktG, § 87 Rn. 184 („sehr eingeschränktes Ermessen"); *ders.*, DB 2015, 908, 910 („verengter Ermessensspielraum").

ebenfalls dem Ermessen des Aufsichtsrats unterliegen.[667] Es bestehe dementsprechend lediglich eine Pflicht zur Entscheidung über eine Herabsetzung, nicht aber eine Pflicht zur Herabsetzung.[668]

Bevor hierzu abschließend Stellung genommen wird, soll zunächst aufgezeigt werden, aus welchen Gründen eine Einordnung der Herabsetzungsentscheidung als Ermessens- oder Pflichtentscheidung erforderlich ist. So können sich insbesondere Unterschiede bezüglich der Wirksamkeit des Herabsetzungsbeschlusses ergeben (vgl. dazu Unterabschnitt aa)). Außerdem hängt von der Einordnung als Ermessens- oder Pflichtentscheidung ebenfalls ab, ob die Business Judgement Rule anwendbar ist (vgl. dazu Unterabschnitt bb)) sowie welcher Kontrolldichte die Herabsetzungsentscheidung im Falle einer gerichtlichen Überprüfung unterliegt (vgl. dazu Unterabschnitt cc)).

aa) Ermessensausübung und Bedeutung von Ermessensfehlern

Die Einordnung der Herabsetzungsentscheidung als Ermessensentscheidung könnte zur Folge haben, dass eine pflichtgemäße Ermessensausübung eine Wirksamkeitsvoraussetzung für den Beschluss über die Herabsetzung darstellt.

Das OLG Stuttgart etwa bediente sich in diesem Zusammenhang der aus dem Verwaltungsrecht bekannten Ermessensfehlerlehre. Es postulierte, dass dem Aufsichtsrat ein Ermessen sowohl bezüglich des „Ob“ als auch des „Wie“ der Herabsetzung zukomme, und dieses Ermessen fehlerfrei auszuüben sei.[669] Andernfalls sei der Beschluss dem Vorstandsmitglied gegenüber unwirksam.[670] Die Ermessensausübung müsse dabei nachvollziehbar und frei von sachfremden Erwägungen sein.[671] Nach dieser Ansicht läge somit ein Ermessensfehler in Form des Ermessensnichtgebrauchs vor, wenn der Aufsichtsrat keine

---

667 OLG Stuttgart, Urt. v. 01.10.2014 – 20 U 3/13, NZG 2015, 194; *Bauer/Arnold*, AG 2009, 717, 726 f.; (wohl auch) *Dauner-Lieb*, in: Henssler/Strohn, Gesellschaftsrecht, § 87 AktG Rn. 41; *Diller*, NZG 2009, 1006, 1007; *Hoffmann-Becking/Krieger*, NZG-Beil. H. 26 2009, 1, 5; *Oetker*, ZHR 175 (2011), 527, 539 f.; *Seibt*, in: K. Schmidt/Lutter, AktG, § 87 Rn. 19; *Spindler*, DB 2015, 908, 910; *Weppner*, NZG 2010, 1056, 1057.

668 *Seibt*, in: K. Schmidt/Lutter, AktG, § 87 Rn. 19.

669 OLG Stuttgart, Urt. v. 01.10.2014 – 20 U 3/13, NZG 2015, 194, 195; sich dieser Auffassung im Wesentlichen anschließend *Spindler*, DB 2015, 908, 911; *Fleischer* in: Spindler/Stilz, AktG, § 87 Rn. 66; *Seibt*, in: K. Schmidt/Lutter, AktG, § 87 Rn. 19. Ähnlich *Dauner-Lieb*, in: Henssler/Strohn, Gesellschaftsrecht, § 87 AktG Rn. 41.

670 OLG Stuttgart, Urt. v. 01.10.2014 – 20 U 3/13, NZG 2015, 194, 195. Zustimmend *Fleischer* in: Spindler/Stilz, AktG, § 87 Rn. 66.

671 OLG Stuttgart, Urt. v. 01.10.2014 – 20 U 3/13, NZG 2015, 194, 195.

Erwägungen über das „Ob" der Herabsetzung anstellen würde. Eine Herabsetzung, die aufgrund des Vorliegens der tatbestandlichen Voraussetzungen erfolgt, jedoch ohne, dass der Aufsichtsrat Erwägungen über das „Ob" der Herabsetzung anstellt, wäre damit ermessensfehlerhaft. In der Konsequenz wäre der Beschluss gegenüber dem Vorstandsmitglied unwirksam.

Der BGH allerdings geht in seiner nachinstanzlichen Entscheidung davon aus, dass – unabhängig von einem etwaigen Ermessen – Fehler bei der internen Willensbildung des Aufsichtsrats die Wirksamkeit der Herabsetzung im Außenverhältnis gegenüber dem Vorstandsmitglied ohnehin unberührt lassen.[672]

Ist man indes der Ansicht, dass es sich um eine gebundene Entscheidung handelt und kein Ermessen besteht, gibt es von vornherein keinen Raum für Ermessensfehler. In der Konsequenz muss der Aufsichtsrat dann auch keine nachvollziehbaren und von sachfremden Erwägungen freien Überlegungen über das „Ob" der Herabsetzung anstellen. Das Fehlen derartiger Überlegungen kann sich dann dementsprechend nicht auf die Wirksamkeit des Herabsetzungsbeschlusses und der Herabsetzungserklärung gegenüber dem Vorstandsmitglied auswirken.

bb) Business Judgement Rule

Weiterhin hängt von dem Vorliegen einer Ermessensentscheidung ab, ob die Business Judgement Rule unmittelbar Anwendung finden kann. Die Entscheidung des Aufsichtsrats kann nämlich grundsätzlich nur dann als unternehmerische Entscheidung von der Business Judgement Rule nach § 116 i. V. m. § 93 Abs. 1 S. 2 AktG umfasst sein, wenn es mehr als eine rechtlich zulässige Handlungsalternative gibt.[673] Bei Ermessensentscheidungen bestehen Handlungsalternativen. Konsequenterweise wird daher zum Teil die Ansicht vertreten, die Entscheidung über das „Ob" der Herabsetzung unterfalle als unternehmerische Entscheidung der Business Judgement Rule.[674] Andere wollen zumindest für die Entscheidung, ob ein atypischer Sonderfall vorliegt, der ausnahmsweise ein Absehen von der Herabsetzung ermöglicht, die Business Judgement Rule anwenden.[675] Geht man hingegen von einer gesetzlichen Pflicht zur Herabsetzung aus, handelt es sich mangels rechtmäßiger Handlungsalternativen

---

672 BGH, Urt. v. 27.10.2015 – II ZR 296/14, BGHZ 207, 190 Rn. 35.

673 *Spindler* in: Spindler/Stilz, AktG, § 116 Rn. 43.

674 *Oetker*, ZHR 175 (2011), 527, 556; *Schwennicke,* in: Grigoleit, AktG, § 87 Rn. 41; *Weppner*, NZG 2010, 1056, 1057.

675 *Hoffmann-Becking/Krieger*, NZG-Beil. H. 26 2009, 1, 5.

nicht um eine privilegierte „unternehmerische Entscheidung“ im Sinne von § 93 Abs. 1 S. 2 AktG.[676]

cc) Umfang gerichtlicher Überprüfung

Schließlich hängt von der Einordnung der Herabsetzungsentscheidung als Ermessensentscheidung oder Pflichtentscheidung auch der Umfang der gerichtlichen Überprüfbarkeit ab. Im Falle eines Ermessens des Aufsichtsrats wäre die Herabsetzungsentscheidung nur eingeschränkt überprüfbar. Dies wäre nicht nur im Zusammenhang mit der Business Judgement Rule sondern auch außerhalb von etwaigen Haftungsfragen relevant. Wenn ein Vorstandsmitglied gegen die Herabsetzung klagt, stellt sich die Frage nach dem gerichtlichen Prüfungsumfang ebenso. Läge die Entscheidung über die Herabsetzung im Ermessen des Aufsichtsrats, müsste sich die Prüfung hier auf Ermessensfehler beschränken.

c) Stellungnahme

Trotz der bestehenden Einigkeit darüber, dass die Herabsetzung der Regelfall und ein Absehen von ihr die Ausnahme sein sollte, ist eine eindeutige rechtliche Zuordnung der Herabsetzungsentscheidung erforderlich. Die oben erläuterten Folgefragen, die sich aus einer Einordnung als Ermessensentscheidung ergeben, zeigen, dass nicht unentschieden bleiben kann, ob die Entscheidung des Aufsichtsrats über die Herabsetzung als Ermessensentscheidung zu qualifizieren ist.

aa) Mehrdeutigkeit von Wortlaut und Historie

Zunächst fällt auf, dass die nunmehr seit 2009 geltende Gesetzesformulierung sich hinsichtlich der Entscheidungsfreiheit des Aufsichtsrats von der alten Fassung wesentlich unterscheidet. Zuvor war der Aufsichtsrat bei Vorliegen der Herabsetzungsvoraussetzung nur dazu „berechtigt“ die Vergütung zu kürzen. Die nunmehr erfolgte Änderung des Wortlauts, wonach der Aufsichtsrat die Herabsetzung vornehmen „soll“, deutet darauf hin, dass dem Aufsichtsrat fortan gerade kein Ermessen mehr zukommen soll.[677] Gleichwohl wird dagegen der zutreffende Einwand erhoben, dass der ursprüngliche Gesetzesentwurf noch vorsah, dass der Aufsichtsrat die Vergütung herabzusetzen „hat“.[678] Mit dieser Formulierung wäre eindeutig eine Pflicht begründet worden. Die zunächst

---

676 So etwa *Habersack*, in: MüKo-AktG, § 116 Rn. 41; *Keiser*, RdA 2010, 280, 285.
677 *Kruse/Busold*, DStR 2017, 1608.
678 *Bosse*, BB 2009, 1650, 1651.

vorgesehene Reformformulierung wurde jedoch wieder verworfen. Daraus ließe sich wiederum schließen, dass eine Pflicht letztendlich auch vom Reformgesetzgeber nicht intendiert war und dem Aufsichtsrat ein Ermessen zukommen sollte.[679]

bb) Parallele zu verwaltungsrechtlichen Prinzipien

Da die Betrachtung des geänderten Wortlauts und seines Zustandekommens im Gesetzgebungsverfahren auf den ersten Blick beide Deutungsmöglichkeiten zulässt, lohnt sich an dieser Stelle ein genauerer Blick auf die von dem OLG Stuttgart angestellten Erwägungen. Diese sind deswegen besonders beachtlich, weil das OLG Stuttgart in Hinblick auf die Herabsetzungsentscheidung verwaltungsrechtliche Grundprinzipien übernimmt, insbesondere die Ermessensfehlerlehre. Das Ziehen einer Parallele zum Verwaltungsrecht gelingt dem OLG Stuttgart indes nicht vollständig. Bevor es sich der Ermessensfehlerlehre widmet, hätte das OLG Stuttgart konsequenterweise erst genauer darauf eingehen müssen, ob hier aufseiten des Aufsichtsrats überhaupt ein Ermessen eröffnet ist. Die verwaltungsrechtlichen Grundsätze, die sich auf die Entscheidungsfreiheit von Behörden beziehen, lassen sich im Wesentlichen wie folgt zusammenfassen[680]:

(1) „Kann"-Vorschriften räumen der entscheidenden Stelle ein Ermessen ein.
(2) „Muss"-Vorschriften verpflichten zu einem bestimmten Verhalten.
(3) „Soll"-Vorschriften verpflichten grundsätzlich zu einem bestimmten Verhalten, räumen aber für atypische Fälle ein Ermessen ein, wobei die Frage, ob ein atypischer Fall vorliegt, uneingeschränkter richterlicher Kontrolle unterliegt.

Die Übertragung der aus dem Verwaltungsrecht bekannten Grundsätze auf die Herabsetzungsentscheidung erscheint gerade deshalb besonders reizvoll, weil sie eine klare inhaltliche Abgrenzung zwischen „Kann"-, „Soll"- und „Muss"-Vorschriften ermöglicht. Das OLG Stuttgart berücksichtigt in seinen Erwägungen nicht, dass „Soll"-Vorschriften im Regelfall zwingend sind und die entscheidenden Stellen verpflichten, so zu verfahren, wie es im Gesetz bestimmt ist.[681] Das „Soll" ist dabei grundsätzlich als „Muss" zu

679 *Bosse*, BB 2009, 1650, 1651.

680 Siehe dazu etwa *Aschke*, in: BeckOK VwVfG, § 40 VwVfG, 35 ff.

681 Zum verwaltungsrechtlichen Verständnis einer „Soll"-Bestimmung vgl. nur: BVerwG, Urt. v. 02.07.1992 – 5 C 39.90, BVerwGE 90, 275, 278; BVerwG, Urt. v. 14.01.1982 – 5 C 70/80, BVerwGE 64, 318, 323; BVerwG, Urt. v. 17.08.1978 – 5 C 33/77, BVerwGE 56, 220, 223.

verstehen.[682] Lassen besondere Umstände den Fall als atypisch erscheinen, darf sie jedoch auch anders verfahren, als im Gesetz vorgesehen.[683] Einen solchen atypischen Fall hat sie dann nach pflichtgemäßem Ermessen zu entscheiden.[684] Das OLG Stuttgart verkennt daher, dass ein Ermessen nur dann und erst eröffnet, ist, wenn eine atypische Fallkonstellation vorliegt.

Gleichwohl sind verwaltungsrechtliche Prinzipien auf zivilrechtliche Normen stets mit besonderer Vorsicht zu übertragen. Sie können nicht einfach ungeachtet des konkreten Inhalts der jeweiligen Norm für zivilrechtliche Vorschriften übernommen werden.[685] Für die Einordnung gerade der Herabsetzungsentscheidung nach § 87 Abs. 2 AktG als Ermessensentscheidung oder gebundene Entscheidung bietet sich die Anwendung der verwaltungsrechtlichen Grundsätze zur Bestimmung der Bedeutung der „Soll"-Formulierung allerdings tatsächlich an.

So zeigt die Empfehlung des Rechtsausschusses, der letztlich entsprochen wurde, dass die „Soll"-Formulierung in § 87 Abs. 2 AktG so zu verstehen ist, wie es auch den allgemeinen verwaltungsrechtlichen Grundsätzen entspricht. Darin heißt es: „Die Regelung zur nachträglichen Herabsetzung der Vorstandsvergütung wird abweichend vom Fraktionsentwurf nicht als Muss-Vorschrift, sondern als Soll-Vorschrift flexibler gefasst. Die derzeit geltende Rechtslage (Kann-Vorschrift) wird dadurch dennoch deutlich verschärft. Nur bei Vorliegen besonderer Umstände kann der Aufsichtsrat von einer Herabsetzung absehen."[686]

Der Wortlaut und die Gesetzgebungshistorie sind damit nicht so mehrdeutig, wie sie zunächst erschienen. Aus den Gesetzgebungsmaterialien zu § 87 Abs. 2 AktG in der Fassung des VorstAG ergibt sich deutlich, dass der Gesetzgeber keinen Wortlaut mehr wollte, der einer „Kann"-Formulierung

---

682 BVerwG, Urt. v. 02.07.1992 – 5 C 39.90, BVerwGE 90, 275, 278; BVerwG, Urt. v. 14.01.1982 – 5 C 70/80, BVerwGE 64, 318, 323; BVerwG, Urt. v. 17.08.1978 – 5 C 33/77, BVerwGE 56, 220, 223.

683 BVerwG, Urt. v. 02.07.1992 – 5 C 39.90, BVerwGE 90, 275, 278; BVerwG, Urt. v. 14.01.1982 – 5 C 70/80, BVerwGE 64, 318, 323; BVerwG, Urt. v. 17.08.1978 – 5 C 33/77, BVerwGE 56, 220, 223.

684 BVerwG, Urt. v. 02.07.1992 – 5 C 39.90, BVerwGE 90, 275, 278.

685 Wenn etwa in § 2247 Abs. 3 S. 1 BGB geregelt wird, dass die Unterschrift des Erblassers seinen Vornamen und den Familiennamen enthalten „soll", so wäre die Übertragung der eben erläuterten verwaltungsrechtlichen Grundsätze unpassend. In diesem Fall erschöpft sich die Bedeutung der „Soll"-Vorschrift in einer gesetzgeberischen Empfehlung. Die Nichtbefolgung bleibt ungeahndet. Das Fehlen des Vornamens noch nicht zur Formnichtigkeit des Testaments.

686 Beschlussempfehlung und Bericht des Rechtsausschusses, BT-Drs. 16/13433, S. 10.

(„ist … berechtigt“) entspricht. Gleichzeitig hat er sich im Laufe des Gesetzgebungsvorhabens aber auch aktiv gegen eine „Muss“-Formulierung („hat … herabzusetzen“) entschieden. Letztlich wird mit der „Soll“-Formulierung der gewollte Mittelweg zwischen der vorherigen Fassung und der im Reformverfahren ursprünglich vorgeschlagenen Formulierung abgebildet. Ohne, dass darauf ausdrücklich verwiesen wird, wird hier auf die aus dem Verwaltungsrecht bekannte Differenzierung zwischen „Kann-“, „Soll“- und „Muss“-Vorschriften zurückgegriffen.

Das Verständnis der „Soll“-Formulierung in dem Sinne, wie es den verwaltungsrechtlichen Grundsätzen entspricht, erweist sich daher als passend für die Einordnung der Herabsetzungsentscheidung.

cc) Zwischenergebnis: Grundsätzliche Pflicht zur Herabsetzung, Ermessenseröffnung nur in atypischen Fällen

Nach dem soeben Gesagten ist der Aufsichtsrat im Regelfall zur Herabsetzung der Vergütung verpflichtet. Ein Entscheidungsermessen steht ihm nicht zu. Das bedeutet, dass er bei Vorliegen der tatbestandlichen Voraussetzungen hinsichtlich des „Ob“ der Herabsetzung nur eine einzige gesetzmäßige Entscheidung treffen kann: Er ist verpflichtet, die Herabsetzung durchzuführen. Ein Absehen von der Herabsetzung ist demgegenüber keine rechtmäßige Handlungsalternative. Der gesetzlichen Pflicht wird also nicht etwa schon dann genüge getan, wenn der Aufsichtsrat eine Entscheidung über das „Ob“ trifft. Nur wenn besondere Umstände gegeben sind, eröffnet sich für den Aufsichtsrat eine Entscheidungsoption. In atypischen Fällen kann der Aufsichtsrat nach pflichtgemäßem Ermessen darüber entscheiden, ob er im konkreten Einzelfall von einer Herabsetzung Abstand nimmt. Er kann sich aber in atypischen Fällen nach pflichtgemäßem Ermessen ebenso entscheiden, eine Herabsetzung dennoch vorzunehmen. Die Frage, ob ein atypischer Fall vorliegt, ist allerdings selbst keine eigenständige Ermessensentscheidung, sondern notwendige Voraussetzung für die Eröffnung eines Ermessensspielraums.

Dieses Verständnis des „Soll“-Gebots entspricht der gesetzgeberischen Intention am besten und konkretisiert die verbreitete Auffassung, dass die Herabsetzung der Regelfall und das Absehen die Ausnahme sein soll in der durch den Reformgesetzgeber beabsichtigten Weise.

dd) Konsequenz der Einordnung

Aus der Einordnung der Herabsetzungsentscheidung als grundsätzlich gebundene Entscheidung ergeben sich folgende Konsequenzen für die Bedeutung von

Ermessensfehlern, der Anwendbarkeit der Business Judgement Rule und dem Ausmaß der gerichtlichen Überprüfungsmöglichkeiten, die nachfolgend näher erörtert werden.

(1) Regelfall

Bei Vorliegen der tatbestandlichen Voraussetzungen muss der Aufsichtsrat im Regelfall seine Entscheidung für eine Herabsetzung nicht gesondert begründen. Wenn der Aufsichtsrat keine besonderen Erwägungen bezüglich des „Ob" der Herabsetzung angestellt hat, kann sich dies weder auf die Wirksamkeit des Beschlusses noch auf die Erklärung gegenüber dem Vorstandsmitglied negativ auswirken. Ermessensfehler kann es mangels Ermessensentscheidung nicht geben. Ebenso wenig ist die Entscheidung über das „Ob" der Herabsetzung als eine unternehmerische Entscheidung im Sinne des § 116 i.V.m. § 93 Abs. 1 S. 2 AktG einzuordnen. Der gerichtliche Prüfungsumfang ist nicht eingeschränkt.

(2) Atypische Fälle

Lediglich in atypischen Fällen besteht für den Aufsichtsrat eine Handlungsalternative und er darf von der Herabsetzung absehen. In diesen Fällen besteht eine Ausnahme von der grundsätzlichen Herabsetzungspflicht. Besondere Fallkonstellationen rechtfertigen es, dem Aufsichtsrat ein Ermessen über die Herabsetzung zu eröffnen. Damit stellt sich nur in Ausnahmefällen die Frage, ob sich Fehler bei der Ermessensausübung auf die Wirksamkeit des Herabsetzungsbeschlusses auswirken können.[687] Ebenso liegt nur in atypischen Ausnahmefällen eine unternehmerische Entscheidung im Sinne des § 93 Abs. 1 S. 2 AktG vor. Die Ermessensentscheidung ist in diesen Fällen nur eingeschränkt gerichtlich auf Ermessensfehler überprüfbar.

Eine weitere Verschärfung zu einer „Hat"-Vorschrift,[688] die auch bei Ausnahmesituationen keinerlei Ermessensspielraum zulässt, ist demgegenüber zu eng und nicht notwendig. Das Vorliegen eines atypischen Falls und damit die Eröffnung eines Entscheidungsermessens ist aber voll nachprüfbar.

Für die Annahme eines atypischen Falls genügt die bloße Vermutung des Aufsichtsrats, dass das Vorstandsmitglied angesichts der Vergütungskürzung

---

687 Hierzu näher unter J.VI.1.

688 Vgl. Entwurf eines Gesetzes zur Angemessenheit von Vorstandsvergütungen und zur Beschränkung der steuerlichen Absetzbarkeit der SPD-Fraktion vom 20.02.2017, abrufbar unter: https://www.spdfraktion.de/system/files/documents/gesetzentwurf_manager-verguetungen_spdbt_final.pdf

kündigen würde, noch nicht. Ebenso wenig genügt es, wenn das betroffene Vorstandsmitglied androht, sein Sonderkündigungsrecht nach § 87 Abs. 2 S. 4 AktG auszuüben.[689] Ansonsten könnte auf diese Weise die Vergütungskürzung durch das Vorstandsmitglied zu leicht umgangen werden.[690] Vielmehr muss das Vorstandsmitglied für die Gesellschaft vor dem Hintergrund der verschlechterten wirtschaftlichen Lage derart unentbehrlich sein, dass das Risiko seiner vorzeitigen Kündigung nicht eingegangen werden kann.[691] Das Vorstandsmitglied ist dann unentbehrlich, wenn sein Verlust sich für die Gesellschaft mit einiger Wahrscheinlichkeit als existenzbedrohend erweisen würde.[692] Davon kann allerdings nicht einfach ausgegangen werden. Es bedarf vielmehr konkreter Anhaltspunkte für eine existentielle Gefährdung der Gesellschaft gerade infolge des Verlusts dieses konkreten Vorstandsmitglieds. Eine Unentbehrlichkeit kann auch daraus folgen, dass ein Vorstandsmitglied über Spezialkenntnisse verfügt, die gerade in der Krisensituation für die Gesellschaft von besonders hohem Wert sind. Bei dem Weggang eines Vorstandsvorsitzenden sind konkrete Auswirkungen auf die Gesellschaft regelmäßig wahrscheinlicher als bei einem einfachen Vorstandsmitglied.

Ebenso kann ein atypischer Fall vorliegen, der dem Aufsichtsrat ermöglicht, von einer Herabsetzung abzusehen, wenn ein Vorstandsmitglied infolge der Lageverschlechterung Mehrarbeit leistet und Sonderaufgaben wahrnimmt, die nicht gesondert vergütet werden.[693]

III. Zusammenfassung

1. Tatbestandsebene

Der Aufsichtsrat fällt seine Entscheidung über eine Vergütungsherabsetzung auf Grundlage der Berichte des Vorstands nach § 90 Abs. 1 AktG und ggf. bestehender weiterer eigener Erkenntnisquellen. Hinsichtlich des Vorliegens der gesetzlichen Tatbestandsvoraussetzungen steht dem Aufsichtsrat kein Beurteilungsspielraum zu. Zwar enthält der Tatbestand des § 87 Abs. 2 AktG

---

689 *Waldenberger/Kaufmann*, BB 2010, 2257, 2261.

690 *Waldenberger/Kaufmann*, BB 2010, 2257, 2261.

691 Ähnlich *DAV Handelsrechtsausschuss*, NZG 2009, 612, 614; *Fleischer* in: Spindler/Stilz, AktG, § 87 Rn. 66; *Hoffmann-Becking/Krieger*, NZG-Beil. H. 26 2009, 1, 5; *Koch*, WM 2010, 49, 56; *Waldenberger/Kaufmann*, BB 2010, 2257, 2261.

692 Ähnlich *Diller*, NZG 2009, 1006, 1007.

693 *Bauer/Arnold*, AG 2009, 717, 727; *Diller*, NZG 2009, 1006, 1007.

unbestimmte Rechtsbegriffe. Das allein führt aber noch nicht dazu, dass ein eigenständiger Beurteilungsspielraum angenommen werden kann.

Unbestimmte Rechtsbegriffe sind grundsätzlich voll überprüfbar. Anhaltspunkte, die ausnahmsweise eine Einschränkung der Überprüfbarkeit gebieten würden, sind nicht ersichtlich. Das Vorliegen der gesetzlichen Tatbestandsmerkmale des § 87 Abs. 2 AktG ist damit voll gerichtlich überprüfbar. Dem Aufsichtsrat steht auf Grundlage der ihm zur Verfügung stehenden Informationen keine eigenständige Entscheidungsfreiheit darüber zu, ob eine Lageverschlechterung eingetreten ist oder nicht. Gleiches gilt hinsichtlich des Tatbestandsmerkmals der Unbilligkeit.

Wenngleich unbestimmte Rechtsbegriffe nicht der Business Judgement Rule unterfallen, kann die Tatsache, dass der Tatbestand des § 87 Abs. 2 AktG unbestimmte Rechtsbegriffe, die mit gewissen Prognoserisiken einhergehen, enthält, im Rahmen einer möglichen Haftung des Aufsichtsrats auf Verschuldensebene berücksichtigt werden.

Es ist nicht möglich, in Satzung oder Anstellungsvertrag strengere Herabsetzungsvoraussetzungen zu vereinbaren. Ebenso wenig kann ein Ausschluss der Herabsetzung vereinbart werden. Dies gilt auch für Aufhebungsverträge, die die Fortzahlung der Bezüge im Rahmen der Freistellungsphase vorsehen. Das Gesetz bietet keine Anhaltspunkte dafür, dass diese Zahlungen von der Herabsetzung unberührt bleiben dürfen. Die Vereinbarung einer erleichterten Herabsetzungsmöglichkeit ist hingegen möglich. Eine derartige Vereinbarung verdrängt den Tatbestand des § 87 Abs. 2 AktG nicht, sondern tritt neben ihn.

2. Rechtsfolgenebene

Auf Rechtsfolgenebene folgt aus der Formulierung des § 87 Abs. 2 S. 1 AktG als „Soll"-Bestimmung, dass für den Aufsichtsrat eine grundsätzliche Pflicht zur Herabsetzung besteht. Der Aufsichtsrat muss seine Entscheidung über das „Ob" der Herabsetzung nicht begründen und keine Erwägungen zum Für und Wider einer Herabsetzung anstellen. Ein Ermessen besteht nicht, sodass Ermessensfehler nicht vorkommen können. Mangels Handlungsalternativen ist auch die Business Judgement Rule nicht anwendbar. Die gerichtliche Überprüfbarkeit der Herabsetzungsentscheidung ist nicht eingeschränkt.

Nur in atypischen Sonderkonstellationen kommt dem Aufsichtsrat ein Ermessenspielraum hinsichtlich des „Ob" der Herabsetzung zu. In diesen Fällen hat er eine pflichtgemäße Ermessensentscheidung darüber zu treffen, ob er aufgrund der atypischen Situation von einer Herabsetzung ablässt. Diese Entscheidung ist als Ermessensentscheidung von der Privilegierung der Business

Judgement Rule umfasst. Die gerichtliche Kontrolle ist in diesen Fällen nur auf die Überprüfung beschränkt, ob (1) ein atypischer Fall vorliegt und (2) ob das Ermessen pflichtgemäß ausgeübt wurde.

I. Umfang der Herabsetzung

Neben der soeben erläuterten Entscheidung des Aufsichtsrats in Bezug auf das „Ob" der Herabsetzung besteht auf Rechtsfolgenebene näherer Klärungsbedarf hinsichtlich des „Wie" der Herabsetzung. Gemeint ist damit der Umfang der durch den Aufsichtsrat vorzunehmenden Kürzung. Die gesetzlichen Vorgaben, die in dieser Hinsicht bestehen sowie die Schwierigkeiten, die sich in diesem Zusammenhang stellen, werden nachfolgend näher erörtert.

I. Angemessene Vergütungshöhe im Sinne des § 87 Abs. 1 S. 1 AktG als Herabsetzungsziel

1. Modifikation des Herabsetzungsumfangs durch das VorstAG

Seit dem VorstAG gebietet es § 87 Abs. 2 AktG, die Vergütung auf die „angemessene Höhe" herabzusetzen. Zuvor wurde gesetzlich lediglich eine „angemessene Herabsetzung" gefordert. Darunter war unter einer „angemessenen Herabsetzung" eine Vergütungskürzung zu verstehen, die die schwere Unbilligkeit zu beseitigen vermochte.[694] Die alte Rechtslage ließ daher zu, im Zuge der Herabsetzung eine Vergütung zu bestimmen, die (weiterhin) unangemessen hoch war.[695] Nach der neuen Gesetzeslage ist dies nunmehr ausgeschlossen. Nicht der Kürzungsbetrag, sondern die neu zu bestimmende Vergütungshöhe selbst muss angemessen sein.

2. Bezugnahme auf § 87 Abs. 1 S. 1 AktG

Bei der Formulierung des Herabsetzungsumfangs fällt auf, dass die Verwendung des Begriffs „angemessen" die Regelung § 87 Abs. 1 S. 1 AktG spiegelt. Nach dieser Vorschrift müssen die Gesamtbezüge in einem angemessenen Verhältnis zu

---

694 *Diller*, NZG 2009, 1006, 1007; *Oltmanns*, in: NK-AktR, § 87 Rn. 11; *Thüsing*, AG 2009, 517, 523; *Waldenberger/Kaufmann*, BB 2010, 2257, 2261. Vgl. zur früheren Ansicht etwa: *Fleischer*, in: Spindler/Stilz, AktG, 1. Aufl. 2007, § 87 Rn. 33; *Spindler*, in: MüKo-AktG, 3. Aufl. 2008, § 87 Rn. 95; *Weisner/Kölling*, NZG 2003, 465, 467.

695 *Koch*, WM 2010, 49, 57; *Kort* in: GK-AktG, § 87 Rn. 412; *Spindler*, in: MüKo-AktG, § 87 Rn. 205; *Oltmanns*, in: NK-AktR, § 87 Rn. 11. Zur alten Rechtslage: *Fleischer*, in: Spindler/Stilz, AktG, 1. Aufl. 2007, § 87 Rn. 33; *Weisner/Kölling*, NZG 2003, 465, 467.

den Aufgaben und Leistungen des Vorstandsmitglieds und zur Lage der Gesellschaft stehen. Außerdem dürfen die Gesamtbezüge die übliche Vergütung nicht ohne besondere Gründe übersteigen. Die Aufzählung in § 87 Abs. 1 S. 1 AktG wird nicht als abschließend verstanden, sodass in der Literatur noch weitere ungeschriebene Angemessenheitskriterien anerkannt sind, wie etwa die Qualifikation des Vorstandsmitglieds, besondere Fähigkeiten, der Marktwert oder die Dauer der Zugehörigkeit zur Gesellschaft.[696]

Schon der Wortlaut des § 87 Abs. 2 S. 1 AktG legt nun nahe, bei der Bestimmung der Vergütungshöhe den Maßstab § 87 Abs. 1 S. 1 AktG anzulegen. In der Gesetzesbegründung findet sich ferner ein eindeutiger Bezug auf die Regelung des § 87 Abs. 1 S. 1 AktG. Darin heißt es, dass die Herabsetzung auf eine Höhe erfolgen soll, die „nach § 87 Absatz 1 Satz 1 AktG in dieser Situation angemessen wäre".[697] Die Grundsätze zur Festlegung einer angemessenen Vergütung nach § 87 Abs. 1 S. 1 AktG können daher auf die Neufestsetzung im Zuge einer Herabsetzung übertragen werden.[698]

Mit der veränderten Rechtsfolgenanordnung wurde somit ein noch stärkerer Zusammenhang als bisher zwischen den ersten beiden Absätzen des § 87 AktG hergestellt. Das ist insofern konsequent, als dass auch § 87 Abs. 1 AktG den Schutz des Gesellschaftsvermögens und der Aktionäre, Gläubiger und Arbeitnehmer vor überhöhten Bezügen bezweckt. § 87 Abs. 1 S. 1 AktG enthält als konkretes Schutzinstrument das Gebot der Angemessenheit. Bei der Herabsetzung kommt es nun ebenfalls zum Einsatz. Die Bezugnahme auf das Angemessenheitsgebot des § 87 Abs. 1 S. 1 AktG verstärkt auf Rechtsfolgenebene den mit der Herabsetzung (auch) bezweckten Schutz des Gesellschaftsvermögens. Die Herabsetzungsvorschrift verfolgt in ihrer neuesten Fassung im Falle der

---

696 Vgl. *Fleischer*, in: Spindler/Stilz, AktG, § 87 Rn. 19; *Hüffer/Koch*, AktG, § 87 Rn. 15; *Mertens/Cahn* in: KK-AktG, § 87 Rn. 14; *Oltmanns*, in: NK-AktR, § 87 Rn. 4; *Weber*, in: Hölters, AktG, § 87 Rn. 27.

697 Gesetzentwurf der Fraktionen CDU/CSU und SPD, BT-Drs. 16/12278, S. 6.

698 OLG Stuttgart, Urt. v. 01.10.2014 – 20 U 3/13, NZG 2015, 194, 196; *Annuß/Theusinger*, BB 2009, 2434, 2438; *Arnold/Günther*, in: Marsch-Barner/Schäfer, Hdb. börsennotierte AG, § 20 Rn. 48; *Bauer/Arnold*, AG 2009, 717, 727; *Diller*, NZG 2009, 1006, 1007; *Koch*, WM 2010, 49, 57; *Kort* in: GK-AktG, § 87 Rn. 412; *Oltmanns*, in: NK-AktR, § 87 Rn. 11; *Seibert*, WM 2009, 1489, 1491; *Waldenberger/Kaufmann*, BB 2010, 2257, 2261; einschränkend („in der Regel") *Gaul/Janz*, NZA 2009, 809, 812. An dem Verständnis zur alten Rechtslage, wonach nach der Herabsetzung weiterhin eine unangemessen hohe Vergütung gezahlt werden könne, festhaltend: *Mertens/Cahn* in: KK-AktG, § 87 Rn. 98.

Lageverschlechterung folglich eine doppelte Zielrichtung: Vergütungskürzung unter gleichzeitiger Sicherstellung einer zukünftig angemessenen Vergütungshöhe.[699] Eine Systemwidrigkeit lässt sich darin nicht erkennen.[700] Im Gegenteil, es erschiene fragwürdig, gerade im Falle der Lageverschlechterung eine unangemessene Vergütungshöhe zu erlauben.

II. Grenzen der Neufestsetzung

Wird durch die Herabsetzung die Neubestimmung der fortan zu gewährenden Vergütung erforderlich, stellen sich im Hinblick auf die Bestimmung der Angemessenheit der Vergütungshöhe im Wesentlichen dieselben Probleme wie bei der ursprünglichen Vergütungsfestsetzung. An dieser Stelle sollen in diesem Zusammenhang vor allem spezifische Problemfelder behandelt werden, die für die Herabsetzung nach § 87 Abs. 2 AktG besonders relevant sind. In einem ersten Schritt soll untersucht werden, ob sich konkrete Grenzwerte ermitteln lassen, die bei der Neufestsetzung jedenfalls nicht unter- oder überschritten werden können.

1. Angemessenheit als Schranke

Eine gewisse Begrenzung der Vergütungshöhe ergibt sich bereits aus dem Angemessenheitsgebot selbst.

a) Überschreitung der Angemessenheit

Wie soeben dargestellt, ist es im Rahmen der Neufestsetzung nicht zulässig, eine Vergütung festzusetzen, die (weiterhin) unangemessen ist. Die Angemessenheit bildet – wie schon bei der Festsetzung nach § 87 Abs. 1 AktG[701] – auch bei der Neubestimmung der Vergütungshöhe eine allgemeine Schranke. Die Vergütung, die nach einer Kürzung gemäß § 87 Abs. 2 AktG gewährt werden kann, ist auf den höchstmöglichen, gerade noch angemessenen Betrag gedeckelt.

Diese Begrenzung auf Rechtsfolgenebene ist die Kehrseite des Erfordernisses der Unbilligkeit auf Tatbestandsebene. Denn wird bei der Durchführung der Herabsetzung eine unangemessen hohe Vergütung festgesetzt, so beseitigt

---

699 Vgl. *Bauer/Arnold*, AG 2009, 717, 727 („Zwitterstellung"). Kritisch dazu *Dauner-Lieb/Friedrich*, NZG 2010, 688, 689; *Meyer*, Vorstandsvergütung, S. 313; *Thüsing*, AG 2009, 517, 523.

700 *Wittuhn/Hamann*, ZGR 2009, 847, 865.

701 *Weber*, in: Hölters, AktG, § 84 Rn. 45; *Wiesner*, in: Münch. Hdb. GesR IV, § 21 Rn. 38.

das noch nicht die Unbilligkeit. Eine Unbilligkeit für die Gesellschaft besteht nämlich nach hier vertretener Auffassung gerade dann, wenn unangemessen hohe Bezüge gezahlt werden.[702] Da die Unangemessenheit demzufolge Teil des Herabsetzungstatbestands ist, führt die Festsetzung eines unangemessen hohen Betrags stets dazu, dass das Tatbestandsmerkmal der Unbilligkeit weiterhin vorliegt. Somit bleibt auch die Pflicht zur Herabsetzung weiter bestehen.

Bei der (Un-)Angemessenheit handelt es sich daher letzten Endes um ein in doppelter Hinsicht relevantes Kriterium. Sie ist einerseits auf Tatbestandsebene zu prüfen, da das Vorliegen einer unangemessenen Vergütung die Unbilligkeit für die Gesellschaft begründet. Andererseits spielt sie auch auf Rechtsfolgenebene eine Rolle, da sie die Höhe der neu zu bestimmenden Vergütungshöhe beschränkt.

b) Unterschreitung der Angemessenheit

Es fragt sich darüber hinaus, ob die Angemessenheit die neu zu bestimmende Vergütungshöhe auch nach unten hin zu beschränken vermag.

aa) Kein Schutz vor zu niedriger Vorstandsvergütung in § 87 Abs. 1 S. 1 AktG

Bei der Vergütungsfestsetzung nach § 87 Abs. 1 S. 1 AktG ist das nicht der Fall. Es ist darin weder einer Mindestvergütung festgelegt noch wird überhaupt die Zahlung einer Vergütung gefordert.[703] Dem Vorstandsmitglied erwächst aus § 87 Abs. 1 S. 1 AktG daher auch kein Anspruch auf die Zahlung einer angemessenen Vergütung.[704] § 87 Abs. 1 S. 1 AktG soll lediglich vor überhöhten Vorstandsbezügen schützen.[705] Die Vorschrift bezweckt hingegen nicht den Schutz des Vorstandsmitglieds vor zu niedrigen Vergütungen. Eine Vergütung, die womöglich als unangemessen niedrig zu bewerten wäre, ist jedenfalls im Rahmen des § 87 Abs. 1 S. 1 AktG rechtlich ohne Belang.

---

702 Siehe dazu Abschnitt G.V.

703 *Schwennicke,* in: Grigoleit, AktG, § 87 Rn. 3.

704 OLG Stuttgart, Urt. v. 13.03.2002 – 20 U 59/01, AG 2003, 211; *Hüffer/Koch,* AktG, § 87 Rn. 1; *Mertens/Cahn,* in: KK-AktG, § 87 Rn. 105; *Seibt,* in: K. Schmidt/Lutter, AktG, § 87 Rn. 16.

705 *Kort,* in: GK-AktG, § 87 Rn. 1; *Hüffer/Koch,* AktG, § 87 Rn. 1; *Oltmanns,* in: NK-AktR, § 87 Rn. 1; *Rieble/Schmittlein,* Vergütung von Vorständen, Rn. 23 f.; *Schwennicke,* in: Grigoleit, AktG, § 87 Rn. 1; *Seibt,* in: K. Schmidt/Lutter, AktG, § 87 Rn. 1.

Die rechtswissenschaftliche und insbesondere rechtspolitische Diskussion zur Höhe von Vorstandsbezügen entfacht sich stets an unangemessen hohen Gehältern. Ursache für diese Beschränkung der Diskussion auf das obere Ende der Angemessenheit dürfte sein, dass eine unangemessen niedrige Vergütung vom jeweiligen Vorstandsmitglied in der Regel ohnehin nicht akzeptiert würde. Ein Vertragsangebot, das eine zu niedrige Vergütung vorsieht, kann es schlicht ablehnen. Es fehlt in Fällen der anfänglichen Vergütungsfestsetzung bereits an einem besonderen Schutzbedürfnis des Vorstandsmitglieds, das es rechtfertigen würde, ihm Mindestbezüge in Form einer angemessenen Vergütung gesetzlich zu garantieren.

bb) Schutzwirkung des § 87 Abs. 2 AktG zugunsten des Vorstands

Etwas anderes gilt jedoch im Rahmen des § 87 Abs. 2 AktG. Der Aufsichtsrat kann mit der Herabsetzung einseitig eine Änderung der Vergütungsabrede herbeiführen. In diesem Fall besteht schon ein vertraglicher Anspruch des Vorstandsmitglieds auf eine bestimmte Vergütung. Da der Anspruch nachträglich durch eine einseitige Handlung des Aufsichtsrats reduziert werden kann, ist das betroffene Vorstandsmitglied schutzbedürftig.

Der Aufsichtsrat darf zwar ausnahmsweise von der bestehenden vertraglichen Vereinbarung abweichen, muss dabei aber die Grenze der Angemessenheit auch nach unten wahren. Das Vorstandsmitglied kann auf die Einhaltung dieser gesetzlichen Schranke bestehen. Die gesetzliche Anordnung einer angemessenen Vergütungshöhe in § 87 Abs. 2 AktG entfaltet insoweit auch Schutzwirkung für das Vorstandsmitglied.

2. Festsetzungsuntergrenze

Aufbauend auf der Erkenntnis, dass § 87 Abs. 2 AktG auf Rechtsfolgenseite auch eine Schutzwirkung zugunsten des Vorstandsmitglieds entfaltet, ist zu klären, ob daraus zugleich folgt, dass eine bestimmte Vergütungshöhe nicht unterschritten werden darf. Mit anderen Worten: Existiert eine konkrete absolut oder relativ zu bemessene Mindestvergütung, die die untere Grenze der Angemessenheit bildet und nicht unterschritten werden darf?

a) Vergütung leitender Angestellter

Eine ausdrückliche Untergrenze im Sinne einer garantierten Mindestvergütung enthält § 87 Abs. 2 AktG nicht. Für die Vergütungsneubestimmung wird dennoch vertreten, dass die Vergütung leitender Angestellter eine Grenze darstelle, die (in der Regel) nicht unterschritten werden dürfe.[706]

Dieser Auffassung erteilte der BGH jedoch eine Absage und stellte klar, dass die Vergütung leitender Angestellter keine Untergrenze für die Vorstandsvergütung darstelle.[707] Er verwies in diesem Zusammenhang darauf, dass auch die Vergütung leitender Angestellter schon unangemessen hoch sein könne.[708] Es entspreche nicht dem Zweck der Herabsetzung, wenn der Vorstand von einer übermäßig hohen Vergütung leitender Angestellter profitiere.[709] Der Vorstand habe eine etwaige niedrigere Vergütung aufgrund seiner gesteigerten Treuepflicht, die die leitenden Angestellten nicht treffe, hinzunehmen.[710] Dies stelle auch keinen dem Vorstandsmitglied unzumutbaren Makel dar.[711] Der BGH betonte indes zugleich, dass auch die herabgesetzte Vergütung regelmäßig die Gehälter leitender Angestellter übersteigen werde.[712] Dies beruhe jedoch nicht auf einer dahin gehenden rechtlichen Schranke.[713]

Dem BGH ist hier zuzustimmen.[714] Eine Festsetzungsuntergrenze, die gewährleistet, dass mindestens eine Vergütung auf Niveau von leitenden Angestellten gewährt wird, ist abzulehnen. Die Festlegung einer solchen Schranke wäre nur gerechtfertigt, wenn Bezüge unterhalb der Vergütung leitender Angestellter stets als unangemessen zu bewerten wären. Tatsächlich lassen sich aus der Höhe der Vergütung leitender Angestellter aber jedenfalls keine allgemeingültigen Rückschlüsse für die Angemessenheit der Vorstandsbezüge herleiten. Maßstab bleibt allein § 87 Abs. 1 S. 1 AktG.

Soweit im Rahmen des § 87 Abs. 1 S. 1 AktG bei der Beurteilung der Angemessenheit auch das gesellschaftsinterne Gehaltsgefüge berücksichtigt werden soll,[715] soll damit lediglich eine zu große Diskrepanz der Vergütung im

---

706 OLG Stuttgart, Urt. v. 01.10.2014 – 20 U 3/13, NZG 2015, 194, 196; OLG Düsseldorf, Urt. v 17.11.2003 – I-15 U 225/02, NZG 2004, 141, 145 (noch zur alten Fassung des § 87 Abs. 2 AktG); *Koch*, WM 2010, 49, 57; *Spindler*, in: MüKo-AktG, § 87 Rn. 205.

707 BGH, Urt. v. 27.10.2015 – II ZR 296/14, BGHZ 207, 190 Rn. 52.

708 BGH, Urt. v. 27.10.2015 – II ZR 296/14, BGHZ 207, 190 Rn. 52.

709 BGH, Urt. v. 27.10.2015 – II ZR 296/14, BGHZ 207, 190 Rn. 52.

710 BGH, Urt. v. 27.10.2015 – II ZR 296/14, BGHZ 207, 190 Rn. 52.

711 BGH, Urt. v. 27.10.2015 – II ZR 296/14, BGHZ 207, 190 Rn. 52.

712 BGH, Urt. v. 27.10.2015 – II ZR 296/14, BGHZ 207, 190 Rn. 52.

713 BGH, Urt. v. 27.10.2015 – II ZR 296/14, BGHZ 207, 190 Rn. 52. Insoweit zustimmend *Spindler*, in: MüKo-AktG, § 87 Rn. 205.

714 Ebenso *Kort*, AG 2016, 209, 211; *Kruse/Busold*, DStR 2017, 1608.

715 Vgl. Beschlussempfehlung und Bericht des Rechtsausschusses, BT-Drs. 16/13433, S. 10; Gesetzentwurf der Fraktionen CDU/CSU und SPD, BT-Drs. 16/12278, S. 6;

Vertikalverhältnis vermieden werden. Nach dem Willen des Gesetzgebers geht es dabei darum, dass „die Vergütungsstaffelung im Unternehmen beim Vorstand nicht Maß und Bezug zu den Vergütungsgepflogenheiten und dem Vergütungssystem im Unternehmen im Übrigen verliert".[716] Im Ergebnis sollen so Vergütungsexzesse verhindert werden.[717] Ein nur geringer oder gar kein Abstand der Vorstandsbezüge zu Ebenen unterhalb des Vorstands dürfte eine Unangemessenheit indes auch unter dem Gesichtspunkt der vertikalen Vergütungsgerechtigkeit nicht begründen. So wie das Gebot der Angemessenheit Vorstandsmitgliedern keine Mindestvergütung gewährleisten soll, soll auch der Vertikalvergleich nicht die Vorstandsmitglieder schützen. Es soll nicht etwa ein Mindestabstand zu leitenden Angestellten gesichert werden. Vielmehr soll umgekehrt nur ein zu großer Abstand verhindert werden. Das Vorstandsmitglied hat trotz seiner besonderen Stellung innerhalb der Gesellschaft jedenfalls kein Anrecht darauf, gesetzlich garantiert ein höheres Gehalt zu beziehen als leitende Angestellte.

Das gilt auch beim Eintritt einer Lageverschlechterung. Wenn der Aufsichtsrat die Vergütung infolge einer erforderlichen Vergütungsherabsetzung neu bestimmt, so hat dies jedenfalls nach unten hin losgelöst von der Vergütungshöhe leitender Angestellter zu erfolgen. Ist es für das Vorstandsmitglied persönlich untragbar, genauso viel oder gar weniger zu verdienen als leitende Angestellte, so steht es ihm immer noch frei, von dem ihm zustehenden außerordentlichen Kündigungsrecht nach § 87 Abs. 2 S. 4 AktG Gebrauch zu machen.

Es besteht folglich keine Mindestvergütung in Höhe der Vergütung leitender Angestellter, die bei der Neubestimmung der Vergütungshöhe zu beachten wäre.

b) Möglichkeit der Herabsetzung auf null?

Nachdem also die Vergütung leitender Angestellter keinen tauglichen Maßstab für eine etwaige Vergütungsuntergrenze bildet, ist weiter zu klären, ob schlicht gar keine bezifferbare Untergrenze existiert. Unter dieser Prämisse wäre auch eine vollständige Streichung der Vergütung möglich. Der BGH ließ ausdrücklich offen, ob im Einzelfall sogar eine Herabsetzung der Vergütung auf null

---

Fleischer, in: Spindler/Stilz, AktG, § 87 Rn. 18. Kritisch hierzu: *Annuß/Theusinger*, BB 2009, 2434, 2435; *Kort* in: GK-AktG, § 87 Rn. 90 ff.; *Rieble/Schmittlein*, Vergütung von Vorständen, Rn. 152 ff; *Schwennicke*, in: Grigoleit, AktG, § 87 Rn. 11.

716 Beschlussempfehlung und Bericht des Rechtsausschusses, BT-Drs. 16/13433, S. 10.

717 *Lingemann*, BB 2009, 1918, 1919; *Spindler*, in: MüKo-AktG, § 87 Rn. 61; *Weber*, in: Hölters, AktG, § 87 Rn. 23.

möglich sei.[718] Er unterstrich jedoch zugleich zutreffend, dass sich aus der vom OLG Stuttgart[719] herangezogenen Begründung des Gesetzentwurfs[720] jedenfalls nichts Gegenteiliges ergebe.[721]

aa) Im Regelfall faktisch ausgeschlossen

Für die Möglichkeit einer Herabsetzung „auf null" spricht, dass die Gesellschaft schon nicht verpflichtet ist, überhaupt eine Vergütung zu gewähren. Wenn sie somit faktisch von Vornherein die Vergütung auf null festsetzen kann, muss es ihr auch möglich sein, die Vergütung bei Eintritt der Herabsetzungsvoraussetzungen komplett zu streichen. Allerdings kann die Gesellschaft ihre Entscheidung, grundsätzlich eine Vergütung für die Tätigkeit eines Vorstandsmitglieds zu gewähren, nicht mehr einseitig zurücknehmen. Eine solche Möglichkeit ist auch in § 87 Abs. 2 AktG nicht vorgesehen. Der Aufsichtsrat muss und darf die Vergütung lediglich auf ein angemessenes Maß herabsetzen.

An diese Grenze ist er aber zugleich gebunden. Die vollständige Streichung der Bezüge kommt nur in Betracht, wenn die Gewährung keiner Vergütung sich im konkreten Fall als angemessen erweist. Jedoch ist eine Festsetzung der Bezüge auf null praktisch schon deswegen schwer vorstellbar, weil bei der Bestimmung der Angemessenheit nach § 87 Abs. 1 S. 1 AktG auch die Leistungen und Aufgaben des Vorstands zu berücksichtigen sind.[722] Eine Herabsetzung auf null würde letztlich voraussetzen, dass die erbrachten und künftigen Leistungen mit null zu bewerten seien. Außerdem dürfte das Vorstandsmitglied daneben wohl keine Aufgaben mehr für die Gesellschaft wahrnehmen. Das erscheint in der Praxis wenig realistisch. Letztlich dürfte daher eine vollständige Streichung der Vergütung in der Regel jedenfalls faktisch ausgeschlossen sein, weil die Grenze der Angemessenheit unterschritten wäre.

bb) Mögliche Ausnahmekonstellationen

Gleichwohl ist zu erwägen, ob es Sonderkonstellationen gibt, die eine Ausnahme von diesem Grundsatz rechtfertigen und die Streichung der Vergütung als angemessen erscheinen lassen.

---

718 BGH, Urt. v. 27.10.2015 – II ZR 296/14, BGHZ 207, 190 Rn. 51.

719 OLG Stuttgart, Urt. v. 01.10.2014 – 20 U 3/13, NZG 2015, 194, 196.

720 Gesetzentwurf der Fraktionen CDU/CSU und SPD, BT-Drs. 16/12278, S. 6.

721 BGH, Urt. v. 27.10.2015 – II ZR 296/14, BGHZ 207, 190 Rn. 51.

722 Weitergehend *Kort*, AG 2016, 209, 211 f. („nicht vorstellbar").

(1) Freigestellte und abberufene Vorstandsmitglieder

Eine Ausnahme könnte für ein schon von seiner Tätigkeit freigestelltes oder bereits abberufenes Vorstandsmitglied mit noch laufendem Anstellungsvertrag gelten. In diesen Fällen kann das freigestellte und/oder abberufene Vorstandsmitglied seine Tätigkeit für die Gesellschaft nicht mehr ausüben. Es gibt dann schlicht keine Aufgaben und Leistungen mehr, die für die Bestimmung der fortan zu gewährenden Vergütungshöhe berücksichtigt werden könnten. Gleichzeitig hat das Vorstandsmitglied jedoch weiterhin Anspruch auf Auszahlung seiner Vergütung. Die Gesellschaft befindet sich nämlich im Annahmeverzug bzw. hat die Unmöglichkeit der Ausübung der vertraglich vereinbarten Vorstandstätigkeit durch die Abberufung zu vertreten.[723] Gleiches gilt für den Fall der Freistellung.

Es wäre nun nicht gerechtfertigt, bei der Herabsetzung darauf abzustellen, dass das Vorstandsmitglied seine Tätigkeit infolge der Abberufung oder Freistellung nicht mehr ausübt und somit keine Aufgaben mehr erfüllt und keine Leistungen für die Gesellschaft mehr erbringt.[724] Dass das Vorstandsmitglied nicht mehr für die Gesellschaft tätig ist, ist in diesen Fällen schließlich Folge einer durch die Gesellschaft getroffenen Entscheidung. Für die Beurteilung der Angemessenheit ist hier daher ausnahmsweise neben den vergangenen Leistungen auf die Aufgaben und Leistungen, wie sie zuletzt im Anstellungsvertrag vereinbart waren, abzustellen. Insofern ist im Ergebnis von einer fiktiven Weitertätigkeit auszugehen und diese finanziell unter Berücksichtigung des Angemessenheitsgebots zu würdigen. Damit dürfte auch in dieser Konstellation die Nichtgewährung einer Vergütung faktisch ausgeschlossen sein.

(2) Insolvenz

Angesichts der dann beschränkten Kompetenzen des Vorstands wäre eine Festsetzung auf null daneben noch am ehesten in der Insolvenz denkbar. Zwar ändert sich durch die Insolvenzeröffnung nichts an der Organstellung des Vorstands.[725] Allerdings werden seine Befugnisse stark eingeschränkt. Der Vorstand kann in der Insolvenz nur noch im insolvenzfreien Bereich tätig werden und ist ansonsten in der Verfügungs- und Verwaltungsbefugnis beschränkt.[726] Diese Einschränkungen haben eine veränderte Rolle und Aufgabenbereich des Vorstands

---

723 *Spindler*, in: MüKo-AktG, § 84 Rn. 94.

724 Ähnlich OLG Stuttgart, Urt. v. 01.10.2014 – 20 U 3/13, NZG 2015, 194, 196.

725 *Fleischer*, in: Spindler/Stilz, AktG, § 78 Rn. 21; *Spindler*, in: MüKo-AktG, § 78 Rn. 12.

726 Vgl. dazu Abschnitt J.IV.3.a).

zur Folge. Zwar ist es möglich, dass der Vorstand weiterhin noch umfassend für die Gesellschaft tätig wird, weil er vom Insolvenzverwalter unter Nutzung von Vollmachten dafür eingesetzt wird, sodass eine etwaige Kürzung der Bezüge womöglich deshalb nicht sehr stark ausfällt.[727] Ist dies aber nicht der Fall, steht die bisherige Vergütung regelmäßig außer Verhältnis zur Arbeitsbelastung und den Aufgaben des Vorstands.

In diesen Fällen wird einerseits die Vergütungshöhe in Anbetracht der Insolvenzreife unangemessen sein und folglich die Voraussetzung der Unbilligkeit vorliegen.[728] Andererseits haben die veränderte Rolle und der eingeschränkte Aufgabenbereich zur Folge, dass es gerade in der Insolvenz zu vergleichsweise erheblichen Kürzungen kommen kann.[729] Denn eine angemessene Vergütung für Vorstandsmitglieder einer insolventen AG wird im Regelfall schon angesichts der veränderten Zuständigkeit geringer ausfallen müssen als die angemessene Vergütung für Vorstandsmitglieder einer solventen AG. Da dem Vorstand jedoch auch im Falle der Insolvenz weiterhin bestimmte Zuständigkeitsbereiche verbleiben, wird auch hier eine Herabsetzung auf null in aller Regel nicht angemessen sein.[730]

c) Ergebnis

Im Unterschied zu § 87 Abs. 1 AktG, entfaltet das Angemessenheitserfordernis im Rahmen der Herabsetzung eine Schutzwirkung zugunsten des Vorstandsmitglieds. Die Festsetzung einer unangemessen niedrigen Vergütung ist daher ausgeschlossen.

Im Rahmen der Neufestsetzung ist von dem Aufsichtsrat dennoch keine absolute oder relative Mindestvergütung zu gewähren. Es besteht abgesehen von der allgemeinen Schranke in Form des Angemessenheitsgebots keine Vergütungsgrenze, die bei der Durchführung der Herabsetzung nicht unterschritten werden dürfte. Somit kann sich ein von der Herabsetzung betroffenes Vorstandsmitglied nicht darauf verlassen, dass ihm jedenfalls stets eine bestimmte Mindestvergütung erhalten bleibt. Es muss unter Umständen sogar damit rechnen, dass er eine geringere Vergütung erhält als leitende Angestellte des Unternehmens.

---

727 *Göcke/Greubel*, ZIP 2009, 2086, 2089.

728 Im Ergebnis ebenso *Göcke/Greubel*, ZIP 2009, 2086, 2089; *Hauptmann/Müller-Dott*, BB 2003, 2521, 2523.

729 *Göcke/Greubel*, ZIP 2009, 2086, 2089 gehen dabei von einer Kürzung um 60-70 % aus.

730 *Göcke/Greubel*, ZIP 2009, 2086, 2089.

Trotz des Fehlens einer Untergrenze erscheint aber eine Konstellation, in der eine Vergütung in Höhe von 0 Euro als angemessen zu bezeichnen wäre, als rein theoretisch denkbar, praktisch aber kaum realistisch. Die Festsetzung auf null würde regelmäßig gegen das Angemessenheitsgebot verstoßen.

3. Festsetzungsobergrenze

Spiegelbildlich zur Existenz einer Festsetzungsuntergrenze ist zu klären, ob sich aus dem Gebot der Angemessenheit eine konkrete Vergütungsobergrenze ergibt. Eine Vergütungsobergrenze hätte zur Folge, dass eine bestimmte Vergütungshöhe bei der Neufestsetzung nicht überschritten werden dürfte, weil die Vergütung andernfalls unangemessen hoch wäre.

a) Keine bezifferbare Vergütungsobergrenze im absoluten oder relativen Sinne

Schon im Rahmen des § 87 Abs. 1 AktG ist richtigerweise anerkannt, dass de lege lata keine allgemeingültige absolute, genau bezifferbare Vergütungsobergrenze besteht.[731] Da die Aktiengesellschaften sich untereinander in ihren konkreten Verhältnisse mit Blick auf Größe und Struktur sowie dem konkreten Zuschnitt der jeweiligen Vorstandtätigkeiten zum Teil fundamental unterscheiden, ist es nicht möglich, eine eindeutige, für alle Aktiengesellschaften geltende absolute Vergütungsobergrenze für Vorstandsmitglieder zu definieren.[732] Aus demselben Grund ist es auch nicht möglich, eine Obergrenze, die sich z.B. als Vielfaches des jeweils niedrigsten Arbeitnehmergehalts beschreiben lässt, zu bestimmen.

Es besteht kein Anlass, für die Neubestimmung der zu gewährenden Vergütung aufgrund einer erforderlichen Kürzung nach § 87 Abs. 2 AktG andere Grundsätze heranzuziehen. Auch hier gilt, dass sich eine allgemeine absolute oder relative Obergrenze grundsätzlich aufgrund der Diversität der Gesellschaften nicht definieren lässt. Es ist nicht möglich, einen für jeden Einzelfall geltenden höchstmöglichen, gerade noch angemessenen Betrag zu bestimmen. Die höchstmögliche angemessene Vergütung nach einer Lageverschlechterung

---

731 *Fleischer*, in: Spindler/Stilz, AktG, § 87 Rn. 22; *Martens*, ZHR 169 (2005), 124, 126; *Mertens/Cahn*, in: KK-AktG, § 87 Rn. 9; *Schwennicke*, in: Grigoleit, AktG, § 87 Rn. 6; *Spindler*, in: MüKo-AktG, § 87 Rn. 40.

732 *Fleischer*, in: Spindler/Stilz, AktG, § 87 Rn. 22; *Lücke*, NZG 2005, 692, 693; *Spindler*, in: MüKo-AktG, § 87 Rn. 40; *Weber*, in: Hölters, AktG, § 87 Rn. 17.

lässt sich nicht für alle Aktiengesellschaften einheitlich im Sinne eines konkreten Betrags definieren.

b) Gesetzliche Höchstgrenze nur bei Inanspruchnahme staatlicher Stabilisierungsmaßnahmen

Eine Ausnahme gilt lediglich bei der Inanspruchnahme staatlicher Stabilisierungsmaßnahmen nach § 7 FMStFG. Hier ist eine Vergütungsobergrenze ausnahmsweise konkret beziffert. Nach § 5 Abs. 2 Nr. 4 a) FMStV hat der Finanzmarktstabilisierungsfonds darauf hinzuwirken, dass Organmitglieder und Geschäftsleiter keine unangemessene Gesamtvergütung erhalten. Eine monetäre Vergütung, die 500.000 Euro pro Jahr übersteigt, gilt dabei nach § 5 Abs. 2 Nr. 4 a) S. 5 FMStV grundsätzlich als unangemessen. Der Fonds hat insbesondere auf eine Vergütungsherabsetzung nach § 87 Abs. 2 AktG hinzuwirken.

Völlige Eindeutigkeit besteht jedoch auch hier nicht. Zum einen bezieht sich das Angemessenheitsurteil allein auf „monetäre" Vergütung und nicht auf die Gesamtvergütung, zu der auch andere Vergütungsbestandteile zählen können. Die Gesamtvergütung umfasst nach § 5 Abs. 2 Nr. 4 a) S. 1 FMStV neben der monetären Vergütung auch Versorgungszusagen und alle sonstigen im Hinblick auf die Tätigkeit für den Konzern erteilten Zusagen und gewährten Leistungen. Hinsichtlich der nicht-monetären Vergütung fordert § 5 Abs. 2 Nr. 4 a) S. 1 FMStV lediglich die Angemessenheit, ohne eine konkrete Höchstsumme zu benennen.

Im Übrigen ist eine 500.000 Euro übersteigende Vergütungshöhe auch lediglich „grundsätzlich" unangemessen. Es handelt sich damit nicht um eine völlig starre Grenze. Ausnahmen sind denkbar. Dennoch lässt sich festhalten, dass § 5 Abs. 2 Nr. 4 a) S. 5 FMStV jedenfalls einen konkret bezifferten Orientierungswert enthält.

Die Obergrenze von 500.000 Euro gilt allerdings ausdrücklich nur bei der Rekapitalisierung von Unternehmen des Finanzsektors nach § 7 FMStFG.

Für die im Zuge der COVID-19-Pandemie 2020 neu eingeführten Stabilisierungsmaßnahmen für Unternehmen der Realwirtschaft nach §§ 21 und 22 FMStFG gilt diese Obergrenze bereits nicht mehr. Hier wird die Höhe der Vorstandsbezüge durch den Betrag begrenzt, den das jeweilige Vorstandsmitglied zum 31. Dezember 2019 als Grundvergütung erhalten hat (§ 9 Abs. 2 WSF-DV). Ferner dürfen nach § 9 Abs. 1 WSF-DV Boni und vergleichbare Vergütungsbestandteile neben dem Festgehalt nicht gewährt werden.

Die WSF-DV kennt damit im Gegensatz zur FMStV keine absoluten Grenzwerte, sondern verbietet die Gewährung bestimmter Vergütungsbestandteile und knüpft die Vergütungshöhe an die zu einem bestimmten Stichtag gewährten Bezügen. Es ergeben sich damit in Einzelfall unterschiedliche, unternehmensspezifische Vergütungsobergrenzen.

Die unternehmensspezifischen Begrenzungen in der WSF-DV zeigen, dass der in § 5 Abs. 2 Nr. 4 a) S. 5 FMStV enthaltene Grenzwert von 500.000 Euro auf eine Sonderkonstellation beschränkt ist. Er hat daher auch keine grundsätzliche Ausstrahlungswirkung auf § 87 Abs. 2 AktG.

c) *Festlegung einer Maximalvergütung durch den Aufsichtsrat und Hauptversammlung*

Nach den jüngsten Änderungen durch das Gesetz zur Umsetzung der zweiten Aktionärsrechterichtlinie (ARUG II)[733] muss der Aufsichtsrat einer börsennotierten Gesellschaft nach § 87a Abs. 1 Nr. 1 AktG im Rahmen eines Beschlusses über ein Vergütungssystem eine Maximalvergütung der Vorstandsmitglieder festlegen.

Die konkrete inhaltliche Ausgestaltung der Maximalvergütung steht dem Aufsichtsrat frei.[734] Ferner kann der Aufsichtsrat darüber entscheiden, ob er eine Maximalvergütung für den Gesamtvorstand oder für jedes Vorstandsmitglied gesondert festsetzen will, ob zwischen Vorstandsvorsitzenden und ordentliche Vorstandsmitglieder differenziert wird und ob er die Maximalvergütung für variable und fixe Vergütungsbestandteile einheitlich oder gesondert festlegt.[735]

Die festgesetzte Maximalvergütung kann durch die Hauptversammlung durch verbindliches Votum herabgesetzt werden, § 87 Abs. 4 AktG. Diese Herabsetzung ist aber nicht abhängig von der wirtschaftlichen Lage der Gesellschaft und nicht zu verwechseln mit einer Herabsetzung nach § 87 Abs. 2 AktG.

Diese von dem Aufsichtsrat festgesetzte und ggf. von der Hauptversammlung modifizierte Maximalvergütung gilt bereits bei der anfänglichen Festlegung der Vergütung. Bei einer nachträglichen Herabsetzung nach § 87 Abs. 2 AktG muss die neue Vergütung damit die Maximalvergütung zwingend unterschreiten, da

---

733 Gesetz zur Umsetzung der zweiten Aktionärsrechterichtlinie vom 12.12.2019, BGBl. I S. 2637.

734 Beschlussempfehlung des Ausschusses für Recht und Verbraucherschutz, BT-Drs. 19/15153, S. 56.

735 Beschlussempfehlung des Ausschusses für Recht und Verbraucherschutz, BT-Drs. 19/15153, S. 56.

die Maximalvergütung bereits von vornherein, also auch ohne dass eine Lageverschlechterung eingetreten ist, nicht überschritten werden darf.

Damit gilt für börsennotierte Gesellschaften jeweils eine konkret bezifferte Vergütungsobergrenze, die zwingend zu beachten ist.

d) Ergebnis

Eine absolute oder relative Vergütungsobergrenze, die im Rahmen der Bestimmung der fortan zu gewährenden Vergütung zu beachten wäre, besteht nicht. Eine Ausnahme bilden Unternehmen, die Stabilisierungsmaßnahmen nach § 7 FMStFG in Anspruch genommen haben. Hier ist die monetäre Vergütung grundsätzlich auf 500.000 Euro jährlich beschränkt.

Bei börsennotierten Gesellschaften darf die jeweils festgelegte Maximalvergütung nach § 87a Abs. 1 Nr. 1 AktG nicht überschritten werden.

Im Übrigen bleibt es bei dem Grundsatz, dass die Vergütung auch nach oben hin lediglich durch das Gebot der Angemessenheit begrenzt ist. Die höchstmögliche angemessene Vergütungshöhe kann aber nicht für sämtliche Aktiengesellschaften pauschal bestimmt werden.

4. Zwischenfazit

Zusammenfassend ergibt sich folgendes Bild: Die neue Vergütungshöhe ist sowohl nach oben als auch nach unten durch das Gebot der Angemessenheit begrenzt. Das Angemessenheitserfordernis entfaltet dabei im Falle des § 87 Abs. 2 AktG, anders als bei der Vergütungsfestsetzung nach § 87 Abs. 1 S. 1 AktG, auch Schutzwirkung zugunsten des Vorstandsmitglieds. Das Vorstandsmitglied ist daher im Herabsetzungsfall vor einer unangemessen niedrigen Vergütung geschützt.

Das bedeutet indes nicht, dass eine garantierte Mindestvergütung existiert, die jedenfalls nicht unterschritten werden dürfte. Insbesondere ist eine solche Begrenzung nach unten nicht in der Vergütung leitender Angestellter zu erblicken. Zwar verbietet es das Gebot der Angemessenheit nicht, die Vergütung vollständig zu streichen. Maßgeblich bleibt allein, ob die Vergütungshöhe im konkreten Fall angemessen ist. Aus diesem Grund ist eine Festsetzung der Vergütung auf null rechtlich nicht ausgeschlossen, tatsächlich aber schwer vorstellbar.

Nach oben darf die neue Vergütungshöhe die Schwelle zur Unangemessenheit nicht überschreiten. Bei börsennotierten Gesellschaften darf die durch den Aufsichtsrat bzw. die Hauptversammlung im Einzelfall festgelegte Maximalvergütung ebenso wenig überschritten werden. Daraus folgt aber keine konkret bezifferbare, allgemeingültige Obergrenze. Lediglich bei der Inanspruchnahme von Hilfsmaßnahmen nach dem FMStFG durch Unternehmen des Finanzsektors gilt für die monetäre Vergütung grundsätzliche die Grenze von 500.000 Euro. Diese hat jedoch keine Ausstrahlwirkung auf den Regelfall des § 87 Abs. 2 AktG.

III. Bestimmung der Angemessenheit im Einzelfall

Mit dem Gebot der Angemessenheit lässt sich zwar abstrakt ein nach unten und oben beschränkter möglicher Vergütungsrahmen beschreiben. Die Vergütungshöhe ist damit allerdings noch nicht hinreichend bestimmt. Sie muss im jeweiligen Einzelfall näher konkretisiert werden. Der Aufsichtsrat muss im Zuge der Herabsetzung eine konkrete Vergütungshöhe festsetzen. Bei der Vergütungsneubestimmung im Einzelfall sind die nachfolgend erläuterten Grundprinzipien zu beachten.

1. Abstellen auf konkretes Vorstandsmitglied statt fiktiver Neueinstellung

Das OLG Stuttgart hält es zumindest für „erwägenswert" die Vergütung danach zu bestimmen, welche Vergütung ein neu anzustellendes Vorstandsmitglied erhalten würde.[736] Die Vergütungshöhe würde dabei im Rahmen einer „typisierten Vergleichsbetrachtung" anhand der Kriterien des § 87 Abs. 1 AktG ermittelt werden.[737] Nach diesem Verständnis ist folglich eine fiktive Neueinstellung vorzunehmen. Das von der Herabsetzung betroffene Vorstandsmitglied und seine bisherigen Leistungen treten bei dieser Betrachtungsweise in den Hintergrund.

Die durch das OLG Stuttgart vorgeschlagene Vorgehensweise ist jedoch abzulehnen. Zum einen ist bei der Neubestimmung der Vergütung die durch das betroffene Vorstandsmitglied zukünftig zu erbringende Tätigkeit und deren weiterer Nutzen für die Gesellschaft zu berücksichtigen.[738] Daneben ist bei der Bestimmung der angemessenen Höhe die vorherige Leistung des jeweiligen Vorstandsmitglieds einzubeziehen.[739] Das ergibt sich daraus, dass mit dem neuen Herabsetzungsmaßstab eine Überprüfung der Vergütungshöhe anhand der Angemessenheitsparameter des § 87 Abs. 1 S. 1 AktG einhergeht. Es wird

736 OLG Stuttgart, Urt. v. 01.10.2014 – 20 U 3/13, NZG 2015, 194, 196 mit Verweis auf *Diller*, NZG 2009, 1006, 1007, der sich indes lediglich auf die „Neuaushandlung des Vertrags" bezieht und nicht auf eine Neueinstellung.

737 OLG Stuttgart, Urt. v. 01.10.2014 – 20 U 3/13, NZG 2015, 194, 196.

738 BGH, Urt. v. 27.10.2015 – II ZR 296/14, BGHZ 207, 190 Rn. 51.

739 *Spindler*, in: MüKo-AktG, § 87 Rn. 201.

somit eine anlassbezogene Angemessenheitskontrolle vorgenommen.[740] Da für die Angemessenheit bereits nach dem Wortlaut des § 87 Abs. 1 S. 1 AktG auch die Leistung des Vorstands zu berücksichtigen ist, erfolgt bei der Neubestimmung der Vergütungshöhe letztlich auch eine Art Zwischenbeurteilung seiner bisherigen Tätigkeit.[741] Für die Bestimmung der fortan angemessenen Vergütung ist – wie schon auf Tatbestandsebene[742] – auch einzubeziehen, inwieweit die veränderte Lage durch das jeweilige Vorstandsmitglied schuldhaft oder zurechenbar verursacht wurde.[743] Eine typisierte Vergleichsbetrachtung würde diese Aspekte hingegen unberücksichtigt lassen und ist damit nicht geeignet, die Angemessenheit der neuen Vergütung sicherzustellen.

2. Differenzierungen zwischen den einzelnen Vorstandsmitgliedern

Aus der Betrachtung des jeweils konkret betroffenen Vorstandsmitglieds anstelle eines fiktiv neu eingestellten Vorstands folgt außerdem, dass der konkrete Kürzungsbetrag bzw. die neu festzusetzende Vergütung unter den Mitgliedern des Vorstands unterschiedlich ausfallen kann.[744] Für die anfängliche Festsetzung ist anerkannt, dass die Angemessenheit für jedes Vorstandsmitglied individuell zu beurteilen ist.[745] Dies ist einerseits Konsequenz aus den unterschiedlichen Aufgaben, die die jeweiligen Vorstandsmitglieder wahrnehmen.[746] Zum anderen unterscheidet sich in vielen Fällen auch die Lage der Gesellschaft zum Zeitpunkt der Einstellung der unterschiedlichen Vorstandsmitglieder.[747] Nichts anderes gilt für die Kürzung.

Größtenteils wird indes vertreten, dass eine Herabsetzung der Vergütung die einzelnen Vorstandsmitglieder grundsätzlich gleichmäßig treffen soll.[748] Dass

---

740 *Bauer/Arnold*, AG 2009, 717, 727. A.A. jedoch *Kort* in: GK-AktG, § 87 Rn. 428, der in der Herabsetzung gerade keine „Angemessenheitsbeurteilungskorrektur" sieht.

741 *Koch*, WM 2010, 49, 57; *Spindler*, in: MüKo-AktG, § 87 Rn. 206.

742 Vgl. oben Abschnitt G.V.2.c).

743 *Koch*, WM 2010, 49, 57; *Kort* in: GK-AktG, § 87 Rn. 429; *Spindler*, in: MüKo-AktG, § 87 Rn. 206.

744 Für eine Differenzierung zwischen den Vorstandsmitgliedern ebenso: BGH, Urt. v. 27.10.2015 – II ZR 296/14, BGHZ 207, 190 Rn. 53. Im Ergebnis wohl auch *Hohenstatt*, ZIP 2009, 1349, 1353.

745 *Kort*, in: GK-AktG, § 87 Rn. 109; *Mertens/Cahn* in: KK-AktG, § 87 Rn. 7.

746 *Kort*, in: GK-AktG, § 87 Rn. 109.

747 *Kort*, in: GK-AktG, § 87 Rn. 109.

748 *Arnold/Günther*, in: Marsch-Barner/Schäfer, Hdb. börsennotierte AG, § 20 Rn. 48; *Hüffer/Koch*, AktG, § 87 Rn. 55; *Kort* in: GK-AktG, § 87 Rn. 427; *Mertens/Cahn*,

eine gleichmäßige Belastung aller Vorstandsmitglieder erfolgen sollte, wurde bereits zu § 87 Abs. 2 AktG a. F. vertreten.[749] Zum Teil wurde die bisherige Auffassung schlicht übernommen, ohne zu hinterfragen, ob sie vor dem geänderten Wortlaut überhaupt weiterhin gelten kann.[750]

Andere erkennen den geänderten Wortlaut und die damit einhergehende Verschärfung auf Rechtsfolgenebene, ziehen daraus jedoch keine Konsequenzen für die Behandlung unterschiedlicher Vorstandsmitglieder.[751] Es wird einerseits gefordert, die konkrete Herabsetzungshöhe vom jeweiligen Einzelfall abhängig zu machen. Zugleich soll bei der Herabsetzung jedoch nicht zwischen den Vorstandsmitgliedern differenziert werden und diese sollen gleichmäßig belastet werden.

Dieses Verständnis erscheint widersprüchlich, da eine Betrachtung des Einzelfalls dazu führt, dass für jedes Vorstandsmitglied gesondert festgestellt werden muss, welche Vergütungshöhe fortan angemessen ist. Ein einzelfallbezogenes Vorgehen führt gerade nicht dazu, dass bei jedem Vorstandsmitglied eine Vergütungskürze um einen einheitlichen Prozentsatz erfolgt. Wenn ausweichlich des geänderten Wortlauts die Vergütung nicht mehr „um" sondern „auf" ein angemessenes Maß zu kürzen ist, so ist hinsichtlich des Herabsetzungsmaßes zwischen den einzelnen Vorstandsmitgliedern zu differenzieren, was zu einem unterschiedlichen prozentualen Kürzungsmaß führen kann. Insofern kann kein Unterschied zu der anfänglichen Vergütungsfestsetzung nach § 87 Abs. 1 AktG bestehen, die ebenfalls auf die Angemessenheit abstellt.

Eine Gleichbehandlung in dem Sinne, dass das Herabsetzungsmaß bei allen Vorstandsmitgliedern den gleichen prozentualen Anteil ausmacht, sieht das Gesetz nicht vor. Zutreffend ist zwar, dass das Gesetz „sachwidrige Belastungen oder Verschonungen"[752] einzelner Vorstandsmitglieder nicht zulässt. Das aber

---

in: KK-AktG, § 87 Rn. 98; *Ritter/Nehls*, in: MAH Aktienrecht, § 22 Rn. 201; *Schwennicke*, in: Grigoleit, AktG, § 87 Rn. 38; *Seibt* in: K. Schmidt/Lutter, AktG, § 87 Rn. 11; *Spindler*, in: MüKo-AktG, § 87 Rn. 206 (im „Regelfall").

749 Etwa *Mertens* in: KK-AktG, 2. Aufl. 1996, § 87 Rn. 11; *Hüffer*, AktG, 8. Aufl. 2008, § 87 Rn. 9; *Spindler*, in: MüKo-AktG, 3. Aufl. 2008, § 87 Rn. 98; *Wilsing/Kleißl*, BB 2008, 2422, 2424.

750 Vgl. nur den jeweils identischen Wortlaut bei *Mertens* in: KK-AktG, 2. Aufl. 1996, § 87 Rn. 11 und *Mertens/Cahn* in: KK-AktG, § 87 Rn. 98; ebenso bei *Hüffer*, AktG, 8. Aufl. 2008, § 87 Rn. 9 und *Hüffer/Koch*, AktG, § 87 Rn. 55.

751 Vgl. *Spindler*, in: MüKo-AktG, § 87 Rn. 205 f.; *Mertens/Cahn*, in: KK-AktG, § 87 Rn. 98; *Schwennicke*, in: Grigoleit, AktG, § 87 Rn. 38.

752 *Fleischer*, in: Spindler/Stilz, AktG, § 87 Rn. 74; ähnlich *Hüffer/Koch*, AktG, § 87 Rn. 55; *Kort* in: GK-AktG, § 87 Rn. 427.

folgt nicht etwa aus dem vermeintlichen Grundsatz, dass die Vorstandsmitglieder gleichmäßig zu belasten seien. Eine sachwidrige Belastung oder Verschonung würde schlicht der gesetzlichen Anforderung, eine im Einzelfall im Sinne des Absatzes 1 angemessene Vergütungshöhe festzusetzen, nicht entsprechen. Genauso ist zu beachten, dass bei Vorliegen der Voraussetzungen bei dem jeweiligen Vorstandsmitglied die Vergütung grundsätzlich herabzusetzen ist und nicht etwa ein bestimmtes Vorstandsmitglied nach dem Belieben des Aufsichtsrats ausgenommen werden kann. Das ist aber nicht Folge eines Grundsatzes gleichmäßiger Belastung, sondern ergibt sich schon aus der zur Herabsetzung verpflichtenden Soll-Formulierung.

Eine Gleichbehandlung kann es nur in Bezug auf das Vorliegen einer Lageverschlechterung geben, wenn der letztmalige Festsetzungszeitpunkt bei einzelnen Vorstandsmitgliedern identisch war. Die Frage der Lageverschlechterung kann für die einzelnen Vorstandsmitglieder dann nicht unterschiedlich beurteilt werden. Das folgt indes ebenso wenig aus einem Gebot der gleichmäßigen Belastung, sondern daraus, dass die Definitionshoheit über das Vorliegen der tatbestandlichen Voraussetzungen nicht beim Aufsichtsrat liegt.[753]

Insgesamt lässt sich festhalten, dass eine gleichmäßige Belastung der Vorstandsmitglieder nicht dem verschärften Herabsetzungsmaß des § 87 Abs. 2 AktG entspricht. Das Gegenteil ist richtig: wie auch im Rahmen des § 87 Abs. 1 AktG ist eine individuelle Betrachtung vorzunehmen. Folge der individuellen Betrachtungsweise wird regelmäßig sein, dass sich kein für alle Vorstandsmitglieder einheitlicher prozentualer Kürzungsanteils bestimmen lassen wird.

3. Festlegung des konkreten Vergütungsbetrags durch den Aufsichtsrat

Besondere Schwierigkeiten stellen sich schließlich bei der konkreten, d.h. betragsmäßigen Bestimmung der fortan zu gewährenden Vergütung. In extremen Fällen wird es möglich sein, zumindest festzustellen, dass eine bestimmte Vergütungshöhe infolge der Lageverschlechterung jedenfalls unangemessen hoch ist. Damit ist aber zunächst nur klar, dass eine Weitergewährung dieser Vergütungshöhe unbillig wäre und die neue Vergütung jedenfalls niedriger sein muss. Zugleich genügt es aber nicht, lediglich eine niedrigere Vergütung als vorher zu bestimmen. Denn auch ein Betrag unterhalb der jedenfalls als unangemessen erkannten Vergütungshöhe ist seinerseits nicht zwingend

753 Dazu ausführlich unter Abschnitt H.I.2.

angemessen. Eine bloß negative Abgrenzung, wie sie zum Teil auch im Rahmen des § 87 Abs. 1 AktG vorgeschlagen wird,[754] da es nicht darum gehe, „positiv die Angemessenheit einer Vergütung zu bestätigen"[755] erweist sich als nicht zielführend. Eine bestimme Vergütungshöhe kann immer nur entweder angemessen oder unangemessen sein.

Zuzugestehen ist gleichwohl, dass es sich bei dem gesetzlich vorgesehenen Maßstab der Angemessenheit keinesfalls um ein leicht greifbares Kriterium handelt. Trotzdem obliegt es letztlich dem Aufsichtsrat, anhand der Kriterien des § 87 Abs. 1 AktG und unter besonderer Berücksichtigung der veränderten Gesellschaftslage, einen konkreten Betrag festzusetzen.

Im Folgenden wird nun herausgearbeitet, welcher Spielraum dem Aufsichtsrat bei der Festsetzung der Vergütung zukommt und inwieweit seine Festsetzung einer gerichtlichen Prüfung unterliegt. Zum einen wird die vorherrschende Ansicht zur anfänglichen Vergütungsfestsetzung kurz vorgestellt (vgl. Unterabschnitt a)). Zum anderen wird überprüft, ob sich das Ergebnis auf die Herabsetzung übertragen lässt oder hier womöglich Einschränkungen geboten sind (vgl. Unterabschnitt b)).

a) § 87 Abs. 1 S. 1 AktG: Bandbreite angemessener Vergütungen

aa) Keine allein „richtige" Vergütungshöhe

Zu § 87 Abs. 1 S. 1 AktG besteht dahin gehend Konsens, dass es nicht möglich ist, lediglich eine einzige angemessene und allein richtige Vergütungshöhe zu bestimmen. Stattdessen existiert eine Bandbreite zulässiger Vergütungen, die sich im Rahmen der Angemessenheit bewegen.[756]

Bei börsennotierten Gesellschaften ist allerdings zu beachten, dass die Bezüge die nach § 87a Abs. 1 Nr. 1 AktG im Rahmen eines Beschlusses über ein Vergütungssystem festgesetzte Maximalvergütung nicht überschreiten dürfen. Die Vergütungsbandbreite ist in diesem Fall nach oben hin konkret begrenzt.

---

754 In diese Richtung: *Hüffer/Koch*, AktG, § 87 Rn. 18; *Mertens/Cahn* in: KK-AktG, § 87 Rn. 7; *Weber*, in: Hölters, AktG, § 87 Rn. 17.

755 *Mertens/Cahn* in: KK-AktG, § 87 Rn. 7.

756 In diese Richtung auch *Kort* in: GK-AktG, § 87 Rn. 114 und 330; *Spindler*, in: MüKo-AktG, § 87 Rn. 40 f.; *Dauner-Lieb*, in: Henssler/Strohn, Gesellschaftsrecht, § 87 AktG Rn. 9; *Fonk*, in: Arbeitshandbuch für Aufsichtsratsmitglieder, § 9 Rn. 107; *Lücke*, NZG 2005, 692, 693 (noch zur alten Fassung); *Mertens/Cahn* in: KK-AktG, § 87 Rn. 4; *Peltzer*, in: FS Lutter, S. 571, 577; *Weber* in: Hölters, AktG, § 87 Rn. 17.

bb) Ermessensspielraum nur innerhalb der Angemessenheit

In der Literatur wird verbreitet auf den Spielraum des Aufsichtsrats bei der Bestimmung der konkreten Vergütungshöhe hingewiesen. Dabei wird postuliert, es handele sich bei der Festlegung der Vergütung um eine unternehmerische Entscheidung oder aber die Vergütungsentscheidung sei zumindest mit einer solchen Entscheidung vergleichbar.[757] Dem ist prinzipiell zuzustimmen. Ausgehend von der Existenz einer Bandbreite möglicher Vergütungen stehen dem Aufsichtsrat mehrere vertretbare Entscheidungsalternativen zur Verfügung. Der Aufsichtsrat kann darüber entscheiden, welche Vergütungshöhe innerhalb dieser Bandbreite er festlegt. Im Zusammenhang mit der Vergütung von GmbH-Geschäftsführern hat auch der BGH die Existenz einer Bandbreite angemessener Vergütungen anerkannt, indem er entschied, dass eine bestimmte Vergütung „nicht deswegen als unangemessen bezeichnet werden kann, weil eine andere Bemessung sich ebenso gut oder besser vertreten ließe".[758] Diese Feststellung lässt sich auf die Bestimmung der Vorstandsvergütung übertragen.[759] Hinsichtlich der konkreten Vergütungshöhe ist dem Aufsichtsrat damit ein Ermessen eröffnet. Bei börsennotierten Gesellschaften ist jedoch die nach § 87a Abs. 1 Nr. 1 AktG festgesetzte Maximalvergütung zu beachten.

Der Entscheidungsspielraum ist aber auch im Übrigen bei sämtlichen Aktiengesellschaften durch die Unangemessenheit begrenzt. Der gerichtlichen Überprüfung entzogen ist nur die konkrete Festlegung innerhalb der Grenzen der Angemessenheit. Das Gericht kann zwar nicht darüber entscheiden, welche konkrete Vergütungshöhe von mehreren möglichen innerhalb der zulässigen Bandbreite zu gewähren ist. Die gerichtliche Prüfung beschränkt sich aber auch nicht allein auf die Frage, ob die vereinbarte Vergütung „eklatant" unangemessen ist.[760] Das Gericht kann prüfen, ob die festgesetzten Bezüge sich innerhalb

---

757 Vgl. *Dauner-Lieb,* in: Henssler/Strohn, Gesellschaftsrecht, § 87 AktG Rn. 9; *Fonk,* in: Arbeitshandbuch für Aufsichtsratsmitglieder, § 9 Rn. 107; *Hambloch-Gesinn/Gesinn,* in: Hölters, AktG, § 116 Rn. 47; *Hüffer/Koch,* AktG, § 87 Rn. 47 („Pflichtaufgabe mit Ermessensspielraum"); *Kort* in: GK-AktG, § 87 Rn. 11; *Lingemann,* BB 2009, 1918, 1922; *Mertens/Cahn* in: KK-AktG, § 87 Rn. 4; *Seibt* in: K. Schmidt/Lutter, AktG, § 87 Rn. 16; *Spindler,* in: MüKo-AktG, § 87 Rn. 40; *ders.,* DB 2015, 911, 910; *Weber* in: Hölters, AktG, § 87 Rn. 17. A.A. *Habersack,* in: MüKo-AktG, § 116 Rn. 43; *ders.,* ZSR 124 (2005), 533, 544; *Kropff,* in: FS Raiser, S. 225, 234; *Schäfer,* ZIP 2005, 1253, 1258; *Schwark,* in: FS Raiser, S. 377, 391 f.

758 BGH, Urt. v. 14.05.1990 – II ZR 126/89, BGHZ 111, 224, 227.

759 Vgl. *Lücke,* NZG 2005, 692, 696.

760 Für eine solche Einschränkung *Seibt* in: K. Schmidt/Lutter, AktG, § 87 Rn. 16.

der Bandbreite angemessener Vergütungen bewegen. Denn der unbestimmte Rechtsbegriff der Angemessenheit ist seinerseits voll gerichtlich überprüfbar.[761] Hinsichtlich der Frage jedoch, ob eine konkrete Vergütungshöhe angemessen ist oder nicht, besteht somit kein Beurteilungs- oder Ermessensspielraum für den Aufsichtsrat. Mit anderen Worten: Der Aufsichtsrat bestimmt nicht etwa schon die Grenzen der Angemessenheit selbst. Eine etwaige Überschreitung der Grenzen nach unten oder nach oben ist daher justiziabel.

b) § 87 Abs. 2 AktG

Die Frage nach der Bestimmung der konkreten Vergütung und der gerichtlichen Überprüfbarkeit stellt sich in gleicher Weise bei der Herabsetzung.

aa) Bisheriges Verständnis

Bei der Neubestimmung der Vergütung im Zuge einer Vergütungsherabsetzung wurde bislang ebenfalls von einem Bemessungsspielraum des Aufsichtsrats hinsichtlich der konkret festzusetzenden Höhe ausgegangen.[762] Nur vereinzelt wurde bislang die Ansicht vertreten, es könne bei der Bestimmung der Vergütungshöhe für den Aufsichtsrat keinen Spielraum geben,[763] ohne jedoch genauer zu konkretisieren, wie sich die „richtige" Vergütungshöhe bestimmen ließe.

bb) Neuer Ansatz des BGH: höchstmöglicher noch angemessener Betrag

Der BGH weicht nunmehr im Falle der Herabsetzung von den bislang zur Vergütungsfestlegung entwickelten Grundsätzen zur Bestimmung der angemessenen Vergütungshöhe ab. Den sonst bestehenden Ermessensspielraum des Aufsichtsrats schränkt er dahin gehend ein, als dass im Rahmen der Neufestsetzung nach § 87 Abs. 2 AktG lediglich der höchstmögliche angemessene Betrag gewählt werden könne.[764] Konsequenz dieses Ansatzes ist, dass im Falle einer erforderlichen Herabsetzung genau eine einzige „richtige" Vergütungshöhe geben kann. Nach dieser Auffassung verbleibt dem Aufsichtsrat kein Raum für eine eigenständige Bestimmung der Leistung. Konsequenz dieser Auffassung ist,

---

761 Dazu bereits oben unter Abschnitt H.I.2.

762 Vgl. OLG Stuttgart, Urt. v. 01.10.2014 – 20 U 3/13, NZG 2015, 194, 196; *Annuß/Theusinger*, BB 2009, 2434, 2437; *Dauner-Lieb,* in: Henssler/Strohn, Gesellschaftsrecht, § 87 AktG Rn. 41; *Lingemann*, BB 2009, 1918, 1922; *Seibt* in: K. Schmidt/Lutter, AktG, § 87 Rn. 19a; *Spindler*, DB 2015, 908, 910.

763 Siehe *Hüffer/Koch*, AktG, § 87 Rn. 56 (so auch bereits in der 11. Aufl. 2014).

764 BGH, Urt. v. 27.10.2015 – II ZR 296/14, BGHZ 207, 190 Rn. 45.

dass der Aufsichtsrat bei der Durchführung der Herabsetzung keine eigenständige Auswahlentscheidung trifft. Sein ansonsten bestehendes Ermessen, das ihm ermöglicht, unter mehreren vertretbaren Beträgen innerhalb der Grenzen der Angemessenheit auszuwählen, ist auf null reduziert.

(1) Herleitung

Der BGH begründet seine Auffassung damit, dass die Herabsetzungsbefugnis an das Vorliegen einer Unbilligkeit geknüpft sei und eine weitergehende Herabsetzung nicht mehr von dieser Befugnis gedeckt sei.[765] § 87 Abs. 2 AktG ließe sich keine Grundlage für einen weitergehenden einseitigen Eingriff in die vereinbarte Vergütungsabrede entnehmen.[766] Eine Herabsetzung, die weiter gehe als es die Billigkeit erfordere, sei somit nicht zulässig. Die Vergütung müsse folglich auf ein Maß herabgesetzt werden, das die Unbilligkeit beseitige, dürfe aber nicht darüber hinaus gehen.

Von der Wortlautänderung des § 87 Abs. 2 AktG zeigt sich der BGH auf den ersten Blick eher unbeeindruckt. Mit dem Abstellen auf die Beseitigung der Unbilligkeit hält er einerseits an dem zur alten Fassung entwickelten Verständnis des Herabsetzungsmaßes weiterhin fest. Andererseits nimmt der BGH die Gesetzesänderung ausdrücklich zur Kenntnis und folgert aus dem geänderten Wortlaut, dass bei Vorliegen der gesetzlichen Herabsetzungsvoraussetzungen die (Weiter-)Gewährung einer der Höhe nach unangemessenen Vergütung ausgeschlossen sei.[767] Damit kombiniert der BGH das zur Vorgängerfassung entwickelte Verständnis, wonach die Herabsetzung nur soweit zur Beseitigung der Unbilligkeit erforderlich erfolgen durfte, mit dem nunmehr bestehenden Verständnis, wonach die Schwelle zur Unangemessenheit nicht überschritten werden darf. Die höchstmögliche noch angemessene Vergütung als einzig „richtige" Vergütungshöhe ergibt sich sodann aus der kumulativen Anwendung dieser beiden Begrenzungen. Mit der höchstmöglichen noch angemessenen Vergütung wird sichergestellt, dass die Herabsetzung nicht weiter geht als es die Unbilligkeit erfordert. Zugleich wird das Erfordernis der Angemessenheit eingehalten.

---

765 BGH, Urt. v. 27.10.2015 – II ZR 296/14, BGHZ 207, 190 Rn. 45.
766 BGH, Urt. v. 27.10.2015 – II ZR 296/14, BGHZ 207, 190 Rn. 45.
767 BGH, Urt. v. 27.10.2015 – II ZR 296/14, BGHZ 207, 190 Rn. 45.

(2) Kritik

Die Auslegung des BGH stieß überwiegend auf Kritik.[768] So wird ihm vorgeworfen, die im Zusammenhang mit der Herabsetzungsentscheidung ohnehin bestehenden Unsicherheiten noch weiter verschärft zu haben.[769] Der geänderte Wortlaut sowie Sinn und Zweck des § 87 Abs. 2 AktG stünden ferner der Auslegung des BGH entgegen.[770] Es soll wie bei § 87 Abs. 1 AktG eine Bandbreite zulässiger Vergütungshöhen geben, was insbesondere aus den zahlreichen bei der Angemessenheit zu berücksichtigenden Kriterien folge.[771] Der zur alten Fassung geltende Lehrsatz, dass die Herabsetzung nur soweit gehen könne, wie dies zur Beseitigung der Unbilligkeit der Vergütung unbedingt erforderlich sei, entspreche nicht der nunmehr angeordneten gesetzlichen Rechtsfolge.[772] Diese sehe schließlich die Festsetzung der Vergütung auf eine angemessene Höhe vor.[773] Folglich sollte sich die gerichtliche Überprüfung auf die Frage beschränken, ob die neu festgesetzte Vergütung sich innerhalb dieser Bandbreite bewege.[774]

Ebenso wird auf praktische Schwierigkeiten hingewiesen. Mit der exakten Bezifferung der einzig angemessenen Vergütung werde dem Aufsichtsrat eine Leistung abverlangt, die praktisch unmöglich sei.[775] Man müsse von einem glücklichen Zufall sprechen, wenn es dem Aufsichtsrat gelinge, die Herabsetzung fehlerfrei durchzuführen.[776]

cc) Stellungnahme

Wird eine Vergütungsherabsetzung nach § 87 Abs. 2 AktG durchgeführt, so gilt auch im Rahmen der Neubestimmung der Vergütungshöhe, dass der Begriff der Angemessenheit eine Bandbreite von möglichen Vergütungen umfasst. Lediglich die Formulierung, wonach die Vergütung auf „die" angemessene Höhe herabgesetzt werden soll, ließe sich dahin gehend verstehen, dass nur eine konkrete

---

768 Vgl. *Kort*, AG 2016, 209, 210; *Müller*, LMK 2016, 376389; *Müller-Michaels*, BB 2016, 588; *Seibt*, EWiR 2016, 199, 200; *Weber*, DB 2016, 815, 817. Im Einklang mit dem BGH hingegen *Hüffer/Koch*, AktG, § 87 Rn. 56; *Kruse/Busold*, DStR 2017, 1608 f.

769 *Müller-Michaels*, BB 2016, 588.

770 *Kort*, AG 2016, 209, 210.

771 *Müller*, LMK 2016, 376389; *Seibt*, EWiR 2016, 199, 200; *Weber*, DB 2016, 815, 817.

772 *Müller*, LMK 2016, 376389.

773 *Müller*, LMK 2016, 376389.

774 *Müller*, LMK 2016, 376389.

775 *Weber*, DB 2016, 815, 817.

776 *Müller-Michaels*, BB 2016, 588.

Summe als angemessen anzusehen ist. „Die" einzig richtige angemessene Vergütung gibt es indes nicht. Wenn das Gesetz also von „der" angemessenen Vergütung spricht, so ist damit – wie bereits in § 87 Abs. 1 S. 1 AktG – eine Bandbreite von möglichen Vergütungsentscheidungen umfasst, die insgesamt vertretbar und damit „richtig" sind.

Der Aufsichtsrat übt letztlich mit der Bestimmung der neuen Vergütungshöhe ein einseitiges Leistungsbestimmungsrecht nach § 315 Abs. 2 BGB aus.[777] Seine Entscheidung ist dabei nicht auf eine einzige Option verengt. Sein Leistungsbestimmungsrecht ist nur durch die Angemessenheit begrenzt.

Die Anforderungen des BGH sind demgegenüber zu weitgehend. Eine Einschränkung auf die höchstmögliche gerade noch angemessene Vergütung ist nicht etwa erforderlich, um das Vorstandsmitglied vor unverhältnismäßigen Eingriffen zu schützen. Das von einer Herabsetzung betroffene Vorstandsmitglied ist bereits dadurch geschützt, dass die Kürzung seiner Vergütung durch das Angemessenheitserfordernis auch nach unten hin beschränkt ist. Ein Schutzbedürfnis, das über den Schutz vor unangemessen niedriger Vergütung hinausgeht, besteht nicht.

Es ist daneben unzutreffend, dass andernfalls das betroffene Vorstandsmitglied die Herabsetzungsentscheidung nur eingeschränkt überprüfen lassen könnte.[778] Ihm steht es frei, die Herabsetzung sowohl dem Grunde nach als auch hinsichtlich des Umfangs der Herabsetzung zu überprüfen. Die gerichtliche Prüfung des Herabsetzungsumfangs bezieht sich darauf, ob die neue Vergütung angemessen ist. Eine Schutzlücke kann darin indes nicht erkannt werden.

Zurecht wird auch darauf hingewiesen, dass die treffgenaue Bestimmung der „richtigen" Vergütungshöhe praktisch kaum möglich erscheint. Zwar ist zuzugestehen, dass es nicht völlig unmöglich sein kann, den höchstmöglichen noch angemessenen Betrag zu bestimmen. Denn wenn man davon ausgeht, dass es eine Bandbreite angemessener Vergütungen gibt, muss auch deren Anfang und Ende bestimmbar sein. Jedoch hat der Aufsichtsrat bei der Annahme einer Bandbreite angemessener Vergütungsentscheidungen zumindest eine realistische Chance, einen Betrag zu bestimmen, der innerhalb der Bandbreite liegt.

---

777 *Fleischer*, in: Spindler/Stilz, AktG, § 87 Rn. 74; *Kort*, in: GK-AktG, § 87 Rn. 432; *Mertens/Cahn*, in: KK-AktG, § 87 Rn. 99; *Oetker*, ZHR 175 (2011), 527, 537; *Seibt*, in: K. Schmidt/Lutter, AktG, § 87 Rn. 19; *Spindler*, in: MüKo-AktG, § 87 Rn. 210; *Weber*, in: Hölters, AktG, § 87 Rn. 52; *Wiesner*, in: Münch. Hdb. GesR IV, § 21 Rn. 63.

778 So aber *Hüffer/Koch*, AktG, § 87 Rn. 56.

Schließlich erweist sich das Argument des BGH, wonach eine weitergehende Kürzung nicht mehr von der Herabsetzungsbefugnis gedeckt sei, da diese an das Vorliegen einer Unbilligkeit anknüpfe, als unzutreffend. Hier vermischt der BGH-Tatbestand und Rechtsfolge. Zwar ist die Beseitigung der Unbilligkeit inhärentes Ziel der gesetzlichen Herabsetzungsanordnung. Als Rechtsfolge trägt § 87 Abs. 2 AktG dem Aufsichtsrat aber nicht auf, die Vergütung lediglich soweit zu kürzen, als dass die Unbilligkeit beseitigt wird. Die Vorschrift beschränkt sich gerade nicht auf die Beseitigung der Unbilligkeit. Als Rechtsfolge sieht sie vielmehr die Bestimmung einer angemessenen Vergütung vor. Weitere Einschränkungen bestehen nicht. Daraus, dass die Herabsetzungsbefugnis an das Vorliegen einer Unbilligkeit anknüpft, kann somit nicht gefolgert werden, dass der Entscheidungsspielraum des Aufsichtsrats auf Rechtsfolgenebene verengt ist. Die Rechtsfolgenanordnung lässt damit eine Herabsetzung auf das höchstmögliche angemessene Maß zu, fordert sie jedoch nicht zwingend ein. Sie ermöglicht daher auch weitergehende Kürzungen. Entscheidend ist nur, dass das Angemessenheitsgebot gewahrt wird.

Dem Aufsichtsrat verbleiben im Ergebnis mehrere Entscheidungsalternativen. Er darf sich dabei auch für die höchstmögliche gerade noch angemessene Vergütung entscheiden, muss dies aber nicht.

IV. Zusammenfassung

Im Zuge der Herabsetzung nach § 87 Abs. 2 AktG, ist die Vergütung auf die „angemessene Höhe“ festzusetzen. Bei der Bestimmung der angemessenen Höhe sind die Maßstäbe des § 87 Abs. 1 AktG anzulegen.

Durch das Kriterium der Angemessenheit ist die neue Vergütung begrenzt. Die Vergütung darf nach oben die Schwelle zur Unangemessenheit nicht überschreiten. Aus dem Angemessenheitserfordernis folgt aber auch eine Begrenzung nach unten. § 87 Abs. 2 AktG entfaltet anders als sein Abs. 1 Schutzwirkung zugunsten der Vorstandsmitglieder. Sie können eine angemessene Vergütung beanspruchen. Eine unangemessen niedrige Vergütung darf somit nicht festgesetzt werden.

Das Vorstandsmitglied kann sich weder darauf verlassen, dass ihm eine Mindestvergütung in Höhe der Vergütung leitender Angestellter garantiert wird, noch dass nicht seine Vergütung sogar auf null gekürzt wird. Eine solche drastische Kürzung erscheint angesichts des dann veränderten Kompetenzbereichs des Vorstands allenfalls in der Insolvenz denkbar.

Mit Ausnahme im Falle der Inanspruchnahme von Leistungen nach dem FMStFG durch Unternehmen des Finanzsektors gibt es auch keine betragsmäßige, für alle Aktiengesellschaften geltende Vergütungsobergrenze.

Bei börsennotierten Gesellschaften ist nach § 87a Abs. 1 Nr. 1 AktG eine Maximalvergütung durch den Aufsichtsrat festzusetzen.

Bei der Überprüfung der Angemessenheit ist anstelle einer fiktiven Neueinstellung auf das konkrete Vorstandsmitglied abzustellen. In diesem Rahmen wird auch die bisherige Leistung des jeweiligen Vorstandsmitglieds berücksichtigt. Aus der individuellen Betrachtungsweise folgt auch, dass zwischen den Vorstandsmitgliedern zu differenzieren ist. Das Herabsetzungsmaß kann individuell unterschiedlich ausfallen. Die Vorstandsmitglieder müssen nicht etwa proportional gleichmäßig belastet werden.

Der Aufsichtsrat verfügt im Falle einer erforderlichen Herabsetzung bei der Bestimmung der fortan zu gewährenden konkreten Vergütungshöhe über einen Ermessensspielraum. Denn es existiert eine Bandbreite vertretbarer und damit angemessener Vergütungsentscheidungen. Der Aufsichtsrat muss sich nicht für die höchstmögliche Vergütung entscheiden. Die Entscheidung des Aufsichtsrats muss sich lediglich innerhalb des Angemessenheitskorridors bewegen. Bei börsennotierten Gesellschaften muss die Vergütung jedenfalls unterhalb der jeweils festgesetzten Maximalvergütung liegen. Die Entscheidung des Aufsichtsrats ist gerichtlich nur dahin gehend überprüfbar, ob die Grenzen der Angemessenheit gewahrt werden.

J. Ausübung des Herabsetzungsrechts

Allein das Vorliegen der tatbestandlichen Voraussetzungen genügt nicht, um eine Herabsetzung herbeizuführen. Für den Eintritt der Herabsetzungswirkung ist ferner erforderlich, dass die Herabsetzung durch den Aufsichtsrat beschlossen und zudem dem Vorstandsmitglied gegenüber erklärt wird. Welche konkreten Anforderungen an die Ausübung des Herabsetzungsrechts dabei zu stellen sind, wird nachfolgend näher erläutert.

I. Einseitiges Gestaltungsrecht

Bei der Vergütungsherabsetzung handelt es sich um ein einseitiges Gestaltungsrecht des Aufsichtsrats.[779] Die Erklärung gegenüber dem betroffenen Vorstandsmitglied genügt somit, um die Herabsetzung herbeizuführen.[780] Eine Zustimmung des Vorstandsmitglieds ist nicht erforderlich.

Der Zugang der Herabsetzungserklärung ist zugleich für den Eintritt der Gestaltungswirkung aber auch zwingend erforderlich.[781] Die bloß interne Beschlussfassung des Aufsichtsrats, die der Herabsetzungserklärung vorausgeht, genügt noch nicht, um die Gestaltungswirkung herbeizuführen. Eine Herabsetzung, die ohne Kenntnis des Vorstandsmitglieds erfolgt, ist damit ausgeschlossen.

779 BGH, Urt. v. 27.10.2015 – II ZR 296/14, BGHZ 207, 190 Rn. 20; *Fleischer*, in: Spindler/Stilz, AktG, § 87 Rn. 74; *Hüffer/Koch*, AktG, § 87 Rn. 61; *Kort*, in: GK-AktG, § 87 Rn. 432; *Link*, in: Wachter, AktG, § 87 Rn. 51; *Mertens/Cahn*, in: KK-AktG, § 87 Rn. 99; *Oetker*, ZHR 175 (2011), 527, 537; *Ritter/Nehls*, in: MAH Aktienrecht, § 22 Rn. 202; *Seibt*, in: K. Schmidt/Lutter, AktG, § 87 Rn. 20; *Spindler*, in: MüKo-AktG, § 87 Rn. 210; *Weber*, in: Hölters, AktG, § 87 Rn. 52; *Wiesner*, in: Münch. Hdb. GesR IV, § 21 Rn. 63.

780 BGH, Urt. v. 27.10.2015 – II ZR 296/14, BGHZ 207, 190 Rn. 20; *Fleischer*, in: Spindler/Stilz, AktG, § 87 Rn. 74; *Hüffer/Koch*, AktG, § 87 Rn. 61; *Kort*, in: GK-AktG, § 87 Rn. 432; *Mertens/Cahn*, in: KK-AktG, § 87 Rn. 99; *Oetker*, ZHR 175 (2011), 527, 537; *Spindler*, in: MüKo-AktG, § 87 Rn. 210; *Weber*, in: Hölters, AktG, § 87 Rn. 52; *Wiesner*, in: Münch. Hdb. GesR IV, § 21 Rn. 63.

781 *Rieble/Schmittlein*, Vergütung von Vorständen, Rn. 281.

II. Grundsätzliche Zuständigkeit des Aufsichtsrats

Bevor die Herabsetzung gegenüber dem Vorstandsmitglied erklärt werden kann, muss die Herabsetzung grundsätzlich durch den Aufsichtsrat beschlossen werden.

1. Erfordernis der Plenumsentscheidung

Seit dem Inkrafttreten des VorstAG kann der Aufsichtsrat die Entscheidung über eine Herabsetzung nicht mehr an einen Ausschuss delegieren, sondern muss im Plenum entscheiden.[782] § 107 Abs. 3 S. 4 AktG verbietet, Beschlüsse über eine Vergütungsherabsetzung einem Ausschuss anstelle des Aufsichtsrats zur Beschlussfassung zu überweisen.

2. Rolle des Personalausschusses

Der Personalausschuss kann damit zwar nicht mehr allein über eine Vergütungsherabsetzung entscheiden. Gleichwohl ist er im Rahmen einer Herabsetzung nicht bedeutungslos. So kann der Personalausschuss die mit Blick auf eine Entscheidung des Gesamtaufsichtsrats erforderlichen Vorarbeiten leisten und die Entscheidung entsprechend vorbereiten.[783] Dies umfasst etwa die Prüfung, ob die tatbestandlichen Voraussetzungen des § 87 Abs. 2 AktG vorliegen und die Bestimmung der fortan zu gewährenden, angemessenen Vergütungshöhe. Die Verlagerung der Entscheidung auf das Plenum erfordert lediglich, dass die Herabsetzungsentscheidung in Form des Herabsetzungsbeschlusses von allen Aufsichtsratsmitgliedern getragen wird.[784]

---

782 *Bauer/Arnold*, AG 2009, 717, 731; *Diller*, NZG 2009, 1006, 1009; *Fleischer* in: Spindler/Stilz, AktG, § 87 Rn. 74; *ders.*, NZG 2009, 801, 804; *Hohenstatt*, ZIP 2009, 1349, 1355; *Kort* in: GK-AktG, § 87 Rn. 433; *Mertens/Cahn*, in: KK-AktG, § 87 Rn. 99; *Ritter/Nehls*, in: MAH Aktienrecht, § 22 Rn. 202; *Seibert*, WM 2009, 1489, 1491; *Spindler*, in: MüKo-AktG, § 87 Rn. 185, 224.

783 *Bauer/Arnold*, AG 2009, 717, 731; *Diller*, NZG 2009, 1006, 1009; *Fleischer*, NZG 2009, 801, 804; *Gaul/Janz*, NZA 2009, 809, 813; *Hohenstatt*, ZIP 2009, 1349, 1355; *Spindler*, in: MüKo-AktG, § 87 Rn. 224; *Thüsing*, AG 2009, 517, 524.

784 Vgl. *Thüsing*, AG 2009, 517, 524. Siehe auch die allgemeinen Ausführungen zur Geltung der Delegationsverbote nur für die Beschlussfassung bei *Spindler*, in: MüKo-AktG, § 107 Rn. 159 f.

3. Kritik und Stellungnahme

Die Übertragung der Beschlussfassung auf das Plenum wird von Teilen der Literatur kritisch gesehen. So tue sich ein großes Gremium mit einer Entscheidung schwerer als ein kleiner, „entschlossener" Ausschuss.[785] Die Übertragung sämtlicher vergütungsrelevanter Entscheidungen auf das Plenum sei zudem nicht praktikabel und führe nicht in gleichem Maße zu sachgerechten Entscheidungen, wie eine Ausschussentscheidung.[786] Ferner schwinde die Verantwortung des Einzelnen in einem großen Gremium.[787]

Dem ist jedoch entgegenzuhalten, dass die Plenumsentscheidung nicht unvermeidlich mit einer besonderen Trägheit und Schwerfälligkeit der Entscheidung einhergehen muss. Die weiterhin bestehende Möglichkeit, den Personalausschuss im kleinen Kreis mit der notwendigen Vorarbeit und den Vorbereitungen einer Vergütungsentscheidung zu betrauen, gestattet trotz Plenumszuständigkeit eine effiziente und praktikable Arbeitsweise.[788] Ebenso wenig ist es zutreffend, dass aufgrund des Erfordernisses der Plenumsentscheidung die Verantwortung des Einzelnen schwindet. Das Gegenteil ist der Fall. Durch die Plenumsentscheidung ist gerade jedes einzelne Mitglied des Aufsichtsrats und nicht lediglich die beschränkte Anzahl der Mitglieder in einem Ausschuss zur Entscheidung verpflichtet. Jedes Aufsichtsratsmitglied muss „Farbe bekennen" und steht damit stärker in der Verantwortung als bisher. Die Übertragung der Beschlussfassung auf das Plenum ist daher durchaus sinnvoll.

III. Sonderfall gerichtlich bestelltes Vorstandsmitglied

Eine Ausnahmekonstellation besteht dann, wenn das Vorstandsmitglied nach § 85 Abs. 1 AktG gerichtlich bestellt wurde. Die Vergütung eines gerichtlich bestellten Mitglieds ist in § 85 Abs. 3 AktG geregelt. Danach sollen sich grundsätzlich das gerichtlich bestellte Vorstandsmitglied und die Gesellschaft auf die Vergütungshöhe einigen. Für den Fall, dass eine Einigung nicht gelingt, setzt das Gericht nach § 85 Abs. 3 S. 3 AktG die Auslagen und die Vergütung fest.

Für die Vergütungsherabsetzung ist bei gerichtlich bestellten Vorstandsmitgliedern gemäß § 87 Abs. 2 S. 1 AktG allein das Gericht zuständig. Allerdings

785 *Diller*, NZG 2009, 1006, 1009.
786 *DAV Handelsrechtsausschuss*, NZG 2009, 612, 615. Ähnlich *Hohenstatt*, ZIP 2009, 1349, 1355.
787 *Bauer/Arnold*, AG 2009, 717, 731.
788 Ebenso *Hüffer/Koch*, AktG, § 107 Rn. 28.

nimmt § 87 Abs. 2 S. 1 AktG nur Bezug auf § 85 Abs. 3 AktG und differenziert nicht weiter zwischen den beiden möglichen Alternativen der Einigung und der fehlgeschlagenen Einigung über die Vergütung. Nach dem Wortlaut bleibt somit unklar, ob das Gericht auch dann für die Herabsetzung zuständig ist, wenn das Vorstandsmitglied zwar gerichtlich bestellt wurde, es sich mit der Gesellschaft aber über die Vergütung einigen konnte, oder nur für die Fälle, in denen eine Einigung nicht gelungen ist, und das Gericht selbst die Vergütung festgesetzt hat.

Gemeint sein kann mit der Bezugnahme auf § 85 Abs. 3 AktG letztlich nur der Fall der gerichtlichen Vergütungsfestsetzung nach § 85 Abs. 3 S. 3 AktG.[789] Der Grundgedanke der in § 87 Abs. 2 S. 1 AktG enthaltenen Sonderregelung für gerichtlich bestellte Vorstandsmitglieder ist, dass die Herabsetzung durch diejenige Institution erfolgen soll, die die Vergütung zuvor festgesetzt hat.[790] Dementsprechend soll der Aufsichtsrat für die Herabsetzung zuständig sein, wenn die Vergütung zuvor durch den Aufsichtsrat festgesetzt wurde. Somit ist der Aufsichtsrat für die Herabsetzung auch dann zuständig, wenn ein Vorstandsmitglied durch das Gericht bestellt wurde, die Vergütung aber nach § 85 Abs. 3 S. 3 AktG mit dem Aufsichtsrat vereinbart wurde.[791] Hat hingegen das Gericht die Vergütung festgesetzt, setzt das Gericht die Vergütung auf Antrag des Aufsichtsrats herab.[792] Wenn die Voraussetzungen des § 87 Abs. 2 AktG vorliegen, ist aber der Aufsichtsrat im Regelfall verpflichtet, einen Herabsetzungsantrag zu stellen.[793] Das gesetzliche Erfordernis des Antrags führt dazu, dass die Initiative für die Herabsetzung weiterhin beim Aufsichtsrat liegt, auch wenn das Gericht die Vergütung bestimmt hat.

IV. Zuständigkeit in der Insolvenz

Weitere Besonderheiten in Bezug auf die Zuständigkeit ergeben sich in der Insolvenz.

789 *Kort* in: GK-AktG, § 87 Rn. 438; *Mertens/Cahn,* in: KK-AktG, § 87 Rn. 101; implizit auch *Spindler,* in: MüKo-AktG, § 87 Rn. 186.

790 *Kort* in: GK-AktG, § 87 Rn. 438.

791 *Kort* in: GK-AktG, § 87 Rn. 438; *Mertens/Cahn,* in: KK-AktG, § 87 Rn. 101.

792 *Kort* in: GK-AktG, § 87 Rn. 438; *Mertens/Cahn,* in: KK-AktG, § 87 Rn. 101.

793 *Spindler,* in: MüKo-AktG, § 87 Rn. 186.

1. Geltung des § 87 Abs.2 AktG in der Insolvenz

§ 87 Abs. 2 AktG ist auch nach Eröffnung des Insolvenzverfahrens anwendbar.[794] Dies ergibt sich bereits aus der Entwurfsbegründung des VorstAG[795], in der die Insolvenz als Fall der Lageverschlechterung ausdrücklich benannt wird.[796] Es sind ferner keine Gründe ersichtlich, die es gebieten, Vorstandsmitglieder vor einer potentiellen Vergütungskürzung zu schützen, nur weil das Insolvenzverfahren eröffnet wurde. Insbesondere kann eine Herabsetzung sich gerade in der Insolvenz als sinnvolle Maßnahme erweisen, da die Vergütungskürzung zu einer Vermögensentlastung führt, die wiederum zur Folge hat, dass die Insolvenzquote erhöht wird.[797]

2. Verhältnis zu § 113 InsO

Dem Insolvenzverwalter wird in § 113 InsO die Möglichkeit eingeräumt, Dienstverhältnisse ohne Rücksicht auf eine vereinbarte Vertragsdauer oder einen vereinbarten Kündigungsausschluss mit einer maximalen Kündigungsfrist von drei Monaten zum Monatsende zu kündigen. Auch Vorstandsdienstverträge sind vom Anwendungsbereich dieser Vorschrift umfasst.[798] Im Falle der Insolvenz lassen sich Kündigung und Herabsetzung als Handlungsoptionen betrachten, denen ein unterschiedliches praktisches Erfordernis innewohnt.[799] Einerseits ermöglicht § 113 InsO eine masseschonende Trennung von einem nicht mehr benötigten Vorstandsmitglied.[800] Andererseits kann über § 87 Abs. 2 AktG ein weiterhin benötigtes Vorstandsmitglied mit verringerten Bezügen auch zukünftig noch für die Gesellschaft tätig bleiben.[801] Die Handlungsoptionen sind in der

794 BGH, Urt. v. 27.10.2015 – II ZR 296/14, BGHZ 207, 190 Rn. 23; *Fleischer,* in: Spindler/Stilz, AktG, § 87 Rn. 60a; *Göcke/Greubel,* ZIP 2009, 2086, 2087; *Kort* in: GK-AktG, § 87 Rn. 434; *Schwennicke,* in: Grigoleit, AktG, § 87 Rn. 31. Implizit davon ausgehend auch *Hüffer/Koch,* AktG, § 87 Rn. 50, 61.

795 Gesetzentwurf der Fraktionen CDU/CSU und SPD, BT-Drs. 16/12278, S. 6.

796 BGH, Urt. v. 27.10.2015 – II ZR 296/14, BGHZ 207, 190 Rn. 23; *Göcke/Greubel,* ZIP 2009, 2086, 2087.

797 *Göcke/Greubel,* ZIP 2009, 2086, 2087.

798 Vgl. *Caspers,* in: MüKo-InsO, § 113 Rn. 10; *Hamacher,* in: Nerlich/Römermann, InsO, § 113 Rn. 40; *Zobel,* in: Uhlenbruck, InsO, § 113 Rn. 4.

799 Vgl. *Göcke/Greubel,* ZIP 2009, 2086, 2087. Siehe auch *Hirte,* in: Uhlenbruck, InsO, § 11 Rn. 185, demzufolge eine Herabsetzung „anstelle einer Kündigung" möglich sei.

800 *Göcke/Greubel,* ZIP 2009, 2086, 2087.

801 *Göcke/Greubel,* ZIP 2009, 2086, 2087.

Insolvenz damit nicht auf eine Entscheidung zwischen sofortiger Kündigung des Vorstandsmitglieds oder der Weiterzahlung der (überhöhten) Bezüge verengt.[802] Die Vergütungskürzung bietet insofern einen Mittelweg. Durch die Herabsetzung wird die Insolvenzmasse ebenfalls geschont – wenn auch in geringerem Maße als bei einer Kündigung – bietet aber den Vorteil der kontinuierlichen Tätigkeit des Vorstandsmitglieds.

Klärungsbedürftig ist allerdings, ob sich die Kündigung nach § 113 InsO und die Herabsetzung nach § 87 Abs. 2 AktG wechselseitig ausschließen. Es ist insbesondere zu erörtern, ob nach einer erfolgten Kündigung die Vergütung gekürzt werden darf.

a) Verdrängung des § 87 Abs.2 AktG

Nach Ansicht des OLG Stuttgart soll für den Fall, dass das Kündigungsrecht nach § 113 InsO tatsächlich ausgeübt wird, eine Herabsetzung nach § 87 Abs. 2 AktG unzulässig sein.[803] Es erblickt in der Ausübung des Kündigungsrechts nach § 113 InsO bereits einen ausreichenden Interessenausgleich zwischen Organmitgliedern und Gläubigern, der eine Herabsetzung überflüssig machen soll.[804] Im Falle der Kündigung nach § 113 InsO werde die Insolvenzmasse mit höchstens drei Monatsgehältern belastet.[805] Daraus sei ersichtlich, dass eine danebentretende Vergütungskürzung von der Insolvenzordnung nicht für notwendig erachtet werde.[806] Es erscheine daher nicht interessengerecht, über die Kündigungsmöglichkeit hinaus eine Gehaltskürzung nach § 87 Abs. 2 AktG zuzulassen.[807]

b) Parallele Anwendbarkeit

Nach anderer Auffassung soll keine materielle oder formelle Spezialität zwischen den Vorschriften bestehen.[808] Gegen eine Verdrängungswirkung des § 113 InsO wird vorgebracht, dass insbesondere systematische Erwägungen

---

802 Vgl. *Göcke/Greubel*, ZIP 2009, 2086, 2087: keine „Alles-oder-Nichts-Lösung“
803 OLG Stuttgart, Urt. v. 01.10.2014 – 20 U 3/13, NZG 2015, 194, 196 f. Zustimmend *Spindler*, DB 2015, 908, 911.
804 OLG Stuttgart, Urt. v. 01.10.2014 – 20 U 3/13, NZG 2015, 194, 196 f.
805 OLG Stuttgart, Urt. v. 01.10.2014 – 20 U 3/13, NZG 2015, 194, 196 f.; *Spindler*, DB 2015, 908, 911.
806 OLG Stuttgart, Urt. v. 01.10.2014 – 20 U 3/13, NZG 2015, 194, 197.
807 OLG Stuttgart, Urt. v. 01.10.2014 – 20 U 3/13, NZG 2015, 194, 197.
808 *Fleischer*, in: Spindler/Stilz, AktG, § 87 Rn. 60a; *Hüffer/Koch*, AktG, § 87 Rn. 51.

einen Ausschluss des § 87 Abs. 2 AktG in der Insolvenz nicht stützen würden.[809] Da schon bei Insolvenznähe eine Herabsetzung möglich sei, müsse dies erst recht während des Insolvenzverfahrens gelten.[810]

Der BGH teilte die Sichtweise des OLG Stuttgart ebenfalls nicht. Er argumentiert, dass im Falle einer Kündigung die Vergütung während der dreimonatigen Kündigungsfrist in der ursprünglichen Höhe weitergezahlt werden müsste, wenn man von einer Verdrängung des § 87 Abs. 2 AktG ausginge.[811] Ein derartiges Ergebnis erscheint dem BGH nicht angebracht. Außerdem wäre für die Bemessung eines Verfrühungsschadens des Vorstandsmitglieds (vgl. § 113 S. 3 InsO, § 87 Abs. 3 AktG) ebenso das Gehalt in seiner ursprünglichen Höhe maßgeblich.[812] Auch dies erachtet der BGH offenbar als nicht wünschenswert.

c) *Stellungnahme*

Der Hinweis darauf, dass in der Insolvenz eine Herabsetzung „erst recht" möglich sein muss, ist zutreffend. Dabei handelt es an sich allerdings lediglich um ein Argument für die grundsätzliche Anwendbarkeit des § 87 Abs. 2 AktG nach Eröffnung des Insolvenzverfahrens. Die Eröffnung des Anwendungsbereichs aber stellt das OLG Stuttgart schon gar nicht infrage. Denn die Anwendbarkeit des § 87 Abs. 2 AktG in der Insolvenz ist nicht gleichzustellen mit der spezielleren Frage, ob die Herabsetzung bei einer bereits erfolgten Kündigung nach § 113 InsO verdrängt wird. Zu klären ist also, ob das Vorstandsmitglied in der Insolvenz auch noch einer Vergütungskürzung unterliegen kann, wenn die Zeit seines Tätigwerdens bereits infolge einer Kündigung nach § 113 InsO verkürzt wurde und aus diesem Grund bereits Einsparungen für die Gesellschaft bzw. die Insolvenzmasse entstehen.

Die Argumentation des BGH erschöpft sich im Kern darin, zu erläutern, dass eine Herabsetzung, die zu einer erfolgten Kündigung hinzutritt, sich für das Gesellschaftsvermögen bzw. die Insolvenzmasse positiv auswirkt. Der BGH verdeutlicht damit, dass bei einer kumulativen Ausübung der Kündigung und der Herabsetzung letztlich Vorteile für die Masse- und Insolvenzgläubiger entstehen, und hält sie deswegen für zulässig. Die Grundannahme, dass die kumulativ hinzutretende Vergütungskürzung gegenüber einer bloßen Kündigung zusätzliche Vorteile für die Insolvenzmasse bedeutet, lässt sich nicht abstreiten. Sowohl das

809 *Kort*, NZG 2015, 369, 371.
810 *Kort*, NZG 2015, 369, 371.
811 BGH, Urt. v. 27.10.2015 – II ZR 296/14, BGHZ 207, 190 Rn. 24.
812 BGH, Urt. v. 27.10.2015 – II ZR 296/14, BGHZ 207, 190 Rn. 23.

Insolvenzverfahren als solches als auch § 87 Abs. 2 AktG bezwecken schließlich (auch) die Schonung des Gesellschaftsvermögens und Einsparungen zugunsten der Gläubiger der Gesellschaft. Eine Anwendung sowohl des § 113 InsO als auch des § 87 Abs. 2 AktG erhöht konsequenterweise das Einsparpotential gegenüber einer bloßen Kündigung. Das gleichzeitige Zusammentreffen der vorteilhaften Wirkungen für die Gesellschaft hält der BGH für erstrebenswert.

Allerdings hat die Vorinstanz OLG Stuttgart den möglichen zusätzlichen Vorteil, der sich für die Insolvenzmasse aus der zur Kündigung hinzutretenden Herabsetzung ergibt, nicht etwa verkannt. Das OLG Stuttgart hat vielmehr befunden, dass die Vorteile, die der Gesellschaft aus der Möglichkeit einer verfrühten Kündigung entstehen, bereits genügen, um einen angemessenen Interessenausgleich herzustellen. Eines darüber hinausgehenden Schutzes des Gesellschaftsvermögens in Form von weiteren Einsparungen bedürfe es nach Ansicht des OLG Stuttgart gerade nicht. Das Zusammentreffen von Kündigung und Vergütungsherabsetzung würde über das Ziel hinausschießen.

Letztlich überzeugt diese Sichtweise des OLG Stuttgart jedoch nicht. Dessen Argumentation lässt jegliche Anhaltspunkte dafür vermissen, aus welchen Gründen die mit der Kündigung einhergehenden Ersparnisse für einen Interessenausgleich bereits ausreichend sein sollen. Die Begründungslast dafür, dass es bei einer Kündigung nach § 113 InsO ausnahmsweise unzulässig sein soll, bestehende Einsparmöglichkeiten für die Gesellschaft zu nutzen, trägt das OLG Stuttgart. Mit dem BGH ist nämlich zunächst von Grundsatz auszugehen, dass ein umfangmäßig größerer Schutz des Gesellschaftsvermögens für die Gesellschaft besser ist und daher in ihrem Interesse liegt. Dementsprechend ist es besonders rechtfertigungsbedürftig, wenn Einsparpotentiale ungenutzt werden sollen. Eine befriedigende Erklärung konnte das OLG Stuttgart dafür indes nicht liefern.

Für die Annahme, dass eine kumulative Ausübung von Kündigung und Herabsetzung überschießende Einsparungen zur Folge hätten, die nicht mehr interessengerecht sind, bestehen im Ergebnis keine überzeugenden Argumente.

Eine kumulative Anwendung des § 87 Abs. 2 AktG und der Kündigung nach § 113 InsO steht im Einklang mit der Zwecksetzung der Vorschriften. Anhaltspunkte, denen sich entnehmen lässt, dass nach der gesetzlichen Wertung die §§ 113 InsO und 87 Abs. 2 AktG einander ausschließen sollen, fehlen dagegen gänzlich. Im Gegenteil: Das Gesetz sieht eine Ausnahme von der Anwendung des § 87 Abs. 2 AktG gerade nicht vor, obwohl der Gesetzgeber die Konstellation von gekündigten Vorstandsmitgliedern in der Insolvenz durchaus vor Augen hatte. Das zeigt schon ein Blick auf § 87 Abs. 3 AktG. Darin ist geregelt, dass das jeweilige Vorstandsmitglied bei einer Kündigung durch den Insolvenzverwalter Ersatz für den ihm daraus entstandenen Schaden nur für zwei Jahre seit dem Ablauf des Dienstverhältnisses verlangen kann. Sonstige Besonderheiten in Bezug auf die Vergütung von Vorstandsmitgliedern in der Insolvenz sieht dagegen weder die InsO noch das AktG vor. Das Gesetz sieht eine verdrängende Wirkung des § 113 InsO daher nicht vor.

Somit ist im Ergebnis eine Herabsetzung auch dann möglich, wenn bereits eine Kündigung nach § 113 InsO erfolgt ist.

3. Kompetenzverteilung in der Insolvenz

Im Zusammenhang mit der Vergütungsherabsetzung im Falle einer Insolvenz wird ferner kontrovers diskutiert, wer für die Ausübung des Herabsetzungsrechts zuständig ist. Zum Teil wird von der alleinigen Zuständigkeit des Insolvenzverwalters ausgegangen.[813] Andere halten hingegen auch in der Insolvenz den Aufsichtsrat für zuständig.[814] Denkbar ist schließlich auch, dass der Aufsichtsrat zwar die Herabsetzung selbst vornehmen kann, hierfür jedoch zumindest die Zustimmung des Insolvenzverwalters benötigt.[815]

Der BGH hat die Zuständigkeitsfrage ausdrücklich offengelassen, scheint jedoch ebenfalls mindestens die Zustimmung des Insolvenzverwalters für erforderlich zu halten.[816] Damit scheidet eine alleinige Zuständigkeit des Aufsichtsrats nach seiner Auffassung jedenfalls aus.

Der BGH betont ferner explizit, dass die Herabsetzung im Außenverhältnis zum jeweiligen Vorstandsmitglied „erst durch eine durch das zuständige Vertretungsorgan abgegebene Erklärung Wirkung erlangen" könne.[817] Eine Herabsetzungserklärung durch ein Organ, das nicht zuständig ist, kann keine Außenwirkung entfalten. Das zuständige Vertretungsorgan ist somit nicht unbedeutend. Wegen der Auswirkung der Zuständigkeit auf die Herabsetzungserklärung bedarf es zwingend einer Klärung der Zuständigkeit.

---

813 Vgl. *Göcke/Greubel*, ZIP 2009, 2086, 2088; *Hüffer/Koch*, AktG, § 87 Rn. 61; *Kort* in: GK-AktG, § 87 Rn. 434; *Seibt* in: K. Schmidt/Lutter, AktG, § 87 Rn. 19; *Spindler*, DB 2015, 908.

814 Vgl. *Haas/Mock*, in: Gottwald, InsR-Hdb., § 93 Rn. 20; *Hauptmann/Müller-Dott*, BB 2003, 2521, 2523; *Hirte*, in: Uhlenbruck, InsO, § 11 Rn. 185; *Uhlenbruck*, BB 2003, 1185, 1189 (allerdings für den Fall der Eigenverwaltung – eine Zustimmung des Sachwalters sei hier nicht erforderlich).

815 In diese Richtung (wenn auch im Ergebnis offenlassend) OLG Stuttgart, Urt. v. 01.10.2014 – 20 U 3/13, NZG 2015, 194, 195.

816 BGH, Urt. v. 27.10.2015 – II ZR 296/14, BGHZ 207, 190 Rn. 26.

817 BGH, Urt. v. 27.10.2015 – II ZR 296/14, BGHZ 207, 190 Rn. 32.

Nachdem im Folgenden zunächst ein kurzer Überblick über die grundsätzliche Zuständigkeitsverteilung zwischen Insolvenzverwalter und Gesellschaftsorganen gegeben wird (vgl. dazu Unterabschnitt a)), wird auf das spezifische Problem der Zuständigkeit für die Ausübung des Herabsetzungsrechts näher eingegangen (vgl. dazu Unterabschnitt b)).

a) Grundsätzliche Zuständigkeitsverteilung zwischen Insolvenzverwalter und Gesellschaftsorganen

Nach § 80 Abs. 1 InsO geht mit der Eröffnung des Insolvenzverfahrens die Verwaltung- und Verfügungsbefugnis über das Vermögen der Gesellschaft auf den Insolvenzverwalter über. Der Insolvenzverwalter wird dadurch gleichwohl nicht selbst Gesellschaftsorgan, sondern ist Amtstreuhänder.[818] Die Organe der Gesellschaft bleiben während des Insolvenzverfahrens bestehen.[819] Der Insolvenzverwalter verdrängt allerdings in Bezug auf Angelegenheiten, die das Vermögen der Gesellschaft betreffen, die Organe der Gesellschaft (sog. Verdrängungsbereich).[820]

Im sog. Insolvenzschuldnerbereich, zu dem unter anderem die Verwaltung des insolvenzfreien Vermögens und insolvenzneutrale Handlungen gehören, bleiben die hingegen Organe weiterhin allein zuständig.[821]

Daneben gibt es schließlich einen Überschneidungsbereich, in dem der Insolvenzverwalter und die Gesellschaftsorgane gemeinschaftlich zuständig sind.[822] Zu diesem Bereich zählen Fälle, in denen an sich nur der Schuldnerbereich betroffen ist, aber nachteilige Auswirkungen unmittelbar die Insolvenzmasse betreffen.[823] Für die Wirksamkeit einer konkreten Maßnahme bedarf

---

818 Siehe nur *J. Koch,* in: MüKo-AktG, § 264 Rn. 45 m.w.N.

819 Allgemein für Organe juristischer Personen: BGH, Urt. v. 26.01.2006 – IX ZR 282/03, BeckRS 2006, 02722; *Hirte,* in: Uhlenbruck, InsO, § 11 Rn. 118. Spezifisch für die AG: *Hüffer/Koch,* AktG, § 264 Rn. 8; *J. Koch,* in: MüKo-AktG, § 264 Rn. 43; *Vuia,* in: MüKo-InsO, § 80 Rn. 112.

820 *Hüffer/Koch,* AktG, § 264 Rn. 10; *J. Koch,* in: MüKo-AktG, § 264 Rn. 46; *Vuia,* in: MüKo-InsO, § 80 Rn. 112. Grundlegend zur Zuständigkeitsverteilung zwischen Konkurs- bzw. Insolvenzverwalter und Gesellschaftsorganen: *Weber,* KTS 1970, 73, 77 ff.

821 *Hüffer/Koch,* AktG, § 264 Rn. 10; *J. Koch,* in: MüKo-AktG, § 264 Rn. 62; *Vuia,* in: MüKo-InsO, § 80 Rn. 112, 112a.

822 *J. Koch,* in: MüKo-AktG, § 264 Rn. 78.

823 *Vuia,* in: MüKo-InsO, § 80 Rn. 112.

es in diesen Fällen des Zusammenwirkens des betreffenden Organs und des Insolvenzverwalters.[824]

b) Herabsetzung durch Insolvenzverwalter oder Aufsichtsrat?

Es fragt sich nunmehr, wie die Herabsetzung nach § 87 Abs. 2 AktG in dieses System einzuordnen ist. Die Meinungen hierzu gehen auseinander.

aa) Zuständigkeitsverschiebung auf den Insolvenzverwalter

In Betracht kommen zunächst eine Verdrängung des Aufsichtsrats und die Zuständigkeitsverschiebung auf den Insolvenzverwalter.[825] Hierfür spreche, dass bei der Herabsetzung nach § 87 Abs. 2 AktG ein unmittelbarer Vermögensbezug bestehe.[826] Dieser ergebe sich aus der Tatsache, dass die Vorstandsvergütung aus der Insolvenzmasse geleistet werde.[827] Die Entscheidung über die Herabsetzung würde damit dem Verdrängungsbereich zugeordnet.

Außerdem wird für die Verdrängung vorgetragen, dass ein Wertungswiderspruch entstünde, wenn der Aufsichtsrat weiterhin über die Herabsetzung entscheiden dürfte.[828] Wäre es dem Insolvenzverwalter möglich, die Kündigung nach § 113 InsO auszusprechen, während das Herabsetzungsrecht jedoch weiter dem Aufsichtsrat zustünde, so könnte dieser die Tätigkeit des Insolvenzverwalters durch eine eigene Entscheidung über eine Herabsetzung durchkreuzen.[829] Dem Insolvenzverwalter wiederum stünden im Rahmen einer etwaigen Verhandlung mit einem Vorstandsmitglied betreffend seiner zukünftigen Tätigkeit und einer womöglich geänderten Vergütungshöhe neben der Kündigung keine Reaktionsmöglichkeiten zur Verfügung.[830] Er wäre auf ein Tätigwerden des Aufsichtsrats angewiesen. Eine solche Abhängigkeit sei jedoch gesetzlich nicht gewollt.[831] Schließlich müsse der Insolvenzverwalter ohnehin haftungsrechtlich

---

824 *J. Koch*, in: MüKo-AktG, § 264 Rn. 78.

825 So *Göcke/Greubel*, ZIP 2009, 2086, 2087 f.; *Hüffer/Koch*, AktG, § 87 Rn. 61; *Kort* in: GK-AktG, § 87 Rn. 434; *Link*, in: Wachter, AktG, § 87 Rn. 51; *Spindler*, DB 2015, 908; *ders.*, in: MüKo-AktG, § 87 Rn. 60a.

826 *Göcke/Greubel*, ZIP 2009, 2086, 2088; *Hüffer/Koch*, AktG, § 87 Rn. 61; *Kort* in: GK-AktG, § 87 Rn. 434; *Link*, in: Wachter, AktG, § 87 Rn. 51; *Spindler*, DB 2015, 908.

827 *Göcke/Greubel*, ZIP 2009, 2086, 2088; ähnlich *Seibt* in: K. Schmidt/Lutter, AktG, § 87 Rn. 19.

828 *Göcke/Greubel*, ZIP 2009, 2086, 2088.

829 *Göcke/Greubel*, ZIP 2009, 2086, 2088.

830 *Göcke/Greubel*, ZIP 2009, 2086, 2088.

831 *Göcke/Greubel*, ZIP 2009, 2086, 2088.

gegen den Aufsichtsrat vorgehen, wenn dieser eine Herabsetzung pflichtwidrig unterlasse.[832] Diesen Umweg würde man sich durch ein direktes Herabsetzungsrecht des Insolvenzverwalters ersparen.[833]

bb) Zuständigkeit verbleibt beim Aufsichtsrat

Denkbar ist aber auch, weiterhin von einer (zumindest parallelen) Zuständigkeit des Aufsichtsrats auszugehen. Die Zuständigkeit des Aufsichtsrats und ein fehlendes Bedürfnis für eine Zuständigkeitsverschiebung hin zum Insolvenzverwalter ließe sich damit begründen, dass § 87 Abs. 2 AktG sich nicht an den Insolvenzverwalter richte, da die Vorschrift nicht dem Gläubigerschutz sondern dem Gesellschaftsschutz diene.[834] Ferner wird dafür vorgebracht, dass die Masse durch eine Vergütungsherabsetzung gerade nicht belastet werde.[835] Nach dieser Ansicht wäre die Entscheidung über die Herabsetzung dem Insolvenzschuldnerbereich zuzuordnen.

cc) Stellungnahme

Da die Vergütung nach § 55 Abs. 1 Nr. 2 InsO aus der Masse gezahlt wird, besteht bei jeglichen Entscheidungen, die die Vergütung der Vorstandsmitglieder betreffen, ein Massebezug. Entsprechend der grundsätzlichen Kompetenzverteilung zwischen Insolvenzverwalter und Gesellschaftsorganen, nach der jegliche Handlungen mit Massebezug die Gesellschaftsorgane in ihrem Kompetenzbereich zugunsten des Insolvenzverwalters verdrängen, muss die Herabsetzung an sich in den alleinigen Zuständigkeitsbereich des Insolvenzverwalters fallen. Die Differenzierung zwischen dem Schutz der Gläubiger einerseits und dem Schutz der Gesellschaft andererseits, die für einen Zuständigkeitsverbleib beim Aufsichtsrat sprechen soll, erscheint demgegenüber – gerade in der Insolvenz – gekünstelt.[836] Insbesondere ist § 87 Abs. 2 AktG durchaus auch als gläubigerschützende Norm zu verstehen. Aus der Zwecksetzung des § 87 Abs. 2 AktG lässt sich somit keineswegs schlussfolgern, dass die Kompetenz beim Aufsichtsrat verbleiben sollte.

Allerdings ist nicht von der Hand zu weisen, dass die Insolvenzmasse durch eine Vergütungsherabsetzung nicht belastet wird. Infolge einer Herabsetzung fließt schließlich weniger Geld aus dem Massevermögen ab. Die Insolvenzmasse

---

832 *Göcke/Greubel*, ZIP 2009, 2086, 2088.
833 *Göcke/Greubel*, ZIP 2009, 2086, 2088.
834 *Uhlenbruck*, BB 2003, 1185, 1190.
835 *Hauptmann/Müller-Dott*, BB 2003, 2521, 2523.
836 Ähnlich: *Spindler*, DB 2015, 908.

wird nicht be-, sondern entlastet. Für den Insolvenzverwalter bzw. die Masse entstünden daher auf den ersten Blick keine Nachteile, wenn die Vergütung durch den Aufsichtsrat herabgesetzt würde. Es entstünde darüber hinaus auch kein Wertungswiderspruch, wenn der Aufsichtsrat weiterhin über die Herabsetzung entscheiden dürfte. Der Aufsichtsrat könnte die Tätigkeit des Insolvenzverwalters durch eine eigene Entscheidung über das „Ob" einer Herabsetzung nämlich nicht durchkreuzen. Wie oben[837] erläutert, besteht bei Vorliegen der Herabsetzungsvoraussetzungen ohnehin eine grundsätzliche Pflicht zur Herabsetzung. Setzt der Aufsichtsrat – seine Zuständigkeit auch in der Insolvenz unterstellt – die Vergütung nicht herab, handelt er pflichtwidrig. Letztlich rechtfertigen auch diese Gründe keine Abweichung von der allgemeinen Kompetenzverteilung in der Insolvenz.

Der Insolvenzverwalter verdrängt die Organe hinsichtlich des Vermögens, das zur Insolvenzmasse gehört, nicht nur partiell, sondern umfänglich. Sämtliche Entscheidungen mit Massebezug bleiben dem Insolvenzverwalter vorbehalten. Das gilt auch für verpflichtende Entscheidungen wie die Herabsetzung. Denn bei einer Zuständigkeit des Aufsichtsrats obläge es dem Insolvenzverwalter, diese Pflicht notfalls gerichtlich gegen den Aufsichtsrat durchzusetzen. Eine ausschließliche Zuständigkeit des Aufsichtsrats würde also dazu führen, dass der Insolvenzverwalter den Aufsichtsrat unter Umständen langwierig zu einem Herabsetzungsbeschluss zwingen müsste. Dies würde zumindest zu einer der Masse nicht dienlichen Verzögerung der Herabsetzung und unnötigen Rechtsverfolgungskosten führen. Die Zuständigkeit des Insolvenzverwalters ist daher auch aus prozessökonomischen Gründen sinnvoll.

Im Zusammenhang mit der Vergütungsherabsetzung gilt es ferner zu bedenken, dass bei atypischen Fällen ein Ermessen dahin gehend ausgeübt werden muss, ob eine Herabsetzung trotz eines besonders gelagerten Falls erfolgen soll oder nicht. Für diese Ermessensausübung, die das zur Insolvenzmasse gehörende Vermögen betrifft, muss nach den allgemeinen Grundsätzen allein der Insolvenzverwalter zuständig sein. Als für die Masseverwaltung zuständiges Organ muss er allein darüber entscheiden können, ob er sich den Vorteil der Herabsetzung unter den gegebenen Umständen entgehen lassen kann.

Schließlich ist zu bedenken, dass ein weiterer Teil der Herabsetzungsentscheidung auch darin besteht, die fortan zu gewährende Vergütungshöhe zu bestimmen. Bei der Herabsetzung geht es folglich nicht nur um die Verringerung des Vermögensabflusses, sondern wegen der Entscheidung über den Umfang der

837 Abschnitt H.II.

Herabsetzung ebenso um die konkrete Höhe des zukünftigen Vermögensabflusses. Eine Entscheidung des Aufsichtsrats könnte sich daher im Vergleich zu einer Entscheidung des Insolvenzverwalters durchaus nachteilig auf die Masse auswirken. Der Aufsichtsrat könnte eine zwar angemessene aber nach Ansicht des Insolvenzverwalters im konkreten Fall weiterhin zu hohe Vergütung gewähren. Mit Blick auf das „Wie" der Herabsetzung könnte der Aufsichtsrat also die Pläne des Insolvenzverwalters durchkreuzen. Eine parallele Zuständigkeit von Aufsichtsrat und Insolvenzverwalter ist deshalb ebenso abzulehnen.

Aus diesem Grund muss die Zuständigkeit für Herabsetzung in der Insolvenz allein beim Insolvenzverwalter liegen.

c) Fehlende Kompetenz im Einzelfall nach Treu und Glauben unbeachtlich?

aa) BGH

Der BGH lässt zwar die Frage der (alleinigen) Zuständigkeit offen. Allerdings postulierte er zugleich, dass sich jedenfalls in bestimmten Fällen das Vorstandsmitglied nicht auf eine fehlende Zuständigkeit des Aufsichtsrats berufen könne. Der Entscheidung des BGH lag folgender Sachverhalt zugrunde: Der vorläufige Insolvenzverwalter hatte die Aufsichtsratsmitglieder mit einem Schreiben auf deren Pflicht nach § 87 Abs. 2 AktG hingewiesen, sie zu einer Herabsetzung aufgefordert und auch die neue festzusetzende Vergütungshöhe konkret beziffert. Der Aufsichtsrat kam dieser Aufforderung nach und fasste einen Beschluss über die Vergütungsherabsetzung, den er anschließend dem betroffenen Vorstandsmitglied kundtat.

Ginge man von einer ausschließlichen Zuständigkeit des Insolvenzverwalters aus, könnte in der soeben geschilderten Konstellation die vom Aufsichtsrat beschlossene Herabsetzung mangels Zuständigkeit gegenüber dem Vorstandsmitglied keine Wirkung entfalten. Nach Auffassung des BGH soll aber eine unterstellte fehlende Zuständigkeit des Aufsichtsrats nicht zu einer unwirksamen Herabsetzung führen, wenn der Herabsetzungsbeschluss des Aufsichtsrats mit Zustimmung des Insolvenzverwalters zustande gekommen sei, der Insolvenzverwalter diesen Beschluss verteidige, und nicht geltend mache, dass der Beschluss von ihm hätte gefasst werden müssen.[838] Unter diesen – im konkreten vom BGH zu entscheidenden Fall gegebenen – Voraussetzungen sei es nach Treu

838 BGH, Urt. v. 27.10.2015 – II ZR 296/14, BGHZ 207, 190 Rn. 26.

und Glauben keinem der Beteiligten möglich, sich auf eine womöglich fehlende Zuständigkeit des Aufsichtsrats zu berufen.[839]

bb) Stellungnahme

In der vorgenannten Konstellation wäre die Herabsetzungswirkung infolge der unwirksamen Erklärung des Aufsichtsrats gar nicht eingetreten. Dadurch wäre aber der Insolvenzmasse letztlich weniger gedient als bei der Annahme eines wirksamen Beschlusses durch den eigentlich unzuständigen Aufsichtsrat. Die Lösung des BGH, die es dem Vorstandsmitglied nach Treu und Glauben verbietet, sich auf eine Unzuständigkeit des Aufsichtsrats zu berufen, erscheint vor diesem Hintergrund reizvoll. Schließlich war im konkreten Fall die Vergütungsherabsetzung ursprünglich vom Insolvenzverwalter intendiert und die neu festgesetzte Höhe entsprach seinen Anweisungen. Der Aufsichtsrat war faktisch nur als eine Art ausführendes Organ des Insolvenzverwalters tätig. Dem BGH zufolge könne sich in dieser Konstellation „keiner der Beteiligten" auf eine fehlende Zuständigkeit des Aufsichtsrats berufen.[840] Für den Insolvenzverwalter leuchtet ein, dass er sich widersprüchlich verhalten würde, wenn er sich auf eine Unzuständigkeit des Aufsichtsrats beriefe, nachdem seinem Herabsetzungsbegehren vollumfänglich entsprochen wurde und er diese Entscheidung auch im Nachhinein verteidigt hat.

Unklar bleibt aber, warum es auch einem betroffenen Vorstandsmitglied nach Treu und Glauben verwehrt sein sollte, sich auf die fehlende Zuständigkeit zu berufen. Problematisch an der Lösung des BGH ist insbesondere die Rechtsunsicherheit, die aus ihr resultiert. Das Vorstandsmitglied weiß unter Umständen nicht, dass der Insolvenzverwalter einer Herabsetzung durch den Aufsichtsrat zugestimmt hat oder den Aufsichtsrat sogar zur Vornahme einer Herabsetzung in dem konkreten Umfang aufgefordert hat. Darüber hilft auch nicht hinweg, dass der Insolvenzverwalter den Herabsetzungsbeschluss später verteidigt und nicht etwa geltend macht, dass er den Beschluss hätte fassen müssen.

Auf ein nachträgliches Verhalten des Insolvenzverwalters kann es für die Wirksamkeit der Herabsetzungserklärung durch den Aufsichtsrat nicht ankommen. Andernfalls wäre die Wirksamkeit der Herabsetzung von dem ungewissen Verhalten des Insolvenzverwalters nach der Herabsetzungserklärung durch den Aufsichtsrat abhängig. Es entstünde im Ergebnis eine Schwebelage. Eine derartige Rechtsunsicherheit ist dem betroffenen Vorstandsmitglied jedoch nicht

839 BGH, Urt. v. 27.10.2015 – II ZR 296/14, BGHZ 207, 190 Rn. 26.
840 BGH, Urt. v. 27.10.2015 – II ZR 296/14, BGHZ 207, 190 Rn. 26.

zumutbar. Es muss sich nicht aktiv erkundigen, ob die Erklärung des Aufsichtsrats mit dem Willen des Insolvenzverwalters übereinstimmt. Anders liegt der Fall nur, wenn das Vorstandsmitglied weiß, dass die Herabsetzungserklärung auf Veranlassung des Insolvenzverwalters erfolgte und in ihrer konkreten Gestalt seinen Vorgaben entspricht.

Die Lösung des BGH vermag somit nicht vollends zu überzeugen. Sie ist wie folgt zu modifizieren: Das Vorstandsmitglied kann sich nach Treu und Glauben nur dann auf die fehlende Zuständigkeit des Aufsichtsrats berufen, wenn es eine etwaige Billigung der Herabsetzung in ihrer konkreten Gestalt durch den Insolvenzverwalter zum Zeitpunkt des Zugangs der Herabsetzungserklärung nicht kannte.

V. Sonstige Anforderungen an den Herabsetzungsbeschluss

1. Bestimmtheit

a) Auslegung des Beschlusses

Die Herabsetzungsentscheidung muss hinreichend bestimmt sein.[841] Das bedeutet, dass im Beschluss angegeben werden muss, wer von der Herabsetzung betroffen ist, welche Bezüge gekürzt werden, und ab welchem Zeitpunkt die Kürzung wirksam werden soll.[842]

Der BGH hält den Beschluss aber für eine Auslegung zugänglich.[843] Hieran wird kritisiert, dass damit die bloße Bestimmbarkeit des Beschlusses mit der Bestimmtheit gleichgesetzt werde.[844]

Dem BGH ist allerdings dahin gehend zuzustimmen, dass Aufsichtsratsbeschlüsse allgemein auslegungsfähig sind.[845] Es ist nicht ersichtlich, aus welchen

---

841 OLG Stuttgart, Urt. v. 01.10.2014 – 20 U 3/13, NZG 2015, 194, 197; *Kort*, AG 2016, 209, 211; *Seyfarth*, Vorstandsrecht, § 5 Rn. 168.

842 OLG Stuttgart, Urt. v. 01.10.2014 – 20 U 3/13, NZG 2015, 194, 197, zustimmend *Kort*, NZG 2015, 369, 370 f.; *ders.*, in: GK-AktG, § 87 Rn. 420. Vgl. auch *Mertens/Cahn*, in: KK-AktG, § 87 Rn. 102; *Seyfarth*, Vorstandsrecht, § 5 Rn. 168; *Spindler*, DB 2015, 908, 911.

843 BGH, Urt. v. 27.10.2015 – II ZR 296/14, BGHZ 207, 190 Rn. 28.

844 *Kort*, AG 2016, 209, 211.

845 Vgl. BGH, Urt. v. 19.12.1988 – II ZR 74/8, NJW 1989, 1928. Ebenso *Drygala*, in: K. Schmidt/Lutter, AktG, § 108 Rn. 4; *Habersack*, in: MüKo-AktG, § 108 Rn. 13; *Henssler*, in: Henssler/Strohn, Gesellschaftsrecht, § 108 AktG Rn. 3; *Hoffmann-Becking*, in: Münch. Hdb. GesR IV, § 31 Rn. 65; *Hüffer/Koch*, AktG, § 108 Rn. 4; *Mertens/Cahn*, in: KK-AktG, § 87 Rn. 15; *Spindler*, in: Spindler/Stilz, AktG, § 108 Rn. 12.

Gründen dies für den Herabsetzungsbeschluss nicht gelten sollten. Es gelten auch hinsichtlich des Herabsetzungsbeschlusses nur die allgemeinen Anforderungen an Aufsichtsratsbeschlüsse. Im Rahmen des § 87 Abs. 2 AktG gelten somit keine übermäßig hohen Voraussetzungen in Bezug auf die Bestimmtheit.[846] So widersprach der BGH richtigerweise der Auffassung der Vorinstanz, die den Aufsichtsratsbeschluss unter anderem deswegen für unwirksam hielt, weil nicht erkennbar gewesen sein soll, ob eine Neufestsetzung der Bezüge auf 2.500 Euro lediglich das Grundgehalt erfassen oder sämtliche im Vorstandsvertrag enthaltenen Gehaltskomponenten abdecken sollte (neben dem Grundgehalt, einen variablen Vergütungsanteil nebst Aktienoption, Zuschüsse zur Altersvorsorge und Kranken- bzw. Pflegeversicherung, den Abschluss von Versicherungsschutz sowie die Zurverfügungstellung eines Dienstwagens).[847]

Der BGH betont, dass die Auslegung nicht allein auf den Wortlaut des Beschlusses beschränkt ist, sondern weitere Umstände einbezogen werden können.[848]

Im entschiedenen Fall sah das Aufforderungsschreiben des vorläufigen Insolvenzverwalters einen „Maximalbetrag pro Vorstand von 2500 Euro“ vor. Ein daraufhin ergehender Aufsichtsratsbeschluss, der ausdrücklich nur vorsieht „die Bezüge (…) auf 2500 Euro ab Insolvenzeröffnung herabzusetzen“ kann unter Berücksichtigung des Aufforderungsschreibens, das im Protokoll der Aufsichtsratssitzung erwähnt wird, dahin gehend ausgelegt werden, dass es sich bei dem Betrag von 2.500 Euro um einen Maximalbetrag handelt.[849] Wie genaue die Kürzung hinsichtlich der einzelnen Vergütungsbestandteile vorzunehmen ist, ist dabei ebenso der Auslegung zugänglich.[850] Die fehlende Nennung der einzelnen vereinbarten Gehaltskomponenten im Beschluss führt folglich noch nicht zu dessen Unbestimmtheit.

---

846 *Hüffer/Koch*, AktG, § 87 Rn. 54. A.A. *Spindler*, in: MüKo-AktG, § 108 Rn. 13;

847 Vgl. OLG Stuttgart, Urt. v. 01.10.2014 – 20 U 3/13, NZG 2015, 194, 197.

848 BGH, Urt. v. 27.10.2015 – II ZR 296/14, BGHZ 207, 190 Rn. 28 mit Verweis auf BGH, Urt. v. 19.12.1988 – II ZR 74/8, NJW 1989, 1928 und *Habersack*, in: MüKo-AktG, § 108 Rn. 13. Vgl. dazu auch *Breuner/Fraune*, in: NK-AktR, § 108 Rn. 4; *Henssler*, in: Henssler/Strohn, Gesellschaftsrecht, § 108 AktG Rn. 3; *Hüffer/Koch*, AktG, § 108 Rn. 4.

849 BGH, Urt. v. 27.10.2015 – II ZR 296/14, BGHZ 207, 190 Rn. 30, in Widerspruch zu den Ausführungen des Berufungsgerichts OLG Stuttgart, Urt. v. 01.10.2014 – 20 U 3/13, NZG 2015, 194, 197.

850 BGH, Urt. v. 27.10.2015 – II ZR 296/14, BGHZ 207, 190 Rn. 30.

b) Erklärung gegenüber dem Vorstandsmitglied

Gleichwohl ist stets zu bedenken, dass der Herabsetzungsbeschluss auch noch dem Vorstandsmitglied kundgegeben werden muss. Andernfalls kann die Gestaltungswirkung nicht eintreten.

Hinsichtlich der Kundgabe der Herabsetzung gegenüber dem Vorstand gelten die allgemeinen Anforderungen an empfangsbedürftige Willenserklärungen. Die Herabsetzungserklärung ist somit gem. §§ 133, 157 BGB am objektiven Empfängerhorizont auszulegen. Die Grundsätze für die Auslegung von Aufsichtsratsbeschlüssen gelten dabei nicht. Auch bei empfangsbedürftigen Willenserklärungen können zwar außerhalb der Erklärung liegende Umstände berücksichtigt werden. Allerdings sind nur solche Umstände heranzuziehen, die dem Erklärungsempfänger bekannt oder erkennbar waren.[851] Ein Vorstandsmitglied, das in der oben geschilderten Fallkonstellation das Aufforderungsschreiben des Insolvenzverwalters nicht kennt, kann dessen Inhalt als Erklärungsempfänger auch nicht berücksichtigen.

c) Fazit

Bestimmtheit ist bei der Ausübung des Herabsetzungsrechts somit in zweifacher Hinsicht erforderlich. Zum einen muss der Aufsichtsratsbeschluss bestimmt sein. Zum anderen muss daneben auch die Herabsetzungserklärung, die gegenüber dem Vorstand abgegeben wird, hinreichend bestimmt sein. Zwar sind sowohl Beschluss als auch Erklärung der Auslegung zugänglich. In Einzelfällen können jedoch Begleitumstände bei der Auslegung des Beschlusses, nicht aber bei der Auslegung der Erklärung gegenüber dem Vorstand berücksichtigt werden. Es kann somit zu einer Diskrepanz zwischen der Beurteilung der hinreichenden Bestimmtheit von Herabsetzungsbeschlüssen und den darauf basierenden Erklärungen gegenüber Vorstandsmitgliedern kommen. Es empfiehlt sich daher, Beschluss und Erklärung so konkret wie möglich und unter expliziter Nennung etwa der zu kürzenden Gehaltsbestandteile bzw. Maximalbeträgen zu formulieren.

2. Ermessensausübung in atypischen Fällen

Wie bereits oben dargelegt,[852] kann der Aufsichtsrat in atypischen Fällen von einer Herabsetzung absehen. Es steht ihm in solchen Fällen ein Ermessensspielraum

---

851 Siehe nur BGH, Urt. v. 05.10. 2006 – III ZR 166/05, NJW 2006, 3777, 3778.

852 Vgl. Abschnitt H.II.1.c)dd).

zu. Er hat daher sein Ermessen pflichtgemäß auszuüben und die Entscheidung für oder gegen eine Herabsetzung zu begründen. In diesen Fällen ist die pflichtgemäße Ermessensausübung Voraussetzung für einen ordnungsgemäßen Herabsetzungsbeschluss.

VI. Folgen von Beschlussmängeln

Probleme ergeben sich dann, wenn bei der Ausübung des Herabsetzungsrechts Fehler unterlaufen.

1. Mögliche Beschlussmängel

Wie weiter ob bereits erläutert, muss etwa der Aufsichtsrat als Plenum über die Herabsetzung entscheiden, einen bestimmten Beschluss fassen und unter Umständen auch noch eine pflichtgemäße Ermessensentscheidung treffen. Hierbei kann es zu Fehlern kommen. So kann es etwa vorkommen, dass nicht der gesamte Aufsichtsrat den Beschluss trifft, sondern nur der Vergütungsausschuss, oder dass der Beschluss – auch unter Berücksichtigung seiner Auslegungsfähigkeit – nicht hinreichend bestimmt ist. In diesen Fällen liegen Beschlussmängel vor.

Wenn ein atypischer Fall vorliegt, und der Aufsichtsrat keine oder fehlerhafte Ermessenserwägungen anstellt, liegt ebenso ein Beschlussmangel vor. Der Aufsichtsratsbeschluss leidet nämlich unter einem Inhaltsmangel, wenn der Aufsichtsrat einen etwaigen Ermessensspielraum überschreitet[853] oder sein Ermessen sonst nicht pflichtgemäß ausübt. Eine fehlerhafte Ermessensausübung in Form des Ermessensnichtgebrauchs liegt vor, wenn der Aufsichtsrat z.B. schon verkennt, dass ein atypischer Fall vorliegt und er sich daher zur Herabsetzung verpflichtet sieht. Daneben sind auf Verfahrens- oder Inhaltsebene auch alle sonstigen Beschlussmängel denkbar, die bei jeglichen Aufsichtsratsbeschlüssen vorkommen können.[854]

---

853 *Habersack,* in: MüKo-AktG, § 108 Rn. 80; *Hambloch-Gesinn/Gesinn,* in: Hölters, AktG, § 108 Rn. 63, 70; *Henssler,* in: Henssler/Strohn, Gesellschaftsrecht, § 108 AktG Rn. 22; *Hüffer/Koch*, AktG, § 108 Rn. 27; *Lutter/Krieger/Verse*, Rechte und Pflichten des Aufsichtsrats, § 11 Rn. 738; *Mertens/Cahn,* in: KK-AktG, § 108 Rn. 98.

854 Zu möglichen Beschlussmängeln bei Aufsichtsratsbeschlüssen allgemein siehe nur *Habersack,* in: MüKo-AktG, § 108 Rn. 76 ff.

2. Konsequenzen für den Aufsichtsratsbeschluss

Weder für den Herabsetzungsbeschluss noch für Aufsichtsratsbeschlüsse im Allgemeinen ist gesetzlich geregelt, wie sich Beschlussmängel rechtlich auswirken. In der Literatur wird hierzu im Wesentlichen vertreten, dass nicht jeder Beschlussmangel zur uneingeschränkten Nichtigkeit führe und nach der Schwere der Fehler zu differenzieren sei.[855] Der BGH bekräftigte im Zusammenhang mit dem Herabsetzungsbeschluss seine bisherige Rechtsprechung, wonach Aufsichtsratsbeschlüsse, die in verfahrensmäßiger oder inhaltlicher Beziehung gegen zwingendes Recht verstoßen, grundsätzlich nichtig seien.[856] Allerdings könnten aus Gründen der Rechtssicherheit Einschränkungen der Folgen der Nichtigkeit in persönlicher, sachlicher und zeitlicher Hinsicht geboten sein.[857]

3. Bedeutung nichtiger Herabsetzungsbeschlüsse für die Herabsetzungserklärung

Selbst wenn man mit dem BGH unterstellt, dass ein Beschlussmangel grundsätzlich zur Nichtigkeit des Herabsetzungsbeschlusses führt, ist weiter klärungsbedürftig, welche Konsequenzen sich daraus für die Wirksamkeit der Herabsetzungserklärung ergeben. Auch hierzu fehlt es an einer eindeutigen gesetzlichen Regelung. Ob und welche Einschränkungen der Auswirkung von nichtigen Herabsetzungsbeschlüssen auf die Herabsetzungserklärung geboten sind, wird im Folgenden näher beleuchtet.

a) OLG Stuttgart: Nichtiger Beschluss führt zur Unwirksamkeit der Herabsetzung

Nach dem OLG Stuttgart führt ein Beschlussmangel zur Unwirksamkeit der Herabsetzung. Konkret folgerte das Gericht aus der (seiner Ansicht nach) fehlenden Bestimmtheit des Beschlusses und einer fehlenden Ermessensausübung die Unwirksamkeit der Herabsetzung gegenüber dem klagenden

---

855 Vgl. *Henssler,* in: Henssler/Strohn, Gesellschaftsrecht, § 108 AktG Rn. 20a ff.; *Hopt/Roth,* in: GK-AktG, § 108 Rn. 168 ff.; *Hüffer/Koch*, AktG, § 108 Rn. 26 ff.; *Spindler,* in: Spindler/Stilz, AktG, § 108 Rn. 69 ff.; *Tomasic,* in: Grigoleit, AktG, § 108 Rn. 39 ff.

856 BGH, Urt. v. 27.10.2015 – II ZR 296/14, BGHZ 207, 190 Rn. 21 mit Verweis auf BGH Urt. v. 17.05.1993 – II ZR 89/92, BGHZ 122, 342, 351.

857 BGH, Urt. v. 27.10.2015 – II ZR 296/14, BGHZ 207, 190 Rn. 21 mit Verweis auf BGH Urt. v. 17.05.1993 – II ZR 89/92, BGHZ 122, 342, 351.

Vorstandsmitglied.[858] Die Nichtigkeit des Beschlusses schlägt danach auf die Herabsetzungserklärung voll durch. Die Herabsetzungswirkung kann in der Folge nicht eintreten.

b) BGH: Kein grundsätzliches Durchschlagen auf Gestaltungserklärung

Der BGH vertritt in dieser Hinsicht eine andere Auffassung als die Vorinstanz. Da aus Gründen der Rechtssicherheit Einschränkungen in persönlicher Hinsicht geboten sein können, könne nicht einfach davon ausgegangen werden, dass ein bestimmter Beschlussmangel auch von einer nicht dem Aufsichtsrat angehörigen Person geltend gemacht werden könne.[859] Es sei auch anerkannt, dass Rechtshandlungen, die vom Aufsichtsrat aufgrund eines mangelhaften Beschlusses vorgenommenen werden, nicht grundsätzlich unwirksam seien.[860]

Nach Ansicht des BGH sei es daher von Rechts wegen nicht geboten, dass Mängel bei der internen Willensbildung des Aufsichtsrats ohne Weiteres auf die Wirksamkeit der im Außenverhältnis abgegebenen Gestaltungserklärung durchschlügen.[861] Das Vorstandsmitglied sei hinreichend dadurch geschützt, dass es gerichtlich überprüfen lassen könne, ob die Herabsetzung seiner Bezüge dem Grunde und der Höhe nach den gesetzlichen Vorgaben des § 87 Abs. 2 AktG entspreche.[862]

In nichtigen Herabsetzungsbeschlüssen vermag der BGH somit eine Fallgruppe der notwendigen Einschränkung der Nichtigkeit in persönlicher Hinsicht erkennen.

c) Stellungnahme

Zunächst ist zutreffend, dass nicht jegliche Handlungen des Aufsichtsrats, die auf einem mangelhaften Beschluss beruhen, unwirksam sind. So sind beispielsweise Jahresabschlüsse, die nicht unter ordnungsgemäßer Mitwirkung des Aufsichtsrats festgestellt werden, kraft Gesetzes nach § 256 Abs. 2 AktG nichtig. Allerdings kann die Nichtigkeit nach § 256 Abs. 6 S. 1 AktG nicht mehr geltend gemacht

---

858 OLG Stuttgart, Urt. v. 01.10.2014 – 20 U 3/13, NZG 2015, 194, 195 f. Zustimmend *Reichard*, GWR 2015, 33.

859 BGH, Urt. v. 27.10.2015 – II ZR 296/14, BGHZ 207, 190 Rn. 21.

860 BGH, Urt. v. 27.10.2015 – II ZR 296/14, BGHZ 207, 190 Rn. 21 mit Verweis auf BGH, Urt. v. 19.02.2013 – II ZR 56/12, BGHZ 196, 195.

861 BGH, Urt. v. 27.10.2015 – II ZR 296/14, BGHZ 207, 190 Rn. 35.

862 BGH, Urt. v. 27.10.2015 – II ZR 296/14, BGHZ 207, 190 Rn. 35.

werden, wenn seit der Bekanntmachung im Bundesanzeiger (vgl. § 325 Abs. 1 S. 2 oder Abs. 2 S. 1 HGB) eine Frist von mehr als sechs Monaten verstrichen ist. Für diesen konkreten Fall ist gesetzlich geregelt, dass sich ein fehlerhafter Aufsichtsratsbeschluss auf den Bestand des Jahresabschlusses auswirkt.[863] Durch § 256 Abs. 6 S. 1 AktG wird diese Wirkung jedoch zeitlich eingeschränkt.[864] Es besteht damit eine eindeutige Regelung für die Folgewirkungen eines fehlerhaften Aufsichtsratsbeschlusses in diesem Fall.

Die Frage, ob sich ein nichtiger Aufsichtsratsbeschluss auf Folgemaßnahmen auswirkt, stellt sich jedoch ebenso in einer Vielzahl weiterer, gesetzlich nicht geregelter Konstellationen und ist nicht immer gleichlautend zu beantworten.[865] Die Rechtsfolgen von nichtigen Aufsichtsratsbeschlüssen in allen denkbaren Konstellationen können und sollen an dieser Stelle nicht umfassend behandelt werden. Hier soll es lediglich um ein mögliches Durchschlagen von Beschlussmängeln auf die Herabsetzungserklärung gehen. Gleichwohl wird im Folgenden zunächst auf ähnliche Konstellationen eingegangen und sodann überprüft, ob die Rechtsprechung des BGH zu den Folgen nichtiger Herabsetzungsbeschlüsse damit vereinbar ist.

aa) Vergleich mit Beschlussmängeln bei Berufung, Anstellung, Abberufung und Kündigung von Vorstandsmitgliedern

Im Kern vergleichbar mit Herabsetzungsbeschlüssen sind solche Aufsichtsratsbeschlüsse, die die Berufung, Anstellung, Abberufung und Kündigung von Vorstandsmitgliedern zum Inhalt haben. Ein Blick auf die Behandlung von Beschlussmängeln in diesen Konstellationen zeigt, nichtige Beschlüsse können sich durchaus auf die dem Vorstandsmitglied jeweils zugehenden Erklärungen auswirken. Leider verpasst es der BGH bei seiner Beurteilung der Folgen eines nichtigen Herabsetzungsbeschlusses, sich spezifisch mit den hierzu bislang anerkannten Grundsätzen auseinanderzusetzen.

(1) Grundsätze bei Berufung, Anstellung, Abberufung und Kündigung

In der Literatur herrscht die Ansicht vor, dass Beschlussmängel bei Abberufung oder Kündigung grundsätzlich auf die Wirksamkeit der Erklärung gegenüber

---

863 *Panetta*, NJOZ 2008, 4294, 4295 f.

864 *Panetta*, NJOZ 2008, 4294, 4295.

865 Vgl. zu den unterschiedlichen Konstellationen *Macht*, MittBayNot 2004, 81 sowie *Panetta*, NJOZ 2008, 4294.

dem Vorstandsmitglied durchschlagen.[866] Auch für die Bestellung und Anstellung eines Vorstandsmitglieds ist anerkannt, dass Beschlussmängel des zugrunde liegenden Aufsichtsratsbeschlusses jedenfalls nicht ohne rechtliche Konsequenzen für die Wirksamkeit der Erklärung gegenüber dem Vorstandsmitglied bleiben. Bei Beschlussmängeln im Rahmen der Bestellung wird ein fehlerhaftes Organverhältnis angenommen, mit der Konsequenz, dass das Organverhältnis bis zur Geltendmachung des Mangels für die Vergangenheit als wirksam anzusehen ist.[867] Entsprechendes gilt für das Anstellungsverhältnis.[868] Falls dieses auf einem nichtigen Aufsichtsratsbeschluss beruht, handelt es sich um ein fehlerhaftes Anstellungsverhältnis.[869]

Der BGH ging in der Vergangenheit ebenso wenig davon aus, dass nichtige Aufsichtsratsbeschlüsse die Bestellung oder Anstellung eines Vorstandsmitglieds gänzlich unberührt lassen. So sieht der BGH eine Vorstandsbestellung infolge eines Aufsichtsratsbeschlusses, der im konkreten Fall durch als Nichtmitglieder zu behandelnde Aufsichtsräte gefasst wurde, als fehlerhaft an.[870] Die volle Wirksamkeit einer auf einem nichtigen Beschluss beruhenden Be- und Anstellung eines Vorstandsmitgliedes hält der BGH für zu weitgehend und nicht hinnehmbar.[871] Vertrauensschutz sei im Allgemeinen lediglich für den zurückliegenden Zeitraum geboten, nicht aber für die Zukunft.[872]

---

866 Zur Unwirksamkeit der Kündigung nur *Fleischer* in: Spindler/Stilz, AktG, § 84 Rn. 148; *Seibt* in: K. Schmidt/Lutter, AktG, § 84 Rn. 61; *Spindler*, in: MüKo-AktG, § 84 Rn. 166; *Weber*, in: Hölters, AktG, § 84 Rn. 92. Zur Unwirksamkeit des Widerrufs: *Fleischer* in: Spindler/Stilz, AktG, § 84 Rn. 96; *Kort* in: GK-AktG, § 84 Rn. 183; *Spindler*, in: MüKo-AktG, § 84 Rn. 123.

867 *Bürgers*, in: Bürgers/Körber, AktG, § 84 Rn. 12; *Fleischer* in: Spindler/Stilz, AktG, § 84 Rn. 20; *Hüffer/Koch*, AktG, § 84 Rn. 12 f.; *Lutter/Krieger/Verse*, Rechte und Pflichten des Aufsichtsrats, § 7 Rn. 360; *Mertens/Cahn* in: KK-AktG, § 84 Rn. 30; *Oltmanns*, in: NK-AktR, § 84 Rn. 9; *Vedder*, in: Grigoleit, AktG, § 84 Rn. 15; *Wiesner*, in: Münch. Hdb. GesR IV, § 20 Rn. 38 ff.

868 *Hüffer/Koch*, AktG, § 84 Rn. 27; *Wiesner*, in: Münch. Hdb. GesR IV, § 21 Rn. 32 f. Vgl. auch BGH, Urt. v. 06.04.1964 – II ZR 75, BGHZ 41, 282 für gänzlich fehlenden Aufsichtsratsbeschluss.

869 *Hüffer/Koch*, AktG, § 84 Rn. 27; *Wiesner*, in: Münch. Hdb. GesR IV, § 21 Rn. 32 f.

870 BGH, Urt. v. 19.02.2013 – II ZR 56/12, BGHZ 196, 195, 204.

871 BGH Urt. v. 17.05.1993 – II ZR 89/92, BGHZ 122, 342, 348 f.

872 BGH Urt. v. 17.05.1993 – II ZR 89/92, BGHZ 122, 342, 349.

(2) Bedeutung für die Herabsetzungserklärung

Zurecht wird dem BGH vorgeworfen, dass er sich mit seiner Entscheidung zur Herabsetzungserklärung in Widerspruch zur herrschenden Meinung und seiner eigenen bisherigen Rechtsprechung setzt, wonach eine fehlerhafte Beschlussfassung über die Vorstandsbestellung bzw. -anstellung dazu führe, dass ein entsprechender Rechtsakt gegenüber dem Vorstand unwirksam sei.[873] Es erstaunt, dass der BGH die Bedeutung von Beschlussmängeln bzw. nichtigen Beschlüssen im Rahmen des § 87 Abs. 2 AktG anders beurteilt, als etwa für die Bestellung.[874] In der Vergangenheit hat er deutlich gemacht, dass gerade keine grundsätzliche (volle) Wirksamkeit von Rechtshandlungen gegenüber dem Vorstand trotz Nichtigkeit des zugrunde liegenden Beschlusses bestehen soll.

Es bestehen keine sachlichen Gründe dafür, Herabsetzungsbeschlüsse in Bezug auf ihre Wirksamkeit anders zu behandeln als Aufsichtsratsbeschlüsse über die Berufung, Anstellung, Abberufung oder Kündigung des Vorstandsmitglieds. Auch Beschlussmängel im Rahmen des Herabsetzungsbeschlusses können für die Wirksamkeit der Erklärung gegenüber dem Vorstandsmitglied und damit den Eintritt der Herabsetzungswirkung nicht folgenlos bleiben.

Anders als bei fehlerhaften Berufungs- und Anstellungsbeschlüssen, die für die Vergangenheit als wirksam anzusehen sind, ist sogar eine volle Unwirksamkeit der Herabsetzungserklärung anzunehmen. Eine volle Unwirksamkeitsfolge bei einem nichtigen Bestellungs- und Anstellungsbeschluss schließt der BGH nämlich vor allem deshalb aus, weil das Vorstandsmitglied hinsichtlich seiner Vergütung und seiner Befugnis zur Geschäftsführung für die Vergangenheit geschützt sein soll.[875] Diese Überlegung kann auf den Herabsetzungsbeschluss nicht übertragen werden. Ein Schutzbedürfnis des Vorstandsmitglieds besteht hier nicht. Ihm und seiner Vergütung kommt es bei der Herabsetzung nämlich gerade nicht zugute, wenn die Fehlerhaftigkeit des Aufsichtsratsbeschlusses unbeachtet bleibt. Im Gegenteil, es profitiert von einer vollen Unwirksamkeitsfolge. In dieser Hinsicht besteht somit keine Vergleichbarkeit mit nichtigen Bestellungs- und Anstellungsbeschlüssen. Die Annahme einer nur eingeschränkten, vergangenheitsbezogenen Unwirksamkeit ist bei fehlerhaften Herabsetzungsbeschlüssen deshalb nicht geboten.

---

873 *Herb/Merkelbach*, GWR 2016, 95 unter Bezugnahme auf BGH, Urt. v. 19.02.2013 – II ZR 56/12, BGHZ 196, 195.

874 *Herb/Merkelbach*, GWR 2016, 95.

875 Vgl. BGH, Urt. v. 19.02.2013 – II ZR 56/12, BGHZ 196, 195, 204; BGH Urt. v. 17.05.1993 – II ZR 89/92, BGHZ 122, 342, 349.

bb) Dogmatische Überprüfung: Vertretungsmacht des Aufsichtsrats bei Herabsetzungserklärung

Nicht nur der Vergleich mit den Fällen der Berufung, Anstellung, Abberufung und Kündigung eines Vorstandsmitglieds zeigt, dass ein nichtiger Herabsetzungsbeschluss zur grundsätzlichen Unwirksamkeit der Herabsetzungserklärung führen muss. Die Annahme der Unwirksamkeitsfolge lässt sich auch dogmatisch tragfähig begründen.

(1) Keine Vertretungsmacht ohne wirksamen Beschluss

Bei der Herabsetzungserklärung kann der Aufsichtsrat die Gesellschaft im Falle eines nichtigen Herabsetzungsbeschlusses nicht wirksam vertreten. Das folgt daraus, dass dem Aufsichtsrat bei rechtsgeschäftlichem Handeln auf Grundlage eines nichtigen Beschlusses die Vertretungsmacht fehlt.[876]

Die Vertretungsmacht des Aufsichtsrats für eine konkrete Rechtshandlung ergibt sich erst aus dem jeweiligen Aufsichtsratsbeschluss. Aus Gründen des Verkehrsschutzinteresses sind freilich Ausnahmen von diesem Grundsatz denkbar. Ein nichtiger Aufsichtsratsbeschluss mag daher nicht in jedem Fall zu einem Fehlen der Vertretungsmacht des Aufsichtsrats nach § 112 AktG führen.[877]

Im Falle von Erklärungen im rein innergesellschaftlichen Verhältnis zu anderen Organen folgt aus der Nichtigkeit des Beschlusses jedoch die Unwirksamkeit der Willenserklärung.[878] Dies gilt nur dann nicht, wenn eine Unwirksamkeit ausnahmsweise dem Verkehrsschutzinteresse Dritter oder der anderen Organe widerspricht.[879]

Bei der Herabsetzungserklärung besteht kein Verkehrsschutzinteresse Dritter oder anderer Organe. Es spricht daher nichts gegen die Unwirksamkeit der Willenserklärung infolge fehlender Vertretungsmacht. Hier bleibt es bei dem Grundsatz, dass es an der Vertretungsmacht fehlt, wenn der rechtsgeschäftlichen Handlung ein nichtiger Beschluss zugrunde liegt.

Erklärt der Aufsichtsrat die Herabsetzung, ohne dass dem ein wirksamer Beschluss zugrunde liegt, handelt er folglich ohne Vertretungsmacht.

---

876 Vgl. *Tomasic*, in: Grigoleit, AktG, § 108 Rn. 42.
877 *Spindler*, in: Spindler/Stilz, AktG, § 108 Rn. 85.
878 *Spindler*, in: Spindler/Stilz, AktG, § 108 Rn. 85.
879 *Spindler*, in: Spindler/Stilz, AktG, § 108 Rn. 85.

(2) Folgen der fehlenden Vertretungsmacht

Bei der Herabsetzungserklärung handelt es sich um ein einseitiges Rechtsgeschäft. Eine Vertretung ohne Vertretungsmacht ist bei einseitigen Rechtsgeschäften grundsätzlich unzulässig, § 180 S. 1 BGB. Das Rechtsgeschäft ist dann unheilbar nichtig.[880]

Etwas anderes gilt jedoch nach § 180 S. 2 BGB, wenn der Erklärungsempfänger die behauptete Vertretungsmacht nicht beanstandet hat oder sogar mit dem vollmachtlosen Handeln einverstanden gewesen ist. Dann finden die Vorschriften über Verträge entsprechend Anwendung. Das hätte zur Folge, dass die Erklärung schwebend unwirksam wäre und nach § 177 Abs. 1 BGB eine Genehmigung durch einen fehlerfreien Beschluss möglich wäre.

Allerdings ist dem Vorstandsmitglied eine Schwebelage und damit einhergehende Rechtsunsicherheit hinsichtlich der Wirksamkeit seiner Vergütungskürzung nicht zumutbar. Eine Genehmigung durch einen späteren fehlerfreien Beschluss ist daher abweichend vom Regelfall des § 177 Abs. 1 BGB nur mit Wirkung ex nunc und nicht für die Vergangenheit möglich.

cc) Kein Erfordernis, die Geltendmachung der Nichtigkeit zu beschränken

Das Vorstandsmitglied ist schließlich berechtigt, die Unwirksamkeit der Herabsetzungserklärung infolge einer Nichtigkeit des Herabsetzungsbeschlusses geltend zu machen. Die Einschränkung der Geltendmachung der Nichtigkeit in persönlicher Hinsicht mit der Folge, dass sich die Nichtigkeit letztlich nicht auf den Eintritt der Herabsetzungswirkung auszuwirken vermag, ist nicht geboten.

(1) Einschränkungen bei Verletzung von bloßen Teilhaberechten

Zwar ist aus Gründen der Rechtssicherheit eine Einschränkung der Berechtigung zur Geltendmachung von Beschlussmängeln in persönlicher Hinsicht geboten, wenn es sich lediglich um Verstöße gegen Verfahrensvorschriften handelt, die den Schutz der Teilhaberrechte der einzelnen Aufsichtsratsmitglieder bezwecken.[881] Hier kann zunächst nur das in seinem Teilhaberechte verletzte Aufsichtsratsmitglied einen Beschlussmangel geltend machen.[882] Ob es auf sein

---

880 *Schäfer,* in: BeckOK BGB, § 180 Rn. 3.

881 BGH Urt. v. 17.05.1993 – II ZR 89/92, BGHZ 122, 342, 351 f; *Habersack,* in: MüKo-AktG, § 108 Rn. 82.

882 BGH Urt. v. 17.05.1993 – II ZR 89/92, BGHZ 122, 342, 351 f.; *Habersack,* in: MüKo-AktG, § 108 Rn. 82.

Teilhaberecht verzichten möchte oder nicht, kann nämlich nur das jeweilige Aufsichtsratsmitglied entscheiden. Andere Organe oder Organmitglieder können diese Art von Verstößen daher nicht geltend machen.

(2) Keine Einschränkungen bei persönlicher Betroffenheit

Etwas anderes gilt jedoch bei Verfahrensmängeln, die nicht lediglich den Schutz der Teilhaberechte des einzelnen Aufsichtsratsmitglieds betreffen, und bei Inhaltsmängeln.[883] Ein Verzicht auf die Einhaltung der (Verfahrens-)Vorschriften scheidet in diesen Fällen aus.[884] Die Berechtigung zur Geltendmachung von Beschlussmängeln ist daher nicht auf das jeweils betroffene Aufsichtsratsmitglied beschränkt. Vorstandsmitglieder sind im Übrigen jedenfalls dann berechtigt, die Nichtigkeit eines Aufsichtsratsbeschlusses geltend zu machen, wenn sie von einem fehlerhaften Beschluss selbst betroffen sind.[885] Die Nichtigkeit muss ferner nicht zwingend im Wege einer Nichtigkeitsfeststellungsklage, sondern kann auch in jeder anderen Weise geltend gemacht werden.[886]

(3) Vorstandsmitglieder von Herabsetzungsbeschluss stets persönlich betroffen

Ein Beschluss über die Herabsetzung ihrer Vergütung betrifft die Vorstandsmitglieder stets persönlich. Somit kann das von der Herabsetzung betroffene Vorstandsmitglied die Nichtigkeit des Herabsetzungsbeschlusses geltend machen. Es kann geltend machen, dass die Herabsetzungserklärung ihm gegenüber nicht wirksam ist und somit keine Änderung hinsichtlich seiner Vergütungshöhe eingetreten ist. Es kann folglich die Weiterzahlung seiner bisherigen Vergütung verlangen.

---

883 *Habersack,* in: MüKo-AktG, § 108 Rn. 83.

884 *Habersack,* in: MüKo-AktG, § 108 Rn. 83.

885 *Drygala,* in: K. Schmidt/Lutter, AktG, § 108 Rn. 45; *Habersack,* in: MüKo-AktG, § 108 Rn. 85 („je nach Inhalt des Beschlusses"); *Hambloch-Gesinn/Gesinn,* in: Hölters, AktG, § 108 Rn. 76; *Lutter/Krieger/Verse,* Rechte und Pflichten des Aufsichtsrats, § 11 Rn. 738 („jeder Betroffene"); *Schick,* in: Wachter, AktG, § 108 Rn. 23 („je nach Inhalt des betreffenden Beschlusses"); *Spindler,* in: Spindler/Stilz, AktG, § 108 Rn. 79. Für nicht nur bei persönlicher Betroffenheit, sondern stets im Rahmen der Nichtigkeitsfeststellungsklage klagebefugt halten den Vorstand: *Breuer/Fraune,* in: NK-AktR, § 108 Rn. 22; *Hopt/Roth,* in: GK-AktG, § 108 Rn. 193; *Hüffer/Koch,* AktG, § 108 Rn. 30; *Mertens/Cahn,* in: KK-AktG, § 108 Rn. 112.

886 *Hopt/Roth,* in: GK-AktG, § 108 Rn. 190.

Eine vermeintlich fehlende Schutzbedürftigkeit des jeweiligen Vorstandsmitglieds, dem ohnehin eine gerichtliche Überprüfung hinsichtlich des Herabsetzungstatbestands und des Kürzungsumfangs offenstehe, ist in diesem Zusammenhang kein durchschlagendes Argument.[887] Denkbar ist schließlich, dass die Herabsetzungsentscheidung zwar hinsichtlich Grund und Höhe nicht zu beanstanden ist, jedoch anderweitige Fehler aufweist. Es ist unklar, warum andere Beschlussmängel unberücksichtigt bleiben sollten. Für das jeweilige Vorstandsmitglied als Adressaten und unmittelbar Betroffenen muss es die Möglichkeit geben, sämtliche Beschlussmängel gerichtlich geltend zu machen. Ausnahmen sind allenfalls nach Treu und Glauben denkbar.[888]

dd) Ergebnis

Auf Grundlage eines nichtigen Beschlusses kann die Herabsetzung dem Vorstandsmitglied gegenüber grundsätzlich nicht wirksam erklärt werden. Die Nichtigkeit des Herabsetzungsbeschlusses schlägt auf die Gestaltungserklärung des Aufsichtsrates durch. Die gegenteilige Argumentation des BGH in diesem Zusammenhang überzeugt nicht. Es erscheint bereits widersprüchlich, dass er die rechtlichen Konsequenzen von Beschlussmängeln bei Berufung und Anstellung von Vorstandsmitgliedern anders beurteilen will als bei der Vergütungsherabsetzung.

Das Durchschlagen der Nichtigkeit des Aufsichtsratsbeschlusses auf die Herabsetzungserklärung folgt ferner bereits daraus, dass der Aufsichtsrat bei der Herabsetzungserklärung als Vertreter ohne Vertretungsmacht handelt, wenn der Herabsetzungsbeschluss nichtig war. Beanstandet das Vorstandsmitglied die Vertretungsmacht jedoch nicht, kann der Aufsichtsrat die Erklärung nachträglich durch einen fehlerfreien Beschluss genehmigen, wobei die Wirkung aus Gründen der Rechtssicherheit erst für die Zukunft eintritt.

Darüber hinaus besteht kein Grund, die Geltendmachung der Nichtigkeit des Beschlusses bzw. der Unwirksamkeit der Erklärung in persönlicher Hinsicht zu beschränken. Das von der Herabsetzung betroffene Vorstandsmitglied ist als Adressat der Herabsetzungserklärung schutzbedürftig und muss sich auf deren Unwirksamkeit infolge eines nichtigen Aufsichtsratsbeschlusses berufen können.

---

887 Ebenso im Ergebnis *Herb/Merkelbach*, GWR 2016, 95.

888 So ist eine derartige Einschränkung etwa bei fehlender Zuständigkeit des Aufsichtsrats denkbar, vgl. J.IV.3.c)bb).

VII. Dauer der Herabsetzung

1. Befristung

Zum Teil wird vertreten, dass die Herabsetzung grundsätzlich lediglich zeitlich befristet erklärt werden kann und eine unbefristete Kürzung erfolgen kann, wenn mit einer nachhaltigen Besserung auf absehbare Zeit nicht zu rechnen ist.[889] In der bis 2009 geltenden Fassung der Vorschrift wurde lediglich eine angemessene Herabsetzung gefordert, die auch in Bezug auf Höhe und Dauer der Herabsetzung verstanden werden konnte.[890]

Da die Bezüge inzwischen jedoch auf „angemessene Höhe" herabzusetzen sind, lässt sich ein Gebot, die Kürzung zeitlich zu beschränken, jedenfalls nicht mehr aus dem Wortlaut ableiten.[891] Des Weiteren dürften Fälle, in denen eine Verbesserung der wirtschaftlichen Lage zeitlich genau vorhersehbar ist, rar sein. Eine Befristung bereits bei Erklärung der Herabsetzung ist damit nicht erforderlich.

2. Pflicht zur nachträglichen Wiederanhebung

Im Zusammenhang mit der Dauer der Herabsetzung ist zu klären, ob für die Vorstandsmitglieder unter Umständen die Möglichkeit besteht, die Wiederanhebung ihrer Vergütung auf die ursprüngliche Höhe zu verlangen. Anders als bei variablen Vergütungsbestandteilen, die an die Lage der Gesellschaft knüpfen, steigt eine nach § 87 Abs. 2 AktG gekürzte Vergütung nicht von selbst wieder an, wenn sich die Lage verbessert.[892] In § 87 Abs. 2 AktG selber findet sich allerdings keine Grundlage für eine Wiederheraufsetzungspflicht. Wie soeben klargestellt, gibt der durch das VorstAG geänderte Wortlaut eine zeitliche Beschränkung der Herabsetzung nicht her. Schon auf diesem Grund könnte die Herabsetzung von dauerhafter Wirkung sein.[893]

---

889 Vgl. *Arnold/Günther*, in: Marsch-Barner/Schäfer, Hdb. börsennotierte AG, § 20 Rn. 48; *Bauer/Arnold*, AG 2009, 717, 727 (mit der Möglichkeit einer unbeschränkten Verlängerung der Befristung); *Mertens/Cahn*, in: KK-AktG, § 87 Rn. 98; *Spindler*, in: MüKo-AktG, § 87 Rn. 209; *Weber*, in: Hölters, AktG, § 87 Rn. 51a; *Wilsing/Kleißl*, BB 2008, 2422, 2424. Ähnlich *Oltmanns*, in: NK-AktR, § 87 Rn. 11.

890 *Dauner-Lieb/Friedrich*, NZG 2010, 688, 690.

891 *Dauner-Lieb/Friedrich*, NZG 2010, 688, 690.

892 Dauner-Lieb/Friedrich, NZG 2010, 688.

893 So *Schwennicke*, in: Grigoleit, AktG, § 87 Rn. 46.

Es ist indes zu fragen, ob sich nach allgemeinen Grundsätzen eine Heraufsetzungspflicht als actus contrarius zur Herabsetzungspflicht ergibt. In der Literatur wird bei Lageverbesserung ein Heraufsetzungsanspruch des Vorstandsmitglieds auf Wiederherstellung des alten Bezugsniveaus konstruiert.[894] Dieser Anspruch soll sich aus der Treuepflicht der Gesellschaft ergeben.[895]

Dieser Einschätzung ist zuzustimmen. Das Erfordernis, den Vorstand am eingetretenen Verlust zu beteiligen und ihn damit zugleich an einer Überwindung der verschlechterten Lage beitragen zu lassen, entfällt, wenn sich die Lage der Gesellschaft wieder verbessert.[896]

Ist die Lage der Gesellschaft wieder vergleichbar mit der Lage, wie sie bei der letzten Vergütungsfestsetzung vor der Herabsetzung bestand, entfällt die Rechtfertigung für die Hinnahme einer fortdauernden Kürzung durch den Vorstand.[897] Die Treuepflicht der Vorstandsmitglieder gebietet es dann nicht weiter, ein verkürztes Gehalt hinzunehmen. In diesen Fällen gebietet die Treuepflicht der Gesellschaft gegenüber den Vorstandsmitgliedern vielmehr eine Heraufsetzung der Vergütung.

Zwar ist zutreffend, dass es keine ausdrückliche Rechtsgrundlage für die Heraufsetzung gibt. Ein einseitiges Recht des Aufsichtsrats, die Vergütung anzuheben, wird man somit ablehnen müssen. Es bedarf vielmehr einer Änderung des Anstellungsvertrags unter Mitwirkung des jeweiligen Vorstandsmitglieds. Die durch den Aufsichtsrat vertretene Gesellschaft muss die Wiederanhebung allerdings von sich aus anbieten. Dass ein Vorstandsmitglied einer Vergütungsanhebung nicht zustimmt, ist praktisch schwer vorstellbar.

Gleichwohl ist bei der Wiederanhebung zu beachten, dass es durch den geänderten Wortlaut ein weiteres Ziel des § 87 Abs. 2 AktG ist, die Angemessenheit der Vergütung sicherzustellen. Das bedeutet, dass nur dann Bezüge in ihrer ursprünglichen, vor der Herabsetzung bestehenden Höhe verlangt werden können, wenn diese in der neuen Situation angemessen sind. Die Heraufsetzungspflicht darf folglich nicht zur Festsetzung einer über die Grenzen der

894 *Annuß/Theusinger*, BB 2009, 2434, 2438; *Arnold/Günther*, in: Marsch-Barner/Schäfer, Hdb. börsennotierte AG, § 20 Rn. 48; *Bauer/Arnold*, AG 2009, 717, 727 f.; *Dauner-Lieb/Friedrich*, NZG 2010, 688, 692; *Diller*, NZG 2009, 1006, 1008; *Fleischer* in: Spindler/Stilz, AktG, § 87 Rn. 73; *Koch*, WM 2010, 49, 57 f.; *Kort* in: GK-AktG, § 87 Rn. 414; *Mertens/Cahn*, in: KK-AktG, § 87 Rn. 104; *Oltmanns*, in: NK-AktR, § 87 Rn. 13; *Spindler*, in: MüKo-AktG, § 87 Rn. 217; *Wiesner*, in: Münch. Hdb. GesR IV, § 21 Rn. 66.

895 *Spindler*, in: MüKo-AktG, § 87 Rn. 217.

896 In die Richtung auch *Spindler*, in: MüKo-AktG, § 87 Rn. 217.

897 Ähnlich *Dauner-Lieb/Friedrich*, NZG 2010, 688, 690 f.

Angemessenheit i.S.d. § 87 Abs. 1 AktG hinausgehenden Vergütungshöhe führen. Bezüge, die auch schon vor der Herabsetzung und dem Eintritt der Lageverschlechterung unangemessen waren, können somit nicht gefordert werden, wenn sie nicht ausnahmsweise zwischenzeitlich aus besonderen Gründen angemessen geworden sind.

Im Ergebnis besteht damit zwar keine Pflicht zu einer anfänglichen Befristung der Herabsetzung. Es besteht aber die Pflicht, dem Vorstandsmitglied bei einer Verbesserung der Lage die Wiederanhebung anzubieten.

VIII. Rücknahme der Herabsetzung

Einer Rücknahme der Herabsetzung hat der BGH im Einklang mit der Vorinstanz[898] eine Absage erteilt und dies im konkreten Fall damit begründet, dass nicht das zuständige Organ gehandelt habe.[899] Demgegenüber wird eingewandt, dass unabhängig von der Zuständigkeitsfrage eine Rücknahme der Herabsetzung nicht ohne Weiteres möglich sei.[900] Da die Vergütungsherabsetzung eine gesetzliche Pflicht sei, könne sie nur zurückgenommen werden, wenn sie schon zum Zeitpunkt ihrer Erklärung nicht geboten gewesen sei.[901] Eine rückwirkende Aufhebung der Herabsetzung komme somit nur in Betracht, wenn sie nicht den Anforderungen des § 87 Abs. 2 AktG genügt habe.[902] In diesem Fall müsse sie aber mit Zustimmung des Vorstandsmitglieds erfolgen.[903]

An diesem Einwand ist zutreffend, dass es sich bei der Vergütungsherabsetzung um eine Rechtspflicht handelt, sodass schon aus diesem Grund eine einseitige Rücknahme nicht möglich sein darf. Allerdings ist eine Rücknahme auch dann nicht erforderlich, wenn die Herabsetzung die Voraussetzungen des § 87 Abs. 2 AktG nicht erfüllte. In diesem Fall kann das Vorstandsmitglied ohnehin die Zahlung der ursprünglichen bzw. jedenfalls einer angemessenen Vergütung verlangen. Einer ausdrücklichen Rücknahme der Herabsetzung durch den Aufsichtsrat bedarf es dafür nicht, da die ursprüngliche Herabsetzungserklärung nicht (so) wirksam geworden ist.

---

898 OLG Stuttgart, Urt. v. 01.10.2014 – 20 U 3/13, NZG 2015, 194, 195.
899 BGH, Urt. v. 27.10.2015 – II ZR 296/14, BGHZ 207, 190 Rn. 32.
900 *Kort*, NZG 2015, 369, 371; *ders.*, in: GK-AktG, § 87 Rn. 482.
901 *Kort*, NZG 2015, 369, 371; *ders.*, in: GK-AktG, § 87 Rn. 482.
902 *Kort*, NZG 2015, 369, 371; *ders.*, in: GK-AktG, § 87 Rn. 482.
903 *Kort*, NZG 2015, 369, 371; *ders.*, in: GK-AktG, § 87 Rn. 482.

IX. Mehrmaliges Ausüben des Herabsetzungsrechts

Schließlich stellt sich im Zusammenhang mit der Ausübung des Herabsetzungsrechts die Frage, ob ein mehrmaliges Ausüben dieses Rechts aus gleichem Grund möglich ist. So kann etwa der Fall eintreten, dass eine Vergütungsherabsetzung zwar erfolgte, die Kürzung aber zu gering ausfiel und die neu festgesetzte Vergütung unangemessen ist. Nach dem Gesetz wäre also eigentlich eine stärkere Kürzung geboten. Hier wäre nun denkbar, dass mit der erstmaligen Kürzung ein „Verbrauch" der Herabsetzungsmöglichkeit eintritt und eine anschließende weitergehende Kürzung nicht vorgenommen werden kann.

Bei der Herabsetzung handelt es sich jedoch um eine Rechtspflicht. Zu dieser Pflicht gehört, dass die Herabsetzung auf ein angemessenes Niveau zu erfolgen hat. Ist dieses Niveau noch nicht erreicht, besteht die Pflicht zur Herabsetzung weiterhin fort.[904] Folglich ist der Aufsichtsrat nicht nur an einer wiederholten Herabsetzung nicht gehindert, sondern vielmehr dazu sogar verpflichtet.

X. Zusammenfassung

Bei der Vergütungsherabsetzung handelt es sich um ein einseitiges Gestaltungsrecht des Aufsichtsrats, das einen Beschluss des Aufsichtsrats erfordert und gegenüber dem betroffenen Vorstandsmitglied erklärt werden muss. Der Aufsichtsrat ist grundsätzlich für die Herabsetzung zuständig und muss dabei im Plenum entscheiden. Ein Personalausschuss kann gleichwohl erforderliche Vorarbeiten leisten und die Entscheidung vorbereiten.

Wurde ein Vorstandsmitglied nach § 85 Abs. 1 AktG gerichtlich bestellt und dessen Vergütung ebenso nach § 85 Abs. 3 S. 3 AktG durch das Gericht festgesetzt, ist nach § 87 Abs. 2 S. 1 AktG allein das Gericht für die Herabsetzung zuständig. Wurde hingegen das Vorstandsmitglied zwar gerichtlich bestellt, konnte sich aber mit dem Aufsichtsrat auf eine Vergütung einigen, so verbleibt die Zuständigkeit für die Herabsetzung beim Aufsichtsrat.

§ 87 Abs. 2 AktG gilt auch in der Insolvenz. Die Vorschrift kann auch dann zur Anwendung kommen, wenn der Insolvenzverwalter bereits sein Kündigungsrecht nach § 113 InsO ausgeübt hat. In der besonderen Kündigungsmöglichkeit liegt nämlich keine abschließende Regelung zum Ausgleich der Interessen von Organmitgliedern und Gläubigern in der Insolvenz. Über eine kumulative Ausübung der Kündigung und einer Herabsetzung wird das Gesellschaftsvermögen

---

904 BGH, Urt. v. 27.10.2015 – II ZR 296/14, BGHZ 207, 190 Rn. 44.

in zweifacher Hinsicht entlastet, es entstehen somit Vorteile für die Masse- und Insolvenzgläubiger. Dies entspricht sowohl der Zweck des Insolvenzverfahrens insgesamt als auch dem Zweck des § 87 Abs. 2 AktG.

Nach Eröffnung des Insolvenzverfahrens ist der Insolvenzverwalter für die Herabsetzung zuständig. Bei Entscheidungen über die Vergütung der Vorstandsmitglieder besteht stets ein Massebezug, da die Vergütung gemäß § 55 Abs. 1 Nr. 2 InsO aus der Masse gezahlt wird. Außerdem muss bei atypischen Fällen ein Ermessen dahin gehend ausgeübt werden, ob eine Herabsetzung trotz eines besonders gelagerten Falls erfolgen soll oder nicht. Allein der Insolvenzverwalter muss darüber entscheiden können, ob er sich den Vorteil der Herabsetzung unter den gegebenen Umständen entgehen lassen will. Dem Insolvenzverwalter muss die Entscheidung über die neu festzusetzende Höhe vorbehalten werden.

Die Bestimmtheit der Herabsetzungsentscheidung ist in zweifacher Hinsicht erforderlich. Zum einen muss der Aufsichtsratsbeschluss als solcher bestimmt sein. Dieser ist einer Auslegung zugänglich. Zum anderen muss auch die Herabsetzungserklärung, die gegenüber dem Vorstandsmitglied abzugeben ist, hinreichend bestimmt sein. Hierbei sind die dafür geltenden allgemeinen Anforderungen an empfangsbedürftige Willenserklärungen zu beachten.

Zu einer rechtmäßigen Ausübung des Herabsetzungsrechts gehört auch, dass der Aufsichtsrat in atypischen Fällen eine pflichtgemäße Ermessensentscheidung darüber trifft, ob er von einer Herabsetzung absieht. Daneben sind die allgemeinen Anforderungen an wirksame Aufsichtsratsbeschlüsse zu beachten.

Auf Grundlage eines nichtigen Beschlusses kann die Herabsetzung gegenüber einem Vorstandsmitglied grundsätzlich nicht wirksam erklärt werden. Die Nichtigkeit des Herabsetzungsbeschlusses schlägt auf die Gestaltungserklärung des Aufsichtsrats durch. Die mit dem Beschluss und der Erklärung bezweckte Herabsetzungswirkung kann nicht eintreten.

Eine Befristung der Herabsetzung ist zwar möglich, jedoch nicht geboten. Es besteht indes ein Anspruch auf Wiederanhebung der Vergütung, wenn sich die Lage dergestalt verbessert, dass sie mindestens wieder der Lage entspricht, wie sie bei letztmaliger Festsetzung der Vergütung bestand. In diesem Fall gebietet es die Treuepflicht der Vorstandsmitglieder nicht weiter, ein verkürztes Gehalt hinzunehmen. Allerdings darf die Wiederanhebung nicht zu einer über die Grenzen der Angemessenheit i.S.d. § 87 Abs. 1 AktG hinausgehenden Vergütungshöhe führen. Aus der Herabsetzungspflicht ergibt sich, dass auch eine mehrmalige Herabsetzung möglich ist, wenn bei der erstmaligen Herabsetzung eine zu geringere Kürzung erfolgte. Ein Verbrauch des Herabsetzungsrechts kann nicht eintreten. Eine Rücknahme der Herabsetzung durch den Aufsichtsrat ist bei einer rechtmäßigen Herabsetzungsentscheidung nicht möglich, da es sich bei der Vergütungsherabsetzung um eine Pflichtentscheidung handelt. Eine Rücknahme ist im Übrigen auch nicht erforderlich, wenn die Voraussetzungen des § 87 Abs. 2 AktG nicht erfüllt waren, da dem Vorstandsmitglied dann ohnehin die Zahlung der ursprünglichen bzw. jedenfalls einer angemessenen Vergütung zusteht.

K. Gegenstand der Herabsetzung

Neben dem „Ob“ und dem „Wie“ der Herabsetzung ist weiter zu klären, „was“ überhaupt Gegenstand der Herabsetzung sein kann. Zu klären ist also, welche an den Vorstand gewährten Leistungen von einer Kürzung nach § 87 Abs. 2 AktG umfasst sein können.

Nachdem zunächst auf allgemeine Grundsätze eingegangen wird (dazu unter Abschnitt I.), wird sodann im weiteren Verlauf die Herabsetzbarkeit bestimmter Vergütungsformen und -komponenten überprüft. Dabei wird kurz die Drittvergütung thematisiert (dazu unter Abschnitt II.). Sodann liegt ein besonderes Augenmerk auf der Frage der Herabsetzbarkeit von Bonuszahlungen (dazu unter Abschnitt III.). Außerdem wird die Herabsetzbarkeit von Ruhegehältern und vergleichbaren Leistungen ausgeschiedener Vorstandsmitglieder näher behandelt, für deren Herabsetzung nach § 87 Abs. 2 S. 2 AktG besondere Voraussetzungen gelten (dazu unter Abschnitt IV.). Schließlich wird die Herabsetzbarkeit von Bezügen vorzeitig abberufener Vorstandsmitglieder sowie von Abfindungszahlungen thematisiert (dazu unter Abschnitt V.).

I. Allgemeine Grundsätze

1. Überblick über die herabsetzbaren Vergütungsbestandteile

Die Vergütung von Vorstandsmitgliedern setzt sich häufig neben einer Festvergütung aus einer Vielzahl weiterer verschiedener Vergütungsbestandteile zusammen. Hinsichtlich des Herabsetzungsgegenstands knüpft § 87 Abs. 2 S. 1 AktG daher an den umfassenden Begriff der „Bezüge nach Absatz 1“ an.

Darunter fallen vielfältige Leistungen. In § 87 Abs. 1 S. 1 AktG sind in einem auf die „Gesamtbezüge(n) des einzelnen Vorstandsmitglieds“ folgendem Klammerzusatz als mögliche Vergütungskomponenten aufgezählt: Gehalt, Gewinnbeteiligungen, Aufwandsentschädigungen, Versicherungsentgelte, Provisionen, anreizorientierte Vergütungszusagen wie zum Beispiel Aktienbezugsrechte und Nebenleistungen jeder Art. Der Begriff der Gesamtbezüge ist folglich weit zu verstehen.[905] Das wird schon durch den Verweis auf Nebenleistungen „jeder Art“ deutlich.[906] Umfasst sind im Ergebnis alle Leistungen, die dem

905 *Kort* in: GK-AktG, § 87 Rn. 45; *Spindler*, in: MüKo-AktG, § 87 Rn. 24; *Weber*, in: Hölters, AktG, § 87 Rn. 5.

906 *Kort* in: GK-AktG, § 87 Rn. 45.

Vorstandsmitglied aufgrund seiner Tätigkeit für die Gesellschaft gewährt werden.[907] Dazu können beispielsweise auch Wohnrechte oder die Überlassung von PKWs oder Flugzeugen zur privaten Nutzung gehören.[908] Infolge der Verweisung auf Absatz 1 ist jedenfalls klar, dass alle vorgenannten Leistungen auch herabgesetzt werden können. Ruhegehalt, Hinterbliebenenbezüge und Leistungen verwandter Art sind nach § 87 Abs. 1 S. 3 AktG den Bezügen in Satz 1 gleichgestellt. Dass diese herabgesetzt werden können, ergibt sich zudem explizit aus § 87 Abs. 2 S. 2 AktG.

Leistungen, die gerade nicht als Entgelt für die Tätigkeit im Vorstand gewährt werden, gehören hingegen nicht zu den Gesamtbezügen.[909] So sind etwa Zahlungen der Gesellschaft im Zusammenhang mit Verkehrsgeschäften nicht umfasst.[910] Diese Leistungen sind daher auch nicht von einer etwaigen Herabsetzung nicht betroffen.

2. Auswahl der herabzusetzenden Vergütungsbestandteile

Der Aufsichtsrat kann frei darüber entscheiden, nach dem „Rasenmäherprinzip“[911] vorzugehen und die einzelnen Vergütungsbestandteile gleichmäßig zu kürzen oder aber nur einzelne Vergütungsbestandteile zu kürzen oder sogar komplett zu streichen.[912] Maßgeblich ist allein, dass die Gesamtbezüge nach der Herabsetzung angemessen sind.

---

907 *Dauner-Lieb,* in: Henssler/Strohn, Gesellschaftsrecht, § 87 AktG Rn. 13; *Fonk,* in: Arbeitshandbuch für Aufsichtsratsmitglieder, § 10 Rn. 105; *Mertens/Cahn,* in: KK-AktG, § 87 Rn. 18; *Schwennicke,* in: Grigoleit, AktG, § 87 Rn. 5; *Spindler,* in: MüKo-AktG, § 87 Rn. 24; *Weber,* in: Hölters, AktG, § 87 Rn. 5.

908 *Kort* in: GK-AktG, § 87 Rn. 44; *Hüffer/Koch*, AktG, § 87 Rn. 6; *Mertens/Cahn,* in: KK-AktG, § 87 Rn. 18; *Weber,* in: Hölters, AktG, § 87 Rn. 5.

909 *Kort* in: GK-AktG, § 87 Rn. 49; *Mertens/Cahn,* in: KK-AktG, § 87 Rn. 18; *Weber,* in: Hölters, AktG, § 87 Rn. 6.

910 *Kort* in: GK-AktG, § 87 Rn. 460; *Mertens/Cahn,* in: KK-AktG, § 87 Rn. 18; *Schwennicke,* in: Grigoleit, AktG, § 87 Rn. 5; *Weber,* in: Hölters, AktG, § 87 Rn. 6.

911 *Bauer/Arnold,* AG 2009, 717, 727.

912 *Diller,* NZG 2009, 1006, 1007. Vgl. auch *Bauer/Arnold,* AG 2009, 717, 727; *Fleischer,* in: Spindler/Stilz, AktG, § 87 Rn. 74; *Kort,* in: GK-AktG, § 87 Rn. 418; *Spindler,* in: MüKo-AktG, § 87 Rn. 213 (alle von Ermessen ausgehend).

3. Zukunftsbezogenheit

Das Herabsetzungsrecht ist ausweislich des Wortlauts des § 87 Abs. 2 S. 1 AktG zukunftsbezogen („Weitergewährung"), sodass eine nachträgliche Kürzung von bereits in der Vergangenheit erdienten Vergütungsansprüchen grundsätzlich nicht möglich ist.[913]

Möglich ist jedoch eine Kürzung von bereits geleisteten Vorauszahlungen.[914] Diese können zurückgefordert werden.[915] Bei Vorauszahlungen handelt es sich nämlich um eigentlich erst zukünftig noch zu gewährende Vergütung, die lediglich verfrüht – also noch vor der eigentlichen Anspruchsentstehung – ausgezahlt wurde. Die Zukunftsbezogenheit des § 87 Abs. 2 S. 1 AktG wird bei einer nachträglichen Rückforderung von vorzeitig gewährter Vergütung daher nicht berührt.

II. Drittvergütung

Im weiten Sinne Bestandteil der Vergütung eines Vorstandsmitglieds können auch durch Dritte gewährte Bezüge sein. Nach hier vertretener Auffassung ist die Zahlung einer derartigen Drittvergütung zulässig. Wird eine Drittvergütung gewährt, so ist diese allerdings von der Herabsetzung grundsätzlich ausgenommen. Etwas anderes gilt nur für den Fall, dass infolge der Gewährung einer Drittvergütung durch die Anstellungsgesellschaft letztlich das Vermögensinteresse der Organgesellschaft betroffen ist. In dieser Sonderkonstellation kann die von der Anstellungsgesellschaft gewährte Vergütung auch bei Verschlechterung der Lage der Organgesellschaft herabgesetzt werden.[916]

---

913 *Annuß/Theusinger*, BB 2009, 2434, 2438; *Dauner-Lieb*, in: Henssler/Strohn, Gesellschaftsrecht, § 87 AktG Rn. 39; *Diller*, NZG 2009, 1006, 1008; *Fleischer* in: Spindler/Stilz, AktG, § 87 Rn. 72; *Hoffmann-Becking/Krieger*, NZG-Beil. H. 26 2009, 1, 5; *Kort* in: GK-AktG, § 87 Rn. 431; *Mertens/Cahn* in: KK-AktG, § 87 Rn. 102; *Ritter/Nehls*, in: MAH Aktienrecht, § 22 Rn. 199; *Spindler*, in: MüKo-AktG, § 87 Rn. 207.

914 *Kort* in: GK-AktG, § 87 Rn. 431; *Mertens/Cahn* in: KK-AktG, § 87 Rn. 102; *Spindler*, in: MüKo-AktG, § 87 Rn. 208.

915 *Kort* in: GK-AktG, § 87 Rn. 431; *Mertens/Cahn* in: KK-AktG, § 87 Rn. 102; *Spindler*, in: MüKo-AktG, § 87 Rn. 208.

916 Siehe zu diesem Themenkomplex oben Abschnitt F.III.3.b).

III. Bonuszahlungen

Eine Komponente der Vorstandsvergütung, die in der öffentlichen und politischen Debatte dominiert, sind Bonuszahlungen. Für Empörungen sorgen Bonuszahlungen vor allem dann, wenn sie trotz zwischenzeitlich eingetretenen hohen Verlusten gewährt werden.[917]

An dieser Stelle wird daher untersucht, ob – jenseits eines etwaigen freiwilligen Verzichts[918] – § 87 Abs. 2 AktG die Möglichkeit eröffnet, Bonuszahlungen einseitig zu kürzen. Da Bonuszahlungen unter den Begriff der Gesamtbezüge nach § 87 Abs. 1 S. 1 AktG fallen[919], ist diese Vergütungsart grundsätzlich einer Kürzung zugänglich.

Zu differenzieren ist jedoch zwischen unterschiedlichen Erwerbs- und Auszahlungszeitpunkten. Unterscheiden lassen sich dabei

- Bonuszahlungen, die vertraglich zugesichert sind, aber erst zukünftig entstehen (dazu unter Abschnitt 1.),
- bereits ausgezahlte Boni (dazu unter Abschnitt 2.) sowie
- bereits entstandene, aber noch nicht ausgezahlte Bonusansprüche (dazu unter 3.).

1. Herabsetzbarkeit noch nicht entstandener Bonusansprüche

Da das Herabsetzungsrecht zukunftsbezogen ist, ist es jedenfalls möglich, Bonusansprüche zu kürzen, die noch nicht entstanden sind. Entstehen etwaig zu gewährende Bonusleistungen erst nach Ablauf bestimmter Zeiträume, können sie zumindest herabgesetzt werden, solange der jeweilige Zeitraum noch nicht vollständig verstrichen ist. Ein potentieller Jahresbonus für ein Geschäftsjahr, das noch nicht einmal begonnen hat, kann daher ohne Weiteres gekürzt werden.

---

917 Vgl. etwa die Kritik an Bonuszahlungen der Deutschen Bank AG, https://www.sueddeutsche.de/news/wirtschaft/banken-kritik-an-hohen-bonus-zahlungen-der-deutschen-bank-dpa.urn-newsml-dpa-com-20090101-180129-99-839268 oder Bonuszahlungen der Volkswagen AG während des sog. „Dieselskandals", https://www.welt.de/finanzen/article162006949/VW-Vorstand-verlangt-trotz-Dieselgate-ueppige-Boni.html.

918 Die Vorstandsmitglieder der Deutschen Bank verzichteten etwa 2017 freiwillig auf die Auszahlung von insgesamt 38,4 Millionen Euro, vgl. https://www.db.com/newsroom_news/2017/medien/vorstandsmitglieder-verzichten-freiwillig-auf-38-4-millionen-euro-an-ausstehenden-bonuszahlungen-de-11605.htm.

919 *Kort* in: GK-AktG, § 87 Rn. 417.

In diesen Fällen kann eine Herabsetzung beispielsweise dergestalt erfolgen, dass der höchstmögliche Bonusbetrag (Cap) nach unten korrigiert wird. Möglich ist es auch, Bonuszahlungen als Vergütungsbestandteil komplett zu streichen. Für den Fall, dass ein Teil des Betrachtungszeitraums bereits verstrichen ist, ist es möglich, entsprechend zu quoteln. Das Prinzip der Quotelung lässt sich am folgenden Beispiel verdeutlichen: Wird bei einem vereinbarten Mindestjahresbonus nach einem halben Jahr eine Vergütungsherabsetzung erforderlich, so ist die Hälfte des jeweiligen Mindestjahresbonus regulär auszuzahlen. Eine darüber hinausgehende Kürzung ist nicht möglich. Die andere Hälfte der Bonuszahlung, die sich auf den Zeitraum nach der Herabsetzungsentscheidung bezieht, kann gekürzt oder vollständig gestrichen werden.

2. Herabsetzbarkeit bereits ausgezahlter Bonusleistungen

§ 87 Abs. 2 AktG ermöglicht es indes nicht, verdiente und bereits ausgezahlte Boni herabzusetzen und vom jeweiligen Vorstandsmitglied wieder zurückzufordern.[920] Dies folgt aus der Zukunftsbezogenheit der Herabsetzung.[921] Eine Ausnahme von diesem Grundsatz gilt jedoch, wenn der Bonus bereits vor endgültigem Erwerb (zumindest anteilig) ausgezahlt wurde. Hier gelten im Vergleich zu sonstigen Vorauszahlungen keine Besonderheiten. In dieser Konstellation ist daher eine Kürzung und anschließende Rückforderung möglich.

3. Herabsetzbarkeit bereits entstandener, noch nicht ausgezahlter Bonusansprüche

Eine besondere Konstellation ergibt sich, wenn Bonuszahlungen zu einem späteren Zeitpunkt ausgezahlt werden (sollen) als sie erworben werden.

a) Herabsetzbarkeit auf Grundlage des § 87 Abs. 2 AktG

Es ist umstritten, ob bereits erworbene noch nicht ausgezahlte Bonusleistungen unter Umständen noch nach § 87 Abs. 2 S. 1 AktG herabgesetzt werden können,

---

920 *Bauer/Arnold*, AG 2009, 717, 728; *Dauner-Lieb*, in: Henssler/Strohn, Gesellschaftsrecht, § 87 AktG Rn. 33; *Diller*, NZG 2009, 1006, 1008; *Kort* in: GK-AktG, § 87 Rn. 417; *Mertens/Cahn*, in: KK-AktG, § 87 Rn. 102; *Seibt* in: K. Schmidt/Lutter, AktG, § 87 Rn. 20; *Thüsing*, AG 2009, 517, 522.

921 *Kort* in: GK-AktG, § 87 Rn. 417.

sodass ihre Auszahlung zum Teil oder sogar vollständig verweigert werden kann.[922]

Die Zukunftsbezogenheit der Herabsetzungsmöglichkeit spricht dafür, bereits verdiente Bonusansprüche nicht von einer Herabsetzung zu erfassen.[923] Für eine Gleichbehandlung von ausgezahlten und noch nicht ausgezahlten Bonusansprüchen spricht außerdem, dass sich im Wortlaut und der Gesetzesbegründung keine Anhaltspunkte für eine Unterscheidung in dieser Hinsicht finden.[924] Letztlich würde es sich bei einer Anknüpfung an den Auszahlungszeitpunkt um eine willkürliche Unterscheidung handeln.[925]

Eine Unterscheidung dahin gehend, ob die Bonuszahlungen bereits verdient wurden oder nicht – ihnen also eine erbrachte Gegenleistung gegenübersteht – erscheint stimmiger.[926] Verdiente Ansprüche sind nämlich schutzbedürftiger als nicht verdiente Ansprüche.

Aus einem Vergleich mit ebenfalls bereits erworbenen Ruhegehältern, die nach § 87 Abs. 2 S. 2 AktG ausdrücklich der Herabsetzung unterliegen, folgt nicht, dass schon erworbene Bonusansprüche herabsetzbar sind.[927] Vielmehr liegt ein Umkehrschluss nahe.[928] Die Herabsetzung bereits verdienter Ansprüche hat noch stärkeren Ausnahmecharakter als die Herabsetzung zukünftiger Vergütung, die ihrerseits schon nicht den Regelfall bildet. Aus der expliziten Normierung der Ruhegeldherabsetzung lässt sich schließen, dass bereits verdiente

---

922 Dafür: *Bauer/Arnold*, AG 2009, 717, 728; *Diller*, NZG 2009, 1006, 1008; *Seyfarth*, Vorstandsrecht, § 5 Rn. 174; *Thüsing*, AG 2009, 517, 522. Dagegen: *Dauner-Lieb*, in: Henssler/Strohn, Gesellschaftsrecht, § 87 AktG Rn. 33; *dies.*, Der Konzern 2009, 583, 590; *DAV Handelsrechtsausschuss*, NZG 2009, 612, 614; *Hoffmann-Becking/Krieger*, NZG-Beil. H. 26 2009, 1, 5; *Hüffer/Koch*, AktG, § 87 Rn. 55; *Koch*, WM 2010, 49, 57; *Kort* in: GK-AktG, § 87 Rn. 417; *Mertens/Cahn*, in: KK-AktG, § 87 Rn. 102; *Seibt* in: K. Schmidt/Lutter, AktG, § 87 Rn. 20; *Weber*, in: Hölters, AktG, § 87 Rn. 51a; *Wiesner*, in: Münch. Hdb. GesR IV, § 21 Rn. 63.

923 *Dauner-Lieb*, Der Konzern 2009, 583, 590; *DAV Handelsrechtsausschuss*, NZG 2009, 612, 614; *Kort* in: GK-AktG, § 87 Rn. 417; *Wiesner*, in: Münch. Hdb. GesR IV, § 21 Rn. 63.

924 *Dauner-Lieb*, in: Henssler/Strohn, Gesellschaftsrecht, § 87 AktG Rn. 33; *dies.*, Der Konzern 2009, 583, 590.

925 *Koch*, WM 2010, 49, 57.

926 *Koch*, WM 2010, 49, 57.

927 *Dauner-Lieb*, Der Konzern 2009, 583, 590. So aber *Bauer/Arnold*, AG 2009, 717, 728; *Seyfarth*, Vorstandsrecht, § 5 Rn. 174; *Thüsing*, AG 2009, 517, 522.

928 *Dauner-Lieb*, in: Henssler/Strohn, Gesellschaftsrecht, § 87 AktG Rn. 33; *dies.*, Der Konzern 2009, 583, 590;

Vergütungen grundsätzlich nur gekürzt werden können, wenn eine ausdrückliche Regelung existiert. Für noch nicht ausgezahlte, aber verdiente Bonusansprüche besteht eine solche Regelung gerade nicht, sodass eine Kürzung ausscheidet. Ihre Auszahlung kann somit nicht verweigert werden.

b) Sektorspezifische Regelung in der Bankenbranche

Eine Ausnahme von dem soeben dargestellten Grundsatz einer fehlenden Herabsetzbarkeit von verdienten Bonusansprüchen besteht in der Bankenbranche. § 45 Abs. 2 S. 1 Nr. 6 KWG ermöglicht es der BaFin, die Auszahlung variabler Vergütungsbestandteile unter bestimmten Voraussetzungen untersagen oder auf einen bestimmten Anteil des Jahresergebnisses beschränken[929]. Namentlich gilt dies, wenn bei einem Institut die Eigenmittel oder die Anlage seiner Mittel gesetzlichen Vorgaben[930] nicht entsprechen. Dabei handelt es sich jedoch um eine bloße Auszahlungssperre für die Dauer der Anordnung, die noch nicht zu einem Erlöschen der Ansprüche führt.

Nach oder zusammen mit einer Untersagung der Auszahlung von variablen Vergütungsbestandteilen kann die BaFin indes weiterhin nach § 45 Abs. 5 S. 5 und 6 KWG anordnen, dass die Ansprüche auf Auszahlung der gesperrten variablen Vergütung bei Vorliegen weiterer Voraussetzungen erlöschen. Das kann etwa der Fall sein, wenn das Institut bei oder innerhalb eines Zeitraums von zwei Jahren nach einer Untersagung der Auszahlung außerordentliche staatliche Unterstützung, einschließlich Maßnahmen nach dem Restrukturierungsfondsgesetz oder dem Finanzmarktstabilisierungsfondsgesetz, in Anspruch nimmt und die Voraussetzungen für die Untersagung der Auszahlung bis zu diesem Zeitpunkt nicht weggefallen sind oder allein aufgrund dieser Maßnahmen weggefallen sind (§ 45 Abs. 5 S. 5 Nr. 1 KWG).

Da diese Leistungen bezwecken, in Schieflage geratene Institute nachhaltig zu stabilisieren, sollen die zugeführten Mittel auch nach Beseitigung der akuten Krise nicht dazu verwendet werden, zwischenzeitlich akkumulierte Ansprüche

929 Eine abgeschwächte Variante dieser Regelung besteht auch in der Versicherungsbranche, vgl. § 25 Abs. 4 S. 2 VAG, die jedoch nur vorbehaltlich anderweitiger vertraglicher Vereinbarungen über die Gewährung einer variablen Vergütung gilt.

930 § 45 Abs. 2 S. 1 Nr. 6 KWG benennt die „Anforderungen der Artikel 24 bis 386 der Verordnung (EU) Nr. 575/2013 in ihrer jeweils geltenden Fassung, des § 10 Absatz 3 und 4 oder des § 45b Absatz 1 Satz 2“ sowie die „Anforderungen des § 11“. Bei einem Wohnungsunternehmen mit Spareinrichtung die „Anforderungen des § 51a Absatz 1 und Absatz 2 oder § 45b Absatz 1 Satz 2 sowie die „Anforderungen des § 51b“.

auf Gewährung variabler Vergütungsbestandteile zu erfüllen.[931] Es liefe nach der Vorstellung des Gesetzgebers der Zielsetzung des § 45 Abs. 2 KWG zuwider, wenn Ansprüche auf Gewährung variabler Vergütung fortbestünden, obwohl die Schieflage des Instituts über einen längeren Zeitraum andauert oder sich verschärft.[932]

c) Abgrenzung

aa) Nachträgliche Änderung ergebnisabhängiger Tantieme

Von der Kürzung bereits erworbener Bonusansprüche zu unterscheiden ist die nachträgliche Änderung ergebnisabhängiger Tantieme. Tantiemen sind eine besondere Form der variablen Vergütung und dienen der Erfolgsbeteiligung eines Vorstandsmitglieds.[933] Als Grundlage für die Ermittlung ihrer Höhe dient eine bestimmte Bemessungsgrundlage.

Nachträgliche Änderungen der Bemessungsgrundlage können eine Neuberechnung erforderlich machen, die sich positiv oder negativ auf die Höhe der Tantieme auswirken kann.[934] Es kann daher beispielsweise zu einer Herabsenkung von Tantiemen kommen, wenn der Jahresabschluss der Gesellschaft, der der ursprünglichen Festsetzung der Tantieme zugrunde gelegen hat, seinerseits abgeändert und neu festgestellt wird.[935] Diese spezielle Situation ermöglicht es, bereits ausgezahlte Tantieme vom jeweiligen Vorstandsmitglied wieder zurückzufordern.[936]

Eine derartige nachträgliche Änderung der Tantieme ist jedoch von einer etwaigen Herabsetzung unabhängig. Bei nachträglichen Änderungen der Bemessungsgrundlage müssen die Voraussetzungen des § 87 Abs. 2 AktG gerade nicht vorliegen.[937]

---

931 So die Begründung der Erlöschungsanordnung im Bericht des Finanzausschusses, BT-Drs. 17/3547, S. 7.

932 Bericht des Finanzausschusses, BT-Drs. 17/3547, S. 7.

933 *Wiesner*, in: Münch. Hdb. GesR IV, § 21 Rn. 51.

934 *Wiesner*, in: Münch. Hdb. GesR IV, § 21 Rn. 51.

935 Vgl. OLG Düsseldorf, Urt. v. 27.10.2011 – 6 U 42/11, NZG 2012, 20; *Wiesner*, in: Münch. Hdb. GesR IV, § 21 Rn. 51.

936 Vgl. OLG Düsseldorf, Urt. v. 27.10.2011 – 6 U 42/11, NZG 2012, 20 ff.

937 *Otte*, GWR 2011, 570.

bb) Claw-Back-Klauseln

Ebenso wenig unter § 87 Abs. 2 AktG fallen vertragliche Regelungen, die bei einer negativen Entwicklung eine Rückzahlungspflicht vorsehen, sog. Claw-Back-Klauseln.[938] Derartige vertragliche Regelungen sind weitergehender als der gesetzliche Herabsetzungstatbestand. Sie ermöglichen im Ergebnis auch eine rückwirkende Vergütungskürzung. Auswirken können sich derartige Regelungen unter Umständen allerdings auch auf die Anwendung des § 87 Abs. 2 AktG. Sie können nämlich die Notwendigkeit einer Herabsetzung entfallen lassen, da die Rückforderungsmöglichkeit bzw. die tatsächliche Geltendmachung der Rückforderung die Gesamtvergütungshöhe beeinflussen und damit der Annahme einer Unbilligkeit im Einzelfall entgegenstehen kann.

IV. Ruhegehälter und ähnliche Leistungen

Spezielle Fragen ergeben sich weiterhin hinsichtlich der Herabsetzbarkeit von Ruhegehältern und vergleichbaren Leistungen. Diese Leistungen sind nicht von dem Begriff der „Gesamtbezüge" in § 87 Abs. 1 S. 1 AktG und damit auch nicht von § 87 Abs. 1 S. 2 AktG umfasst.

1. Rechtslage vor dem VorstAG

Für die unmittelbare Vorgängerfassung des im Jahre 2009 reformierten § 87 Abs. 2 AktG war anerkannt, dass Versorgungsleistungen nicht vom Herabsetzungsrecht umfasst waren.[939] Die Herabsetzung war ausdrücklich auf die in § 87 Abs. 1 S. 1 AktG genannten Leistungen beschränkt.[940] Eine Kürzung war nur in besonderen Ausnahmefällen nach § 242 bzw. § 313 BGB möglich.[941] So stand der Gesellschaft unter besonderen Umständen, beispielsweise bei schweren Treupflichtverletzungen, ein auf Rechtsmissbrauch gestütztes

938 Zu Möglichkeiten und Grenzen der Vereinbarung derartiger Klauseln nur *Schockenhoff/Nußbaum*, AG 2018, 813.

939 Vgl. zur alten Rechtslage nur *Kort* in: GK-AktG, 4. Aufl. 2008, § 87 Rn. 304; *Mertens* in: KK-AktG, 2. Aufl. 1996, § 87 Rn. 17; *Spindler*, in: MüKo-AktG, 3. Aufl. 2008, § 87 Rn. 107 ff.

940 *Kort* in: GK-AktG, 4. Aufl. 2008, § 87 Rn. 304; *Mertens* in: KK-AktG, 2. Aufl. 1996, § 87 Rn. 17; *Spindler*, in: MüKo-AktG, 3. Aufl. 2008, § 87 Rn. 107.

941 *Kort* in: GK-AktG, 4. Aufl. 2008, § 87 Rn. 304; *Mertens* in: KK-AktG, 2. Aufl. 1996, § 87 Rn. 17; *Spindler*, in: MüKo-AktG, 3. Aufl. 2008, § 87 Rn. 107 ff. Ausführliche Darstellung auch der alten Rechtslage bei *Bauer/Baeck/von Medem*, NZG 2010, 721, 726 ff.

Leistungsverweigerungsrecht zu.[942] Außerdem war eine Kürzung bei einer wirtschaftlichen Notlage der Gesellschaft möglich.[943]

2. Geltung strengerer Herabsetzungsvoraussetzungen?

Mit dem VorstAG wurde die Herabsetzbarkeit von Ruhegehältern, Hinterbliebenenbezügen und Leistungen verwandter Art (wieder) eingeführt. § 87 Abs. 2 S. 2 AktG erstreckt die Herabsetzungsmöglichkeit nunmehr ausdrücklich auch auf diese Leistungen.

a) Restriktive Auslegung und Erfordernis der Existenzbedrohung

Obwohl sich im Wortlaut des § 87 Abs. 2 S. 2 AktG dafür kein Anhaltspunkt findet, wird vielfach vertreten, dass hinsichtlich der Kürzung von Ruhegehältern und verwandten Leistungen strengere Herabsetzungsvoraussetzungen gelten müssten.[944] So wird dafür plädiert, dass das Tatbestandsmerkmal der Unbilligkeit anders zu verstehen sei, als nach § 87 Abs. 2 S. 1 AktG.[945] Die zu § 242 BGB entwickelten Grundsätze sollen nunmehr bei der Auslegung des Tatbestandsmerkmals der Unbilligkeit herangezogen werden.[946] Auch das Tatbestandsmerkmal der Lageverschlechterung soll anhand der zu § 242 BGB entwickelten Maßstäbe auszulegen sein.[947] Die wirtschaftliche Existenz der Gesellschaft müsse ernstlich bedroht sein.[948]

---

942 *Spindler,* in: MüKo-AktG, 3. Aufl. 2008, § 87 Rn. 108.

943 *Spindler,* in: MüKo-AktG, 3. Aufl. 2008, § 87 Rn. 108, 110 ff.

944 Vgl. *Dauner-Lieb,* in: Henssler/Strohn, Gesellschaftsrecht, § 87 AktG Rn. 42; *Hüffer/Koch*, AktG, § 87 Rn. 57; *Kort* in: GK-AktG, § 87 Rn. 461; *Rieble/Schmittlein*, Vergütung von Vorständen, Rn. 313; *Seibt* in: K. Schmidt/Lutter, AktG, § 87 Rn. 22; *Spindler,* in: MüKo-AktG, § 87 Rn. 194 ff. In diese Richtung wohl auch *Thüsing*, AG 2009, 517, 523. Offenlassend *Schwennicke,* in: Grigoleit, AktG, § 87 Rn. 45. Nach *Koch*, WM 2010, 49, 52 sollen Ruhegehaltskürzungen Ausnahmecharakter haben, was sogar restriktive Auslegung des gesamten § 87 Abs. 2 AktG zur Folge haben müsse.

945 *Kort* in: GK-AktG, § 87 Rn. 461; *Rieble/Schmittlein*, Vergütung von Vorständen, Rn. 313; *Spindler,* in: MüKo-AktG, § 87 Rn. 189.

946 *Spindler,* in: MüKo-AktG, § 87 Rn. 189. In diese Richtung wohl auch *Nikolay*, NJW 2009, 2640, 2643.

947 *Spindler,* in: MüKo-AktG, § 87 Rn. 195.

948 *Hüffer/Koch*, AktG, § 87 Rn. 57; *Kort* in: GK-AktG, § 87 Rn. 461; *Spindler,* in: MüKo-AktG, § 87 Rn. 195. Ähnlich *Rieble/Schmittlein*, Vergütung von Vorständen, Rn. 320, die alternativ eine Pflichtverletzung oder eine Existenzbedrohung für das Eingreifen des § 87 Abs. 2 S. 2 AktG fordern; ähnlich *Thüsing*, AG 2009, 517, 523.

Die gegenüber der Herabsetzung der Bezüge von aktiven Vorstandsmitgliedern erhöhten Anforderungen werden vor allem mit der besonderen Schutzwürdigkeit bereits erdienter Versorgungsansprüche und/oder einer andernfalls angenommenen Verfassungswidrigkeit begründet.[949] Das Ruhegehalt sei ein nachträgliches Entgelt für die während der aktiven Tätigkeit bereits geleistete Arbeit und damit besonders schutzwürdig.[950] Zudem bestünde für ein ehemaliges Vorstandsmitglied nicht die Möglichkeit, nach § 87 Abs. 2 S. 4 AktG zu kündigen.[951] Ebenso wenig könne es anderweitig Einkommen erzielen.[952]

b) Stellungnahme

Strengere tatbestandliche Voraussetzungen für eine Herabsetzung der Ruhegehälter sind grundsätzlich abzulehnen. Insbesondere ist für das Eingreifen des § 87 Abs. 2 S. 2 AktG keine ernsthafte Existenzbedrohung notwendig. Würde man diese strengeren Voraussetzungen für erforderlich halten, liefe die mit dem VorstAG erfolgte Änderung ins Leere. Eine Kürzung von Versorgungsleistungen bei einer existenzbedrohenden wirtschaftlichen Notlage war nach § 242 bzw. § 313 BGB schon möglich. Hierzu hätte es einer Ausweitung der Herabsetzungsmöglichkeit auf Ruhegehälter nicht bedurft. Wenn nun lediglich die Voraussetzungen der ohnehin bereits bestehenden Kürzungsmöglichkeit in § 87 Abs. 2 S. 2 AktG hineingelesen würden, böte die gesetzliche Erweiterung letztlich keinerlei substantiellen Mehrwert.

Die besondere Schutzwürdigkeit von Ruhegehältern lässt sich auf andere Weise realisieren. Zum einen ist die Möglichkeit der Herabsetzung durch die Frist zeitlich begrenzt. Zum anderen ist für die Annahme einer Unbilligkeit nach

949 Vgl. *Dauner-Lieb*, in: Henssler/Strohn, Gesellschaftsrecht, § 87 AktG Rn. 42; *Hüffer/Koch*, AktG, § 87 Rn. 57; *Koch*, WM 2010, 49, 52; *Kort* in: GK-AktG, § 87 Rn. 460 ff.; *Nikolay*, NJW 2009, 2640, 2643; *Spindler*, in: MüKo-AktG, § 87 Rn. 194. Zur Verfassungsmäßigkeit der Kürzung von Ruhegehältern siehe ausführlich oben unter Abschnitt D.I.3.b).

950 *Dauner-Lieb*, Der Konzern 2009, 583, 590; *DAV Handelsrechtsausschuss*, NZG 2009, 612, 614; *Hohenstatt*, ZIP 2009, 1349, 1353; *Nikolay*, NJW 2009, 2640, 2643.

951 *Dauner-Lieb*, Der Konzern 2009, 583, 590; *DAV Handelsrechtsausschuss*, NZG 2009, 612, 614; *Spindler*, in: MüKo-AktG, § 87 Rn. 194.

952 *DAV Handelsrechtsausschuss*, NZG 2009, 612, 614; *Spindler*, in: MüKo-AktG, § 87 Rn. 194. Vgl. auch *Hohenstatt*, ZIP 2009, 1349, 1353, der die Herabsetzungsmöglichkeit aus diesem Grund nicht auf bereits erdiente Anwartschaften erstrecken will.

hier vertretener Auffassung[953] entscheidend, dass zum Zeitpunkt des Eintritts der Lageverschlechterung ein unangemessen hohes (Ruhe-)Gehalt ausgezahlt wird.

Bei der Prüfung der Unangemessenheit des aktuellen Ruhegehalts ist zu beachten, dass das Gebot der Angemessenheit nach § 87 Abs. 1 S. 4 AktG für Ruhegehälter explizit nur „sinngemäß" gilt. Die bloß sinngemäße Anwendung des Angemessenheitsgebots erlaubt es, die Besonderheiten zu berücksichtigen, die sich daraus ergeben, dass das Ruhegehalt ein nachträgliches Entgelt für die während der aktiven Tätigkeit bereits geleistete Arbeit darstellt und deshalb besonders schützenswert ist. Die Frage, ob ein Ruhegehalt unangemessen hoch ist, muss folglich stets unter Beachtung des besonderen Charakters dieser Vergütungsform beantwortet werden. Dieser besondere Maßstab gilt sowohl bei der Festsetzung des Ruhegehalts als auch bei seiner Herabsetzung. Entsprechend kann auch die Tatsache berücksichtigt werden, dass das ehemalige Vorstandsmitglied unter Umständen keine Möglichkeit mehr hat, anderweitig Einkommen zu erzielen.

Dem ehemaligen Vorstandsmitglied ist ferner aufgrund der Treuepflicht der Gesellschaft ein Existenzminimum zu gewährleisten, was auch im Herabsetzungsfall zu beachten ist.[954] Faktisch besteht damit im Unterschied zum Regelfall der Herabsetzung laufender Bezüge eine konkretisierte Untergrenze der Angemessenheit. Eine Herabsetzung auf null scheidet somit aus. Insoweit sind Ruhegehälter stärker geschützt als die Bezüge aktiver Vorstandsmitglieder.

3. Bedeutung der Drei-Jahres-Frist

Die Herabsetzung der Versorgungsbezüge wird in § 87 Abs. 2 S. 2 AktG zeitlich dahin gehend eingeschränkt, als dass sie „nur in den ersten drei Jahren nach Ausscheiden aus der Gesellschaft" erfolgen kann. Wie diese zusätzliche Einschränkung zu verstehen ist, wird nachfolgend näher erläutert.

a) Kürzungen während des laufenden Anstellungsverhältnisses

Dass die Kürzung „nur" in der ersten drei Jahren nach dem Ausscheiden aus der Gesellschaft möglich sein soll, ist nicht dahin gehend zu verstehen, dass Versorgungsanwartschaften nicht noch während des laufenden Anstellungsvertrags

---

953 Vgl. Abschnitt G.V.

954 *Spindler*, in: MüKo-AktG, § 87 Rn. 198.

gekürzt werden dürfen.[955] Vielmehr muss dies erst recht möglich sein, wenn sogar Versorgungsbezüge nach Ausscheiden gekürzt werden können.[956]

Sobald ein Vorstandsmitglied aus der Gesellschaft ausgeschieden ist, gilt jedoch die Drei-Jahres-Frist. Wird die Höhe des Ruhegehalts durch die Höhe der Bezüge während der aktiven Vorstandstätigkeit bestimmt, so wirkt sich eine Herabsetzung laufender Bezüge im Übrigen mittelbar auch die Höhe des Ruhegehalts aus.[957]

b) Ende des Organ- oder Anstellungsverhältnisses als maßgeblicher Zeitpunkt

Ferner ist nach dem Wortlaut unklar, ob sich das Ausscheiden aus der Gesellschaft auf die Organstellung bezieht[958] oder ob damit das Ende des Anstellungsvertrags gemeint ist[959].

Aus der Tatsache, dass ein Vorstandsmitglied auf die Geschicke der Gesellschaft nur direkten Einfluss nehmen kann, solange es Organ der Gesellschaft ist, ließe sich schlussfolgern, dass allein das Ende der Organstellung für den Beginn der Drei-Jahres-Frist maßgeblich sein müsste.[960]

---

955 *Bauer/Arnold*, AG 2009, 717, 729; *Bauer/Baeck/von Medem*, NZG 2010, 721, 727; *Rieble/Schmittlein*, Vergütung von Vorständen, Rn. 308; *Schwennicke*, in: Grigoleit, AktG, § 87 Rn. 10. Vgl. auch *Fonk*, in: Arbeitshandbuch für Aufsichtsratsmitglieder, § 10 Rn. 166; *Kort*, in: GK-AktG, § 87 Rn. 459; *Oltmanns*, in: NK-AktR, § 87 Rn. 12; *Ritter/Nehls*, in: MAH Aktienrecht, § 22 Rn. 207; *Spindler*, in: MüKo-AktG, § 87 Rn. 192, die in dieser Konstellation § 87 Abs. 2 S. 1 AktG für einschlägig halten.

956 *Rieble/Schmittlein*, Vergütung von Vorständen, Rn. 308.

957 *Diller*, NZG 2009, 1006, 1007; *Mertens/Cahn* in: KK AktG, § 87 Rn. 106; *Weber*, in: Hölters, AktG, § 87 Rn. 57.

958 So *Hoffmann-Becking/Krieger*, NZG-Beil. H. 26 2009, 1, 6; *Ihrig/Wandt/Wittgens*, ZIP 2012, Beilage zu Heft 40, S. 21; *Weber*, in: Hölters, AktG, § 87 Rn. 55; *Wiesner*, in: Münch. Hdb. GesR IV, § 21 Rn. 64.

959 So *Annuß/Theusinger*, BB 2009, 2434, 2437; *Bauer/Arnold*, AG 2009, 717, 728; *Bauer/Baeck/von Medem*, NZG 2010, 721, 727; *Diller*, NZG 2009, 1006, 1007; *Lingemann*, BB 2009, 1918, 1921; *Mertens/Cahn* in: KK-AktG, § 87 Rn. 105; *Rieble/Schmittlein*, Vergütung von Vorständen, Rn. 309; *Schwennicke* in: Grigoleit, AktG, § 87 Rn. 43; *Waldenberger/Kaufmann*, BB 2010, 2257, 2260.

960 *Bauer/Arnold*, AG 2009, 717, 728 (im Ergebnis aber ablehnend); *Hoffmann-Becking/Krieger*, NZG-Beil. H. 26 2009, 1, 6; *Spindler*, in: MüKo-AktG, § 87 Rn. 191 (im Ergebnis ablehnend); *Weber*, in: Hölters, AktG, § 87 Rn. 55.

Dennoch ist es geboten, allein auf das Ende des Anstellungsvertrags als maßgeblichen Zeitpunkt abzustellen.[961] Dies folgt daraus, dass das Herabsetzungsrecht allgemein auf eine Kürzung gerade derjenigen Bezüge abzielt, die sich aus dem Anstellungsvertrag ergeben.[962] Weiterhin legt auch der Wortlaut („Ausscheiden aus der Gesellschaft") nahe, dass es für den Beginn des Fristlaufs auf ein Ende der dienstvertraglichen Beziehung ankommen soll.[963] Es wird nämlich nicht lediglich auf das Ausscheiden aus der Organstellung, sondern auf die „Gesellschaft" als Ganzes abgestellt.[964] Diese Formulierung lässt sich als Bezug auf die Beendigung (auch) der dienstvertraglichen Verbindung zur Gesellschaft deuten.[965]

c) *Entscheidungsfrist*

Weiterhin ist zu klären, ob die Herabsetzungsentscheidung innerhalb von drei Jahren ab dem Ausscheiden getroffen werden kann, oder sich die Kürzungsdauer nur auf einen Zeitraum von drei Jahren erstrecken kann. Im Ergebnis handelt es sich bei der in § 87 Abs. 2 S. 2 AktG genannten Frist um eine Entscheidungsfrist.[966] Das bedeutet, der Aufsichtsrat kann nur innerhalb eines Zeitraums von drei Jahren eine Herabsetzung beschließen.[967] Das verdeutlicht schon der Wortlaut, wonach die Kürzung nur „in" den ersten drei Jahren erfolgen kann, nicht

---

961 Ebenso *Annuß/Theusinger*, BB 2009, 2434, 2437; *Bauer/Arnold*, AG 2009, 717, 728; *Bauer/Baeck/von Medem*, NZG 2010, 721, 727; *Diller*, NZG 2009, 1006, 1007; *Lingemann*, BB 2009, 1918, 1921; *Mertens/Cahn* in: KK-AktG, § 87 Rn. 105; *Rieble/Schmittlein*, Vergütung von Vorständen, Rn. 309; *Schwennicke* in: Grigoleit, AktG, § 87 Rn. 43; *Waldenberger/Kaufmann*, BB 2010, 2257, 2260.

962 *Bauer/Baeck/von Medem*, NZG 2010, 721, 726; *Lingemann*, BB 2009, 1918, 1921; *Spindler*, in: MüKo-AktG, § 87 Rn. 191; *Waldenberger/Kaufmann*, BB 2010, 2257, 2260.

963 *Lingemann*, BB 2009, 1918, 1921; *Rieble/Schmittlein*, Vergütung von Vorständen, Rn. 309; *Spindler*, in: MüKo-AktG, § 87 Rn. 191.

964 *Spindler*, in: MüKo-AktG, § 87 Rn. 191.

965 *Lingemann*, BB 2009, 1918, 1921; *Rieble/Schmittlein*, Vergütung von Vorständen, Rn. 309.

966 *Spindler*, in: MüKo-AktG, § 87 Rn. 192.

967 *Annuß/Theusinger*, BB 2009, 2434, 2437; *Bauer/Arnold*, AG 2009, 717, 728; *Dauner-Lieb*, in: Henssler/Strohn, Gesellschaftsrecht, § 87 AktG Rn. 43; *Diller*, NZG 2009, 1006, 1008; *Fleischer* in: Spindler/Stilz, AktG, § 87 Rn. 70; *Hoffmann-Becking/Krieger*, NZG-Beil. H. 26 2009, 1, 6; *Hohenstatt*, ZIP 2009, 1349, 1353; *Lingemann*, BB 2009, 1918, 1921; *Rieble/Schmittlein*, Vergütung von Vorständen, Rn. 307; *Ritter/Nehls*, in: MAH Aktienrecht, § 22 Rn. 208; *Seibert*, WM 2009, 1489, 1491; *Waldenberger/Kaufmann*, BB 2010, 2257, 2260; *Weber*, in: Hölters, AktG, § 87 Rn. 55.

aber „für" die nächsten drei Jahre. Drei Jahre sind somit nicht etwa die maximale Kürzungsdauer. Die Zahlung eines verkürzten Ruhegehalts ist nicht auf die Dauer von lediglich drei Jahren beschränkt. Die Kürzung unterliegt in Hinblick auf ihre Dauer zeitlich keiner Beschränkung.[968] Es gilt jedoch auch hier die Pflicht zu Wiederanhebung für den Fall der Lageverbesserung.[969]

4. Verhältnis zum BetrAVG

Klärungsbedürftig ist schließlich das Verhältnis des § 87 Abs. 2 S. 2 AktG zu den Vorschriften des BetrAVG. Der im BetrAVG enthaltene Bestandsschutz für Versorgungszusagen findet gemäß § 17 Abs. 1 S. 2 BetrAVG auch auf Vorstandsmitglieder Anwendung. Eine Widerrufsmöglichkeit nach § 7 Abs. 1 S. 3 Nr. 5 BetrAVG a.F., die den Widerruf von Versorgungszusagen in einer „wirtschaftlichen Notlage" ermöglicht, existiert nicht mehr. Bei Eintritt einer wirtschaftlichen Notlage ist die Gesellschaft damit nach dem BetrAVG nicht zum Widerruf oder zur Kürzung bereits erdienter Versorgungsanwartschaften bzw. Versorgungsleistungen berechtigt.[970]

Die Rechtsprechung[971] hat ferner eine Drei-Stufen-Theorie zur Abänderung von Versorgungszusagen entwickelt. Dabei handelt es sich um eine Ausprägung des Verhältnismäßigkeitsgrundsatzes.[972] Soll im Rahmen von ablösenden Betriebsvereinbarungen eine bestehende Versorgungszusage abgeändert werden, so erfolgt eine Differenzierung zwischen Versorgungsbestandteilen, die bereits in der Vergangenheit erdient wurden (1. Stufe), zeitanteilig erdienter Dynamik (dienstzeitunabhängige Steigerung) (2. Stufe) und künftig erdienbaren Zuwächsen (3. Stufe).[973] Die Gründe, die einen Eingriff rechtfertigen können,

---

968 *Annuß/Theusinger*, BB 2009, 2434, 2437; *Bauer/Arnold*, AG 2009, 717, 728; *Diller*, NZG 2009, 1006, 1008; *Fleischer* in: Spindler/Stilz, AktG, § 87 Rn. 70; *Hoffmann-Becking/Krieger*, NZG-Beil. H. 26 2009, 1, 6; *Lingemann*, BB 2009, 1918, 1921; *Rieble/Schmittlein*, Vergütung von Vorständen, Rn. 307; *Seibert*, WM 2009, 1489, 1491; *Spindler*, in: MüKo-AktG, § 87 Rn. 192; *Waldenberger/Kaufmann*, BB 2010, 2257, 2260; *Weber*, in: Hölters, AktG, § 87 Rn. 55.

969 Hierzu siehe oben unter J.VII.2.

970 BVerfG, Beschl. v. 29.02.2012 – 1 BvR 2378/10, NZA 2012, 788; BAG, Urt. v. 31.07.2007 – 3 AZR 373/06, BAGE 123, 307, 314 f.; BAG, Urt. v. 17.06.2003 – 3 AZR 396/02, BAGE 106, 327, 337 ff.; *Jaeger/Balke*, ZIP 2010, 1471, 1477.

971 Ständige Rechtsprechung seit BAG, BAGE 49, 57; jüngst etwa BAG, Urt. v. 12.6.2019 – 1 AZR 154/17, NZA 2019, 1203, 1209 f.

972 *Clemens*, in: BeckOK ArbR, § 1 BetrAVG Rn. 75.

973 Ausführlich zur Drei-Stufen-Theorie und den jeweiligen Stufen: *Clemens*, in: BeckOK ArbR, § 1 BetrAVG Rn. 75 ff.

unterscheiden sich je nach Stufe. So kann in erdiente Beträge nur bei Vorliegen zwingender Gründe eingegriffen werden.[974] Eine wirtschaftliche Notlage kommt indes als solcher Grund nicht (mehr) in Betracht.[975]

Die Möglichkeit zur Kürzung nach § 87 Abs. 2 S. 2 AktG steht zu diesen Grundsätzen in einem gewissen Spannungsverhältnis.[976] Zwar wäre die Drei-Stufen-Theorie unabhängig von der Existenz des § 87 Abs. 2 S. 2 AktG auf Vorstandsmitglieder nicht unmittelbar anwendbar, da sie nicht dem Geltungsbereich von Betriebsvereinbarungen unterfallen. Dennoch wäre denkbar, sich zumindest an ihren Wertungen zu orientieren.[977] Letztlich handelt es sich bei § 87 Abs. 2 S. 2 AktG aber im Verhältnis zum BetrAVG um lex specialis.[978] Die in § 87 Abs. 2 S. 2 AktG aufgezählten Leistungen unterfallen deshalb schon nicht dem BetrAVG.[979] Aufgrund der Geltung des § 87 Abs. 2 S. 2 AktG sind Vorstandsmitglieder damit in dieser Hinsicht zwar schlechtergestellt als Arbeitnehmer.[980] Diese Schlechterstellung ist ihnen jedoch aufgrund ihrer besonderen Stellung zumutbar.[981]

5. Verhältnis zu § 242 BGB

§ 242 BGB findet neben § 87 Abs. 2 S. 2 AktG grundsätzlich keine Anwendung, die Herabsetzungsvorschrift ist auch in dieser Hinsicht nunmehr lex specialis.[982]

Gleichwohl ist das Argument gegen eine solche Sperrwirkung, nämlich dass der Gesetzgeber mit dem VorstAG die Position der Vorstände hinsichtlich ihrer Vergütung gerade nicht verbessern, sondern verschärften wollte[983], nicht von

---

974 *Clemens,* in: BeckOK ArbR, § 1 BetrAVG Rn. 77.

975 *Clemens,* in: BeckOK ArbR, § 1 BetrAVG Rn. 78.

976 *Bauer/Baeck/von Medem,* NZG 2010, 721, 726; *Fonk,* in: Arbeitshandbuch für Aufsichtsratsmitglieder, § 10 Rn. 166; *Gaul/Janz,* NZA 2009, 809, 812; *Jaeger/Balke,* ZIP 2010, 1471, 1476; *Mertens/Cahn* in: KK-AktG, § 87 Rn. 105.

977 Dafür *Lingemann,* BB 2009, 1918, 1921; *Seibt* in: K. Schmidt/Lutter, AktG, § 87 Rn. 22. Ähnlich *Wiesner,* in: Münch. Hdb. GesR IV, § 21 Rn. 64.

978 *Baeck/Götze/Arnold,* NZG 2009, 1121, 1125; *Lingemann,* BB 2009, 1918, 1921; *Spindler,* NJOZ 2009, 3282, 3287; *Rieble/Schmittlein,* Vergütung von Vorständen, Rn. 315; *Waldenberger/Kaufmann,* BB 2010, 2257, 2260.

979 *Waldenberger/Kaufmann,* BB 2010, 2257, 2260.

980 *Bauer/Arnold,* AG 2009, 717, 729; *Rieble/Schmittlein,* Vergütung von Vorständen, Rn. 315; *Waldenberger/Kaufmann,* BB 2010, 2257, 2260.

981 *Waldenberger/Kaufmann,* BB 2010, 2257, 2260.

982 *Kort* in: GK-AktG, § 87 Rn. 453. Ähnlich *Fleischer,* NZG 2009, 801, 804.

983 *Bauer/Baeck/von Medem,* NZG 2010, 721, 727 f.

der Hand zu weisen. Die verdrängende Wirkung ist eingeschränkt. Sie ist dahin gehend zu verstehen, dass nur im Anwendungsbereich des § 87 Abs. 2 S. 2 AktG nicht auf § 242 BGB zurückgegriffen werden kann.

Das hat einerseits zur Folge, dass die Spezialität des § 87 Abs. 2 S. 2 AktG nur in Hinblick auf eine Vergütungskürzung aufgrund einer verschlechterten wirtschaftlichen Lage zu verstehen ist. Eine Kürzung wegen schweren Treuepflichtverletzungen bleibt weiterhin möglich.[984]

Andererseits ist die Verdrängungswirkung auch zeitlich beschränkt. § 242 BGB wird in Bezug auf die wirtschaftliche Verschlechterung nur für die Zeit der Drei-Jahres-Frist verdrängt. Nach Ablauf der Frist ist eine Herabsetzung nach § 242 BGB möglich.[985]

Durch eine Kürzung der Versorgungszusagen nach § 242 BGB wird indes nicht etwa die Frist des § 87 Abs. 2 S. 2 AktG umgangen, da die Eingriffsvoraussetzungen beider Vorschriften sich trotz gewisser Überschneidungen voneinander unterscheiden.[986] Eine Herabsetzung wegen der bloßen Verschlechterung der Lage, ohne dass es sich dabei um eine existenzbedrohende wirtschaftliche Notlage handelte, ist nach § 242 BGB nämlich gerade nicht möglich.[987] Nach Ablauf der Drei-Jahres-Frist ist eine Herabsetzung wegen einer „einfachen" Verschlechterung i.S.d. § 87 Abs. 2 S. 1 AktG somit ausgeschlossen.

V. Bezüge nicht mehr aktiver Vorstandsmitglieder

Neben Ruhegehältern werden nicht mehr aktiven Vorstandsmitgliedern zum Teil auch weitere Bezüge gewährt. Wird etwa ein Vorstandsmitglied abberufen, ohne dass ein Grund für eine außerordentliche Kündigung besteht, bleibt der vertragliche Vergütungsanspruch des (vormaligen) Vorstandsmitglieds erhalten. In solchen Fällen werden dem Betroffenen teilweise die Bezüge bis zum Ablauf des Vertrags weiterhin regelmäßig ausgezahlt, wobei er von seiner Tätigkeit freigestellt wird. Teilweise wird auch eine sofortige Auszahlung, also im Ergebnis eine Kapitalisierung des noch ausstehenden Vergütungsanspruchs, vereinbart. Stattdessen oder daneben kann eine Abfindung vereinbart werden.

Im Folgenden soll geklärt werden, ob die vorgenannten Zahlungen Gegenstand einer Kürzung nach § 87 Abs. 2 AktG sein können.

---

984 *Bauer/Baeck/von Medem,* NZG 2010, 721, 728.
985 *Schwennicke,* in: Grigoleit, AktG, § 87 Rn. 47; *Spindler,* in: MüKo-AktG, § 87 Rn. 193.
986 *Bauer/Baeck/von Medem,* NZG 2010, 721, 728.
987 *Bauer/Baeck/von Medem,* NZG 2010, 721, 728.

1. Weitergewährung der bisherigen Bezüge

An sich handelt es sich bei bereits abberufenen Vorstandsmitgliedern nicht mehr um Mitglieder des Vorstands. Gleichwohl kann das Anstellungsverhältnis eine gewisse Zeit lang weiter bestehen. Dem ehemaligen Vorstandsmitglied können auf Grundlage des Anstellungsvertrags trotz erfolgter Abberufung weiterhin Bezüge zustehen. In einer Fallkonstellation, in der ein Vorstandsmitglied abberufen wird, zugleich aber der Anstellungsvertrag fortbesteht, ist eine Herabsetzung der Vergütung weiterhin möglich.[988] Wenn weiterhin ein vertraglicher Anspruch auf Zahlung der Vergütung besteht, so kann diese Vergütung nicht vor einer Herabsetzung geschützt sein.[989] Es wäre widersinnig, das freigestellte, nicht mehr für die Gesellschaft tätige Vorstandsmitglied einem besonderen Schutz vor der Herabsetzung zu unterstellen, während das weiterhin aktive Vorstandsmitglied eine Herabsetzung seiner Bezüge hinnehmen müsste.

Aus diesem Grund ist es auch nicht möglich, einen vertraglichen Ausschluss der Herabsetzung zu vereinbaren.[990] Das folgt indes – anders als vom BGH[991] dargestellt – nicht aus § 87 Abs. 2 S. 2 AktG, der die Herabsetzung von Ruhegehältern in den ersten drei Jahren nach Ausscheiden aus der Gesellschaft ermöglicht.[992] Darin findet sich keine Regelung für eine Konstellation, in der der Anstellungsvertrag weiter besteht. Es findet vielmehr § 87 Abs. 2 S. 1 AktG Anwendung. Die Kürzung der Vergütung unter Fortbestehen des Anstellungsvertrags erfolgt auch im Einklang mit der Zukunftsbezogenheit des § 87 Abs. 2 S. 1 AktG. Denn trotz vorzeitigem Ausscheiden aus der Organstellung werden in diesem Fall Bezüge „weitergewährt".

2. Kapitalisierung der Restlaufzeit

Aus der Begründung des Regierungsentwurfs[993] ergibt sich ferner, dass „Ansprüche auf Auszahlung der Restlaufzeit des Vertrages bei Entlassung des Vorstands" von der Herabsetzung umfasst sein sollen. Unter der im Gesetzesentwurf verwendeten Formulierung „Auszahlung der Restlaufzeit" lässt sich zunächst die

988 BGH, Urt. v. 27.10.2015 – II ZR 296/14, BGHZ 207, 190 Rn. 41; *Kort*, AG 2016, 209, 212; *Ritter/Nehls*, in: MAH Aktienrecht, § 22 Rn. 205; *Weber*, in: Hölters, AktG, § 87 Rn. 47.

989 *Kort*, AG 2016, 209, 212 f.

990 Siehe dazu bereits oben unter Abschnitt H.I.3.d).

991 BGH, Urt. v. 27.10.2015 – II ZR 296/14, BGHZ 207, 190 Rn. 41.

992 *Kort*, AG 2016, 209, 212.

993 Gesetzentwurf der Fraktionen CDU/CSU und SPD, BT-Drs. 16/12278, S. 6.

Umwandlung des eigentlich bis zum ursprünglichen Beendigungszeitpunkt bestehenden Vergütungsanspruchs in einen Anspruch auf einmalige Auszahlung verstehen.

Die Erfassung einer solchen Auszahlung ist konsequent, da es sich bei der Kapitalisierung des Vergütungsanspruchs letztlich nur um ein Surrogat der Vergütung handelt, die dem vormaligen Vorstandsmitglied aufgrund seines Anstellungsvertrages ohnehin zustünde.[994] Wertungsmäßig kann es dabei keinen Unterschied machen, ob sich der aus der vereinbarten Restlaufzeit ergebende Vergütungsanspruch mit einem Mal oder (ggf. unter Fortbestehen des Anstellungsvertrags) über einen längeren Zeitraum verteilt ausgezahlt wird.

3. Abfindungszahlungen

Schwieriger gestaltet sich hingegen die Frage nach der Herabsetzbarkeit von Abfindungszahlungen.

a) Grundsätzliche Herabsetzbarkeit von Abfindungszahlungen

Bei Abfindungszahlungen ist zwischen bereits im Anstellungsvertrag vereinbarten Abfindungszusagen (vgl. dazu Unterabschnitt aa)) und erst im Rahmen eines Aufhebungsvereinbarung beschlossenen Abfindungszahlungen (vgl. dazu Unterabschnitt bb)) zu unterscheiden.

aa) Abfindungszusagen im Anstellungsvertrag

Oftmals werden bereits im Anstellungsvertrag Regelungen für den Fall des vorzeitigen Ausscheidens eines Vorstandsmitglieds getroffen. Wenn die im Anstellungsvertrag zugesagten Abfindungszahlungen einen Teil der „Gesamtbezüge" nach § 87 Abs. 2 S. 1 AktG bilden, so sind diese zumindest im laufenden Vertragsverhältnis herabsetzbar. Gegen eine solche Einordnung von Abfindungszahlungen spricht indes vor allem, dass sie an sich keine Gegenleistung für die vom Vorstand erbrachten Dienste darstellen.[995]

Gleichwohl wurde zuvor bereits festgestellt, dass der Begriff der Bezüge eher weit zu verstehen ist und jegliche Leistungen, die dem Vorstandsmitglied aufgrund seiner Tätigkeit für die Gesellschaft gewährt werden, umfasst. Wird bereits im Anstellungsvertrag eine Abfindung zugesagt, so wird sie regelmäßig

994 *Jaeger*, NZA 2010, 128, 134; *Rieble/Schmittlein*, Vergütung von Vorständen, Rn. 323.
995 *Diller*, NZG 2009, 1006, 1009; *Jaeger*, NZA 2010, 128, 134.

als Teil des angebotenen Vergütungspakets aufgefasst.[996] Aufgrund des weiten Bezügebegriffs, der auch Nebenleistung jeder Art umfasst, lässt sich die Zusage zur Leistung einer Abfindung im Anstellungsvertrag (jedenfalls auch) als Gegenleistung für die Vorstandstätigkeit subsumieren.[997]

bb) Abfindungsvereinbarungen im Aufhebungsvertrag

Eine erst im Aufhebungsvertrag vereinbarte Abfindung fällt im Ergebnis ebenfalls unter § 87 Abs. 1 S. 1 AktG. Zwar wird auch hier eingeworfen, dass es sich bei erst im Aufhebungsvertrag vereinbarten Abfindungen schon nicht um „Bezüge" im Sinne des § 87 Abs. 1 S. 1 AktG handeln solle.[998]

Wertungsmäßig sind Abfindung und Kapitalisierung der Restlaufzeit jedoch miteinander vergleichbar. Letztlich handelt es sich bei einer Abfindung stets um eine (zumindest teilweise) Kompensation der durch die vorzeitige Vertragsbeendigung entgangenen Vergütung.[999] Dies gilt unabhängig von dem Zeitpunkt ihrer Vereinbarung. Insofern lässt sich auch eine im Aufhebungsvertrag vereinbarte Abfindung als Surrogat der Vergütung qualifizieren. Es wäre wertungswidersprüchlich dieses Surrogat besser vor einer Herabsetzung zu schützen als die eigentliche Vergütung. Im Vergleich zu Ruhegehältern sind Abfindungszahlungen sogar weniger schutzwürdig. Im Unterschied zu Versorgungsleistungen sind Abfindungszahlungen regelmäßig gerade nicht durch die vorangegangene Tätigkeit erdient.[1000] Wenn aber sogar bereits erdiente Ruhegehälter nach § 87 Abs. 2 S. 2 AktG herabgesetzt werden können, muss dies erst recht für Abfindungszahlungen gelten.[1001] Des Weiteren lässt sich der Gesetzesbegründung nicht entnehmen, dass mit „Auszahlung der Restlaufzeit" nur die vollständige Auszahlung sämtlicher künftiger Vergütungsansprüche gemeint sein soll.[1002] Ebenso kann damit eine Abfindung gemeint sein, die ihrer Höhe nach nur einer teilweisen Auszahlung der Restlaufzeit entspricht.[1003]

---

996 *Jaeger*, NZA 2010, 128, 134; zustimmend *Krieger*, in: Liber amicorum Winter, S. 369, 377.

997 *Spindler*, in: MüKo-AktG, § 87 Rn. 203; *Krieger*, in: Liber amicorum Winter, S. 369, 377.

998 *Diller*, NZG 2009, 1006, 1009; *Weber*, in: Hölters, AktG, § 87 Rn. 58.

999 *Krieger*, in: Liber amicorum Winter, S. 369, 376. Vgl. auch *Spindler*, in: MüKo-AktG, § 87 Rn. 155.

1000 *Krieger*, in: Liber amicorum Winter, S. 369, 381; *Spindler*, in: MüKo-AktG, § 87 Rn. 201.

1001 *Spindler*, in: MüKo-AktG, § 87 Rn. 201.

1002 *Krieger*, in: Liber amicorum Winter, S. 369, 379.

1003 *Krieger*, in: Liber amicorum Winter, S. 369, 379.

b) *Herabsetzung auch nach Eintritt des Abfindungsfalls und/oder erfolgter Auszahlung*

aa) *Rückforderbarkeit*

Nachdem klargestellt wurde, dass Abfindungszahlungen grundsätzlich einer Herabsetzung zugänglich sind, ist zu klären, ob diese Möglichkeit einer Begrenzung in zeitlicher Hinsicht unterliegt. Unter Berufung auf die Zukunftsbezogenheit wird eine solche Begrenzung angenommen, wenn der Abfindungsfall bereits eingetreten[1004] bzw. der Anspruch bereits ausgezahlt worden ist.[1005]

Dem ist entgegenzusetzen, dass die Zukunftsbezogenheit der Herabsetzung nicht uneingeschränkt gilt.[1006] So sind etwa bereits geleistete Vorauszahlungen herabsetz- und rückforderbar.[1007] Abfindungszahlungen sind mit diesen wirtschaftlich vergleichbar.[1008] Da Abfindungszahlungen ein Surrogat für den entgangenen Vergütungsanspruch darstellen, lassen sie sich als zeitlich nach vorn verlagerte Bezüge verstehen.

Bereits ausgezahlte Abfindungszahlungen sind jedenfalls nicht schutzwürdiger als getätigte Vorauszahlungen. Letzten Endes wird bei Abfindungen nämlich eine lediglich fiktive zukünftige Tätigkeit vergütet.

Im Ergebnis muss es somit möglich sein, bereits entstandene Abfindungsansprüche herabzusetzen und ggf. sogar zurückzufordern. Andernfalls entstünde ein widersprüchliches Ergebnis: Das ausgeschiedene Vorstandsmitglieder würde gegenüber weiterhin für die Gesellschaft tätigen Vorstandsmitgliedern bevorzugt. Das Vorstandsmitglied, das seine Tätigkeit frühzeitig gegen eine Abfindungszahlung beendet, sollte aber nicht besser stehen als ein weiterhin aktiv tätiges Vorstandsmitglied.[1009] Das ausgeschiedene Vorstandsmitglied, das die Geschäfte der Gesellschaft nicht mehr lenkt, erhält nämlich trotz dieser fehlenden Tätigkeit (zumindest einen Teil) der Vergütung in Form einer Abfindung.

1004 *Kort* in: GK-AktG, § 87 Rn. 420; *Weber*, in: Hölters, AktG, § 87 Rn. 58.

1005 *Bauer/Arnold*, AG 2009, 717, 726; *Hüffer/Koch*, AktG, § 87 Rn. 59; *Spindler*, in: MüKo-AktG, § 87 Rn. 201.

1006 *Krieger*, in: Liber amicorum Winter, S. 369, 380.

1007 Vgl. oben Abschnitt K.I.3.

1008 *Krieger*, in: Liber amicorum Winter, S. 369, 380.

1009 *Krieger*, in: Liber amicorum Winter, S. 369, 381.

bb) Zeitliche Beschränkung

Da sich eine Schlechterstellung indes ebenso verbietet, ist die Herabsetzungsmöglichkeit zeitlich grundsätzlich auf den Ablauf der vereinbarten Vertragslaufzeit zu begrenzen. Richtet sich die gewährte Abfindung allerdings nach dem Wert einer bestimmten Anzahl von Jahresvergütungen, ist dies zu berücksichtigen.

Die Möglichkeit der Herabsetzung bemisst sich dann in zeitlicher Hinsicht nach den mit der Abfindungszahlung abgegoltenen Jahren. Erfolgt eine Abfindung in Höhe von zwei Jahresvergütungen, obwohl die reguläre Vertragsbeendigung erst nach drei Jahren erfolgen würde, kann die Abfindungszahlung also nur innerhalb von zwei Jahren herabgesetzt und zurückgefordert werden.

4. Ergebnis

Scheidet ein Mitglied aus dem Vorstand aus, erhält es aber aufgrund seines Anstellungsvertrags weiterhin Bezüge ausgezahlt, so können diese Bezüge von einer Herabsetzung ebenso umfasst sein. Das freigestellte Vorstandsmitglied ist insoweit nicht schutzwürdiger als ein weiterhin aktives Vorstandsmitglied. Selbiges gilt, wenn der Vergütungsanspruch in Form einer Einmalzahlung kapitalisiert wird, wenn das Vorstandsmitglied ausscheidet. Denn dabei handelt es sich letzten Endes nur um ein Surrogat der Vergütung.

Bereits im Anstellungsvertrag zugesagte Abfindungszahlungen bilden einen Teil der Gesamtbezüge und können noch im laufenden Vertragsverhältnis herabgesetzt werden. Eine erst im Aufhebungsvertrag vereinbarte Abfindung lässt sich hingegen zumindest als Surrogat der Vergütung qualifizieren und ist ebenso herabsetzbar.

Eine Herabsetzung von Abfindungszahlungen kann selbst dann noch erfolgen, wenn der Abfindungsfall bereits eingetreten ist oder der Anspruch bereits ausgezahlt wurde. Die Möglichkeit der Herabsetzung ist allerdings zeitlich begrenzt. Nach Ablauf der zuletzt vereinbarten Vertragslaufzeit kann eine Herabsetzung und Rückforderung nicht mehr erfolgen.

Im Übrigen gilt es zu bedenken, dass als Abfindungszahlung regelmäßig ein Betrag vereinbart wird, der unterhalb der Vergütung bei einer gedachten Fortführung der Tätigkeit bis zum Ende der vereinbarten Vertragslaufzeit liegt. In vielen Fällen wird daher die Herabsetzung einer Abfindungszahlung schon deswegen nicht erforderlich sein.

VI. Zusammenfassung

Gegenstand der Vergütungsherabsetzung sind die Gesamtbezüge des einzelnen Vorstandsmitglieds nach § 87 Abs. 1 S. 1 AktG. Dazu zählt eine Vielzahl unterschiedlicher Leistungen. Aufgrund der weiten Formulierung der Vorschrift sind sämtliche Leistungen, die dem Vorstandsmitglied aufgrund seiner Tätigkeit für die Gesellschaft gewährt werden, umfasst. Ausgenommen sind Verkehrsgeschäfte. Nur in Ausnahmefällen ist auch die Drittvergütung durch eine von der Organgesellschaft abweichende Anstellungsgesellschaft umfasst.

Vereinbarte Bonuszahlungen sind grundsätzlich herabsetzbar. Verdiente und bereits ausgezahlte Boni können jedoch nicht nachträglich herabgesetzt und zurückgefordert werden, da die Herabsetzungsbefugnis grundsätzlich zukunftsgerichtet ist. Aus diesem Grund kann auch die Auszahlung bereits erdienter, aber noch nicht ausgezahlter Bonusansprüche nicht verweigert werden. Wenn die den jeweiligen Bonusanspruch begründende Gegenleistung durch das Vorstandsmitglied bereits erbracht wurde, kommt eine Herabsetzung nicht in Betracht.

Ruhegehälter und andere Versorgungsleistungen stehen seit dem VorstAG ebenfalls unter dem Vorbehalt einer Herabsetzung. Dabei gelten grundsätzlich tatbestandlich keine strengeren Voraussetzungen als bei laufenden Bezügen. Insbesondere ist es nicht erforderlich, dass die Existenz der Gesellschaft ernstlich bedroht ist.

Eine Übertragung der Wertungen des BetrAVG ist ebenso wenig geboten, da mit § 87 Abs. 2 S. 2 AktG eine speziellere Regelung existiert. Die besondere Schutzwürdigkeit bereits erdienter Ansprüche lässt sich berücksichtigen, indem man beachtet, dass das Gebot der Angemessenheit nach § 87 Abs. 1 S. 4 AktG für Ruhegehälter nur „sinngemäß" Geltung beansprucht. Ob ein Ruhegehalt angesichts der verschlechterten Lage der Gesellschaft unangemessen hoch ist, muss daher unter Beachtung des besonderen Charakters dieser Vergütungsform beantwortet werden.

Da Versorgungsleistungen auch Fürsorgecharakter haben, ist die Gesellschaft verpflichtet, ihrem ehemaligen Vorstandsmitglied zumindest ein Existenzminimum zu gewährleisten.

Die besondere Schutzwürdigkeit von Versorgungsleistungen kommt ferner dadurch zum Ausdruck, dass nur innerhalb von drei Jahren nach dem Ende des Anstellungsvertrags über eine Herabsetzung entschieden werden kann. Nach Ablauf der Frist ist allein eine Kürzung nach § 242 BGB möglich. Dies erfordert allerdings das Vorliegen einer Existenzgefährdung und unterliegt damit strengeren Voraussetzungen als eine Kürzung nach § 87 Abs. 2 S. 2 AktG.

Bezüge, die ein bereits aus dem Vorstand ausgeschiedenes ehemaliges Vorstandsmitglied unter Weiterlaufen seines Anstellungsvertrags erhält, können herabgesetzt werden.

Ebenso herabsetzbar sind Abfindungszahlungen. Dabei können zum einen die im Anstellungsvertrag enthaltenen Abfindungszusagen noch während des laufenden Anstellungsverhältnisses verändert werden. Zum anderen können auch Abfindungszahlungen, die erst im Aufhebungsvertrag vereinbart wurden, herabgesetzt werden. Eine Kürzung der Abfindungsleistung ist sogar nach Eintritt des Abfindungsfalls noch möglich. Dies folgt daraus, dass es sich bei Abfindungszahlungen lediglich um eine Kompensation des Vergütungsausfalls handelt. Ein Surrogat der Vergütung für eine nicht mehr zu erbringende Tätigkeit verdient aber keinen stärkeren Schutz als die künftige Vergütung für eine zukünftig tatsächlich noch zu erbringende Tätigkeit. Sogar eine Rückforderung bereits ausgezahlter Abfindungsleistungen ist daher ausnahmsweise möglich, da sie wirtschaftlich mit bereits geleisteten Vorauszahlungen vergleichbar sind.

L. Reaktionsmöglichkeiten des Vorstandsmitglieds

Das Vorstandsmitglied, das mit einer Herabsetzung seiner Bezüge konfrontiert wird, verfügt im Falle einer Herabsetzung über unterschiedliche Handlungsmöglichkeiten. Dabei können sich, je nachdem, ob die Herabsetzung rechtmäßig oder rechtswidrig erfolgte, Unterschiede ergeben.

Das Vorstandsmitglied kann sich zunächst schlicht dazu entscheiden, nicht weiter aktiv zu werden und die Herabsetzung hinzunehmen bzw. einfach nicht auf sie zu reagieren (dazu unter Abschnitt I). Im Falle einer berechtigten Herabsetzung kann es sich entscheiden, die Vertragsbeziehung mit der Gesellschaft infolge der geänderten Vergütungshöhe zu beenden. Hierzu steht ihm nach § 87 Abs. 2 S. 4 AktG ein Sonderkündigungsrecht zu (dazu unter Abschnitt II.1.). Im Falle einer rechtswidrigen Herabsetzung kann das Vorstandsmitglied hingegen unter Umständen außerordentlich fristlos kündigen (dazu unter Abschnitt II.2.). Schließlich kann es sich auch gerichtlich gegen die Herabsetzung seiner Bezüge wehren (dazu unter Abschnitt III.).

I. Keine Reaktion

1. Rechtmäßige Herabsetzung

Eine rechtmäßige Herabsetzung ändert den vertraglichen Inhalt der Vergütungsvereinbarung unmittelbar. Da es sich um ein einseitiges Gestaltungsrecht handelt, bedarf es hierzu keiner weiteren Mitwirkungshandlung des Vorstandsmitglieds.[1010] Mit Ausnahme der Vergütungsabrede lässt die Herabsetzung den Bestand des Vertrags im Übrigen unberührt, § 87 Abs. 2 S. 3 AktG. Nimmt das Vorstandsmitglied die Herabsetzung hin, bleibt das Vertragsverhältnis folglich mit modifiziertem Inhalt weiter bestehen.

2. Rechtswidrige Herabsetzung

a) Dem Grunde nach rechtswidrige Herabsetzung

Eine schon dem Grunde nach rechtswidrige Herabsetzung hingegen führt nicht zu einer unmittelbaren Änderung des Vertragsinhalts.

1010 Siehe dazu oben unter Abschnitt L.I.1.

Dieser Grundsatz gilt auch dann, wenn das Vorstandsmitglied nicht gegen die Herabsetzung vorgeht und die (unberechtigte) Kürzung seiner Bezüge für einen längeren Zeitraum unbesehen hinnimmt.[1011] Die bloße Hinnahme der gekürzten Bezüge lässt sich nicht dahin gehend auslegen, dass das Vorstandsmitglied eine Änderung der Vergütungsvereinbarung herbeiführen will.[1012] Es ist bereits zweifelhaft, ob in einem Aufsichtsratsbeschluss, der dem Vorstandsmitglied vorgelegt wird, überhaupt ein annahmefähiges Angebot zur Vereinbarung einer reduzierten Vergütung gesehen werden kann, wenn der Aufsichtsrat selbst von einer einseitigen Herabsetzungsbestimmung ausgeht.[1013]

Weiter ist fraglich, ob der Aufsichtsrat – unter dem Eindruck, dass ein einseitiges Gestaltungsrecht und die gesetzliche Pflicht zur Herabsetzung bestehen – überhaupt ein derartiges Angebot abgeben wollte und ob das jeweilige Vorstandsmitglied die Vorlage eines Aufsichtsratsbeschlusses als Angebot erkennen konnte.[1014]

Jedenfalls fehlt es aber an einer Annahme durch das Vorstandsmitglied. Selbst eine jahrelange Fortführung des Dienstvertrages zum reduzierten Gehalt kann nämlich nicht als stillschweigende oder konkludente Annahme verstanden werden.[1015]

Eine rechtswidrige Herabsetzung der Bezüge kann daher nicht deshalb wirksam werden, weil die fehlende Reaktion des Vorstandsmitglieds als konkludente Zustimmung zu einer Änderung der Vergütung zu verstehen ist. Da es bei bloßer Hinnahme einer rechtswidrigen Vergütungskürzung an einer vertraglichen Vereinbarung fehlt, bleibt der Inhalt des Anstellungsvertrags auch hinsichtlich der Vergütungshöhe unverändert.

Das Vorstandsmitglied muss sich nicht aktiv gegen die rechtswidrige Herabsetzung wehren, um eine ungewollte Änderung seiner Vergütungsvereinbarung zu verhindern.

b) Lediglich dem Umfang nach rechtswidrige Herabsetzung

Eine Vergütungsherabsetzung kann trotz des Vorliegens der Herabsetzungsvoraussetzungen rechtswidrig sein. Das ist der Fall, wenn der Umfang der

---

1011 Sehr ausführlich dazu OLG Frankfurt, Urt. v. 25.05.2011 – 7 U 268/08, WM 2011, 2226, 2229 f.; *Kort* in: GK-AktG, § 87 Rn. 435.

1012 OLG Frankfurt, Urt. v. 25.05.2011 – 7 U 268/08, WM 2011, 2226, 2230.

1013 OLG Frankfurt, Urt. v. 25.05.2011 – 7 U 268/08, WM 2011, 2226, 2229.

1014 OLG Frankfurt, Urt. v. 25.05.2011 – 7 U 268/08, WM 2011, 2226, 2229.

1015 OLG Frankfurt, Urt. v. 25.05.2011 – 7 U 268/08, WM 2011, 2226, 2230.

Herabsetzung über das zulässige Maß hinausgeht, wenn also eine unangemessen niedrige Vergütung bestimmt wird.

Die Vergütungsvereinbarung wird dann nur in dem berechtigten Umfang verändert, nicht jedoch darüber hinaus. Der Eintritt der Herabsetzungswirkung kann im Falle der zu weitgehenden Herabsetzung nicht gänzlich entfallen. Ein anderes Ergebnis widerspräche der Intention des § 87 Abs. 2 AktG. Bei Vorliegen der Voraussetzungen wird dem Aufsichtsrat gesetzlich auferlegt, die Vergütung herabzusetzen. Die gesetzlich verankerte Pflicht zur Herabsetzung lässt nicht zu, eine überschießende Herabsetzung völlig der Wirkung zu berauben, wenn sie dem Grunde nach gerechtfertigt war und der Herabsetzungsbeschluss im Übrigen unter keinen Mängeln leidet.

Aus diesem Grund muss allein die neu festgelegte Vergütungshöhe unverbindlich bleiben, nicht aber die erfolgte Herabsetzung als solche. Das Vorstandsmitglied hat keinen Anspruch auf Weiterzahlung seiner ursprünglichen Vergütung, wenn sich nur der Herabsetzungsumfang als fehlerhaft erweist. Sein Vergütungsanspruch ist auf eine angemessene Vergütung beschränkt. Etwaige Unklarheiten zur Höhe des Anspruchs lassen sich im gerichtlichen Verfahren klären.

II. Kündigung

1. Sonderkündigungsrecht, § 87 Abs. 2 S. 4 AktG

§ 87 Abs. 2 S. 4 AktG eröffnet für das Vorstandsmitglied die Möglichkeit, den Anstellungsvertrag aufgrund einer erfolgten Vergütungsherabsetzung vorzeitig zu beenden.

a) Besonderes Kündigungsrecht nur bei rechtmäßiger Herabsetzung

Die besondere Kündigungsmöglichkeit steht dem betroffenen Vorstandsmitglied jedoch nur bei einer zumindest dem Grunde nach rechtmäßigen Herabsetzung zu.[1016] Das Sonderkündigungsrecht bildet nämlich das Gegenstück zu der ausnahmsweise zulässigen einseitigen Abweichung von der ursprünglichen Vergütungsvereinbarung.[1017] Das Vorstandsmitglied hat so die Möglichkeit, auf die mit einer Herabsetzung zwangsweise einhergehende Vergütungseinbuße zu

---

1016 Vgl. auch *Kort* in: GK-AktG, § 87 Rn. 478, demzufolge eine wirksame Herabsetzung Basis für die Ausübung des Kündigungsrechts ist.

1017 *Spindler*, in: MüKo-AktG, § 87 Rn. 219; *Weber*, in: Hölters, AktG, § 87 Rn. 59.

reagieren. Im Falle einer bereits dem Grunde nach rechtswidrigen Herabsetzung ist es hingegen nicht notwendig, dem Vorstandsmitglied zu ermöglichen, sich frühzeitig vom Anstellungsvertrag zu lösen, da schon keine Änderung der Vergütungsvereinbarung eintritt.[1018] Folglich besteht auch kein besonderes Kündigungsrecht nach § 87 Abs. 2 S. 4 AktG.

b) *Fristberechnung*

Das Vorstandsmitglied kann nach § 87 Abs. 2 S. 4 AktG den Anstellungsvertrag zum Ende des nächsten Kalendervierteljahrs mit einer Kündigungsfrist von sechs Wochen kündigen. Die Berechnung der Kündigungsfrist erweist sich als durchaus komplex. Die gesetzliche Formulierung ist unzureichend. Fest steht nach dem Wortlaut zunächst nur, dass der Zeitpunkt der Vertragsbeendigung auf das Ende eines Kalendervierteljahres fallen muss und sechs Wochen im Voraus zu erklären ist. Der Vorlauf von sechs Wochen zwischen Kündigungserklärung und Ende des Vertragsverhältnisses gibt der Gesellschaft ausreichend Zeit, sich auf das Vertragsende einzustellen.[1019] Sie kann ggf. erforderliche Maßnahmen für eine Neubesetzung treffen.

Aus der Gesetzesformulierung geht jedoch nicht hervor, wie lange das betroffene Vorstandsmitglied sein Sonderkündigungsrecht ausüben kann. Einen festen Zeitrahmen ab dem Eintritt der Herabsetzung, binnen dessen die Kündigung durch das Vorstandsmitglied spätestens erklärt werden muss, sieht § 87 Abs. 2 S. 4 AktG nicht vor. Entscheidend ist allein, dass die Erklärung sechs Wochen vor dem Ende des nächsten Kalendervierteljahres zugeht. Dem bloßen Wortlaut nach handelt es sich daher jedenfalls nicht um eine Kündigungserklärungsfrist, wie sie beispielsweise in § 626 Abs. 2 BGB[1020] vorgesehen ist.[1021] Dem Vorstandsmitglied steht damit eine Überlegungsfrist zu, die erst sechs Wochen vor dem Quartalsende endet. Wird die Herabsetzung am Anfang eines Quartals erklärt, kann die Bedenkzeit des Vorstandsmitglieds daher mehrere Wochen betragen. Probleme ergeben sich aber dann, wenn die Herabsetzungserklärung, knapp vor Beginn der sechs letzten Wochen des Quartals erfolgt. Wenn einem Vorstandsmitglied z.B. sechs Wochen vor Quartalsende die Herabsetzung erklärt wird, wäre das Vorstandsmitglied gezwungen, sofort und ohne weitere Bedenkzeit

1018 Vgl. *Kort* in: GK-AktG, § 87 Rn. 477.
1019 Vgl. *Oltmanns,* in: NK-AktR, § 87 Rn. 15.
1020 Darin heißt es: „Die Kündigung kann nur innerhalb von zwei Wochen erfolgen."
1021 *Kort* in: GK-AktG, § 87 Rn. 469.

zu kündigen, um die Kündigungsfrist noch einhalten zu können.[1022] Um einen solchen Entscheidungsdruck, der letztlich aus Sicht des Vorstandsmitglieds von dem zufälligen Zeitpunkt des Zugangs der Herabsetzungserklärung abhängt, zu vermeiden, ist dem betroffenen Vorstandsmitglied eine Überlegungsfrist von sechs Wochen einzuräumen.[1023]

Im Ergebnis sind damit für die Einhaltung der Frist des § 87 Abs. 2 S. 4 AktG zwei Zeitspannen entscheidend[1024]:

(1) Dem Vorstandsmitglied ist stets eine Überlegungsfrist von (mindestens) sechs Wochen ab dem Zugang der Herabsetzungserklärung zu gewähren und
(2) die Kündigung ist spätestens sechs Wochen vor Quartalsende zu erklären.

Wird durch die eingeräumte Überlegungsfrist ein Quartalsende überschritten, so ist erst das Ende des folgenden Quartals der maßgebliche Beendigungszeitpunkt.[1025]

c) Verstreichenlassen der Frist

aa) Rechtmäßige Herabsetzung

Lässt das Vorstandsmitglied im Falle einer rechtmäßigen Herabsetzung die Frist verstreichen, ohne die Kündigung zu erklären, besteht der Anstellungsvertrag mit modifizierter Vergütungsvereinbarung fort.[1026] Es gilt dann weiterhin die ursprünglich vereinbarte Vertragslaufzeit.

bb) Rechtswidrige Herabsetzung

Im Falle der rechtswidrigen Herabsetzung wird bereits die Vergütungsvereinbarung nicht oder jedenfalls nicht in dem erklärten Ausmaß modifiziert. Liegen die tatbestandlichen Voraussetzungen nicht vor und ist die Herabsetzungserklärung

---

1022 *Kort* in: GK-AktG, § 87 Rn. 472 ff.; *Oltmanns,* in: NK-AktR, § 87 Rn. 15; *Ritter/Nehls*, in: MAH Aktienrecht, § 22 Rn. 203.

1023 *Kort* in: GK-AktG, § 87 Rn. 475; *Oltmanns,* in: NK-AktR, § 87 Rn. 15.

1024 *Kort* in: GK-AktG, § 87 Rn. 475 („Doppelfrist"); *Oltmanns,* in: NK-AktR, § 87 Rn. 15.

1025 *Oltmanns,* in: NK-AktR, § 87 Rn. 15; *Ritter/Nehls*, in: MAH Aktienrecht, § 22 Rn. 203.

1026 *Fleischer,* in: Spindler/Stilz, AktG, § 87 Rn. 76; *Hüffer/Koch*, AktG, § 87 Rn. 63; *Kort* in: GK-AktG, § 87 Rn. 476; *Oltmanns,* in: NK-AktR, § 87 Rn. 15; *Seibt,* in: K. Schmidt/Lutter, AktG, § 87 Rn. 21; *Spindler,* in: MüKo-AktG, § 87 Rn. 219; *Weber,* in: Hölters, AktG, § 87 Rn. 59.

damit schon dem Grunde nach rechtswidrig, besteht schon kein Kündigungsrecht. In diesem Fall führt das Ablaufen der Kündigungsfrist nicht zu einer Änderung der Vergütungsvereinbarung. Insoweit gilt das zur Hinnahme einer rechtswidrigen Herabsetzung Gesagte.[1027] Dem Verstreichenlassen der Kündigungsfrist kommt kein eigenständiger Erklärungswert zu.

Entsprechendes gilt, soweit die Herabsetzung trotz Vorliegen der Herabsetzungsvoraussetzungen rechtswidrig ist, weil sie sich ihrem Umfang nach als zu weitgehend erweist. Die Vergütungsvereinbarung wird dann nur in dem berechtigten Umfang verändert, nicht jedoch darüber hinaus. Da aber eine Herabsetzungswirkung eintritt, besteht in diesem Fall ein Sonderkündigungsrecht.

2. Außerordentliche Kündigung

Neben der soeben geschilderten Möglichkeit der Kündigung nach § 87 Abs. 2 S. 4 AktG, wird ein Vorstandsmitglied im Falle einer Vergütungskürzung womöglich eine außerordentliche Kündigung aus wichtigem Grund nach § 626 Abs. 1 BGB in seine Überlegungen einbeziehen.

Nachfolgend wird näher geprüft, in welchen Fällen eine außerordentliche Kündigung eine tatsächliche Handlungsalternative darstellt. Hierbei ist erneut zunächst zwischen rechtmäßiger (vgl. dazu Unterabschnitt a)) und rechtswidriger Herabsetzung (vgl. dazu Unterabschnitt b)) zu differenzieren.

a) Bei rechtmäßiger Herabsetzung ausgeschlossen

Eine sowohl dem Grunde als auch dem Umfang nach rechtmäßige Herabsetzung vermag eine fristlose Kündigung nach § 626 Abs. 1 BGB nicht zu rechtfertigen.[1028] Die Fristenregelung des § 87 Abs. 2 S. 4 AktG ist in dieser Konstellation spezieller und schließt einen Rückgriff auf § 626 Abs. 1 BGB aus.

§ 87 Abs. 2 S. 4 AktG stellt sicher, dass die Gesellschaft zumindest sechs Wochen Zeit hat, sich auf die vorzeitige Vertragsbeendigung einzustellen. Diese

---

1027 Siehe Abschnitt L.I.2.

1028 *Fleischer,* in: Spindler/Stilz, AktG, § 87 Rn. 76; *Kort* in: GK-AktG, § 84 Rn. 555; *Oltmanns,* in: NK-AktR, § 87 Rn. 15. *Thüsing,* in: Fleischer, Handbuch des Vorstandsrechts, § 5 Rn. 77 zufolge werde durch die Regelung des § 87 Abs. 2 S. 3 AktG die Herabsetzung der Bezüge des Vorstandsmitglieds ausdrücklich als wichtiger Grund normiert. Dies ist nach hier vertretener Auffassung unzutreffend, da § 87 Abs. 2 S. 3 AktG gerade keine fristlose Kündigung ermöglicht.

Schutzfrist würde durch die gleichzeitige Möglichkeit einer fristlosen Kündigung umgangen.[1029]

Es wäre zudem widersinnig, wenn die Durchführung der Herabsetzung und damit die Einhaltung einer gesetzlichen Pflicht durch eine fristlose Kündigung noch besonders sanktioniert würde. Aus diesem Grund stellt sich die Frage nach einem außerordentlichen Kündigungsrecht gemäß § 626 Abs. 1 BGB von vornherein nur in Bezug auf entweder schon dem Grunde oder zumindest ihrem Umfang nach rechtswidrige Vergütungskürzungen.

b) Rechtswidrige Herabsetzung als wichtiger Grund?

Mit einer dem Grunde oder dem Umfang nach rechtswidrigen Herabsetzung enthält die Gesellschaft dem betroffenen Vorstandsmitglied seine ihm weiterhin zustehende Vergütung ganz oder zumindest teilweise vor. Es erscheint daher nicht von vornherein ausgeschlossen, dass darin ein die fristlose Kündigung nach § 626 Abs. 1 BGB rechtfertigender wichtiger Grund liegt.

aa) Meinungsstand

In der Literatur gehen die Meinungen über des Vorliegens eines wichtigen Grundes auseinander. Zum Teil wird die rechtswidrige Herabsetzung als wichtiger Grund im Sinne des § 626 Abs. 1 BGB anerkannt,[1030] zum Teil wird eine solche Einordnung abgelehnt.[1031] Mehrheitlich wird jedoch vermittelnd angenommen, dass eine außerordentliche Kündigung zwar nicht per se ausgeschlossen sei, aber für die Annahme eines wichtigen Grundes neben die Herabsetzung noch weitere Umstände hinzutreten müssten, die eine besondere Unbilligkeit begründen würden.[1032] So soll beispielsweise die bewusst rechtswidrige oder mit Mobbing einhergehende übermäßige Herabsetzung ein Kündigungsrecht nach § 626 Abs. 1 BGB begründen.[1033]

1029 Ähnlich *Spindler,* in: MüKo-AktG, § 87 Rn. 220.

1030 *Mertens/Cahn,* in: KK-AktG, § 87 Rn. 109; *Rieble/Schmittlein,* Vergütung von Vorständen, Rn. 343.

1031 *Seibt,* in: K. Schmidt/Lutter, AktG, § 87 Rn. 21.

1032 *Hüffer/Koch,* AktG, § 87 Rn. 64; *Fleischer,* in: Spindler/Stilz, AktG, § 87 Rn. 76; *Oltmanns,* in: NK-AktR, § 87 Rn. 15; *Ritter/Nehls,* in: MAH Aktienrecht, § 22 Rn. 204; *Schwennicke,* in: Grigoleit, AktG, § 87 Rn. 48; *Spindler,* in: MüKo-AktG, § 87 Rn. 220 (unter ausdrücklicher Abweichung von der 3. Aufl. 2008); *Weber,* in: Hölters, AktG, § 87 Rn. 60; *Wiesner,* in: Münch. Hdb. GesR IV, § 21 Rn. 65.

1033 *Oltmanns,* in: NK-AktR, § 87 Rn. 15.

bb) Stellungnahme

(1) Wichtiger Grund

Ein wichtiger Grund für die außerordentliche Kündigung des Anstellungsvertrags eines Vorstandsmitglieds liegt grundsätzlich vor, wenn dem Vorstandsmitglied die Weiterbeschäftigung bis zum vereinbarten Ende seines Anstellungsvertrages oder der ordentlichen Kündigungsfrist nicht zugemutet werden kann.[1034] Als wichtige Gründe im Sinne des § 626 Abs. 1 BGB anerkannt sind unter anderem die unberechtigte Kündigung,[1035] der grundlose Widerruf der Bestellung durch die Gesellschaft[1036] sowie die (teilweise) Nichtzahlung der Bezüge.[1037]

Eine rechtswidrige Herabsetzung lässt sich insbesondere mit der Fallgruppe der Nichtzahlung der Bezüge vergleichen. Auch eine unberechtigt erfolgte Herabsetzung hat nämlich zur Folge, dass die dem betroffenen Vorstandsmitglied an sich zustehenden Bezüge nicht (vollständig) ausgezahlt werden. Die Gesellschaft verletzt dadurch im Ergebnis ihre vertragliche Hauptleistungspflicht. Die in einer rechtswidrigen Herabsetzung liegende Vertragsuntreue könnte man daher bereits für ausreichend erachten, um einen zur außerordentlichen Kündigung berechtigenden wichtigen Grund anzunehmen.[1038]

(2) Zweistufige Prüfung

Zu bedenken ist jedoch, dass sich nicht aus jeder Vertragsverletzung schon das Recht zur fristlosen Kündigung ergibt. Die Umstände des jeweiligen Einzelfalls

---

1034 *Fleischer,* in: Spindler/Stilz, AktG, § 84 Rn. 170; *Fonk,* in: Arbeitshandbuch für Aufsichtsratsmitglieder, § 19 Rn. 330; *Thüsing,* in: Fleischer, Handbuch des Vorstandsrechts, § 5 Rn. 77.

1035 *Fleischer,* in: Spindler/Stilz, AktG, § 84 Rn. 170; *Mertens/Cahn,* in: KK-AktG, § 84 Rn. 198; *Kort* in: GK-AktG, § 84 Rn. 549.

1036 *Kort* in: GK-AktG, § 84 Rn. 547; *Mertens/Cahn,* in: KK-AktG, § 84 Rn. 198; *Seibt,* in: K. Schmidt/Lutter, AktG, § 84 Rn. 72; *Spindler,* in: MüKo-AktG, § 84 Rn. 202; *Wiesner,* in: Münch. Hdb. GesR IV, § 21 Rn. 125.

1037 *Fleischer,* in: Spindler/Stilz, AktG, § 84 Rn. 170; *Kort* in: GK-AktG, § 84 Rn. 547; *Seibt,* in: K. Schmidt/Lutter, AktG, § 84 Rn. 72 (der aber eine dauernde und materiell bedeutsame Nichtzahlung verlangt); *Spindler,* in: MüKo-AktG, § 84 Rn. 202. Vgl. zur (teilweisen) Vorenthaltung der Dienstbezüge ggü. dem GmbH-Geschäftsführer als wichtigen Grund auch: BAG, Urt. v. 08.08.2002 – 8 AZR 574/011, NZG 2002, 1177, 1179; BGH, Urt. v. 19.10.1987 – II ZR 97/87, NJW-RR 1988, 352, 353

1038 So *Rieble/Schmittlein,* Vergütung von Vorständen, Rn. 343.

sind bei der Frage, ob ein Vorstandsmitglied seinen Anstellungsvertrag außerordentlich kündigen kann, stets zu berücksichtigen.[1039]

Das Vorliegen eines wichtigen Grundes i.S.d. § 626 Abs. 1 BGB ist deshalb stets zweistufig zu prüfen.[1040] Es muss sich zunächst um einen an sich wichtigen Grund handeln. Daneben muss aber auch die Interessenabwägung im Einzelfall ergeben, dass die Fortsetzung des Dienstverhältnisses bis zum Ablauf der ordentlichen Kündigungsfrist unzumutbar ist.

Dieser Grundsatz gilt auch bei einer rechtswidrigen Herabsetzung. Angesichts der Tatsache, dass dem Vorstandsmitglied die Gegenleistung für seine Dienste (zumindest teilweise) unberechtigt vorenthalten wird, ist die rechtswidrige Herabsetzung an sich geeignet, einen wichtigen Grund darzustellen. Denn es kann einem Vorstandsmitglied typischerweise nicht zugemutet werden, seine Dienste bis zum Ablauf der Kündigungsfrist weiter zur Verfügung zu stellen, wenn die Gesellschaft ihre Hauptleistungspflicht ungerechtfertigterweise nicht erfüllt. Das gilt umso mehr vor dem Hintergrund, dass zwischen Vorstandsmitgliedern und dem Aufsichtsrat ein besonderes Vertrauensverhältnis bestehen muss.[1041] Infolgedessen sind auch etwa die Anforderungen an den wichtigen Grund für eine Kündigung des Anstellungsvertrags vergleichsweise gering.[1042]

Aus demselben Grund ist auch die rechtswidrige Herabsetzung schon grundsätzlich geeignet, eine fristlose Kündigung durch das Vorstandsmitglied zu rechtfertigen. Aus dem besonderen Vertrauensverhältnis folgt außerdem, dass eine vorherige erfolglose Abmahnung und ein zeitlich oder betragsmäßig erheblicher Auszahlungsrückstand – anders als bei Arbeitnehmern[1043] – nicht erforderlich sind.

1039 *Kort* in: GK-AktG, § 84 Rn. 547; *Seibt,* in: K. Schmidt/Lutter, AktG, § 84 Rn. 72; *Spindler,* in: MüKo-AktG, § 84 Rn. 201.

1040 Vgl. die vom BAG entwickelte Rechtsprechung zur zweistufigen Prüfung der außerordentlichen Kündigung: BAG, Urt. v. 27.04.2006 – 2 AZR 386/05, BAGE 118, 104, 109; BAG, Urt. v. 07.07.2005 – 2 AZR 581/04, BAGE 115, 195, 199; BAG, Urt. v. 02.03.1989 – 2 AZR 280/88, NZA 1989, 755, 756; BAG Urt. v. 17.05.1984 – 2 AZR 3/83, NZA 1985, 91, 92. Der BGH wendet diese Grundsätze ebenso an, vgl. nur BGH, Urt. v. 19.10.1987 – II ZR 97/87, NJW-RR 1988, 352, 353; BGH, Urt. v. 29.01.2001 – II ZR 360/99, DStR 2001, 861, 862.

1041 Vgl. *Niemann,* in: ErfK Arbeitsrecht, BGB § 626 Rn. 11.

1042 *Niemann,* in: ErfK Arbeitsrecht, BGB § 626 Rn. 11; ähnlich *Thüsing,* in: Fleischer, Handbuch des Vorstandsrechts, § 5 Rn. 77.

1043 Vgl. BAG, Teilurt. v. 17.01.2002 – 2 AZR 494/00, NJOZ 2003, 1760, 1764; LAG Hamm, Urt. v. 29.09. 1999 – 18 Sa 118/99. Für die Kündigung durch einen

Bei der Abwägung im Einzelfall kann es dann ferner darauf ankommen, ob die Herabsetzung dem Grunde nach unberechtigt erfolgte oder sich nur ihrem Umfang nach als zu weitgehend erweist. Wenn die Herabsetzung erklärt wurde, ohne dass die tatbestandlichen Voraussetzungen vorlagen, ist dies regelmäßig ein Kriterium, das für eine Unzumutbarkeit spricht. Eine verhältnismäßig geringfügige Überschreitung der an sich zulässigen Kürzung wird hingegen weniger schwerwiegend zu beurteilen sein. Im Einzelfall wird ferner die noch verbleibende Restlaufzeit des Anstellungsvertrags relevant sein. Ist sie ohnehin verhältnismäßig kurz, erscheint es dem Vorstandsmitglied eher zumutbar, ihr Ende abzuwarten.

Des Weiteren ist im Rahmen der Interessenabwägung besonders zu berücksichtigen, ob der Aufsichtsrat die Herabsetzung in dem Wissen erklärte, dass ihre Voraussetzungen nicht vorlagen bzw. die neue Vergütungshöhe bewusst zu niedrig bestimmt hat. In diesem Fall handelte er in besonderem Maße treuwidrig, sodass das Beendigungsinteresse des Vorstandsmitglieds das Interesse der Gesellschaft an der Fortführung des Vertrages regelmäßig überwiegen wird.

(3) Ergebnis

Eine pauschale Antwort darauf, ob eine rechtswidrige Herabsetzung im Einzelfall einen wichtigen Grund darstellt, verbietet sich. Die rechtswidrige Herabsetzung ist zwar an sich geeignet, eine fristlose Kündigung zu rechtfertigen. Im konkreten Einzelfall ist sie aber nicht zwingend ausreichend. Eine rechtswidrige Herabsetzung bedeutet nicht automatisch, dass ein außerordentliches Kündigungsrecht nach § 626 Abs. 1 BGB besteht. In dieser Hinsicht ist dem vermittelnden Ansatz in der Literatur zuzustimmen.

Bezüglich des zwingenden Erfordernisses weiterer Umstände, die Herabsetzung besonders unbillig erscheinen lassen, erweist sich dieser Ansatz hingegen als zu weitgehend. Lediglich die vorzunehmende Interessenabwägung muss zugunsten des Vorstandsmitglieds ausfallen. Wenn im Zuge der Abwägung das Beendigungsinteresse des Vorstandsmitglieds das Interesse der Gesellschaft an der Fortführung des Anstellungsvertrags überwiegt, vermag die rechtswidrige Herabsetzung eine fristlose Kündigung nach § 626 Abs. 1 BGB zu rechtfertigen. Besondere Unbilligkeiten vonseiten der Gesellschaft sind dafür nicht in jedem Einzelfall zwingend erforderlich.

GmbH-Geschäftsführer offengelassen: BAG, Urt. v. 08.08.2002 – 8 AZR 574/011, NZG 2002, 1177, 1179.

III. Gerichtliche Kontrolle der Herabsetzungsentscheidung

Dem betroffenen Vorstandsmitglied steht schließlich offen, gerichtlich gegen die Kürzung seiner Vergütung vorzugehen, wenn es die Herabsetzung dem Grunde oder zumindest dem Umfang nach für rechtswidrig hält.

1. Passivlegitimation

Das Vorstandsmitglied hat seine Klage gegen die AG zu richten, die gemäß § 112 AktG durch den Aufsichtsrat vertreten wird.[1044]

2. Klageart

Bei einer rechtswidrigen Herabsetzung kommen prinzipiell mehrere Klagearten in Betracht. In der Literatur wird richtigerweise zuvörderst die Erhebung einer Leistungsklage erwogen.[1045] Des Weiteren soll aber auch eine Gestaltungsklage gerichtet auf richterliche Bestimmung der Vergütungshöhe zulässig sein.[1046] Vereinzelt wird auch eine Feststellungsklage für möglich gehalten.[1047]

In welchem Verhältnis die unterschiedlichen Klagearten zueinanderstehen, wurde in der Literatur allerdings bislang nicht hinreichend deutlich herausgearbeitet. So bleibt vor allem offen, ob es sich dabei um gleichwertige Alternativen handelt, zwischen denen das Vorstandsmitglied frei entscheiden kann. Im Folgenden wird daher detailliert auf die Möglichkeiten eingegangen und aufgezeigt, worin Unterschiede hinsichtlich des Prüfungsumfangs bestehen. Auf dieser Basis wird ausgearbeitet, welches Vorgehen einem Vorstandsmitglied regelmäßig zu empfehlen ist.

1044 *Kort* in: GK-AktG, § 87 Rn. 436; *Mertens/Cahn,* in: KK-AktG, § 87 Rn. 100; *Spindler,* in: MüKo-AktG, § 87 Rn. 215.

1045 *Fleischer,* in: Spindler/Stilz, AktG, § 87 Rn. 75; *Hüffer/Koch*, AktG, § 87 Rn. 61; *Kort* in: GK-AktG, § 87 Rn. 436; *Link,* in: Wachter, AktG, § 87 Rn. 54; *Mertens/Cahn,* in: KK-AktG, § 87 Rn. 100; *Ritter/Nehls,* in: MAH Aktienrecht, § 22 Rn. 203; *Oltmanns,* in: NK-AktR, § 87 Rn. 13; *Seibt,* in: K. Schmidt/Lutter, AktG, § 87 Rn. 20; *Spindler,* in: MüKo-AktG, § 87 Rn. 215; *Wiesner,* in: Münch. Hdb. GesR IV, § 21 Rn. 65;

1046 *Fleischer,* in: Spindler/Stilz, AktG, § 87 Rn. 75; *Hüffer/Koch*, AktG, § 87 Rn. 61; *Kort* in: GK-AktG, § 87 Rn. 436; *Mertens/Cahn,* in: KK-AktG, § 87 Rn. 100; *Oltmanns,* in: NK-AktR, § 87 Rn. 13 Fn. 42; *Seibt,* in: K. Schmidt/Lutter, AktG, § 87 Rn. 20; *Spindler,* in: MüKo-AktG, § 87 Rn. 215; *Wiesner,* in: Münch. Hdb. GesR IV, § 21 Rn. 65.

1047 *Mertens/Cahn,* in: KK-AktG, § 87 Rn. 100.

a) Gestaltungsklage

aa) Statthaftigkeit: Anwendbarkeit des § 315 Abs. 3 BGB

Die Gestaltungsklage führt zu einer unmittelbaren Änderung der materiellen Rechtslage durch Urteil. Sie ist nur dann statthaft, wenn sie ausdrücklich gesetzlich vorgesehen ist.[1048] Als Vorschrift, die im Falle der Vergütungsherabsetzung eine Gestaltungsklage zulässt, kommt § 315 Abs. 3 S. 2 BGB in Betracht.

Voraussetzung für die Ersetzung einer Leistungsbestimmung durch das Gericht nach § 315 Abs. 3 S. 2 BGB ist zunächst das Vorliegen eines Leistungsbestimmungsrechts. Nach hier vertretener Auffassung bestimmt der Aufsichtsrat im Falle einer Vergütungsherabsetzung die neue Vergütungshöhe innerhalb der Grenzen der Angemessenheit.[1049] Es besteht dabei ein gewisser Spielraum. Bei der erforderlichen Neubestimmung der neuen Vergütungshöhe übt er daher ein einseitiges Leistungsbestimmungsrecht nach § 315 Abs. 2 BGB aus.[1050]

Hält man eine Bandbreite von Vergütungshöhen für zulässig, kann daher auch eine Gestaltungsklage gemäß § 315 Abs. 3 S. 2 BGB statthaft sein. Unter der Prämisse, dass eine Bandbreite angemessener Vergütungshöhen besteht, muss das Gericht zunächst eine eigenständige Leistungsbestimmung treffen.

§ 315 Abs. 3 BGB gilt ferner zwar unmittelbar nur für Fälle der Leistungsbestimmung nach „billigem Ermessen", ist aber in Fällen eines anderen Bestimmungsmaßstabes entsprechend anwendbar.[1051] Bestimmungsmaßstab bei der Herabsetzung ist die Angemessenheit. Das Gericht ist bei der Leistungsbestimmung an diesen durch § 87 Abs. 2 AktG vorgeschriebenen Maßstab gebunden. Das Vorstandsmitglied kann somit im Falle einer Vergütungsherabsetzung entsprechend § 315 Abs. 3 S. 2 BGB vom Gericht die Bestimmung einer angemessenen Vergütung verlangen.

Der BGH geht hingegen davon aus, dass der Aufsichtsrat keine eigenständige Entscheidung über die Vergütungshöhe treffen kann, sondern rechtlich daran gebunden ist, die höchstmögliche noch angemessene Vergütung festzusetzen.[1052]

1048 *Becker-Eberhard,* in: MüKo-ZPO, Vor § 253, Rn. 28.

1049 Vgl. dazu oben Abschnitt I.III.3.

1050 *Fleischer,* in: Spindler/Stilz, AktG, § 87 Rn. 74; *Kort,* in: GK-AktG, § 87 Rn. 432; *Mertens/Cahn,* in: KK-AktG, § 87 Rn. 99; *Oetker,* ZHR 175 (2011), 527, 537; *Seibt,* in: K. Schmidt/Lutter, AktG, § 87 Rn. 19; *Spindler,* in: MüKo-AktG, § 87 Rn. 205; *Weber,* in: Hölters, AktG, § 87 Rn. 52; *Wiesner,* in: Münch. Hdb. GesR IV, § 21 Rn. 63.

1051 *Gehrlein,* in: BeckOK BGB, § 315 Rn. 20; *Grüneberg,* in: Palandt, BGB, § 315 Rn. 15; *Stadler,* in: Jauernig, BGB, § 315 BGB Rn. 12; *M. Wolf,* in: Soergel, BGB, § 315 Rn. 50; *Würdinger,* in: MüKo-BGB, § 315 Rn. 52.

1052 Vgl. zur Auffassung des BGH oben Abschnitt I.III.3.b)bb).

Konsequenz dieses Rechtsverständnisses ist, dass eine Gestaltungsklage nach § 315 Abs. 3 S. 2 BGB nicht statthaft ist. Denn nach dieser Auffassung kann schon kein Leistungsbestimmungsrecht bestehen. Kann der Leistungsumfang (hier: die neue Vergütungshöhe) durch objektive Beurteilung festgelegt werden, bleibt nämlich kein Raum für eine Anwendbarkeit des § 315 BGB.[1053] Demzufolge muss auch eine Ersatzbestimmung durch das Gericht von vornherein ausscheiden.

bb) Gerichtliche Überprüfung auf Herabsetzungsumfang beschränkt

Davon ausgehend, dass eine Gestaltungsklage statthaft ist, sollte sich das Vorstandsmitglied für ein direktes Vorgehen mittels Gestaltungsklage entsprechend § 315 Abs. 3 S. 2 BGB dennoch nur entscheiden, wenn es lediglich den erklärten Umfang der Herabsetzung angreifen möchte. Das folgt daraus, dass § 315 Abs. 3 S. 2 BGB an ein bestehendes Bestimmungsrecht anknüpft.

Dementsprechend setzt auch die gerichtliche Überprüfung der Ausübung dieses Bestimmungsrechts und ggf. Ersetzung der Bestimmung voraus, dass der Bestimmungsberechtigte die Leistung überhaupt einseitig bestimmen darf und ihm hierbei ein gewisser Spielraum zusteht.[1054]

Das Vorstandsmitglied kann vor diesem Hintergrund im Rahmen einer Gestaltungsklage daher nicht geltend machen, die Herabsetzungsvoraussetzungen hätten nicht vorgelegen. Ohne Vorliegen der Herabsetzungsvoraussetzungen würde es am Leistungsbestimmungsrecht fehlen. Ein Leistungsbestimmungsrecht des Aufsichtsrats ersteht nämlich erst dann, wenn die Voraussetzungen des § 87 Abs. 2 S. 1 AktG vorliegen. Der Gegenstand der gerichtlichen Überprüfung fiele damit weg. Dem Gericht bliebe dementsprechend auch nichts zu ersetzen.

Verlangt das Vorstandsmitglied eine gerichtliche Ersatzbestimmung, so setzt es daher implizit voraus, dass dem Aufsichtsrat ein Leistungsbestimmungsrecht zustand, er die Herabsetzung somit dem Grunde nach vornehmen durfte.

Daraus folgt, dass das Gericht im Rahmen einer Gestaltungsklage nur prüfen würde, ob der erklärte Umfang der Herabsetzung fehlerhaft war. Ein Vorstandsmitglied wird daher nur dann unmittelbar im Wege einer Gestaltungsklage vorgehen, wenn es der Ansicht ist, dass der Aufsichtsrat von seiner (unstreitig) bestehenden Herabsetzungsbefugnis exzessiv Gebrauch gemacht hat. Das

---

1053 *Grüneberg*, in: Palandt, BGB, § 315 Rn. 6; vgl. auch BGH, Urt. v. 25.11.2015 – VIII ZR 360/14, BGHZ 208, 52, 61.

1054 Vgl. BGH, Urt. v. 25.11.2015 – VIII ZR 360/14, BGHZ 208, 52, 61; BGH, Urt. v. 11.10.2006 – VIII ZR 270/05, NJW 2007, 210.

Gericht wird in diesem Fall den Umfang der Herabsetzung prüfen und erforderlichenfalls entsprechend § 315 Abs. 3 S. 2 BGB eine eigenständige Leistungsbestimmung hinsichtlich der Vergütungshöhe treffen.

cc) Eingriff in Entscheidungsspielraum des Aufsichtsrats?

Durch die gerichtliche Vergütungsfestsetzung entsteht kein Spannungsverhältnis zum bestehenden Entscheidungsspielraum des Aufsichtsrats[1055]. Dem Aufsichtsrat wird der Entscheidungsspielraum durch eine gerichtliche Überprüfung und ggf. erforderliche Ersatzbestimmung nicht geraubt. Denn die Leistungsbestimmung durch das Gericht ist stets nur subsidiär.[1056]

Eine Ersetzung der Entscheidung des Aufsichtsrats durch das Gericht erfolgt schließlich nur, wenn sich der Aufsichtsrat bereits außerhalb seines Entscheidungsspielraums bewegt. Bei der gerichtlichen Überprüfung der Entscheidung des Aufsichtsrats gilt der für § 315 Abs. 3 BGB anerkannte Grundsatz, dass die getroffene Bestimmung erst dann durch das Gericht zu ersetzen ist, wenn die durch das billige Ermessen bzw. den Leistungsbestimmungsmaßstab (hier: Angemessenheit) gezogenen Grenzen überschritten sind.[1057] Eine Ersatzbestimmung durch das Gericht kommt hingegen nicht schon dann in Betracht, wenn das Gericht eine andere Festsetzung für richtig(er) hält.[1058]

Bewegt sich die neu festgesetzte Vergütung innerhalb der Angemessenheit, bleibt es dem Gericht daher verwehrt, eine andere Vergütungshöhe zu bestimmen. Erweist sich die Bestimmung durch den Aufsichtsrat unter Zugrundelegung des Angemessenheitsmaßstabs jedoch als fehlerhaft, ist eine Korrektur der Entscheidung durch das Gericht gerechtfertigt und schränkt den Entscheidungsspielraum des Aufsichtsrats nicht übermäßig ein.

b) Leistungsklage

Anstelle einer unmittelbaren Gestaltungsklage kann das Vorstandsmitglied auf Leistung seiner ursprünglichen bzw. zumindest einer gegenüber der Neufestsetzung erhöhten Vergütung klagen.

1055 So aber kritisch *Spindler*, DB 2015, 908, 912.

1056 *M. Wolf*, in: Soergel, BGB, § 315 Rn. 52.

1057 BGH, Urt. v. 22.07.2014 – KZR 27/13, BGH NJW 2014, 3089, 3090; BGH, Urt. v. 19.05.2005 – I ZR 299/02, BGHZ 163, 119, 130.

1058 BGH, Urt. v. 22.07.2014 – KZR 27/13, BGH NJW 2014, 3089, 3090; BGH, Urt. v. 19.05.2005 – I ZR 299/02, BGHZ 163, 119, 130; *Würdinger*, in: MüKo-BGB, § 315 Rn. 52.

aa) Erster Schritt: Prüfung der Herabsetzungsvoraussetzungen

Regelmäßig wird das Vorstandsmitglied dabei schon das Vorliegen der Herabsetzungsvoraussetzungen infrage stellen. Kommt das Gericht zu dem Ergebnis, dass es an einer Verschlechterung der wirtschaftlichen Lage fehlt oder die Vergütungshöhe sich trotz Verschlechterung weiterhin als angemessen (und somit nicht „unbillig“[1059]) erweist, hat das Leistungsbegehren des klagenden Vorstandsmitglieds vollumfänglich Erfolg. Gleiches gilt im Übrigen, wenn sich schon die Herabsetzungserklärung als solche als unwirksam erweist. Das Gericht wird der Leistungsklage in diesen Fällen in vollem Umfang stattgeben. Eine eigenständige Entscheidung zur angemessenen Vergütungshöhe ist dann hinfällig.

bb) Zweiter Schritt: Prüfung des Herabsetzungsumfangs

Kommt das Gericht hingegen zu dem Ergebnis, dass die Herabsetzungsvoraussetzungen vorlagen, muss es in einem zweiten Schritt prüfen, ob eine angemessene Vergütung festgesetzt wurde. Der Umfang der Herabsetzung wird somit einer gerichtlichen Prüfung unterzogen. Die Bewertung der Vergütungshöhe als „angemessen“ liegt nämlich nicht im Ermessen des Aufsichtsrats und ist der gerichtlichen Kontrolle zugänglich. Gleichwohl steht dem Aufsichtsrat nach hier vertretener Ansicht innerhalb der Grenzen der Angemessenheit ein Entscheidungsspielraum zu.[1060] Die gerichtliche Kontrolle ist folglich auf die Einhaltung der gesetzlichen Grenze der Angemessenheit beschränkt. Der BGH hingegen geht davon aus, dass es nur eine richtige Vergütungshöhe geben kann.[1061] Nach dieser Auffassung hat das Gericht zu prüfen, ob der Aufsichtsrat die höchstmögliche, gerade noch angemessene Vergütungshöhe festgesetzt hat.

(1) Richtige Bestimmung durch den Aufsichtsrat

Gelangt das Gericht zu dem Ergebnis, dass der Aufsichtsrat eine (bzw. nach dem BGH: die einzig zulässige) angemessene Vergütung festgesetzt hat, wird das Gericht die Klage vollumfänglich abweisen.

(2) Zu weitgehende Kürzung

Schwieriger gestaltet sich indes der Fall einer zu weitgehenden Herabsetzung. Hier ist vor allem klärungsbedürftig, ob das Gericht befugt ist, die übermäßig

1059 Vgl. zur hier vertretenen Auffassung des Begriffs der Unbilligkeit Abschnitt G.V.
1060 Siehe dazu oben Abschnitt I.III.3.b)cc).
1061 Siehe dazu oben Abschnitt I.III.3.b)bb).

gekürzte Vergütung im Rahmen einer auf Leistung gerichteten Klage nach oben zu korrigieren.

(a) BGH: Vergütungsanpassung durch geltungserhaltende Reduktion

Nach Ansicht des BGH könne der Klage nicht in voller Höhe stattgegeben werden, wenn zwar der Herabsetzungstatbestand erfüllt gewesen sei, die Herabsetzung aber zu umfangreich ausgefallen sei.[1062] Sei die herabgesetzte Vergütungshöhe niedriger als der gerade noch billige Betrag, so soll das Gericht der Klage in Höhe des noch billigen Betrags stattgeben und sie im Übrigen abweisen.[1063]

Letztlich lässt sich in diesem vom BGH dargelegten Vorgehen eine geltungserhaltende Reduktion der Vergütungsentscheidung des Aufsichtsrats erblicken. Wenn das Gericht nämlich der Klage in Höhe des noch billigen Betrags stattgeben soll, passt es im Ergebnis die Herabsetzungsentscheidung des Aufsichtsrats inhaltlich an. Damit fordert der BGH im Grunde von dem erkennenden Gericht, eine Reduktion der Herabsetzung vorzunehmen. Auf diese Weise bleibt die Herabsetzungsentscheidung des Aufsichtsrats trotz ihrer Fehlerhaftigkeit (zum Teil) erhalten. Die Leistungsklage des Vorstandsmitglieds kann nicht in voller Höhe Erfolg haben. Eine eigenständige Leistungsbestimmung hat das Gericht nach diesem Verständnis gleichwohl nicht zu treffen. Das Gericht hat die objektiv richtige Vergütungshöhe lediglich zu ermitteln und den Herabsetzungsumfang auf das ermittelte zulässige Maß reduzieren. Da das Gericht nach dem Rechtsverständnis des BGH die Vergütungshöhe objektiv bestimmen kann, ist ein Vorgehen mittels geltungserhaltender Reduktion der Herabsetzungsentscheidung zumindest eine in sich schlüssige Möglichkeit, eine dem Grunde nach gerechtfertigte Herabsetzungsentscheidung aufrechtzuerhalten.

(b) Verdeckte Gestaltungsklage – richterliche Bestimmung entsprechend § 315 Abs. 3 BGB

Dem BGH ist jedenfalls von dem Ergebnis her zuzustimmen. Das Vorstandsmitglied kann keinen Anspruch auf Weiterzahlung seiner ursprünglichen Vergütung haben, wenn sich lediglich der Herabsetzungsumfang als fehlerhaft erweist, die Pflicht zur Herabsetzung aber bestand.

1062 BGH, Urt. v. 27.10.2015 – II ZR 296/14, BGHZ 207, 190 Rn. 46; im Anschluss daran auch *Weber*, in: Hölters, AktG, § 87 Rn. 54.

1063 BGH, Urt. v. 27.10.2015 – II ZR 296/14, BGHZ 207, 190 Rn. 46; *Weber*, in: Hölters, AktG, § 87 Rn. 54.

Nimmt man jedoch eine Bandbreite unterschiedlicher, aber gleichsam angemessener Vergütungshöhen an, so ist dieses Ergebnis jedoch nicht im Wege einer geltungserhaltenden Reduktion der Herabsetzungsentscheidung herzuleiten. Vielmehr muss das Gericht die fehlerhafte Leistungsbestimmung entsprechend § 315 Abs. 3 S. 2 BGB durch eine eigene ersetzen, wenn der Aufsichtsrat bei Ausübung seines Leistungsbestimmungsrechts die Grenzen der Angemessenheit nicht gewahrt.

Die eigene Leistungsbestimmung des Gerichts ist dabei ein aliud zur geltungserhaltenden Reduktion, denn das Gericht muss innerhalb einer Vielzahl möglich zulässiger Vergütungshöhen selbstständig über die konkrete Vergütungshöhe entscheiden.

Es handelt sich bei einer Klage des Vorstandsmitglieds auf Leistung seiner ursprünglichen Vergütung folglich um eine verdeckte Gestaltungsklage[1064] in entsprechender Anwendung des § 315 Abs. 3 S. 2 BGB. Das auf Leistungsbestimmung gerichtete Begehren bleibt im Falle einer Leistungsklage auf die volle vorherige Vergütung regelmäßig zunächst verdeckt. Das Gericht muss eine Leistungsbestimmung nämlich erst dann selbst vornehmen muss, wenn es zu dem Ergebnis gelangt, dass (1) die Herabsetzungsvoraussetzungen vorlagen und (2) die Herabsetzung ihrem Umfang nach nicht den gesetzlichen Anforderungen entsprach. Die Bestimmung der Leistung durch das Gericht muss dabei nicht besonders beantragt werden.[1065]

Erhebt das Vorstandsmitglied Leistungsklage und verlangt dabei seine ursprüngliche Vergütung, begehrt es damit implizit die umfängliche Überprüfung der Herabsetzungsentscheidung, sowohl dem Grunde nach als auch dem Umfang nach.

Wenn sich der Herabsetzungsumfang als fehlerhaft erweist, muss die Vergütungshöhe zwingend durch das Gericht bestimmt werden. Ohne die gerichtliche Bestimmung der Vergütungshöhe liefe das auf Zahlung gerichtete Leistungsbegehren leer. Es bliebe dann unklar, in welchem Umfang der Klage stattzugeben wäre bzw. in welchem Umfang sie abzuweisen wäre. Die Leistungsbestimmung

---

1064 Vgl. dazu *Rieble,* in: Staudinger, BGB, § 315 Rn. 492; *Rosenberg/Schwab/Gottwald,* ZPO, § 92 Rn. 11 f. Im Zusammenhang mit Leistungsklagen von Arbeitnehmern auf Bonuszahlungen, bei denen die Bestimmung der Zielerreichung im Ermessen des Arbeitgebers liegt auch *Riesenhuber/von Steinau-Steinrück,* NZA 2005, 785, 791.

1065 Vgl. *Würdinger,* in: MüKo-BGB, § 315 Rn. 51; *M. Wolf,* in: Soergel, BGB, § 315 Rn. 51; *Rosenberg/Schwab/Gottwald,* ZPO, § 92 Rn. 12. A.A. *Rieble,* in: Staudinger, BGB, § 315 Rn. 495; offengelassen durch BGH, Urt. v. 30.05. 2003 – V ZR 216/02, NJW-RR 2003, 1355, 1358.

durch das Gericht ist daher zwingend erforderlich, um über das Leistungsbegehren entscheiden zu können.

Das Gericht kann nach dem oben Gesagten eine übermäßige Herabsetzung korrigieren und selbst eine angemessene Vergütungshöhe bestimmen bzw. nach Verständnis des BGH die (einzig) richtige Vergütungshöhe ermitteln.

(3) Weitergehende Herabsetzung durch das Gericht?

Problematisch ist indes der Fall, wenn sich im Rahmen der gerichtlichen Überprüfung der Kürzungsumfang als zu geringfügig erweist. Das ist der Fall, wenn trotz erfolgter Herabsetzung weiterhin eine unangemessen hohe Vergütung gewährt wird. Hier käme prinzipiell ebenfalls eine ersetzende Leistungsbestimmung durch das Gericht in Betracht. Eine derartige Bestimmung wäre jedoch – anders als in dem soeben diskutierten Fall der zu weitgehenden Herabsetzung – für das klagende Vorstandsmitglied nachteilig.

(a) BGH: Verfahrensrechtliche Bedenken

Der BGH hat dieses Problem im Rahmen eines Obiter Dictums erstmalig aufgegriffen. Nach Ansicht des BGH kann das Gericht nicht über die vom Aufsichtsrat beschlossene Herabsetzung hinausgehen. Es sei dem Gericht „bei der Entscheidung über eine auf die volle – oder auf eine oberhalb des herabgesetzten Betrags liegende – Vergütung gerichtete Leistungsklage (…) aus verfahrensrechtlichen Gründen verwehrt, die Bezüge über den vom Aufsichtsrat beschlossenen Herabsetzungsbetrag zu mindern, selbst wenn die Vergütung nach den gesetzlichen Vorgaben noch weiter hätte herabgesetzt werden müssen“.[1066]

Die Auffassung des BGH erweist sich im Ergebnis als in sich schlüssig. Denn der BGH geht von einer reinen Leistungsklage ohne gleichzeitiges (verdecktes) Leistungsbestimmungsbegehren aus. Bei einer reinen Leistungsklage ist es dem erkennenden Gericht indes nicht möglich, über die Klageabweisung hinaus selbst eine rechtsgestaltende Bestimmung vorzunehmen. Konsequenterweise kommt eine weitergehende Herabsetzung nicht in Betracht.

1066 BGH, Urt. v. 27.10.2015 – II ZR 296/14, BGHZ 207, 190 Rn. 46; zustimmend *Spindler*, in: MüKo-AktG, § 87 Rn. 215.

(b) *Eigene Auffassung: Ersatzbestimmung zuungunsten des Vorstandsmitglieds möglich*

Nach hier vertretener Auffassung ist hingegen auch eine Ersatzbestimmung zuungunsten des Vorstandsmitglieds möglich. Geht man nämlich wie hier davon aus, dass das Gericht eine gänzlich neue und eigenständige Leistungsbestimmung zu treffen hat, folgt daraus, dass auch eine weitergehende Herabsetzung im Zuge der gerichtlichen Überprüfung möglich ist. Ein Verbot der reformatio in peius im Rahmen der Ersatzbestimmung besteht nicht.[1067]

Das Vorstandsmitglied muss sein Verlangen, die fehlerhafte Herabsetzung gerichtlich überprüfen lassen zu wollen, gegen sich gelten lassen. Die von ihm selbst begehrte gerichtliche Überprüfung der Herabsetzungsentscheidung kann dann auch ergeben, dass eine Entscheidungskorrektur zu seinen Ungunsten zu erfolgen hat. Das Vorstandsmitglied kann in dieser Konstellation nicht verlangen, dass eine Leistungsbestimmung durch das Gericht gänzlich unterbleiben soll. Denn die Bestimmungskompetenz des Gerichts tritt im Falle einer fehlerhaften Bestimmung der Vergütungshöhe an die Stelle der ursprünglichen Kompetenz des Aufsichtsrats.

Die ersetzende Bestimmung des Gerichts gilt ab dem ursprünglichen Bestimmungszeitpunkt[1068] des Aufsichtsrats.

c) *Feststellungsklage*

Weiterhin wäre es neben der Leistungs- bzw. Gestaltungsklage grundsätzlich denkbar, dass das Vorstandsmitglied auf Feststellung der Unwirksamkeit der Vergütungsherabsetzung klagt. Hierfür müsste allerdings nach § 256 Abs. 1 ZPO ein besonderes Feststellungsinteresse bestehen. An einem solchen Feststellungsinteresse fehlt es jedoch.[1069]

Die Feststellung ist subsidiär, wenn und soweit eine Leistungs- oder Gestaltungsklage erhoben werden kann. Wie eben gezeigt, besteht hier die Möglichkeit

---

1067 *Rieble,* in: Staudinger, BGB, § 315 Rn. 417, 505.

1068 Von einer Rückwirkung der gerichtlichen Ersatzbestimmung ausgehend: BGH, Urt. v. 19.01.1983 – VIII ZR 81/82, NJW 1983, 1777, 1778; *Würdinger,* in: MüKo-BGB, § 315 Rn. 52. A.A. *Rieble,* in: Staudinger, BGB, § 315 Rn. 403 ff. (nur bei Vereinbarung).

1069 *Kort* in: GK-AktG, § 87 Rn. 436; *Oltmanns,* in: NK-AktR, § 87 Rn. 13 Fn. 42; *Seibt,* in: K. Schmidt/Lutter, AktG, § 87 Rn. 20; *Spindler,* in: MüKo-AktG, § 87 Rn. 215; *Wiesner,* in: Münch. Hdb. GesR IV, § 21 Rn. 65. Am Feststellungsinteresse zweifelnd auch *Hüffer/Koch,* AktG, § 87 Rn. 61.

der Leistungs- bzw. Gestaltungsklage, sodass diese vorrangig sind.[1070] Die Möglichkeit einer Feststellungsklage lässt sich auch nicht damit begründen, dass die Gesellschaft bereits bei Feststellung der Unwirksamkeit die Bezüge nachzahlen würde[1071]. Davon kann nicht ohne Weiteres ausgegangen werden.

Die Bereitschaft sich schon einem bloßen Feststellungsurteil zu beugen, wird zwar regelmäßig bei Klagen gegen juristische Personen des öffentlichen Rechts angenommen.[1072] Bei Privaten kann jedoch nicht per se von einer ähnlichen Leistungsbereitschaft ausgegangen werden. Eine derartige Bereitschaft könnte man allenfalls annehmen, wenn sich die Aktiengesellschaft besonders verpflichtet hat, auch ein Feststellungsurteil zu befolgen.[1073] Ist ein solcher Sonderfall nicht dargelegt, ist eine Feststellungsklage unzulässig.

d) Fazit und empfohlenes Vorgehen

Das von einer Herabsetzung betroffene Vorstandsmitglied sollte regelmäßig im Wege einer Leistungsklage gegen die Kürzung seiner Vergütung vorgehen. Die Gestaltungsklage entsprechend § 315 Abs. 3 S. 2 BGB erlaubt nämlich allein eine umfangsmäßige Überprüfung der Herabsetzungsentscheidung. Sie ist damit nur sinnvoll, wenn die Herabsetzung dem Grunde nach nicht infrage gestellt werden soll. Nach dem Rechtsverständnis des BGH ist sie mangels eines Leistungsbestimmungsrechts hingegen schon gar nicht zulässig, sodass in der Praxis auch dann auf die Leistungsklage zurückzugreifen ist, wenn kein Streit über das Vorliegen der Herabsetzungsvoraussetzungen besteht.

Im Rahmen der Leistungsklage erfolgt eine Prüfung sowohl der Herabsetzungsvoraussetzungen als auch des Herabsetzungsumfangs. Erweist sich die Vergütungskürzung als dem Grunde nach zulässig, jedoch ihrem Umfang nach als übermäßig, kann das Vorstandsmitglied mit seiner Klage nur zum Teil Erfolg haben. Das Gericht wird den Herabsetzungsumfang durch eine eigene Entscheidung die Vergütung neu bestimmen bzw. nach Auffassung des BGH mittels geltungserhaltender Reduktion ermitteln.

Stellt das Gericht bei seiner Überprüfung fest, dass die Kürzung zu geringfügig ausgefallen ist, ist nach hier vertretener Auffassung eine weitergehende

---

1070 *Spindler,* in: MüKo-AktG, § 87 Rn. 215 (bzgl. Leistungsklage).

1071 So *Mertens/Cahn,* in: KK-AktG, § 87 Rn. 100.

1072 BGH, Urt. v. 09.06.1983 – III ZR 74/82, NJW 1984, 1118, 1119.

1073 Vgl. etwa BGH, Urt. vom 27.06.1995 – XI ZR 8/94, NJW 1995, 2221, 2222 (Zulässigkeit der Feststellungsklage wegen Einvernehmen der Parteien, die streitige Wirksamkeit der Sicherungsverträge durch Feststellungsklage klären zu lassen).

Kürzung zuungunsten des Vorstandsmitglieds möglich. Das Vorstandsmitglied riskiert bei einer gerichtlichen Prüfung somit unter Umständen eine weitere Verschlechterung seiner Vergütung. Das praktische Risiko ist demgegenüber jedoch wohl gering, da der BGH eine weitergehende Kürzung für verfahrensrechtlich unzulässig hält.

Eine Feststellungsklage ist aufgrund des Vorrangs der Leistungs- bzw. Gestaltungsklage unzulässig.

3. Darlegungs- und Beweislast

Wehrt sich ein Vorstandsmitglied gerichtlich gegen die Herabsetzung, so muss die Gesellschaft darlegen und beweisen, dass die Tatbestandsvoraussetzungen zum Zeitpunkt der Herabsetzungsentscheidung vorlagen und die neu festgesetzte Höhe den gesetzlichen Vorgaben entspricht.[1074]

Geht man mit dem BGH und Teilen des Schrifttums davon aus, dass persönliche Verhältnisse des Vorstandsmitglieds im Rahmen der Herabsetzungsentscheidung zu berücksichtigen sind,[1075] trägt es diesbezüglich eine sekundäre Darlegungslast.[1076]

IV. Verhältnis von Kündigung und gerichtlicher Kontrolle

Im Zusammenhang mit einem klageweisen Vorgehen des Vorstandsmitglieds ist schließlich zu klären, wie sich eine Klageerhebung auf den Lauf der Kündigungsfrist des § 82 Abs. 2 S. 3 AktG auswirkt. Klagt das Vorstandsmitglied gegen die Kürzung seiner Bezüge, beginnt die Kündigungsfrist erst zu laufen, wenn eine rechtskräftige Entscheidung ergangen ist.[1077] Die Klage muss allerdings innerhalb der Kündigungsfrist erhoben werden.[1078] Läuft die Kündigungsfrist

1074 BGH, Urt. v. 27.10.2015 – II ZR 296/14, BGHZ 207, 190 Rn. 48; *Weber*, in: Hölters, AktG, § 87 Rn. 53.

1075 Vgl. oben Abschnitt G.IV.1.

1076 BGH, Urt. v. 27.10.2015 – II ZR 296/14, BGHZ 207, 190 Rn. 48; *Weber*, in: Hölters, AktG, § 87 Rn. 53.

1077 *Dauner-Lieb*, in: Henssler/Strohn, Gesellschaftsrecht, § 87 AktG Rn. 44; *Fleischer*, in: Spindler/Stilz, AktG, § 87 Rn. 76; *Hüffer/Koch*, AktG, § 87 Rn. 63; *Link*, in: Wachter, AktG, § 87 Rn. 54; *Mertens/Cahn*, in: KK-AktG, § 87 Rn. 108; *Oltmanns*, in: NK-AktR, § 87 Rn. 15; *Schwennicke*, in: Grigoleit, AktG, § 87 Rn. 48; *Seibt*, in: K. Schmidt/Lutter, AktG, § 87 Rn. 21; *Spindler*, in: MüKo-AktG, § 87 Rn. 219; *Weber*, in: Hölters, AktG, § 87 Rn. 59.

1078 *Dauner-Lieb*, in: Henssler/Strohn, Gesellschaftsrecht, § 87 AktG Rn. 44; *Fleischer*, in: Spindler/Stilz, AktG, § 87 Rn. 76; *Hüffer/Koch*, AktG, § 87 Rn. 63; *Link*,

vor Klageerhebung ab, hindert das Vorstandsmitglied aber lediglich daran, zu einem späteren Zeitpunkt zu kündigen, falls sich die Herabsetzung als rechtmäßig erweist. Ein gerichtliches Vorgehen gegen die Herabsetzung bleibt hingegen auch nach Ablauf der Kündigungsfrist möglich.[1079]

Auf die Kündigungsfrist kommt es im Übrigen ohnehin nur dann an, wenn das Gericht zu dem Ergebnis kommt, dass die Herabsetzung tatsächlich eingetreten ist.[1080] Andernfalls besteht nämlich ohnehin kein Kündigungsrecht nach § 87 Abs. 2 S. 4 AktG, da dieses gerade den Eintritt der Herabsetzung kompensieren soll.[1081] Erklärt das Vorstandsmitglied hingegen noch während des gerichtlichen Verfahrens die Kündigung nach § 87 Abs. 2 S. 4 AktG, so wird die Klage gegenstandslos.[1082] Das Vorstandsmitglied macht mit der Kündigung nämlich deutlich, dass es die Herabsetzung für berechtigt hält.

In Fällen einer fristlosen Kündigung nach § 626 Abs. 1 BGB wird das Vorstandsmitglied die rechtskräftige Entscheidung über die Rechtswidrigkeit der Herabsetzung jedoch nicht abwarten können, bevor es die Kündigung erklärt. Ein Abwarten würde nämlich die Unzumutbarkeit der Fortsetzung des Dienstverhältnisses und das Erfordernis der sofortigen Beendigung widerlegen.

V. Zusammenfassung/Ergebnis

Das von einer Kürzung seiner Vergütung betroffene Vorstandsmitglied kann durch bloße Hinnahme, Kündigung oder Klage auf die Herabsetzung seiner Vergütung reagieren. Im Einzelnen bestehen jedoch Unterschiede in Abhängigkeit davon, ob die Herabsetzung rechtmäßig oder rechtswidrig erfolgte.

Im Unterschied zur rechtmäßigen Herabsetzung führt die Hinnahme einer schon dem Grunde nach rechtswidrigen Herabsetzung nicht zu einer unmittelbaren Änderung der Vergütungsvereinbarung. In der bloßen Hinnahme einer dem Grunde nach rechtswidrigen Herabsetzung kommt nämlich der Wille, eine Änderung der Vergütungsvereinbarung herbeizuführen, nicht zum Ausdruck. Um eine Modifikation seiner Vergütung durch eine unberechtigte Herabsetzung zu verhindern, muss das betroffene Vorstandsmitglied der Herabsetzung nicht

---

in: Wachter, AktG, § 87 Rn. 54; *Mertens/Cahn,* in: KK-AktG, § 87 Rn. 108; *Oltmanns,* in: NK-AktR, § 87 Rn. 15; *Seibt,* in: K. Schmidt/Lutter, AktG, § 87 Rn. 21; *Weber,* in: Hölters, AktG, § 87 Rn. 59.

1079 *Kort* in: GK-AktG, § 87 Rn. 479.

1080 Vgl. *Kort* in: GK-AktG, § 87 Rn. 477.

1081 *Kort* in: GK-AktG, § 87 Rn. 477.

1082 *Kort* in: GK-AktG, § 87 Rn. 478.

aktiv widersprechen. Es bleibt dem Vorstandmitglied unbenommen, die zu wenig gezahlte Vergütung rückwirkend zu einem späteren Zeitpunkt einzufordern.

Eine bloß zu weitgehende Herabsetzung ändert die Vergütungsvereinbarung nur, soweit sie im berechtigten Umfang erfolgte, nicht jedoch darüber hinaus. Die zutreffende Vergütungshöhe ist im gerichtlichen Verfahren zu ermitteln.

Das Vorstandsmitglied kann sein in § 87 Abs. 2 S. 4 AktG eingeräumtes Sonderkündigungsrecht im Falle ausüben, wenn tatsächlich eine Herabsetzung seiner Vergütung eingetreten ist. Bei einer schon dem Grunde nach rechtswidrigen Herabsetzung steht ihm daher kein Sonderkündigungsrecht zu. Dies ergibt sich daraus, dass das Kündigungsrecht einen Ausgleich für die ungewollte Änderung der Vergütungshöhe darstellen soll. Eine unmittelbare Modifikation der Vergütungsvereinbarung kann jedoch nur Folge einer zumindest dem Grunde nach berechtigten Herabsetzung sein.

Um im Einzelfall einen unverhältnismäßigen Entscheidungsdruck auf das Vorstandsmitglied zu vermeiden, ist die Kündigungsfrist von sechs Wochen zum Ende des nächsten Kalendervierteljahres dahin gehend zu verstehen, dass (1) dem Vorstandsmitglied eine Überlegungsfrist von (mindestens) sechs Wochen eingeräumt werden muss und (2) die Kündigung spätestens sechs Wochen vor Quartalsende zu erklären ist. Bei Überschreitung des Quartalsendes infolge der sechswöchigen Überlegungsfrist ist das Ende des folgenden Quartals maßgeblicher Beendigungszeitpunkt.

Eine rechtswidrige Herabsetzung ermöglicht grundsätzlich eine außerordentliche Kündigung nach § 626 Abs. 1 BGB. Dazu muss im Einzelfall das Beendigungsinteresse des Vorstandsmitglieds das Interesse der Gesellschaft an der Fortführung des Anstellungsvertrags überwiegen. Hierfür ist das Vorliegen einer besonderen Unbilligkeit jedoch nicht erforderlich.

Das Vorstandsmitglied kann im Wege der Gestaltungs- oder der Leistungsklage gegen eine rechtswidrige Herabsetzung gegen die Gesellschaft, nach § 112 AktG vertreten durch den Aufsichtsrat, vorgehen. Eine Feststellungsklage ist aufgrund ihrer Subsidiarität unzulässig.

Eine Gestaltungsklage entsprechend § 315 Abs. 3 S. 2 BGB erlaubt jedoch nur eine umfangsmäßige Überprüfung der Herabsetzungsentscheidung. Unter der Prämisse des BGH, wonach kein Spielraum bei der Bestimmung der Vergütungshöhe besteht, ist sie mangels Leistungsbestimmungsrechts hingegen bereits unstatthaft.

Im Falle der Leistungsklage prüft das Gericht zweistufig. Auf erster Stufe überprüft es das Vorliegen der Herabsetzungsvoraussetzungen. Falls diese vorlagen, überprüft es auf zweiter Stufe auch den Herabsetzungsumfang. Erweist sich die Herabsetzung umfangmäßig als zu weitgehend, kann das betroffene

Vorstandsmitglied nur teilweise obsiegen. Überdies ist bei zu geringfügiger Kürzung nach hier vertretener Auffassung wegen der durch das Gericht zu treffenden Ersatzbestimmung sogar eine weitergehende Herabsetzung zuungunsten des Vorstandsmitglieds möglich.

Bei einem gerichtlichen Vorgehen des Vorstandsmitglieds beginnt der Lauf der Kündigungsfrist erst, wenn eine rechtskräftige Entscheidung ergangen ist. Will das Vorstandsmitglied sich die Möglichkeit der Kündigung vorbehalten, muss es die Klage aber innerhalb der Kündigungsfrist erheben. Bei einer Kündigung nach § 87 Abs. 2 S. 4 AktG während des laufenden Verfahrens wird die Klage gegenstandslos.

M. Haftungsrechtliche Konsequenzen bei Verstößen gegen § 87 Abs. 2 AktG

Im nun folgenden Abschnitt geht es um die haftungsrechtlichen Folgen von Verstößen gegen § 87 Abs. 2 AktG. Etwaige Verstöße gegen § 87 Abs. 2 AktG können darin liegen, dass eine Herabsetzung fehlerhaft erfolgte oder gänzlich unterblieben ist. Ebenso kann eine durchgeführte Herabsetzung aber rechtswidrig sein, weil sie bereits dem Grunde nach nicht hätte erfolgen dürfen oder aber jedenfalls nicht in dem erfolgten Umfang.

Bei der Prüfung der haftungsrechtlichen Sachlage ist zu unterscheiden zwischen der Haftung des Aufsichtsrats einerseits (dazu unter Abschnitt I.), und der Haftung des Vorstands andererseits (dazu unter Abschnitt II.).

I. Haftung des Aufsichtsrats

Hinsichtlich einer potentiellen Haftung des Aufsichtsrats ist zu differenzieren zwischen dem Fall einer Haftung gegenüber der Gesellschaft im Falle einer umfangmäßig zu geringfügigen oder gänzlich unterbliebener Herabsetzung auf der einen Seite (dazu unter Abschnitt 1.) sowie einer schon dem Grunde nach rechtswidrigen oder ihrem Umfang zu weitgehenden Herabsetzung (dazu unter Abschnitt 2.) auf der anderen Seite.

1. Schadensersatzpflicht nach §§ 116 S. 1, 93 Abs. 2 AktG bei unterlassener oder zu geringfügiger Herabsetzung

Die Frage nach der Haftung des Aufsichtsrats gewinnt insbesondere vor dem Hintergrund, dass jedenfalls der BGH dem Aufsichtsrat keinen Beurteilungsspielraum bei der Bestimmung der fortan zu gewährenden Vergütung zugestehen will, besondere Relevanz. Denn unter dieser Prämisse sind Verstöße deutlich wahrscheinlicher als bei der Annahme eines Beurteilungsspielraums.

a) Verstoß gegen § 87 Abs. 2 AktG als Sorgfaltspflichtverletzung

Die Unterlassung einer gesetzlich gebotenen Herabsetzung kann eine Schadensersatzpflicht nach §§ 116 S. 1, 93 Abs. 2 AktG begründen.[1083] Zwar erwähnt

---

1083 *Annuß/Theusinger*, BB 2009, 2434, 2440; *Bauer/Arnold*, AG 2009, 717, 730; *Dauner-Lieb*, in: Henssler/Strohn, Gesellschaftsrecht, § 87 AktG Rn. 41; *Diller*, NZG 2009,

§ 116 S. 3 AktG im Zusammenhang mit Vergütungsentscheidungen des Aufsichtsrats ausdrücklich lediglich die Festsetzung einer unangemessenen Vergütung und damit einen Verstoß gegen § 87 Abs. 1 AktG als Pflichtverletzung. Daraus lässt sich aber im Umkehrschluss nicht herleiten, dass ein pflichtwidriges Unterlassen der Herabsetzung keine Schadensersatzpflicht der Aufsichtsratsmitglieder auslösen kann.[1084] Die explizite Erwähnung der unangemessenen Festsetzung in § 116 S. 3 AktG ist lediglich exemplarischer Natur.[1085] Sie wäre für eine Haftungsauslösung nicht notwendig; ihr kommt insofern nur klarstellende Bedeutung zu.[1086] Weitere mögliche pflichtverletzende Handlungen – wie etwa die unterlassene Herabsetzung – werden durch § 116 S. 3 AktG folglich nicht ausgeschlossen.

Unterbleibt die gesetzlich angeordnete Herabsetzung oder fällt sie umfangmäßig zu geringfügig aus, sodass der neu festgesetzte Betrag nicht angemessen ist, verstößt der Aufsichtsrat gegen eine gesetzliche Pflicht. Bei einem Verstoß gegen § 87 Abs. 2 AktG handelt es sich daher um einen Verstoß gegen eine Sorgfaltspflicht im Sinne der §§ 116 S. 1, 93 Abs. 1 S. 1 AktG.[1087]

1006, 1009; *Drygala* in: K. Schmidt/Lutter, AktG, § 116 Rn. 42; *Gaul/Janz*, NZA 2009, 809, 814; *Habersack*, in: MüKo-AktG § 116 Rn. 45; *Hoffmann-Becking/Krieger*, NZG-Beil. H. 26 2009, 1, 10; *Ihrig/Wandt/Wittgens*, ZIP 2012, Beilage zu Heft 40, S. 30; *van Kann/Keiluweit*, DStR 2009, 1587, 1591; *Keiser*, RdA 2010, 280, 281 f.; *Kort* in: GK-AktG, § 87 Rn. 443; *Mertens/Cahn*, in: KK-AktG, § 87 Rn. 103; *Oetker*, ZHR 175 (2011), 527, 548; *Oltmanns*, in: NK-AktR, § 87 Rn. 13; *Rieble/Schmittlein*, Vergütung von Vorständen, Rn. 394; *Schwennicke*, in: Grigoleit, AktG, § 87 Rn. 41; *Waldenberger/Kaufmann*, BB 2010, 2257, 2262.

1084 *Annuß/Theusinger*, BB 2009, 2434, 2440; *Bauer/Arnold*, AG 2009, 717, 730 f.; *Diller*, NZG 2009, 1006, 1009; *Habersack*, in: MüKo-AktG § 116 Rn. 45; *Hüffer/Koch*, AktG, § 116 Rn. 18; *Kort* in: GK-AktG, § 87 Rn. 443; *Oetker*, ZHR 175 (2011), 527, 548.

1085 *Diller*, NZG 2009, 1006, 1009; *Waldenberger/Kaufmann*, BB 2010, 2257, 2262.

1086 *Annuß/Theusinger*, BB 2009, 2434, 2440; *Drygala* in: K. Schmidt/Lutter, AktG, § 116 Rn. 61; *Habersack*, in: MüKo-AktG § 116 Rn. 45; *Hüffer/Koch*, AktG, § 116 Rn. 18; *van Kann/Keiluweit*, DStR 2009, 1587, 1591; *Mertens/Cahn*, in: KK-AktG, § 116 Rn. 76; *Spindler*, AG 2011, 725; *Waldenberger/Kaufmann*, BB 2010, 2257, 2262.

1087 *Drygala* in: K. Schmidt/Lutter, AktG, § 116 Rn. 61; *Keiser*, RdA 2010, 280, 282.

b) Verschulden

Eine Haftung der Aufsichtsratsmitglieder nach §§ 116 S. 1, § 93 Abs. 2 AktG setzt neben einer pflichtwidrigen Handlung ferner Verschulden voraus.[1088] Gesetzlicher Verschuldensmaßstab ist dabei die Sorgfalt eines ordentlichen und gewissenhaften Aufsichtsratsmitglieds. Regelmäßig indiziert der Pflichtenverstoß das Verschulden.[1089] Infolge der in §§ 116 S. 1, 93 Abs. 2 S. 2 AktG enthaltenen Beweislastumkehr obliegt es den Aufsichtsratsmitgliedern, sich hinsichtlich ihres Verschuldens zu entlasten.[1090]

Im Rahmen der Prüfung des Verschuldens ist jedoch besonders zu berücksichtigen, dass sowohl bei den Herabsetzungsvoraussetzungen als auch auf Rechtsfolgenseite, wonach eine angemessene Vergütung festzusetzen ist, unbestimmte Rechtsbegriffe verwendet werden. Den damit einhergehenden Unsicherheiten ist auf Verschuldensebene Rechnung zu tragen. Aus diesem Grund muss eine Verschiebung des Verschuldensmaßstabs hin zu lediglich grober Fahrlässigkeit und Vorsatz erfolgen. Mit Blick auf die bestehende Beweislastumkehr bedeutet dieser modifizierte Verschuldensmaßstab, dass schon der Nachweis einer leichten bzw. normalen Fahrlässigkeit durch die Aufsichtsratsmitglieder genügt, um sich zu entlasten. Dem Aufsichtsrat ist auch aus diesem Grund eine sorgfältige Dokumentation seiner Entscheidung anzuraten.[1091] Unterlässt er es bereits, die mögliche Erforderlichkeit einer Herabsetzung überhaupt zu prüfen, wird eine Entlastung schwerlich gelingen.[1092] Denn ein derartiges Verhalten ist als grob fahrlässig zu bezeichnen. Wird beispielsweise aus Unterlagen deutlich, dass der Aufsichtsrat das Vorliegen der Voraussetzungen erkannt hat und er dennoch von einer Herabsetzung abgesehen hat, ist regelmäßig sogar Vorsatz anzunehmen.[1093]

1088 *Drygala* in: K. Schmidt/Lutter, AktG, § 116 Rn. 42; *Habersack*, in: MüKo-AktG § 116 Rn. 75; *Spindler*, in: Spindler/Stilz, AktG, § 116 Rn. 132.

1089 *Habersack*, in: MüKo-AktG, § 116 Rn. 75; *Keiser*, RdA 2010, 280, 285; *Spindler*, in: Spindler/Stilz, AktG, § 116 Rn. 132.

1090 *Drygala* in: K. Schmidt/Lutter, AktG, § 116 Rn. 50; *Hüffer/Koch*, AktG, § 116 Rn. 15; *Spindler*, in: Spindler/Stilz, AktG, § 116 Rn. 135.

1091 Vgl. auch *Gaul/Janz*, NZA 2009, 809, 814; *Waldenberger/Kaufmann*, BB 2010, 2257, 2263.

1092 In diese Richtung auch *Oetker*, ZHR 175 (2011), 527, 549.

1093 *Waldenberger/Kaufmann*, BB 2010, 2257, 2263.

c) Schadenshöhe

Die Schadenshöhe bei unterlassener Herabsetzung ermittelt sich nach den allgemeinen Grundsätzen der §§ 249 ff. BGB.[1094] In der Regel wird sich der Schaden aus der Differenz zwischen der weitergewährten, nicht herabgesetzten Vergütung und der infolge der Lageverschlechterung nunmehr angemessenen Vergütung bemessen.[1095] Im Falle einer zu geringfügigen Herabsetzung bestimmt sich die Schadenshöhe ebenso nach der Differenz zu der angemessenen Vergütung.

2. Schadensersatzpflicht bei unberechtigter bzw. zu weitgehender Herabsetzung

a) Haftung gegenüber der Gesellschaft (§§ 116 S. 1, 93 Abs. 2 S. 1 AktG)

Der Aufsichtsrat kann sich ebenso im Falle einer schon dem Grunde nach rechtswidrigen bzw. zu weitgehenden Herabsetzung gegenüber der Gesellschaft nach §§ 116, 93 Abs. 2 AktG schadensersatzpflichtig machen.[1096]

Durch eine rechtswidrige Herabsetzung verletzt der Aufsichtsrat seine vertraglichen Pflichten gegenüber dem betroffenen Vorstandsmitglied.[1097] Eine Herabsetzung, die die gesetzlichen Vorgaben des § 87 Abs. 2 AktG nicht einhält, stellt daher ebenfalls eine Sorgfaltspflichtverletzung des Aufsichtsrats dar. Ohne Vorliegen der Herabsetzungsvoraussetzungen, fehlt es nämlich – wenn vertraglich nicht anderes vereinbart wurde – bereits an einer rechtlichen Grundlage für die einseitige Änderung der Vergütungshöhe.[1098] Gleiches gilt für die umfangmäßig zu weitgehende Herabsetzung. Eine solche steht nicht im Einklang mit der gesetzlich angeordneten Rechtsfolge und ist daher nicht von der gesetzlichen Ermächtigungsgrundlage gedeckt.

Gleichwohl entsteht der Gesellschaft durch eine dem Grunde nach unberechtigte bzw. zu weitgehende Herabsetzung regelmäßig kein Schaden.[1099] In Betracht kommen vor allem Verfahrenskosten, die der Gesellschaft infolge des

---

1094 *Waldenberger/Kaufmann*, BB 2010, 2257, 2263.

1095 *Keiser*, RdA 2010, 280, 285; *Kort* in: GK-AktG, § 87 Rn. 348; *Spindler*, AG 2011, 725, 727; *Waldenberger/Kaufmann*, BB 2010, 2257, 2263.

1096 *Kort* in: GK-AktG, § 87 Rn. 444; *Oetker*, ZHR 175 (2011), 527, 550; *Waldenberger/Kaufmann*, BB 2010, 2257, 2263.

1097 *Waldenberger/Kaufmann*, BB 2010, 2257, 2263.

1098 *Waldenberger/Kaufmann*, BB 2010, 2257, 2263.

1099 *Kort* in: GK-AktG, § 87 Rn. 444.

gerichtlichen Vorgehens des Vorstandsmitglieds gegen die fehlerhafte Herabsetzungsentscheidung entstanden sind.[1100]

b) Haftung gegenüber betroffenen Vorstandsmitgliedern

Außerdem kommt eine vertragliche Haftung der Gesellschaft gegenüber dem betroffenen Vorstandsmitglied und damit auch ein darauf beruhender Regressanspruch der Gesellschaft gegen die Aufsichtsratsmitglieder in Betracht. Hier ist aber insbesondere zu beachten, dass die Vergütungsvereinbarung durch eine dem Grunde nach rechtswidrige Herabsetzung schon gar nicht modifiziert wird. Der Anspruch des Vorstandsmitglieds auf seine Vergütung bleibt unverändert bestehen, sodass dem Vorstandsmitglied in der Regel kein Schaden entsteht.[1101]

Etwaige Schadensersatzansprüche der Gesellschaft gegen den Aufsichtsrat könnten sich aber infolge von Verfahrenskosten der Gesellschaft aus einem Rechtsstreit mit dem Vorstandsmitglied über die Höhe der zu gewährenden Vergütung ergeben.

II. Haftung des Vorstandsmitglieds?

Es stellt sich weiterhin die Frage, ob Vorstandsmitglieder gegenüber der Gesellschaft unter Umständen ebenfalls für die Zahlung einer überhöhten Vergütung haften können. Vorstandsmitglieder könnten sich nämlich bei Vorliegen der Herabsetzungsvoraussetzungen durch die fortwährende Entgegennahme ihrer ursprünglichen Vergütung gegenüber der Gesellschaft schadensersatzpflichtig machen.

1. Vereinbarung und Entgegennahme überhöhter Vergütung als Pflichtverletzung

Eine Haftung kommt jedoch nur dann in Betracht, wenn die anhaltende Entgegennahme der unveränderten Vergütung trotz Vorliegen der Voraussetzungen des § 87 Abs. 2 AktG eine Pflichtverletzung gegenüber der Gesellschaft darstellt. Eine Auseinandersetzung mit dieser Frage erfolgte bislang nicht. Allerdings werden im Zusammenhang mit § 87 Abs. 1 AktG mögliche haftungsrechtliche Konsequenzen einer überhöhten Vergütung aufseiten des Vorstandsmitglieds diskutiert. Die in diesem Rahmen diskutierten Ansätze werden nachfolgend

1100 *Waldenberger/Kaufmann*, BB 2010, 2257, 2263.

1101 *Kort* in: GK-AktG, § 87 Rn. 444; *Oetker*, ZHR 175 (2011), 527, 550.

dargestellt. Sodann wird überprüft, ob sich diese Grundsätze auf den Fall der erst infolge der Lageverschlechterung überhöhten Vergütung übertragen lassen.

a) Vereinbarung überhöhter Bezüge

Vereinbart der Aufsichtsrat mit dem Vorstandsmitglied eine Vergütung, die nicht „angemessen" im Sinne des § 87 Abs. 1 AktG ist, so sind die Rechtsfolgen sehr umstritten[1102]. Lediglich vereinzelt wird eine Nichtigkeit nach § 134 BGB angenommen.[1103] Überwiegend wird jedoch die Auffassung vertreten, dass es sich bei § 87 Abs. 1 AktG nicht um ein Verbotsgesetz handele.[1104] Eine Nichtigkeit soll nur in besonderen Einzelfällen wegen Verstoßes gegen die guten Sitten nach § 138 BGB infrage kommen.[1105] Neuere Ansätze erkennen in der Vereinbarung überhöhter Bezüge unter bestimmten Umständen einen Missbrauch der Vertretungsmacht des Aufsichtsrats.[1106] Da hier allein haftungsrechtliche Fragen im Vordergrund stehen sollen, sind die vorgenannten Überlegungen und Streitpunkte letztlich nicht weiterführend. Es wird an dieser Stelle daher auf eine vertiefende Auseinandersetzung verzichtet.

1102 Übersichtlich zu den (denkbaren) Rechtsfolgen bei unangemessen hoher Vergütung: *Kort*, DStR 2007, 1127.

1103 *Säcker/Stenzel*, JZ 2006, 1151, 1152 ff.; *Oltmanns*, in: NK-AktR, § 87 Rn. 6.

1104 *Brandes*, ZIP 2013, 1107, 1109; *Drygala*, in: FS Uwe H. Schneider, S. 275, 283; *Hüffer/Koch*, AktG, § 87 Rn. 45; *Kort* in: GK-AktG, § 87 Rn. 331 f.; *Kort*, DStR 2007, 1127 f.; *Fleischer*, DStR 2005, 1318, 1322; *Mertens/Cahn*, in: KK-AktG, § 87 Rn. 5; *Schwennicke*, in: Grigoleit, AktG, § 87 Rn. 30; *Seibt* in: K. Schmidt/Lutter, AktG, § 87 Rn. 17; *Spindler*, in: MüKo-AktG, § 87 Rn. 142; *ders.*, DStR 2004, 36, 42; *Ziemons*, in: FS Huber, S. 1035, 1046.

1105 *Fleischer*, DStR 2005, 1318, 1322; *Hoffmann-Becking*, NZG 1999, 797, 798; *Hüffer/Koch*, AktG, § 87 Rn. 45; *Kort* in: GK-AktG, § 87 Rn. 333; *ders.*, DStR 2007, 1127, 1129; *Langenbucher*, in: FS Huber, S. 861, 862; *Mertens/Cahn*, in: KK-AktG, § 87 Rn. 5; *Schwark*, in: FS Raiser, S. 377, 394; *Schwennicke*, in: Grigoleit, AktG, § 87 Rn. 30; *Spindler*, in: MüKo-AktG, § 87 Rn. 142; *ders.*, DStR 2004, 36, 42; *Weber*, in: Hölters, AktG, § 87 Rn. 46.

1106 LG Essen, Urt. v. 09.09.2013 – 44 O 164/10, BeckRS 2014, 22313; *Brandes*, ZIP 2013, 1107, 1109; *Drygala*, in: FS Uwe H. Schneider, S. 275, 291 f.; *Hüffer/Koch*, AktG, § 87 Rn. 45; *Langenbucher*, in: FS Huber, S. 861, 863 ff.; *Martens*, ZHR 169 (2005), 124, 135 f.; *Peltzer*, in: FS Lutter, S. 571, 579 f.; *Spindler*, AG 2011, 725, 729 f. Kritisch: *Kort* in: GK-AktG, § 87 Rn. 335 f. Zu den umstrittenen Rechtsfolgen dieses Ansatzes: *Kort*, DStR 2007, 1127, 1131.

aa) Begünstigtes Vorstandsmitglied

Von Interesse ist jedoch, dass für die Vereinbarung einer überhöhten Vergütung unter Verstoß gegen § 87 Abs. 1 AktG auch eine Schadensersatzpflicht der Vorstandsmitglieder diskutiert wird. Größtenteils wird dabei angenommen, dass sich das Vorstandsmitglied, das sich unangemessen hohe Bezüge einräumen lässt, gegenüber der Gesellschaft nach § 93 Abs. 2 AktG schadensersatzpflichtig mache.[1107] Andere hingegen nehmen eine Schadensersatzpflicht des Vorstandsmitglieds nur in Ausnahmefällen an, etwa wenn es damit Beihilfe zur Untreue des Aufsichtsrats begehe.[1108]

Eine derartige Einschränkung der Schadensersatzpflicht ist richtig, soweit es sich um noch nicht bestellte Vorstandsmitglieder handelt. Denn diese sind in dem Zeitpunkt, in dem sie die Vergütungsvereinbarung treffen, gerade noch keine Organmitglieder, sodass sie noch keine gesteigerte Pflicht trifft, auf die Gesellschaft besondere Rücksicht zu nehmen.[1109]

Für ein bereits bestelltes Vorstandsmitglied, das im laufenden Anstellungsverhältnis eine neue Vergütungsvereinbarung abschließt, gilt diese Einschränkung jedoch nicht.[1110] Vorstandsmitglieder haben prinzipiell ihr Eigeninteresse hinter dem Gesellschaftsinteresse zurückzustellen.[1111] Das gilt auch dann, wenn

---

1107 *Fleischer*, DStR 2005, 1318, 1322; *ders.*, in: Spindler/Stilz, AktG, § 87 Rn. 58; *Kort* in: GK-AktG, § 87 Rn. 350; *ders.*, DStR 2007, 1127, 1132; *Lutter*, ZIP 2006, 733, 735; *Semler*, in: Liber amicorum Happ, S. 277, 278 ff.; *Peltzer*, in: FS Lutter, S. 571, 578; *Schwark*, in: FS Raiser, S. 377, 395; *Spindler*, AG 2011, 725, 728; *ders.*, DStR 2004, 36, 42; *Ziemons*, in: FS Huber, S. 1035, 1045; einschränkend *Hüffer/Koch*, AktG, § 87 Rn. 46 (nur in „krassen Fällen"). A.A. LG Essen, Urt. v. 09.09.2013 – 44 O 164/10; *Seibt* in: K. Schmidt/Lutter, AktG, § 87 Rn. 16.

1108 *Annuß/Theusinger*, BB 2009, 2434, 2440; *Spindler*, in: MüKo-AktG, § 87 Rn. 141. Ähnlich *Mertens/Cahn*, in: KK-AktG, § 87 Rn. 5.

1109 *Brandes*, ZIP 2013, 1107, 1109; *Kort* in: GK-AktG, § 87 Rn. 350; *Spindler*, in: MüKo-AktG, § 87 Rn. 141; *ders.*, AG 2011, 725, 728. A.A. *Fleischer*, DStR 2005, 1318, 1322, der bei einem noch nicht bestellten Vorstandsmitglied von einer Haftung aufgrund Verletzung einer vorvertraglichen Rücksichtnahmepflicht ausgeht (culpa in contrahendo).

1110 *Fleischer/Bauer*, ZIP 2015, 1901, 1903.

1111 Siehe nur *Fleischer* in: Spindler/Stilz, AktG, § 93 Rn. 114; *Fleischer/Bauer*, ZIP 2015, 1901, 1902; *Hopt/Roth*, in: GK-AktG, § 93 Rn. 229; *Spindler*, in: MüKo-AktG, § 93 Rn. 125.

es um die Vereinbarung ihrer eigenen Vergütung geht.[1112] Dabei ist unschädlich, dass es sich bei der Verhandlung über die eigene Vergütung nicht um eine Geschäftsführungsmaßnahme i.S.d. § 93 Abs. 1 AktG handelt.[1113] Eine Haftung nach § 93 Abs. 2 S. 1 AktG setzt nämlich nicht voraus, dass gerade die Sorgfaltspflicht i.S.d. § 93 Abs. 1 S. 1 AktG verletzt wurde.

Daneben kann eine haftungsbegründende Pflichtverletzung sich auch aus Verstößen gegen gesetzliche Regelungen oder Verstößen gegen den Anstellungsvertrag ergeben.[1114] Insbesondere handelt es sich aber bei einem Verstoß gegen die Treuepflicht ebenfalls um eine Pflichtverletzung i.S.d. § 93 Abs. 2 S. 1 AktG.[1115] Mit der Vereinbarung bzw. Entgegennahme einer überhöhten Vergütung verletzt das Vorstandsmitglied seine Treuepflicht gegenüber der Gesellschaft.[1116] Aus diesem Grund kann eine Schadensersatzpflicht nicht schon deswegen verneint werden, weil das Vorstandsmitglied nicht selbst Pflichtenadressat des § 87 Abs. 1 AktG ist.[1117]

Die Haftung der Vorstandsmitglieder beruht somit – anders als bei Mitgliedern des Aufsichtsrats – nicht unmittelbar auf einer eigenen Verletzung des § 87 Abs. 1 AktG. Das Vorstandsmitglied wird vielmehr für seinen Verstoß gegen die Treuepflicht in Haftung genommen.

Eine Verantwortung des Vorstandsmitglieds für seine eigene Vergütung überspannt die Treuepflicht auch nicht übermäßig. Die Tatsache, dass ein Vorstandsmitglied die Vergütungsvereinbarung als Privatperson im eigenen Interesse

1112 *Fleischer/Bauer*, ZIP 2015, 1901, 1903; *Ziemons*, in: FS Huber, S. 1035, 1044. A.A. *Annuß/Theusinger*, BB 2009, 2434, 2440; *Drygala*, in: FS Uwe H. Schneider, S. 275, 289; *Mertens/Cahn,* in: KK-AktG, § 87 Rn. 5.

1113 *Fleischer/Bauer*, ZIP 2015, 1901, 1903 unter kritischer Bezugnahme auf LG Essen, Urt. v. 9.9.2013 – 44 O 164/10 (Arcandor/Middelhoff), das mangels Geschäftsführungsmaßnahme eine Schadensersatzpflicht für ausgeschlossen hielt.

1114 *Dauner-Lieb,* in: Henssler/Strohn, Gesellschaftsrecht, § 93 AktG Rn. 29; *Fleischer* in: Spindler/Stilz, AktG, § 93 Rn. 200 f.; *Hüffer/Koch*, AktG, § 93 Rn. 40; *Hopt/Roth,* in: GK-AktG, § 93 Rn. 369; *Mertens/Cahn* in: KK-AktG, § 93 Rn. 4; *Spindler,* in: MüKo-AktG, § 93 Rn. 166.

1115 *Dauner-Lieb,* in: Henssler/Strohn, Gesellschaftsrecht, § 93 AktG Rn. 29; *Fleischer* in: Spindler/Stilz, AktG, § 93 Rn. 201; *Hüffer/Koch*, AktG, § 93 Rn. 40; *Hopt/Roth,* in: GK-AktG, § 93 Rn. 369; *Mertens/Cahn* in: KK-AktG, § 93 Rn. 64; *Spindler,* in: MüKo-AktG, § 93 Rn. 167; *Wiesner,* in: Münch. Hdb. GesR IV, § 26 Rn. 11.

1116 *Fleischer/Bauer*, ZIP 2015, 1901, 1903. A.A. *Drygala*, in: FS Uwe H. Schneider, S. 275, 289 ff.

1117 In diese Richtung aber *Seibt* in: K. Schmidt/Lutter, AktG, § 87 Rn. 16.

trifft,[1118] lässt sich dadurch berücksichtigen, dass es nicht etwa verpflichtet ist, eine besonders niedrige Vergütung zu vereinbaren. Es ist daher keinesfalls gehindert, über sein Gehalt zu seinen Gunsten zu verhandeln. Die Treuepflicht gebietet lediglich, keine gesetzeswidrig hohe Vergütung zu vereinbaren.[1119]

bb) Übrige Vorstandsmitglieder

Eine Haftung der übrigen, schon bestellten Vorstandsmitglieder besteht hingegen nicht.[1120] Das gilt sowohl im Falle einer Neueinstellung als auch im Falle einer Vergütungsänderung im laufenden Vertragsverhältnis. Der Vorstand hat als Organ nämlich grundsätzlich nicht für die Einhaltung der Vorgaben des § 87 Abs. 1 AktG einzustehen.[1121] Zum Pflichtenkreis des Vorstands gehört es – von Ausnahmefällen abgesehen – nicht, die Tätigkeit des Aufsichtsrats zu überwachen.[1122] Eine ausdrückliche Kontrollpflicht in Bezug auf den Aufsichtsrat ist jedoch in § 93 Abs. 3 Nr. 7 AktG normiert. Der Vorstand muss danach sicherstellen, dass den Aufsichtsratsmitgliedern keine gesetzeswidrigen Vergütungen gewährt werden. Das beinhaltet auch sicherzustellen, dass keine überhöhte Vergütung gewährt wird. Der Vorstand überwacht somit die Vergütungen der Aufsichtsratsmitglieder.[1123] Ein Umkehrschluss zu dieser Vorschrift verdeutlicht, dass der Vorstand als Organ nicht darüber wachen muss, dass die Vergütung seiner einzelnen Mitglieder sich innerhalb der Grenzen des § 87 Abs. 1 AktG bewegt.

cc) Zwischenergebnis

Nach dem soeben Gesagten besteht für die einzelnen Vorstandsmitglieder (nur) die Pflicht, die Höhe ihrer eigenen Vergütung insoweit zu überwachen, als dass sie eine unangemessen hohe Vergütung nicht vereinbaren bzw. entgegennehmen dürfen. Andernfalls begehen sie eine Pflichtverletzung. Ein durch eine

---

1118 Deshalb einen Treuepflichtverstoß ablehnend *Drygala*, in: FS Uwe H. Schneider, S. 275, 291 f.

1119 *Hopt/Roth*, in: GK-AktG, § 93 Rn. 243; *Ziemons*, in: FS Huber, S. 1035, 1044; ähnlich *Peltzer*, in: FS Lutter, S. 571, 577 f.

1120 So aber *Semler*, in: Liber amicorum Happ, S. 277, 282 f.

1121 Ähnlich wie hier *Brandes*, ZIP 2013, 1107, 1109; *Fleischer/Bauer*, ZIP 2015, 1901, 1904. A.A. *Semler*, in: Liber amicorum Happ, S. 277, 282 f.; *Ziemons*, in: FS Huber, S. 1035, 1045.

1122 *Spindler*, in: MüKo-AktG, § 93 Rn. 116.

1123 *Spindler*, in: MüKo-AktG, § 93 Rn. 116.

überhöhte Vergütung begünstigtes Vorstandsmitglied macht sich damit potentiell schadensersatzpflichtig.

b) Nachträglich überhöhte Vergütung

Nun ist zu prüfen, ob sich diese Schlussfolgerung auch auf eine durch den Aufsichtsrat unterlassene bzw. zu geringfügig durchgeführte Herabsetzung übertragen lässt. Wie bereits geschildert, ist der Vorstand als solches schon nicht verpflichtet, die Tätigkeit des Aufsichtsrats zu überwachen. Es kann daher vom Vorstand bzw. dessen einzelnen Mitgliedern nicht verlangt werden, die Herabsetzungsentscheidung des Aufsichtsrats zu kontrollieren oder gar aktiv darauf hinzuwirken, überhaupt eine Herabsetzungsentscheidung zu treffen. Eine derartige Kontrollpflicht würde letztlich bedeuten, dass auch der Vorstand regelmäßig kontrollieren muss, ob die Herabsetzungsvoraussetzungen vorliegen.

Für eine derartige Kontrollpflicht mag man nun aufführen, dass das Vorstandsmitglied auch bei der Vereinbarung der Vergütung als Ausfluss seiner Treuepflicht eigenständig prüfen muss, ob seine Vergütung sich innerhalb der Grenzen des § 87 Abs. 1 AktG bewegt. Allerdings besteht zwischen der Vereinbarung einer überhöhten Vergütung und der fortlaufenden Entgegennahme einer überhöhten Vergütung infolge einer unterlassenen oder zu geringfügigen Herabsetzung ein wesentlicher Unterschied. Dieser liegt in der Art der konkreten Beteiligung des Vorstandsmitglieds an der Verletzung des § 87 Abs. 1 AktG verortet.

Bei der Vereinbarung einer überhöhten Vergütung ist das Vorstandsmitglied an der Herbeiführung einer gesetzeswidrigen Vergütungshöhe aktiv beteiligt. Bei der Entscheidung des Aufsichtsrats über eine Herabsetzung übernimmt das Vorstandsmitglied hingegen eine lediglich passive Rolle. Eine unterlassene oder zu geringfügige Herabsetzung ist zwar gesetzeswidrig, dieser Zustand wird jedoch nicht durch einen irgendwie gearteten Handlungsbeitrag des Vorstandsmitglieds herbeigeführt. Anders als bei Vereinbarung einer unangemessenen Vergütungshöhe ist das Vorstandsmitglied bei einer unterbliebenen oder fehlerhaften Herabsetzung gerade nicht „notwendiger Teilnehmer“[1124] der Pflichtverletzung des Aufsichtsrats.

1124 *Fleischer/Bauer*, ZIP 2015, 1901, 1904 für die Vereinbarung einer unangemessenen Vergütung.

Dieser Unterschied erlaubt eine Differenzierung hinsichtlich der Haftung. Es fehlt bei einer unterbliebenen oder fehlerhaften Herabsetzung nämlich bereits an einer pflichtverletzenden Handlung.

Die Treuepflicht rechtfertigt, dass das betroffene Vorstandsmitglied die Kürzung seiner Vergütung unter den Voraussetzungen des § 87 Abs. 2 AktG zu dulden hat. Die Treuepflicht würde jedoch überspannt, verlangte man von einem Vorstandsmitglied aktiv auf eine Kürzung seiner Vergütung hinzuwirken.

Eine andere Beurteilung ist ausnahmsweise nur in Fällen gerechtfertigt, in denen das Vorstandsmitglied aktiv eine Herabsetzung verhindert oder auf ihren Umfang Einfluss nimmt. Darin ist eine die Treuepflicht verletzende Handlung zu erkennen.

2. Bereicherungsrechtliche Rückzahlungspflicht des Vorstands?

Das Vorstandsmitglied muss im Falle einer unterbliebenen oder fehlerhaften Herabsetzung im Übrigen den die angemessene Vergütung übersteigenden Teil nicht im Wege der Leistungskondiktion zurückzahlen. Insofern besteht ein bedeutender Unterschied zu einem Verstoß gegen § 87 Abs. 1 AktG, der eine Leistungskondiktion zur Folge haben kann,[1125] sofern man aufgrund des Verstoßes zu dem Ergebnis einer (Teil-)Nichtigkeit der Vergütungsabrede gelangt.

Trotz eines Verstoßes gegen § 87 Abs. 2 AktG besteht hingegen weiterhin ein rechtlicher Grund für den Empfang der überhöhten Vergütung. Ein Anspruch der Gesellschaft gegen das Vorstandsmitglied kommt allerdings dann in Betracht, falls im Rahmen einer gerichtlichen Bestimmung eine weitergehende Herabsetzung erfolgt.[1126]

III. Ergebnis

Die Unterlassung einer gesetzlich gebotenen Herabsetzung begründet einen Pflichtverstoß des Aufsichtsrats und kann daher eine Schadensersatzpflicht nach §§ 116 S. 1, 93 Abs. 2 AktG begründen. Gleiches gilt, wenn die Herabsetzung umfangmäßig zu geringfügig ausfällt. Der Verschuldensmaßstab ist jedoch aufgrund der in § 87 Abs. 2 AktG verwandten unbestimmten Rechtsbegriffe dahin

---

1125 Ausführlich zu bereicherungsrechtlichen Folgen überhöhter Vorstandsbezüge *Langenbucher*, in: FS Huber, S. 861 ff. Vgl. daneben auch *Brauer/Dreier*, NZG 2005, 57, 58; *Kort* in: GK-AktG, § 87 Rn. 343; *ders.*, DStR 2007, 1127, 1131; *Schwark*, in: FS Raiser, S. 377, 394; *Spindler*, AG 2011, 725, 732 f.

1126 Zu dieser Möglichkeit siehe Abschnitt L.III.2.b)bb)(3)(b).

gehend zu modifizieren, dass lediglich grobe Fahrlässigkeit oder Vorsatz die Schadensersatzpflicht auszulösen vermag.

Der Aufsichtsrat kann sich potentiell gegenüber der Gesellschaft auch infolge einer bereits dem Grunde nach rechtswidrige bzw. ihrem Umfang nach zu weitgehenden und damit ebenso pflichtwidrigen Herabsetzung nach §§ 116, 93 Abs. 2 AktG schadensersatzpflichtig machen. Ebenso könnte die Gesellschaft die Aufsichtsratsmitglieder in Regress nehmen, wenn sie gegenüber dem betroffenen Vorstandsmitglied für die fehlerhafte Herabsetzung zum Schadensersatz verpflichtet ist. Mangels Modifikation der Vergütungsvereinbarung bleibt der primärrechtliche Anspruch des Vorstandsmitglieds auf Zahlung seiner Vergütung allerdings unverändert, sodass es in diesen Fällen regelmäßig an einem Schaden für die Vorstandsmitglieder und/oder die Gesellschaft fehlt. In Betracht kommen allenfalls Verfahrenskosten aus einem Rechtsstreit über die Höhe der zu gewährenden Vergütung.

Der Vorstand bzw. dessen Mitglieder sind nicht gehalten, aktiv auf eine Herabsetzung hinzuwirken oder die Herabsetzungsentscheidung des Aufsichtsrats auf ihre Rechtmäßigkeit zu kontrollieren. Eine Haftung der Vorstandsmitglieder für pflichtwidrig unterbliebene oder fehlerhafte Herabsetzungen besteht daher grundsätzlich nicht. Etwas anderes kann gelten, wenn ein Vorstandsmitglied aktiv eine Herabsetzung verhindert oder auf ihren Umfang Einfluss nimmt.

Ein Vorstandsmitglied, dessen Vergütung unter Verstoß gegen § 87 Abs. 2 AktG weit gewährt wird, muss die überhöhte Vergütung nicht nach § 812 Abs. 1 S. 1 BGB zurückgewähren. Denn auch im Falle eines Verstoßes gegen § 87 Abs. 2 AktG zu seinen Gunsten ändert sich die Vergütungsvereinbarung nicht und es besteht weiterhin ein rechtlicher Grund für den Empfang der überhöhten Vergütung.

N. Insolvenzrechtliche Konsequenzen

Im weiteren Zusammenhang mit einer möglichen Haftung bzw. einer Rückzahlungsverpflichtung des begünstigten Vorstandsmitglieds steht schließlich die Frage, ob in der Insolvenz Anfechtungsmöglichkeiten bestehen. Denkbar ist hierbei grundsätzlich die Anfechtung der Gehaltszahlung als solche (dazu unter Abschnitt I.) und die Anfechtung der unterbliebenen Herabsetzung (dazu unter Abschnitt II.)[1127]

I. Anfechtung der Gehaltszahlung

In Bezug auf die Zahlungen an Vorstandsmitglieder kommen grundsätzlich die Anfechtungstatbestände der §§ 130, 131 sowie 133 InsO in Betracht.[1128]

1. § 131 InsO

Eine Anfechtung nach § 131 Abs. 1 InsO ist nur möglich, wenn es sich um eine sog. inkongruente Zahlung handelte, d.h. dem Insolvenzgläubiger (hier: dem Vorstandsmitglied) eine Leistung gewährt wurde, „die er nicht oder nicht in der Art oder nicht zu der Zeit zu beanspruchen hatte". Hier drängt sich die Frage auf, ob es für das Vorliegen dieser Voraussetzung bereits genügt, dass der Tatbestand des § 87 Abs. 2 AktG erfüllt war. Entscheidend ist also, ob das Vorstandsmitglied die Zahlung schon bei Vorliegen der Voraussetzungen des § 87 Abs. 2 AktG „nicht zu beanspruchen" hat oder erst ab dem Zeitpunkt, in dem ihm gegenüber die Herabsetzung erklärt wurde.

Der Zahlungsanspruch des Vorstandsmitglieds entfällt aber nicht schon dann, wenn nur die Voraussetzungen des § 87 Abs. 2 AktG vorliegen. Die bloße Erfüllung des Tatbestands lässt den Vergütungsanspruch unberührt, sodass das Vorstandsmitglied seine Vergütung in voller Höhe beanspruchen kann, solange ihm die Herabsetzung nicht erklärt wurde. Da der Vergütungsanspruch des Vorstandsmitglieds selbst somit bei Vorliegen der Herabsetzungsvoraussetzungen unverändert bleibt, ist auch für die Zwecke der Insolvenzanfechtung auf die

---

1127 Vgl. *Thole/Schmidberger*, BB 2014, 3 ff., die sich bislang soweit ersichtlich als einzige eingehend mit dieser Problematik beschäftigt haben.

1128 *Thole/Schmidberger*, BB 2014, 3, 4.

tatsächliche Lage und nicht die bloße Möglichkeit der Herabsetzung aufgrund des Vorliegens des Tatbestands abzustellen.[1129]

Eine Anfechtung der (überhöhten) Bezüge nach § 131 InsO ist daher im Ergebnis ausgeschlossen, da es sich bei der Zahlung der Vergütung nicht um eine inkongruente Zahlung handelt.[1130]

2. § 130 InsO

Es kommt somit lediglich eine Anfechtung wegen kongruenter Deckung nach § 130 InsO in Betracht.

a) Bargeschäftseinwand

Die Möglichkeit der Anfechtung von Vorstandsbezügen kann allerdings grundsätzlich schon am sog. Bargeschäftseinwand des § 142 InsO scheitern.[1131] Im Falle von Bargeschäften ist die Insolvenzanfechtung nach § 130 InsO ausgeschlossen.[1132] Ein Bargeschäft i.S.d. § 142 InsO liegt vor, wenn eine Leistung des Schuldners durch eine gleichwertige und zeitnahe Gegenleistung ausgeglichen wird. Hier ist insbesondere fraglich, ob eine „gleichwertige" Gegenleistung vorliegt. Der BGH ging in einer Fallkonstellation, in der es um die Anfechtbarkeit von Prämien für eine Direktversicherung eines GmbH-Geschäftsführers ging, davon aus, dass die Gläubiger bei einer weiteren Verschlechterung der Vermögenslage kein Interesse an einer unveränderten Fortsetzung der Tätigkeit des Geschäftsführers hätten.[1133] Infolgedessen kann zumindest kurz vor der Insolvenzreife kaum von einer Gleichwertigkeit von Leistung und Gegenleistung ausgegangen werden.[1134]

Für die hier diskutierte Problematik der unterlassenen oder fehlerhaften Herabsetzung ist dies sogar noch strenger zu bewerten. Liegen die Voraussetzungen einer Herabsetzung vor, ist damit sogleich die Gleichwertigkeit von Leistung und Gegenleistung ausgeschlossen. Schließlich soll durch die Herabsetzung erst wieder ein angemessenes Verhältnis von Leistung und Gegenleistung hergestellt werden. Die für die Herabsetzung zwingend erforderliche Unangemessenheit

---

1129 *Thole/Schmidberger*, BB 2014, 3, 4; *Haas/Mock*, in: Gottwald, InsR-Hdb., § 93 Rn. 22.

1130 *Thole/Schmidberger*, BB 2014, 3, 4 f.; zustimmend auch *Haas/Mock*, in: Gottwald, InsR-Hdb., § 93 Rn. 22.

1131 *Thole/Schmidberger*, BB 2014, 3, 4; *Haas/Mock*, in: Gottwald, InsR-Hdb., § 93 Rn. 22.

1132 *Borries/Hirte*, in: Uhlenbruck, InsO, § 142 Rn. 5

1133 BGH, Urt. v. 12.01.2012 – IX ZR 95/11, NZG 2012, 234.

1134 *Thole/Schmidberger*, BB 2014, 3, 5.

der Bezüge schließt eine Gleichwertigkeit von Leistung und Gegenleistung daher aus. Der Bargeschäftseinwand des § 142 InsO greift damit nicht.

b) Gläubigerbenachteiligung

Die weiterhin für jede Anfechtung erforderliche objektive Gläubigerbenachteiligung (§ 129 Abs. 1 InsO) ist ebenfalls regelmäßig anzunehmen, wenn trotz Vorliegen der Voraussetzungen des § 87 Abs. 2 AktG die Bezüge in gleichbleibender Höhe weitergewährt werden. Der BGH hielt die Prämienzahlung für einen GmbH-Geschäftsführer schon deshalb für gläubigerbenachteiligend, weil die Gläubiger auf die Gegenleistung des Geschäftsführers, namentliche seine für die Gesellschaft erbrachten Tätigkeiten, keinen Zugriff hatten.[1135] Unter dieser Prämisse handelt es sich im Grunde bei sämtlichen Gehaltszahlungen um gläubigerbenachteiligende und damit grundsätzlich anfechtbare Handlungen.[1136] Eine Benachteiligung kann auch nicht deshalb ausgeschlossen werden, weil dem Vorstandsmitglied ein besonderes Kündigungsrecht zur Verfügung stand, von dem es möglicherweise Gebrauch gemacht hätte.[1137] Solche hypothetischen Kausalverläufe sind im Rahmen der Insolvenzanfechtung unbeachtlich.[1138]

c) Zwischenergebnis

Bei unterbliebener bzw. fehlerhafter Herabsetzung ist eine Anfechtung des überhöhten Vergütungsanteils nach § 130 InsO möglich. Freilich erfasst diese Anfechtungsmöglichkeit nach § 130 Abs. 1 Nr. 1 InsO nur einen Zeitraum von drei Monaten vor dem Antrag auf Eröffnung des Insolvenzverfahrens und setzt ferner voraus, dass der Gläubiger – hier also das Vorstandsmitglied – zum Zeitpunkt der Zahlung die Zahlungsunfähigkeit kannte. Der Nachweis der Kenntnis der Zahlungsunfähigkeit wird gleichwohl erleichtert, weil es sich bei dem Vorstandsmitglied um eine nahestehende Person i. S. d. § 138 Abs. 2 Nr. 1 InsO handelt.[1139]

1135 BGH, Urt. v. 12.01.2012 – IX ZR 95/11, NZG 2012, 234.

1136 *Thole/Schmidberger*, BB 2014, 3, 5.

1137 *Thole/Schmidberger*, BB 2014, 3, 6.

1138 *Thole/Schmidberger*, BB 2014, 3, 6.

1139 *Thole/Schmidberger*, BB 2014, 3, 4.

3. § 133 InsO

§ 130 InsO beschränkt die Anfechtungsmöglichkeit lediglich auf Zahlungen, die spätestens in den letzten drei Monaten vor dem Antrag auf Eröffnung des Insolvenzverfahrens geleistet wurden. Von Interesse ist daher weiterhin die Möglichkeit, die überhöhte Gehaltszahlungen nach § 133 InsO anzufechten.[1140] Nach § 133 Abs. 1 InsO ist eine Rechtshandlung anfechtbar, welche der Schuldner in den letzten zehn Jahren vor dem Antrag auf Eröffnung des Insolvenzverfahrens mit dem Vorsatz, seine Gläubiger zu benachteiligen, vorgenommen hat, und wenn der andere Teil zur Zeit der Handlung den Vorsatz des Schuldners kannte. Bei Vorliegen der vorgenannten subjektiven Voraussetzungen können Gehaltszahlungen somit auch nach § 133 InsO angefochten werden.[1141]

II. Anfechtung der unterbliebenen Herabsetzungserklärung

Neben der geleisteten Zahlung kann auch die unterbliebene Herabsetzungserklärung als solche angefochten werden.[1142]

1. § 132 Abs. 2 InsO

Eine Anfechtung der unterlassenen Herabsetzung ist insbesondere nach § 132 Abs. 2 InsO möglich.[1143] Danach ist eine Rechtshandlung des Schuldners anfechtbar, wenn der Schuldner durch die Rechtshandlung ein Recht verliert oder nicht mehr geltend machen kann oder durch sie ein vermögensrechtlicher Anspruch gegen ihn erhalten oder durchsetzbar wird. Nach § 129 Abs. 2 InsO kann auch in einem Unterlassen eine anfechtbare Rechtshandlung liegen. Die Unterlassung muss jedoch ursächlich für die Gläubigerbenachteiligung sein.[1144]

Im Falle der unterbliebenen Herabsetzungserklärung bleibt der Gehaltsanspruch des Vorstandsmitglieds gegenüber der Gesellschaft erhalten, womit sich

---

1140 Ausführlich zur Vorsatzanfechtung *Thole/Schmidberger*, BB 2014, 3, 5; offen gelassen von *Haas/Mock,* in: Gottwald, InsR-Hdb., § 93 Rn. 22.

1141 *Thole/Schmidberger*, BB 2014, 3, 5 unter Bezugnahme auf BGH, Urt. v. 12.01.2012 – IX ZR 95/11, NZG 2012, 234.

1142 *Thole/Schmidberger*, BB 2014, 3, 5 f.; zustimmend *Kort* in: GK-AktG, § 87 Rn. 355.

1143 *Thole/Schmidberger*, BB 2014, 3, 6.

1144 BGH, Urt. v. 3. 2. 2011 – IX ZR 213/09, NZI 2011, 249, 250; BGH, Urt. v. 10.02.2005 – IX ZR 211/02, BGHZ 162, 143, 154 f.; *Borries/Hirte,* in: Uhlenbruck, InsO, § 129 Rn. 120.

die Unterlassung als gläubigerbenachteiligend erweist.[1145] Denn auf diese Weise bleibt der unangemessene Vergütungsanteil dem Zugriff der übrigen Gläubiger entzogen.

Eine danach prinzipiell mögliche Anfechtung nach § 132 Abs. 2 InsO ist nur einen Zeitraum von drei Monaten vor dem Antrag auf Eröffnung des Insolvenzverfahrens möglich und setzt voraus, dass der Gläubiger zum Zeitpunkt der Zahlung die Zahlungsunfähigkeit kannte. Auf subjektiver Seite ist weiterhin erforderlich, dass der Aufsichtsrat die Herabsetzung bewusst und willentlich unterlassen hat.[1146]

2. § 134 InsO

Schließlich kommt auch eine Schenkungsanfechtung nach § 134 InsO in Betracht.[1147] Diese ist vor allem mit Blick auf ihren verhältnismäßig langen Anfechtungszeitraum von vier Jahren interessant. Voraussetzung hierfür ist, dass die nicht erfolgte Herabsetzung als eine unentgeltliche Leistung an das Vorstandsmitglied einzuordnen ist.[1148] Der Begriff der Unentgeltlichkeit setzt voraus, dass der Leistung des Schuldners keine äquivalente Gegenleistung gegenübersteht.[1149] Da die Nichtherabsetzung letztlich eine Weitergewährung der bisherigen Bezüge bedeutet und das Vorstandsmitglied diese Bezüge als Gegenleistung für seine Tätigkeit für die Gesellschaft erhält, liegt eine Gegenleistung vor. Das gilt auch für den an sich überhöhten Vergütungsanteil, denn auch dieser wird weiterhin als Gegenleistung für die Tätigkeit des Vorstandsmitglieds gezahlt.

1145 *Thole/Schmidberger*, BB 2014, 3, 6.

1146 *Thole/Schmidberger*, BB 2014, 3, 6. Vgl. zum Erfordernis der bewussten Unterlassung allgemein: BGH, Urt. v. 16.01.2014 – IX ZR 31/12, NZI 2014, 218, 219; BGH, Urt. v. 3. 2. 2011 – IX ZR 213/09, NZI 2011, 249, 250; *Borries/Hirte,* in: Uhlenbruck, InsO, § 129 Rn. 119; *Kayser/Freudenberg,* in: MüKo-InsO, § 129 Rn. 24; *Nerlich,* in: Nerlich/Römermann, InsO, § 129 Rn. 37.

1147 *Thole/Schmidberger*, BB 2014, 3, 6.

1148 *Thole/Schmidberger*, BB 2014, 3, 6.

1149 BGH, Urt. v. 04.03.1999 – IX ZR 63/98, BGHZ 141, 96, 99; BGH, Urt. v. 03.03.2005 – IX ZR 441/00, BGHZ 162, 276, 279; BGH, Urt. v. 20.07. 2006 – IX ZR 226/03, NZI 2006, 583; BGH, Urt. v. 29.10.2015 – IX ZR 123/13, NZI 2016, 80; *Bork*, NZI 2018, 1, 2 f.; *Borries/Hirte,* in: Uhlenbruck, InsO, § 134 Rn. 27 f.; *Ganter*, NZI 2015, 249, 258; *Huber,* in: Gottwald, InsR-Hdb., § 134 Rn. 12; *Kayser/Freudenberg,* in: MüKo-InsO, § 134 Rn. 17, 22; *Leithaus,* in: Andres/Leithaus, InsO, § 134 Rn. 4; *Nerlich,* in: Nerlich/Römermann, InsO, § 134 Rn. 7.

Die Weitergewährung der bisherigen Vergütung und die vom Vorstandsmitglied erbrachte Tätigkeit sind jedoch nicht gleichwertig. Wie oben bereits im Zusammenhang mit der Anfechtung nach § 130 InsO dargelegt, steht mit Eingreifen der Herabsetzungspflicht fest, dass die Vergütung gerade nicht mehr angemessen ist. Dass das Vorstandsmitglied und/oder der Aufsichtsrat womöglich irrtümlich davon ausgehen, dass die Vergütung weiterhin angemessen ist, und damit eine Äquivalenz zwischen Leistung und Gegenleistung besteht, ist in diesem Zusammenhang unerheblich. Die Gleichwertigkeit von Leistung und Gegenleistung kann nicht davon abhängen, wovon die Parteien subjektiv ausgehen.[1150]

Bei unterlassener Herabsetzung ist eine Anfechtung nach § 134 InsO damit möglich.[1151]

III. Folge der Insolvenzanfechtung

Das Vorstandsmitglied muss infolge der Anfechtung das Erlangte, also den das Angemessene übersteigenden Gehaltsanteil, zurückgewähren, vgl. § 142 Abs. 1 S. 1 InsO. Somit führt die unterbliebene oder fehlerhafte Herabsetzung im Falle der Insolvenz – anders als bei einer bloß „einfachen“ Lageverschlechterung – regelmäßig zu einer Rückzahlungspflicht des betroffenen Vorstandsmitglieds.

IV. Ergebnis

Der Insolvenzverwalter kann bei unterbliebener bzw. fehlerhafter Herabsetzung die überhöhten Bezüge von dem begünstigten Vorstandsmitglied zurückfordern, indem er von seinem Anfechtungsrecht Gebrauch macht. Dabei kann er die Gehaltszahlung nach § 130 InsO anfechten. Bei Vorsatz können Gehaltszahlungen zudem auch nach § 133 InsO angefochten werden. Des Weiteren kann er bei Vorliegen der entsprechenden Voraussetzungen auch die unterlassene Herabsetzungserklärung nach § 132 Abs. 2 InsO und § 134 InsO anfechten.

1150 *Bork*, NZI 2018, 1, 8 f. Zur Frage, ob bei der Beurteilung der Gleichwertigkeit auf subjektive oder objektive Gesichtspunkte abzustellen ist, herrscht gleichwohl große Uneinigkeit. Eine Übersicht über den Streitstand unter Bezugnahme auf jüngere Rechtsprechung des BGH bieten *Bork*, NZI 2018, 1 und *Ganter*, NZI 2015, 249.

1151 Diesbezüglich eher zurückhaltend *Thole/Schmidberger*, BB 2014, 3, 6, die Abgrenzungsschwierigkeiten zu § 132 Abs. 2 InsO sehen.

O. Strafrechtliche Konsequenzen

Neben den haftungsrechtlichen und insolvenzrechtlichen Implikationen einer nicht erfolgten oder fehlerhaften Herabsetzung stellt sich die Frage nach ihren möglichen strafrechtlichen Auswirkungen. In diesem Abschnitt wird daher zunächst allgemein eine mögliche Untreuestrafbarkeit im Rahmen von Vergütungsentscheidungen untersucht (unter Abschnitt I.). Anschließend wird geprüft, welche Folgerungen sich daraus für Verstöße gegen § 87 Abs. 2 AktG ziehen lassen (unter Abschnitt II.).

I. Vergütungsgewährung als Untreue

Spätestens seit dem Fall „Mannesmann“[1152] ist klar: Aufsichtsratsmitglieder können durch ihre Vergütungsentscheidung nicht nur eine aktienrechtliche Pflichtverletzung begehen, sondern sich darüber hinaus auch wegen Untreue strafbar machen. Der BGH hat mit dem „Mannesmann“-Urteil erstmalig eine Vergütungsentscheidung des Aufsichtsrats strafrechtlich aufgearbeitet. Aufgrund der besonderen Bedeutung der Entscheidung sollen ihre wesentlichen Eckpunkte im Folgenden kurz zusammengefasst werden. Es wird sodann darauf eingegangen, welche Bedeutung der Entscheidung für die Bestimmung der Vergütungshöhe zukommt. Darauf aufbauend wird anschließend näher untersucht, ob die Festsetzung einer überhöhten Vergütung den Untreuetatbestand erfüllt.

1. Fall „Mannesmann“: Vergütungsgewährung als solche unzulässig

a) Sachverhalt

Nach einem anfänglichen Übernahmekampf einigten sich die Mannesmann AG und die Vodafone Airtouch plc (im Folgenden: Vodafone) auf die Übernahme der Mannesmann AG durch Vodafone. Bald darauf beschlossen die Mitglieder des Aufsichtsratsausschusses für Vorstandsangelegenheiten der Mannesmann AG, dass der amtierende Vorstandsvorsitzende, vier weitere Vorstandsmitglieder sowie ein ehemaliger Vorstandsvorsitzender freiwillige Anerkennungsprämien („appreciation awards“) erhalten sollten. Der amtierende Vorstandsvorsitzende wurde mit einer Anerkennungsprämie in Höhe von rund

1152 BGH, Urt. v. 21.12.2005 – 3 StR 470/04, BGHSt 2006, 50, 331.

16 Mio. Euro bedacht. Diese erhielt er zusätzlich zu seiner vertraglich vereinbarten Abfindung in Höhe von ca. 15 Mio. Euro. Mit der Anerkennungsprämie beabsichtigten die angeklagten Aufsichtsratsmitglieder, vergangene Verdienste des begünstigten Vorstandsvorsitzenden zu würdigen. Die vier weiteren Vorstandsmitglieder sollten freiwillige Anerkennungsprämien erhalten, um ihren Anteil am Erfolg des Telekommunikationsbereiches der Mannesmann AG sowie zur Steigerung des Unternehmenswerts zu würdigen. Die Anerkennungsprämien hatten keine dienstvertragliche Grundlage und sollten neben die vertraglich vereinbarten Bezüge treten.

b) Entscheidung

Der BGH entschied, dass die Aufsichtsratsmitglieder mit der nachträglichen Bewilligung der Anerkennungsprämien ihre Vermögensbetreuungspflicht i.S.d. § 266 Abs. 1 StGB gegenüber der Mannesmann AG verletzt und dieser dadurch einen Vermögensnachteil zugefügt hätten. Die Vermögensbetreuungspflicht soll sich dem BGH zufolge daraus ergeben, dass die Aufsichtsratsmitglieder „nach den Vorgaben des Aktienrechts" „bei allen Vergütungsentscheidungen im Unternehmensinteresse (...) handeln" müssen.

Hinsichtlich des Vorliegens einer Pflichtverletzung stellte der BGH ferner klar, dass eine solche nicht in Betracht käme, solange die bei Vergütungsentscheidungen bestehenden Grenzen des Beurteilungs- und Ermessensspielraums nicht überschritten seien.

Ausgehend von diesen Prämissen leitete der BGH folgendes Stufenverhältnis für die Gewährung vom Prämien ab:

(1) Werden schon im Dienstvertrag an den Geschäftserfolg gekoppelte Prämien als Vergütungsbestandteil vereinbart, dürfen diese am Jahresende zuerkannt werden, solange die Gesamtbezüge angemessen i.S.d. § 87 Abs. 1 AktG blieben.

(2) Ohne ausdrückliche Vereinbarung im Dienstvertrag seien nachträgliche Anerkennungsprämien zulässig, wenn und soweit dem Unternehmen in ihrer Folge gleichzeitig Vorteile zuflössen. Dies sei vor allem dann der Fall, wenn von der Sonderzahlung eine Anreizwirkung für das begünstigte Vorstandsmitglied oder für Dritte ausginge. Auch hierbei sei jedoch das Angemessenheitsgebot des § 87 Abs. 1 AktG zu beachten.

(3) Unzulässig sei demgegenüber eine nicht vereinbarte Prämie, die lediglich der Belohnung diene und ohne zukunftsbezogenen Nutzen für die Gesellschaft sei (kompensationslose Anerkennungsprämie). Eine solche Zahlung stelle eine treupflichtwidrige Verschwendung des anvertrauten

Gesellschaftsvermögens dar und sei schon dem Grunde nach unzulässig. Auf die Frage, ob das Angemessenheitsgebot des § 87 Abs. 1 AktG eingehalten würde, komme es in dieser Fallkonstellation folglich schon nicht an.

Eine generelle Zulässigkeit von Sonderzahlungen jedenfalls dann, wenn die Gesamtbezüge den Grundsätzen des § 87 Abs. 1 AktG entsprächen, lehnte der BGH ausdrücklich ab.[1153]

c) Einordnung und Bedeutung für aktienrechtliche Vergütungsentscheidungen

Zunächst ist festzuhalten, dass der BGH in seiner viel beachteten Mannesmann-Entscheidung durchaus auf § 87 Abs. 1 AktG Bezug genommen hat. Er unterstrich, dass bei dem Grunde nach zulässigen Anerkennungsprämien stets das Angemessenheitsgebot eingehalten werden müsse. Im konkreten Fall hat er jedoch nicht über die Einhaltung des Angemessenheitsgebots befunden, weil er die kompensationslose Anerkennungsprämie für bereits dem Grunde nach unzulässig hielt. In solchen Fällen käme es auf das Angemessenheitsgebot nicht mehr an.

Der BGH prüft somit zweistufig. Auf erster Stufe behandelt er die generelle Zulässigkeit einer gewährten Vergütung („Ob" der Vergütungsgewährung). Erst bei deren Vorliegen soll dann einem zweiten Schritt die Angemessenheit der Vergütungshöhe geprüft werden („Wie" der Vergütungsgewährung). Im Mannesmann-Urteil kam es dem BGH letztlich entscheidend nur auf das „Ob" der Vergütungsgewährung an. Das „Wie" der Vergütungsgewährung – also die konkrete Vergütungshöhe – musste der BGH demgegenüber gerade nicht näher überprüfen. Denn die Vergütungsgewährung war bereits auf erster Stufe „rausgeflogen".

Eine Trennung zwischen „Ob" und „Wie" der Vergütungsgewährung ist als solche jedoch schon fragwürdig.[1154] Zwar ist zutreffend, dass die Aufsichtsratsmitglieder die Pflicht trifft, das Unternehmensinteresse zu wahren. Allerdings ist die Art und Weise wie das Unternehmensinteresse gerade in Bezug auf Vergütungsentscheidungen zu wahren ist, in § 87 AktG konkretisiert.[1155] Eine

---

1153 BGH, Urt. v. 21.12.2005 – 3 StR 470/04, BGHSt 2006, 50, 331, 338 mit Nachweisen zur entgegenstehenden Auffassung im Schrifttum.

1154 *Kort*, NZG 2006, 131, 132 f.; *ders.*, NJW 2005, 333 („künstliche Aufspaltung") bereits zur vorinstanzlichen Entscheidung des LG Düsseldorf.

1155 *Kort*, NZG 2006, 131, 132; ähnlich *Dittrich*, Untreuestrafbarkeit, S. 99.

hinzutretende „vorgeschaltete“ Prüfung anhand des Unternehmensinteresses ist somit überflüssig.[1156] Alleiniger Maßstab bei der Überprüfung von Vergütungsentscheidungen muss § 87 Abs. 1 AktG sein. Dieser ist auch schon für das „Ob“ der Vergütungsgewährung anzuwenden.

2. Untreuestrafbarkeit bei überhöhter Vergütung

Infolge der vom BGH vorgenommenen (verfehlten) Differenzierung zwischen „Ob“ und „Wie“ der Vergütungsgewährung, ist höchstrichterlich bislang nicht entschieden, wann Fehler im Bereich der Vergütungshöhe („Wie“-Ebene) eine Untreuestrafbarkeit begründen können.

Grundsätzlich kommt eine Untreuestrafbarkeit bei überhöhter Vergütung zumindest infrage. Denn bei der Pflicht zur Festsetzung einer angemessenen Vorstandsvergütung handelt es sich um eine Vermögensbetreuungspflicht i.S.d. § 266 StGB.[1157] Von einer möglichen Untreuestrafbarkeit bei überhöhter Vergütung scheint jedenfalls auch der BGH auszugehen, wenn er bei dem Grunde nach zulässigen Anerkennungsprämien fordert, dass dabei die Gesamtbezüge angemessen i.S.d. § 87 Abs. 1 AktG bleiben müssten.

Im Folgenden wird näher untersucht, welche konkreten Anforderungen an eine Untreuestrafbarkeit zu stellen sind, wenn sich die festgesetzte Vergütung die Grenze der Angemessenheit überschreitet. Dabei wird zunächst die eingeschränkte zivilrechtliche Akzessorietät des § 266 StGB thematisiert. Darauf aufbauend wird die Diskussion um das ggf. erforderliche Vorliegen einer „gravierenden“ Pflichtverletzung aufgegriffen.

a) Eingeschränkte Zivilrechtsakzessorität des Untreuetatbestands

Der strafrechtliche Untreuetatbestand ist zivilrechtlich akzessorisch.[1158] Das bedeutet, was zivilrechtlich (bzw. aktienrechtlich) erlaubt ist, kann nicht strafrechtlich verboten sein.[1159] Erst wenn eine zivilrechtliche Pflichtverletzung feststeht, kann es sich überhaupt um ein potentiell strafbewehrtes Verhalten handeln.

1156 *Dittrich*, Untreuestrafbarkeit, S. 99.

1157 *Rönnau/Hohn*, NStZ 2004, 113, 117.

1158 *Dierlamm*, in: MüKo-StGB, § 266 Rn. 173; *Fischer*, StGB, § 266 Rn. 59; *Lüderssen*, in: FS Lampe, S. 727, 728 f.; *Saliger*, in: SSW-StGB, § 266 Rn. 33; *Seibt/Schwarz*, AG 2010, 301, 304; *Spindler*, ZIP 2006, 349, 350.

1159 *Dierlamm*, in: MüKo-StGB, § 266 Rn. 173; *Dittrich*, Untreuestrafbarkeit, S. 99; *Fischer*, StGB, § 266 Rn. 59; *Lüderssen*, in: FS Lampe, S. 727, 728; *Saliger*, in: SSW-StGB, § 266 Rn. 33; *Seibt/Schwarz*, AG 2010, 301, 304.

Eine mögliche Untreuestrafbarkeit infolge der Festsetzung einer überhöhten Vorstandsvergütung setzt zwingend einen Verstoß gegen § 87 Abs. 1 AktG voraus. Eine Vergütungsentscheidung, die sich innerhalb der aktienrechtlichen Angemessenheitsgrenzen bewegt, kann folglich schon keine tatbestandsmäßige Untreuehandlung darstellen.

Davon zu trennen ist die Frage, ob jeder zivilrechtliche Pflichtverstoß zugleich eine Pflichtverletzung i.S.d. § 266 StGB darstellt. Einen solchen Parallelismus verbietet jedoch bereits das Ultima-Ratio-Prinzip, wonach das Strafrecht als schärfstes Schwert des Staates nur als letztes Mittel in Betracht zu ziehen ist.[1160] Auch ein zivilrechtlich pflichtwidriges Verhalten kann somit straflos bleiben. Wenngleich ein zivilrechtlicher Pflichtverstoß für eine Untreuestrafbarkeit also zwingende Voraussetzung ist, genügt umgekehrt nicht schon jeder zivilrechtliche Verstoß, um eine strafrechtliche Pflichtverletzung zu begründen.[1161] Das Strafrecht ist insoweit nur eingeschränkt akzessorisch.[1162] Für die strafrechtliche Bewertung eines zivilrechtlichen Pflichtenverstoßes sind strafrechtsspezifische Wertungen heranzuziehen.[1163]

b) Verfassungsrechtliches Erfordernis einer gravierenden Pflichtverletzung

Weiterhin ist eine Einschränkung der Pflichtverletzung i.S.d. § 266 StGB angesichts der tatbestandlichen Weite bereits aus verfassungsrechtlichen Gründen geboten. Das BVerfG verlangt, „die Anwendung des Untreuetatbestands auf Fälle klarer und deutlicher (evidenter) Fälle pflichtwidrigen Handelns zu

---

1160 *Dittrich*, Untreuestrafbarkeit, S. 34 f.; *Kutzner*, NJW 2006, 3541, 3543; *Lüderssen*, in: FS Lampe, S. 727, 729; *Seibt/Schwarz*, AG 2010, 301, 312.

1161 *Dierlamm*, in: Joecks/Miebach, MüKo-StGB, § 266 Rn. 174; *Dittrich*, Untreuestrafbarkeit, S. 34 f.; *Kutzner*, NJW 2006, 3541, 3543; *Lüderssen*, in: FS Lampe, S. 727, 729; *Saliger*, in: SSW-StGB, § 266 Rn. 33; *Seibt/Schwarz*, AG 2010, 301, 310; *Spindler*, ZIP 2006, 349, 350. Vgl. auch BGH, Urt. vom 6.12.2001 – 1 StR 215/01, BGHSt 47, 187, 197, wonach „für die Annahme einer Pflichtwidrigkeit im Sinne des Untreuetatbestands des § 266 StGB nicht jede gesellschaftsrechtliche Pflichtverletzung (genügt)".

1162 *Dierlamm*, in: Joecks/Miebach, MüKo-StGB, § 266 Rn. 174; *Dittrich*, Untreuestrafbarkeit, S. 34 f.; *Lüderssen*, in: FS Lampe, S. 727, 729 („asymmetrisches Akzessorietätsprinzip"); *Saliger*, in: SSW-StGB, § 266 Rn. 33; *Seibt/Schwarz*, AG 2010, 301, 312.

1163 *Dierlamm*, in: Joecks/Miebach, MüKo-StGB, § 266 Rn. 174; *Kubiciel*, NStZ 2005, 353, 357 f.; *Kutzner*, NJW 2006, 3541, 3543; *Lüderssen*, in: FS Lampe, S. 727, 729; *Saliger*, in: SSW-StGB, § 266 Rn. 33.

beschränken".[1164] Dem stehe auch nicht entgegen, dass sich das Erfordernis einer gravierenden Pflichtverletzung dem Wortlaut des Tatbestands nicht entnehmen lasse.[1165] Eine Beschränkung des sehr weiten Wortlauts sei notwendig.[1166]

aa) Differenzierung nach Art der aktienrechtlichen Pflichtverletzung

Verschiedenst wurde bei gesellschaftsrechtlichen Pflichtverletzungen in der Rechtsprechung eine besondere strafrechtliche Erheblichkeit im Sinne einer „gravierenden Pflichtverletzung" gefordert. So verlangte der Erste Senat des BGH ihr Vorliegen für die Bejahung einer Untreuestrafbarkeit im Bereich der Kreditvergabe[1167] und des Sponsorings.[1168] Auch der Fünfte Senat hielt nur „klare und evidente" Pflichtverletzungen für tatbestandsmäßig.[1169] In der „Mannesmann"-Entscheidung befand der Dritte Senat hingegen eine gravierende Pflichtverletzung (anders als noch die Vorinstanz[1170]) zur Erfüllung des Untreuetatbestands nicht für erforderlich, weil im konkreten Fall schon kein Handlungsspielraum des Aufsichtsrats bestanden habe.[1171]

Mit Blick auf die oben erläuterte nur eingeschränkte Zivilrechtsakzessorität des Strafrechts und den Ultima-Ratio-Grundsatz erscheint eine Gleichsetzung von aktien- und strafrechtlicher Pflichtverletzung sowie das Absehen von einer zusätzlichen strafrechtlichen Schranke zunächst fragwürdig.[1172] Jedoch ist eine Gleichsetzung weniger problematisch, wenn man sie gerade nicht prinzipiell vornimmt, sondern sie auf bestimmte gesellschaftsrechtliche Pflichtverletzungen beschränkt.

Ausnahmsweise kann eine Gleichsetzung nämlich gerechtfertigt sein. Dies kann etwa der Fall sein, wenn bereits für die Annahme einer gesellschaftsrechtlichen Pflichtverletzung hohe Hürden bestehen. So betont der Fünfte Senat zuletzt und in Einklang mit dem BVerfG, dass der Untreuetatbestand auf klare und deutliche Fälle pflichtwidrigen Handelns beschränkt sei.[1173] Allerdings sei es auch vor diesem Hintergrund nicht möglich, eine Pflichtverletzung nach

---

1164 BVerfG, Beschl. v. 23.06.2010 – 2 BvR 2559/08 u.a., BVerfGE 126, 170, 210.
1165 BVerfG, Beschl. v. 23.06.2010 – 2 BvR 2559/08 u.a., BVerfGE 126, 170, 211.
1166 BVerfG, Beschl. v. 23.06.2010 – 2 BvR 2559/08 u.a., BVerfGE 126, 170, 211.
1167 BGH, Urt. v. 15.11.2001 – 1 StR 185/01 BGHSt 47, 148, 150.
1168 BGH, Urt. v. 6.12.2001 – 1 StR 215/01, BGHSt 47, 187, 197.
1169 BGH, Urt. v. 28.5.2013 – 5 StR 551/11, NStZ 2013, 71.
1170 LG Düsseldorf, Urt. v. 22.7.2004 –XIV 5/03, NZG 2004, 1057, 1062.
1171 BGH, Urt. v. 21.12.2005 – 3 StR 470/04, BGHSt 2006, 50, 331, 343 ff.
1172 *Kutzner*, NJW 2006, 3541, 3543.
1173 BGH, Urt. v. 12.10.2016 – 5 StR 134/15, NStZ 2017, 227, 229.

§ 93 Abs. 1 S. 1 AktG zu bejahen und zugleich eine „gravierende“ bzw. „evidente“ Pflichtverletzung zu verneinen.[1174] Mit dem Überschreiten der äußersten Grenzen unternehmerischen Ermessens würde eine Hauptpflicht gegenüber dem zu betreuenden Unternehmen verletzt, „die (gleichsam ‚automatisch‘) so gravierend ist, dass sie zugleich eine Pflichtwidrigkeit im Sinne von § 266 StGB begründet“.[1175] Nur bei einer derartigen gesellschaftsrechtlichen Pflichtverletzung soll sich nach Ansicht des BGH eine Kongruenz zur strafrechtlichen Pflichtverletzung ergeben.

Auf diese Weise wird jedoch die eingeschränkte Zivilrechtsakzessorität des Untreuetatbestands nicht prinzipiell infrage gestellt. Es kann aus den Ausführungen des BGH nicht geschlossen werden, dass die Gleichsetzung für jegliche Art gesellschaftsrechtlicher Pflichtverletzungen gelten soll. Die ausnahmsweise Kongruenz ist vielmehr Folge der vermeintlich strengen gesellschaftsrechtlichen Voraussetzungen an eine Pflichtverletzung nach § 93 Abs. 1 S. 1 AktG.

Den Vorstandsmitgliedern steht bei der Wahrnehmung ihrer Aufgaben ein weiter unternehmerischer Ermessensspielraum zu.[1176] Infolge dieses Ermessensspielraums komme eine Sorgfaltspflichtverletzung i.S.d. § 93 Abs. 1 S. 1 AktG nur bei einem schlechthin unvertretbaren Handeln in Betracht.[1177] Dementsprechend kommt bei einer unternehmerischen Entscheidung nach der in § 93 Abs. 1 S. 2 AktG kodifizierten Business Judgement Rule eine Pflichtverletzung nicht in Betracht, wenn das Vorstandsmitglied vernünftigerweise annehmen durfte, auf der Grundlage angemessener Information zum Wohl der Gesellschaft zu handeln.

Stellt man schon an die konkrete gesellschaftsrechtliche Pflichtverletzung so enge Voraussetzungen, dann können sie durch das Strafrecht nicht mehr überboten werden.[1178] Über den Verweis § 116 AktG gelten die vorgenannten Grundsätze sinngemäß für den Aufsichtsrat.

1174 BGH, Urt. v. 12.10.2016 – 5 StR 134/15, NStZ 2017, 227, 230.

1175 BGH, Urt. v. 12.10.2016 – 5 StR 134/15, NStZ 2017, 227, 230.

1176 BGH, Urt. v. 21.04.1997 – II ZR 175/95, BGHZ 135, 244, 253; *Fleischer*, in: Spindler/Stilz, AktG, § 93 Rn. 13; *Hüffer/Koch*, AktG, § 93 Rn. 8; *Spindler*, in: MüKo-AktG, § 93 Rn. 63.

1177 BGH, Urt. v. 12.10.2016 – 5 StR 134/15, NStZ 2017, 227, 230; *Hüffer/Koch*, AktG, § 93 Rn. 8; *Spindler*, in: MüKo-AktG, § 93 Rn. 65.

1178 *Dittrich*, Untreuestrafbarkeit, S. 215. Kritisch aber *Seibt/Schwarz*, AG 2010, 301, 314, die zurecht auf die auch im Aktienrecht vorherrschende Differenzierung zwischen einfachen und groben Verletzungen hinweisen (vgl. § 93 Abs. 5 S. 2 AktG, der eine „gröbliche“ Verletzung der Sorgfaltspflicht fordert).

Zustimmung verdient die These, dass für eine zusätzliche Prüfung einer (strafrechtlich) „gravierenden" Pflichtverletzung zumindest in Fällen, in denen besonders strenge Anforderungen für die Annahme einer gesellschaftsrechtlichen Pflichtverletzung gelten, kein Raum ist. Gleichwohl stellt § 93 Abs. 1 S. 1 AktG nicht per se besonders hohe Anforderungen an eine aktienrechtliche Pflichtverletzung. Jeder Verstoß gegen die gesetzlich im AktG festgelegten Pflichten stellt bereits eine Pflichtverletzung i.S.d. § 93 Abs. 1 S. 1 AktG dar.[1179] Nicht in jedem Fall besteht dabei aber überhaupt ein weiter unternehmerischer Ermessensspielraum und nicht in jedem Fall handelt es sich um eine unternehmerische Entscheidung für den Vorstand oder Aufsichtsrat. Es ist daher für jede Pflichtverletzung im Einzelfall zu prüfen, ob tatsächlich schon derart hohe Anforderungen an sie gelten, dass eine darüber hinausgehende strafrechtliche Erheblichkeit entbehrlich ist.

bb) Konsequenz für Vergütungsentscheidungen

Ob es bei Entscheidungen über die Vergütungshöhe auf das zusätzliche Vorliegen einer „gravierenden" Pflichtverletzung ankommt, hängt folglich davon ab, ob in diesem Bereich ohnehin erhöhte Voraussetzungen an eine Pflichtverletzung bestehen. Dann erschiene eine Gleichsetzung der Pflichtverletzung auf gesellschaftsrechtlicher und strafrechtlicher Ebene gerechtfertigt und eine zusätzliche Erheblichkeitsschwelle entbehrlich.

Vermag man eine aktienrechtliche Pflichtwidrigkeit überhaupt erst dann anzunehmen, wenn ein evident unvertretbarer Verstoß gegen das Angemessenheitsgebot des § 87 Abs. 1 AktG vorliegt,[1180] braucht es somit auch bei Vergütungsentscheidungen keiner zusätzlichen strafrechtlichen Erheblichkeitsschwelle mehr. Unter dieser Prämisse wird man somit eine ausnahmsweise bestehende Kongruenz von aktienrechtlich und strafrechtlich relevanter Pflichtverletzung bejahen können. Ein Verstoß gegen § 87 Abs. 1 AktG führt dann zu einer Pflichtverletzung i.S.d. § 266 StGB.

Geht man – wie hier[1181] – indes nicht von einer unternehmerischen Ermessensentscheidung und damit einhergehender Geltung der Business Judgement

---

1179 *Spindler,* in: MüKo-AktG, § 93 Rn. 86.

1180 *Brauer*, NZG 2004, 502, 504; *Dittrich*, Untreuestrafbarkeit, S. 185 f.; *Seibt* in: K. Schmidt/Lutter, AktG, § 87 Rn. 16.

1181 Siehe oben unter Abschnitt H.II.1.c)cc). Ebenso eine unternehmerische Entscheidung ablehnend *Habersack,* in: MüKo-AktG, § 116 Rn. 43; *ders.*, ZSR 124 (2005), 533, 544; *Kropff,* in: FS Raiser, S. 225, 234; *Schäfer*, ZIP 2005, 1253, 1258; *Schwark*, in: FS Raiser, S. 377, 391 f.

Rule aus oder erkennt man die Angemessenheit jedenfalls als absolute Grenze des Ermessensspielraums an[1182], ist eine weitere tatbestandliche Einschränkung der Pflichtverletzung i.S.d. § 266 StGB in Einklang mit den Grundsätzen des BVerfG erforderlich.

Unter Beachtung dieser tatbestandlichen Einschränkung ist in der Festsetzung einer Vergütung oberhalb des Angemessenheitskorridors nicht automatisch ein strafrechtlich erheblicher Pflichtenverstoß zu erkennen. Die zusätzlich erforderliche strafrechtliche Erheblichkeit kann sich aber etwa aus einem gewichtigen Auseinanderfallen zwischen angemessener Vergütung und festgesetzter Vergütung ergeben. Regelmäßig dürfte dabei eine Übersteigung von 100 % in Bezug auf die obere Grenze des Angemessenheitskorridors als strafrechtlich erheblich angesehen werden.

c) *Ergebnis*

Die Gewährung einer überhöhten Vergütung erfüllt erst dann den Untreuetatbestand, wenn von dem Angemessenheitsgebot des § 87 Abs. 1 AktG in besonders großem Ausmaß nach oben abgewichen wird. Nach einer Ansicht folgt dies daraus, dass schon nicht jeder Verstoß gegen § 87 Abs. 1 AktG eine aktienrechtliche Pflichtverletzung darstellt. Nach hier vertretener Auffassung liegt zwar bereits in jedem Verstoß gegen die gesetzlichen Grenzen der Angemessenheit eine aktienrechtliche Pflichtverletzung vor. Dies allein macht die Pflichtverletzung aufgrund des strafrechtlichen Ultima-Ratio-Grundsatzes und des verfassungsrechtlichen Bestimmtheitsgebots noch nicht strafwürdig. Es ist eine tatbestandsmäßige Einschränkung erforderlich. Eine Strafwürdigkeit ergibt sich erst bei der Festsetzung einer im besonderen Maß von der höchstmöglichen noch angemessenen abweichenden Vergütungshöhe. Letztlich dürften beide Auffassungen jedoch zu einem identischen Ergebnis führen: Erst bei einer auffallend unangemessenen Vergütungshöhe handelt es sich um eine Pflichtverletzung i.S.d. § 266 StGB.

II. Folgerungen für Verstöße gegen § 87 Abs. 2 AktG

1. Vergleichbarkeit der Tathandlungen

Die soeben zur Untreuestrafbarkeit bei Verstößen gegen § 87 Abs. 1 AktG dargestellten Grundsätze lassen sich auf Verstöße gegen § 87 Abs. 2 AktG übertragen. Auch bei der Herabsetzungspflicht handelt sich um eine

---

1182 *Spindler*, in: Spindler/Stilz, AktG, § 116 Rn. 57; *Thümmel*, AG 2004, 83, 88.

Vermögensbetreuungspflicht.[1183] Diese Pflicht kann nämlich sowohl durch Tun als auch durch Unterlassen verletzt werden.[1184] Ob die Abweichung zu der angemessenen Vergütung schon aus der ursprünglichen Festsetzung folgt oder sich erst aus der Nichtausübung des Herabsetzungsrechts bzw. einer fehlerhaften Festsetzung der neuen Vergütungshöhe ergibt, ist für die strafrechtliche Bewertung unerheblich. Das Ergebnis, dass also eine zum Schaden des Gesellschaftsvermögens unangemessene Vergütung geleistet wird, ist in beiden Fällen identisch.

2. Restriktive Auslegung geboten

Es ist indes bei der Herabsetzung ebenso wie bei der Vergütungsfestsetzung eine restriktive Auslegung des § 266 StGB in dem Sinne geboten, als dass nur im Falle einer gravierenden Pflichtverletzung eine strafbarkeitsbegründende Handlung angenommen werden kann. Denn auch eine unterbliebene oder fehlerhafte Herabsetzung erscheint erst dann strafrechtlich erheblich, wenn die weiterhin gewährte Vergütung im besonderen Maß von der höchstmöglichen noch angemessenen Vergütungshöhe abweicht.

Infolge des Ultima-Ratio-Prinzips erfüllt der aktienrechtliche Verstoß gegen § 87 Abs. 2 AktG für sich allein genommen noch nicht den Tatbestand des § 266 StGB. Eine die Kongruenz von aktienrechtlich und strafrechtlich relevanter Pflichtverletzung rechtfertigende Sonderkonstellation liegt nicht vor. Denn es gelten aktienrechtlich keine besonders strengen Anforderungen, um einen Verstoß gegen § 87 Abs. 2 AktG anzunehmen. Nach Auffassung des BGH genügt es für die Annahme eines aktienrechtlichen Verstoßes gegen das Herabsetzungsgebot sogar schon, wenn dem Aufsichtsrat die vom BGH geforderte „Punktlandung" bei der Neubestimmung der Vergütung nicht gelingt.

Dies allein kann aber noch keine Strafbarkeit begründen, es besteht Raum für die Prüfung einer gesonderten strafrechtlichen Erheblichkeit.

Nimmt man hingegen bei der Herabsetzung einen unternehmerischen Ermessensspielraum unter Geltung der Business Judgement Rule an, wird man eine über den aktienrechtlichen Pflichtenverstoß hinausgehende strafrechtliche Erheblichkeit für entbehrlich halten können.

1183 *Rieble/Schmittlein*, Vergütung von Vorständen, Rn. 415.

1184 *Dierlamm*, in: MüKo-StGB, § 266 Rn. 184; *Fischer*, StGB, § 266 Rn. 55; *Kindhäuser*, in: NK-StGB, § 266 Rn. 64; *Wittig*, in: BeckOK StGB, § 266 Rn. 44; *Zieschang*, in: HK-KapMStrafR, Kap. 5.1., § 266 StGB Rn. 32.

Bei der Beurteilung der strafrechtlichen Erheblichkeit ist zu berücksichtigen, dass der Unrechtsgehalt einer fehlerhaften oder unterlassenen Herabsetzung regelmäßig unterhalb einer von vornherein überhöhten Vergütungsgewährung liegen wird.[1185] Dennoch indiziert auch hier ein besonders starkes Auseinanderfallen zwischen nunmehr angemessener und (weiter)gewährter Vergütung die Erheblichkeit des Pflichtverstoßes.

3. Subjektive Voraussetzungen

In der Betrachtung nicht unerwähnt bleiben darf schließlich, dass allein eine strafrechtlich tatbestandsmäßige Pflichtverletzung für eine Strafbarkeit nach § 266 StGB noch nicht ausreicht. Daneben müssen die sonstigen Voraussetzungen treten.

Insbesondere vor dem Hintergrund, dass es sich um ein reines Vorsatzdelikt handelt, muss keine übermäßige Furcht der Aufsichtsratsmitglieder vor einer Strafbarkeit bestehen. Wird die Pflicht zur Herabsetzung bzw. die „richtige" Vergütungshöhe (grob) fahrlässig verkannt, ist eine Strafbarkeit wegen Untreue ausgeschlossen.

III. Ergebnis

Höchstrichterlicher Rechtsprechung dazu, unter welchen Voraussetzungen die Gewährung einer überhöhten Vergütung oder eine unterbliebene oder fehlerhafte Herabsetzung den Straftatbestand des § 266 StGB erfüllt, fehlt bislang.

Der BGH hat bisher nur entschieden, dass eine dem Grunde nach unzulässige Vergütung („Ob"-Ebene) einen strafrechtlich relevanten Pflichtverstoß darstellt. Zwar ist schon die Differenzierung zwischen „Ob" und „Wie" der Vergütungsgewährung angesichts der konkretisierten Anforderungen des § 87 Abs. 1 AktG fraglich. Jedenfalls aber kann auch die Gewährung einer überhöhten Vergütung („Wie"-Ebene) eine Strafbarkeit nach § 266 StGB begründen. Denn bei der Festsetzung der Vergütungshöhe handelt es sich ebenso um eine Vermögensbetreuungspflicht.

Der Tatbestand des § 266 StGB ist allerdings noch nicht erfüllt, wenn die Grenzen der Angemessenheit überschritten werden. Es kann nämlich kein grundsätzlicher Gleichlauf von aktien- und strafrechtlicher Pflichtverletzung angenommen werden. Ein aktienrechtlicher Pflichtenverstoß muss vielmehr von erheblichem Gewicht sein, um strafbarkeitsauslösend wirken zu können.

1185 In diese Richtung *Keiser*, RdA 2010, 280, 286.

Dieses einschränkende Verständnis der Pflichtverletzung § 266 StGB ist aus verfassungsrechtlichen Gründen geboten.

Ein Gleichlauf mag sich jedoch ausnahmsweise dann ergeben, wenn schon an die aktienrechtliche Pflichtverletzung erhöhte Anforderungen zu stellen sind. Für Vergütungsentscheidungen ist dies nach Ansicht der Verfasserin gleichwohl nicht der Fall. Demzufolge muss es bei der grundsätzlichen, aus verfassungsrechtlichen Gründen erforderlichen, Einschränkung des Tatbestands bleiben und eine gravierende Pflichtverletzung vorliegen.

Die Pflicht zur Herabsetzung ist ebenso eine Vermögensbetreuungspflicht i.S.d. § 266 StGB. Eine unterlassene oder fehlerhafte Herabsetzung kann folglich eine Strafbarkeit nach § 266 StGB auslösen. Gleichwohl genügt auch hier der bloße aktienrechtliche Verstoß nicht.

Für Verstöße im Bereich des § 87 Abs. 2 AktG gilt die tatbestandliche Einschränkung des Untreuetatbestands ebenso. Erst ein erheblicher Verstoß gegen das Herabsetzungsgebot kann daher eine untreuerelevante Pflichtverletzung darstellen. Ein erheblicher Verstoß ist erst bei einem starken Auseinanderfallen zwischen angemessener und (weiter)gewährter Vergütung anzunehmen. Dies dürfte erst bei einer Überschreitung des maximal angemessenen Betrags um mindestens 100 % der Fall sein.

P. Sicherstellung der Einhaltung der Herabsetzungspflicht

Die soeben diskutierten Haftungstatbestände können mittels Präventivwirkung durch das ihnen innewohnende Drohpotential dazu beitragen, die Einhaltung der Herabsetzungspflicht zu gewährleisten.

Eine effektive Präventivwirkung setzt aber voraus, dass sich das Haftungspotential im Einzelfall auch tatsächlich realisieren kann. Es wird daher in diesem Abschnitt geprüft, welche Möglichkeiten der Haftungsdurchsetzung aktuell bestehen (unter Abschnitt I.). Außerdem wird diskutiert, welche weiteren Maßnahmen ergriffen werden könnten, um die Einhaltung der Herabsetzungspflicht besser als bislang zu gewährleisten (unter Abschnitt II.).

I. Haftungsdurchsetzung

In den vorangegangenen Abschnitten wurde erläutert, welche haftungsrechtlichen Konsequenzen sich aus der Nichteinhaltung der Herabsetzungspflicht ergeben. Ob diese Konsequenzen realistischerweise tatsächlich eintreten können, wird nachfolgend näher erörtert. Es ist dabei insbesondere zu analysieren, wie und durch wen ein bestehender Haftungsanspruch in der Praxis überhaupt durchgesetzt werden kann. Der Fokus soll dabei auf der zivilrechtlichen Haftungsdurchsetzung liegen. Die strafrechtliche Haftung greift ohnehin nur in Ausnahmefällen. Ihre Durchsetzung obliegt der Staatsanwaltschaft.

1. Zur Durchsetzung befugte Organe oder Personen

Die besonderen gesellschaftsrechtlichen Ersatzansprüche gegen den Aufsichtsrat bei unterbliebener oder zu geringfügiger Herabsetzung können derzeit durch den Vorstand (vgl. dazu Unterabschnitt a)) oder die Aktionäre (vgl. dazu Unterabschnitt b)) durchgesetzt werden. Im Sonderfall der Insolvenz können die Ansprüche ferner durch den Insolvenzverwalter durchgesetzt werden (vgl. dazu Unterabschnitt c)).

a) Vorstand

aa) Pflicht des Vorstands zur Durchsetzung von Schadensersatzansprüchen

Nach § 78 Abs. 1 AktG ist der Vorstand als Vertreter der Gesellschaft dafür zuständig, Schadensersatzansprüche der Gesellschaft gegen die Mitglieder des Aufsichtsrats geltend zu machen.[1186] Die Grundsätze der *ARAG/Garmenbeck*-Entscheidung,[1187] wonach der Aufsichtsrat verpflichtet ist, den Vorstand bei Pflichtverletzungen in Anspruch zu nehmen, sind auch in umgekehrter Konstellation entsprechend heranzuziehen.[1188]

Der Vorstand ist dabei zur Geltendmachung der Schadensersatzansprüche nicht nur berechtigt, sondern sogar verpflichtet.[1189] Es besteht hinsichtlich der Inanspruchnahme der Aufsichtsratsmitglieder grundsätzlich kein Entscheidungsermessen aufseiten des Vorstands.[1190]

Konkret bedeutet das, dass der Vorstand als Vertreter der Gesellschaft bei Verstößen gegen die Herabsetzungspflicht gegen die Mitglieder des Aufsichtsrats vorgehen müsste.

1186 *Arnold/Rothenburg,* in: Arbeitshandbuch für Vorstandsmitglieder, § 7 Rn. 45; *Breuer/Fraune,* in: NK-AktR, § 116 Rn. 23; *P. Doralt/W. Doralt,* in: Arbeitshandbuch für Aufsichtsratsmitglieder, § 14 Rn. 192; *Drygala,* in: K. Schmidt/Lutter, AktG, § 116 Rn. 55; *Habersack,* in: MüKo-AktG, § 116 Rn. 8, 77; *Henssler,* in: Henssler/Strohn, Gesellschaftsrecht, § 116 AktG Rn. 15; *Hoffmann-Becking,* in: Münch. Hdb. GesR IV, § 33 Rn. 69; *Keiser,* RdA 2010, 280, 285; *Lutter/Krieger/Verse,* Rechte und Pflichten des Aufsichtsrats, § 13 Rn. 1025; *Semler,* in: FS Goette, S. 499, 508; *Thum/Klofat,* NZG 2010, 1087.

1187 BGH, Urt. v. 21.04.1997 – II ZR 175/95, BGHZ 135, 244.

1188 *Arnold/Rothenburg,* in: Arbeitshandbuch für Vorstandsmitglieder, § 7 Rn. 45; *Breuer/Fraune,* in: NK-AktR, § 116 Rn. 23; *P. Doralt/W. Doralt,* in: Arbeitshandbuch für Aufsichtsratsmitglieder, § 14 Rn. 192; *Habersack,* in: MüKo-AktG, § 116 Rn. 8; *Henssler,* in: Henssler/Strohn, Gesellschaftsrecht, § 116 AktG Rn. 15; *Lutter/Krieger/Verse,* Rechte und Pflichten des Aufsichtsrats, § 13 Rn. 1025; *Thum/Klofat,* NZG 2010, 1087.

1189 *Drygala,* in: K. Schmidt/Lutter, AktG, § 116 Rn. 55; *P. Doralt/W. Doralt,* in: Arbeitshandbuch für Aufsichtsratsmitglieder, § 14 Rn. 192; *Habersack,* in: MüKo-AktG, § 116 Rn. 8; *Henssler,* in: Henssler/Strohn, Gesellschaftsrecht, § 116 AktG Rn. 15; *Lutter/Krieger/Verse,* Rechte und Pflichten des Aufsichtsrats, § 13 Rn. 1025.

1190 *Keiser,* RdA 2010, 280, 285; *Spindler,* in: Spindler/Stilz, AktG, § 116 Rn. 140 unter Verweis auf BGH, Urt. v. 21.04.1997 – II ZR 175/95, BGHZ 135, 244, 253.

bb) Inanspruchnahme regelmäßig wenig wahrscheinlich

Das etwas kurios anmutende Ergebnis der vorgenannten Pflicht zur Inanspruchnahme ist, dass der Vorstand die Mitglieder des Aufsichtsrats letztlich dafür belangen muss, dass sie nicht zum finanziellen Nachteil der Vorstandsmitglieder gehandelt haben.[1191] Unabhängig von der konkreten Haftungsgrundlage lässt sich indes allgemein feststellen, dass es typischerweise nicht zu einer Durchsetzung von Schadenersatzansprüchen gegen Aufsichtsratsmitglieder durch den Vorstand kommt, wenn der Vorstand selbst in irgendeiner Form beteiligt war oder jedenfalls von einer (Un-)Tätigkeit des Aufsichtsrats profitiert hat.[1192] Von dieser Prämisse ist auch bei der Haftung wegen Verstößen gegen die Herabsetzungspflicht auszugehen, da die Vorstandsmitglieder von derartigen Verstößen profitieren. Schon vor diesem Hintergrund ist es – trotz der an sich bestehenden Pflicht des Vorstands – höchst unwahrscheinlich, dass der Vorstand der Schadensersatzansprüche gegen die Aufsichtsratsmitglieder durchsetzt.[1193]

Außerdem pflegen die Mitglieder von Vorstand und Aufsichtsrat in zahlreichen Fällen ein loyal-kollegiales und bisweilen freundschaftliches Verhältnis, was einer Haftungsdurchsetzung des einen Organs gegen Mitglieder des jeweils anderen Organs ebenso wenig zuträglich ist.[1194] Der Gesetzgeber hat im Zuge der Neufassung der §§ 147, 148 AktG diesbezüglich treffend formuliert, dass „typischerweise nicht erwartet werden (kann), dass derjenige Ansprüche verfolgt, der dem Ersatzpflichtigen kollegial oder geschäftlich verbunden, ihm für seine eigene Bestellung zu Dank verpflichtet ist, oder der Gefahr läuft, dass im Verfahren seine eigenen Versäumnisse aufgedeckt werden".[1195]

1191 *Keiser*, RdA 2010, 280, 285; *Waldenberger/Kaufmann*, BB 2010, 2257, 2264. Vgl. auch *Lutter*, ZIP 2006, 733, der im Zusammenhang mit der Vergütungsfestsetzung nach § 87 Abs. 1 AktG von einer „grotesken Situation" spricht, wenn der Vorstand gegen seinen „zu großzügigen Aufsichtsrat" klagen müsste.

1192 *P. Doralt/W. Doralt*, in: Arbeitshandbuch für Aufsichtsratsmitglieder, § 14 Rn. 192; *Lutter/Krieger/Verse*, Rechte und Pflichten des Aufsichtsrats, § 13 Rn. 1025 bezeichnen dies als „lebensfremd"; *Rieckers/Vetter*, in: KK-AktG, § 147 Rn. 2; *Schwan*, Steuerliche Begrenzungsmöglichkeiten, S. 54; *Schwark*, in: FS Raiser, S. 377, 395.

1193 *Keiser*, RdA 2010, 280, 285; für eine nach § 87 Abs. 1 AktG überhöhte Vorstandsvergütung auch *Schwan*, Steuerliche Begrenzungsmöglichkeiten, S. 54.

1194 *Arnold*, in: MüKo-AktG, § 87 Rn. 16; *Herrler*, in: Grigoleit, AktG, § 147 Rn. 1; *Hüffer/Koch*, AktG, § 147 Rn. 1; *Keiser*, RdA 2010, 280, 285; *Liebscher*, in: Henssler/Strohn, Gesellschaftsrecht, § 147 AktG Rn. 1; *Schwan*, Steuerliche Begrenzungsmöglichkeiten, S. 54 f.

1195 Gesetzentwurf der Bundesregierung zum UMAG, BT-Drs. 15/5092 S. 20.

Zwar würde den Vorstand bei einer unterlassenen Geltendmachung eines Schadensersatzanspruchs seinerseits pflichtwidrig handeln. Doch dafür müsste ihn dann wiederum der Aufsichtsrat zur Rechenschaft ziehen.[1196] Die Wahrscheinlichkeit hierfür dürfte bei nahezu null liegen.

Es ist daher in der Regel nicht zu erwarten, dass der Vorstand gegen die Mitglieder des Aufsichtsrats vorgehen würde, wenn diese gegen die Herabsetzungspflicht verstoßen.

cc) Ausnahme: Betroffenheit nur ehemaliger Vorstands- und/oder Aufsichtsratsmitglieder

Realistischer erscheint eine Haftungsdurchsetzung durch den Vorstand ausnahmsweise vor allem dann, wenn es sich in der Sache um ehemalige Vorstandsmitglieder und/oder ehemalige Aufsichtsratsmitglieder handelt.[1197]

Wenn die unterlassene oder fehlerhafte Vergütungskürzung nur ehemalige Vorstandsmitglieder betroffen hätte, sind amtierende Vorstandsmitglieder nämlich zumindest nicht von einem unmittelbaren persönlichen Interessenkonflikt betroffen. Gleichwohl besteht für den Vorstand auch in einer derartigen Konstellation die Gefahr, ein bislang kollegiales Verhältnis mit dem Aufsichtsrat durch dessen Inanspruchnahme zu beschädigen.

Ein Vorgehen des Vorstands gegen ehemalige Aufsichtsratsmitglieder erscheint hingegen weniger konfliktträchtig, denn es vermag zumindest die laufende Zusammenarbeit zwischen Aufsichtsrat und Vorstand nicht zu beeinträchtigen. Die Hemmschwelle gegen ehemalige Mitglieder des Aufsichtsrats vorzugehen, dürfte daher regelmäßig niedriger liegen.

Am wenigsten Konfliktpotential besteht infolgedessen in Fallkonstellationen, in denen ehemalige Aufsichtsratsmitglieder nur betreffend die Vergütung ehemaliger Vorstandsmitglieder gegen § 87 Abs. 2 AktG verstoßen haben. Denn dann muss der amtierende Vorstand sich nicht für die Kürzung seiner eigenen Vergütung positionieren und läuft nicht Gefahr, das Verhältnis zum aktuellen Aufsichtsrat zu verschlechtern.

1196 Für die vergleichbare Situation bei einer nach § 87 Abs. 1 S. 1 AktG unangemessen Vergütungshöhe auch *Schwan*, Steuerliche Begrenzungsmöglichkeiten, S. 54.

1197 Ähnlich *Bachmann*, Gutachten zum 70. Deutschen Juristentag, E 1, E 87 f.; *P. Doralt/ W. Doralt*, in: Arbeitshandbuch für Aufsichtsratsmitglieder, § 14 Rn. 192; *Lutter/ Krieger/Verse*, Rechte und Pflichten des Aufsichtsrats, § 13 Rn. 1025.

b) Durchsetzung durch Aktionäre

Haftungsansprüche gegen den Aufsichtsrat können außerdem auch durch die Aktionäre durchgesetzt werden. Hierfür besteht einerseits die Möglichkeit, die Durchsetzung durch einen Beschluss der Hauptversammlung nach § 147 Abs. 1 S. 1 AktG zu erzwingen (hierzu Unterabschnitt aa)). Daneben kommt eine Aktionärsklage nach § 148 AktG in Betracht (hierzu Unterabschnitt bb)).

aa) Beschluss der Hauptversammlung

Die Hauptversammlung kann im Klageerzwingungsverfahren nach § 147 AktG die Geltendmachung von Ersatzansprüchen gegen den Aufsichtsrat erzwingen. Nach § 147 Abs. 1 S. 1 AktG kann die Hauptversammlung mit einfacher Stimmenmehrheit beschließen, dass Ersatzansprüche der Gesellschaft gegen die Mitglieder des Aufsichtsrats geltend gemacht werden müssen.

Nach § 147 Abs. 2 S. 1 AktG kann für die Geltendmachung ein besonderer Vertreter bestellt werden. Das erscheint gerade in Konstellationen, in denen der Vorstand zumindest mittelbar von einer Inanspruchnahme des Aufsichtsrats betroffen ist, sinnvoll. Im Unterschied zum Vorstand sind jedoch die Aktionäre nicht verpflichtet, sich für die Geltendmachung von Ersatzansprüchen gegen den Aufsichtsrat einzusetzen.[1198]

Das Klageerzwingungsverfahren kam bislang eher vereinzelt zum Einsatz, wenngleich sich gerade in jüngerer Vergangenheit gerichtliche Entscheidungen[1199] zu § 147 AktG häufen.[1200] Insgesamt wird die praktische Bedeutung des § 147 AktG dennoch als vergleichsweise gering eingeschätzt.[1201] Besondere Bedeutung kommt § 147 AktG allerdings in Fällen zu, in denen (auch) gegen einen Mehrheitsaktionär vorgegangen wird, da § 147 AktG aufgrund von

---

1198 *P. Doralt/W. Doralt*, in: Arbeitshandbuch für Aufsichtsratsmitglieder, § 14 Rn. 194.

1199 OLG Karlsruhe, Urt. v. 14.03.2018 – 11 U 35/17; OLG Köln, Urt. v. 09.03.2017 – 18 U 19/16, NZG 2017, 1344; LG Duisburg, Teilurt. v. 09.06.2016 – 22 O 50/16, AG 2016, 795; LG Heidelberg, Urt. v. 04.12.2015 –11 O 37/15 KfH, AG 2016, 182; LG Duisburg, Urt. v. 16.04.2013 – 22 O 12/13; KG, Beschl. v. 16.12.2011 – 25 W 92/11, AG 2012, 328; KG, Beschl. v. 25.08.2011 – 25 W 63/11, NZG 2011, 1429; LG Stuttgart Urt. v. 27.10.2009 – 32 O 5/09, ZIP 2010, 329; OLG München, Urt. v. 28.11.2007 – 7 U 4498/07, AG 2008, 172.

1200 Eine derartige Entwicklung beobachtet auch *Arnold*, in: MüKo-AktG, § 147 Rn 15.

1201 *Arnold*, in: MüKo-AktG, § 147 Rn 15; *Bayer*, AG 2016, 636, 639; *Wagner*, ZHR 178 (2014), 227, 240.

Stimmverboten in diesen Fällen zu einem Minderheitenrecht werden kann.[1202] Ein Klageerzwingungsverfahren mit Bezug zur Höhe der Vorstandsvergütung wurde bislang allerdings nicht durchgeführt.

Die zwar nicht vollkommen bedeutungslose, insgesamt aber dennoch eher zurückhaltende Nutzung des Instruments der Klageerzwingung lässt sich vor allem damit erklären, dass es den Aktionären regelmäßig an einem Anreiz oder besonderem Interesse fehlt, Ersatzansprüche gegen andere Organe zugunsten der Gesellschaft durchzusetzen.[1203]

Eine Aktivierung des Haftungspotentials ist daher von der Hauptversammlung allgemein nicht zu erwarten.[1204] Der mit der Geltendmachung des Ersatzanspruchs einhergehende Aufwand erscheint angesichts des in Aussicht stehenden Nutzens oftmals unverhältnismäßig.[1205] Im Erfolgsfall profitiert die Gesellschaft als Ganzes, nicht die einzelnen Aktionäre.[1206]

Eine von vornherein oder infolge einer nicht erfolgten Herabsetzung überhöhte Vergütung hat lediglich Einfluss auf die Höhe der Dividende.[1207] Die Aktionäre profitieren folglich nur höchst mittelbar von einer Durchsetzung darauf beruhender Schadensersatzansprüche. Das gilt umso mehr, als dass auch besonders hohe Bezüge insgesamt regelmäßig nur einen geringen Teil des Unternehmensgewinns ausmachen, sodass auch deswegen kein gesteigertes Interesse der Aktionäre bestehen dürfte, tätig zu werden.[1208]

bb) Aktionärsklage

Die Durchsetzung eines möglichen Haftungsanspruchs durch Aktionäre ist ferner mittels einer Aktionärsklage nach § 148 AktG möglich. Die Aktionärsklage nach § 148 AktG ergänzt die Möglichkeit der Anspruchsdurchsetzung nach § 147 AktG. Ihr Zweck ist es, Minderheitenrechte zu sichern. Nach § 148 Abs. 1 AktG können Minderheitsaktionäre, wenn sie mindestens 1 % des Grundkapitals oder einen anteiligen Betrag von 100.000 Euro halten, im eigenen

---

1202 *Hüffer/Koch*, AktG, § 147 Rn. 4; *Rieckers/Vetter*, in: KK-AktG, § 147 Rn. 60. Zur damit einhergehenden Missbrauchsproblematik *Bayer*, AG 2016, 636.

1203 *Mock*, in: Spindler/Stilz, AktG, § 147 Rn. 12; *Rieckers/Vetter*, in: KK-AktG, § 147 Rn. 2.

1204 *Bachmann*, Gutachten zum 70. Deutschen Juristentag, E 1, E 85; *ders.*, in: FS G.H. Roth, S. 37 ff.

1205 *Mock*, in: Spindler/Stilz, AktG, § 147 Rn. 12.

1206 *Wagner*, ZHR 178 (2014), 227, 241.

1207 *Schwan*, Steuerliche Begrenzungsmöglichkeiten, S. 59.

1208 *Schwan*, Steuerliche Begrenzungsmöglichkeiten, S. 59; *Thüsing*, ZGR 2003, 457, 466.

Namen Ersatzansprüche der Gesellschaft geltend machen. Ein Schadenseintritt bei ihnen selbst ist hierfür nicht erforderlich.

(1) Erfordernis eines Klagezulassungsverfahrens

Das Verfahren verläuft zweistufig. Vor der eigentlichen Klage ist zunächst ein Klagezulassungsverfahren zu durchlaufen. Bezweckt wird damit einerseits eine Verringerung des Missbrauchsrisikos bei offensichtlich aussichtslosen Klagen.[1209] Andererseits sollen die klagenden Aktionäre die Möglichkeit haben, einen voraussichtlich aussichtsreichen Prozess zu initiieren, ohne dabei das Kostenrisiko des späteren Rechtsstreits tragen zu müssen.[1210]

(2) Unredlichkeit oder grobe Gesetzesverletzung als Voraussetzung der Klagezulassung

Für einen erfolgreichen Ausgang des Klagezulassungsverfahrens müssen sämtliche Voraussetzungen des § 148 Abs. 1 S. 2 AktG vorliegen. Nach § 148 Abs. 1 Nr. 3 AktG ist zentrale Voraussetzung für eine Klagemöglichkeit der Minderheitenaktionäre, dass Tatsachen vorliegen, die den Verdacht rechtfertigen, dass der Gesellschaft durch Unredlichkeit oder grobe Verletzung eines Gesetzes oder der Satzung ein Schaden entstanden ist. Begründet wird dieses vergleichsweise strenge Erfordernis damit, dass eine kleine Minderheit nicht der schweigenden Mehrheit einen Verfolgungswunsch aufdrängen können soll.[1211] Nur wenn eine Nichtverfolgung unerträglich wäre und das Vertrauen in die gute Führung und Kontrolle deutscher Unternehmen erschüttert würde, soll eine gerichtliche Überprüfung durch eine Minderheit erzwungen werden können.[1212]

Die Haftung wegen eines Verstoßes gegen die Herabsetzungspflicht kann somit nur mittels Aktionärsklage durchgesetzt werden, wenn es sich dabei um eine Unredlichkeit oder grobe Gesetzesverletzung handelt. Die genaue Abgrenzung dieser beiden Alternativen bleibt dabei freilich unklar.[1213] „Unredlichkeit" liegt nach Auffassung des Gesetzgebers jedenfalls dann vor, wenn es sich um „ins Kriminelle reichenden Treuepflichtverstöße" handelt.[1214] Das kann etwa

1209 Gesetzentwurf der Bundesregierung zum UMAG, BT-Drs. 15/5092 S. 20.
1210 Gesetzentwurf der Bundesregierung zum UMAG, BT-Drs. 15/5092 S. 20.
1211 Gesetzentwurf der Bundesregierung zum UMAG, BT-Drs. 15/5092 S. 22.
1212 Gesetzentwurf der Bundesregierung zum UMAG, BT-Drs. 15/5092 S. 22.
1213 *Rieckers/Vetter*, in: KK-AktG, § 148 Rn. 298.
1214 Gesetzentwurf der Bundesregierung zum UMAG, BT-Drs. 15/5092 S. 22. Ebenso *Arnold*, in: MüKo-AktG, § 148 Rn 35.

der Fall sein, wenn der Tatbestand der Untreue gem. § 266 StGB erfüllt ist.[1215] Ebenso wie die Einstufung als strafrechtlich relevante Untreue[1216] erscheint auch die Qualifikation einer unterlassenen Herabsetzung als Unredlichkeit i.S.d. § 148 Abs. 1 Nr. 3 AktG nur in absoluten Ausnahmefällen denkbar.

Auch die „grobe" Gesetzesverletzung erfordert eine qualifizierte Form der Gesetzesverletzung. Eine solche wird man nur dann annehmen können, wenn neben dem reinen Gesetzesverstoß noch besondere Umstände hinzutreten. Es sind dabei im Wege der Gesamtbetrachtung das Maß des Verschuldens, die Bedeutung der verletzten Norm und die Folgen der Verletzung (etwa die Höhe des Schadens) zu berücksichtigen.[1217] Unter Berücksichtigung der vorgenannten Kriterien gilt für Verstöße gegen § 87 Abs. 2 AktG Folgendes:

Mit der im Zuge des VorstAG erfolgten besonderen Erwähnung des § 87 Abs. 1 in § 116 S. 3 AktG geht allgemein eine gesetzliche Aufwertung der Pflicht zu Einhaltung der Angemessenheit der Vergütungshöhe einher.[1218] Damit wird die Bedeutung von gesetzeskonformen Vergütungsentscheidungen insgesamt unterstrichen und somit auch die Herabsetzung umfasst. Daher ist es gerechtfertigt, die Bedeutung der verletzten Norm hier als hoch einzustufen.[1219]

Welcher Grad des Verschuldens vorliegt und welches Ausmaß der eingetretene Schaden hat, ist bei einer unterlassenen bzw. fehlerhaften Vergütungsherabsetzung stets einzelfallabhängig.

Eine grobe Gesetzesverletzung wird man vor allem dann annehmen können, wenn (1) sich die Lage der Gesellschaft in besonders drastischem Ausmaß verschlechtert hat, (2) die Differenz zwischen tatsächlich weitergewährter und nach dem Gesetz fortan (maximal) zu gewährender angemessenen Vergütung besonders groß ist und (3) der Aufsichtsrat sich „sehenden Auges" mit einer Vergütungsherabsetzung nicht befasst hat oder gar bewusst und willentlich von ihr abgesehen hat.

1215 *Spindler,* in: K. Schmidt/Lutter, AktG, § 148 Rn. 25.

1216 Dazu siehe oben unter Abschnitt O.II.

1217 *Rieckers/Vetter,* in: KK-AktG, § 148 Rn. 310 f.; *Spindler,* in: K. Schmidt/Lutter, AktG, § 148 Rn. 26. Für eine Gesamtbewertung sämtlicher Umstände des Einzelfalls auch *Holzborn/Jänig,* in: Bürgers/Körber, AktG, § 148 Rn. 7.

1218 Für § 87 Abs. 1 AktG auch *Schwan*, Steuerliche Begrenzungsmöglichkeiten, S. 63.

1219 *Schwan*, Steuerliche Begrenzungsmöglichkeiten, S. 63, spricht in Bezug auf die Angemessenheitspflicht des § 87 Abs. 1 AktG von einer „Kardinalpflicht". Vgl. auch *Spindler,* in: Spindler/Stilz, AktG, § 116 Rn. 56, nach dem die Vergütungsfestsetzung „zu den wichtigsten Aufgaben des Aufsichtsrats" gehören soll.

Bei einer erfolgten aber lediglich zu geringfügigen Herabsetzung wird außerdem eine grobe Gesetzesverletzung seltener vorliegen als bei der gänzlich unterbliebenen Herabsetzung.

(3) Praktische Bedeutung

Das Klagezulassungsverfahren hat sich in der Praxis bislang als wenig bedeutsam erwiesen.[1220] Es greifen hier ähnliche Bedenken wie bei dem Klageerzwingungsverfahren nach § 147 AktG. So fehlt es an einem Anreiz für Aktionäre, die Ersatzansprüche geltend zu machen.[1221] Die Hürden des Verfahrens und der damit einhergehende Aufwand sind demgegenüber vergleichsweise hoch.[1222]

Erschwerend kommt hinzu, dass eine Diskrepanz zwischen den Anforderungen an das Klagezulassungsverfahren und dem materiell-rechtlichen Haftungsanspruch besteht.[1223] Materiell-rechtlich setzt die Haftung keine qualifizierte („grobe") Gesetzesverletzung voraus. Insgesamt wird eine Aktionärsklage nach § 148 AktG damit nur in Ausnahmefällen eine realistische Option zur Haftungsdurchsetzung bieten.

Soweit ersichtlich, ist seit der Einführung des Klagezulassungsverfahrens im Jahre 2005 lediglich eine gerichtliche Entscheidung hierzu ergangen. Allerdings betraf der durch das LG München[1224] entschiedene Fall in der Sache ausgerechnet die Höhe der Vorstandsbezüge.

Der klagende Minderheitsaktionär hielt die gewährte Vergütung für unangemessen und forderte zunächst den Vorsitzenden des Aufsichtsrats auf, die Vorstandsbezüge auf ein angemessenes Maß zu reduzieren und bereits gezahlte, über

---

1220 *Decher*, in: FS Baums, S. 279, 300; *Habersack*, ZHR 177 (2013), 782, 790; *ders.*, Gutachten zum 69. Deutschen Juristentag, E 1, E 92 f.; *Hellwig*, in: FS Maier-Reimer, S. 201, 213 f.; *Hirschmann*, in: Hölters, AktG, § 148 Rn. 1; *Hüffer/Koch*, AktG, § 148 Rn. 3; *Mock*, in: Spindler/Stilz, AktG, § 148 Rn. 22; *Peltzer*, in: FS Hoffmann-Becking, S. 861, 867; *Rieckers/Vetter*, in: KK-AktG, § 148 Rn. 81; *Schmolke*, ZGR 2011, 398, 399; *Vetter*, in: FS Hoffmann-Becking, S. 1317, 1319.

1221 *Habersack*, Gutachten zum 69. Deutschen Juristentag, E 1, E 93; *Rieckers/Vetter*, in: KK-AktG, § 148 Rn. 85; *Schmolke*, ZGR 2011, 398, 406 f.; *Spindler*, in: K. Schmidt/Lutter, AktG, § 148 Rn. 58; *Vetter*, in: FS Hoffmann-Becking, S. 1317, 1321; *Wagner*, ZHR 178 (2014), 227, 242.

1222 *Habersack*, ZHR 177 (2013), 782, 790 f.; *ders.*, Gutachten zum 69. Deutschen Juristentag, E 1, E 93; *Hirschmann*, in: Hölters, AktG, § 148 Rn. 1; *Wagner*, ZHR 178 (2014), 227, 241 f.

1223 *Spindler*, in: K. Schmidt/Lutter, AktG, § 148 Rn. 58.

1224 LG München, Beschl. v. 29.03.2007 – 5 HK O 12931/06, NZG 2007, 477.

ein angemessenes Maß hinausgehende Bezüge zurückzufordern. Vor Gericht beantragte der Minderheitsaktionär auf dieser Basis die Zulassung der Klage nach § 148 Abs. 1 AktG zur Geltendmachung von Ersatzansprüchen der Gesellschaft gegen die Mitglieder des Aufsichtsrats. Er blieb damit jedoch im Ergebnis erfolglos, weil das Gericht schon keine Verletzung des § 87 Abs. 1 AktG erkennen konnte und es bereits aus diesem Grund an einem Ersatzanspruch fehlte. Ob es sich bei einem potentiellen Verstoß gegen § 87 Abs. 1 AktG um eine „grobe" Verletzung nach § 148 Abs. 1 Nr. 3 AktG gehandelt hätte, konnte das LG München daher offenlassen.

c) Durchsetzung durch den Insolvenzverwalter

Schließlich bleibt – naturgemäß auf die Sonderkonstellation der Insolvenz beschränkt – die Haftungsdurchsetzung durch den Insolvenzverwalter. Der Insolvenzverwalter prüft mögliche Haftungsansprüche gegen Aufsichtsratsmitglieder und ist zuständig und zugleich verpflichtet, solche Forderungen durchzusetzen.[1225] Andernfalls macht der Insolvenzverwalter sich seinerseits schadensersatzpflichtig.[1226] Schadenersatzansprüche infolge von Verstößen gegen § 87 Abs. 2 AktG sind vom Insolvenzverwalter als Gesamtschaden nach § 92 S. 1 AktG geltend zu machen.[1227]

Eine Durchsetzung durch den Insolvenzverwalter ist im Vergleich zu den zuvor genannten Alternativen als am wahrscheinlichsten einzustufen.[1228] Denn aufseiten des Insolvenzverwalters bestehen typischerweise keine Interessenkonflikte, die eine Haftungsdurchsetzung verhindern würden.

2. Bedeutung von D&O-Versicherungen

Selbst wenn man davon ausginge, dass für Aufsichtsratsmitglieder bei Verstößen gegen § 87 Abs. 2 AktG tatsächlich ein nicht unerhebliches Risiko einer Inanspruchnahme bestünde, sind weiter die tatsächlichen Auswirkungen einer solchen Inanspruchnahme zu hinterfragen. Regelmäßig werden – jedenfalls in börsennotierten Aktiengesellschaften – D&O-Versicherungen für die Mitglieder

---

1225 *Göcke/Greubel*, ZIP 2009, 2086, 2090.

1226 Dazu näher *Göcke/Greubel*, ZIP 2009, 2086, 2090.

1227 *Hirte*, in: Uhlenbruck, InsO, § 11 Rn. 185.

1228 Vgl. *Bachmann*, NJW-Beil. 2014, 43, 46: „Aktivster und aus Organsicht gefährlichster Kläger ist seit jeher der Insolvenzverwalter."

des Vorstands und des Aufsichtsrats abgeschlossen.[1229] Die verhaltenssteuernde Wirkung eines Haftungsregimes wird auf diese Weise zumindest eingeschränkt.[1230] Ein Restrisiko der persönlichen Haftung bleibt zwar durch einen ggf. vereinbarten Selbstbehalt, eine Begrenzung der Deckungssumme sowie etwaige Haftungsausschlüsse in den Versicherungsbedingungen bestehen.[1231] Für Vorstandsmitglieder ist außerdem ein Selbstbehalt in Höhe von 10 % in § 93 Abs. 2 S. 3 AktG sogar gesetzlich vorgeschrieben. Aufsichtsratsmitglieder sind nach § 116 AktG hingegen ausdrücklich von dieser Regelung ausgenommen.

Nach Ziffer 3.8 (3) DCGK 2017[1232] sollte jedoch ein entsprechender Selbstbehalt auch für den Aufsichtsrat vereinbart werden. Erhebungen über die Beachtung dieser Empfehlung zeigen jedoch, dass sie nicht flächendeckend befolgt wurde.[1233] Einzig DAX-Unternehmen entsprachen fast sämtlich dieser Empfehlung, während etwa nur 50 % der SDAX-Unternehmen sie befolgten.[1234]

Im nunmehr geltenden DCGK 2019[1235] wurde die Empfehlung gestrichen. Die Regierungskommission nahm im Rahmen des Konsultationsverfahrens die zur Empfehlung geäußerte Kritik auf, wonach der Selbstbehalt kein geeignetes Mittel darstelle, das Verantwortungsbewusstsein und die Motivation der Aufsichtsratsmitglieder zu steigern.[1236]

1229 *Dreher/Thomas*, ZGR 2009, 31, 31; *Fleischer*, in: Spindler/Stilz, AktG, § 93 Rn. 225; *Habersack*, ZHR 177 (2013), 782, 796; *Hopt/Roth* in: GK-AktG, § 93 Rn. 450; *Mertens/Cahn* in: KK-AktG, § 93 Rn. 243; *Schwan*, Steuerliche Begrenzungsmöglichkeiten, S. 51; *Thümmel*, Persönliche Haftung von Managern und Aufsichtsräten, Rn. 454.

1230 *Fleischer*, in: Spindler/Stilz, AktG, § 93 Rn. 228; *Hopt/Roth* in: GK-AktG, § 93 Rn. 453; *Wagner*, ZHR 178 (2014), 227, 246.

1231 *Fleischer*, in: Spindler/Stilz, AktG, § 93 Rn. 228; *Habersack*, ZHR 177 (2013), 782, 796; *Hopt/Roth* in: GK-AktG, § 93 Rn. 450; *Mertens/Cahn* in: KK-AktG, § 93 Rn. 244.

1232 Deutscher Corporate Governance Kodex in der Fassung vom 07.02.2017 mit Beschlüssen aus der Plenarsitzung vom 07.02.2017, bekannt gegeben durch das Bundesministerium der Justiz und für Verbraucherschutz am 24.04.2017, BAnz AT 24.04.2017 B2.

1233 *von Werder/Turkali*, DB 2015, 1357, 1360.

1234 *von Werder/Turkali*, DB 2015, 1357, 1360.

1235 Deutscher Corporate Governance Kodex in der Fassung vom 16.12.2019 mit Beschlüssen aus der Plenarsitzung vom 16.12.2019, bekannt gegeben durch das Bundesministerium der Justiz und für Verbraucherschutz am 20.03.2020.

1236 Vgl. Medienpräsentation zu Kodexreformvorschlägen 2019 von Prof. Dr. Rolf Nonnenmacher, Vorsitzender der Regierungskommission Deutscher Corporate Governance Kodex, vom 06.11.2018, S. 14, abrufbar unter: https://www.dcgk.de/de/

Ohne Selbstbehalt ist das persönliche Haftungsrisiko der Aufsichtsratsmitglieder aber deutlich abgesenkt. Hinzu kommt, dass sich das verbleibende Restrisiko einer persönlichen Haftung infolge der Begrenzung der Deckungssumme bei der Inanspruchnahme wegen Verstößen gegen § 87 Abs. 1 und 2 AktG regelmäßig nicht realisieren wird. Die Deckungssumme der Versicherungen dürfte die daraus folgenden Schäden in der Regel erfassen.[1237] Auch das Risiko eines Haftungsausschlusses in den Versicherungsbedingungen erscheint gering. Die Festsetzung oder Herabsetzung von Vorstandsvergütungen wird typischerweise in den Versicherungsbedingungen nicht als Ausschlusstatbestand aufgeführt.[1238]

Insgesamt erscheint das Risiko einer tatsächlichen persönlichen Inanspruchnahme somit auch angesichts des Bestehens von D&O-Versicherungen verhältnismäßig gering.

3. Zusammenfassende Bewertung der bestehenden Durchsetzungsmöglichkeiten

Bei Verstößen gegen § 87 Abs. 2 AktG ist regelmäßig nicht zu erwarten, dass der Vorstand, der selbst kein Interesse an einer Herabsetzung der Vergütung seiner Mitglieder hat, gegen die Mitglieder des Aufsichtsrats Schadensersatzansprüche für die Gesellschaft geltend machen wird. Ebenso steht nicht zu erwarten, dass Aktionäre die Aufsichtsratsmitglieder in Anspruch nehmen werden. Zum einen erwiesen sie sich bislang bei der Durchsetzung von Schadensersatzansprüchen gegen Organmitglieder allgemein als zurückhaltend. Bei einer möglichen Haftung wegen unterlassener oder fehlerhafter Herabsetzung kommt daneben erschwerend hinzu, dass sowohl Tatbestand als auch Rechtsfolge von unbestimmten Rechtsbegriffen geprägt sind. Dies erschwert es Aktionären, einzuschätzen, ob eine Pflichtverletzung vorlag, und trägt nicht dazu bei, ihre ohnehin schon bestehende Lethargie bei der Durchsetzung von Haftungsansprüchen zu überwinden.

Es kann damit festgehalten werden, dass sich das Schwert der Haftung als vergleichsweise stumpf erweist. Gleichwohl handelt es sich dabei aber keineswegs

---

konsultationen/archiv/konsultation-2018/19.html?file=files/dcgk/usercontent/de/Konsultationen/2019/181106%20Medienpraesentation.pdf.

1237 *Schwan*, Steuerliche Begrenzungsmöglichkeiten, S. 52.

1238 *Schwan*, Steuerliche Begrenzungsmöglichkeiten, S. 52 mit Verweis auf einen Überblick über regelmäßig in den Versicherungsbedingungen aufgenommene Ausschlüsse bei *Ihlas*, D & O, S. 453 ff. und *Thümmel*, Persönliche Haftung von Managern und Aufsichtsräten, Rn 487 ff.

um eine Besonderheit, die ausschließlich bei Verstößen gegen Vorschriften betreffend die Vergütungshöhe besteht.[1239]

Da eine haftungsrechtliche Inanspruchnahme der Aufsichtsratsmitglieder damit im Ergebnis wohl nur vereinzelt droht, erscheint die Haftungsandrohung insgesamt als wenig geeignet, die Einhaltung der Herabsetzungspflicht sicherzustellen. Denn wenn eine Sanktionierung von Verstößen gegen § 87 Abs. 2 AktG unwahrscheinlich ist, handelt es sich letztlich um eine Pflicht, die wenig Handlungsdruck auf den Verpflichteten erzeugt.

Die präventive Wirkung der Haftung kann somit allgemein als eher schwach bewertet werden, da die soeben aufgezeigten Durchsetzungsmöglichkeiten insgesamt wenig wirksam sind. *Verse* konstatiert zutreffend, dass es jeglichen vergütungsrechtlichen Vorschriften am nötigen „Biss“ fehlt, wenn die Aufsichtsratsmitglieder nicht mit konkreten haftungsrechtlichen Konsequenzen rechnen müssen.[1240]

Völlig inexistent ist das Haftungsrisiko bzw. der Haftungsdruck trotz der bestehenden systemimmanenten Mängel aber nicht. So besteht ein erhöhtes Haftungsrisiko im Falle einer Insolvenz, da eine Inanspruchnahme der Aufsichtsratsmitglieder aufseiten des Insolvenzverwalters keine Interessenskonflikte auslöst.

Ebenso ist ein Vorgehen des Vorstands gegen Mitglieder des Aufsichtsrats nicht ausgeschlossen, wenn lediglich die Vergütung ehemaliger Vorstandsmitglieder hätte herabgesetzt werden müssen. Der Interessenkonflikt ist in diesen Fällen geringer. Umso mehr gilt dies, wenn daneben auch nur gegen ehemalige Aufsichtsratsmitglieder vorgegangen wird und die laufende Zusammenarbeit daher nicht negativ beeinflusst werden kann.

4. Erleichterte Haftungsdurchsetzung als Lösung?

Die Präventivwirkung der Haftungsandrohung ließe sich insgesamt stärken, indem die Haftungsdurchsetzung erleichtert würde.

Gleichwohl wäre eine erleichterte Haftungsdurchsetzung in der Praxis kaum auf den Bereich der Vorstandsvergütung zu begrenzen. Eine erleichterte Haftungsdurchsetzung in Hinblick auf Verstöße gegen vergütungsrechtliche Vorschriften käme wohl nur als Folge einer umfassenden Änderung der Regelungen zur Durchsetzung aktienrechtlicher Binnenhaftung in Betracht. Ein allgemeines

1239 Pointiert zur Durchsetzung der aktienrechtlichen Binnenhaftung allgemein auch *Semler*, in: FS Goette, 2011, 499, 500: „Haifisch ohne Zähne“.

1240 *Verse*, NZG 2013, 921.

Reformbedürfnis sowie konkrete Reformmöglichkeiten zur aktienrechtlichen Organhaftung und deren Durchsetzung werden schon seit Längerem diskutiert. Eine grundlegende Reform der Organhaftung sollte daher nicht leichtfertig und allein mit der sehr begrenzten Zielrichtung erwogen werden, gerade die Haftungsdurchsetzung im Bereich der Vergütungsentscheidungen besser zu gewährleisten. Es ist dabei sorgfältig abzuwägen und Augenmaß zu wahren, um einerseits eine realistische Effektuierung der Haftung durch die Aktionäre zu erreichen, zugleich aber nicht das Missbrauchspotential massiv zu erhöhen. Eine detaillierte und erschöpfende Auseinandersetzung mit sämtlichen bisherigen Reformvorschlägen kann an dieser Stelle nicht erfolgen.[1241] Sie können hier nur in Teilen angerissen werden.

Denkbar wäre unter anderem, die Aktionärsklage dergestalt zu reformieren, dass auf ein Klagezulassungsverfahren verzichtet wird.[1242] Einerseits würde dies dazu führen, dass nicht nur „unredliche" oder „grobe" Pflichtverletzungen durch Aktionäre im Namen der Gesellschaft geltend gemacht werden können. Andererseits bestünde kein Quorum, sodass jeder einzelne Aktionär die Möglichkeit hätte, eine Klage anzustrengen. Es ist allerdings davon auszugehen, dass eine derartige Veränderung allein nicht genügen würde, um die nötigen Anreize für Aktionäre zu setzen, um tatsächlich Haftungsansprüche gegen andere Gesellschaftsorgane durchzusetzen.

Es wird daher darüber nachgedacht, zusätzlich konkrete Anreize etwa über die Einführung einer „Fangprämie" zu setzen.[1243] In diesem Fall würde eine erfolgreiche Klage nicht allein der Gesellschaft zugutekommen, sondern der einzelne Aktionärskläger würde eine Prämie erhalten.

Im Zuge einer möglichen Reform mit dem Ziel, die Haftungsdurchsetzung zu stärken, sollte außerdem ein verpflichtender Selbstbehalt bei Abschluss von D&O-Versicherungen auch für Aufsichtsratsmitglieder in das Gesetz aufgenommen werden.

Insgesamt würde eine erleichterte Durchsetzung der aktienrechtlichen Binnenhaftung wohl auch den Vorschriften betreffend die Vorstandsvergütung zu mehr „Biss" verhelfen.

1241 Für einen Überblick möglicher Reformansätze siehe z.B.: *Bachmann*, Gutachten zum 70. Deutschen Juristentag, E 1, E 88 ff. und *Vetter*, in: FS Hoffmann-Becking, S. 1317, 1328 ff.

1242 *Habersack*, Gutachten zum 69. Deutschen Juristentag, E 1, E 95; *Wagner*, ZHR 178 (2014), 227, 267 ff.

1243 *Schmolke*, ZGR 2011, 398, 434 ff.; *Wagner*, ZHR 178 (2014), 227, 270 f.

II. Weitere Möglichkeiten zur Gewährleistung pflichtgemäßen Verhaltens

1. Handlungsbedarf

Neben der jedenfalls derzeit nur beschränkt zur Prävention geeigneten Haftungsandrohung ist zu untersuchen, ob es weitere Möglichkeiten gibt, die ein verstärktes Einhalten der Herabsetzungspflicht gewährleisten könnten. Eine Beschränkung etwaiger Reformüberlegung allen auf die Sekundärebene der Haftung bzw. der Haftungsdurchsetzung ist zu eng.

In erster Linie sollte die Einhaltung der Herabsetzungspflicht sichergestellt werden, sodass ein etwaiger Haftungsfall, dessen Durchsetzung gesondert verfolgt werden muss, schon gar nicht entsteht. Denn das vorrangige Ziel der gesetzlichen Regelung der Herabsetzung ist es schließlich nicht, dass die Mitglieder des Aufsichtsrats bei Nichtbefolgung zur Leistung von Schadensersatz herangezogen werden. Vielmehr soll schon die primäre aktienrechtliche Pflicht zur Herabsetzung erfüllt werden.

Eine Einbeziehung anderer Möglichkeiten zur Sicherstellung rechtstreuen Verhaltens ist im Übrigen auch deswegen geboten, weil schon nicht jeder Fall einer unterlassenen oder fehlerhaften Herabsetzung zwingend eine Haftung der Aufsichtsratsmitglieder auslöst. So kann es etwa am Verschulden fehlen. In derartigen Fällen geht die Haftungsandrohung ins Leere.

Aus vorstehenden Gründen ist es daher geboten, den Fokus möglicher Reformüberlegungen über die Frage der Haftung und ihrer Durchsetzung hinaus auszuweiten. Unabhängig davon, ob man die Regelung des § 87 Abs. 2 AktG nun für rechtspolitisch vernünftig und wünschenswert hält, zeigen die Reformen im Rahmen des VorstAG deutlich, dass eine Effektuierung dieser Vorschrift vom Gesetzgeber erwünscht ist. Bevor darüber nachgedacht wird, noch zusätzliche materiell-rechtliche Herabsetzungstatbestände zu schaffen,[1244] sollte zunächst sichergestellt werden, dass die schon jetzt bestehende Regelung tatsächlich eingehalten wird.

1244 Vgl. den Gesetzentwurf der SPD vom 20.02.2017, abrufbar unter: https://www.spdfraktion.de/system/files/documents/gesetzentwurf_manager-verguetungen_spdbt_final.pdf.

a) Prämisse: Einhaltung der Herabsetzungspflicht ist nicht der Regelfall

Ein Indiz dafür, dass die Einhaltung der gesetzlichen Pflicht auch in der Praxis bislang nicht ausreichend sichergestellt ist, ist die Tatsache, dass es an gerichtlichen Entscheidungen zu diesem Themenkomplex weitgehend fehlt. Bezeichnend ist dabei auch, dass dem bislang einzigen vom BGH entschiedenen Fall ein Sachverhalt zugrunde lag, in dem die Herabsetzung zwar formell durch den Aufsichtsrat, aber letzten Endes auf Anweisung des Insolvenzverwalters erfolgte. Zwar erscheint es natürlich auch denkbar, dass fehlende Gerichtsverfahren lediglich Folge eines allgemein verbreiteten rechtskonformen Verhaltens sind.

Schon das Bestehen einer gesetzlichen Pflicht allein mag in manchen Fällen den notwendigen Handlungsdruck zur Pflichterfüllung erzeugen. In einem Teil der Fälle, in denen sich die Lage der Gesellschaft so verschlechtert hat, dass an sich eine Vergütungsherabsetzung erforderlich wäre, haben womöglich Vorstandsmitglieder außerdem bereits freiwillig auf Gehaltsbestandteile verzichtet[1245] oder sich mit dem Aufsichtsrat einvernehmlich auf eine Änderung der Vergütungsabrede geeinigt, sodass eine einseitige Herabsetzung nicht mehr erforderlich war.

In einer Reihe von Fällen dürfte die Herabsetzungspflicht aber auch mangels spürbarer Konsequenz bei Nichteinhaltung schlicht ignoriert werden. Es ist anzunehmen, dass der Aufsichtsrat regelmäßig nicht besonders daran interessiert ist, die Vergütung der Vorstandsmitglieder herabzusetzen.[1246] Es kann davon ausgegangen werden, dass für Vorstand und Aufsichtsrat der Anreiz, zum Nachteil des jeweils anderen Organs bzw. seiner Mitglieder zu handeln, eher gering ist. Denn sie stehen häufig in einem kollegialen und loyalen Verhältnis zueinander. Ähnlich wie bei der Haftungsdurchsetzung ist anzunehmen, dass auch aufgrund personeller Verflechtungen trotz Vorliegen der tatbestandlichen Voraussetzungen von einer Herabsetzung regelmäßig abgesehen wird.

Des Weiteren wird schon allgemein die Eignung des Aufsichtsrats zur Festsetzung einer angemessenen Vergütung angezweifelt, weil der Aufsichtsrat bei der Vergütungsfestsetzung nicht sein eigenes Geld verteilt und seine Mitglieder außerdem oft in anderen Unternehmen selbst Vorstandsposten besetzen, und damit indirekt sogar von hohen Vorstandsgehältern profitieren.[1247] Dieser Grundgedanke lässt sich auf die Bereitschaft zur Herabsetzung übertragen.

1245 So wurde etwa während der COVID-19-Pandemie 2020 von zahlreichen Unternehmensvorständen auf Gehalt verzichtet, siehe oben unter Abschnitt C.V.4.b).

1246 *Duran*, ZfW 2013, 95.

1247 *Seibert*, in: FS Hüffer, S. 955.

Ferner kann sich eine fehlende Bereitschaft einer Vergütungsherabsetzung auch daraus ergeben, dass eine Herabsetzung der Vorstandsvergütung sich mittelbar auf die Aufsichtsratsvergütung auswirken könnte. Schließlich soll die Aufsichtsratvergütung nach § 113 Abs. 1 S. 3 AktG unter anderem auch mit Blick auf die Lage der Gesellschaft angemessen sein. Aktionäre könnten erst durch die Kürzung der Vorstandsvergütung darauf aufmerksam werden, dass auch die Aufsichtsratvergütung mit Blick auf die Lage der Gesellschaft unangemessen sein könnte.[1248] Dies hätte zur Folge, dass den Mitgliedern des Aufsichtsrats bei einer Herabsetzung der Vorstandsvergütung womöglich selbst eine Vergütungsherabsetzung drohen würde.[1249]

Die Herabsetzung der Aufsichtsratsvergütung ist nach § 113 Abs. 1 S. 4 AktG nicht an mit § 87 Abs. 2 AktG vergleichbar strenge Voraussetzungen gebunden. Sie setzt lediglich den mit einfacher Stimmenmehrheit gefassten Beschluss einer Satzungsänderung durch die Hauptversammlung voraus. Weitere Anforderungen, insbesondere an die Veränderung der Lage der Gesellschaft, bestehen nicht. Dieser Umstand legt zumindest nahe, dass für die Mitglieder des Aufsichtsrates ein Anreiz besteht, die Vorstandsvergütung nicht herabzusetzen.[1250]

Im Ergebnis dürfte aufseiten des Aufsichtsrats eine insgesamt eher geringe Motivation bestehen, die Herabsetzungspflicht einzuhalten. Das spricht dafür, dass die Herabsetzung auch in der Praxis trotz Eingreifen der gesetzlichen Pflicht in einer Vielzahl von Fällen unterbleiben dürfte.

b) Lücke bei bestehender Möglichkeit gerichtlicher Nachprüfung

Bislang ist eine gerichtliche Nachprüfung des Vorliegens der gesetzlichen Tatbestandsvoraussetzungen nur möglich, wenn ein Vorstandsmitglied gegen die Herabsetzung seiner Vergütung vorgeht. In diesem Rahmen kann das Gericht auch selbst die Entscheidung des Aufsichtsrats ersetzen. Damit werden jedoch Fälle, in denen eine Herabsetzung pflichtwidrig unterlassen wurde, nicht erfasst. Diese sind der gerichtlichen Überprüfung damit grundsätzlich entzogen. Es besteht für Gerichte keine Möglichkeit, das Vorliegen der Herabsetzungsvoraussetzungen und die Einhaltung der Herabsetzungspflicht zu überprüfen, wenn nicht an eine bereits getroffene Herabsetzungsentscheidung angeknüpft werden kann.

1248 *Duran*, ZfW 2013, 95.
1249 *Duran*, ZfW 2013, 95.
1250 *Duran*, ZfW 2013, 95.

2. Lösungsansätze

Da es regelmäßig an einem Anreiz zur Einhaltung der Herabsetzungspflicht des § 87 Abs. 2 AktG fehlt, das Haftungspotential im Falle von Verstößen insgesamt gering ist und keine anderweitigen Kontrollmechanismen bestehen, um die weitläufige Anwendung des § 87 Abs. 2 AktG sicherzustellen, ist nach weiteren Wegen zu suchen, um die gesetzliche Herabsetzungspflicht zu effektuieren.

Maßnahmen können und sollten dabei bereits im Vorfeld der Haftung ansetzen. Es ist daher insbesondere zu prüfen, ob es Mechanismen gibt, schon von vornherein einen (ggf. haftungsauslösenden) Verstoß gegen § 87 Abs. 2 AktG möglichst zu verhindern.

a) Herabsetzungsautomatismus

Als auf den ersten Blick denkbar einfachste Lösung präsentiert sich die Einführung eines Herabsetzungsautomatismus, sodass die Bezüge der Vorstandsmitglieder bei Vorliegen der gesetzlichen Voraussetzungen automatisch auf das angemessene Maß gekürzt werden.

aa) Vertragsänderung durch gesetzliche Fiktion

Ein „automatische" Herabsetzung ließe sich etwa durch die Einführung einer gesetzlichen Fiktion herbeiführen. In diesem Fall wäre bei Erfüllung der tatbestandlichen Voraussetzungen die Änderung der Vergütungsvereinbarung die gesetzlich fingierte Rechtsfolge. Das bedeutet im Ergebnis, die Vergütungsabrede würde kraft Gesetzes modifiziert werden, ohne dass es hierzu eines gesonderten Beschlusses des Aufsichtsrats oder einer Erklärung gegenüber dem Vorstandsmitglied bedürfte. Eine etwaige Weiterzahlung des überhöhten Gehalts würde infolge der unmittelbaren Änderung der Vergütungsvereinbarung ohne Rechtsgrund erfolgen. Dementsprechend wäre der überhöhte Anteil vom Vorstandsmitglied zurückzuzahlen.

bb) Bewertung

Die vom Gesetzgeber gewünschte Vergütungsherabsetzung wäre auf diese Weise jedenfalls sichergestellt. Das Anwendungsdefizit wäre beseitigt, da die Notwendigkeit des Tätigwerdens des Aufsichtsrats entfallen würde.

Praktisch erweist diese Lösung sich jedoch dennoch als denkbar untauglich. Für die Beteiligten bliebe vor allem unklar, zu welchem konkreten Zeitpunkt und auf welche Höhe die Vergütung im Falle eines Automatismus herabgesetzt würde. Eine solche Lösung würde sich allenfalls anbieten, wenn sich aus dem

Gesetz eindeutig ergeben würde, um bzw. auf welchen Betrag die Kürzung zu erfolgen hat. Selbst dann bestünde indes über den Zeitpunkt, in dem die Vergütungsänderung eintritt, weiter Unsicherheit.

Gegen eine automatische Herabsetzung schon bei bloßer Erfüllung des Tatbestands spricht ferner, dass der Aufsichtsrat dann seines Beurteilungsspielraums bei der Festlegung einer nunmehr angemessenen Vergütung völlig beraubt würde.

Zuletzt bestünde auch bei einer gesetzlich fingierten Vertragsänderung gänzlich ohne Beteiligung der Vertragsparteien ein Durchsetzungsproblem. Zwar wäre die Herabsetzung als solche rechtlich sichergestellt, sodass es auf ein aktives Gebrauchmachen der Herabsetzungsmöglichkeit durch den Aufsichtsrat nicht ankäme. Allerdings müsste bei einer fingierten Vertragsänderung zugleich regelmäßig sichergestellt bzw. durchgesetzt werden, dass die Weiterzahlung der überhöhten Vergütung eingestellt wird und ggf. überhöhte Zahlungen zurückgezahlt werden. Denn die den Vertragsparteien gesetzlich aufgezwungene Vertragsänderung würde nicht gleichsam auch automatisch dazu führen, dass sich an dem tatsächlichen Auszahlungsbetrag etwas ändert. Ein gesetzlicher Automatismus führt nicht zu der Auszahlung eines faktisch gekürzten Betrags.

Trotz ihrer vermeintlichen Schlichtheit, wäre somit auch mit dieser Lösung letzten Endes für die tatsächliche Einhaltung der Herabsetzungspflicht trotz Änderung der Vergütungsabrede nicht viel gewonnen. Es sind mithin weitere Lösungsmöglichkeiten zu ergründen.

b) Stärkung der Hauptversammlung

Denkbar ist es ferner, dass die Einhaltung der Herabsetzungspflicht durch eine stärkere Rolle der Hauptversammlung betreffend Vergütungsentscheidungen besser gewährleistet wird. Dazu ist zunächst die bisherige Rolle der Hauptversammlung bei Vergütungsentscheidungen näher zu beleuchten. Sodann wird auf die jüngste Reform durch die Aktionärsrichtlinie in diesem Bereich eingegangen und auf ihre Implikationen für die Herabsetzung überprüft.

aa) Bisherige Rolle der Hauptversammlung bei Vergütungsentscheidungen

Bisher durfte die Hauptversammlung einer börsennotierten Gesellschaft nach § 120 Abs. 4 AktG a.F. über das System zur Vergütung der Vorstandsmitglieder beschließen. Dabei wurde jedoch nicht über die konkrete Vergütungshöhe entschieden.[1251] Das „System zur Vergütung der Vorstandsmitglieder" i.S.d.

1251 *Kubis*, in: MüKo-AktG, § 120 Rn. 47; *Liebscher*, in: Henssler/Strohn, Gesellschaftsrecht,

§ 120 Abs. 4 AktG a.F. bezeichnete vielmehr die allgemeinen Grundsätze der Vergütungsfestsetzung.[1252] Die Aktionäre konnten hingegen keinen Beschluss zur Angemessenheit der Vergütung fassen.[1253] Ein Beschluss über eine Vergütungsherabsetzung war ebenso wenig möglich. Der Gesetzgeber hatte in § 120 Abs. 4 S. 2, 2. HS AktG a.F. ausdrücklich festgehalten, dass ein etwaiger Hauptversammlungsbeschluss die Verpflichtungen des Aufsichtsrats nach § 87 AktG unberührt ließ.

Das Instrument des Beschlusses nach § 120 Abs. 4 AktG a.F. wurde in der Praxis durchaus genutzt (wenn auch nicht gleichbleibend intensiv).[1254]

Gerade in jüngerer Vergangenheit zeigte sich die Hauptversammlung hinsichtlich des Vergütungssystems aber zunehmend kritisch und lehnte die Billigung des Vergütungssystems teilweise sogar mehrheitlich ab.[1255]

bb) Reformen durch die Aktionärsrechterichtlinie

(1) Stärkung des Mitspracherechts durch Vergütungsvotum und Vergütungsbericht

Das bisherige Mitspracherecht der Aktionäre bei Vergütungsfragen wurde durch die zweite Aktionärsrechterichtlinie[1256] (ARRL), mit der die seit 2007 geltende Aktionärsrechterichtlinie[1257] geändert wurde, noch weiter gestärkt.[1258]

---

§ 120 AktG Rn. 13; *Leuering*, NZG 2017, 646, 647; *Schick*, ZIP 2011, 593, 594.

1252 *Herrler*, in: Grigoleit, AktG, § 120 Rn. 25; *Hoffmann*, in: Spindler/Stilz, AktG, § 120 Rn. 53.

1253 *Herrler*, in: Grigoleit, AktG, § 120 Rn. 25; *Hoffmann*, in: Spindler/Stilz, AktG, § 120 Rn. 53.

1254 Vgl. *Liebscher*, in: Henssler/Strohn, Gesellschaftsrecht, § 120 AktG Rn. 17; *Hüffer/Koch*, AktG, § 120a Rn. 2; *Schick*, ZIP 2011, 593; *Vogt*, AG 2012, R123 f. Umfangreiches Datenmaterial für die Hauptversammlungssaisons 2010 bis 2015 bei *Eisenschmidt*, DB 2016, 2793 ff.

1255 *Dörrwächter*, AG 2017, 409 f. (unter Verweis auf Einfluss von Stimmrechtsberatern); *Gaul*, AG 2017, 178 f.; *Habersack*, NZG 2018, 127, 128 (mit Beispielen); *Hüffer/Koch*, AktG, § 120a Rn. 2.

1256 Richtlinie (EU) 2017/828 des Europäischen Parlaments und des Rates vom 17.05.2017 zur Änderung der Richtlinie 2007/36/EG im Hinblick auf die Förderung der langfristigen Mitwirkung der Aktionäre, ABlEU v. 20.05.2017, L 132/1.

1257 Richtlinie 2007/36/EG des Europäischen Parlaments und des Rates vom 11.07.2007 über die Ausübung bestimmter Rechte von Aktionären in börsennotierten Gesellschaften, ABlEU v. 14.07.2007, L 184/17.

1258 Zur Bedeutung der Aktionärsrechterichtlinie für die Vorstandsvergütung: *Leuering*, NZG 2017, 646.

Zum einen ist nach Art. 9b Abs. 1 a) ARRL nunmehr in einem Vier-Jahres-Turnus verpflichtend über die Vergütungspolitik abzustimmen. Bislang sah § 120 Abs. 4 AktG a.F. lediglich eine fakultative Beschlussfassung vor. Hier bestand daher Änderungsbedarf im Rahmen der Umsetzung der Richtlinie dahin gehend, dass die Vergütungspolitik zwingend zur Abstimmung gestellt werden musste.[1259] Das ARUG II greift diese Vorgabe in dem neuen § 120a Abs. 1 S. 1 AktG auf.

Die nationalen Gesetzgeber hatten bei der Umsetzung der ARRL ferner die Wahl, ob das Votum der Hauptversammlung bindend oder lediglich empfehlend sein sollte (vgl. Art. 9a Abs. 3 S. 1 ARRL), wie es bislang in § 120 Abs. 4 AktG vorgesehen war. In Deutschland ist in § 120a Abs. 1 S. 2 AktG, wonach der Beschluss weder Rechte noch Pflichten begründet, nunmehr ein empfehlendes Votum vorgesehen, da sich dies besser in das deutsche Aktienrecht und Corporate-Governance-System einfügen soll.[1260] Der Aufsichtsrat ist ferner verpflichtet – und das ist für das deutsche Recht neu – im Falle der Ablehnung durch die Hauptversammlung spätestens in der darauf folgenden ordentlichen Hauptversammlung eine überarbeitete Version der Vergütungspolitik vorzulegen (vgl. § 120a Abs. 3 AktG). Schon aus diesem Grund ist davon auszugehen, dass die lediglich empfehlenden Beschlüsse nicht völlig wirkungslos bleiben werden.

Art. 9b ARRL sieht ferner vor, dass jährlich ein Vergütungsbericht erstellt werden soll. Dabei ist nach Art. 9b Abs. 1 b) ARRL die jährliche Veränderung (i) der Vergütung, (ii) der Leistung der Gesellschaft und (iii) der durchschnittlichen Vergütung von nicht zur Unternehmensleitung gehörenden Beschäftigten der Gesellschaft für mindestens die letzten fünf Geschäftsjahre zusammen darzustellen. Dies hat „in einer Weise (…), die einen Vergleich ermöglicht", zu erfolgen. Die Aktionäre sollen außerdem das Recht erhalten, jährlich über den Vergütungsbericht abzustimmen, Art. 9b Abs. 4 ARRL. Die Umsetzung der Richtlinie in Bezug auf den Vergütungsbericht erfolgt durch § 162 AktG sowie § 120a Abs. 4 und 5 AktG.

Mit der Abstimmung über den Vergütungsbericht wird Aktionären zum einen ermöglicht, ihre Kritik im Rahmen der Aussprache anzubringen.[1261] Zum anderen können die Aktionäre die konkrete Umsetzung der Vergütungspolitik mithilfe des Vergütungsberichts überwachen.[1262] Zwar hat dieser Beschluss nur

---

1259 *Gaul*, AG 2017, 178, 185.

1260 Regierungsentwurf zum ARUG II, BT-Drs. 19/9739, S. 105.

1261 *Hoffmann*, in: Spindler/Stilz, AktG, § 120 Rn. 60; *Leuering*, NZG 2017, 646, 649.

1262 *Hoffmann*, in: Spindler/Stilz, AktG, § 120 Rn. 60; *Leuering*, NZG 2017, 646, 649.

empfehlenden Charakter, sodass die Vergütung damit nicht unmittelbar beeinflusst wird. Gleichwohl muss die Gesellschaft auf einen Beschluss der Hauptversammlung reagieren. Sie muss nämlich im darauffolgenden Vergütungsbericht darlegen, wie der Abstimmung der Hauptversammlung Rechnung getragen worden ist, § 162 Abs. 1 S. 2 Nr. 6 AktG.

Zusammenfassend stehen der Hauptversammlung nunmehr infolge der ARRL und der Umsetzung durch das ARUG II hinsichtlich der Vergütungsentscheidung des Aufsichtsrats gleich zwei Kontrollmechanismen zur Verfügung. Neben den Beschluss zur allgemeinen Vergütungspolitik, der alle vier Jahre zu fassen ist, tritt eine nachgelagerte Kontrolle in Form des jährlichen Vergütungsberichts. Über diesen kann auf Verlangen der Hauptversammlung seinerseits abgestimmt werden, mit der Konsequenz, dass der Aufsichtsrat beim nächsten Bericht Rechenschaft über die Umsetzung ablegen muss.

(2) Festsetzung einer Maximalvergütung

Im Zuge des ARUG II wurde in § 87a Abs. 1 Nr. 1 AktG außerdem die – europarechtlich nicht vorgesehene – Pflicht eingeführt, eine Maximalvergütung festzusetzen. Die vom Aufsichtsrat zu bestimmende Maximalvergütung kann durch die Hauptversammlung durch verbindliches Votum herabgesetzt werden, § 87 Abs. 4 AktG. Durch diese Regelung wurde die Rolle der Hauptversammlung in Bezug auf Vergütungsentscheidungen ebenfalls gestärkt.

(3) Implikationen für die Vergütungsherabsetzung

Im Zuge der Reform der ARRL wurden auf europäischer Ebene keine Regelungen zur Herabsetzung geschaffen. Die mit dem ARUG II eingeführte Möglichkeit der Herabsetzung der Maximalvergütung nach § 87 Abs. 4 AktG ist nicht abhängig von der wirtschaftlichen Lage der Gesellschaft und steht in keinem Zusammenhang mit der Herabsetzung nach § 87 Abs. 2 AktG.

Durch das ARUG II wurde keine Änderung des § 87 Abs. 2 AktG vorgenommen. Die Vorschrift bleibt vielmehr ausdrücklich unberührt.[1263] In der Begründung des Regierungsentwurfs wird in diesem Zusammenhang klargestellt, dass § 87 Abs. 2 AktG als nichtdispositive gesetzliche Vorschrift den Regelungsspielraum der Gesellschaften dahin gehend einschränkt, dass ein Vergütungssystem unter Ausschluss der Herabsetzungsmöglichkeit nicht gesetzeskonform aufgestellt werden kann.[1264] Da gesetzliche Vorschriften für das Vergütungssystem als

1263 Regierungsentwurf zum ARUG II, BT-Drs. 19/9739, S. 84.
1264 Regierungsentwurf zum ARUG II, BT-Drs. 19/9739, S. 84.

bekannt vorausgesetzt werden, sollen sie nicht im Vergütungssystem wiederholt werden, um ihre Geltung zu bestätigen oder ihre Geltung erst herbeizuführen. § 87 Abs. 2 AktG sei vielmehr von vorneherein immer Bestandteil des Regulierungsrahmens für die Organvergütung.[1265]

Infolge der Reform durch das ARUG II wurde aber insgesamt die Bedeutung der Hauptversammlung bei Vergütungsfragen gestärkt sowie die Transparenz betreffend die Vorstandsvergütung erhöht. Diese Änderungen könnte sich mittelbar aber auch auf die Bedeutung und tatsächliche Anwendung des § 87 Abs. 2 AktG auswirken.

Infolge der gestärkten Befugnisse der Hauptversammlung könnte der Aufsichtsrat angehalten werden, seine Vergütungsentscheidungen insgesamt noch stärker zu reflektieren und dabei auch sorgfältiger zu prüfen, ob ggf. eine Herabsetzung geboten ist.

Ferner wird es den Aktionären durch die Reform ermöglicht, auf Grundlage des Vergütungsberichts die jeweilige Lage der Gesellschaft („Leistung der Gesellschaft“) mit der Vergütungshöhe von Vorstandsmitgliedern besser in Beziehung zu setzen.

Der direkte Vergleich und die Gegenüberstellung der Entwicklung von der Lage der Gesellschaft einerseits und der Vergütungshöhe andererseits könnte ihnen eine unter Umständen notwendige Herabsetzung sowohl dem Aufsichtsrat als auch den Aktionären zumindest stärker vor Augen führen.

Lässt sich dem Bericht beispielsweise entnehmen, dass sich die Lage der Gesellschaft über die letzten fünf Jahre durchgehend verschlechtert hat, die Vergütung aber auf hohem Niveau stagniert, ggf. sogar kontinuierlich gestiegen ist oder fortlaufend die Maximalvergütung gewährt wird, könnte dies verstärkten Argwohn unter den Aktionären wecken. Denkbar wäre etwa, dass in der Folge dieser Gegenüberstellung im Rahmen der Aussprache auch häufiger verlangt wird, eine Herabsetzung zu prüfen.

Ob derartige Folgen tatsächlich eintreten, kann aber nicht mit Sicherheit prognostiziert werden und bleibt abzuwarten.

(4) Aufnahme einer zusätzlichen Berichtspflicht zu § 87 Abs. 2 AktG

Im Zusammenhang mit den Neuerungen in Hinblick auf den zu erstellenden Vergütungsbericht ist darüber hinaus für das deutsche Recht zu erwägen, ob eine zusätzliche Berichtspflicht zu der Anwendung des § 87 Abs. 2 AktG aufgenommen werden sollte. Auf diese Weise würden Aufsichtsrat und Aktionäre

---

1265 Regierungsentwurf zum ARUG II, BT-Drs. 19/9739, S. 84.

bei jedem Bericht erneut aktiv an die Existenz der Herabsetzungspflicht erinnert. Da der Vergütungsbericht nunmehr Informationen zur Vergütungshöhe über mindestens die letzten fünf Geschäftsjahre erfordert, wäre die Berichtspflicht zur Herabsetzung ebenfalls auf diesen Zeitraum zu erstrecken. Der Vergütungsbericht müsste dann lediglich eine knappe Aussage dazu enthalten, ob eine Vergütungsherabsetzung innerhalb der letzten fünf Geschäftsjahren erfolgt ist oder nicht.

Zwar geht eine derartige Berichtspflicht in ihrer Wirkung wohl über eine Erinnerungsfunktion nicht hinaus. Der gesetzgeberische Aufwand eine solche zusätzliche Berichtspflicht aufzunehmen sowie die bürokratische Mehrbelastung für Unternehmen, die ohnehin einen Vergütungsbericht erstellen müssen, erscheint indes verhältnismäßig marginal. Die Einführung einer solchen erweiterten Berichtspflicht wird daher angeraten.

c) Behördliche Aufsicht: BaFin als geeignete Überwachungs- und Durchsetzungsbehörde?

Ein weiterer Ansatz, die Inanspruchnahme des § 87 Abs. 2 AktG in der Breite sicherzustellen, könnte in der Einführung einer behördlichen Aufsicht liegen. Nachdem bislang im Rahmen der Überlegungen zur Haftungsdurchsetzung und der Durchsetzung der primären Herabsetzungspflicht allein private Akteure (Vorstand, Hauptversammlung, Aktionäre, Insolvenzverwalter) im Vordergrund standen, ist anzudenken, den Kreis der potentiellen Kontrollorgane auf staatliche Institutionen zu erweitern.

Eine behördliche Aufsicht und Durchsetzung kann dabei allgemein dem Zweck dienen, ein Versagen der eigentlich zur Aufsicht oder Durchsetzung berufenen privaten Organe zu kompensieren.[1266] Wenn die Einhaltung des Herabsetzungsgebots infolge rechtlicher oder tatsächlicher Hürden gesellschaftsintern nicht gewährleistet werden kann, kann dies eine Überwachung und Durchsetzung durch externe Stellen rechtfertigen.

Die staatliche Kontrolle ist dabei keinesfalls eine völlig unbekannte Form, die Einhaltung von Vorschriften zur Höhe der Vorstandsvergütung sicherzustellen. So oblag etwa die Durchsetzung des § 77 Abs. 3 AktG 1937, der eine angemessene Höhe von Gewinnbeteiligungen vorschrieb, der Staatsanwaltschaft.[1267]

1266 Im Zusammenhang mit einer möglichen behördlichen Durchsetzung von Organhaftungsansprüchen allgemein: *Bachmann*, Gutachten zum 70. Deutschen Juristentag, E 1, E 108.

1267 *Kort* in: GK-AktG, § 87 Rn. 394.

Dabei hielt die Vorschrift ausdrücklich an der aktienrechtlichen Kompetenzverteilung fest. So war es „Aufgabe des Aufsichtsrats“, für die Angemessenheit der Gewinnbeteiligung zu sorgen. Weiter hieß es jedoch: „Die Einhaltung dieses Gebots kann die Staatsanwaltschaft im Klagewege erzwingen.“

Es bestand in dieser Hinsicht mithin eine Differenzierung zwischen der eigentlichen Aufgabe, die Angemessenheit zu gewährleisten auf der einen Seite und der Erzwingung der Einhaltung dieses Gebots durch eine staatliche Instanz auf der anderen Seite.

Dieser Grundgedanke ließe sich auch heute noch für die Zwecke der Herabsetzung fruchtbar machen. Mit der Einführung einer externen Kontrollinstanz würden Interessenkonflikte, die dazu geeignet sind, den Aufsichtsrat davon abzuhalten, die Vergütung der Vorstandsmitglieder anzurühren, stark an Bedeutung verlieren. Die Einhaltung des Herabsetzungsgebots wäre auf diese Weise (neben einer weiterhin bestehenden Haftungsmöglichkeit) auch schon auf der Primärebene besser abgesichert.

Ein strafrechtlicher Bezug fehlt in aller Regel, sodass es sich bei dem historischen Vorbild Staatsanwaltschaft nicht um die passende Kontrollinstanz handelt. Es geht hier – von Ausnahmefällen abgesehen – nicht um Verstöße gegen strafrechtliche Vorschriften, sondern um die Durchsetzung aktienrechtlicher Pflichten.

Als mögliche staatliche Überwachungsinstanz kommt anstelle der Staatsanwaltschaft vielmehr die Bundesanstalt für Finanzdienstleistungsaufsicht (BaFin) in Betracht. Schon für den Bereich der Organhaftung wurde in der Vergangenheit erwogen, der BaFin die Befugnis einzuräumen, Ersatzansprüche der Gesellschaft zu prüfen und erforderlichenfalls auch durchzusetzen.[1268]

Die hier nachfolgend diskutierte Konstruktion soll demgegenüber bereits früher als bei der Prüfung und Durchsetzung der sekundären Haftungsansprüche ansetzen. Es ist zu erwägen, ob der BaFin die Befugnis eingeräumt werden sollte, die Einhaltung der vergütungsrechtlichen Vorschriften des § 87 AktG zu überprüfen und ggf. durchzusetzen.

aa) Bestehende vergütungsrechtliche Kompetenzen

Für die Einräumung einer derartigen Befugnis spricht eine bereits bestehende sektorspezifische Kompetenz der BaFin auf dem Gebiet der Vergütungshöhe. So

1268 Vgl. *Hellwig*, in: FS Maier-Reimer, S. 201, 215, jedoch beschränkt auf börsennotierte Gesellschaften sowie sonstige Finanzinstitute und nur für Fälle von grundsätzlicher oder systematischer Bedeutung.

gelten für die Banken- und Versicherungsbranche hinsichtlich der Vergütung besondere aufsichtsrechtliche Regelungen[1269], die neben sonstigen Angestellten (insbesondere sog. „risk taker“) auch die Vergütungsbestandteile und -höhe von Organmitgliedern betreffen. Die BaFin überwacht in diesen Branchen die jeweiligen Vergütungsstrukturen laufend. Bei Verstößen gegen die aufsichtsrechtlichen Vorgaben zu Vergütungssystemen stehen der BaFin verschiedene Anordnungs- und Eingriffsbefugnisse zur Verfügung.[1270]

So kann die BaFin beispielsweise bei einem Verstoß gegen die InstitutsVergV eine Einzelfallanordnung nach § 25a Abs. 2 S. 2 KWG treffen, wenn das beaufsichtigte Institut kein angemessenes, transparentes und auf eine nachhaltige Entwicklung des Instituts ausgerichtetes Vergütungssystem für Geschäftsleiter und Mitarbeiter sicherstellt. Verstöße gegen derartige Anordnungen sind bußgeldbewährt.

Ferner kann die BaFin die Auszahlung variabler Vergütungsbestandteile untersagen oder beschränken, wenn aufgrund der Vermögens-, Finanz- oder Ertragsentwicklung oder sonstiger Anhaltspunkt die Gefahr droht, dass aufsichtsrechtliche Anforderungen an die Eigenmittel- oder Liquiditätsausstattung nicht dauerhaft erfüllt werden, vgl. § 45 Abs. 2 S. 1 Nr. 5a, Nr. 6, Abs. 5 S. 5 bis 7 KWG.

Die BaFin als Aufsichtsbehörde verfügt somit bereits über ein gewisses Maß an Kompetenz auf dem Gebiet der Vergütungshöhe von Organmitgliedern. Aus diesem Grund kann erwogen werden, ihre bestehenden Überwachungs- und Eingriffsbefugnisse entsprechend auszuweiten und hinsichtlich der Vergütung von Vorstandsmitgliedern branchenunabhängig auf sämtliche Aktiengesellschaften zu erstrecken. Die BaFin könnte das mögliche Vorliegen der Herabsetzungsvoraussetzungen überprüfen und die Einhaltung der Herabsetzungspflicht überwachen. Ihr könnte bei Untätigkeit des Aufsichtsrats die Befugnis eingeräumt werden, eine Herabsetzung verbindlich anzuordnen. Daneben könnte sie auch über die angemessene Vergütungshöhe wachen und damit die Einhaltung des § 87 Abs. 1 AktG gewährleisten.

1269 Für Banken insbesondere das KWG und die auf dessen Grundlage erlassene InstitutsVergV, für Versicherungen das VAG und die auf dessen Grundlage erlassene VersVergV.

1270 Ausführlich zu den Befugnissen der BaFin bei Verstößen gegen das KWG und die InstitusVergV: *Mateja*, Begrenzung von Managergehältern, S. 140 ff.

bb) *Ausweitung des Zuständigkeitsbereichs?*

Die Einführung einer externen Kontrolle der Vorstandsvergütung durch die BaFin erscheint zwar auf den ersten Blick reizvoll, überzeugt jedoch im Ergebnis nicht.

Gegen eine solche Erweiterung des Zuständigkeitsbereichs der BaFin spricht vor allem, dass damit die Grenzen zwischen Aufsichts- und Aktienrecht weiter verschwimmen würden. Letztlich ist die BaFin eine Finanzmarktaufsichtsbehörde. Sie soll den Finanzmarkt beaufsichtigen und so ein funktionsfähiges und stabiles Finanzwesen sicherstellen und das gesellschaftliche Vertrauen in das Finanzsystem stärken.[1271] Über eine originäre Zuständigkeit verfügt die BaFin damit nur im Aufsichtsrecht.

Eine branchenübergreifende Überwachungs- und Eingriffsbefugnis der BaFin bezüglich eines genuin aktienrechtlichen Bereichs erscheint demgegenüber systematisch als Fremdkörper. Es fehlt an einem aufsichtsrechtlichen Bezug.

Die unmittelbare volkswirtschaftliche Relevanz, die die Aufsicht über Unternehmen bestimmter Branchen rechtfertigt, lässt sich nicht branchenübergreifend und pauschal für sämtliche Aktiengesellschaften postulieren. Mangels Systemrelevanz ist die Einschaltung einer finanzaufsichtsrechtlichen Behörde in aktienrechtlichen Vergütungsfragen folglich nicht gleichermaßen erforderlich.[1272]

Zudem wäre eine ständige Überwachung durch die BaFin ohne den massiven Aufbau personeller Kapazitäten nicht durchführbar. Auch deshalb ist die Erweiterung der Befugnisse der BaFin auf den Bereich aktienrechtlicher Vergütungsregeln mit Blick auf das Kosten-Nutzen-Verhältnis nicht verhältnismäßig.

Die zusätzliche Einführung einer behördlichen Kontrollinstanz erhöht zudem insgesamt die Komplexität des Überprüfungsverfahrens. Die auf eine Herabsetzung gerichtete Anordnungen der BaFin könnten nämlich ihrerseits gerichtlich angegriffen werden. Überdies wären in diesem Fall nicht die Zivilgerichte für die Überprüfung zuständig, sondern die Verwaltungsgerichte.[1273] Vorzugswürdig ist es jedoch, wenn Fragen der Vorstandsvergütung als Teil des Aktienrechts und damit des Zivilrechts in der Zuständigkeit der Zivilgerichte verbleiben.[1274]

1271 Vgl. eigene Aufgabenbeschreibung der BaFin, abrufbar unter https://www.bafin.de/DE/DieBaFin/AufgabenGeschichte/aufgabengeschichte_node.html.

1272 Aus diesem Grund die branchenübergreifende Überwachung der Einhaltung von Vergütungsregelungen durch die BaFin ebenfalls ablehnend: *Mateja*, Begrenzung von Managergehältern, S. 290 f.

1273 Deshalb gegen eine Einbindung der BaFin in das aktienrechtliche Haftungssystem: *Semler*, in: FS Goette, S. 499, 508.

1274 Bezogen auf das Haftungsrecht: *Semler*, in: FS Goette, S. 499, 508.

Vor allem aber ist im Aktienrecht grundsätzlich vorrangig auf im Privatrecht verwurzelte Mechanismen zurückzugreifen, bevor nach einer staatlichen Kontrollinstanz gerufen wird.[1275]

d) Rechtlicher Zusammenhang zwischen (unterbliebener)Herabsetzung und belastenden Maßnahmen gegenüber Dritten

Eine weitere denkbare Alternative, die tatsächliche Anwendung des § 87 Abs. 2 AktG verstärkt zu gewährleisten, ist es, belastende Maßnahmen der Gesellschaft gegenüber Dritten (insbesondere Arbeitnehmern und Aktionären) rechtlich in gewissem Ausmaß auch an die Einhaltung der Herabsetzungspflicht zu knüpfen.

Anstoß für derartige Überlegungen bietet eine Entscheidung des LG Frankfurt,[1276] in der das Gericht die unterbliebene Herabsetzung im Rahmen einer Anfechtungsklage nach § 254 Abs. 1 AktG berücksichtigte, in der sich Aktionäre gegen den Hauptversammlungsbeschluss zur vollständigen Thesaurierung des Bilanzgewinns wandten.

Das LG Frankfurt stellte zwischen § 87 Abs. 2 AktG und § 254 Abs. 1 AktG einen Zusammenhang in der Form her, als dass bei Wegfall der gesetzlichen Mindestdividende der Aufsichtsrat auf eine Reduzierung der Vorstandsvergütung nach § 87 Abs. 2 AktG hinwirken müsse.[1277]

Dieser Grundgedanke der Verknüpfung zwischen Maßnahmen der Gesellschaft zulasten Dritter und einer unterbliebenen Herabsetzung soll nachfolgend aufgegriffen und weiter ausgebaut werden.

aa) Rechtsgrundlage

Wenn Maßnahmen zulasten von Aktionären, Arbeitnehmern und/oder Gläubigern ergriffen werden, sollte eine unterbliebene Herabsetzung im Einzelfall bei der Überprüfung der Rechtmäßigkeit dieser Maßnahmen Berücksichtigung finden können.

In Fällen, in denen sich die Gesellschaft gegenüber Dritten für die Ergreifung bestimmter einschneidender Maßnahmen, wie z.B. Lohnkürzungen oder der Ausschluss der gesetzlichen Mindestdividende, (auch) auf die Verschlechterung

---

1275 *Habersack*, ZHR 177 (2013), 782, 793; *ders.*, Gutachten zum 69. Deutschen Juristentag, E 1, E 96; ähnlich *Wagner*, ZHR 178 (2014), 227, 263 ff.

1276 LG Frankfurt, Urt. 15.12.2016 – 3-05 O 154/16, juris.

1277 LG Frankfurt, Urt. 15.12.2016 – 3-05 O 154/16, juris Rn. 90.

ihrer wirtschaftlichen Situation beruft, sollte für die betroffenen Dritten die Möglichkeit bestehen, der Gesellschaft die Nichtbeachtung des § 87 Abs. 2 AktG entgegenzuhalten.

Eine ausdrückliche gesetzliche Regelung über die Möglichkeit für Dritte, der Gesellschaft den Einwand der unterbliebenen bzw. ungeprüften Herabsetzung entgegenzuhalten, wurde bislang nicht getroffen.

Die grundsätzliche Möglichkeit für einen derartigen Einwand besteht aber bereits aktuell auf Grundlage des § 242 BGB. Dem BGH zufolge ist ein widersprüchliches Verhalten rechtsmissbräuchlich i.S.v § 242 BGB, „wenn besondere Umstände die Rechtsausübung als treuwidrig erscheinen lassen. (…) Eine Rechtsausübung ist unzulässig, wenn sich objektiv das Gesamtbild eines widersprüchlichen Verhaltens ergibt, weil das frühere Verhalten mit dem späteren sachlich unvereinbar ist und die Interessen der Gegenseite deshalb vorrangig schutzwürdig erscheinen."[1278]

bb) Unterbliebene (Überprüfung der) Herabsetzung als widersprüchliches Verhalten

Die Gesellschaft muss sich widersprüchliches Verhalten vorwerfen lassen, wenn sie sich einerseits auf wirtschaftliche Schwierigkeiten beruft, um Maßnahmen zu Lasten anderer Stakeholder zu rechtfertigen, gleichzeitig eine gebotene Herabsetzung der Vorstandsvergütung jedoch unterlässt oder jedenfalls noch nicht einmal überprüft, ob sie unter den gegebenen Umständen erforderlich sein könnte.

Sowohl die unterbliebene Herabsetzung trotz Vorliegen der tatbestandlichen Voraussetzungen als auch bereits die unterbliebene Überprüfung des Eingreifens des § 87 Abs. 2 AktG sind sachlich unvereinbar mit der Durchsetzung belastender Maßnahmen gegen Dritte aus Gründen der (schlechten) wirtschaftlichen Lage.

Die Gesellschaft kann nicht zum Zwecke der Durchsetzung von Maßnahmen, die sich gegen Arbeitnehmer oder Aktionäre richten, von wirtschaftlichen Schwierigkeiten ausgehen und zugleich nicht einmal das Eingreifen des § 87 Abs. 2 AktG mit der gebotenen Sorgfalt überprüfen.

Arbeitnehmern, die sich mit einer Lohnkürzung, (Änderungs-)Kündigung oder anderen einschneidenden Maßnahmen konfrontiert sehen, die vonseiten der Gesellschaft (zumindest auch) mit der wirtschaftlichen Situation begründet werden, muss daher möglich sein, diesen Maßnahmen den Einwand des widersprüchlichen Verhaltens entgegenhalten.

1278 Vgl. nur BGH, Urt. v. 10.7.2018 – II ZR 24/17, NZG 2018, 1189, 1191 m.w.N.

Bei einer Überprüfung der Rechtmäßigkeit einer Änderungskündigung mit dem alleinigen Zweck, das Entgelt zu reduzieren, ist etwa stets zu berücksichtigen, dass zunächst andere Maßnahmen auszuschöpfen sind. Dazu können auch Einsparungen durch die Kürzung der Vorstandsvergütung gehören, sofern die tatbestandlichen Voraussetzungen dafür vorliegen. Im Falle einer derartigen Änderungskündigung sollte die Möglichkeit der Herabsetzung daher auch in dem vom Arbeitgeber darzulegenden Sanierungsplan zumindest Erwähnung finden und sich hierzu erklärt werden. Wird die Möglichkeit einer Vergütungsherabsetzung nach § 87 Abs. 2 AktG als möglicher Teil eines Sanierungsplans indes durch den Arbeitgeber schon gar nicht in Erwägung gezogen und schlicht übergangen, dürften Änderungskündigungen zum Zwecke der Entgeltreduzierung treuwidrig sein.

Auf diese Weise kommt der durch § 87 Abs. 2 AktG ebenfalls bezweckte Arbeitnehmerschutz besonders zur Geltung.

Der Einwand des treuwidrigen Verhaltens kann ebenso einen verstärkten Schutz der (Minderheits-)Aktionäre bewirken. Ein Beschluss, der die vollständige Thesaurierung des Bilanzgewinns vorsieht, ist nach § 254 Abs. 1 AktG anfechtbar, wenn die Thesaurierung bei vernünftiger kaufmännischer Beurteilung nicht notwendig ist, um die Lebens- und Widerstandsfähigkeit der Gesellschaft für einen hinsichtlich der wirtschaftlichen und finanziellen Notwendigkeiten übersehbaren Zeitraum zu sichern.

Wenn danach die Mindestdividende von 4 % des Grundkapitals nicht ausgeschüttet wird, muss auch hier für den Minderheitsaktionär die Möglichkeit bestehen, der Gesellschaft widersprüchliches Verhalten entgegenzuhalten, wenn sie sich einerseits darauf beruft, dass eine vollständige Thesaurierung notwendig ist, um die Lebens- und Widerstandsfähigkeit der Gesellschaft zu sichern, sie zugleich aber nicht zumindest geprüft hat, ob daneben auch die Voraussetzungen des § 87 Abs. 2 AktG vorliegen und somit auch mittels Kürzung der Vorstandsvergütung zur Sicherung der Lebens- und Widerstandsfähigkeit der Gesellschaft beigetragen werden kann.

Im Rahmen der „vernünftigen kaufmännischen Beurteilung" muss auch die Herabsetzbarkeit der Vorstandsvergütung Berücksichtigung finden, andernfalls der Gesellschaft treuwidriges Verhalten vorgehalten werden kann.

cc) Kein Gleichlauf der Voraussetzungen

Teilweise wird ein Verknüpfen von § 254 Abs. 1 AktG und § 87 Abs. 2 AktG für problematisch gehalten, weil die tatbestandlichen Voraussetzungen der

Herabsetzung strenger seien, und ihr fehlendes Vorliegen letztlich nicht zulasten der Gesellschaft gehen könne.[1279]

Dem ist entgegenzuhalten, dass die vollständige Thesaurierung gerade nicht zwingend an die Voraussetzung geknüpft werden soll, dass zuvor tatsächlich eine Vergütungskürzung nach § 87 Abs. 2 AktG erfolgt ist.

Die Verknüpfung ist allein dergestalt herzustellen, dass sich nur ein pflichtwidriges Unterlassen der Herabsetzung oder eine unterbliebene Überprüfung ihrer Voraussetzungen auf § 254 Abs. 1 AktG auswirken kann. Voraussetzung für eine Verknüpfung ist stets, dass die Gesellschaft zumindest geprüft hat, ob § 87 Abs. 2 AktG im konkreten Fall eingreift. Ist das zutreffende Ergebnis dieser Prüfung, dass die tatbestandlichen Voraussetzungen des § 87 Abs. 2 AktG nicht vorliegen, geht dies aber im Rahmen des § 254 Abs. 1 keinesfalls zulasten der Gesellschaft. Die vollständige Thesaurierung ist dann weiterhin möglich.

Ziel der hier befürworteten Möglichkeit zur Berücksichtigung des § 87 Abs. 2 AktG im Rahmen der Überprüfung drittgerichteter belastender Maßnahmen ist es damit gerade nicht, einen Gleichlauf zwischen den Voraussetzungen der Herabsetzung und anderen Maßnahmen herzustellen.

Ist eine Herabsetzung im Ergebnis nicht erforderlich, kann die unterbliebene Herabsetzung die Wirksamkeit anderer Maßnahmen nicht berühren. Gleichzeitig ist für die Umsetzung einer belastenden Maßnahme stets erforderlich, dass ihre jeweiligen Voraussetzungen erfüllt sind. Das Eingreifen des Herabsetzungstatbestands verdrängt die jeweils eigenen Voraussetzungen anderer Maßnahmen nicht.

dd) Prüfungs- und Begründungspflicht

Die Gesellschaft ist aber jedenfalls verpflichtet, das Eingreifen des § 87 Abs. 2 AktG zu prüfen, wenn sie drittbelastende Maßnahmen aus wirtschaftlichen Gründen durchführen will. Um den Vorwurf der Treuwidrigkeit erfolgreich auszuräumen, muss die Gesellschaft nachweisen, dass sie ein Eingreifen des § 87 Abs. 2 AktG zumindest überprüft hat.

Die fehlende Überprüfung allein kann schon zu deren (vorübergehenden) Unwirksamkeit führen.

Falls die Gesellschaft zu dem Ergebnis kommt, eine Herabsetzung der Vorstandsvergütung sei nicht erforderlich, muss sie dies auch nachvollziehbar begründen. Im Streitfall trägt die Gesellschaft die Beweislast dafür, dass sie sich

---

1279 *Hüffer/Koch*, AktG, § 254 Rn. 7. Kritisch auch *Hartmann*, Anmerkung zu LG Frankfurt, Urt. 15.12.2016 – 3-05 O 154/16, EWiR 2017, 557, 558.

mit der Herabsetzung tatsächlich auseinandergesetzt hat und – falls sie die Herabsetzung im Ergebnis nicht für geboten hielt – dafür, dass die Voraussetzungen des § 87 Abs. 2 AktG zum Zeitpunkt der drittbelastenden Maßnahme nicht vorlagen.

Die jeweiligen zur Umsetzung der drittbelastenden Maßnahme berufenen Organe müssen daher ihrerseits vor einer Umsetzung sicherstellen, dass der Aufsichtsrat zumindest seiner Prüfpflicht nachgekommen ist, wenn sie sichergehen wollen, dass ihre Maßnahme auch im Streitfall Bestand haben wird. Auf diese Weise lässt sich eine weitere Effektuierung des § 87 Abs. 2 AktG erreichen. Das grundsätzliche aktienrechtliche Kompetenzgefüge bleibt dabei jedoch unberührt.

ee) Fazit

Es könnte zu einer verstärkten Anwendung des § 87 Abs. 2 AktG beitragen, wenn durch das Zugestehen eines Einwands nach § 242 BGB eine Möglichkeit geschaffen wird, eine unterbliebene Herabsetzung bzw. die unterbliebene Prüfung des Herabsetzungserfordernisses bei der Beurteilung der Rechtmäßigkeit drittbelastender Maßnahmen zu berücksichtigen.

Lagen die tatbestandlichen Voraussetzungen einer Herabsetzung vor oder hat die Gesellschaft ihr Vorliegen schon gar nicht überprüft, wäre eine Berufung auf die Notwendigkeit von bestimmten (Spar-)Maßnahmen zu Lasten Dritten aufgrund der wirtschaftlichen Situation treuwidrig. Der belastete Dritte könnte der Gesellschaft diesen Einwand entgegenhalten. Auf diese Weise würde die Einhaltung der primären Herabsetzungspflicht begünstigt. Denn die Gesellschaft wird somit gezwungen, sich mit der Herabsetzung aktiv auseinandersetzen, will sie sicherstellen, dass andere Maßnahmen erfolgreich durchgesetzt werden können.

Dabei bleibt die grundsätzliche Vergütungs- und Herabsetzungskompetenz des Aufsichtsrats unberührt. Er bleibt auch weiterhin weisungsfrei, denn eine direkte Kontrolle seiner Pflichten oder gar ein Ersetzen seiner Entscheidung ist mit dem Einwand des widersprüchlichen Verhaltens nicht verbunden.

Dennoch könnte die Berücksichtigung des § 87 Abs. 2 AktG im Rahmen anderer Maßnahmen wirkungsvoll Druck auf den Aufsichtsrat ausüben. Die Einhaltung der Herabsetzungspflicht würde so zwar nur mittelbar und situativ sichergestellt, aber jedenfalls nicht im Wege der staatlichen/behördlichen Kontrolle, sondern letztlich durch private Stakeholder, die sich, wenn sie selbst Einbußen hinnehmen müssen, auf eine unterbliebene Überprüfung oder Herabsetzung berufen können.

Schließlich kommt auf diese Weise auch die Pluralität der durch den § 87 Abs. 2 AktG geschützten Gruppen zum Ausdruck.

Von den zuvor diskutierten Möglichkeiten, die die Einhaltung der Herabsetzungspflicht potentiell besser gewährleisten könnten, erweist sich die Herstellung eines rechtlichen Zusammenhang zwischen dem § 87 Abs. 2 AktG und drittbelastenden Maßnahmen, die (auch) aufgrund einer wirtschaftlich schwierigen Situation erfolgen, daher als das zweckmäßigste Mittel.

3. Zusammenfassung und Ergebnis

Insgesamt ist das Risiko einer Inanspruchnahme von Mitgliedern des Aufsichtsrats bei Verstößen gegen § 87 Abs. 2 AktG als eher gering einzustufen.

Trotz Bestehens einer Pflicht zur Durchsetzung von Haftungsansprüchen gegen den Aufsichtsrat ist von dem Vorstand keine Aktivierung des Haftungspotentials zu erwarten. Es kann nicht davon ausgegangen werden, dass der Vorstand den Aufsichtsrat für eine unterlassene Herabsetzung der Vergütung seiner eigenen aktiven Mitglieder in Anspruch nimmt. Hier besteht ein massiver Interessenkonflikt, da die Mitglieder des Vorstands von einer Unterlassung profitieren. Es ist nicht im Interesse des Vorstands, die Herabsetzungspflicht mittels Haftungsandrohung gegenüber dem Aufsichtsrat zu effektuieren.

Auch die Hauptversammlung bzw. die Aktionäre haben sich bislang regelmäßig nicht als entscheidende Treiber der Organhaftung ausgewiesen. Sie sind bislang nicht übermäßig mit Verfahren nach § 147 oder § 148 AktG in Erscheinung getreten. Auch mit Blick auf die Haftungsdurchsetzung bei Verstößen gegen die Herabsetzungspflicht wäre eine Änderung dieses Zustandes wohl nur mit einer umfassenden Änderung des Systems aktienrechtlicher Haftungsdurchsetzung zu erreichen.

Am wahrscheinlichsten erscheint eine Haftungsdurchsetzung noch durch den Insolvenzverwalter. Gleichwohl beschränkt sich eine potentielle Haftung nicht auf Fälle der Insolvenz, da die Herabsetzungspflicht tatbestandlich schon früher eingreift und auch in sonstigen Fällen gewährleistet sein sollte.

Angesichts des verbreiteten Bestehens von D&O-Versicherungen, deren Deckungssumme durch die potentielle Haftungssumme für fehlerhafte Vergütungsentscheidungen in der Regel nicht erreicht werden dürfte, ist die Gefahr einer tatsächlichen persönlichen Inanspruchnahme der Aufsichtsratsmitglieder faktisch sehr gering.

Materiell-rechtlich sollte trotz vorgenannter Defizite jedoch weiter an der Haftung festgehalten werden, denn schon die bestehende Haftungsandrohung ist grundsätzlich geeignet, präventive Wirkung zu entfalten.

Da die präventive Wirkung angesichts der bestehenden faktischen Verhältnisse zumindest eingeschränkt ist, ist es aber daneben sinnvoll, bereits im Vorfeld der Haftung anzusetzen und die Einhaltung der Primärpflicht zur Vergütungsherabsetzung zusätzlich auf andere Weise sicherzustellen.

Für diese Zwecke könnte sich zum einen (für börsennotierte Gesellschaften) die ARRL als zielführend erweisen. Durch die jüngsten Reformen wird die Rolle der Hauptversammlung in Bezug auf Vergütungsfragen weiter gestärkt und die Transparenz in Vergütungsfragen erhöht.

Mit Blick auf eine mögliche Herabsetzung kann sich insbesondere als bedeutsam erweisen, dass nicht nur die Vergütungspolitik mindestens vierjährlich zur Abstimmung zu stellen, sondern auch der jährliche Vergütungsbericht zur Abstimmung vorzulegen ist. Dieser muss Informationen zu der Entwicklung der Gesellschaft innerhalb der letzten fünf Jahre enthalten. Es wird den Aktionären somit der unmittelbare Vergleich zwischen der Entwicklung der Vorstandsvergütung und der Entwicklung der Lage der Gesellschaft ermöglicht.

Die tatsächliche Einhaltung der Herabsetzungspflicht könnte so zumindest mittelbar weiter begünstigt werden, indem z.B. Aktionäre diese Entwicklung im Rahmen der Aussprache verstärkt thematisieren. Der Aufsichtsrat gelangt in Zugzwang, da er im darauffolgenden Jahr darlegen muss, auf welche Weise er dem Abstimmungsergebnis Rechnung getragen hat. Im deutschen Recht ist in diesem Zusammenhang anzuraten, zusätzlich zu der bereits jetzt eingeführten Berichtspflicht eine weitere Berichtspflicht über die Nutzung des § 87 Abs. 2 AktG innerhalb des fünfjährigen Berichtszeitraums einzuführen.

Mit der Überwachung der Angemessenheit von Bonuszahlungen durch die Staatsanwaltschaft gibt es ein historisches Vorbild für die staatliche Durchsetzung der Einhaltung von vergütungsbezogenen Pflichten.

Die Einschaltung der BaFin als Kontrollinstanz würde jedoch zu einem übermäßigen Verschwimmen zwischen Aufsichts- und Aktienrecht führen. Zudem ist bei der Erweiterung staatlicher Kontroll- und Eingriffsbefugnisse grundsätzlich Zurückhaltung geboten. Diese sollten stets ultima ratio sein. Vorrangig sollten – der privatrechtlichen Natur des Aktienrechts entsprechend – private Akteure die Kontrolle und Durchsetzung der Pflichten aus § 87 Abs. 2 AktG gewährleisten.

Eine Lösung unter Wahrung der aktienrechtlichen Kompetenzordnung, ohne das Erfordernis staatlicher Überwachungsorgane und unter gleichzeitiger Berücksichtigung der Pluralität der Schutzzwecke des § 87 Abs. 2 AktG lässt sich im Zugestehen eines Einwandes der Treuwidrigkeit nach § 242 BGB erblicken.

Dritten, vor allem Arbeitnehmern und Aktionären, ist die Möglichkeit einzuräumen, der Gesellschaft die Treuwidrigkeit in der besonderen Ausprägung des widersprüchlichen Verhaltens entgegenzuhalten, wenn sich die Gesellschaft ihnen gegenüber für die Durchsetzung bestimmter Maßnahmen auf wirtschaftliche Schwierigkeiten beruft, die Vergütung aber pflichtwidrig nicht herabgesetzt hat.

Um zu gewährleisten, dass sich der Aufsichtsrat mit § 87 Abs. 2 AktG tatsächlich auseinandersetzt, greift der Einwand der Treuwidrigkeit bereits dann und solange wie die Erforderlichkeit einer Vergütungsherabsetzung durch die Gesellschaft nicht nachweislich überprüft wurde. Anwendungsfälle eines derartigen Einwands können etwa die Umsetzung von Lohnkürzungen mittels Änderungskündigungen oder Hauptversammlungsbeschlüsse zur vollständigen Thesaurierung nach § 254 Abs. 1 AktG sein.

Ein vollständiger Gleichlauf zwischen der Herabsetzungspflicht und der Rechtmäßigkeit drittbelastender Maßnahmen besteht dabei freilich nicht. Die tatsächliche Durchführung der Herabsetzung ist weder notwendige noch hinreichende Voraussetzung für die Umsetzung drittbelastender Maßnahmen.

Die Kombination aus der durch die ARRL erhöhten Transparenz im Zusammenhang mit Vorstandsbezügen und der über § 242 BGB möglichen Verknüpfung der Rechtmäßigkeit drittbelastender Maßnahmen mit der (Überprüfung der) Herabsetzung könnte § 87 Abs. 2 AktG insgesamt zu mehr Bedeutung verhelfen und seine Anwendung weiter steigern.

Q. Gesamtergebnis/Ausblick

Schon seit beinahe einem Jahrhundert können Vorstandsbezüge gekürzt werden. Die Partizipation des Vorstands am wirtschaftlichen Schicksal der Gesellschaft nicht nur bei positiver Entwicklung, sondern gerade auch in wirtschaftlichen Schwierigkeiten, rechtspolitisch im Sinne der gesamtgesellschaftlichen Akzeptanz der sozialen Marktwirtschaft als legitimes Ziel anzusehen. Unabhängig von der rechtspolitischen Einschätzung ist jedenfalls mit einer Abschaffung der Herabsetzungsmöglichkeit in naher Zukunft nicht zu rechnen. Im Gegenteil, es zeigt sich, dass der Gesetzgeber auf dem Gebiet der Vorstandsvergütung immer wieder aktiv ist, zuletzt durch die Reformen des auf der ARRL basierenden ARUG II.

Der eine Vergütungskürzung ermöglichende § 87 Abs. 2 AktG ist eine durch unbestimmte Rechtsbegriffe geprägte Norm und ruft damit eine gewisse Rechtsunsicherheit beim Rechtsanwender hervor. Die damit aber ebenso verbundene Offenheit der Norm erscheint aus verfassungsrechtlichen Gründen sogar geboten. § 87 Abs. 2 AktG ermöglicht es, stets individuell auf die konkrete Gesellschaft abzustellen und ihre spezifischen Besonderheiten bei der Bestimmung der Tatbestandsmerkmale und Rechtsfolgen zu berücksichtigen.

Trotz einer damit einhergehenden Unsicherheit hat sich gleichwohl gezeigt, dass die in § 87 Abs. 2 AktG verwendeten Begrifflichkeiten durchaus der Auslegung zugänglich sind.

Tatbestandsvoraussetzungen und Rechtsfolgen sind auch heute schon greifbar und praktisch handhabbar, ohne dass es notwendigerweise weiterer präzisierender Reformen bedarf.

Die Anwendung des § 87 Abs. 2 AktG scheitert jedenfalls nicht allein daran, dass er nicht verständlich interpretiert werden kann. Eine weitere Konkretisierung auch durch die Rechtsprechung könnte indes dazu beitragen, die Rechtsunsicherheit zu verringern und wäre daher wünschenswert.

Eine weitere Konkretisierung und die Etablierung einer gewissen Auslegungspraxis setzt eine intensivierte tatsächliche Anwendung der Norm voraus. Hierin lässt sich der wunde Punkt des § 87 Abs. 2 AktG erblicken. Das rechtliche Instrumentarium für eine Beteiligung des Vorstands am wirtschaftlichen Schicksal der Gesellschaft ist bereits heute vorhanden. Es ist aber aufgrund verschiedener Faktoren – wie der fehlenden Möglichkeit der Haftungsdurchsetzung und dem geringen Anreiz für den Aufsichtsrat, die Herabsetzung durchzuführen – zweifelhaft, ob es auf breiter Basis tatsächlich Anwendung findet.

Ziel muss es sein, dass das bestehende Instrumentarium genutzt wird oder zumindest eine hinreichend abschreckende Wirkung von der Vorschrift ausgeht, die zur Einhaltung anreizt.

Bei etwaigen zukünftigen Reformüberlegungen sollte daher nicht am materiell-rechtlichen Inhalt der Norm angesetzt werden, sondern die Sicherstellung der tatsächlichen Anwendung der Vorschrift stärker in den Mittelpunkt rücken. Bevor jedoch zur ultima ratio in Form einer staatlichen Kontrolle und Durchsetzung gegriffen wird, sollten zunächst weniger einschneidende Maßnahmen erwogen werden.

Es wird sich zeigen, ob womöglich bereits die nunmehr mit dem ARUG II erfolgte Stärkung der Rolle der Hauptversammlung in Vergütungsfragen zukünftig auch dazu führen wird, dass § 87 Abs. 2 AktG verstärkt in den Blick der Aktionäre gerät und entsprechender Druck auf den Aufsichtsrat ausgeübt wird.

Als zusätzliche Maßnahme, um die Transparenz in Bezug auf § 87 Abs. 2 AktG und dessen allgemeine „Sichtbarkeit" noch weiter zu erhöhen, wird angeregt, die nunmehr geltenden Berichtspflichten um eine Berichtspflicht zur Anwendung des § 87 Abs. 2 AktG zu ergänzen.

Neben der insoweit erhöhten Transparenz könnte aber auch die Anerkennung einer Einwendung für Dritte, die Gesellschaft verstärkt zur Anwendung des § 87 Abs. 2 AktG anhalten. Dritte, die aufgrund einer schlechten wirtschaftlichen Lage belastenden Maßnahmen vonseiten der Gesellschaft ausgesetzt sind, könnten der Gesellschaft widersprüchliches Verhalten vorwerfen, wenn die Gesellschaft die Vorstandsvergütung trotz Vorliegen der tatbestandlichen Voraussetzungen nicht herabsetzt oder ohne Auseinandersetzung mit ihrer Erforderlichkeit von einer Herabsetzung absieht. Hierzu bedarf es nicht notwendigerweise einer speziellen Regelung, da schon jetzt ein Rückgriff auf § 242 BGB möglich ist.

Das letzte Wort im Bereich der Regulierung der Vorstandsvergütung ist sicherlich noch nicht gesprochen. Es ist nicht ausgeschlossen, dass zukünftig – insbesondere vor dem Hintergrund der jüngsten Wirtschaftskrise infolge der COVID-19-Pandemie 2020 – die Herabsetzung nach § 87 Abs. 2 AktG wieder stärker in das Bewusstsein und das Blickfeld von Aktionären, Aufsichtsrat aber auch des Gesetzgebers gerät. Die Zukunft des Herabsetzungsrechts bleibt daher weiter spannend.

R. Zusammenfassung in Thesen

1. Die Grundvoraussetzungen für eine Herabsetzung von Vorstandsbezügen blieben im Laufe der Zeit im Wesentlichen unverändert. Die volkswirtschaftliche Gesamtlage hat jedoch an Bedeutung verloren und ist heute nicht mehr relevant.
2. § 87 Abs. 2 AktG verfolgt mehrere Schutzrichtungen. Er soll die Gesellschaft selbst und ihr Vermögen schützen. Mittelbar sollen dadurch ebenso ihre Aktionäre, Arbeitnehmer und Gläubiger geschützt werden. Die Kürzungsmöglichkeit dient daneben aber auch dem Schutz der Gerechtigkeitsvorstellungen der Allgemeinheit und der Akzeptanz der sozialen Marktwirtschaft.
3. Im Sonderfall der staatlichen Gewährung von Rettungsleistungen steht der Schutz des Interesses der Allgemeinheit im Vordergrund. Staatliche Rettungsmaßnahmen sollen nicht der Aufrechterhaltung besonders hoher Vorstandsbezüge dienen.
4. Die praktische Bedeutung des Herabsetzungsrechts hat nach den Reformen durch das VorstAG zugenommen. Darüber hinaus verzichteten Vorstände in jüngerer Zeit vermehrt freiwillig auf Teile ihres Gehalts. Soweit infolge des freiwilligen Verzichts eine angemessene Vergütung gewährt wird, ist dem Schutzzweck des § 87 Abs. 2 AktG Genüge getan.
5. Die Auslegung des § 87 Abs. 2 AktG hat im Lichte der Grundrechte zu erfolgen. Das Herabsetzungsgebot greift sowohl aufseiten der Vorstandsmitglieder als auch der Gesellschaft in Art. 12 Abs. 1 GG ein. Aus diesem Grund dürfen die tatbestandlichen Hürden für eine Herabsetzung nicht zu niedrig angesetzt werden.
6. § 87 Abs. 2 AktG ist anwendbar auf die AG, die SE sowie die montanmitbestimmte GmbH. Bei anderen Rechtsformen kann die Vergütung der Leitungsorgane nur auf Grundlage des § 313 BGB gekürzt werden. Da der Schutzzweck des Herabsetzungsgebots nicht von der Rechtsform eines Unternehmens abhängt, müssten vergleichbare Rechtsgrundlagen für die unterschiedlichen Gesellschaftsformen geschaffen werden.
7. § 87 Abs. 2 AktG findet unterhalb der Vorstandsebene keine Anwendung. Gegenüber Arbeitnehmern kann eine Kürzung der Vergütung nur durch Änderungsvereinbarung oder Änderungskündigung durchgesetzt werden. Für Letztere gelten strengere Anforderungen als für eine Herabsetzung nach § 87 Abs. 2 AktG.

8. Die Verschlechterung der Lage der Gesellschaft ist im Wege einer umfassenden Gesamtbetrachtung zu ermitteln. Neben einer relativen Verschlechterung müssen wirtschaftliche Schwierigkeiten hinzutreten, die nach absoluten Kriterien zu bestimmen sind.
9. Dividendenunfähigkeit sowie Entlassungen und Lohnkürzungen sind keine zwingende Voraussetzung für das tatsächliche Vorliegen einer Verschlechterung. Sie sind allerdings regelmäßig Indikatoren für eine Verschlechterung der Lage.
10. Das Erfordernis der Gesamtbetrachtung entfällt bei Insolvenzreife und unmittelbarer Krise. Von einer unmittelbaren Krise ist bei fehlender Kreditwürdigkeit, einem Verlust in Höhe der Hälfte des Grundkapitals, der Einleitung eines präventiven Restrukturierungsverfahrens oder der Inanspruchnahme staatlicher Rettungsmaßnahmen auszugehen.
11. Die Konzernentwicklung ist bei der Bewertung der Gesellschaftslage zu berücksichtigen. Im Falle des Auseinanderfallens von Organ- und Anstellungsverhältnis wirkt sich die Verschlechterung der Lage der Organgesellschaft nur dann auf die Vorstandsbezüge aus, wenn durch die Gewährung der Vergütung Vermögensinteressen der Organgesellschaft betroffen sind. Die Lage der Anstellungsgesellschaft ist demgegenüber nicht von Bedeutung.
12. Für das Tatbestandsmerkmal der Unbilligkeit kommt es nicht darauf an, ob das Vorstandsmitglied pflichtwidrig gehandelt hat oder ihm die Verschlechterung zurechenbar ist.
13. Entgegen der herrschenden Auffassung ist von einer Unbilligkeit schon dann auszugehen, wenn sich die Vergütung nach der Lageverschlechterung als unangemessen im Sinne des § 87 Abs. 1 AktG erweist.
14. Das Vorliegen der gesetzlichen Tatbestandsmerkmale des § 87 Abs. 2 AktG ist voll gerichtlich überprüfbar. Dem Aufsichtsrat steht diesbezüglich kein Beurteilungsspielraum zu. Die Business Judgement Rule findet keine Anwendung.
15. Für den Aufsichtsrat besteht eine grundsätzliche Pflicht zur Herabsetzung. In atypischen Sonderkonstellationen kommt dem Aufsichtsrat ein Ermessenspielraum hinsichtlich des „Ob“ der Herabsetzung zu.
16. Bei der Bestimmung der fortan angemessenen Vergütungshöhe sind die Maßstäbe des § 87 Abs. 1 AktG anzulegen. Der Aufsichtsrat verfügt über einen Ermessensspielraum innerhalb einer Bandbreite angemessener Vergütungsentscheidungen. Nur die Wahrung der Grenzen der Angemessenheit ist gerichtlich überprüfbar.

17. Ist der Herabsetzungsbeschluss nichtig, schlägt dies auf die Gestaltungserklärung gegenüber dem Vorstandsmitglied durch. Eine Herabsetzung auf Grundlage eines nichtigen Beschlusses ist daher unwirksam.
18. § 87 Abs. 2 AktG gilt auch in der Insolvenz. Nach Eröffnung des Insolvenzverfahrens ist der Insolvenzverwalter für die Herabsetzung zuständig.
19. Für die Zukunft vereinbarte Bonuszahlungen können gekürzt werden. Eine Herabsetzung und ggf. Rückforderung bereits verdienter Bonusansprüche ist hingegen nicht möglich.
20. Bei Ruhegehältern und anderen Versorgungsleistungen gelten grundsätzlich keine strengeren Voraussetzungen als bei laufenden Bezügen. Einem ehemaligen Vorstandsmitglied ist jedoch zumindest ein Existenzminimum zu gewährleisten.
21. Bezüge ausgeschiedener Vorstandsmitglieder mit weiterlaufendem Anstellungsvertrag können gekürzt werden. Einmalzahlungen als Kapitalisierung der vertraglichen Restlaufzeit und Abfindungszahlungen sind als Vergütungssurrogate ebenso herabsetzbar.
22. Im Klageverfahren prüft das Gericht auf erster Stufe das Vorliegen der Herabsetzungsvoraussetzungen und auf zweiter Stufe den Herabsetzungsumfang. Bei einer zu geringfügigen Kürzung ist eine weitergehende Herabsetzung durch das Gericht zuungunsten des Vorstandsmitglieds möglich.
23. Eine unterlassene oder zu geringfügige Herabsetzung stellt einen Pflichtverstoß des Aufsichtsrats dar. Eine Schadensersatzpflicht nach §§ 116 S. 1, 93 Abs. 2 AktG wird jedoch nur bei grober Fahrlässigkeit oder Vorsatz begründet.
24. Eine Haftung des Vorstands kommt nur in Betracht, wenn ein Vorstandsmitglied aktiv eine Herabsetzung verhindert oder auf ihren Umfang Einfluss genommen hat.
25. Dem Insolvenzverwalter steht bei unterlassener oder fehlerhafter Herabsetzung ein Anfechtungsrecht zu. Er kann überhöhte Bezüge von dem begünstigten Vorstandsmitglied zurückfordern.
26. Die unterlassene oder fehlerhafte Herabsetzung kann eine Strafbarkeit nach § 266 StGB begründen. Dies setzt aber eine Überschreitung des maximal angemessenen Vergütungsbetrags um mindestens 100 % voraus.
27. Das Risiko einer Inanspruchnahme von Mitgliedern des Aufsichtsrats bei Verstößen gegen § 87 Abs. 2 AktG ist gering. Schon die bestehende Haftungsandrohung kann aber präventive Wirkung entfalten. Bei zukünftigen Reformüberlegungen sollte dennoch die Sicherstellung der tatsächlichen Anwendung der Vorschrift stärker in den Mittelpunkt rücken.

28. Die durch das ARUG II gestärkte Rolle der Hauptversammlung börsennotierter Gesellschaften in Bezug auf Vergütungsfragen könnte zu einer stärkeren Befassung der Aktionäre mit der Herabsetzungsmöglichkeit führen. Um die Transparenz noch weiter zu erhöhen, sollte der Vergütungsbericht nach § 162 AktG um eine Berichtspflicht zur Anwendung des § 87 Abs. 2 AktG ergänzt werden.
29. Von der Einschaltung der BaFin als staatliche Kontrollinstanz über die Einhaltung von vergütungsbezogenen Pflichten ist abzuraten. Aktienrechtliche Pflichten sollten vorrangig durch private Akteure durchgesetzt werden.
30. Dritten ist ein Einwand der Treuwidrigkeit nach § 242 BGB einzuräumen, wenn sich die Gesellschaft ihnen gegenüber auf wirtschaftliche Schwierigkeiten beruft, ohne die Höhe der Vorstandsbezüge einer Überprüfung unterzogen zu haben.

Literaturverzeichnis

Andersch, Tammo/Philipp, Sebastian, Damoklesschwert Insolvenzverschleppung – Nachweis der positiven Fortbestehensprognose noch vor Finalisierung des Sanierungskonzepts, NZI 2017, 782–784.

Andres, Dirk/Leithaus, Rolf/Dahl, Michael (Hrsg.), Insolvenzordnung Kommentar, 4. Auflage, München 2018 (zit.: Bearbeiter, in: *Andres/Leithaus*, InsO).

Annuß, Georg/Theusinger, Ingo, Das VorstAG – Praktische Hinweise zum Umgang mit dem neuen Recht, BB 2009, 2434–2442.

Arnold, Arnd, Die GmbH & Co. KGaA, Köln 2001 (zit.: *Arnold*, GmbH & Co. KGaA).

Arnold, Christian/Schansker, Mareike, Vergütungsgestaltung in Vorstandsverträgen – Rechtliche Anforderungen und praktische Umsetzung, KSzW 2012, 39–48.

Arnold, Yannick, Abschaffung des pacta sunt servanda-Grundsatzes durch die Restrukturierungsrichtlinie? Zur Richtlinie (EU) 2019/1023 des Europäischen Parlaments und des Rates v. 20.6.2019, NZI-Beilage 2019, 49–51.

Bachmann, Gregor, Reform der Organhaftung? – Materielles Haftungsrecht und seine Durchsetzung in privaten und öffentlichen Unternehmen, Gutachten E zum 70. Deutschen Juristentag, in: Ständige Deputation des Deutschen Juristentages (Hrsg.), Verhandlungen des 70. Deutschen Juristentages, Band I, Gutachten, Hannover 2014, E 1–E 124 (zit.: *Bachmann*, Gutachten zum 70. Deutschen Juristentag).

Bachmann, Gregor, Reform der Organhaftung? Materielles Haftungsrecht und seine Durchsetzung in privaten und öffentlichen Unternehmen, NJW-Beil. 2014, 43–46.

Bader, Johann/Ronellenfitsch, Michael (Hrsg.), Beck'scher Online-Kommentar VwVfG mit VwVG und VwZG, 47. Edition, München, Stand: 01.04.2020 (zit.: *Bearbeiter*, in: BeckOK VwVfG).

Baeck, Ulrich/Götze, Cornelius/Arnold, Christian, Festsetzung und Herabsetzung der Geschäftsführervergütung – Welche Änderungen bringt das VorstAG?, NZG 2009, 1121–1127.

Bauder, Die Bezüge des GmbH-Geschäftsführers in Krise und Konkurs der Gesellschaft, BB 1993, 369–375.

Bauer, Jobst-Hubertus/Arnold, Christian, Vorstandsverträge im Kreuzfeuer der Kritik, DB 2006, 260–266.

Bauer, Jobst-Hubertus/Arnold, Christian, Festsetzung und Herabsetzung der Vorstandsvergütung nach dem VorstAG, AG 2009, 717–731.

Bauer, Jobst-Hubertus/Baeck, Ulrich/von Medem, Andreas, Altersversorgung und Übergangsgeld in Vorstandsanstellungsverträgen, NZG 2010, 721–729.

Baumbach, Adolf (Begr.)/Hueck, Alfred (Hrsg.), GmbH-Gesetz: Gesetz betreffend die Gesellschaften mit beschränkter Haftung, 18. Auflage, München 2006 (zit.: *Bearbeiter*, in: *Baumbach/Hueck*, GmbHG, 18. Aufl. 2006).

Baumbach, Adolf (Begr.)/ Hueck, Alfred (Hrsg.), GmbH-Gesetz: Gesetz betreffend die Gesellschaften mit beschränkter Haftung, 22. Auflage, München 2019 (zit.: *Bearbeiter*, in: Baumbach/Hueck, GmbHG).

Bayer, Walter/Habersack, Mathias (Hrsg.), Aktienrecht im Wandel, Band I, Entwicklung des Aktienrechts, Tübingen 2007 (zit.: *Bearbeiter*, in: Aktienrecht im Wandel, Band I).

Beiner, Torsten/Braun, Eckhart, Der Vorstandsvertrag: Bestellung und Anstellungsvertrag der Vorstandsmitglieder einer Aktiengesellschaft, 2. Auflage, Stuttgart u.a. 2014 (zit.: *Beiner/Braun*, Der Vorstandsvertrag).

Berger, Andreas, Vorstandsvergütung: die Vergütungsproblematik als logische Konsequenz des geltenden Aktienrechts und die Folgen für die Ausgestaltung der Regelungen, Baden-Baden 2013 (zit.: *Berger*, Vorstandsvergütung).

Bork, Reinhard, Die Anfechtung unentgeltlicher Leistungen nach § 134 InsO, NZI 2018, 1–9.

Bosse, Christian, Das Gesetz zur Angemessenheit der Vorstandsvergütung (VorstAG) – Überblick und Handlungsbedarf, BB 2009, 1650–1654.

Brandes, Stephan, Rückzahlung überhöhter Vorstandsgehälter, ZIP 2013, 1107–1112.

Brauer, Markus, Die aktienrechtliche Beurteilung von „appreciation awards" zu Gunsten des Vorstands, NZG 2004, 502–509.

Brauer, Markus/Dreier, Nils, Der Fall Mannesmann in der nächsten Runde – Zur Geltendmachung von Ersatzansprüchen gegen die ehemaligen Organmitglieder, NZG 2005, 57–63.

Bürgers, Tobias/Fett, Torsten (Hrsg.), Die Kommanditgesellschaft auf Aktien: Handbuch mit Mustern, 2. Auflage, München 2015 (zit.: *Bearbeiter*, in: Hdb. KGaA).

Bürgers, Tobias/Körber, Torsten (Hrsg.), Heidelberger Kommentar zum Aktiengesetz, 4. Auflage, Heidelberg u.a. 2017 (zit.: *Bearbeiter*, in: Bürgers/Körber, AktG).

Bydlinski, Franz, Juristische Methodenlehre und Rechtsbegriff, 2. Auflage, Wien u.a. 1991 (zit.: *Bydlinski*, Methodenlehre).

Cahn, Andreas, Aufsichtsrat und Business Judgement Rule, WM 2013, 1293–1305.

Dahl, Michael/Linnenbrink, Frank, Die Europäische Restrukturierungsrichtlinie - ein Überblick, NJW-Spezial 2020, 21–22.

Dauner-Lieb, Barbara, Die Verrechtlichung der Vorstandsvergütung durch das VorstAG als Herausforderung für den Aufsichtsrat – Methodische Probleme im Umgang mit Rechtsunsicherheit, Der Konzern 2009, 583–593.

Dauner-Lieb, Barbara/ Friedrich, Maximilian, Zur Reichweite des § 87 II AktG – Rückgängigmachung der Kürzung nach Erholung der Lage der Gesellschaft?, NZG 2010, 688–692.

Decher, Christian E., Kontrolle der Verwaltung durch Sonderprüfung, besonderen Vertreter und Aktionärsklage, in: Siekmann, Helmut (Hrsg.), Festschrift für Theodor Baums zum siebzigsten Geburtstag, Band I, Tübingen 2017, S. 279–303 (zit.: *Decher*, in: FS Baums).

DIHK, Stellungnahme zum Entwurf eines Gesetzes zur Angemessenheit der Vorstandsvergütung (VorstAG), BT-Dr 16/12278, NZG 2009, 538–540.

Diller, Martin, Nachträgliche Herabsetzung von Vorstandsvergütungen und -ruhegeldern nach dem VorstAG, NZG 2009, 1006–1009.

Dittrich, Elisabeth, Die Untreuestrafbarkeit von Aufsichtsratsmitgliedern bei der Festsetzung überhöhter Vorstandsvergütungen: zugleich ein Beitrag zur rechtlichen Behandlung von Vorstandsvergütungen in deutschen Aktiengesellschaften, Berlin 2007 (zit.: *Dittrich*, Untreuestrafbarkeit).

Döring, René/Grau, Timon, Anwendbarkeit der Änderungen durch das VorstAG auf die paritätisch mitbestimmte GmbH, DB 2009, 2139–2142.

Dörrwächter, Jan, Stimmrechts- und Vergütungsberatung – Interessenkonflikte und Unabhängigkeit, AG 2017, 409–415.

Dreher, Meinrad/Thomas, Stefan, Die D&O-Versicherung nach der VVG-Novelle 2008, ZGR 2009, 31–73.

Drygala, Tim, Die neue Pflicht des Vorstands zur Bescheidenheit, in: Burgard, Ulrich/Hadding, Walther/Mülbert, Peter O./Nietsch, Michael/Welter, Reinhard (Hrsg.), Festschrift für Uwe H. Schneider zum 70. Geburtstag, Köln 2011, S. 275–293 (zit. *Drygala*, in: FS Uwe H. Schneider).

Doetsch, Peter A./Evers, Heinz, in: Hans-Böckler-Stiftung (Hrsg.), Altersvorsorge für Vorstände – Anreiz für nachhaltige Unternehmensentwicklung?, Mitbestimmungspraxis Nr. 1, 2015 (zit. *Doetsch/Evers*, Studie für die Hans-Böckler-Stiftung, Mitbestimmungspraxis 2015, Nr. 1.).

Duran, Mihael, Verlustpartizipation von Vorständen – Eine ökonomische Analyse der Herabsetzungsmöglichkeit von Vorstandsbezügen nach dem VorstAG, ZfW 2013, 95–111.

Ebenroth, Carsten Thomas/Boujong, Karlheinz (Begr.)/Joost, Detlev/Strohn, Lutz (Hrsg.), Handelsgesetzbuch, Band 1, §§ 1-342e, 4. Auflage, München 2020 (zit.: *Bearbeiter*, in: EBJS, HGB).

Eisenschmidt, Karsten, Say on Pay-Votum in Deutschland – Stand der empirischen Forschung und Analyse der Hauptversammlungssaison 2015, DB 2016, 2793–2798.

Epping, Volker/Hillgruber, Christian (Hrsg.), Beck'scher Online-Kommentar Grundgesetz, 43. Edition, München, Stand: 15.05.2020 (zit.: *Bearbeiter*, in: BeckOK GG).

Feddersen, Dieter/von Cube, Nicolai, Vorstand wider Willen? Auswirkungen des Gesetzes zur Angemessenheit der Vorstandsvergütung auf GmbHs, NJW 2010, 576–580.

Fischer, Thomas (Hrsg.), Strafgesetzbuch mit Nebengesetzen, Kommentar, 67. Auflage, München 2020 (zit.: *Fischer*, StGB).

Fleischer, Holger, Zur Angemessenheit der Vorstandsvergütung im Aktienrecht (Teil II), DStR 2005, 1318–1323.

Fleischer, Holger (Hrsg.), Handbuch des Vorstandsrechts, München 2006 (zit.: *Bearbeiter*, in: Handbuch des Vorstandsrechts).

Fleischer, Holger, Das Gesetz zur Angemessenheit der Vorstandsvergütung (VorstAG), NZG 2009, 801–806.

Fleischer, Holger/Bauer, Leopold, Von Vorstandsbezügen, Flugreisen, Festschriften, Firmensponsoring und Festessen: Vorstandshaftung für übermäßige Vergütung und „fringe benefits". Zugleich Besprechung LG Essen v. 9.9.2013 - 44 O 164/10 - Arcandor/Middelhoff, ZIP 2015, 1901–1911.

Fleischer, Holger/Goette, Wulf (Hrsg.), Münchener Kommentar zum Gesetz betreffend die Gesellschaften mit beschränkter Haftung (GmbHG), Band 2, §§ 35–52, 3. Auflage, München 2019 (zit.: *Bearbeiter*, in: MüKo-GmbHG).

Fonk, Hans-Joachim, Zur Vertragsgestaltung bei Vorstandsdoppelmandaten, NZG 2010, 368–374.

Freitag, Robert, Grundfragen der Richtlinie über präventive Restrukturierungsrahmen und ihrer Umsetzung in das deutsche Recht, ZIP 2019, 541–552.

Ganter, Hans Gerhard, Zum Begriff der „Unentgeltlichkeit" nach § 134 InsO in Zwei-Personen-Verhältnissen, NZI 2015, 249–258.

Gaul, Björn/Janz, Alexandra, Wahlkampfgetöse im Aktienrecht: Gesetzliche Begrenzung der Vorstandsvergütung und Änderungen der Aufsichtsratstätigkeit, NZA 2009, 809–815.

Gaul, Felix, Das Vergütungsvotum der Hauptversammlung nach § 120 Abs. 4 AktG im Lichte der Reform der Aktionärsrechte-Richtlinie, AG 2017, 178–187.

Gesamtverband der Deutschen Versicherungswirtschaft e. V., Stellungnahme zum Entwurf eines Gesetzes zur Angemessenheit der Vorstandsvergütung (VorstAG) vom 07.04.2009, abrufbar unter: https://www.caplaw.eu/de/Rechtsgebiete/Gesellschaftsrecht/Artikelgesetze/85/VorstAG.htm (zit.: *GDV*, Stellungnahme Gesetzentwurf VorstAG).

Geßler, Ernst, Das Aktiengesetz vom 26. Januar 1937, Vorstand und Aufsichtsrat im neuen Aktiengesetz, JW 1937, 497–513.

Göcke, Torsten/Greubel, Marcel, Herabsetzung der Vorstandsvergütung in der Insolvenz, ZIP 2009, 2086–2090.

Goette, Wulf, Zur Orientierung der Vorstandsvergütung an der Lage der Muttergesellschaft, in: Grundmann, Stefan/Haar, Brigitte/Merkt, Hanno/Mülbert, Peter O./Wellenhofer, Marina/ Baum, Harald /von Hein, Jan/von Hippel, Thomas/ Pistor, Katharina/Roth, Markus/ Schweitzer, Heike, Festschrift für Klaus J. Hopt zum 70. Geburtstag am 24. August 2010, Berlin u.a. 2010, S. 689–701, (zit. *Goette*, in: FS Hopt).

Goette, Wulf/Habersack, Mathias (Hrsg.), Münchener Kommentar zum Aktiengesetz, Band 1, §§ 1–75 AktG, 5. Auflage, München 2019; Band 2, §§ 76–117 AktG, MitbestG, DrittelbG, 5. Auflage, München 2019; Band 3, §§ 118–178 AktG, 5. Auflage, München 2019; Band 4, §§ 179–277 AktG, 4. Auflage, München 2016; Band 5, §§ 278–328 AktG, SpruchG, ÖGesAusG, Österreichisches Konzernrecht, 5. Auflage, München 2019 (zit.: *Bearbeiter*, in: MüKo-AktG).

Goette, Wulf/Habersack, Mathias (Hrsg.), Münchener Kommentar zum Aktiengesetz, Band 2: §§ 76–117, MitbestG, DrittelbG, 3. Auflage, München 2008 (zit.: *Bearbeiter*, in: MüKo-AktG, 3. Aufl. 2008).

Gottwald, Peter (Hrsg.), Insolvenzrechts-Handbuch, 5. Auflage, München 2015 (zit.: *Bearbeiter*, in: Gottwald, InsR-Hdb.).

Greven, Tobias, Die Bedeutung des VorstAG für die GmbH, BB 2009, 2154–2159.

Grigoleit, Hans Christoph (Hrsg.), Aktiengesetz, Kommentar, München 2013 (zit.: *Bearbeiter*, in: Grigoleit, AktG).

Habersack, Mathias, Die Verantwortlichkeit des Aufsichtsorgans der Gesellschaft – Referat auf dem 3. Europäischen Juristentag (Genf), ZSR 124 (2005) II, 533–568.

Habersack, Mathias, Anmerkung zu OLG München, Urt. v. 07.05. 2008 – 7 U 5618/07, NZG 2008, 631–635.

Habersack, Mathias, VorstAG und mitbestimmte GmbH – eine unglückliche Beziehung!, ZHR 174 (2010), 2–11.

Habersack, Mathias, Staatliche und halbstaatliche Eingriffe in die Unternehmensführung. Gutachten E zum 69. Deutschen Juristentag, in: Ständige Deputation des Deutschen Juristentages (Hrsg.), Verhandlungen des 69. Deutschen Juristentages, Band I, Gutachten, München 2012, S. E 1–E 106 (zit.: *Habersack*, in: Gutachten zum 69. Deutschen Juristentag).

Habersack, Mathias, Perspektiven der aktienrechtlichen Organhaftung, ZHR 177 (2013), 782–806.

Habersack, Mathias, Vorstands- und Aufsichtsratsvergütung – Grundsatz- und Anwendungsfragen im Lichte der Aktionärsrechterichtlinie, NZG 2018, 127–134.

Habersack, Mathias/Henssler, Martin (Hrsg.), Mitbestimmungsrecht: Kommentierung des MitbestG, des DrittelbG, des SEBG und des MgVG, 4. Auflage, München 2018 (zit.: *Bearbeiter*, in: Habersack/Henssler, Mitbestimmungsrecht).

Handelsrechtsausschuss des Deutschen Anwaltvereins, Stellungnahme zum Entwurf eines Gesetzes zur Angemessenheit der Vorstandsvergütung (VorstAG), NZG 2009, 612–616 (zit.: *DAV Handelsrechtsausschuss*, NZG 2009, 612).

Hartmann, Anmerkung zu LG Frankfurt, Urt. 15.12.2016 – 3-05 O 154/16, EWiR 2017, 557–558.

Hau, Wolfgang/Poseck, Roman (Hrsg.), Beck'scher Online-Kommentar BGB, 54. Edition, München, Stand: 01.05.2020 (zit.: *Bearbeiter*, in: BeckOK BGB).

Hauptmann, Markus/Müller-Dott, Markus, Pflichten und Haftungsrisiken der Leitungsorgane einer Aktiengesellschaft und ihrer Tochtergesellschaften in der Insolvenz, BB 2003, 2521–2528.

Hauschka, Christoph E./Moosmayer, Klaus/Lösler, Thomas (Hrsg.), Corporate Compliance: Handbuch der Haftungsvermeidung im Unternehmen, 3. Auflage, München 2016 (zit.: *Bearbeiter*, in: Corporate Compliance).

Heidel, Thomas (Hrsg.), Aktienrecht und Kapitalmarktrecht, Kommentar, 5. Auflage, Baden-Baden 2020 (zit.: *Bearbeiter*, in: NK-AktR).

von Heintschel-Heinegg, Bernd (Hrsg.), Beck'scher Online-Kommentar StGB, 46. Edition, München, Stand: 01.05.2020 (zit.: *Bearbeiter*, in: BeckOK StGB).

Helios, Marcus/Strieder, Thomas (Hrsg.), Beck'sches Handbuch der Genossenschaft: Recht, Steuern, Rechnungslegung; mit Formularteil, München 2009 (zit.: *Bearbeiter*, in: Beck'sches Handbuch der Genossenschaft).

Hellwig, Hans-Jürgen, Die Finanzkrise – Fragen und Anmerkungen, in: Grunewald, Barbara/Westermann, Harm Peter, Festschrift für Georg Maier-Reimer zum 70. Geburtstag, München 2010, S. 201–217 (zit.: *Hellwig*, in: FS Maier-Reimer).

Henssler, Martin, Das Anstellungsverhältnis der Organmitglieder, RdA 1992, 289–302.

Henssler, Martin/Strohn, Lutz (Hrsg.), Gesellschaftsrecht, BGB, HGB, PartGG, GmbHG, AktG, UmwG, GenG, IntGesR, 4. Auflage, München 2019 (zit.: *Bearbeiter*, in: Henssler/Strohn, Gesellschaftsrecht).

Henssler, Martin/Willemsen, Heinz Josef/Kalb, Heinz-Jürgen (Hrsg.), Arbeitsrecht Kommentar, 8. Auflage, Köln 2018 (zit.: *Bearbeiter*, in: Henssler/Willemsen/Kalb, Arbeitsrecht).

Herb, Anja/Merkelbach, Matthias, Herabsetzung der Vorstandsbezüge wegen Verschlechterung der Lage der Gesellschaft, GWR 2016, 95.

von Heymann, Ernst (Begr.)/ Horn, Norbert/Balzer, Peter/Borges, Georg/ Herrmann, Harald (Hrsg.) Handelsgesetzbuch (ohne Seerecht), Band 2, Zweites Buch, §§ 105–237, 3. Auflage, Berlin u.a. 2020 (zit.: *Bearbeiter*, in: Heymann, HGB).

Hirte, Heribert/Mülbert, Peter O./Roth, Markus (Hrsg.), Großkommentar Aktiengesetz, Vierter Band, Teilband 1, §§ 76–91, 5. Auflage, Berlin u.a. 2015 (zit.: *Bearbeiter*, in: GK-AktG).

Hirte, Heribert/Mülbert, Peter O./Roth, Markus (Hrsg.), Großkommentar Aktiengesetz, Vierter Band, Teilband 2, §§ 92–94, 5. Auflage, Berlin u.a. 2015 (zit.: *Bearbeiter*, in: GK-AktG).

Hirte, Heribert/Mülbert, Peter O./Roth, Markus (Hrsg.), Großkommentar Aktiengesetz, Fünfter Band, §§ 95–116, 5. Auflage, Berlin u.a. 2019 (zit.: *Bearbeiter*, in: GK-AktG).

Hoffmann-Becking, Michael, Gestaltungsmöglichkeiten bei Anreizsystemen, NZG 1999, 797–804.

Hoffmann-Becking, Michael (Hrsg.), Münchener Handbuch des Gesellschaftsrechts, Band 4, Aktiengesellschaft, 4. Auflage, München 2015 (zit.: *Bearbeiter*, in: Münch. Hdb. GesR IV).

Hofmann, Matthias, Der Restrukturierungsplan im künftigen deutschen Restrukturierungsverfahren – Restrukturierungs- vs. Insolvenzplan? Zur Richtlinie (EU) 2019/1023 des Europäischen Parlaments und des Rates v. 20.6.2019, NZI-Beilage 2019, 22–26.

Hohenstatt, Klaus-Stefan, Das Gesetz zur Angemessenheit der Vorstandsvergütung, ZIP 2009, 1349–1358.

Hohenstatt, Klaus-Stefan/Seibt, Christoph H./Wagner, Tobias, Einbeziehung von Vorstandsmitgliedern in ergebnisabhängige Vergütungssysteme von Konzernobergesellschaften. Zugleich Besprechung OLG München v. 7.5.2008 – 7 U 5618/07, ZIP 2008, 1237, ZIP 2008, 2289–2296.

Hölters, Wolfgang (Hrsg.), Aktiengesetz, Kommentar, 3. Auflage, München 2017 (zit.: *Bearbeiter,* in: Hölters, AktG).

Holthaus, Jan, VorstAG – Relevanz für die Genossenschaften?, PerspektivePraxis 2/2010, 2–4.

Hommelhoff, Peter, Vorstandsbezüge in der Konzerntochter, in: Habersack, Mathias/Hommelhoff, Peter (Hrsg.), Festschrift für Wulf Goette zum 65. Geburtstag, München 2011, S. 169–177 (zit. *Hommelhoff*, in: FS Goette).

Hopt, Klaus J./Wiedemann, Herbert (Hrsg.), Großkommentar Aktiengesetz, Dritter Band, 4. Auflage, Berlin 2008 (zit.: *Bearbeiter,* in: GK-AktG, 4. Aufl. 2008).

Hopt, Klaus J./Wiedemann, Herbert (Hrsg.), Großkommentar Aktiengesetz, Achter Band, §§ 278–310, 4. Auflage Berlin 2013 (zit.: *Bearbeiter,* in: GK-AktG).

Hüffer, Uwe, Aktiengesetz, 8. Auflage, München 2008 (zit.: Hüffer, AktG, 8. Aufl. 2008).

Hüffer, Uwe (Begr.)/Koch, Jens (Hrsg.), Aktiengesetz, 14. Auflage, München 2020 (zit.: Hüffer/Koch, AktG).

Ihrig, Hans-Christoph/Schäfer, Carsten, Rechte und Pflichten des Vorstands, Köln 2014.

Ihrig, Hans-Christoph/Wandt, Andre P. H./Wittgens, Jonas, Die angemessene Vorstandsvergütung drei Jahre nach Inkrafttreten des VorstAG – Grundsätze, Leitlinien und Zweifelsfragen in der Praxis; eine Bestandsaufnahme, ZIP 2012, Beilage zu Heft 40, 1–31.

Jaeger, Georg, Die Auswirkungen des VorstAG auf die Praxis von Aufhebungsvereinbarungen, NZA 2010, 128–135.

Jaeger, Georg/Balke, Michaela, Zu den Auswirkungen des VorstAG auf bestehende Vorstandsdienstverträge, ZIP 2010, 1471–1480.

Jahn, Joachim, Das VorstAG: Neue Vorschriften gegen „unangemessene" Managerbezüge, GWR 2009, 135–137.

Jauernig, Othmar (Begr.)/Stürner, Ralf (Hrsg.), Jauernig, Bürgerliches Gesetzbuch mit Rom-I-, Rom-II-VO, EU-UnthVO/HUntProt und EuErbVO, Kommentar, 17. Auflage, München 2018 (zit.: *Bearbeiter,* in: Jauernig, BGB).

Joecks, Wolfgang/Miebach, Klaus (Hrsg.), Münchener Kommentar zum StGB, Band 5, §§ 263–358 StGB, 3. Auflage, München 2019 (zit.: *Bearbeiter,* in: MüKo-StGB).

Jooß, Alexander, Die Drittanstellung des Vorstandsmitglieds einer Aktiengesellschaft, Stuttgart u.a. 2010 (zit.: *Jooß*, Drittanstellung).

Kaiser, Christina, Grundsätze angemessener Vorstandsbezüge, Frankfurt am Main 2015.

Kalb, Sebastian/Fröhlich, Martin, Die Drittvergütung von Vorständen, NZG 2014, 167–170.

Kallmeyer, Harald, Rechte und Pflichten des Aufsichtsrats in der Kommanditgesellschaft auf Aktien, ZGR 1983, 57–75.

van Kann, Jürgen (Hrsg.), Vorstand der AG: Führungsaufgaben, Rechtspflichten und Corporate Governance, 2. Auflage, Berlin 2012 (zit.: *Bearbeiter*, in: Vorstand der AG).

van Kann, Jürgen/Keiluweit, Anjela, Das neue Gesetz zur Angemessenheit der Vorstandsvergütung – Wichtige Reform oder viel Lärm um nichts?, DStR 2009, 1587–1592.

Keiser, Thorsten, Die Herabsetzung von Managergehältern in der Krise als Organpflicht des Aufsichtsrats, RdA 2010, 280–287.

Kindhäuser, Urs/Neumann, Ulfrid/Paeffgen, Hans-Ullrich (Hrsg.), Nomos Kommentar zum Strafgesetzbuch, Band 3: Besonderer Teil, §§ 232–358, 5. Auflage, Baden-Baden 2017 (zit.: *Bearbeiter*, in: NK-StGB).

Klöhn, Lars, Die Herabsetzung der Vorstandsvergütung gem. § 87 Abs. 2 AktG in der börsennotierten Aktiengesellschaft, ZGR 2012, 1–34.

Koch, Jens, Die Herabsetzung der Vorstandsbezüge gemäß § 87 Abs. 2 AktG nach dem VorstAG, WM 2010, 49–58.

Kornblum, Udo, Bundesweite Rechtstatsachen zum Unternehmens- und Gesellschaftsrecht (Stand 1.1.2016), GmbHR 2016, 691–701.

Körner, Marita, Die Angemessenheit von Vorstandsbezügen in § 87 AktG – eine unbeachtete Vorschrift?, NJW 2004, 2697–2702.

Kort, Michael, Das „Mannesmann"-Urteil im Lichte von § 87 AktG, NJW 2005, 333–336.

Kort, Michael, Mannesmann: Das „Aus" für nachträglich vorgesehene Vorstandsvergütungen ohne Anreizwirkung?, NZG 2006, 131–133.

Kort, Michael, Zivilrechtliche Folgen unangemessen hoher Vorstandsvergütung – eine „Mannesmann"-Spätlese, DStR 2007, 1127–1133.

Kort, Michael, Herabsetzung von Vorstandsbezügen gem. § 87 II AktG in der Insolvenz der AG, NZG 2015, 369–372.

Kort, Michael, Kriterien der Herabsetzung der Vorstandsvergütung nach § 87 Abs. 2 Satz 1 AktG – Kommentar zu BGH v. 27.10.2015 – II ZR 296/14, AG 2016, 214, AG 2016, 209–213.

Krieger, Gerd, Herabsetzung von Abfindungsleistungen nach § 87 Abs. 2 AktG, in: Liber amicorum für Martin Winter, Köln 2011, S. 369–386, (zit.: *Krieger*, in: Liber amicorum Winter).

Krienke, Nikolaus/Schnell, Annika, VorstAG und weitere Neuregelungen als Reaktion auf die Finanzkrise – Auswirkungen auf die Vergütung der Führungskräfte unterhalb des Vorstands?, NZA 2010, 135–140.

Kropff, Bruno, Textausgabe des Aktiengesetzes vom 6.9.1965 (Bundesgesetzbl. I S. 1089) und des Einführungsgesetzes zum Aktiengesetz vom 6.9.1965 (Bundesgesetzbl. I S. 1185) mit Begründung des Regierungsentwurfs, Bericht des Rechtsausschusses des Deutschen Bundestags, Verweisungen und Sachverzeichnis, Düsseldorf 1965 (zit.: *Kropff*, AktG 1965).

Kropff, Bruno, Informatiosbeschaffungspflichten des Aufsichtsrats, in: Damm, Reinhard (Hrsg.), Festschrift für Thomas Raiser zum 70. Geburtstag am 20. Februar 2005, Berlin 2005, S. 225–245 (zit.: *Kropff*, in: FS Raiser).

Krüger, Wolfgang/Rauscher, Thomas (Hrsg.), Münchener Kommentar zur Zivilprozessordnung mit Gerichtsverfassungsgesetz und Nebengesetzen, Band 1, §§ 1–354, 5. Auflage, München 2016 (zit.: *Bearbeiter*, in: MüKo-ZPO).

Kruse, Cornelius/Busold, Julius, Geschäftsleitervergütung in der Krise der Gesellschaft, DStR 2017, 1608–1612.

Kubiciel, Michael, Gesellschaftsrechtliche Pflichtwidrigkeit und Untreuestrafbarkeit, NStZ 2005, 353–361.

Kutzner, Lars, Einfache gesellschaftsrechtliche Pflichtverletzungen als Untreue – Die Kinowelt-Entscheidung des BGH, NJW 2006, 3541–3544.

Lang, Johann/Weidmüller, Ludwig (Begr.), Genossenschaftsgesetz (Gesetz betreffend die Erwerbs- und Wirtschaftsgenossenschaften); Mit Erläuterungen zum Umwandlungsgesetz und zur Europäischen Genossenschaft (SCE), 39. Auflage, Berlin u.a. 2019 (zit.: *Bearbeiter*, in: Lang/Weidmüller, GenG).

Langenbucher, Katja, Die bereicherungsrechtliche Rückforderung unangemessener Vorstandsbezüge, in: Baums, Theodor/Wertenbruch, Johannes/Lutter, Marcus/Schmidt, Karsten (Hrsg.), Festschrift für Ulrich Huber zum siebzigsten Geburtstag, Tübingen 2006, S. 861–870 (zit.: *Langenbucher*, in: FS Huber).

Larenz, Karl/Canaris, Claus-Wilhelm, Methodenlehre der Rechtswissenschaft, 3. Auflage, Berlin u.a. 1995 (zit.: *Larenz/Canaris*, Methodenlehre).

Lindemann, Silvio, Herabsetzung der Geschäftsführervergütung in der Krise und Insolvenz, GmbHR 2009, 737–743.

Lingemann, Stefan, Angemessenheit der Vorstandsvergütung – Das VorstAG ist in Kraft, BB 2009, 1918–1924.

Lücke, Oliver, Die Angemessenheit von Vorstandsbezügen – Der erste unbestimmbare unbestimmte Rechtsbegriff?, NZG 2005, 692–697.

Lücke, Oliver/Schaub, Bernhard (Hrsg.), Beck'sches Mandatshandbuch Vorstand der AG, 2. Auflage, München 2010 (zit.: *Bearbeiter*, in: Beck'sches Mandatshdb. Vorstand AG).

Lüderssen, Klaus, Gesellschaftsrechtliche Grenzen der strafrechtlichen Haftung des Aufsichtsrats, in: Dölling, Dieter (Hrsg.), Jus humanum. Grundlagen des Rechts und Strafrecht. Festschrift für Ernst-Joachim Lampe zum 70. Geburtstag, Berlin 2003, S. 727–742 (zit.: *Lüderssen*, in: FS Lampe).

Lunk, Stefan/Stolz, Daniel, Die Bezüge des GmbH-Geschäftsführers in der Krise, Auswirkungen des Gesetzes zur Angemessenheit der Vorstandsvergütung (VorstAG) auf die GmbH, NZA 2010, 121–128.

Lutter, Marcus, Aktienrechtliche Aspekte der angemessenen Vorstandsvergütung, ZIP 2006, 733–737.

Lutter, Marcus/Hommelhoff, Peter (Begr.), GmbH-Gesetz: Kommentar, 20. Auflage, Köln 2020 (zit.: *Bearbeiter*, in: Lutter/Hommelhoff, GmbHG).

Lutter, Marcus/Krieger, Gerd/Verse, Dirk A. (Hrsg.), Rechte und Pflichten des Aufsichtsrats, 6. Auflage, Köln 2014.

Macht, Klaus, Voraussetzungen und Folgen fehlerhafter Aufsichtsratsbeschlüsse am Beispiel des nicht fristgemäßen Entlastungsbeschlusses – zugleich Besprechung zum Urteil des BGH vom 24.6.2002, II ZR 296/01, MittBayNot 2004, 81–94.

Marsch-Barner, Reinhard/Schäfer, Frank A. (Hrsg.), Handbuch börsennotierte AG, 4. Auflage, Köln 2018 (zit.: *Bearbeiter*, in: Marsch-Barner/Schäfer, Hdb. börsennotierte AG).

Martens, Klaus-Peter, Die Vorstandsvergütung auf dem Prüfstand, ZHR 169 (2005), 124–154.

Martens, Klaus-Peter, Rechtliche Rahmenbedingungen der Vorstandsvergütung, in: Kindler, Peter/Koch, Jens/Ulmer, Peter/Winter, Martin, Festschrift für Uwe Hüffer zum 70. Geburtstag, München 2010, S. 647–662 (zit.: *Martens*, in: FS Hüffer).

Mateja, Jessica, Die Begrenzung von Managergehältern unter besonderer Berücksichtigung der Instituts-Vergütungsverordnung: Überlegungen zu einer branchen- und rechtsformübergreifenden Neuregelung, Frankfurt am Main 2016 (zit.: *Mateja*, Begrenzung von Managergehältern).

Maunz, Theodor/Düring, Günter (Begr.), Grundgesetz, Kommentar, Band I, Texte, Art. 1–5; Band II, Art. 6–16a; Band III, Art. 17–22, 88. Ergänzungslieferung, München August 2019 (zit.: *Bearbeiter*, in: Maunz/Düring, GG).

Maurer, Hartmut/Waldhoff, Christian, Allgemeines Verwaltungsrecht, 19. Auflage, 2017 (zit. *Maurer/Waldhoff*, Verwaltungsrecht).

Mayer-Uellner, Richard, Zur Zulässigkeit finanzieller Leistungen Dritter an die Mitglieder des Vorstands, AG 2011, 193–201.

Meyer, Elske, Vorstandsvergütung: Eine rechtsökonomische Analyse zur Angemessenheit der Vorstandsvergütung, Baden-Baden 2013 (zit.: *Meyer*, Vorstandsvergütung).

Michalski, Lutz (Begr.)/Heidinger, Andreas/Leible, Stefan/Schmidt, Jessica (Hrsg.), Kommentar zum Gesetz betreffend die Gesellschaften mit beschränkter Haftung (GmbH-Gesetz), Band I, Systematische Darstellungen, §§ 1–34 GmbHG; Band II, §§ 35–85 GmbHG, §§ 1–4 EGGmbHG, 3. Auflage, München 2017 (zit.: *Bearbeiter*, in: MHLS, GmbHG).

Mohr, Randolf, Die Angemessenheit der Gesamtvergütung des GmbH-Geschäftsführers im Gesellschaftsrecht, GmbHR 2011, 402–407.

Müller, Hans-Friedrich, BGH: Herabsetzung von Vorstandsbezügen in der Insolvenz der AG, LMK 2016, 376389.

Müller, Klaus (Hrsg.), Kommentar zum Gesetz betreffend die Erwerbs- und Wirtschaftsgenossenschaften, Erster Band (§§ 1–33), 2. Auflage, Bielefeld 1991 (zit.: *Müller*, GenG).

Müller, Welf/Rödder, Thomas (Hrsg.), Beck'sches Handbuch der AG: Gesellschaftsrecht, Steuerrecht, Börsengang, 2. Auflage, München 2009 (zit.: *Bearbeiter*, in: Beck'sches Handbuch der AG).

Müller-Glöge, Rudi/Preis, Ulrich/Schmidt, Ingrid (Hrsg.), Erfurter Kommentar zum Arbeitsrecht, 17. Auflage, München 2017 (zit.: *Bearbeiter*, in: ErfK Arbeitsrecht, 17. Aufl. 2017).

Müller-Glöge, Rudi/Preis, Ulrich/Schmidt, Ingrid (Hrsg.), Erfurter Kommentar zum Arbeitsrecht, 20. Auflage, München 2020 (zit.: *Bearbeiter*, in: ErfK Arbeitsrecht).

Nerlich, Jörg/Römermann, Volker (Hrsg.), Insolvenzordnung, Kommentar, 39. Ergänzungslieferung, München Juli 2017 (zit.: *Bearbeiter*, in: Nerlich/Römermann, InsO).

Nikolay, Judith C., Die neuen Vorschriften zur Vorstandsvergütung – Detaillierte Regelungen und offene Fragen, NJW 2009, 2640–2647.

Oetker, Hartmut, Vergütungsabreden im Anstellungsvertrag des GmbH-Geschäftsführers und Zuständigkeit des Aufsichtsratsplenums in der nach dem MitbestG und dem Montan-MitbestG mitbestimmten GmbH, in: Hans-Böckler-Stiftung (Hrsg.), Gutachten zu aktuellen Rechtsfragen der Vorstands-/Geschäftsführervergütung, S. 27–68 (zit.: *Oetker*, Gutachten für die Hans-Böckler-Stiftung)

Oetker, Hartmut, Nachträgliche Eingriffe in die Vergütungen von Geschäftsführungsorganen im Lichte des VorstAG, ZHR 175 (2011), 527–556.

Oetker, Hartmut (Hrsg.), Kommentar zum Handelsgesetzbuch, 6. Auflage, München 2019 (zit.: *Bearbeiter*, in: Oetker, HGB).

Otte, Sabine: Nachträgliche Änderung der ergebnisabhängigen Tantieme eines Vorstandsmitglieds bei Neufeststellung des Jahresabschlusses ist zulässig, GWR 2011, 570–571.

Otto, Stefan, Vorstandsvergütung: gesetzliche Obergrenzen als Garant für Angemessenheit?, Jena 2012 (zit.: *Otto*, Vorstandsvergütung).

Paefgen, Walter G., Organhaftung: Bestandsaufnahme und Zukunftsperspektiven, AG 2014, 554–584.

Palandt, Otto (Begr.), Bürgerliches Gesetzbuch mit Nebengesetzen, 79. Auflage, München 2020 (zit.: *Bearbeiter*, in: Palandt, BGB).

Panetta, Oliver, Der fehlerhafte Aufsichtsratsbeschluss und seine Folgen, NJOZ 2008, 4294–4301.

Park, Tido (Hrsg.), Kapitalmarktstrafrecht. Straftaten, Ordnungswidrigkeiten, Finanzaufsicht, Compliance; Handkommentar, 5. Auflage, Baden-Baden 2020 (zit.: *Bearbeiter*, in: HK-KapMStrafR).

Paschke, Marian, Herabsetzung der Vergütung von Geschäftsleitern und Führungskräften in der Krise, in: Martinek, Michael/Rawert, Peter/Weitemeyer, Birgit (Hrsg.), Festschrift für Dieter Reuter zum 70. Geburtstag am 16. Oktober 2010, Berlin 2010, S. 1107–1122 (zit.: Paschke, in: FS Reuter).

Peltzer, Martin, Mehr Ausgewogenheit bei der Vorstandshaftung, in: Krieger, Gerd/Lutter, Marcus/Schmidt, Karsten (Hrsg.), Festschrift für Michael Hoffmann-Becking zum 70. Geburtstag, München 2013, S. 861–870 (zit.: *Peltzer*, in: FS Hoffmann-Becking).

Peltzer, Martin, Wider den „greed" – Betrachtungen zu §§ 86 und 87 AktG, in: Schneider, Uwe H./Hommelhoff, Peter, Festschrift für Marcus Lutter zum 70. Geburtstag: deutsches und europäisches Gesellschafts-, Konzern- und Kapitalmarktrecht, Köln 2000, S. 571–686 (zit.: *Peltzer*, in: FS Lutter).

Piekenbrock, Andreas, Die Zukunft der Überschuldung als Insolvenzeröffnungsgrund und beim präventiven Restrukturierungsrahmen. Zur Richtlinie (EU) 2019/1023 des Europäischen Parlaments und des Rates v. 20.6.2019, NZI-Beilage 2019, 47–48.

Priester, Hans-Joachim/Mayer, Dieter/Wicke, Hartmut (Hrsg.), Münchener Handbuch des Gesellschaftsrechts, Band 3, Gesellschaft mit beschränkter Haftung, 5. Auflage, München 2018 (zit.: *Bearbeiter*, in: Münch. Hdb. GesR III).

Raapke, Julius, Die Regulierung der Vergütung von Organmitgliedern und Angestellten im Aktien- und Kapitalmarktrecht, Frankfurt am Main u.a. 2012 (zit.: *Raapke*, Vergütungsregulierung).

Raiser, Thomas/Veil, Rüdiger (Hrsg.), Recht der Kapitalgesellschaften: ein Handbuch für Praxis und Wissenschaft, 6. Auflage, München 2015 (zit.: *Raiser/Veil*, Recht der Kapitalgesellschaften).

Raiser, Thomas/Veil, Rüdiger/Jacobs, Matthias (Hrsg.), Mitbestimmungsgesetz und Drittelbeteiligungsgesetz, Kommentar, 6. Auflage, Berlin u.a. 2015 (zit.: *Bearbeiter*, in: Raiser/Veil/Jacobs, MitbestG).

Reichard, Michael, Anforderungen an Herabsetzung der Vorstandsvergütung durch Aufsichtsratsbeschluss, GWR 2015, 33.

Reimer, Franz, Juristische Methodenlehre, Baden-Baden 2016 (zit. *Reimer*, Methodenlehre).

Reuter, Alexander, Krisenrecht im Vorfeld der Insolvenz – das Beispiel der börsennotierten AG, BB 2003, 1797–1804.

Reuter, Alexander, Die aktienrechtliche Zulässigkeit von Konzernanstellungsverträgen, AG 2011, 274–282.

Rieble, Volker/Schmittlein, Benjamin, Vergütung von Vorständen und Führungskräften, Vergütungsregulierung durch VorstAG und Aufsichtsrecht, München 2011 (zit.: *Rieble/Schmittlein*, Vergütung von Vorständen).

Riesenhuber, Karl/von Steinau-Steinrück, Robert, Zielvereinbarungen, NZA 2005, 785–793.

Rittner, Fritz, Die Anstellungsverträge der GmbH-Geschäftsführer und das Mitbestimmungsgesetz, DB 1979, 973–978.

Rolfs, Christian/Giesen, Richard/Kreikebohm, Ralf/Udsching, Peter (Hrsg.), Beck'scher Onlinekommentar Arbeitsrecht, 56. Edition, München, Stand: 01.06.2020 (zit.: *Bearbeiter*, in: BeckOK ArbR).

Römermann, Volker (Hrsg.), Münchener Anwaltshandbuch GmbH-Recht, 4. Auflage, München 2018 (zit.: *Bearbeiter*, in: MAH GmbH-Recht).

Rönnau, Thomas/Hohn, Kristian, Die Festsetzung (zu) hoher Vorstandsvergütungen durch den Aufsichtsrat – ein Fall für den Staatsanwalt?, NStZ 2004, 113–123.

Rosenberg, Leo (Begr.)/Schwab, Karl Heinz/Gottwald, Peter, Zivilprozessrecht, 18. Auflage, München 2018 (zit.: *Rosenberg/Schwab/Gottwald*, ZPO).

Säcker, Franz Jürgen/Rixecker, Roland/Oetker, Hartmut/Limperg, Bettina (Hrsg.), Münchener Kommentar zum Bürgerlichen Gesetzbuch, Band 1, Allgemeiner Teil, §§ 1–240, AllgPersönlR, ProstG, AGG, 8. Auflage, München 2018; Band 3, Schuldrecht – Allgemeiner Teil II, §§ 311–432, 8. Auflage, München 2019 (zit.: *Bearbeiter*, in: MüKo-BGB).

Säcker, Franz Jürgen/Stenzel, Sonja, Das zivilrechtliche Schicksal von gegen § 87 Abs. 1 AktG verstoßenden Vergütungsvereinbarungen, JZ 2006, 1151–1156.

Sailer-Coceani, Viola, Aktuelle Fragen der Managervergütung, in: Gesellschaftsrechtliche Vereinigung (Hrsg.), Gesellschaftsrecht in der Diskussion

2009 – Jahrestagung der Gesellschaftsrechtliche Vereinigung (VGR) 2009, Köln 2010, S. 141–165 (zit.: *Sailer-Coceani*, VGR 2009, 141).

Satzger, Helmut/Schluckebier, Wilhelm (Hrsg.)/Widmaier, Gunter (Begr.), Strafgesetzbuch, Kommentar, 4. Auflage, Köln 2019 (zit.: *Bearbeiter*, in: SSW-StGB).

Schäfer, Carsten, Die Binnenhaftung von Vorstand und Aufsichtsrat nach UMAG, ZIP 2005, 1253–1259.

Schick, Werner Paul, Praxisfragen zum Vergütungsvotum der Hauptversammlung nach § 120 Abs. 4 AktG, ZIP 2011, 593–601.

Schlegelberger, Franz (Begr.), Handelsgesetzbuch, Band III/1. Halbband, §§ 105–160, 5. Auflage 1992 (zit.: *Bearbeiter*, in: Schlegelberger, HGB).

Schlegelberger, Franz/Quassowski, Leo, Aktiengesetz, Kommentar – Gesetz über Aktiengesellschaften und Kommanditgesellschaften auf Aktien vom 30. Januar 1937, 3. Auflage, Berlin 1939 (zit.: *Schlegelberger/Quassowski*, AktG 1937).

Schmidt, Karsten (Hrsg.), Münchener Kommentar zum Handelsgesetzbuch, Band 2, Zweites Buch. Handelsgesellschaften und stille Gesellschaft, Erster Abschnitt. Offene Handelsgesellschaft, §§ 105–160, 4. Auflage, München 2016 (zit.: *Bearbeiter*, in: MüKo-HGB).

Schmidt, Karsten/Lutter, Marcus (Hrsg.), Aktiengesetz, Kommentar, I. Band, §§ 1–149, 13. Auflage, Köln 2015 (zit.: *Bearbeiter*, in: K. Schmidt/Lutter, *AktG*).

Schmolke, Klaus Ulrich, Die Aktionärsklage nach § 148 AktG – Anreizwirkungen de lege lata und Reformanregungen de lege ferenda, ZGR 2011, 398–442.

Schockenhoff, Martin/Nußbaum, Anton, Claw-Back-Klauseln in Vorstandsverträgen AG 2018, 813–822.

Scholz, Franz (Begr.), Kommentar zum GmbH-Gesetz mit Anhang Konzernrecht, II. Band, §§ 35–52, Anh. § 45 Gesellschafterversammlung und Gesellschafterkompetenzen in der GmbH & Co. KG, 11. Auflage, Köln 2014 (zit.: *Bearbeiter*, in: Scholz, GmbHG).

Schönemann, Clemens, Die Vergütung der Geschäftsleiter von Kapitalgesellschaften: zur Übertragbarkeit des § 87 AktG auf andere Rechtsformen, insbesondere auf die GmbH, Baden-Baden 2012 (zit.: *Schönemann*, Geschäftsleitervergütung).

Schubert, Werner/Hommelhoff, Peter (Hrsg.), Die Aktienrechtsreform am Ende der Weimarer Republik – Die Protokolle der Verhandlungen im Aktienausschuß des Vorläufigen Reichswirtschaftsrats unter dem Vorsitz von Max Hachenburg, Berlin u.a. 1987 (zit.: *Schubert/Hommelhoff*, Aktienrechtsreform am Ende der Weimarer Republik).

Schüller, Annette M., Vorstandsvergütung: gesellschaftsrechtliche Fragen der Vergütung des Vorstands in der börsennotierten Aktiengesellschaft, Baden-Baden 2002 (zit.: *Schüller*, Vorstandsvergütung).

Schulze, Reiner (Schriftleitung), Bürgerliches Gesetzbuch, Handkommentar, 10. Auflage, Baden-Baden 2019 (zit.: *Bearbeiter*, in: HK-BGB).

Schüppen, Matthias/Schaub, Bernhard (Hrsg.), Münchener Anwaltshandbuch Aktienrecht, 3. Auflage, München 2018 (zit.: *Bearbeiter*, in: MAH Aktienrecht).

Schwan, Tobias, Steuerliche Begrenzungsmöglichkeiten der Vergütung von Vorstand und Aufsichtsrat, Berlin 2012 (zit.: *Schwan*, Steuerliche Begrenzungsmöglichkeiten).

Schwark, Eberhard, Zur Angemessenheit der Vorstandsvergütung, in: Damm, Reinhard (Hrsg.), Festschrift für Thomas Raiser zum 70. Geburtstag am 20. Februar 2005, Berlin 2005, S. 377–398 (zit. *Schwark*, in: FS Raiser).

Seibert, Ulrich, Das VorstAG – Regelungen zur Angemessenheit der Vorstandsvergütung und zum Aufsichtsrat, WM 2009, 1489–1493.

Seibert, Ulrich, Die Koalitionsarbeitsgruppe „Managervergütungen": Rechtspolitische Überlegungen zur Beschränkung der Vorstandsvergütung (Ende 2007 bis März 2009), in: Kindler, Peter/Koch, Jens/Ulmer, Peter/Winter, Martin, Festschrift für Uwe Hüffer zum 70. Geburtstag, München 2010, S. 955–972 (zit.: *Seibert*, in: FS Hüffer).

Seibt, Christoph H., Anmerkung zum Urteil des BGH vom 27.10.2015, II ZR 296/14, EWiR 2016, 199–200.

Seibt, Christoph H./Schwarz, Simon, Aktienrechtsuntreue. Analyse und aktienrechtsspezifische Konturierung der Untreuestrafbarkeit von Geschäftsleitern bei Pflichtverletzungen, AG 2010, 301–315.

Semler, Johannes, Mitverantwortung der Vorstandsmitglieder einer Aktiengesellschaft für die eigenen Vergütungen – Grenzen der Vergütungskompetenz des Aufsichtsrats, in: Hoffmann-Becking, Michael/Ludwig, Rüdiger (Hrsg.), Liber amicorum Wilhelm Happ zum 70. Geburtstag am 30. April 2006, Köln u.a. 2006, S. 277–294 (zit.: *Semler*, in Liber amicorum Happ).

Semler, Johannes/Peltzer, Martin/Kubis, Dietmar (Hrsg.), Arbeitshandbuch für Vorstandsmitglieder: Mit Hinweisen zu Vorstandsvergütungs-Offenlegungsgesetz, Kapitalanleger-Musterverfahrensgesetz, Gesetz zur Unternehmensintegrität und Modernisierung des Anfechtungsrechts (UMAG), 2. Auflage, München 2015 (zit.: *Bearbeiter*, in: Arbeitshandbuch für Vorstandsmitglieder).

Semler, Johannes/von Schenck, Kersten (Hrsg.), Arbeitshandbuch für Aufsichtsratsmitglieder, 4. Auflage, München 2013 (zit.: *Bearbeiter*, in: Arbeitshandbuch für Aufsichtsratsmitglieder).

Seyfarth, Georg, Vorstandsrecht, Köln 2016.

Soergel, Theodor (Begr.)/Mertens, Hans-Joachim (Red.), Bürgerliches Gesetzbuch: mit Einführungsgesetz und Nebengesetzen, Band 2, Schuldrecht I (§§ 241–432), 12. Auflage, Stuttgart u.a. 1990 (zit.: *Bearbeiter*, in: Soergel, BGB).

Soltész, Ulrich/Hoffs, Aylin, Staatliche Beihilfen im Rahmen der Coronakrise, NZKart 2020, 189–191.

Spahlinger, Andreas, Die Rolle der Gesellschafter im Restrukturierungsverfahren – Gestaltungsspielräume des deutschen Gesetzgebers, Einflussmöglichkeiten, Chancen und Risiken für die Gesellschafter. Zur Richtlinie (EU) 2019/1023 des Europäischen Parlaments und des Rates v. 20.6.2019, NZI-Beilage 2019, 69–71.

Spindler, Gerald, Vergütung und Abfindung von Vorstandsmitgliedern, DStR 2004, 36–45.

Spindler, Gerald, Vorstandsvergütungen und Abfindungen auf dem aktien- und strafrechtlichen Prüfstand – Das Mannesmann-Urteil des BGH; Besprechung des BGH-Urteils v. 21.12.2005 – 3 StR 470/04, ZIP 2006, 72, ZIP 2006, 349–355.

Spindler, Gerald, Finanzkrise und Gesetzgeber – Das Finanzmarktstabilisierungsgesetz, DStR 2008, 2268–2276.

Spindler, Gerald, Vorstandsgehälter auf dem Prüfstand – das Gesetz zur Angemessenheit der Vorstandsvergütung (VorstAG), NJOZ 2009, 3282–3290.

Spindler, Gerald, Konzernbezogene Anstellungsverträge und Vergütungen von Organmitgliedern, in: Bitter, Georg/Lutter, Marcus/Priester, Hans-Joachim/Schön, Wolfgang/Ulmer, Peter (Hrsg.), Festschrift für Karsten Schmidt zum 70. Geburtstag, Köln 2009, S. 1529–1550 (zit.: *Spindler*, in: FS K. Schmidt).

Spindler, Gerald, Angemessenheit und Zuständigkeit für Vergütungsfragen der Geschäftsführung einer GmbH nach dem VorstAG, in: Burgard, Ulrich/Hadding, Walther/Mülbert, Peter O./Nietsch, Michael/Welter, Reinhard (Hrsg.), Festschrift für Uwe H. Schneider, Köln 2011, S. 1287–1300 (zit.: *Spindler*, in: FS Uwe H. Schneider).

Spindler, Gerald, Rechtsfolgen einer unangemessenen Vorstandsvergütung, AG 2011, 725–734.

Spindler, Gerald, Die Herabsetzung von Vorstandsvergütungen in der Insolvenz, DB 2015, 908–912.

Spindler, Gerald/Stilz, Eberhard (Hrsg.), Kommentar zum Aktiengesetz, Band 1, §§ 1–149; Band 2, §§ 150–410, SpruchG, SE-VO, 4. Auflage, München 2019 (zit.: *Bearbeiter*, in: Spindler/Stilz, AktG).

Spindler, Gerald/Stilz, Eberhard (Hrsg.), Kommentar zum Aktiengesetz, Band 1, §§ 1–178, 1. Auflage, München 2007 (zit.: *Bearbeiter*, in: Spindler/Stilz, AktG, 1. Aufl. 2007).

von Staub, Hermann (Begr.)/Canaris, Claus-Wilhelm/Habersack, Mathias/Schäfer, Carsten (Hrsg.), Handelsgesetzbuch: Großkommentar, Band 3, §§ 105–160, 5. Auflage, Berlin 2009 (zit.: *Bearbeiter*, in: Staub, HGB).

von Staudinger, Julius (Begr.)/Löwisch, Manfred (Red.), J. von Staudingers Kommentar zum Bürgerlichen Gesetzbuch mit Einführungsgesetz und Nebengesetzen, Buch 2, Recht der Schuldverhältnisse; §§ 315–326 (Leistungsstörungsrecht 2), Berlin 2016 (zit.: *Bearbeiter*, in: Staudinger, BGB).

Steber, Tobias, Die Herabsetzung der Geschäftsführervergütung in der Krise der GmbH, Köln 2012 (*Steber*, Geschäftsführervergütung in der Krise).

Stürner, Ralf/Eidenmüller, Horst/Schoppmeyer, Heinrich (Hrsg.), Münchener Kommentar zur Insolvenzordnung, Band 1, §§ 1–79 InsO, InsVV; Band 2, §§ 80–216 InsO, 4. Auflage, München 2019 (zit.: *Bearbeiter*, in: MüKo-InsO).

Teichmann, Robert/Koehler, Walter, Aktiengesetz, 3. Auflage, Heidelberg 1950 (zit.: *Teichmann/Koehler*, AktG 1937).

Thole, Christoph, Managerhaftung für Gesetzesverstöße – die Legalitätspflicht des Vorstands gegenüber seiner Aktiengesellschaft, ZHR 173 (2009), 504–535.

Thole, Christoph/Schmidberger, Aljoscha, Die Insolvenzanfechtung von (überhöhten) Gehältern und Vergütungen von Geschäftsleitern und Sanierungsberatern, BB 2014, 3–8.

Thum, Alexander J./Klofat, Daniel, Der ungetreue Aufsichtsrat – Handlungsmöglichkeiten des Vorstands bei Pflichtverletzungen des Aufsichtsrats, NZG 2010, 1087–1091.

Thümmel, Roderich C., Aufsichtsratshaftung vor neuen Herausforderungen – Überwachungsfehler, unternehmerische Fehlentscheidungen, Organisationsmängel und andere Risikofelder, AG 2004, 83–91.

Thümmel, Roderich C., Persönliche Haftung von Managern und Aufsichtsräten: Haftungsrisiken bei Managementfehlern, Risikobegrenzung und D&O-Versicherung, 5. Auflage, Stuttgart 2016 (zit.: *Thümmel*, Persönliche Haftung von Managern und Aufsichtsräten).

Thüsing, Gregor, ECLR – Auf der Suche nach dem iustum pretium der Vorstandstätigkeit, ZGR 2003, 457–507.

Thüsing, Gregor, Das Gesetz zur Angemessenheit der Vorstandsvergütung, AG 2009, 517–529.

Thüsing, Gregor, Stellungnahme zum Entwurf eines Gesetzes zur Angemessenheit der Vorstandsvergütung (VorstAG) (BT-Drucks. 16/12278), abrufbar unter: https://www.caplaw.eu/de/Rechtsgebiete/Ka/Artikelgesetze/85/VorstAG.htm (zit. *Thüsing*, Stellungnahme Gesetzesentwurf VorstAG).

Uhlenbruck, Wilhelm/Hirte, Heribert/Vallender, Heinz (Hrsg.), Insolvenzordnung, Kommentar, Band 1, 15. Auflage, München 2019 (zit.: *Bearbeiter*, in: Uhlenbruck, InsO).

Ulmer, Peter/Habersack, Mathias/Löbbe, Marc (Hrsg.), Gesetz betreffend die Gesellschaften mit beschränkter Haftung (GmbHG), Großkommentar, Band II, §§ 29–52, 2. Auflage, Tübingen 2014 (zit.: *Bearbeiter*, in: Ulmer/Habersack/Löbbe, GmbHG).

Ulmer, Peter/Habersack, Mathias/Winter, Martin (Hrsg.), Gesetz betreffend die Gesellschaften mit beschränkter Haftung (GmbHG), Großkommentar, Tübingen 2006 (zit.: *Bearbeiter*, in: Ulmer/Habersack/Winter, GmbHG, 1. Aufl. 2006).

Verse, Dirk A., Regulierung der Vorstandsvergütung – mehr Macht für die Aktionäre?, NZG 2013, 921–930.

Vetter, Jochen, Reformbedarf bei der Aktionärsklage nach § 148 AktG?, in: Krieger, Gerd/Lutter, Marcus/Schmidt, Karsten (Hrsg.), Festschrift für Michael Hoffmann-Becking zum 70. Geburtstag, München 2013, S. 1317–1340 (zit.: *Vetter*, in: FS Hoffmann-Becking).

Vogt, Kristin, Zwei Jahre Vergütungsvotum in Deutschland, AG 2012, R123–R124.

Wachter, Thomas (Hrsg.), AktG – Kommentar zum Aktiengesetz, 3. Auflage, Köln 2018 (zit.: *Bearbeiter*, in: Wachter, AktG).

Wagner, Gerhard, Organhaftung im Interesse der Verhaltenssteuerung – Skizze eines Haftungsregimes, ZHR 178 (2014), 227–281.

Wagner, Jens/Wittgens, Jonas, Corporate Governance als dauernde Reformanstrengung: Der Entwurf des Gesetzes zur Angemessenheit der Vorstandsvergütung, BB 2009, 906–911.

Waldenberger, Arthur/Kaufmann, Jörg, Nachträgliche Herabsetzung der Vorstandsvergütung: Vermeidung von Haftungsrisiken für den Aufsichtsrat, BB 2010, 2257–2264.

Weber, Friedrich, Die Funktionsteilung zwischen Konkursverwalter und Gesellschaftsorganen im Konkurs der Kapitalgesellschaft, KTS 1970, 73–89.

Weber, Markus, Nachträgliche Herabsetzung der Vorstandsbezüge wegen Verschlechterung der Lage der Gesellschaft – zugleich Besprechung des BGH-Urteils vom 27.10.2015 – II ZR 296/14, DB 2016 S. 403, DB 2016, 815–818.

Weisner, Arnd/Kölling, Lars, Herausforderung für den Aufsichtsrat: Herabsetzung von Vorstandsbezügen in Zeiten der Krise, NZG 2003, 465–468.

Weller, Marc-Philippe, Die Systemkohärenz des § 87 Abs 2 AktG – Eingeschränkte Vertragstreue beim Vorstandsvertrag auf Grund Fremdinteressenwahrung, NZG 2010, 7–12.

Weppner, Simon, Vergütungsherabsetzung gem. § 87 II AktG – Leitlinien für die Praxis, NZG 2010, 1056–1058.

von Werder, Axel/Turkali, Julia, Corporate Governance Report 2015: Kodexakzeptanz und Kodexanwendung, DB 2015, 1357–1367.

Werner, Rüdiger, Gilt das Gesetz zur Angemessenheit der Vorstandsvergütung (VorstAG) auch für die GmbH?, GmbHR 2009, R305–306.

Werner, Winfried, Anstellung von GmbH-Geschäftsführern nach dem Mitbestimmungsgesetz, in: Lutter, Marcus/Stimpel, Walter/Wiedemann, Herbert (Hrsg.), Festschrift für Robert Fischer, Berlin u.a. 1979, S. 821–834 (zit.: *Werner*, in: FS Fischer).

Wilsing, Hans-Ulrich/Kleißl, Katharina, Herabsetzung von Vorstandsbezügen in Zeiten der Krise, BB 2008, 2422–2426.

Wissenschaftliche Dienste des Deutschen Bundestags, Analoge Anwendung des Gesetzes zur Angemessenheit von Vorstandsvergütungen auf Genossenschaften (WD 7 - 3000 - 167/09), 2009.

Wittuhn, Georg A./Hamann, Hanjo, Herabsetzung von Vorstandsvergütungen in der Krise, ZGR 2009, 847–871.

Wißmann, Hellmuth/Kleinsorge, Georg/Schubert, Claudia (Hrsg.), Mitbestimmungsrecht: Mitbestimmungsgesetz, Montan-Mitbestimmung, Drittelbeteiligungsgesetz, Mitbestimmung auf europäischer Ebene, Kommentar, 5. Auflage, München 2017 (zit.: *Bearbeiter*, in: Wißmann/Kleinsorge/Schubert, Mitbestimmungsrecht).

Wübbelsmann, Stephan, Die Vergütung des Geschäftsführers – Ausstrahlung des VorstAG auf die GmbH?, GmbHR 2009, 988–991.

Zeuner, Mark, Die Anfechtung in der Insolvenz: ein Handbuch – unter Einbezug des AnfG 1999, 2. Auflage, München 2007 (zit.: *Zeuner*, Die Anfechtung in der Insolvenz).

Ziemons, Hildegard, Angemessene Vorstandsvergütung und Change of Control Klauseln, in: Baums, Theodor/Wertenbruch, Johannes/Lutter, Marcus/Schmidt, Karsten (Hrsg.), Festschrift für Ulrich Huber zum siebzigsten Geburtstag, Tübingen 2006, S. 1035–1047 (zit.: *Ziemons*, in: FS Huber).

Zöllner, Wolfgang (Hrsg.), Kölner Kommentar zum Aktiengesetz, Band 2, §§ 76–117 AktG und Mitbestimmung im Aufsichtsrat, 2. Auflage, Köln u.a. 1996 (zit.: *Bearbeiter*, in: KK-AktG, 2. Aufl. 1996).

Zöllner, Wolfgang/Noack, Ulrich (Hrsg.), Kölner Kommentar zum Aktiengesetz, Band 2, Teil 1, §§ 76–94 AktG, 3. Auflage, Köln u.a. 2010 (zit.: *Bearbeiter*, in: KK-AktG).

Zöllner, Wolfgang/Noack, Ulrich (Hrsg.), Kölner Kommentar zum Aktiengesetz, Band 2, Teil 2, §§ 95–117 AktG, 3. Auflage, Köln u.a. 2013 (zit.: *Bearbeiter*, in: KK-AktG).

Zöllner, Wolfgang/Noack, Ulrich (Hrsg.), Kölner Kommentar zum Aktiengesetz, Band 3 Teil 2, §§ 142–178 AktG, 3. Auflage, Köln u.a. 2015 (zit.: *Bearbeiter*, in: KK-AktG).

Zöllner, Wolfgang/Noack, Ulrich (Hrsg.), Kölner Kommentar zum Aktiengesetz, Band 5, Teil 2, §§ 278–290 AktG, 3. Auflage, Köln u.a. 2015 (zit.: *Bearbeiter*, in: KK-AktG).

www.ingramcontent.com/pod-product-compliance
Ingram Content Group UK Ltd.
Pitfield, Milton Keynes, MK11 3LW, UK
UKHW021925290926
8980IPUK00016B/1452

9 783631 844007